엑셀 기초와 데이터 시각화

유현배 지음

도서출판 홍릉

저자 **유현배**

현재, 나사렛대학교 교수

엑셀 기초와 데이터 시각화

2023년 2월 17일 초판 1쇄 발행
2024년 1월 22일 초판 2쇄 발행

저　자: 유현배
발행인: 송 준
발행처: 도서출판 홍릉
주　소: 01093 서울시 강북구 인수봉로 50길 10
등　록: 1976년 10월 21일 제5-66호

전　화: 02-999-2274~5, 903-7037
팩　스: 02-905-6729
e-mail: hongpub@hongpub.co.kr
http://www.hongpub.co.kr
ISBN: 979-11-5600-084-6(93000)

정　가: 18,000원

본 저서는 2022년도 나사렛대학교 교내 연구비 지원으로 이루어졌음

PREFACE

사무실에서 가장 많이 사용하는 프로그램을 꼽으면 Excel은 늘 가장 높은 순위에 위치할 것입니다. 따라서 기업의 필수 업무교육, 고등교육기관 교과목 등 전방위적으로 교육이 이루어지고 있습니다. 그만큼 사용자 측면에서도 실무 문서를 작성하고 어려운 서식을 익히는데 많은 시간과 노력을 투자해야 하는 것입니다. 여기에서 Excel의 위력과 어려움을 동시에 알 수 있습니다.

Excel은 문서를 작성하는데 필요한 프로그램이 아니라 강력한 계산 기능을 탑재한 최고의 스프레드시트 프로그램으로 복잡한 서식을 간단명료하게 정리해서 쉽게 결과물을 도출하고, 방대한 데이터를 비교 및 분석하는데 탁월한 프로그램입니다. 또한 데이터의 입력을 도와주는 기능으로부터 표를 간단히 만드는 기능, 더욱이 데이터를 분석 및 예측하는 차트와 데이터베이스까지 Excel의 기능은 끝이 없을 정도입니다.

일상에서 미디어를 통해서 차트를 보거나, 학교에서 레포트 혹은 실험 보고서, 회사에서 보고서 혹은 기획서를 작성할 때 등 다양한 경우에도 차트를 만듭니다. 차트를 만드는 사람마다 그 이유는 다를 수 있지만 기본적으로는 타인에게 더 쉽게 이해시키는 것이 목적입니다. 그것은 깨알 같은 텍스트와 빼곡한 숫자로 이루어진 표를 이해시켜야 할 대상에게, 내가 전달하고 싶은 주장을 한 번에 이해시키기에는 차트만큼 좋은 도구가 없기 때문입니다. 특히, 차트는 다양한 항목을 서로 비교하여 쉽게 보여주기 위한 시각적인 도구입니다. 또한 주가(stock price) 차트는 투자자들의 판단 결과물이므로 차트를 분석한다는 것은 투자 심리도 함께 분석한다는 것을 포함하고 있습니다. 기술적 분석가들은 트레이딩(trading)에 대해 연구하고 훈련한 사람들입니다. 이들은 차트를 통해 시장의 메시지를 읽으려 하고 감정에 휘둘리지 않기 위해 많은 기법을 적용하고 있습니다.

이처럼 차트의 중요성은 꾸준히 강조되었지만, 여전히 많은 사람이 어려워하는 것이 차트이기도 합니다. 또한 최근 빅데이터 분석이 보급되면서 기업들이 데이터 시각화의 중요성을 점차 깨닫게 되었습니다. 차트를 이용하면 데이터를 시각화하여 소비자에게 깊은 인상을 줄 수 있습니다.

본서는 많은 사람이 어려워하는 차트를 Excel을 이용해서 기초부터 다양한 차트 작성까지 스스로 학습할 수 있도록 구성하였습니다.

저자

CONTENTS

CHAPTER

01 Excel의 기본 조작

CHAPTER

02 표 작성

CHAPTER

03 표 서식

CHAPTER

04 시트 및 문서 사용

CONTENTS

CHAPTER 05

수식 계산

CHAPTER 06

함수 계산

CHAPTER

07 차트 소개

CHAPTER

08 차트 만들기 기본

CONTENTS

CHAPTER

09 차트 편집

CHAPTER

10 차트 꾸미기

CHAPTER
11 알기 쉽게 정보 전달하기

CONTENTS

CHAPTER

12 차트 응용하기

CHAPTER

13 조건부 서식

CHAPTER

14 데이터 정리/추출

CHAPTER

01

Excel의 기본 조작

1.1 Excel의 시작하기와 끝내기

Excel을 시작하면 기본 화면이 나타나고, 그곳에서 원하는 작업을 선택할 수 있습니다. 작업이 끝나면 [닫기]를 클릭하여 Excel을 종료합니다.

1.1.1 Excel을 시작해서 빈 문서 열기와 닫기

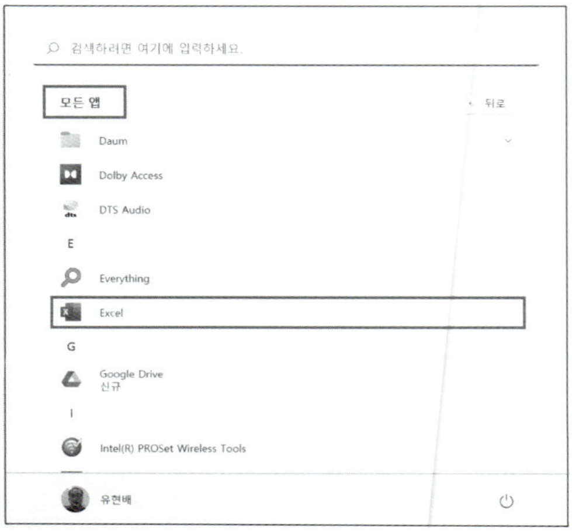

시작 메뉴에 [Excel]이 표시되어 있지 않은 경우는 시작 메뉴에서 [모든 앱]을 클릭하고 목록을 표시해서 Excel 아이콘을 클릭합니다.

시작 메뉴에 Excel 아이콘이 나타나지 않는 경우, 다음과 같이 해당 아이콘을 등록해두면 Excel을 빠르게 시작(booting)할 수 있습니다. [시작]을 클릭해서 [모든 앱]을 클릭하고, [Excel]에서 마우스 우클릭하고 [시작 화면에 고정]을 클릭해서 아이콘을 등록할 수 있습니다.

또한 Excel을 시작하면 작업 표시줄에 표시되는 Excel 아이콘에서 마우스 우클릭하고 [작업 표시줄에 고정]을 클릭해서 작업 표시줄에 Excel 아이콘을 등록할 수 있습니다. 아이콘의 등록을 해지하려면 등록한 Excel 아이콘에서 마우스 우클릭하고 [작업 표시줄에서 제거]를 클릭해야 합니다.

본서에서는 '마우스의 오른쪽 버튼을 클릭한다'는 의미를 '마우스 우클릭' 혹은 '우클릭'으로 약칭합니다.

실습

❶ PC 바탕 화면에서, ❷ [시작]을 클릭하면,

❸ 시작 메뉴가 표시됩니다. 화면의 [모든 앱]을 클릭한 후, 표시되는 목록을 이용할 수도 있습니다.

❹ [Excel] 아이콘을 클릭하면,

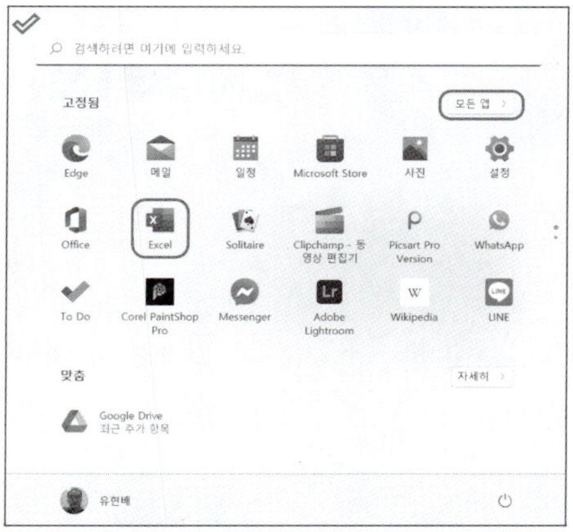

01

❺ Excel 시작 화면이 열립니다. ❻ [새 통합 문서]를 클릭하면,

❼ 새로운 문서가 열립니다. ❽ 문서 오른쪽 가장자리에 있는 ☒(닫기)를 클릭하면, Excel이 끝나고 시작 화면이 표시됩니다. 여러 개의 문서가 열어져 있는 경우에는 클릭한 창의 문서만 닫힙니다. Excel 종료의 단축키는 Alt + F4입니다.

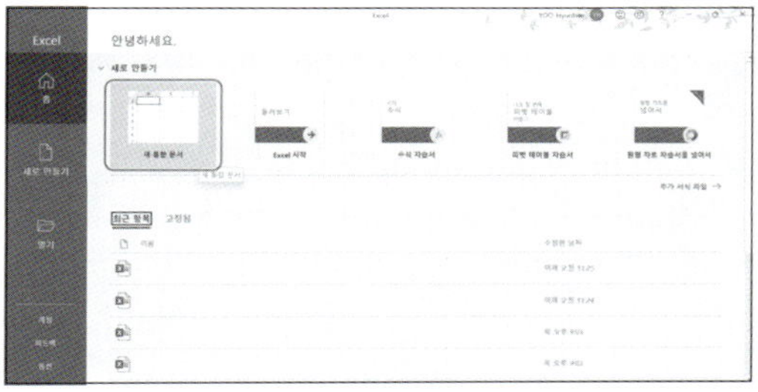

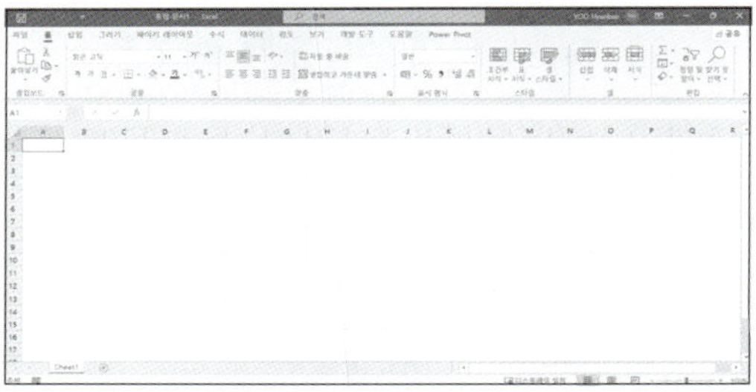

화면의 배경과 색상

Excel에서는 화면의 배경과 색상을 자유롭게 설정할 수 있습니다. 설정을 변경하려면 [파일] 탭으로부터 [계정]을 클릭하고 계정 화면을 표시해야 합니다. [Office 배경]으로 배경의 모양, [Office 테마]로 화면의 색을 각각 선택합니다. 본서에서는 각각 「배경 없음」, 「시스템 설정 사용」을 선택합니다.

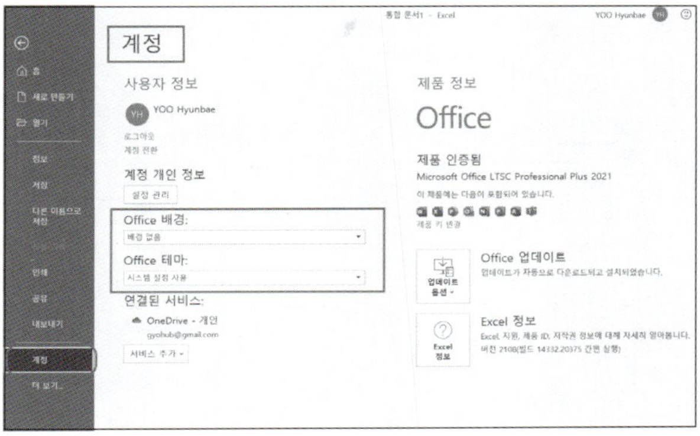

1.2 Excel의 화면 구성

Excel의 화면은 기능을 수행하기 위한 탭과 각 탭에 있는 명령어, 표와 차트 등을 만들기 위한 시트로 구성되어 있습니다.

1.2.1 Excel의 기본 화면 구성하기

Excel 기본 작업은 아래 그림의 화면에서 실행됩니다. 초기 상태에서는 12개의 탭이 준비되어 있습니다. 덧붙여 PC 화면의 해상도나 Excel 화면의 크기에 따라 리본 메뉴에 표시되는 명령어 내용이 달라집니다. 또한 Excel 버전에 따라 화면 구성이 다를 수 있습니다.

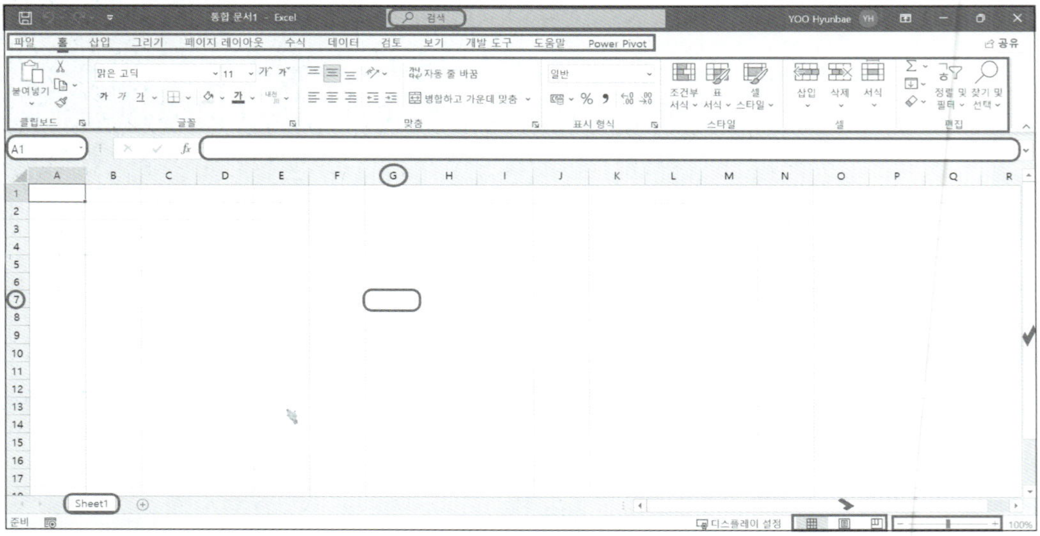

명칭	기능
① 문서 제목	작업 중인 파일명을 표시하고 있습니다.
② 탭	초기 상태에서는 12개의 탭이 준비되어 있습니다. 이름 부분을 클릭하여 탭을 변경합니다.
③ 검색 상자	앱의 기능을 검색하거나 파일 내의 텍스트, 단어, 어구 등을 검색합니다.
④ 리본 메뉴	명령어를 일련의 탭에 정리하여 표시합니다. 명령어는 그룹으로 나누어져 있습니다.
⑤ 사용자 이름	Excel에 로그인하고 있는 Microsoft 계정의 사용자 이름이 표시됩니다. 로그인하지 않은 경우는 「로그인」이라고 표시됩니다.
⑥ 최소화	Excel을 작업 표시줄에 저장합니다. 작업 표시줄의 Excel 아이콘을 클릭하면 다시 나타납니다.
⑦ 최대화/원래로 되돌리기 (축소)	Excel 화면을 최대화 혹은 축소 변환을 합니다.
⑧ 닫기	문서를 닫거나 Excel을 종료합니다.
⑨ 이름 상자	현재 선택된 셀의 위치(열 번호와 행 번호에 따라 셀의 위치 표시) 또는 셀 범위의 이름을 표시합니다.
⑩ 수식 입력줄	현재 선택된 셀의 데이터 또는 수식을 표시합니다.
⑪ 행 번호	행 위치를 나타내는 숫자를 표시합니다.
⑫ 열 번호	열 위치를 나타내는 알파벳을 표시합니다.
⑬ 셀	표의 칸입니다. 조작의 대상이 되는 셀을 「액티브 셀」이라고 합니다.
⑭ 시트 제목(이름)	시트를 전환할 때 사용합니다.
⑮ 스크롤바	시트 화면을 가로 혹은 세로로 이동(scroll)할 때 사용합니다.
⑯ 시트	Excel 작업 공간입니다. 현재 작업 시트를 「워크시트」라고 부르기도 합니다.
⑰ 표시 모드	문서의 표시 모드를 바꿉니다.
⑱ 줌 슬라이더	시트의 표시 배율을 변경합니다.

1.3 리본 메뉴의 기본 조작

Excel에서는 대부분 기능을 리본 메뉴에서 실행합니다. 초기 상태는 12개(혹은 11개)의 탭이 표시되어 있지만 작업 내용에 따라 표시되는 탭도 있습니다. 리본 메뉴 표시/숨김을 전환할 수도 있습니다.

1.3.1 리본 메뉴 조작하기

Excel의 리본 메뉴 안에는 명령어가 용도별 [그룹]으로 나누어져 있습니다. 각 그룹에 있는 명령어를 클릭함으로써 기능을 직접 수행하거나 메뉴, 대화상자, 작업창 등을 표시하여 기능을 수행하기도 합니다.

명령어 오른쪽이나 아래쪽에 있는 드롭다운 메뉴(혹은 '풀다운 메뉴') 버튼 ⌵을 이용하면 한 층 더 상세한 기능을 실행할 수 있습니다.

실습

❶ 리본 메뉴의 [삽입] 탭을 클릭하고, ❷ 원하는 그룹([차트])의 명령어([세로 또는 가로 막대형 차트 삽입])를 클릭합니다.

❸ 드롭다운 메뉴가 표시되었을 때는, ❹ 메뉴에서 원하는 기능([2차원 세로 막대형])을 클릭합니다.

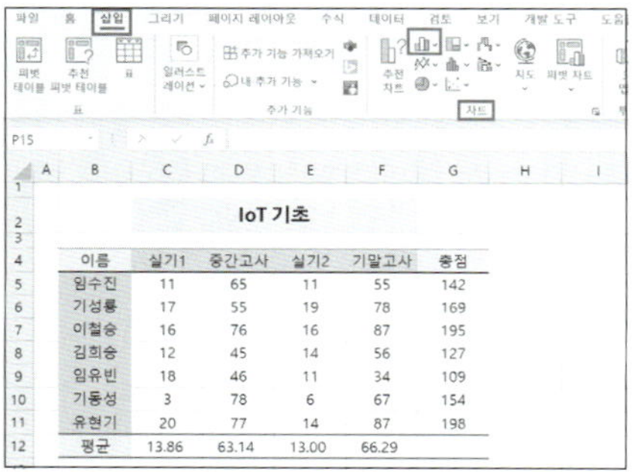

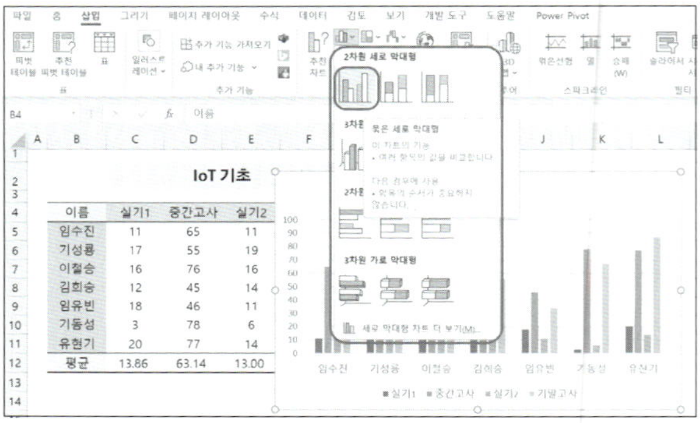

화면이 다른 경우

사용하는 Excel의 버전에 따라서는 리본 메뉴의 표시/숨기기 방법이 다릅니다. 다음의 화면과 표시가 다른 경우는, 타이틀 표시줄의 오른쪽에 있는 **[리본 메뉴 표시 옵션]**을 클릭하고 표시/숨기기로 변경합니다.

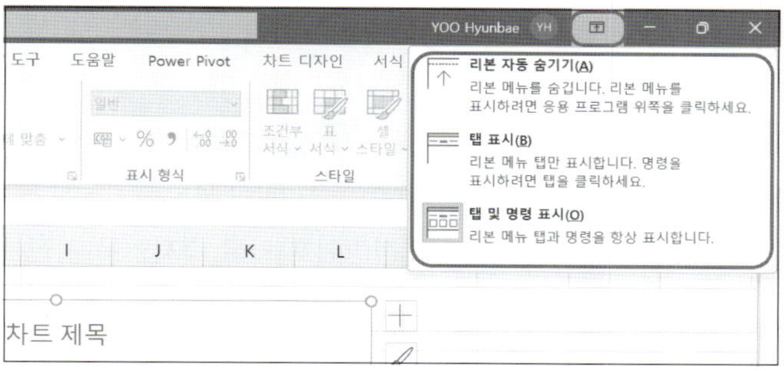

1.3.2 리본 메뉴에서 대화상자 표시하기

각 그룹의 오른쪽 하단에 있는 설정 버튼 ⇲은 해당 그룹에 추가 옵션이 있음을 나타냅니다. 버튼 ⇲을 클릭하면 옵션을 설정하기 위한 화면이 나타납니다.

실습

❶ [홈] 탭을 클릭해서, ❷ [글꼴] 그룹의 오른쪽 하단에 있는 버튼 ⇲을 클릭하면,
❸ 해당 그룹과 관련된 대화상자([글꼴] 대화상자)가 나타나서 자세한 설정을 할 수 있습니다.

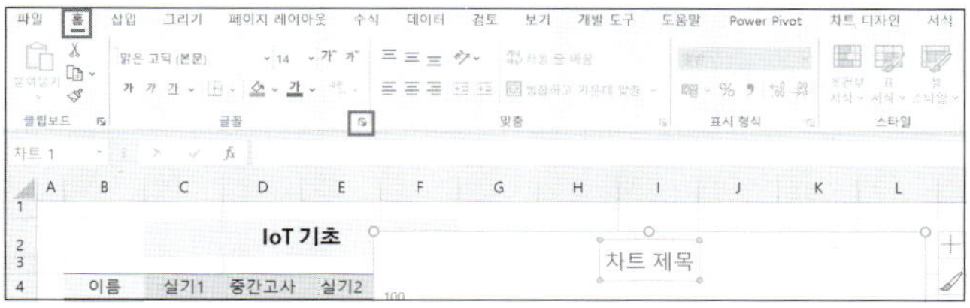

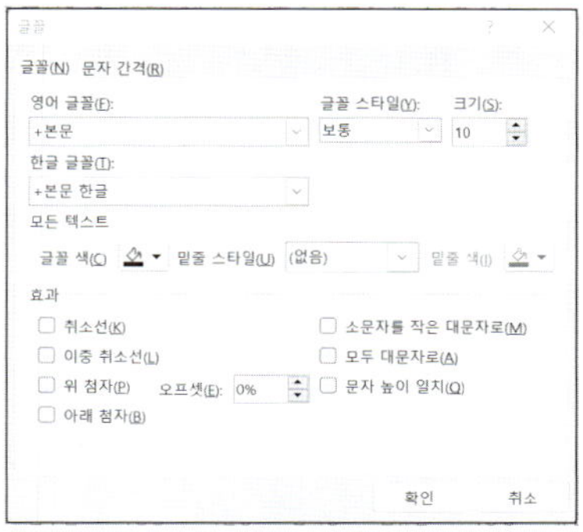

1.3.3 작업에 따른 탭 표시하기

Excel의 초기설정에서는 12개(혹은 11개)의 탭이 배치되어 있습니다. 그 외의 탭은 작업에 따라 필요한 탭이 표시됩니다. 작업에 따라 표시되는 탭에는 [차트 디자인] 탭과 [서식] 탭 외에, 피벗 테이블을 작성하면 표시되는 [피벗 테이블 분석] 탭과 [디자인] 탭, 도형을 삽입하면 표시되는 [도형 서식] 탭 등이 있습니다.

실습

❶ 차트를 클릭하면, ❷ [차트 디자인] 탭과 [서식] 탭이 표시됩니다.

❸ [차트 디자인] 탭을 클릭하면, ❹ 리본 메뉴가 전환되고 차트 디자인을 편집하는 명령어가 표시됩니다.

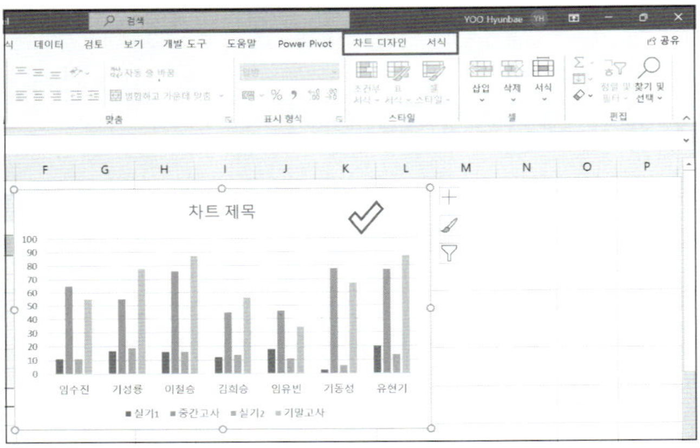

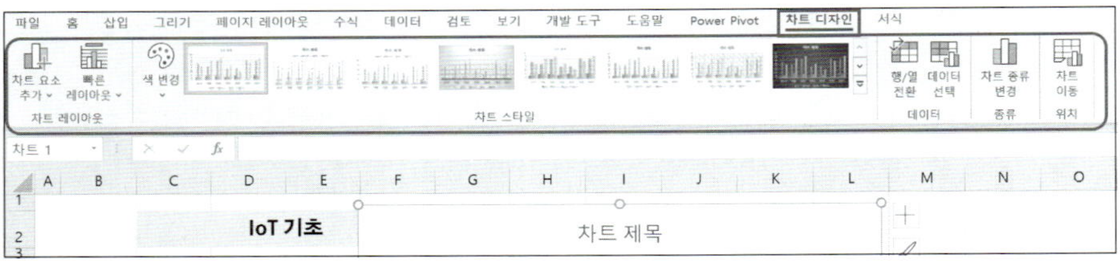

1.4 문서 저장, 닫기와 열기

문서 저장에는 새로 작성한 문서에 파일 이름을 붙여 저장할 [다른 이름으로 저장]과 파일 이름을 변경하지 않고 내용을 갱신하여 덮어쓰는 [저장]이 있습니다. 문서에 이름을 붙여 저장할 때는 저장 위치를 지정합니다.

작업이 끝나고 문서를 저장하면 문서가 닫칩니다. 문서가 닫쳐도 Excel 자체는 종료되지 않기 때문에 신규 문서를 만들거나 저장한 문서를 열어 바로 작업을 시작할 수 있습니다.

1.4.1 문서 이름 붙여 저장하기

처음 파일을 저장할 때는 저장 위치와 파일 이름을 지정합니다. 다음의 실습 방법 이외에, 타이틀 표시줄의 왼쪽에 있는 [저장] 을 클릭해도, [다른 이름으로 저장] 대화상자가 표시됩니다. Excel 버전에 따라 화면에 표시되는 명령어가 달라질 수 있습니다.

Excel에서 작성한 문서는 [Excel 통합 문서] 형식으로 저장됩니다. 그 외의 형식으로 저장할 경우는 [다른 이름으로 저장] 대화상자의 [파일 형식]으로부터 저장 형식을 선택합니다.

실습

❶ [파일] 탭을 클릭해서,

❷ [다른 이름으로 저장]을 클릭하고, ❸ [찾아보기]를 클릭합니다.

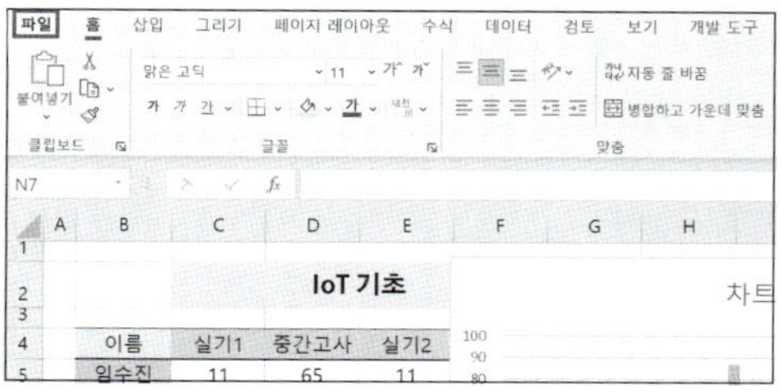

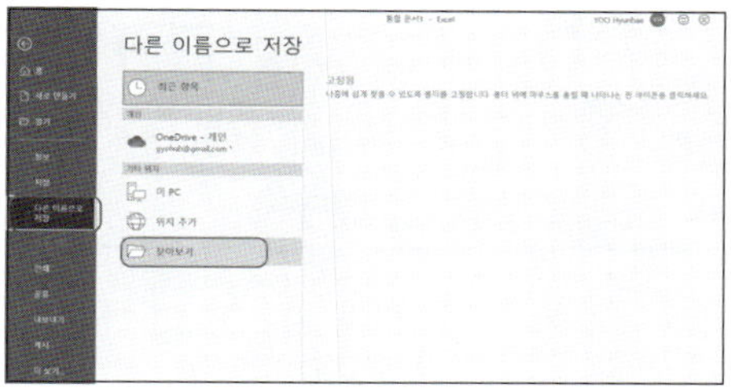

❹ 저장 위치를 지정해서, ❺ 파일 이름(명) '문서저장'을 입력하고, ❻ [저장]을 클릭합니다.
❼ 문서가 저장되며 타이틀 표시줄에 파일 이름 '문서저장'이 표시됩니다.

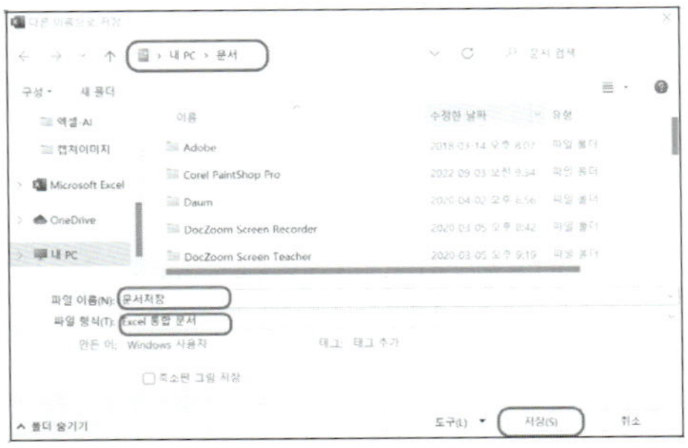

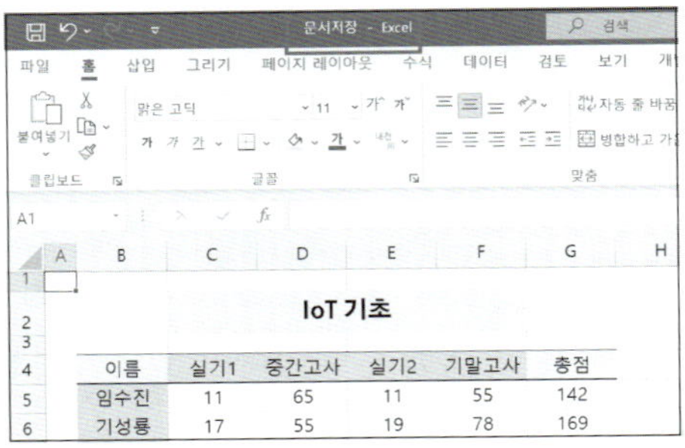

1.4.2 문서를 덮어쓰고 저장하기

저장된 파일을 열어 편집한 뒤 같은 위치에 같은 파일명으로 저장하면 덮어쓰기 저장이 실행됩니다. 덮어쓰기 저장은 [파일] 탭을 클릭하고 [저장]을 클릭해도 가능합니다.

실습

❶ 작업 중인 문서의 내용을 수정(셀 B2에 '유현배' 입력)하고, (저장)을 클릭하면 문서가 덮어쓰기 저장이 됩니다. ❷ 덮어쓰기 저장해도 화면 표시는 변경되지 않습니다.

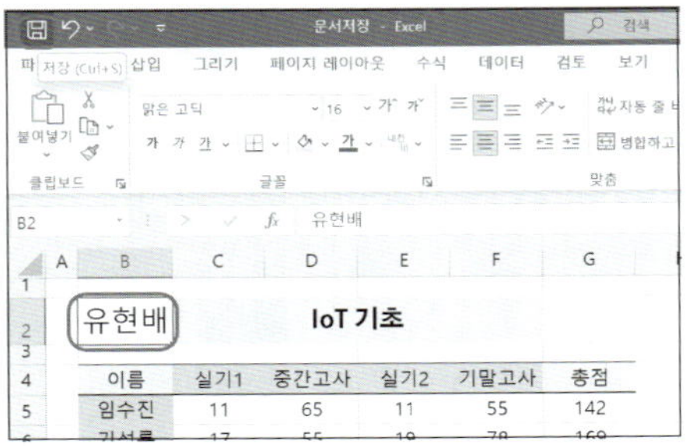

1.4.3 저장한 문서 닫기

여러 개의 문서를 열고 있는 경우는 마우스 우클릭을 통해서 현재 작업 중인 문서만 닫을 수 있습니다. 문서 닫기의 단축키는 Ctrl + W입니다.

실습

❶ [파일] 탭을 클릭하고,

❷ [더 보기...] 그룹의 [닫기]를 클릭하면,

❸ 작업 중의 문서가 닫힙니다.

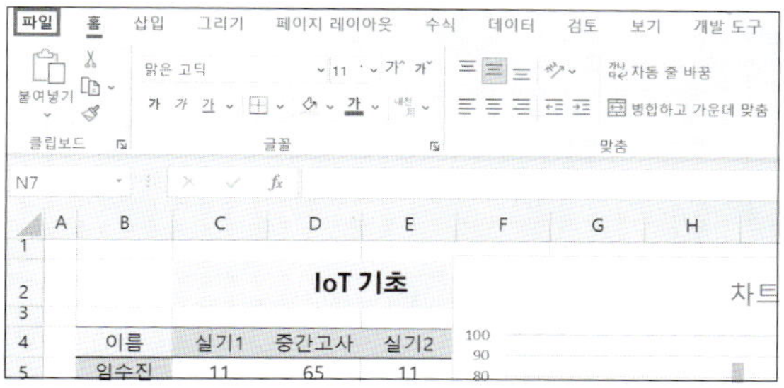

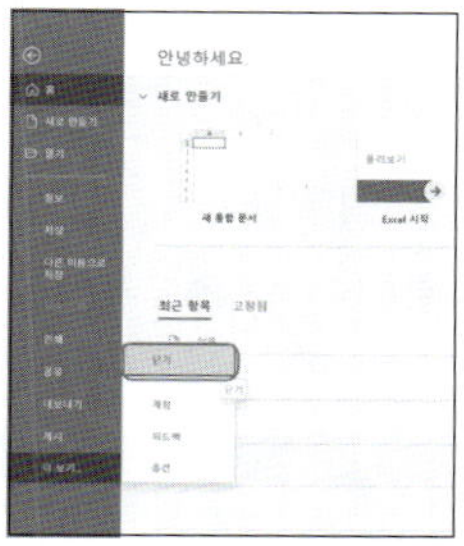

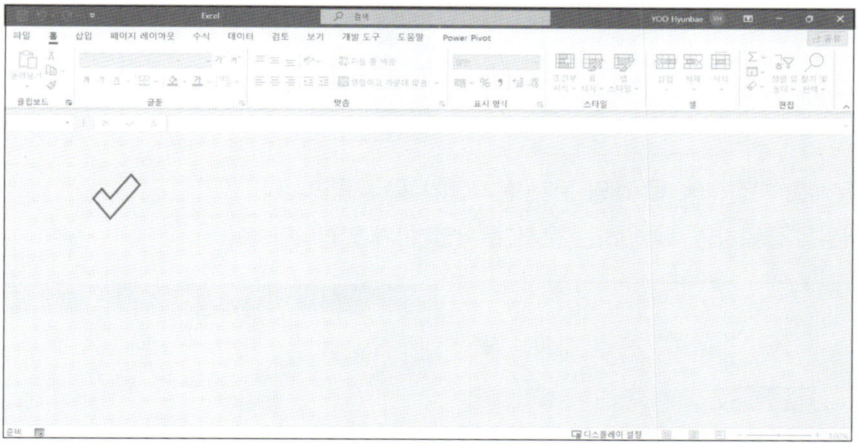

1.4.4 저장된 파일 열기

저장된 문서를 열기 위해 [파일 열기] 대화상자를 이용합니다. 또, [파일] 탭을 클릭하고 [열기]를 클릭하면 최근 사용한 아이템의 목록이 표시됩니다. 이 중에서 원하는 문서를 클릭하면 문서가 열립니다.

작업 표시줄의 점프 목록으로부터 열 수도 있습니다. Excel을 시작하면 작업 표시줄에 Excel 아이콘이 나타납니다. 그 아이콘에서 마우스 우클릭하면 최근 편집/저장한 문서 목록이 표시되기 때문에 그곳에서 원하는 문서를 열 수도 있습니다. 또한 데스크톱 위에나 폴더 안에 있는 문서 아이콘을 더블클릭해도 문서를 열 수 있습니다.

실습

❶ [파일] 탭을 클릭해서,

❷ [열기]를 클릭하고, ❸ [찾아보기]를 클릭합니다.

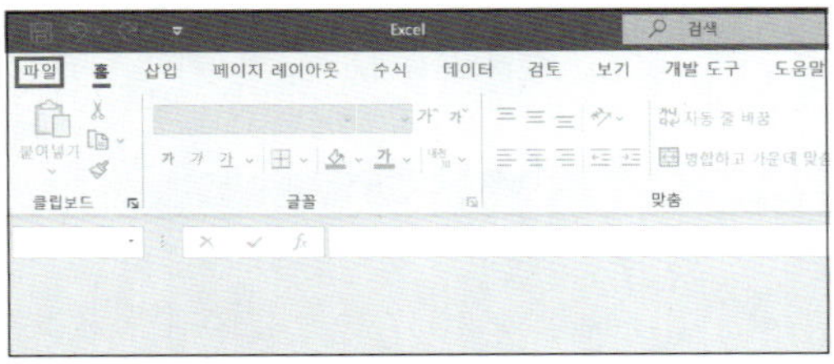

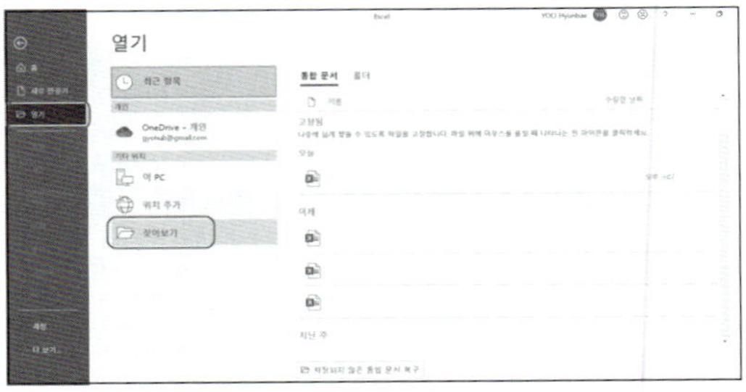

❹ 열려는 문서를 지정하여, ❺ 해당 문서('문서열기')를 클릭합니다.

❻ [열기] 버튼을 클릭하면, ❼ 원하는 문서('문서열기')가 열립니다.

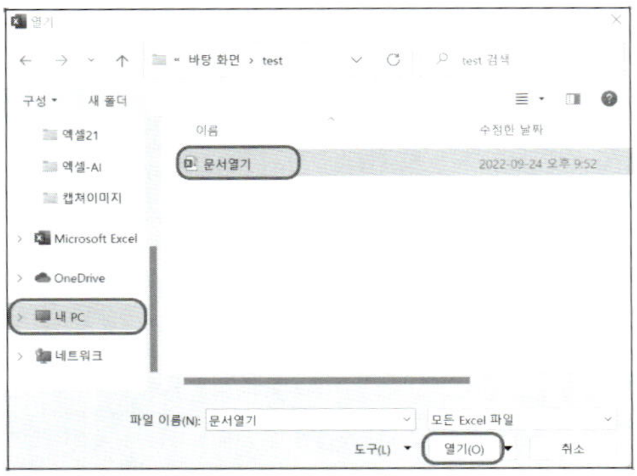

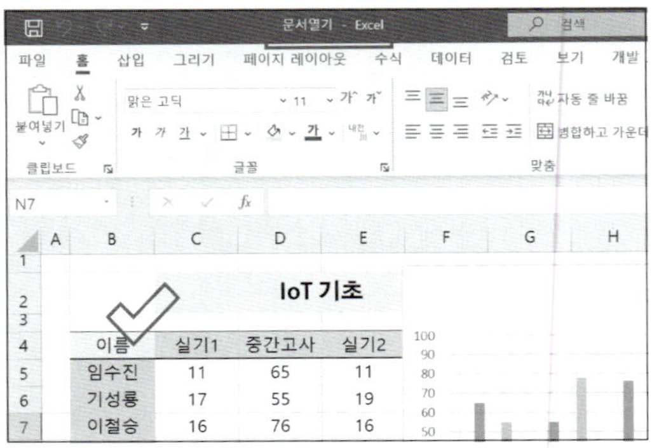

연습문제

01 다음의 Excel 기본 화면에 표시된 구성 요소들의 명칭과 기능을 표로 작성해 보세요.

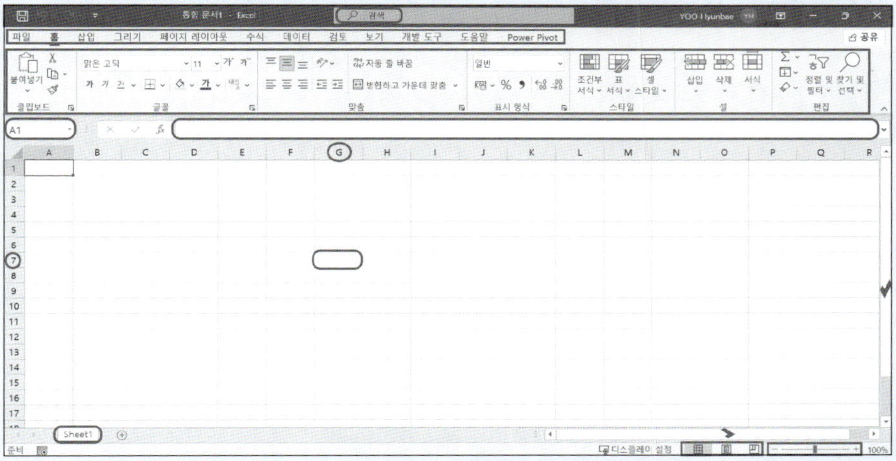

02 [삽입] 탭–[텍스트] 그룹에 있는 "머리글/바닥글" 버튼을 빠른 실행 도구 모음에 추가해 보세요.

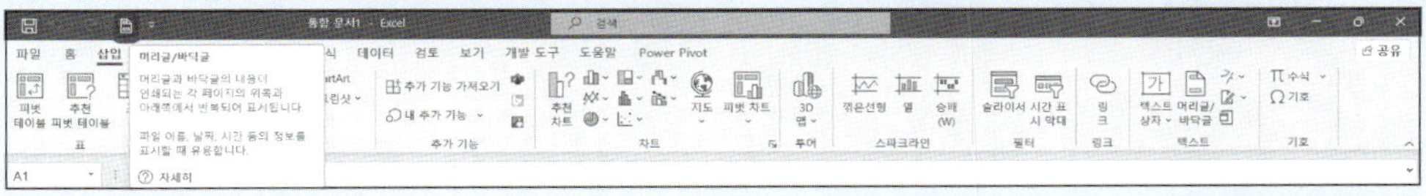

03 빠른 실행 도구 모음에서 "머리글/바닥글, 표, 그림 삽입" 버튼을 모두 삭제해 보세요.

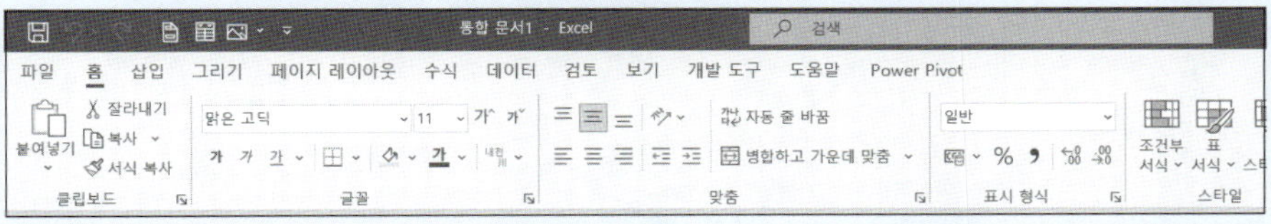

04 [파일] 탭에서 [Excel 옵션]의 [리본 사용자 지정]에서 [그리기] 탭을 숨겨 보세요.

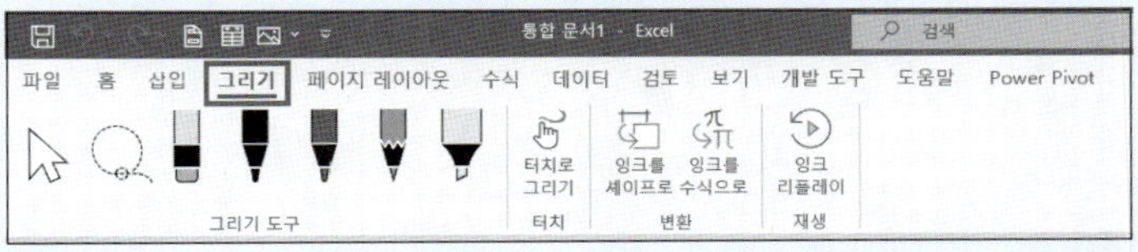

05 다음과 같이 통합 문서에 "열기 암호: 567, 쓰기 암호: 56789"를 설정하고 파일을 저장한 후, 그 저장된 파일을 열어서 암호 설정을 확인해 보세요.

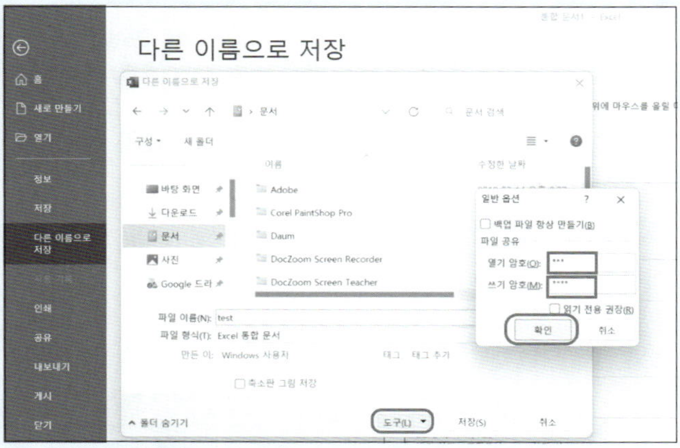

CHAPTER

02 표 작성

2.1 데이터 입력

Excel에서 데이터를 입력하려면 셀을 클릭하여 선택 상태로 만든 후 입력해야 합니다. 데이터는 문자 데이터와 숫자 데이터로 구분할 수 있으며 데이터 입력 방법은 같습니다.

본서에서는 특수문자(%, !, @, $, …), 문자와 숫자의 결합(1등, 실기1, 실기2, …), 문자와 특수문자 결합(수학*, 느낌!, …) 등을 문자(혹은 텍스트)로 표기합니다. 또한 문자와 숫자를 통합해서 글자로도 표기합니다.

2.1.1 데이터 입력하기

셀을 클릭하면, 해당 셀이 선택되고 셀 테두리는 녹색이 됩니다. 이것이 현재 조작 중인 셀이며 「액티브 셀」이라고 합니다.

데이터를 입력하면 셀 내에 커서가 표시됩니다. 입력을 확정하려면 Enter↵를 눌러야 합니다. 다시 Enter↵를 누르면 액티브 셀이 아래 셀로 이동합니다. 확정하기 전에 ESC를 누르면 입력이 취소됩니다.

실습

❶ 셀 B2를 클릭하면 액티브 셀은 B2가 됩니다.
❷ 문자('예수')를 입력하고,
❸ Enter↵를 누르면 액티브 셀이 아래 셀 B3으로 이동합니다.

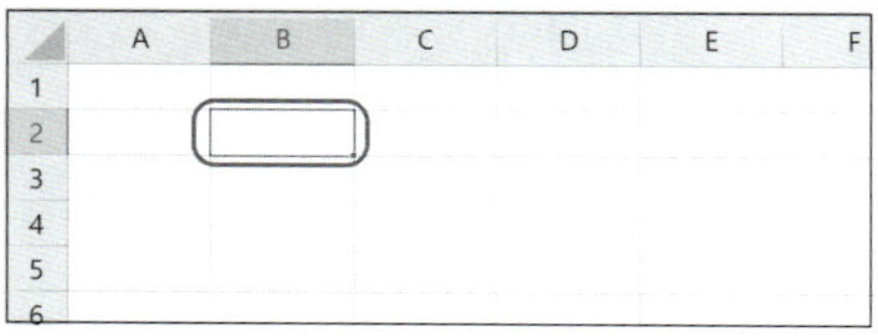

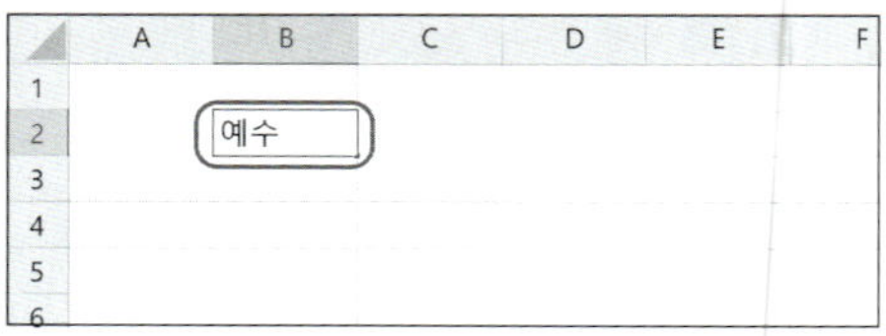

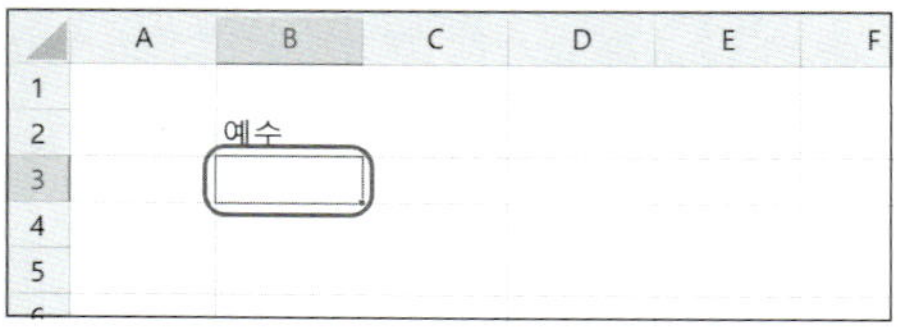

2.1.2 데이터 계속 입력하기

데이터를 계속 입력하기 위해서는 Enter↵ 혹은 Tab을 누르고 액티브 셀을 이동하면서 입력해야 합니다. Enter↵를 누르면 액티브 셀이 아래로, Tab을 누르면 오른쪽으로 각각 이동합니다. 마우스로 클릭하여 액티브 셀을 이동할 수도 있습니다.

실습

❶ 셀 B3에 문자('이름')를 입력하고 Enter↵가 아닌 Tab을 누르면,

❷ 액티브 셀이 오른쪽 셀로 이동합니다.

❸ Tab을 누르면서 같은 방법으로 문자('실기1, 중간고사, 실기2') 입력이 가능합니다.

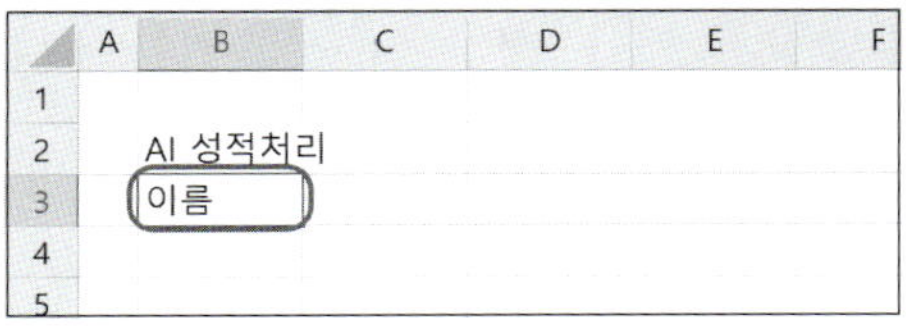

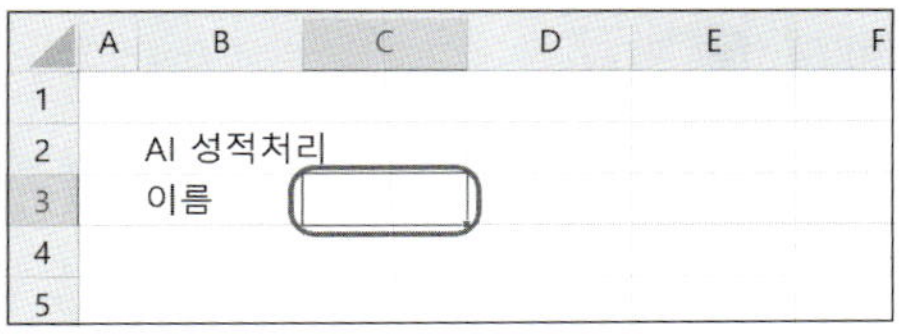

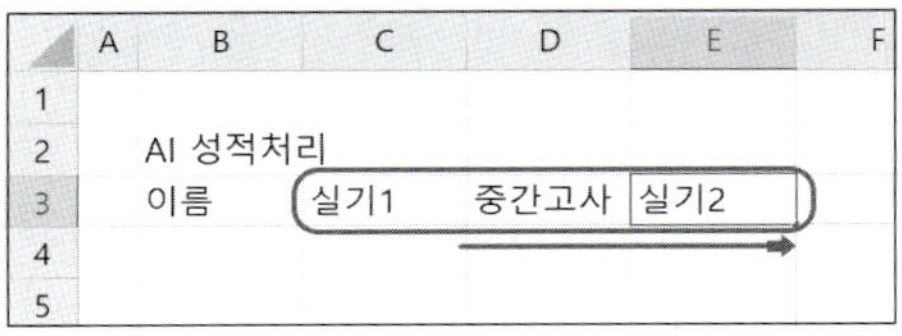

❹ 입력 중인 행 끝에 해당하는 셀 E3에서 Enter↵를 누르면 액티브 셀이 입력을 시작한 셀 바로 아래로 이동합니다. 단, 처음 입력부터 Tab으로 이동했을 때만 해당합니다.

❺ Enter↵를 누르면서 마찬가지로 문자를 입력할 수 있습니다.

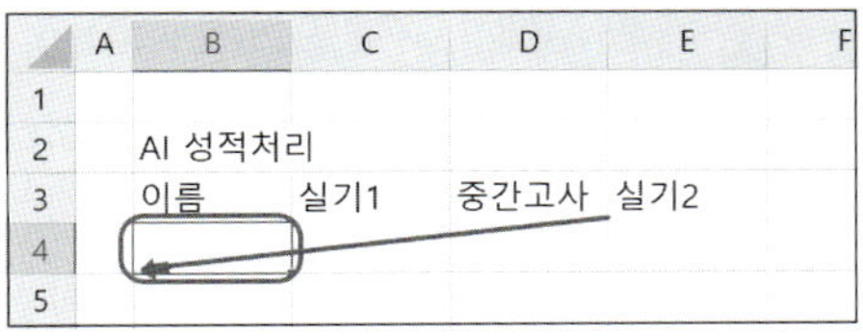

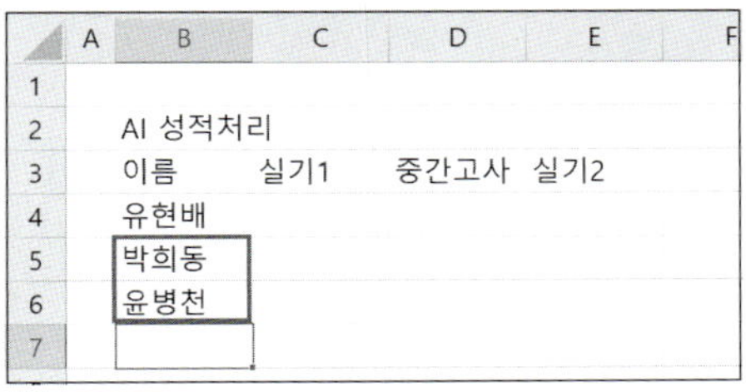

키보드 조작을 통한 액티브 셀 이동

액티브 셀 이동은 키보드 조작으로 실행할 수 있습니다. 데이터를 이어서 계속 입력하는 경우는 키보드 조작으로 이동하는 것이 편리합니다.

이동 위치	키보드 조작
오른쪽 셀	Tab 또는 →을 누름
왼쪽 셀	Shift + Tab 또는 ←을 누름
아래 셀	Enter↵ 또는 ↓을 누름
위 셀	Shift + Enter↵ 또는 ↑을 누름

셀 내에서 줄 바꿈

셀 내에서 문자를 고치고 싶을 때는 셀을 더블(두 번)클릭하거나 F2를 클릭해서 줄 바꿈 하려는 위치로 커서를 이동한 후, Alt + Enter↵를 누릅니다.

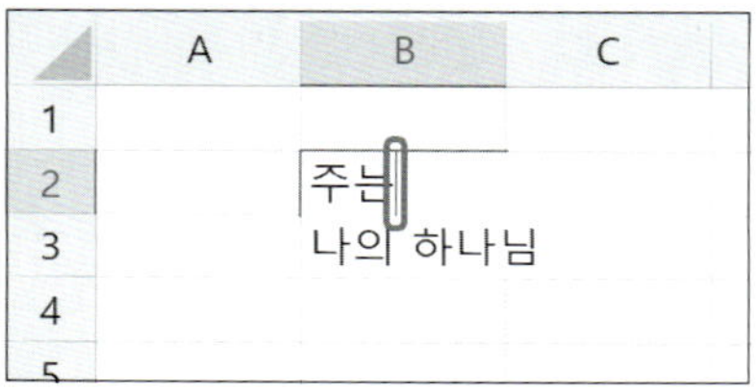

「0」부터 시작하는 숫자 데이터 입력하기

Excel에서는 숫자의 선두에 「0」(제로)을 붙여 입력하면 「0」은 사라져 버립니다. 「0」부터 시작하는 숫자를 입력하고 싶다면 「'01」, 「'001」과 같이 선두에 「'」(아포스트로피)를 붙여 숫자를 문자열로 입력합니다. 특히, 숫자를 문자열로써 입력하면 에러 인디케이터(indicator)가 표시되지만 무시해도 무방합니다.

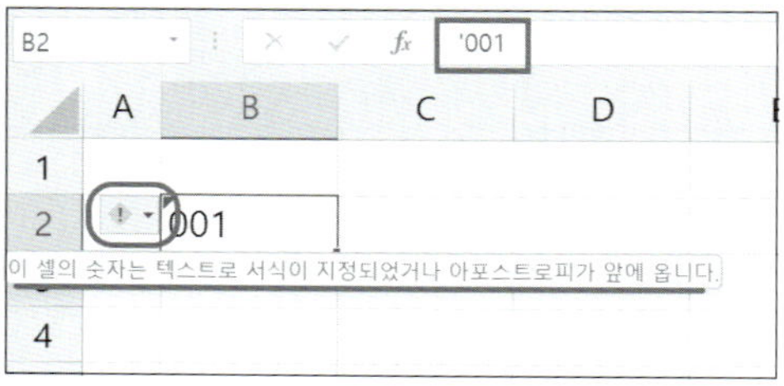

2.2 데이터 수정

셀에 입력한 데이터를 수정하기 위해서는 셀 내의 데이터를 모두 수정하는 방법과 데이터 일부를 수정하는 방법이 있습니다. 데이터를 모두 새로 입력하려면 셀에 직접 입력해야 합니다. 데이터 일부를 수정하는 경우는 셀이나 수식 입력줄을 이용합니다.

2.2.1 데이터 모두 바꾸기

셀 내의 데이터를 모두 바꾸려면 셀을 클릭하여 데이터를 입력해야 합니다. 해당 셀에 바꾸려는 데이터의 입력이 완료되면 기존의 데이터는 그 완료된 데이터로 교체됩니다. 입력을 확정하기 전에 ESC를 몇 번 누르면 데이터 수정이 취소됩니다.

실습

❶ 수정할 셀 C4를 선택합니다.

❷ 데이터 '퀴즈'를 입력하면 기존의 데이터 '실습1'이 삭제되고 퀴즈가 입력됩니다. ❸ Enter↵를 누르면 셀의 데이터 수정이 완료됩니다.

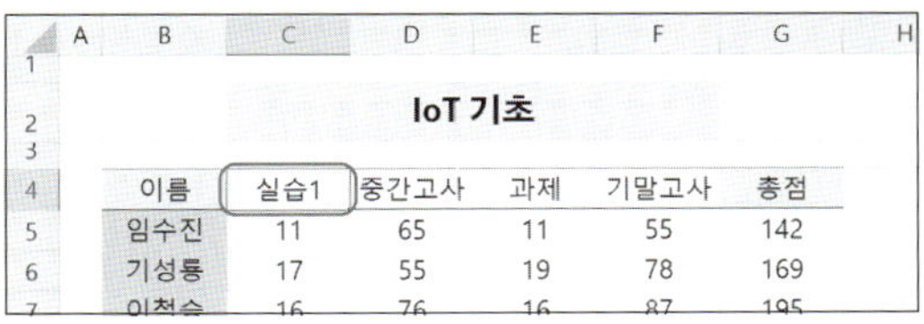

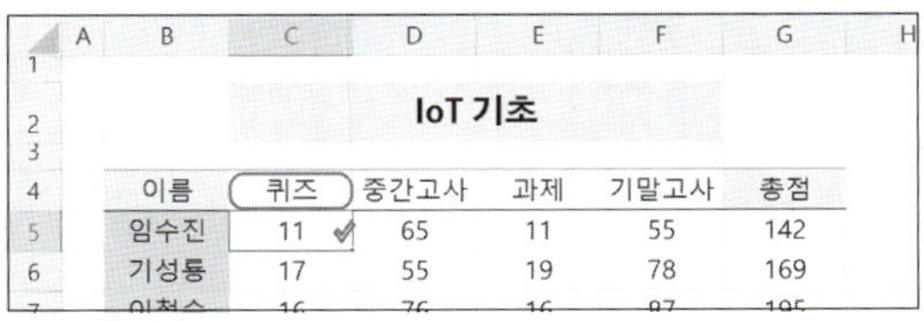

2.2.2 데이터의 부분 수정하기

셀 내의 데이터 일부를 수정하려면 원하는 셀을 더블클릭하거나 F2을 클릭한 후, 셀 내에 원하는 위치까지 커서를 이동하고 데이터를 입력해야 합니다. 커서 위치의 오른쪽 문자를 지울 때는 Delete, 왼쪽 문자를 지울 때는 Back Space를 각각 누릅니다.

셀 내의 데이터 수정은 수식 입력줄을 이용하여 수행할 수도 있습니다. 원하는 셀을 클릭하고 수식 입력줄을 클릭하면 수식 입력줄 내에 커서가 표시되고 데이터를 수정할 수 있게 됩니다.

실습

❶ 데이터를 수정할 셀 C2를 더블클릭하면,

❷ 셀 내에 커서가 표시됩니다. ❸ 수정하고자 하는 문자 'IOT' 앞으로 커서를 이동합니다.

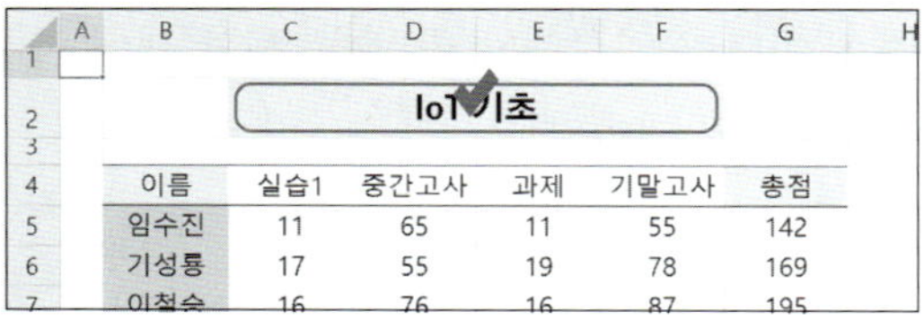

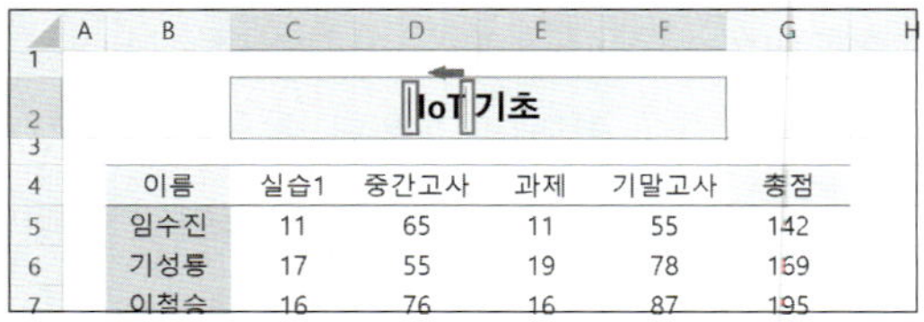

❹ 데이터 '메타버스'를 입력하면 커서 위치에 데이터가 입력됩니다. 삭제해야 할 'IoT'는 Delete를 이용해서 삭제합니다.

❺ Enter↵을 누르면 셀의 데이터가 수정됩니다.

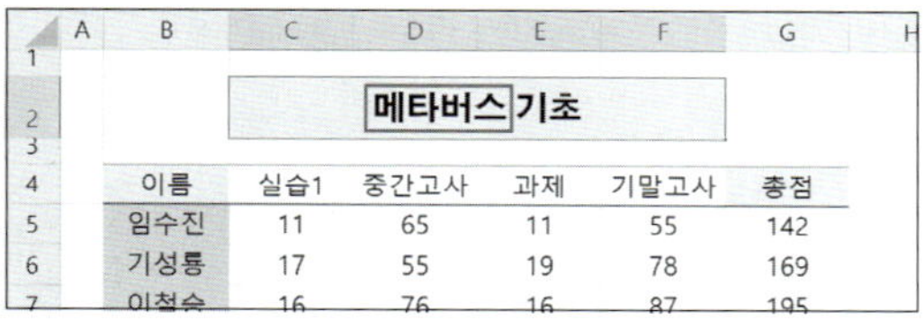

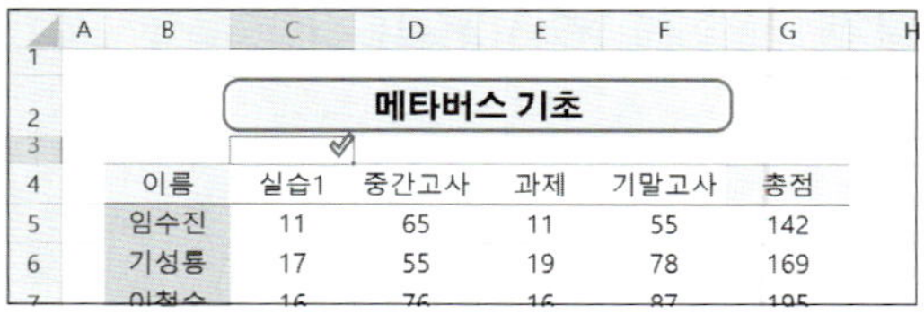

2.3 셀 범위 선택

데이터의 삭제나 복사, 이동 등을 실행할 때는 맨 처음 조작의 대상이 되는 셀이나 셀 범위를 선택합니다. 여기에서는 여러 개의 셀 범위를 선택하거나 떨어진 곳에 있는 셀을 동시에 선택하거나 줄 단위로 선택하는 방법을 소개합니다.

2.3.1 셀 범위 선택하기

셀 범위를 선택할 때는 선택 범위의 시작점이 되는 셀에 마우스 포인터를 맞춰서 끝점이 되는 셀까지 드래그(drag)합니다. 또한 선택 범위의 시작점이 되는 셀을 클릭한 직후에 Shift를 누르면서 끝점이 되는 셀을 클릭해도 선택됩니다.

드래그 조작으로 셀 범위를 선택할 때는 마우스 포인터의 형태가 ✥의 상태로 실행됩니다. 셀 내에 커서가 표시되어 있을 때나 마우스 포인터의 모양이 ✥이 아닐 때는 셀 범위를 선택할 수 없습니다.

실습

❶ 선택 범위의 시작점이 되는 셀 B5에 마우스 포인터를 맞춘 상태에서 클릭하고, ❷ 클릭한 상태 그대로 끝점이 되는 셀 F8까지 드래그합니다. ❸ 마우스 버튼을 놓으면 셀 범위가 선택됩니다.

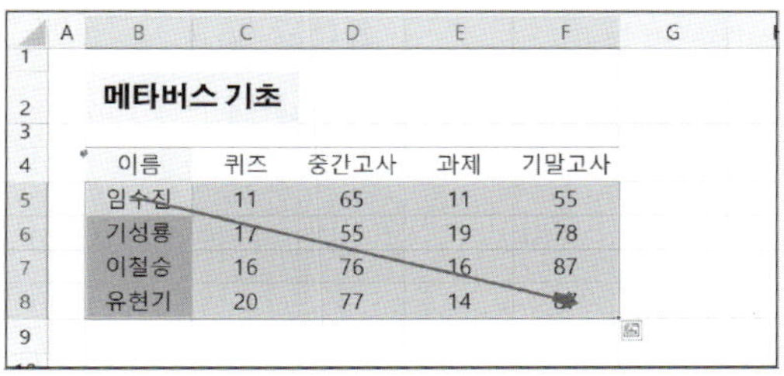

2.3.2 떨어진 위치에 있는 셀 선택하기

떨어진 위치에 있는 여러 셀을 동시에 선택하고 싶을 때는 선택할 첫 번째 셀을 클릭한 다음 Ctrl를 누른 상태를 유지하면서 선택하고 싶은 셀을 클릭 또는 드래그합니다. 한편, 셀 선택을 해제하려면 임의의 어느 하나의 셀을 클릭해야 합니다.

실습

❶ 선택하고자 하는 첫 번째 셀 B5를 클릭합니다.

❷ Ctrl를 누르면서 다른 셀 D5~D6을 드래그하면, ❸ 떨어진 위치에 있는 셀이 추가 선택됩니다.

❹ 이어서 Ctrl를 누르면서 다른 셀 범위 F5~F8을 드래그하면, ❺ 떨어진 위치에 있는 여러 셀 범위가 추가 선택됩니다.

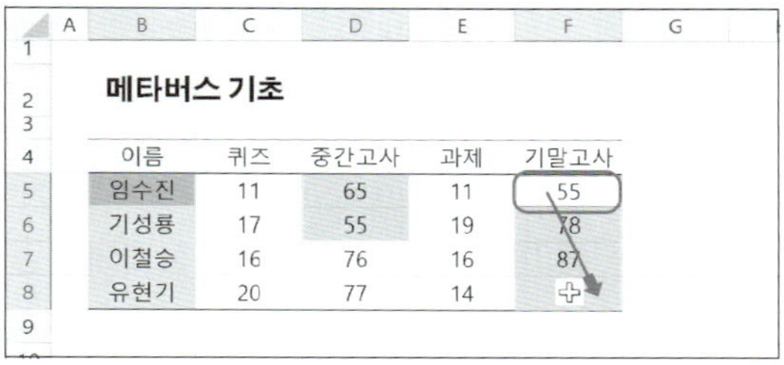

2.3.3 행과 열 선택하기

열을 선택하려면 열 번호를 클릭해야 합니다. 떨어진 위치에 있는 열을 동시에 선택할 때는 첫 번째 열 번호를 클릭한 다음 Ctrl를 누르면서 다른 열 번호를 클릭합니다.

실습

❶ 열 번호 C를 클릭하면 C열 전체가 선택됩니다.

❷ Ctrl를 누르면서 다른 열 번호 F를 클릭하면 떨어진 위치에 있는 F열이 추가로 선택됩니다.

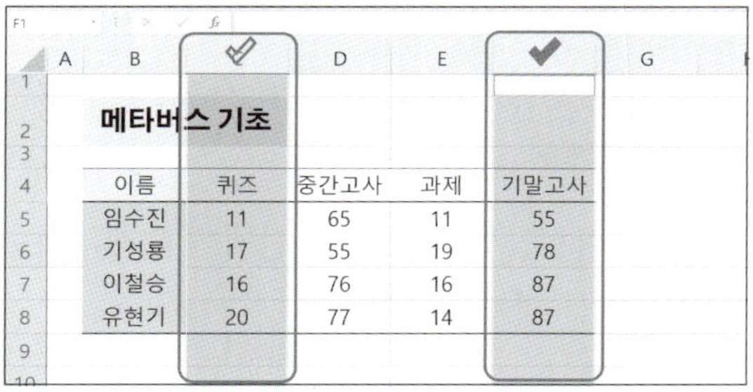

실습

행이나 열을 묶어서 선택하는 경우는 해당 행 번호나 해당 열 번호를 드래그합니다. 행이나 열을 한꺼번에 선택함으로써 행/열 단위로 복사하거나 이동, 삽입, 삭제 등을 할 수 있습니다.

❶ 열 번호 C~F를 드래그하면 여러 열이 선택됩니다.

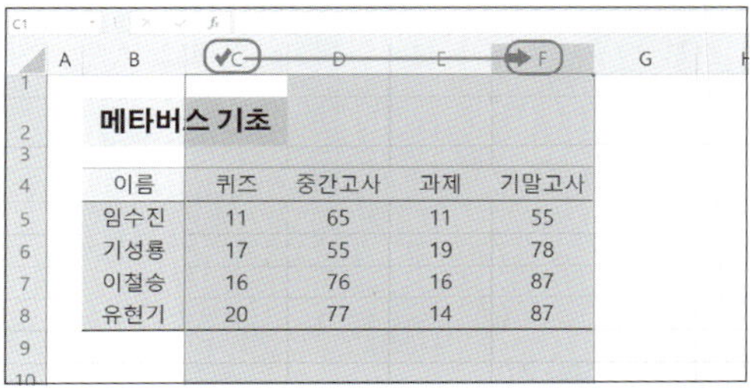

행 선택

❶ 한 행 번호 4에 마우스 포인터를 맞추어 클릭하면, ❷ 4행 전체가 선택됩니다.

❸ Ctrl를 누르면서 다른 행 번호 7을 클릭하면 ❹ 떨어진 위치에 있는 7행이 추가 선택됩니다.

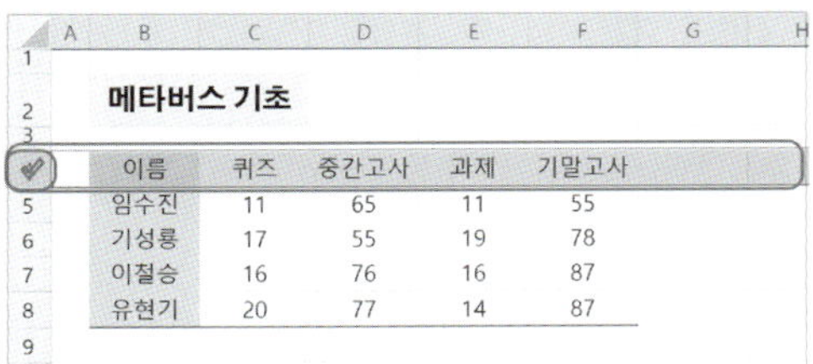

2.3.4 선택 범위에서 일부 셀의 선택 해제하기

선택 범위에서 셀 선택을 개별적으로 해제하려면 Ctrl를 누르면서 셀을 클릭해야 합니다. 여러 셀을 한꺼번에 해제하려면 Ctrl를 누르면서 셀 범위를 드래그해야 합니다.

행이나 열을 묶어서 선택한 경우, 일부 행이나 열 선택을 해제하려면 Ctrl를 누르면서 선택을 해제하고자 하는 행이나 열 번호를 클릭해야 합니다.

셀 선택을 클릭 조작으로 해제하기

❶ 여러 셀 범위를 선택: 먼저 셀 D4~F4를 선택한 후, Ctrl를 누른 상태에서 셀 C4~C8을 선택합니다.

❷ Ctrl를 누르면서 선택을 해제하고자 하는 셀 E4, F4를 클릭합니다. ❸ 클릭한 셀의 선택이 해제됩니다.

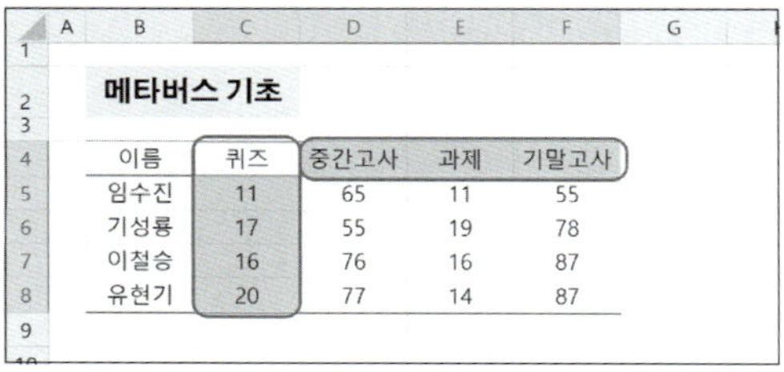

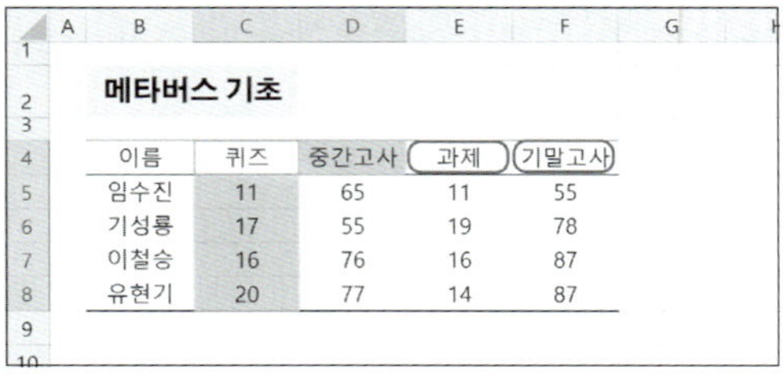

셀 선택을 드래그 조작으로 해제하기

❶ 여러 셀 범위 B4~F8을 선택하여,

❷ Ctrl를 누르면서 선택을 해제하고자 하는 셀 범위를 드래그합니다.

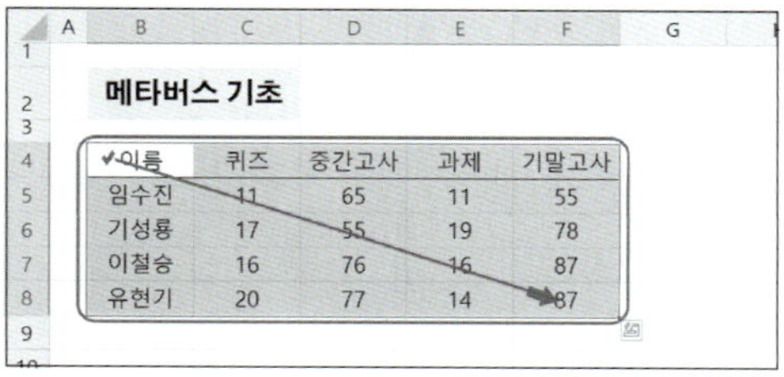

❸ 드래그한 범위의 셀 선택이 한꺼번에 해제됩니다.

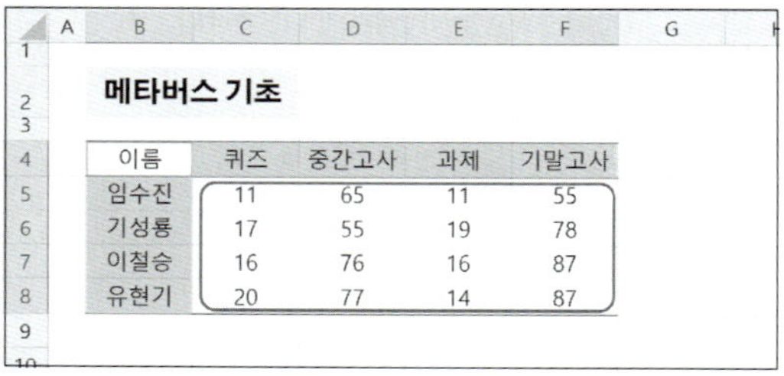

2.4 데이터 삭제

셀에 입력한 데이터가 필요 없게 된 경우는 삭제합니다. 데이터를 삭제하고자 하는 셀을 클릭하고 Delete를 누릅니다. 여러 셀의 데이터를 삭제하려면 데이터를 삭제할 셀 범위를 드래그하여 선택하고 Delete를 눌러야 합니다.

2.4.1 데이터 삭제하기

셀에 입력한 데이터는 셀을 선택해서 Delete를 눌러 삭제합니다. 또, [홈] 탭의 [편집]을 클릭한 후, [지우기]를 클릭해서 원하는 지우기 기능을 이용하거나, 해당 셀 위에서 마우스 우클릭해서 [삭제]를 클릭해도 마찬가지로 삭제할 수 있습니다.

실습

❶ 데이터를 삭제할 셀 D4를 클릭해서, ❷ Delete를 누르면
❸ 셀의 데이터가 삭제됩니다.

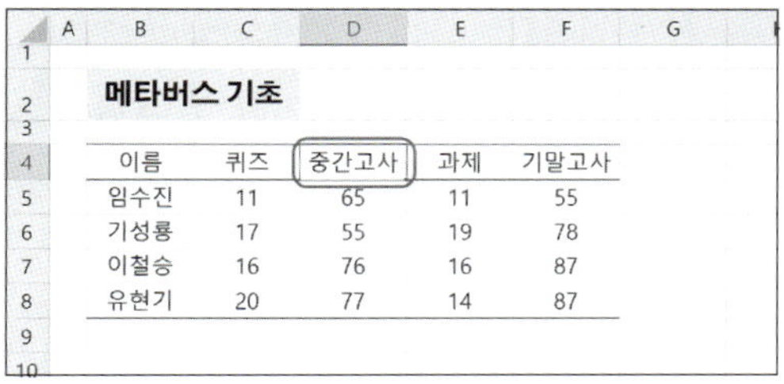

메타버스 기초

이름	퀴즈	중간고사	과제	기말고사
임수진	11	65	11	55
기성룡	17	55	19	78
이철승	16	76	16	87
유현기	20	77	14	87

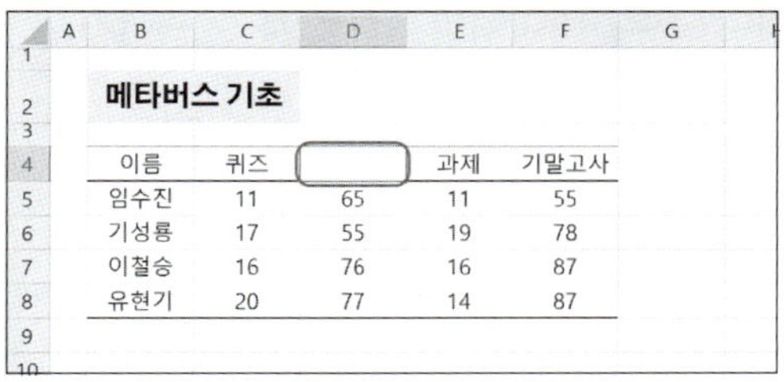

메타버스 기초

이름	퀴즈		과제	기말고사
임수진	11	65	11	55
기성룡	17	55	19	78
이철승	16	76	16	87
유현기	20	77	14	87

2.4.2 복수의 셀 데이터 삭제하기

실습

❶ 데이터를 삭제할 셀 범위의 시작점이 되는 셀 C5에 마우스 포인터를 맞추고,

❷ 그대로 끝점이 되는 셀까지 드래그해서 셀 범위 C5~F8을 선택합니다. ❸ Delete를 누르면,

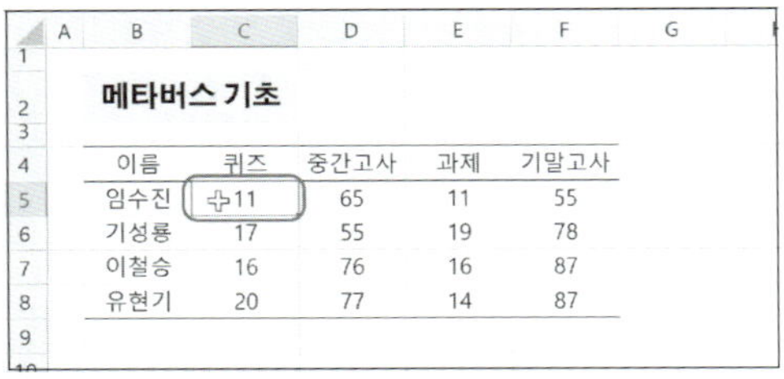

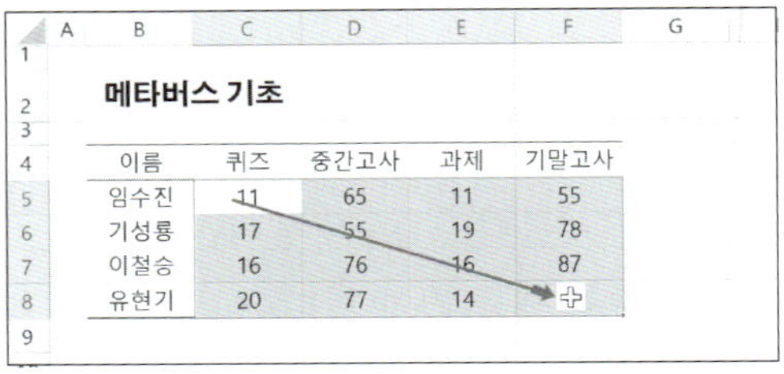

❹ 선택한 셀 범위의 데이터가 삭제됩니다.

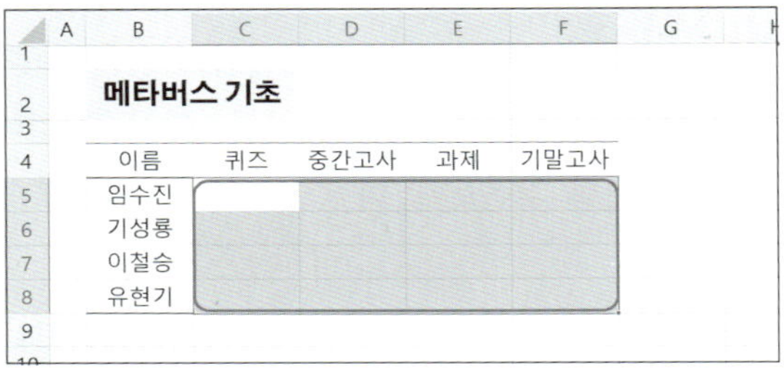

행이나 열의 데이터를 한 번에 삭제하기

행이나 열에 입력된 데이터를 한 번에 삭제하려면 행 머리글이나 열 머리글을 선택하고 Delete를 눌러야 합니다. 데이터를 삭제하고 싶은 행 머리글 5~7을 Ctrl을 누르면서 연속해서 선택하고 Delete를 누릅니다.

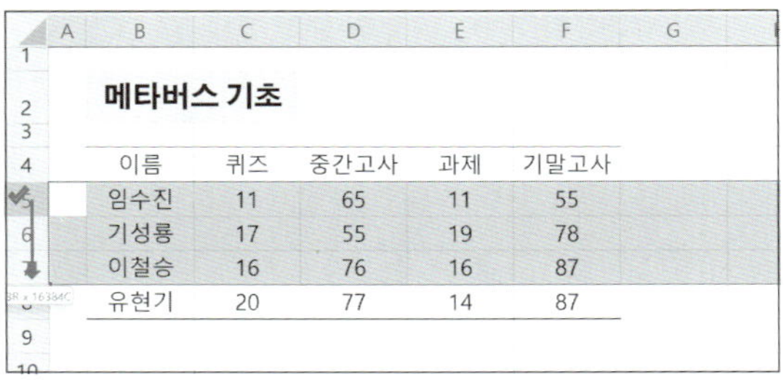

2.5 데이터 이동과 복사

셀 내에 입력한 데이터를 이동하는 방법에는 [홈] 탭의 [잘라내기]와 [붙여넣기] 사용하기, 마우스로 드래그하기, 단축키 사용 등이 있습니다.

2.5.1 [잘라내기]와 [붙여넣기]로 데이터 이동하기

[자르기](단축키 Ctrl + X)와 [붙여넣기](단축키 Ctrl + V)를 사용하는 경우, 데이터는 일시적으로 클립보드에 보관됩니다.

「클립보드」란 Windows 기능의 하나로, [복사] 또는 [잘라내기] 기능을 이용할 때 데이터가 일시적으로 보관되는 장소를 말합니다. 클립보드에 보관된 데이터는 다른 데이터를 복사하거나 잘라낼 때까지 보관되기 때문에 여러 번 반복하여 이용할 수 있습니다.

실습

❶ 이동할 셀 B2를 클릭하여, ❷ [홈] 탭의 [잘라내기]를 클릭합니다. 이동할 원본 셀 범위가 파선(broken line)으로 둘러싸여 있는 동안에는 Esc를 누르면 이동을 취소할 수 있습니다.

❸ 이동 위치의 셀 E2를 클릭하여 ❹ [홈] 탭의 [붙여넣기]를 클릭하면,

❺ 선택한 셀이 이동됩니다.

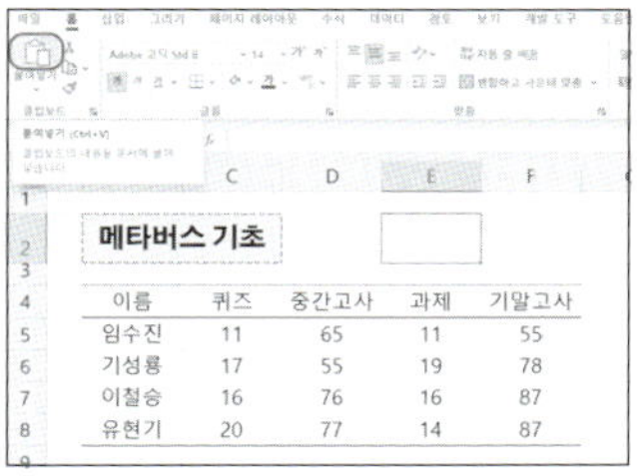

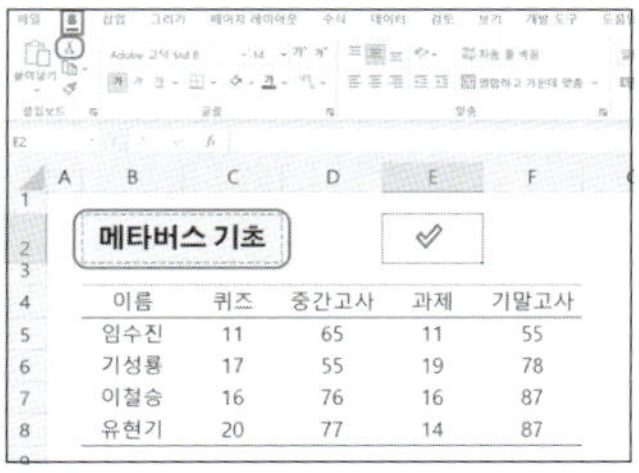

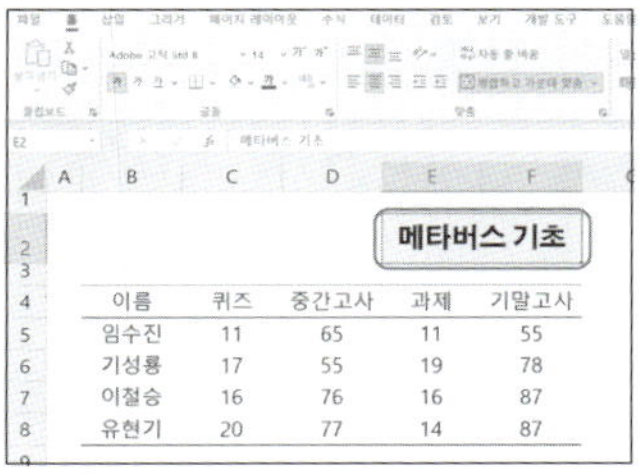

2.5.2 드래그 조작으로 데이터 이동하기

드래그 조작으로 데이터를 이동하면 클립보드에 데이터가 보관되지 않기 때문에 데이터는 한 번 밖에 붙일 수 없습니다. 또한 이동 위치의 셀에 데이터가 입력되어 있으면 내용의 대체 여부를 확인하는 대화상자가 나타납니다.

실습

❶ 이동할 셀 범위 B4~F6를 선택하여, ❷ 셀 테두리에 마우스 포인터를 맞추면 마우스 포인터의 모양이 바뀝니다.

❸ 이동 위치로 드래그하여 마우스의 버튼을 떼면, ❹ 선택한 셀이 이동됩니다.

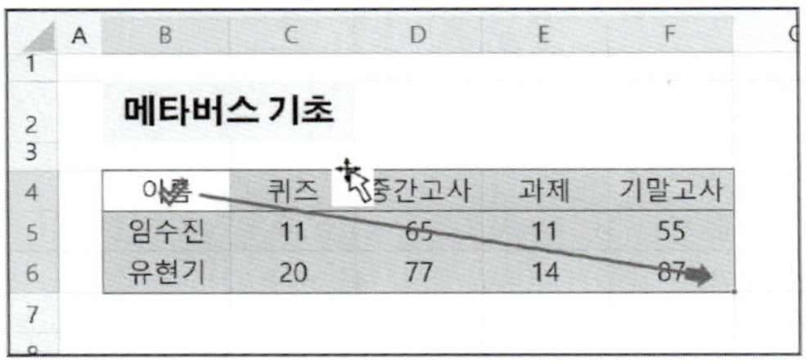

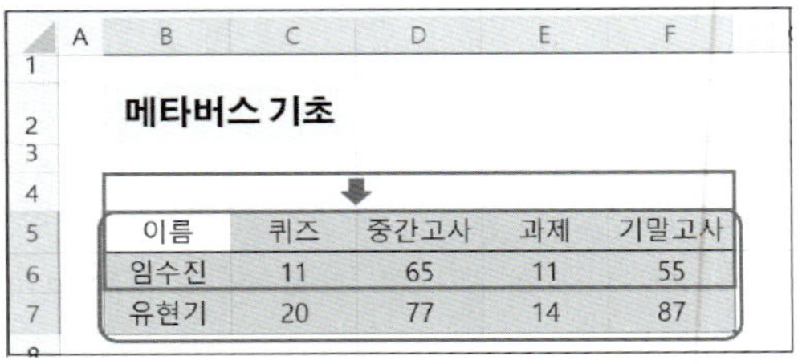

2.5.3 [복사]와 [붙여넣기]로 데이터 복사하기

셀 내에 입력한 데이터를 복사하는 방법에는 [홈] 탭의 [복사] 또는 [붙여넣기] 사용, 마우스로 드래그하기, 단축키 사용 등이 있습니다. [복사](단축키 Ctrl + C)와 [붙여넣기](단축키 Ctrl + V)를 사용하는 경우, 데이터는 일시적으로 클립보드에 보관됩니다.

복사 원본 셀 범위가 파선(broken line)으로 둘러싸여 있는 동안은 데이터를 몇 번이라도 붙여넣을 수 있습니다. 또한 파선이 표시된 상태에서 Esc를 누르면 파선이 사라지고 복사가 해제됩니다.

실습

❶ 복사할 셀 B2를 클릭해서, ❷ [홈] 탭의 [복사]를 클릭합니다.

❸ 붙여넣을 위치의 셀 B8을 클릭하고, ❹ [홈] 탭의 [붙여넣기]를 클릭하면,

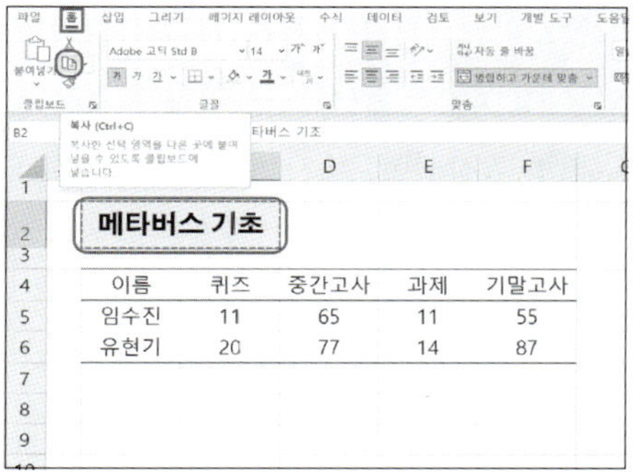

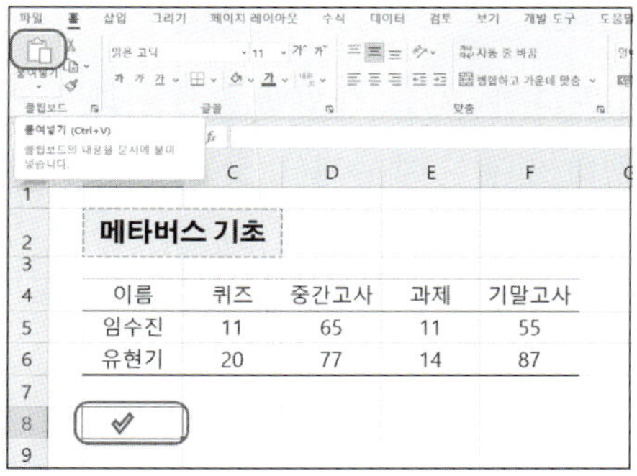

❺ 선택한 셀이 붙여넣어집니다.

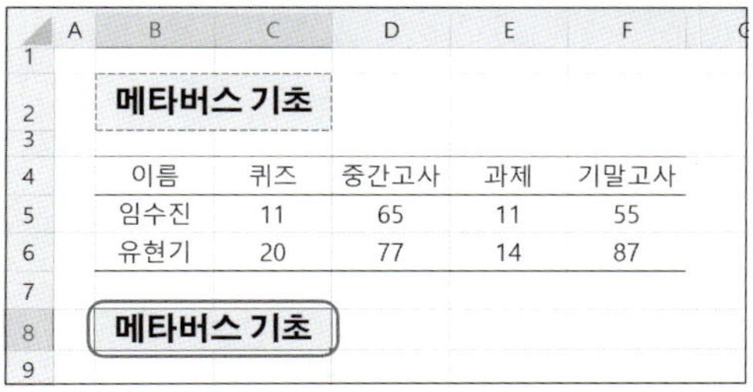

2.5.4 드래그 조작으로 데이터 복사하기

실습

❶ 복사할 셀 범위 B4~F4를 선택합니다. ❷ 셀 테두리에 마우스 포인터를 맞추고 Ctrl를 누르면 마우스 포인터의 모양이 바뀝니다.

❸ Ctrl를 누르면서 드래그합니다. ❹ 표시되는 테두리를 원하는 위치에 맞게 마우스 버튼을 떼면, ❺ 선택한 셀 범위가 복사됩니다.

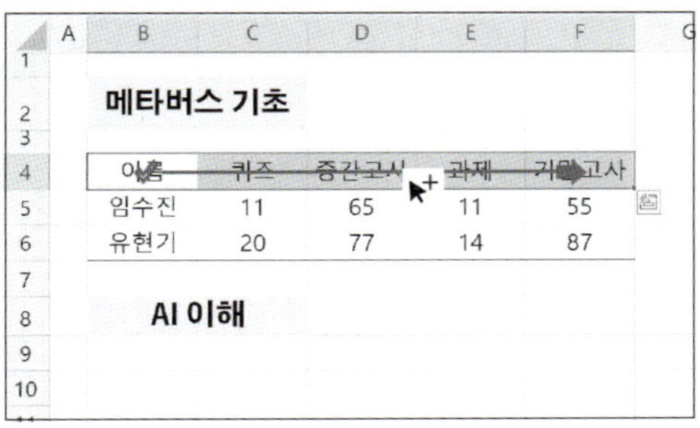

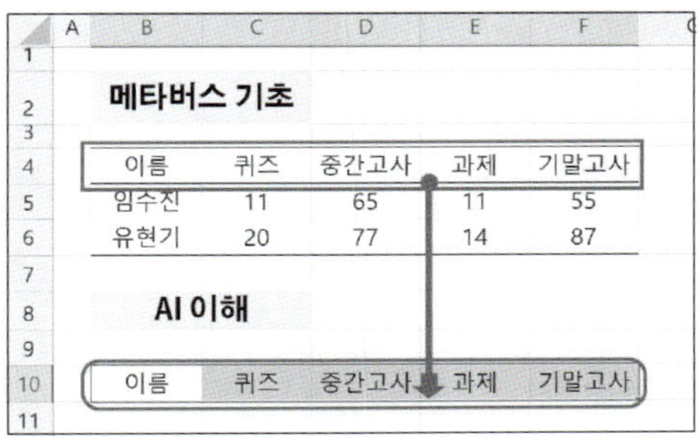

붙여넣기 옵션

데이터를 붙인 뒤, 그 셀의 오른쪽 아래에 표시되는 [붙여넣기 옵션]을 클릭하면 붙인 후에 결과를 수정하기 위한 메뉴가 표시됩니다. 다만, 드래그 조작으로 복사할 경우는 표시되지 않습니다. 보다 상세한 것은 "3.10 붙여넣기 옵션"(77 페이지)에서 설명하겠습니다.

❶ [붙여넣기 옵션]을 클릭하면, ❷ 결과를 수정하기 위한 메뉴가 나타납니다.

2.6 날짜 입력

날짜를 입력하려면 「년, 월, 일」을 나타내는 숫자를 「/」(슬래시) 또는 「−」(하이픈)으로 구분하여 입력해야 합니다.

2.6.1 올해의 날짜 입력하기

올해의 날짜를 입력할 때는, 「월, 일」을 나타내는 숫자를 「/」(슬래시) 또는 「−」(하이픈)으로 구분하여 입력합니다. 그러면 자동으로 날짜 스타일이 설정되어 「12월 25일」과 같이 표시됩니다.

실습

❶날짜를 입력하는 셀 F3를 클릭하고, 월과 일을 「/」(슬래시)로 구분하면서 '12/25'를 입력합니다.
❷ Enter↵를 누르면, ❸ 날짜 '12월 25일'이 입력됩니다.

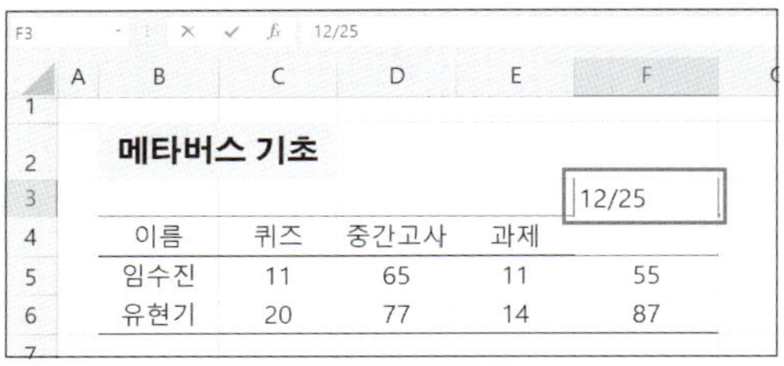

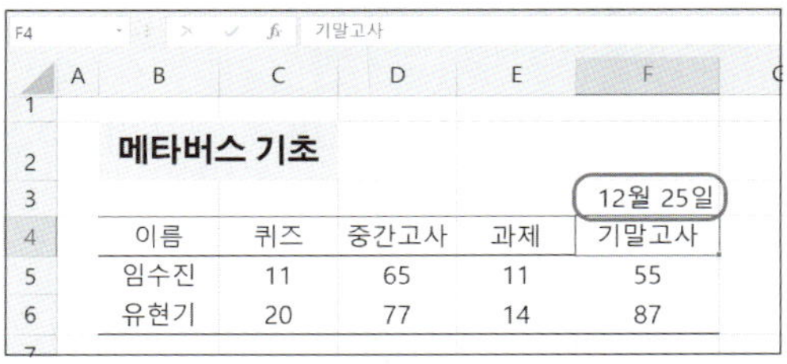

입력한 날짜 확인하기

월과 일을 입력하면 셀에는 「12월 25일」과 같이 표시됩니다. 하지만 실제로는 「2022/12/25」처럼 「년」도 포함한 데이터가 입력되고 있습니다. 날짜를 입력한 셀 F3의 수식 입력줄에서 확인할 수 있습니다.

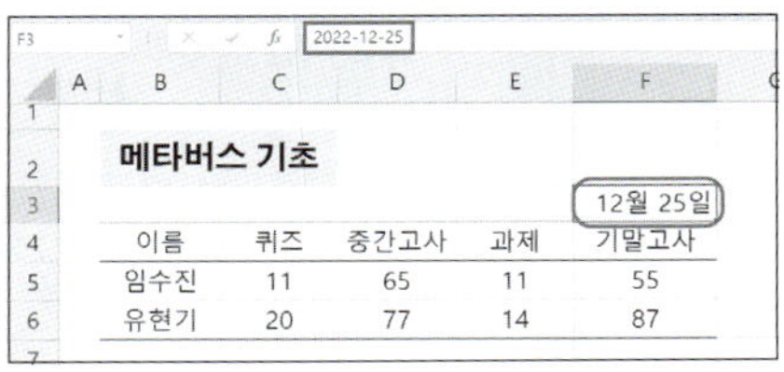

2.6.2 올해 이외의 날짜 입력하기

과거나 미래의 날짜를 입력할 때는, 「년, 월, 일」을 나타내는 숫자를 「/」(슬래시) 또는 「–」(하이픈)으로 구분하여 입력합니다. 그러면 「2020/08/15」와 같이 표시됩니다. 「2020년 08월 15일」과 같이 표시할 수도 있습니다.

실습

❶ 날짜를 입력할 셀 D5를 클릭하고 년, 월, 일을 「/」(슬래시)로 구분하여 '2002/3/1'을 입력합니다. ❷ Enter↵를 누르면, ❸ 날짜 '2002–03–01'이 입력됩니다.

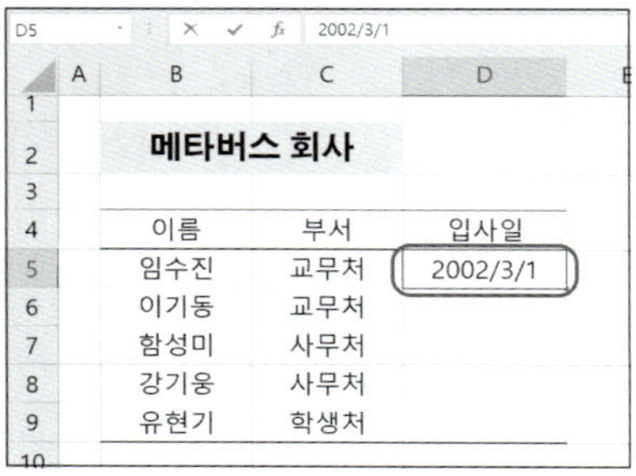

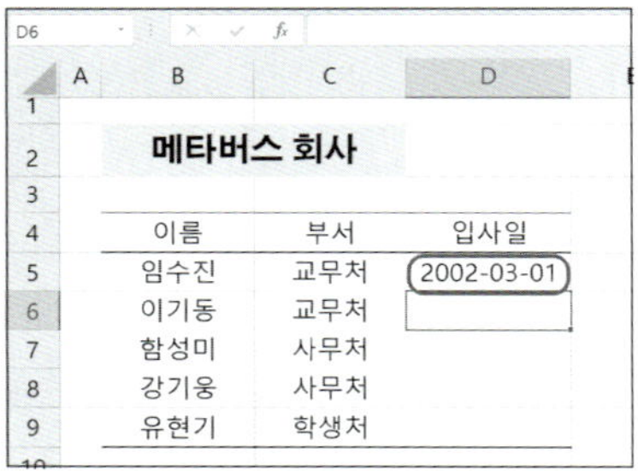

2.6.3 오늘 날짜 입력하기

셀을 클릭하고 Ctrl를 누르면서 ; (세미콜론)을 누르면 오늘 날짜를 자동으로 입력할 수 있습니다. 만일 오늘의 날짜가 '2022년 12월 25일'일 경우, 「2022–12–25」과 같이 표시됩니다.

실습

❶ 셀 D3를 클릭하고 Ctrl를 누르면서 ;(세미콜론)을 누르면, ❷ 순서 ❶을 실행한 시점의 현재 날짜 「2022–12–25」이 자동으로 입력될 수 있습니다.

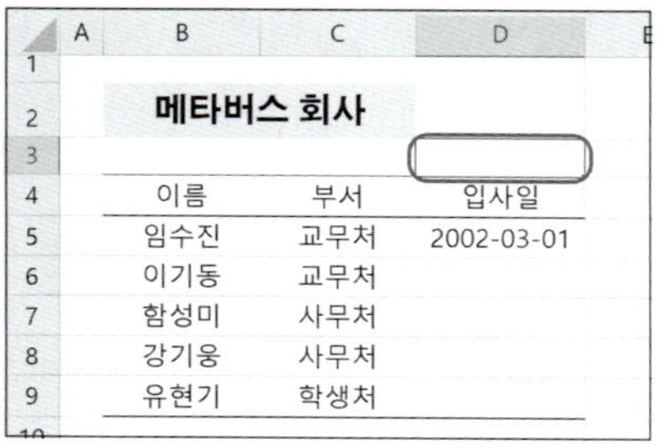

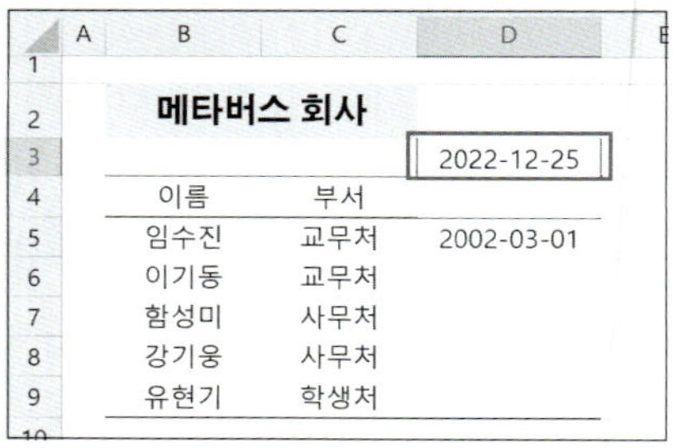

2.7 동일 데이터와 연속 데이터 입력

같은 데이터나 연속되는 데이터를 빠르게 입력하기 위해 자동 채우기(auto fill) 기능을 이용하면 편리합니다. 「자동 채우기(auto fill)」는, 임의의 셀 데이터를 기준으로 동일 데이터 또는 연속 데이터를 빠르게 입력(채우기)하는 기능입니다.

2.7.1 동일 데이터 빠르게 입력하기

연속 데이터로 여겨지지 않는 데이터 또는 숫자만 입력된 셀을 선택하고, 자동 채우기 핸들(마우스 포인트를 셀 테두리의 오른쪽 아래 모서리에 맞추면 나타나는 「+」 기호)을 아래 혹은 오른쪽으로 드래그하면 데이터가 복사됩니다.

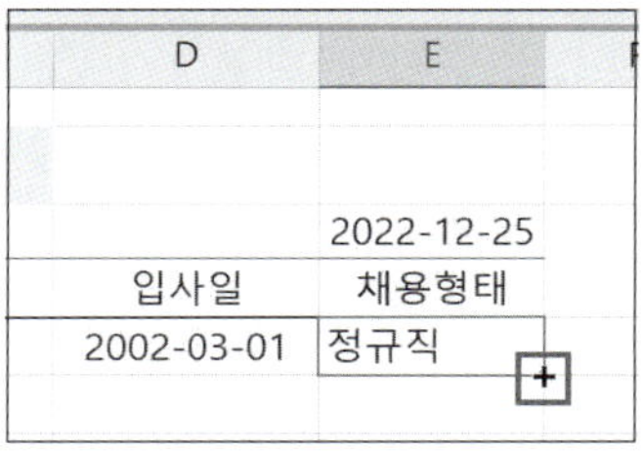

실습

❶ 데이터가 입력된 셀 E5를 클릭합니다. ❷ 셀 E5에서 자동 채우기 핸들이 표시되면,

❸ 채우기 핸들을 셀 E9까지 드래그합니다.

❹ 마우스 버튼을 놓으면 동일 데이터가 입력됩니다.

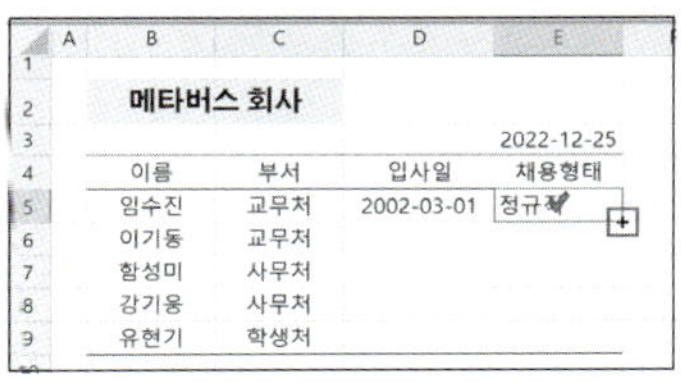

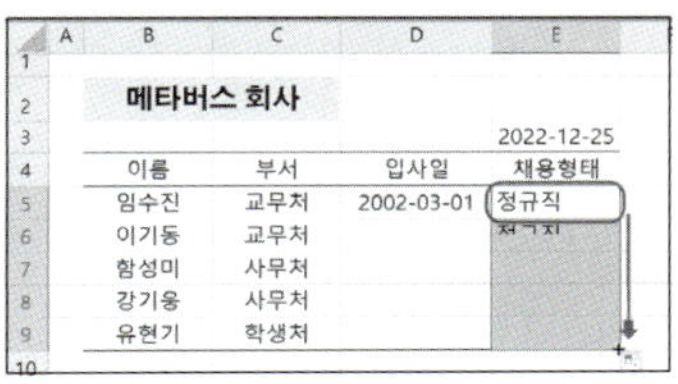

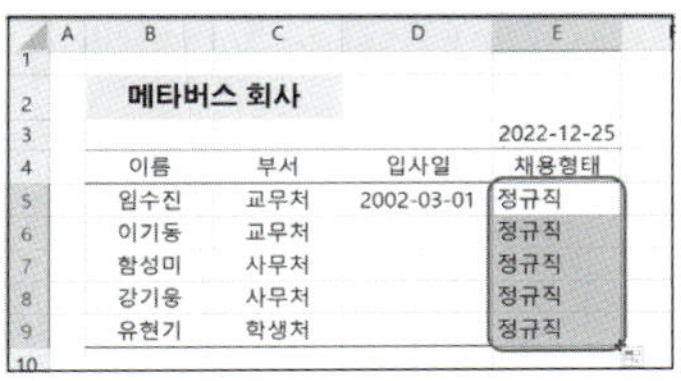

2.7.2 연속 데이터를 빠르게 입력하기

자동 채우기 기능을 사용해 연속되는 숫자를 입력하려면 다음 실습의 순서와 같이, 채우기 핸들을 드래그한 직후에 표시되는 [자동 채우기 옵션]을 클릭하고 원하는 데이터 채우기 옵션을 선택해야 합니다. 자동 채우기의 동작은 다음 실습 순서 ❸과 같이, [자동 채우기 옵션]을 클릭하여 변경할 수 있습니다. 자동 채우기 옵션에 표시되는 메뉴는 입력한 데이터의 종류에 따라 달라집니다.

연속되는 숫자를 입력하는 기타 방법으로는 숫자가 입력된 셀을 선택하고 Ctrl를 누르면서 채우기 핸들을 드래그해도 숫자 연속 데이터를 채울 수 있습니다.

실습

❶ 숫자 데이터가 입력된 셀 B4를 선택하고 채우기 핸들을 셀 B8까지 드래그한 후,

❷ 셀 B8의 위에서 마우스의 버튼을 뗍니다.

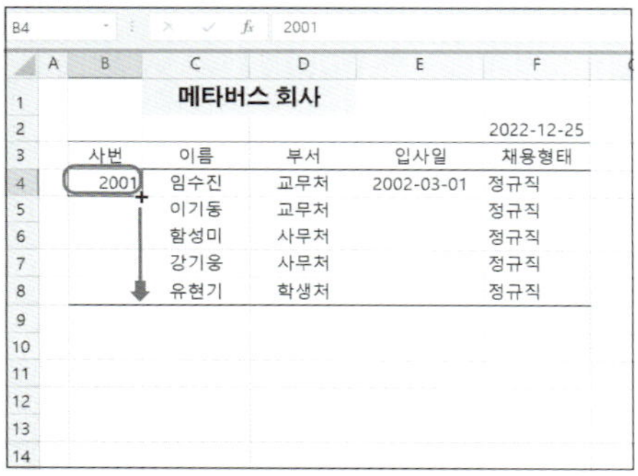

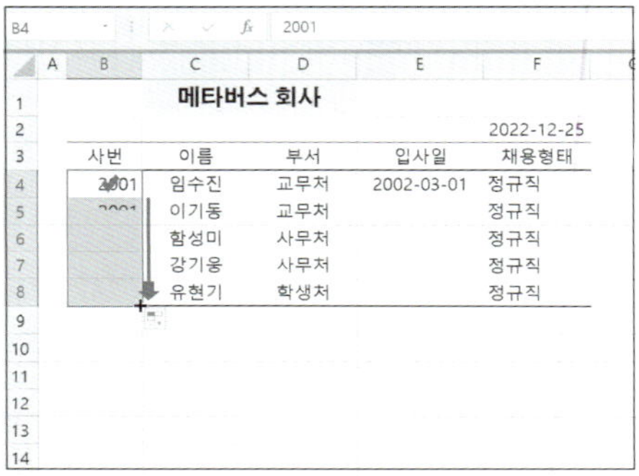

❸ [자동 채우기 옵션]을 클릭하여, ❹ [연속 데이터 채우기]를 클릭하면,

❺ 셀 B4~B8까지 연속되는 데이터가 입력됩니다.

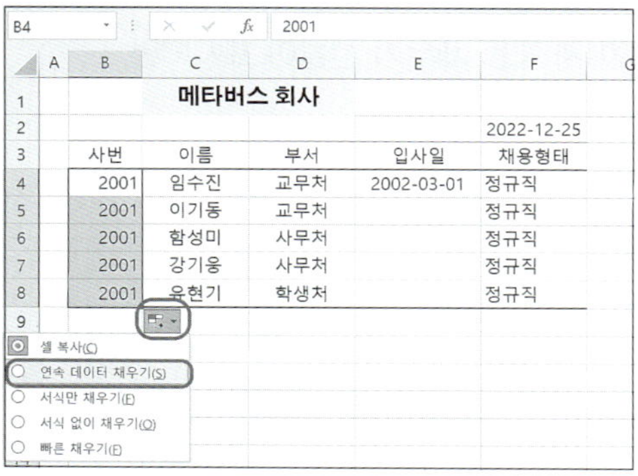

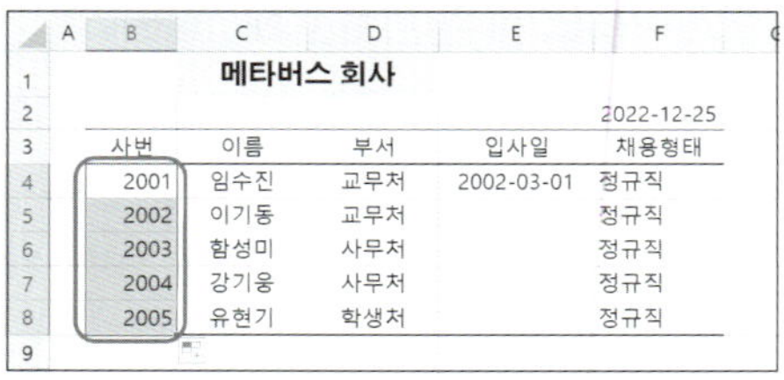

2.8 날짜 및 요일 연속 데이터 입력

연속된 날짜와 요일을 빠르게 입력하기 위해 자동 채우기 기능을 이용하면 편리합니다. 연속된 날짜뿐만 아니라 3일 간격, 1주일 간격, 1개월 간격 등의 날짜를 빠르게 입력할 수 있습니다.

2.8.1 연속된 날짜 입력하기

실습

❶ 날짜 데이터 '10월3일'이 입력된 셀 B3를 클릭해서,

❷ 채우기 핸들을 셀 B9까지 드래그하면, ❸ 연속된 날짜가 입력됩니다.

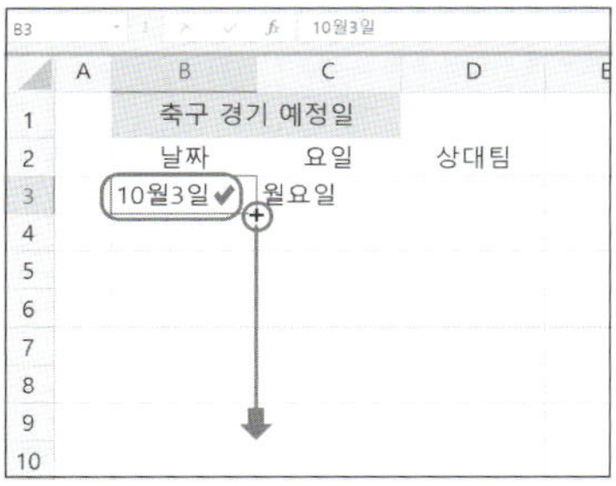

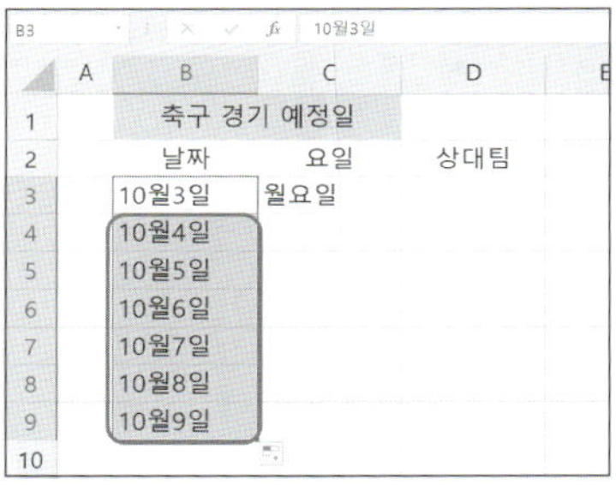

정해진 간격의 날짜 입력하기

2일 간격, 5일 간격 등 정해진 간격의 날짜를 연속해서 입력할 수도 있습니다. 간격을 띄운 날짜가 입력된 2개의 셀을 선택한 후, 채우기 핸들을 드래그합니다.

❶ 간격을 둔 날짜를 입력한 2개의 셀 B3와 B4를 선택하고,

❷ 셀 B10까지 채우기 핸들을 드래그합니다.

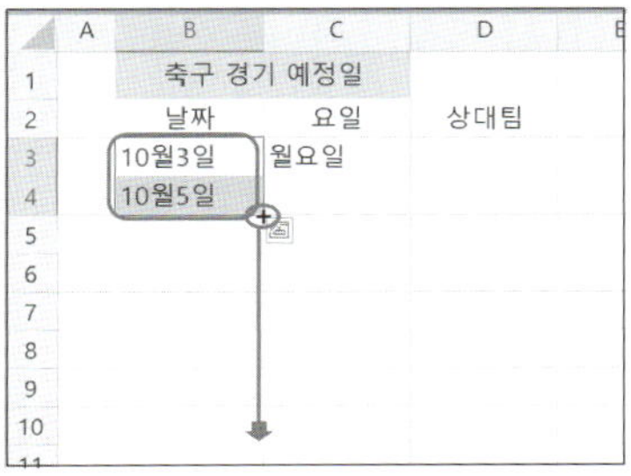

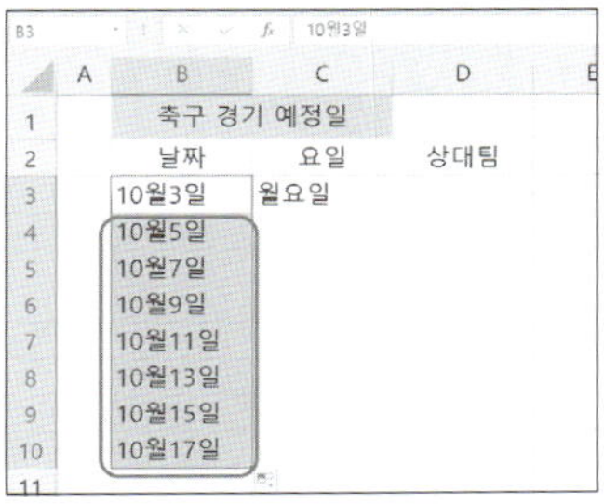

2.8.2 연속된 요일 입력하기

요일을 입력한 셀을 선택하고 채우기 핸들을 드래그하면 요일 연속 데이터가 입력됩니다. 요일은 '월요일' 혹은 '월'과 같이 입력합니다.

또한 「월요」에서는 연속 데이터가 되지 않기 때문에 주의가 필요합니다. 연속 데이터로서 입력할 수 있는 데이터는 [사용자 지정 목록] 대화상자에서 확인할 수 있습니다. [파일] 탭으로부터 [옵션]을 클릭하면 나타나는 [Excel 옵션] 대화상자에서 [고급]을 클릭하고, [사용자 지정 목록 편집]을 클릭하면 표시됩니다. 사용자 지정 목록에 연속 데이터를 등록할 수도 있습니다.

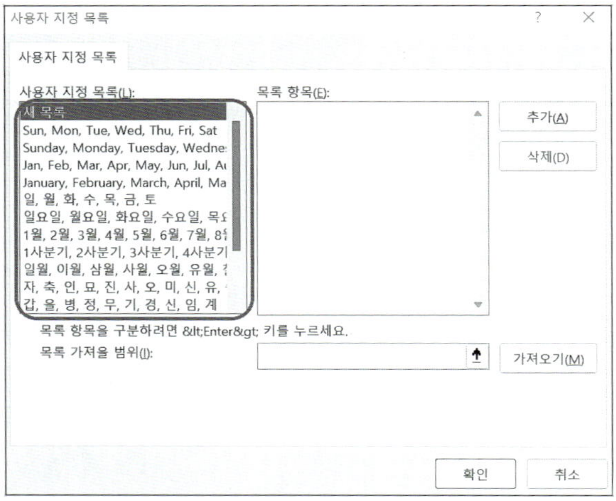

⇦ 연속 데이터로 입력되는 데이터

실습

❶ '월요일' 데이터가 입력된 셀 C3를 클릭하여, ❷ 채우기 핸들을 셀 C10까지 드래그하면, ❸ 연속된 요일이 입력됩니다.

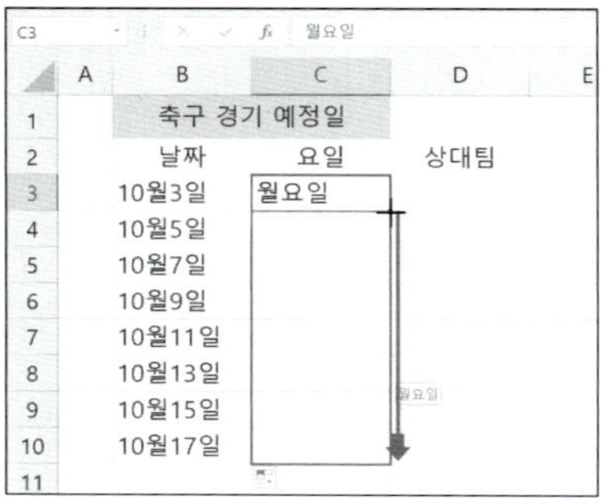

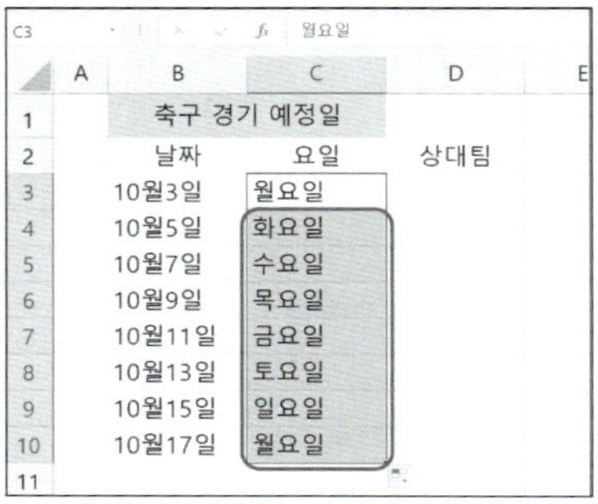

2.9 열 너비 또는 행 높이 조정

숫자나 문자가 셀에 들어가지 않는 경우나 표의 형식을 정돈하고 싶을 때는 열의 너비나 행의 높이를 조정하게 됩니다. 마우스로 드래그하는 것 외에 셀의 데이터에 맞추어 자동으로 조정할 수도 있습니다.

2.9.1 열의 너비 변경하기

열 번호나 행 번호 경계에 마우스 포인터를 맞추고 포인터의 모양이 ↔ 또는 ↕으로 바뀐 상태에서 드래그하면 열 너비와 행 높이를 변경할 수 있습니다.

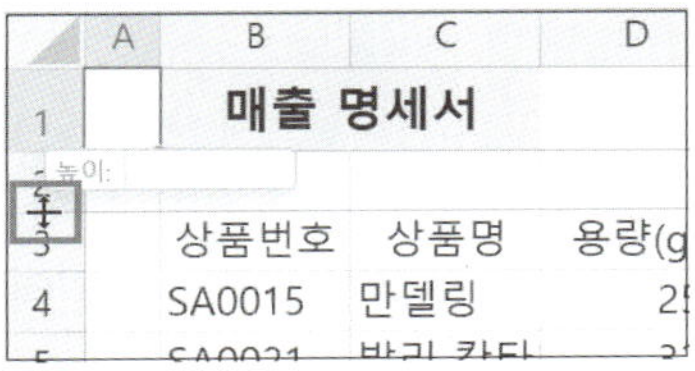

실습

❶ 열 번호 C와 D의 경계에 마우스 포인터를 맞추면 마우스 포인터의 모양이 ↔으로 변경됩니다.

❷ 그 상태에서 우측으로 드래그하면, ❸ 열의 폭이 변경됩니다.

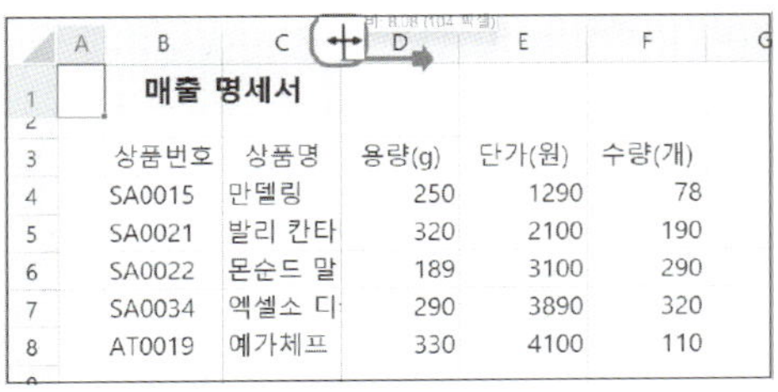

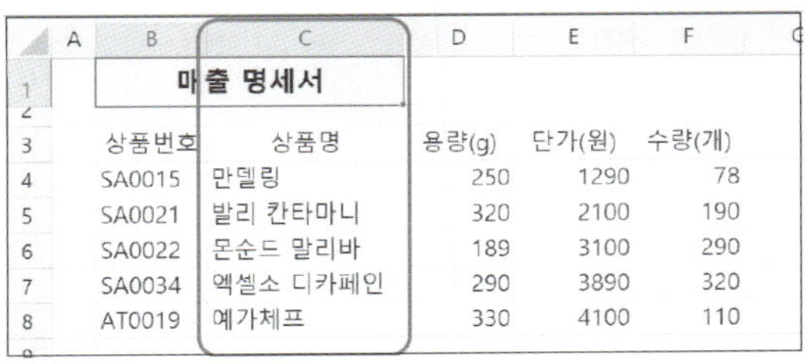

2.9.2 셀의 데이터에 열 너비 또는 행 높이 맞추기

변경 중인 열의 너비 및 행 높이는 마우스 포인터의 오른쪽 상단에 숫자로 표시됩니다. 열의 너비는 Excel의 디폴트 글꼴(맑은고딕, 11 포인트)로 입력할 수 있는 「문자 개수」이며, 행의 높이는 입력할 수 있는 글꼴 「크기(포인트 수)」로 표시됩니다.

열의 너비나 행의 높이는 숫자로 지정하여 변경할 수도 있습니다. 열의 너비는 조정하고 싶은 열을 클릭한 후, [홈] 탭의 [셀] 그룹의 [서식]으로부터 [열 너비]를 클릭하면 나타나는 [열 너비] 대화상자로 지정합니다. 행의 높이는 같은 방법으로 [행 높이]를 클릭하면 나타나는 [행 높이] 대화상자로 지정합니다. [열 너비]와 [행 높이] 대화 상자 안에는 포인트 단위로 입력됩니다. 1 포인트는 약 0.035cm입니다.

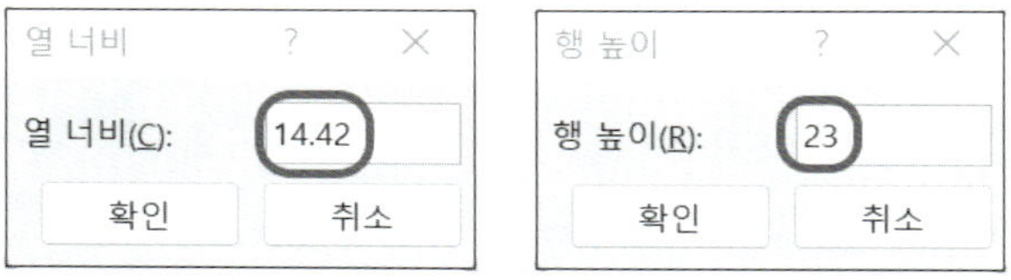

실습 열 자동 맞춤

❶ 열 번호 C와 D의 경계에 마우스 포인터를 맞추면 마우스 포인터의 모양이 +으로 변경됩니다.

❷ 그 상태에서 더블클릭(double click)하면,

❸ 셀의 데이터에 맞추어 열의 폭이 변경됩니다. 대상 열에서 가장 긴 데이터에 맞춰 자동으로 조정됩니다.

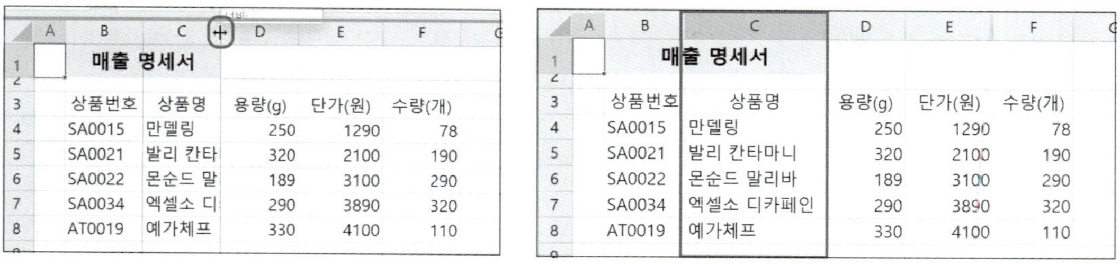

2.10 셀 추가/삭제

표를 작성한 후에도 필요에 따라 셀을 추가하거나 삭제할 수 있습니다. 셀 추가나 삭제할 때는 추가나 삭제 후 셀이 이동하는 방향을 지정합니다.

02

2.10.1 셀 추가하기

셀을 추가(단축키 Ctrl++)하는 경우는 [셀] 그룹의 [삽입]을 클릭하면 나타나는 [삽입] 대화상자에서 추가 후의 셀의 이동 방향을 지정합니다. 지정할 수 있는 항목은 셀을 오른쪽으로 밀기, 셀을 아래로 밀기, 행 전체, 열 전체 등 4가지입니다.

실습

❶ 추가하고 싶은 셀 범위 D3~F8을 선택합니다. ❷ [홈] 탭의 [삽입]을 클릭하고, ❸ [셀 삽입]을 클릭합니다.

❹ [셀을 오른쪽으로 밀기]를 체크 후, ❺ [확인]을 클릭하면,

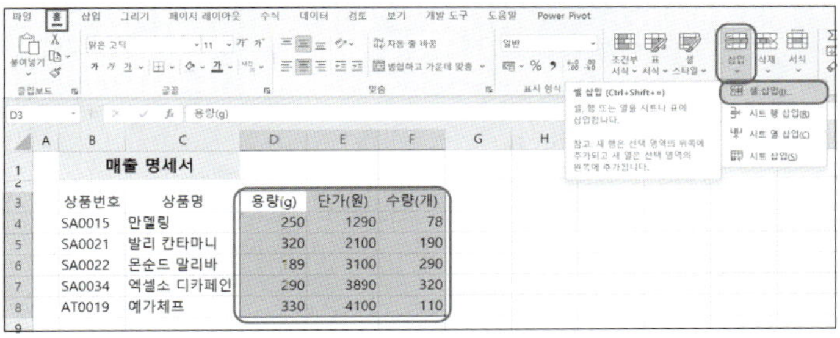

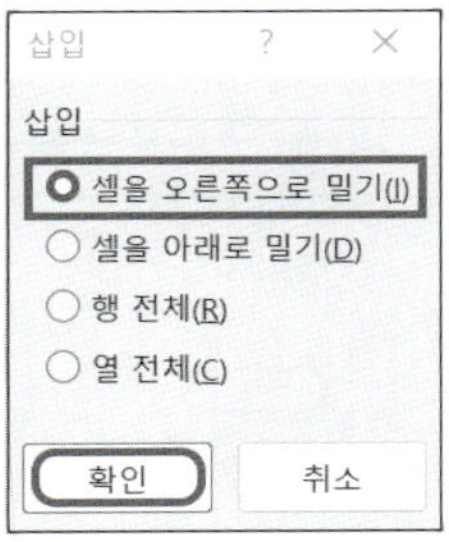

❻ 선택한 장소에 셀이 추가되어, ❼ 선택했었던 셀이 오른쪽으로 이동합니다.

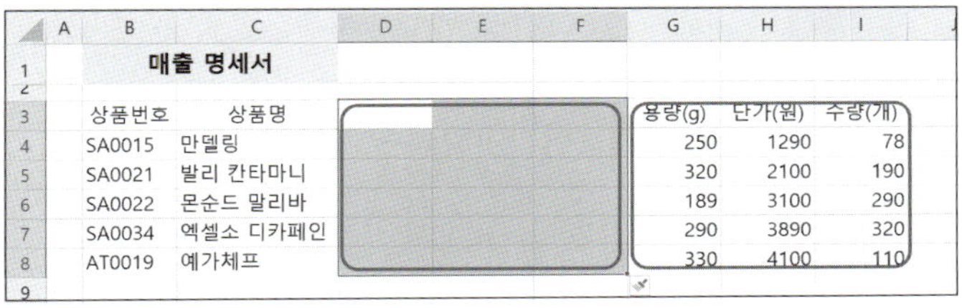

2.10.2 셀 삭제하기

셀을 삭제(단축키 Ctrl+−)하는 경우는 [삭제] 대화상자에서 삭제 후의 셀의 이동 방향을 지정합니다. 지정할 수 있는 항목은 셀을 왼쪽으로 밀기, 셀을 위로 밀기, 행 전체, 열 전체 등 4가지입니다.

실습

❶ 삭제하고자 하는 셀 범위 B4~F6를 선택합니다. ❷ [홈] 탭의 [삭제]를 클릭하고, ❸ [셀 삭제]를 클릭합니다.

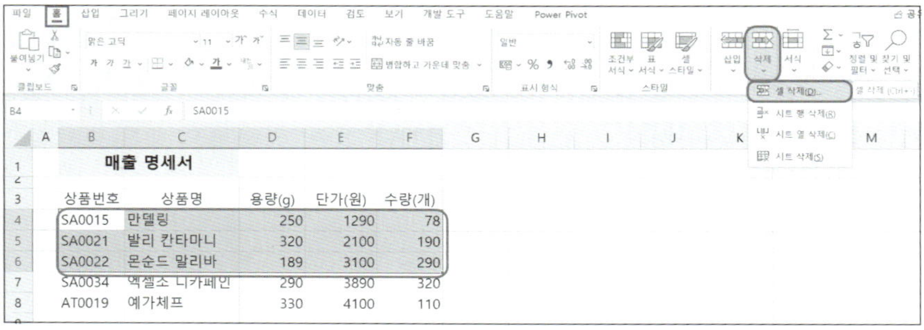

❹ [셀을 위로 밀기]를 체크 후, ❺ [확인]을 클릭하면,

❻ 셀이 삭제되고, ❼ 아래에 있는 셀이 위로 이동합니다.

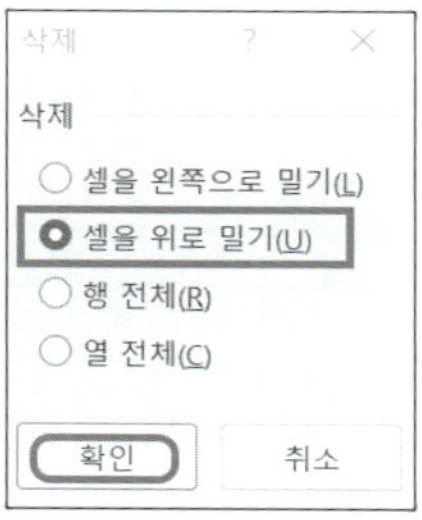

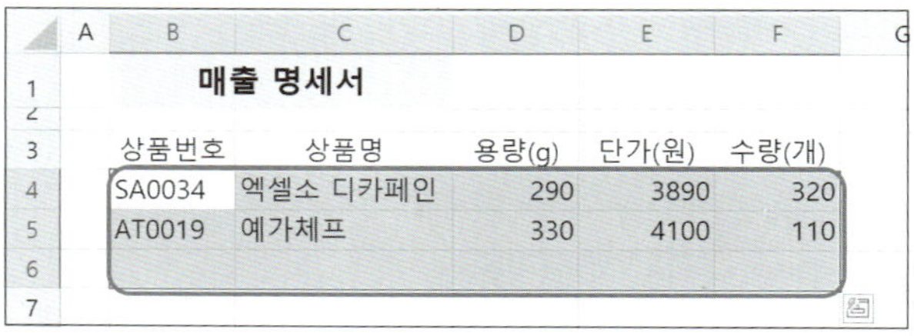

2.11 행 또는 열 추가/삭제

표를 작성한 후 새로운 항목이 필요한 경우 행/열 추가하기로 데이터를 추가합니다. 또한 불필요해진 항목은 행 단위나 열 단위로 삭제할 수 있습니다.

2.11.1 행 또는 열 추가하기

[홈] 탭의 [삽입]의 [시트 행 삽입]을 클릭하면, 선택한 행〈/열〉 위〈/왼쪽〉에 새로운 행〈/열〉이 추가되어 그 아래〈/오른쪽〉의 행〈/열〉은 1행〈/열〉만큼 아래〈/오른쪽〉로 이동합니다.

실습

❶ 행을 추가하고 싶은 위치 아래에 있는 행 번호 5를 선택하고, ❷ [홈] 탭의 [시트 행 삽입]을 클릭하면, ❸ 선택한 행 위에 새 행이 추가됩니다.

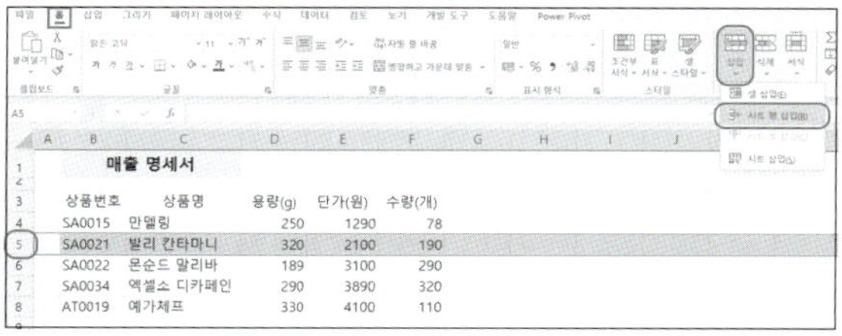

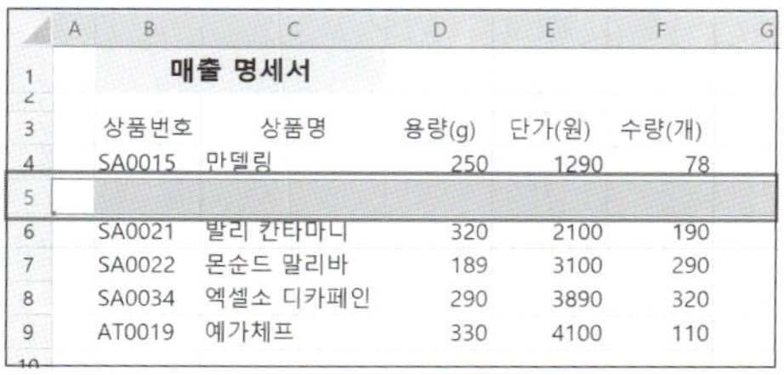

2.11.2 행 또는 열 삭제하기

[홈] 탭의 [삭제]의 [시트 열 삭제]를 클릭하면, 선택한 열〈/행〉이 삭제되어 오른쪽 열〈/아래 행〉이 그 위치로 이동합니다.

실습

❶ 삭제할 열 머리글 E를 선택합니다. ❷ [홈] 탭에서 [셀] 그룹의 [삭제] – [시트 열 삭제]를 클릭하면, ❸ 열이 삭제됩니다.

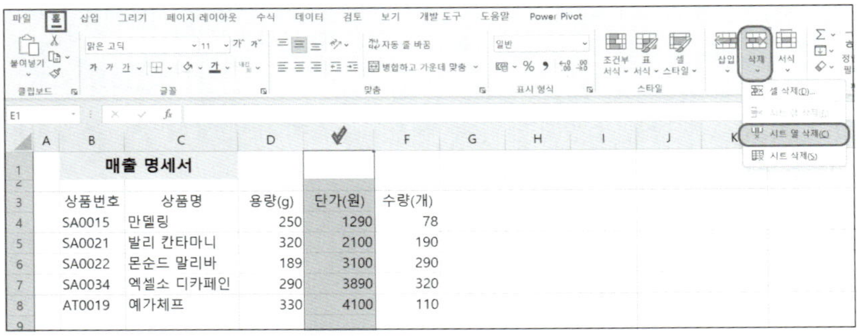

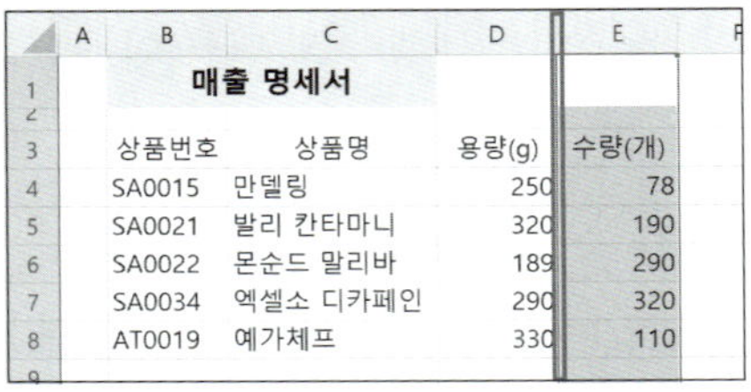

행 및 열을 추가/삭제하는 기타 방법

행이나 열의 추가 및 삭제는 선택한 행이나 열을 마우스 우클릭하면 나타나는 메뉴에서도 할 수 있습니다.

❶ 선택한 행(혹은 열)에서 마우스 우클릭한 후, ❷ [삽입] 혹은 [삭제]를 클릭합니다.

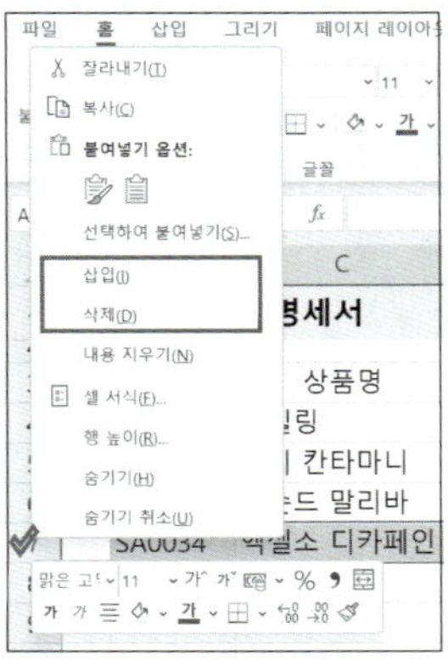

2.12 행 또는 열 이동/복사

데이터를 입력한 후에 행/열의 이동 혹은 복사 등을 실행하고, 표의 내용을 편집할 수 있습니다. 대표적인 편집 방법으로는 [잘라내기], [복사], [붙여넣기] 사용하기, 마우스로 드래그하기 등이 있습니다.

2.12.1 행 또는 열 이동하기

행이나 열을 이동할 때는 행 번호나 열 번호를 선택하고, [잘라내기](단축키 Ctrl + X)와 [붙여넣기](단축키 Ctrl + V)를 순서대로 클릭합니다. 이동 위치에 데이터가 있는 경우는 덮어쓰기가 되기 때문에 주의가 필요합니다.

실습

❶ 행 번호 5을 선택하고, ❷ [홈] 탭의 [잘라내기]를 클릭합니다.
❸ 이동 위치의 행 번호 9를 클릭하고, ❹ [홈] 탭의 [붙여넣기]를 클릭하면,
❺ 행이 이동하게 됩니다.

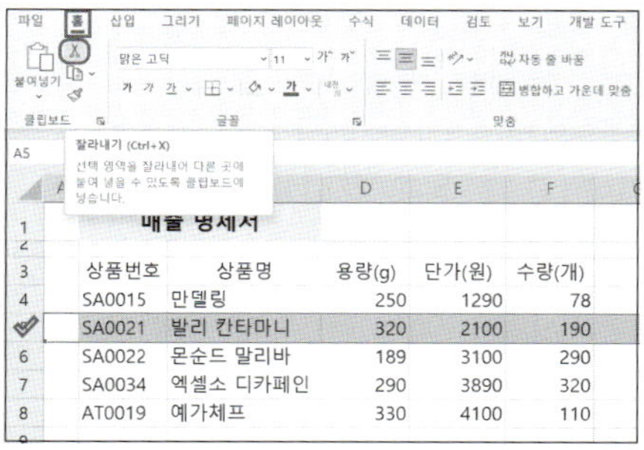

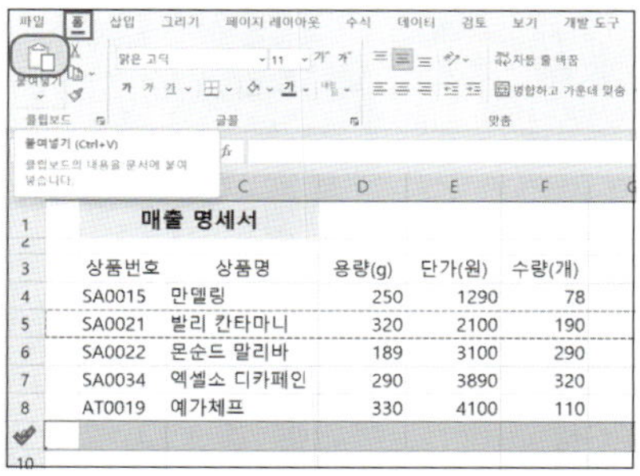

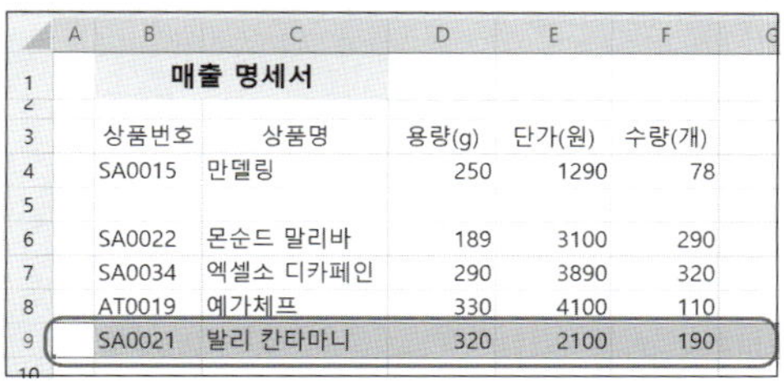

2.12.2 행 또는 열 복사하기

행이나 열을 복사할 때는 행 번호나 열 번호를 클릭해서 선택하고 [복사](단축키 Ctrl + C)와 [붙여넣기]를 클릭합니다. 복사 위치에 데이터가 있는 경우는 덮어쓰기가 되기 때문에 주의가 필요합니다.

실습

❶ 행 번호 3을 선택하고, ❷ [홈] 탭의 [복사]를 클릭합니다.

❸ 복사 위치 행의 행 번호 7을 클릭하고, ❹ [홈] 탭의 [붙여넣기]를 클릭하면

❺ 행이 복사됩니다.

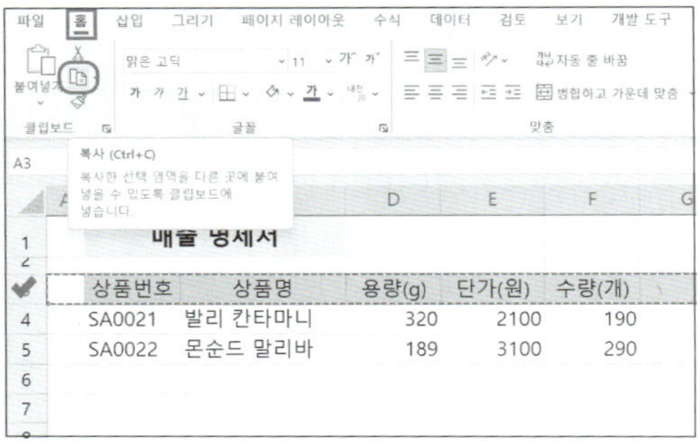

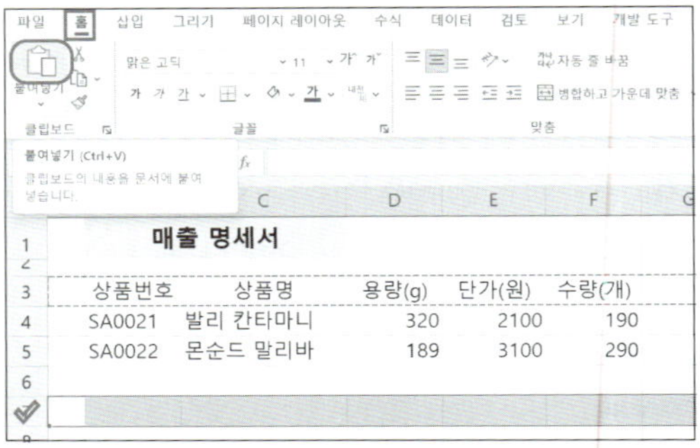

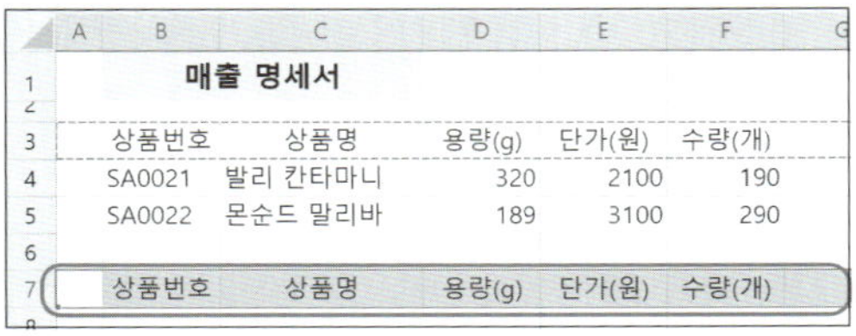

드래그 조작으로 이동/복사하기

행이나 열의 이동이나 복사는 마우스의 드래그 조작으로 실행할 수도 있습니다. 이동/복사할 행이나 열을 선택하여 셀 테두리에 마우스 포인터를 맞추고 드래그하면 이동합니다. Ctrl를 누르면서 드래그하면 복사됩니다.

행이나 열을 덮어쓰지 않고 이동할 때는 이동할 행이나 열을 선택하고 셀 테두리에 마우스 포인터를 맞춘 후 Shift를 누르면서 이동 위치로 드래그합니다. 행이나 열을 덮어쓰지 않고 복사할 때는 Shift + Ctrl를 누르면서 복사 위치로 드래그합니다.

❶ 행 번호 3을 선택하고,

❷ Shift + Ctrl를 누르면서 이동 위치 7행으로 드래그합니다.

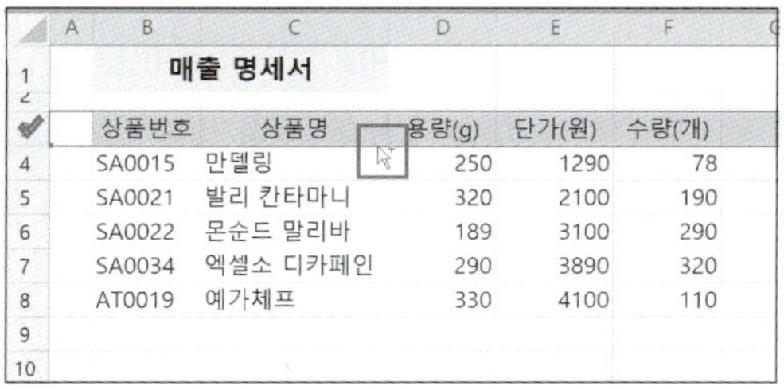

	A	B	C	D	E	F
1		매출 명세서				
2						
3		상품번호	상품명	용량(g)	단가(원)	수량(개)
4		SA0015	만델링	250	1290	78
5		SA0021	발리 칸타마니	320	2100	190
6		SA0022	몬순드 말리바	189	3100	290
7		SA0034	엑셀소 디카페인	290	3890	320
8		AT0019	예가체프	330	4100	110
9						
10						

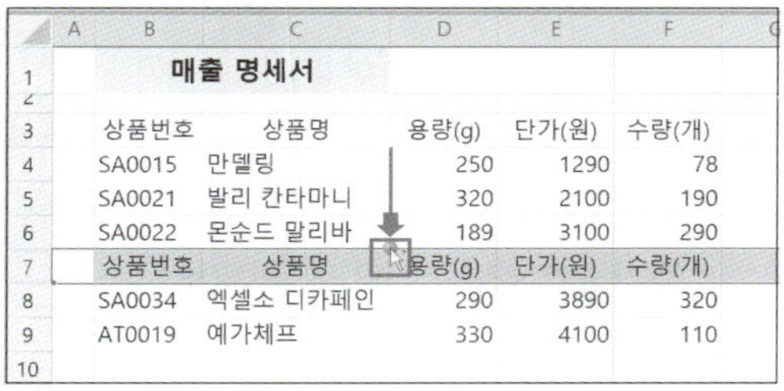

	A	B	C	D	E	F
1		매출 명세서				
2						
3		상품번호	상품명	용량(g)	단가(원)	수량(개)
4		SA0015	만델링	250	1290	78
5		SA0021	발리 칸타마니	320	2100	190
6		SA0022	몬순드 말리바	189	3100	290
7		상품번호	상품명	용량(g)	단가(원)	수량(개)
8		SA0034	엑셀소 디카페인	290	3890	320
9		AT0019	예가체프	330	4100	110
10						

연습문제

01 표시 형식을 이용해서 다음의 왼쪽 이미지 “예제” 영역(셀 D4~D8)과 동일하게 데이터를 입력해 봅시다. 단, 워크시트의 각 셀의 표시 형식은 디폴트 상태(일반)이며 입력 데이터는 아래의 이미지 데이터와 완전 일치해야 합니다. 특히 셀 D8는 셀 표시와 수식 입력줄의 표시가 다름으로 주의가 필요합니다. “단축키”를 이용하는 경우는 사용자의 PC 시스템, 입력 시간, 날짜 등에 따라 그 결과는 다르게 입력이 됩니다.

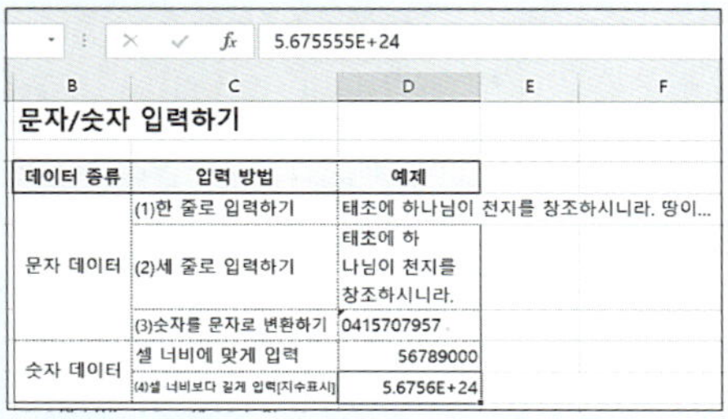

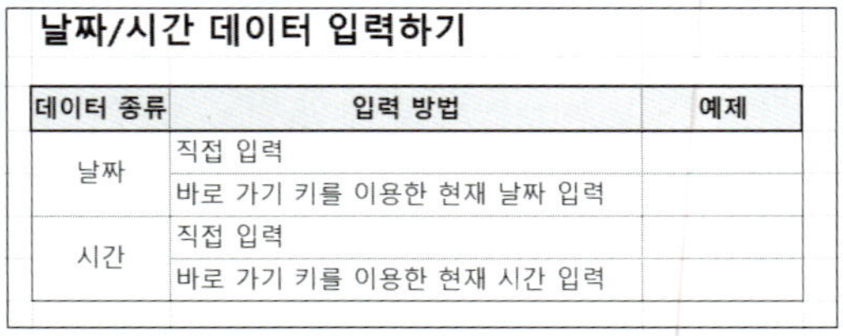

02 키보드의 ‘한글 자음 입력 키’와 ‘한자 변환 키’를 적절하게 이용해서 다음과 같이 특수기호를 입력해 보세요.

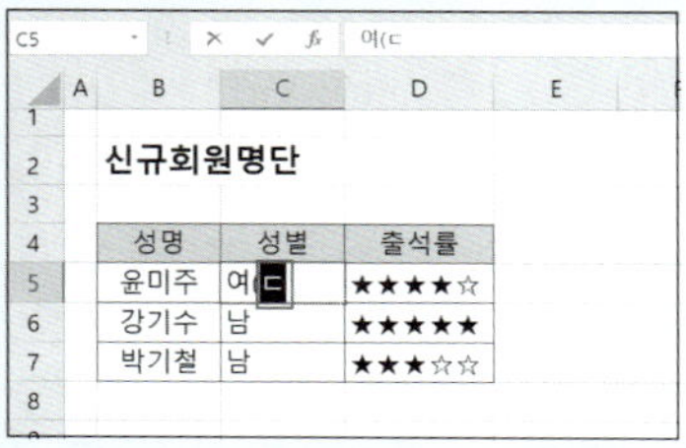

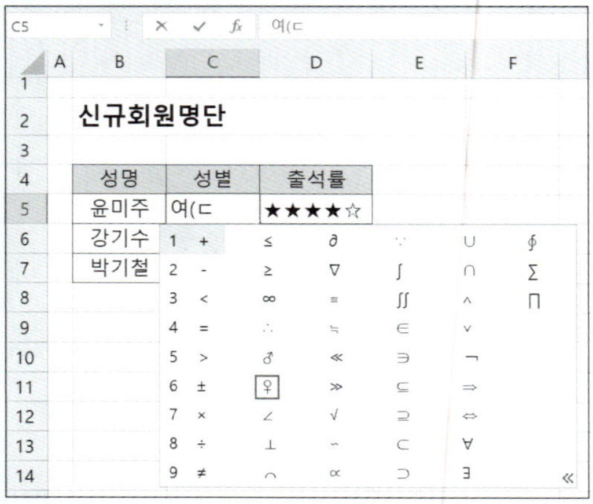

03 '사용자 지정 목록 편집'과 '자동 채우기'를 이용해서 다음을 입력해 보세요.

문자 데이터						
동일한 데이터 채우기				변화하는 데이터 채우기		
알파벳	일	요일	일련번호	일	요일	일련번호
Z	17일	일요일	Code-014	11일	금요일	Code-011
Z	17일	일요일	Code-014	12일	토요일	Code-012
Z	17일	일요일	Code-014	13일	일요일	Code-013
Z	17일	일요일	Code-014	14일	월요일	Code-014
Z	17일	일요일	Code-014	15일	화요일	Code-015
Z	17일	일요일	Code-014	16일	수요일	Code-016
Z	17일	일요일	Code-014	17일	목요일	Code-017
Z	17일	일요일	Code-014	18일	금요일	Code-018
Z	17일	일요일	Code-014	19일	토요일	Code-019
Z	17일	일요일	Code-014	20일	일요일	Code-020
Z	17일	일요일	Code-014	21일	월요일	Code-021
Z	17일	일요일	Code-014	22일	화요일	Code-022

숫자-날짜-시간 데이터 입력하기			
3배수	5배수	날짜	시간
0	0	2045-10-01	9:00
3	5	2046-10-01	10:00
6	10	2047-10-01	11:00
9	15	2048-10-01	12:00
12	20	2049-10-01	13:00
15	25	2050-10-01	14:00
18	30	2051-10-01	15:00
21	35	2052-10-01	16:00
24	40	2053-10-01	17:00
27	45	2054-10-01	18:00
30	50	2055-10-01	19:00
33	55	2056-10-01	20:00

사용자 지정 목록	
등록목록	입력목록
서울	인천
부산	수원
대구	울산
대전	천안
인천	서울
수원	부산
울산	대구
천안	대전

04 아래의 그림과 같이 왼쪽에 있는 표를 복사해서 오른쪽으로 붙여넣어 보세요.

예금유형	2018년	2019년	2020년	평균
자율형	1,293,171	1,375,205	2,151,273	1,606,550
저축성예금	2,516,234	2,599,477	3,666,319	2,927,343
자녀주택마련	1,803,724	1,917,110	2,153,505	1,958,113
합계	5,613,129	5,891,792	7,971,097	

➡

예금유형	2018년	2019년	2020년	평균
자율형	1,293,171	1,375,205	2,151,273	1,606,550
저축성예금	2,516,234	2,599,477	3,666,319	2,927,343
자녀주택마련	1,803,724	1,917,110	2,153,505	1,958,113
합계	5,613,129	5,891,792	7,971,097	

05 7행과 10행을 동시에 삭제해 보세요.

출석부

번호	이름	성별	생년월일	전화번호	출석일수	과제 작성	보고서
1	송인태	남	1980-01-01	010-4422-1111	45	80	89
2	양승희	여	1989-02-03	010-2222-3333	49	90	80
3	이다현	여	1985-10-30	010-3322-2233	50	78	69
4	강예림	여	1982-07-08	010-3690-3399	52	90	89
5	김선종	남	1990-11-11	010-7890-1234	45	78	90
6	양승지	여	1992-03-01	010-1234-5678	50	88	95
7	이종현	남	1991-04-06	010-1233-5689	56	97	87
8	이새롬	여	1993-05-06	010-1122-5588	42	89	80
9	김하늘	여	1991-08-21	010-3344-7788	35	80	90
10	송누리	여	1993-06-19	010-5577-1234	56	69	78
11	김태양	남	1979-07-18	010-7142-1472	51	89	90
12	김누리	여	1993-12-24	010-4949-8989	53	90	78
13	이정찬	남	1983-05-23	010-8899-9900	33	95	88
14	이미나	여	1980-05-05	010-2580-2580	55	87	97

06 E열과 I열을 동시에 숨겨보세요.

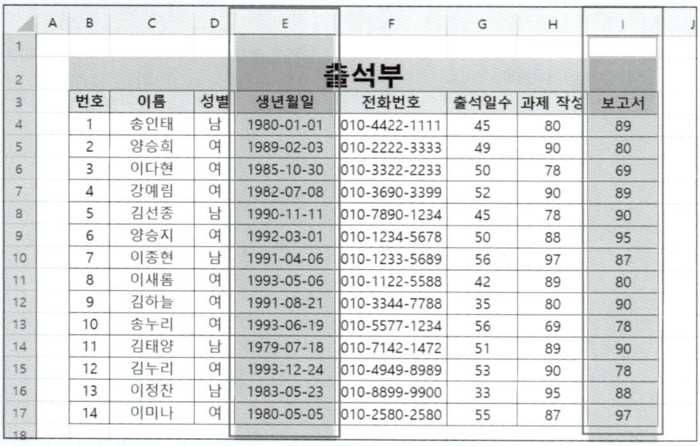

출석부

번호	이름	성별	생년월일	전화번호	출석일수	과제 작성	보고서
1	송인태	남	1980-01-01	010-4422-1111	45	80	89
2	양승희	여	1989-02-03	010-2222-3333	49	90	80
3	이다현	여	1985-10-30	010-3322-2233	50	78	69
4	강예림	여	1982-07-08	010-3690-3399	52	90	89
5	김선종	남	1990-11-11	010-7890-1234	45	78	90
6	양승지	여	1992-03-01	010-1234-5678	50	88	95
7	이종현	남	1991-04-06	010-1233-5689	56	97	87
8	이새롬	여	1993-05-06	010-1122-5588	42	89	80
9	김하늘	여	1991-08-21	010-3344-7788	35	80	90
10	송누리	여	1993-06-19	010-5577-1234	56	69	78
11	김태양	남	1979-07-18	010-7142-1472	51	89	90
12	김누리	여	1993-12-24	010-4949-8989	53	90	78
13	이정찬	남	1983-05-23	010-8899-9900	33	95	88
14	이미나	여	1980-05-05	010-2580-2580	55	87	97

CHAPTER

03 표 서식

3.1 셀 또는 글꼴 색의 지정

셀의 배경이나 문자에 색을 입히면 보기 쉬운 표가 됩니다. 셀에 배경색을 넣으려면 [홈] 탭의 [채우기 색]을, 문자에 색을 입히려면 [홈] 탭의 [글꼴 색]을 각각 이용해야 합니다. 본 장에서는, 문자에 적용되는 거의 대부분의 서식 지정이 숫자에도 그대로 적용됩니다.

3.1.1 셀에 색 채우기

[채우기 색]을 클릭해서 표시되는 색의 목록에는 [테마 색]과 [표준 색]으로 분류되어 있습니다. [페이지 레이아웃] 탭의 [테마]에서 테마를 변경하면 [테마 색]으로 설정한 색이 자동으로 변경됩니다. 반면에 [표준 색]으로 설정한 색은 테마의 변경에 영향을 받지 않습니다.

실습

❶ 색을 채울 셀 범위 B4~B8을 선택합니다. ❷ [홈] 탭의 [채우기 색]에서 '파랑, 강조 5, 80% 더 밝게'를 클릭하고,

❸ 원하는 색상을 클릭하면 셀에 색 '파랑, 강조 5, 80% 더 밝게'가 채워집니다.

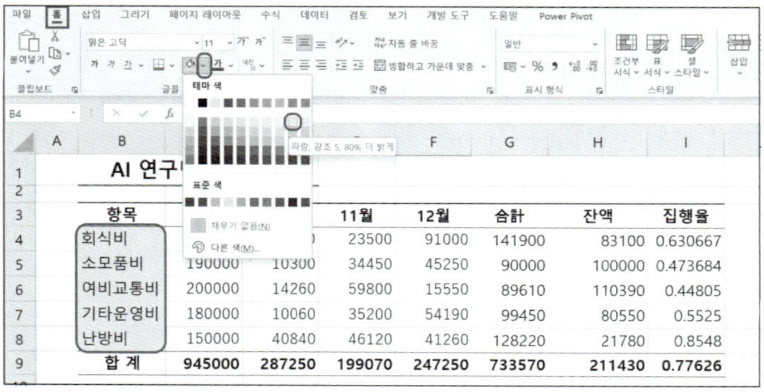

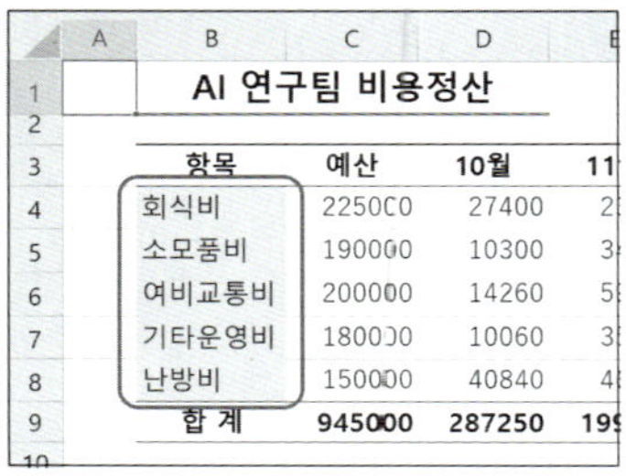

3.1.2 문자에 색 입히기

실습

❶ 색칠할 문자가 있는 셀 B1을 클릭합니다. ❷ [홈] 탭의 [글꼴 색]에서 '주황, 강조 2, 25% 더 어둡게'를 선택하면,

❸ 글자 색상 '주황, 강조 2, 25% 더 어둡게'로 변경됩니다.

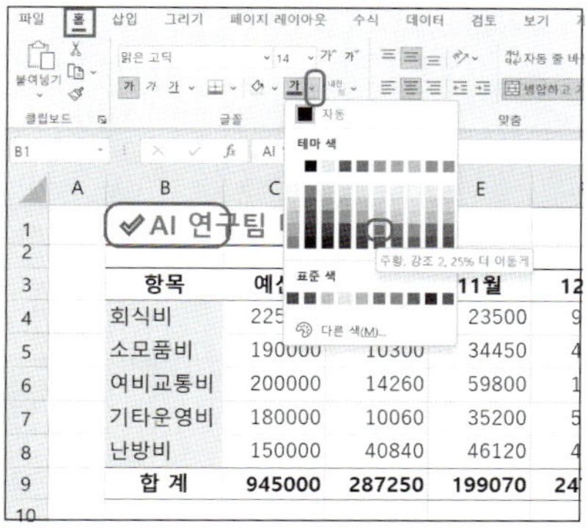

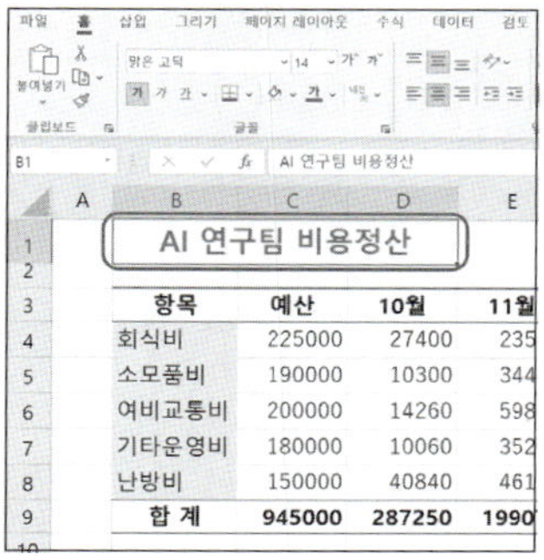

목록에 원하는 색이 없는 경우

위의 순서 ❷ 에서 표시되는 목록에서 원하는 색이 없을 경우는 최하단에 있는 [다른 색]을 클릭합니다. [색] 대화상자가 표시되면 사용하고 싶은 색을 지정할 수 있습니다.

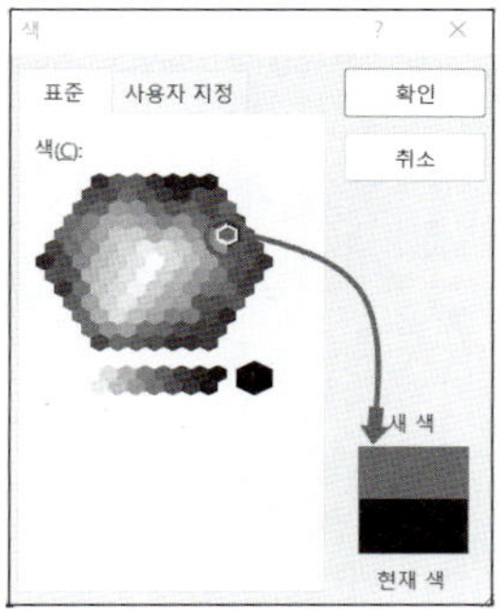

서식 지우기

문자 혹은 셀의 색 서식을 삭제하기 위해서는, 대상의 셀을 선택하고 [홈] 탭의 [지우기]를 클릭해서 [서식 지우기]를 선택해야 합니다.

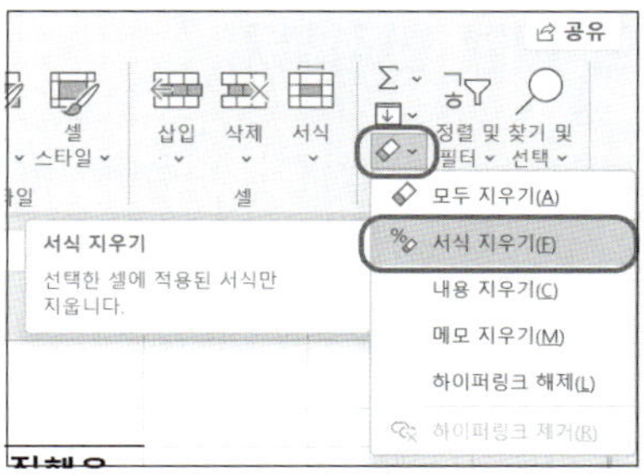

3.1.3 셀의 스타일을 사용한 셀과 문자의 색 입히기

[셀 스타일]이란, 셀의 배경색이나 제목 등의 서식이 세트가 되어 등록된 것입니다. [셀 스타일]을 이용하면 미리 준비된 서식을 셀이나 문자로 설정할 수 있습니다. 또한 [셀 스타일]은 테마에 근거해 작성됩니다. 테마를 변경했을 때는 그 테마에 맞추어 셀의 스타일도 변경됩니다. [테마]란, 글꼴이나 셀의 배경색, 채우기의 효과 등의 서식을 정리한 것으로 문서 전체의 서식을 빠르고 간단하게 설정할 수 있는 기능입니다.

실습

❶ 스타일을 설정할 셀 범위 B3~I3를 선택합니다.

❷ [홈] 탭의 [셀 스타일]을 클릭하고, ❸ 스타일 '강조색5(파랑, 강조색5)'을 클릭하면,

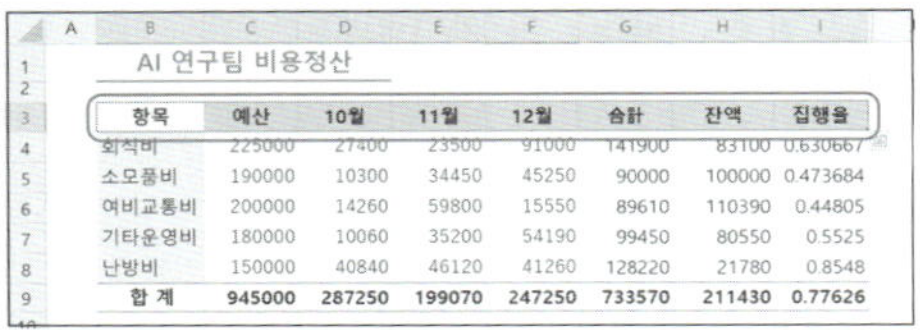

항목	예산	10월	11월	12월	合計	잔액	집행율
회식비	225000	27400	23500	91000	141900	83100	0.630667
소모품비	190000	10300	34450	45250	90000	100000	0.473684
여비교통비	200000	14260	59800	15550	89610	110390	0.44805
기타운영비	180000	10060	35200	54190	99450	80550	0.5525
난방비	150000	40840	46120	41260	128220	21780	0.8548
합 계	945000	287250	199070	247250	733570	211430	0.77626

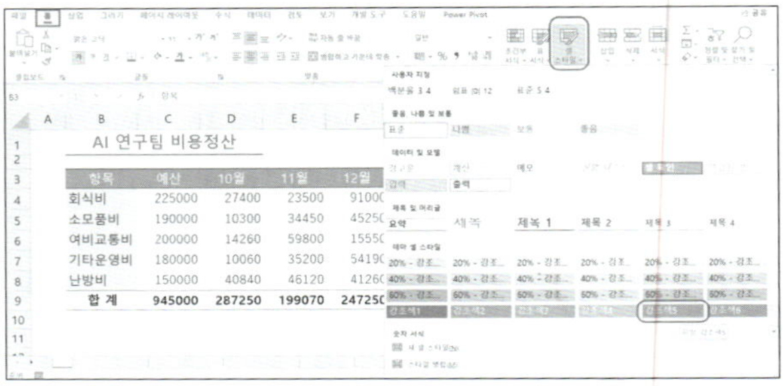

❹ 셀 스타일이 '강조색5(파랑, 강조색5)'으로 설정됩니다.

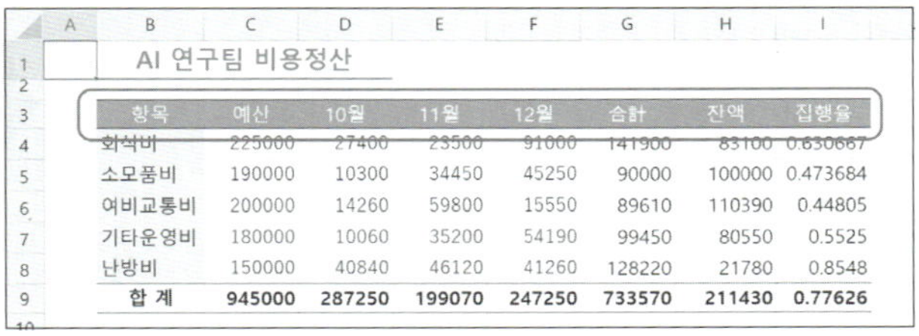

AI 연구팀 비용정산

항목	예산	10월	11월	12월	合計	잔액	집행율
회식비	225000	27400	23500	91000	141900	83100	0.630667
소모품비	190000	10300	34450	45250	90000	100000	0.473684
여비교통비	200000	14260	59800	15550	89610	110390	0.44805
기타운영비	180000	10060	35200	54190	99450	80550	0.5525
난방비	150000	40840	46120	41260	128220	21780	0.8548
합 계	945000	287250	199070	247250	733570	211430	0.77626

3.1.4 테마를 사용한 표의 외형 변경하기

설정한 테마는 문서 내의 모든 시트에 적용됩니다. 디폴트로 [Office]라는 주제가 설정되어 있으며, 이를 변경함으로써 표의 외형을 크게 변경시킬 수 있습니다.

또한 [채우기 색] 또는 [글꼴 색]으로 [표준 색]을 설정하거나, 글꼴을 [모든 글꼴]의 목록으로부터 설정하거나 했을 경우는 그 색이나 폰트에는 테마의 변경이 적용되지 않습니다.

실습

❶ 변경 전의 테마는 [Office]가 설정되어 있습니다.

❷ [페이지 레이아웃] 탭을 클릭해서, ❸ [테마]를 클릭하고, ❹ 목록에서 「소포」 테마를 클릭하면,

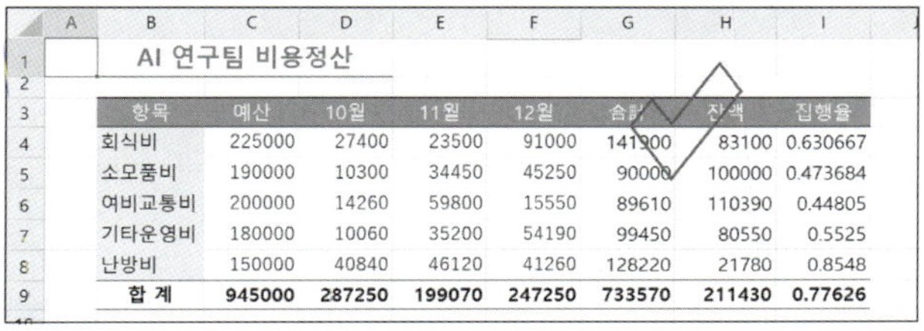

	AI 연구팀 비용정산							
항목	예산	10월	11월	12월	합계	잔액	집행율
회식비	225000	27400	23500	91000	141900	83100	0.630667
소모품비	190000	10300	34450	45250	90000	100000	0.473684
여비교통비	200000	14260	59800	15550	89610	110390	0.44805
기타운영비	180000	10060	35200	54190	99450	80550	0.5525
난방비	150000	40840	46120	41260	128220	21780	0.8548
합 계	945000	287250	199070	247250	733570	211430	0.77626

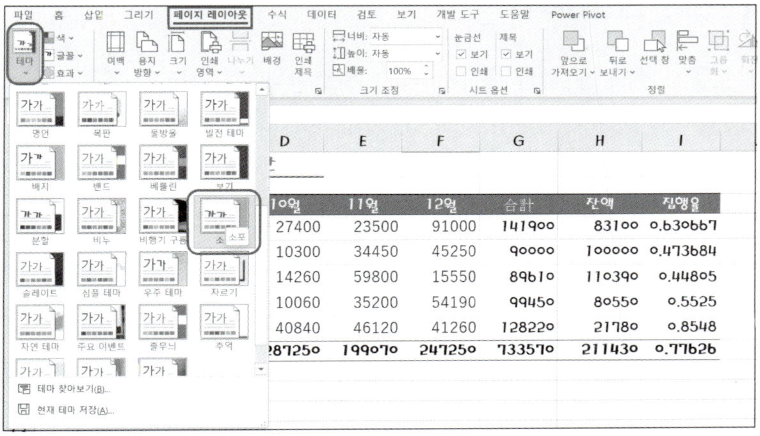

❺ 표를 포함한 문서 전체의 외형(글꼴, 배경색 등)이 변경됩니다.

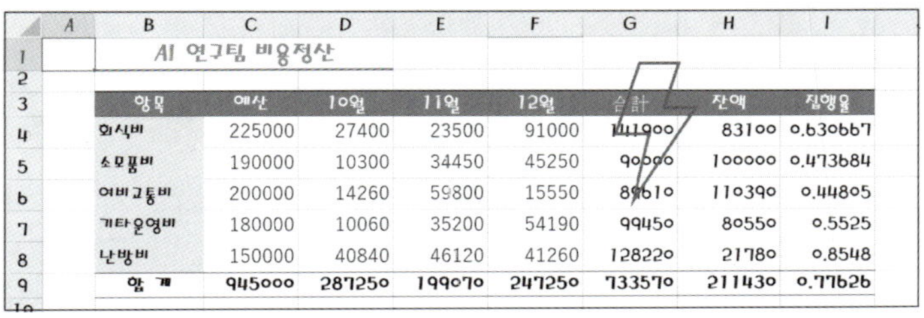

항목	예산	10월	11월	12월	합계	잔액	집행율
회식비	225000	27400	23500	91000	141900	83100	0.630667
소모품비	190000	10300	34450	45250	90000	100000	0.473684
여비교통비	200000	14260	59800	15550	89610	110390	0.44805
기타운영비	180000	10060	35200	54190	99450	80550	0.5525
난방비	150000	40840	46120	41260	128220	21780	0.8548
합 계	945000	287250	199070	247250	733570	211430	0.77626

3.2 글꼴 크기 및 글꼴 변경

문자 크기나 글꼴을 변경하면 표 제목이나 항목 등을 눈에 띄게 하거나 중요한 부분을 강조할 수 있습니다. [홈] 탭의 [글꼴 크기]와 [글꼴]을 이용합니다.

3.2.1 문자 크기 변경하기

Excel의 기본 문자 설정은 글꼴 '맑은 고딕', 글꼴 스타일 '일반', 크기 '11' 포인트(pt)입니다. 또한 1포인트는 1/72인치(inch)로, 약 0.35mm입니다.

[글꼴 크기]는 문자 크기의 수치를 직접 입력해 설정할 수도 있습니다. 이 경우, 목록에는 표시되지 않는 「9.5」나 「16」이라는 문자 사이즈를 지정하는 것도 가능합니다.

실습

❶ 문자 크기를 변경할 셀 B2를 클릭합니다.

❷ [홈] 탭의 [글꼴 크기]의 드롭다운 버튼 ⌄을 클릭하고, ❸ 글자 크기 '16'를 클릭하면, ❹ 글자 크기가 변경됩니다.

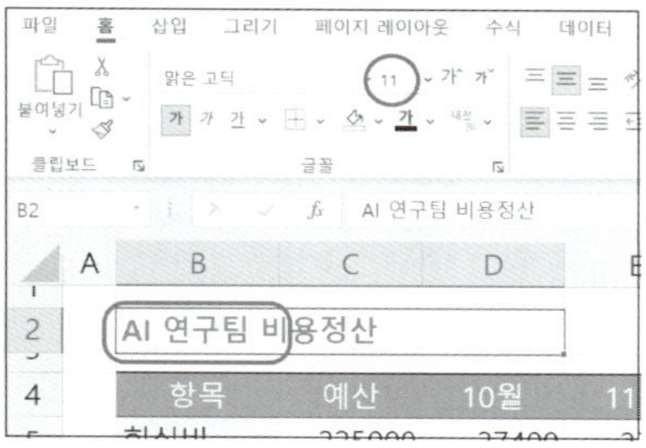

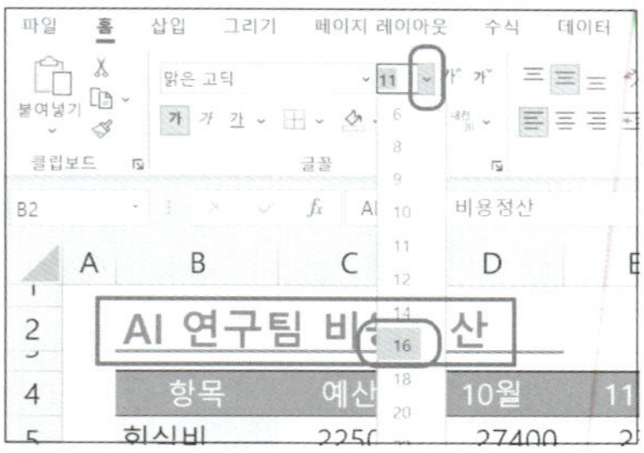

3.2.2 글꼴 변경하기

문자 크기나 글꼴은 셀 위에서 마우스 우클릭하면 표시되는 미니 툴바에서 변경할 수도 있습니다. 셀을 편집할 수 있는 상태로 만들고 문자의 일부분을 선택하면 선택한 부분의 글꼴이나 문자 크기만 변경할 수 있습니다.

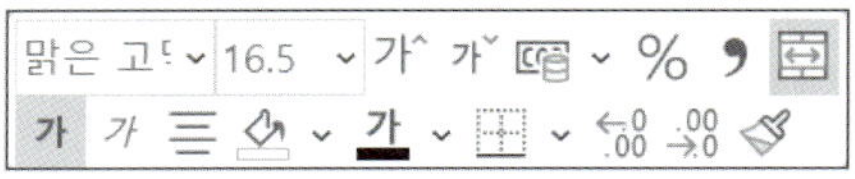

실습

❶ 글꼴을 변경할 셀 B2를 클릭합니다.

❷ [홈] 탭의 [글꼴]의 드롭다운 버튼 ⌵을 클릭해서, ❸ 글꼴 'HY목각파임B'을 클릭하면

❹ 글꼴이 변경됩니다.

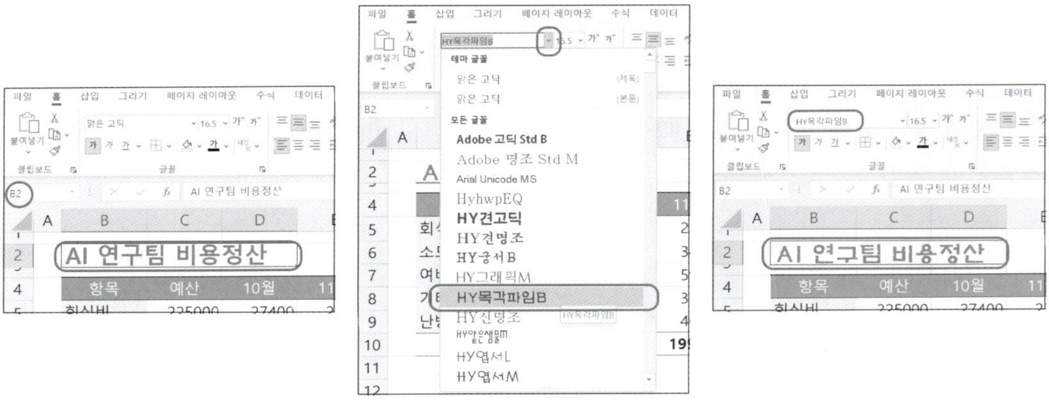

3.3 글자에 굵게/기울임꼴/밑줄 설정

문자를 굵게 하거나 기울임꼴로 만들거나 밑줄을 붙이면 문자를 눈에 띄게 할 수 있습니다. 문자에 굵게, 기울임꼴, 밑줄 등을 설정하려면 [홈] 탭의 [글꼴] 그룹의 해당 명령어를 이용해야 합니다.

3.3.1 문자를 굵게 하기

문자를 굵게 하려면 대상의 셀을 선택하고 [홈] 탭의 [굵게](단축키 Ctrl + B)를 클릭해야 합니다. 굵은 글씨를 해제하려면 [굵게]를 다시 클릭해야 합니다.

실습

❶ 문자를 굵게 할 셀 B3~H3을 선택합니다. ❷ [홈] 탭의 [굵게]를 클릭하면,
❸ 문자가 굵은 글씨로 설정됩니다.

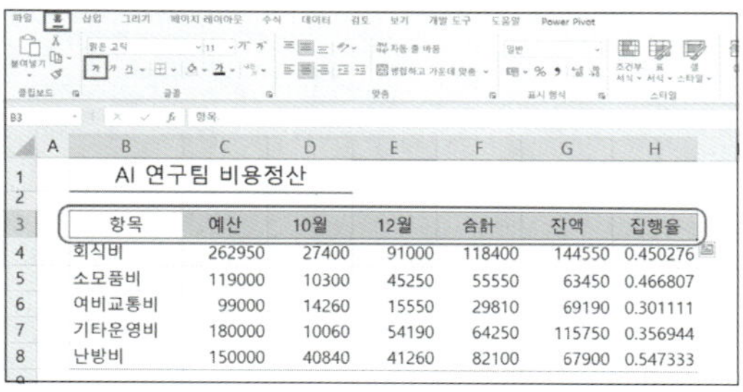

AI 연구팀 비용정산

항목	예산	10월	12월	合計	잔액	집행율
회식비	262950	27400	91000	118400	144550	0.450276
소모품비	119000	10300	45250	55550	63450	0.466807
여비교통비	99000	14260	15550	29810	69190	0.301111
기타운영비	180000	10060	54190	64250	115750	0.356944
난방비	150000	40840	41260	82100	67900	0.547333

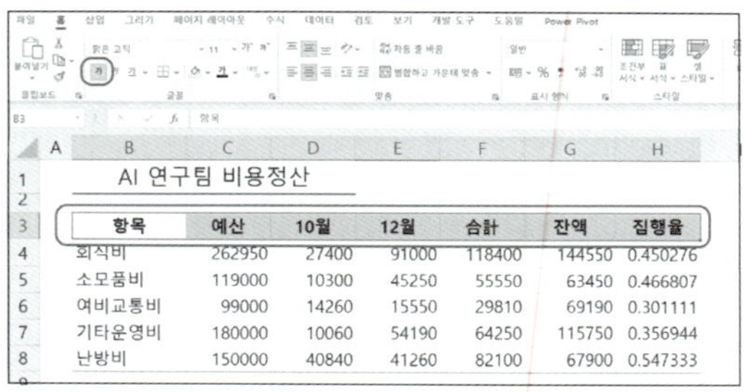

AI 연구팀 비용정산

항목	**예산**	**10월**	**12월**	**合計**	**잔액**	**집행율**
회식비	262950	27400	91000	118400	144550	0.450276
소모품비	119000	10300	45250	55550	63450	0.466807
여비교통비	99000	14260	15550	29810	69190	0.301111
기타운영비	180000	10060	54190	64250	115750	0.356944
난방비	150000	40840	41260	82100	67900	0.547333

3.3.2 문자의 기울임꼴 설정하기

문자를 기울임꼴로 설정하려면 대상의 셀을 선택하고 [홈] 탭의 [기울임꼴](단축키 Ctrl + I)을 클릭해야 합니다. 기울임꼴을 해제하려면 [기울임꼴]을 다시 클릭해야 합니다. 또한 문자를 굵게 하거나 기울임꼴로 하거나 밑줄을 붙이거나 하려면, [홈] 탭의 명령어를 이용하는 것 외에 [셀 서식] 대화상자의 [글꼴]을 이용해야 합니다.

실습

❶ 문자를 기울임꼴로 설정할 셀 B1을 선택합니다. ❷ [홈] 탭의 [기울임꼴]을 클릭하면, ❸ 문자가 기울임꼴로 설정됩니다.

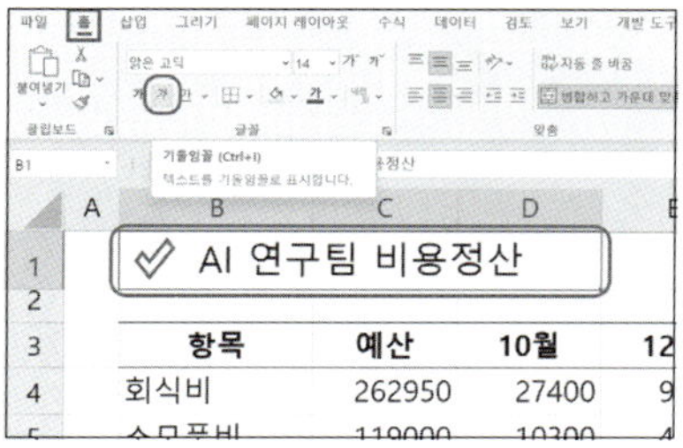

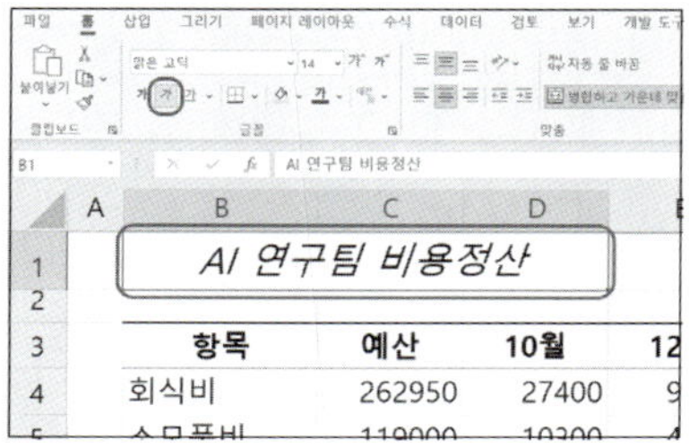

3.3.3 문자에 밑줄 붙이기

문자에 밑줄을 설정하려면 대상의 문자나 셀을 선택하고 [홈] 탭의 [밑줄](단축키 Ctrl + U)을 클릭해야 합니다. 밑줄을 해제하려면 [밑줄]을 다시 클릭해야 합니다. 또한 [밑줄] 옆의 드롭다운 버튼 ⌄을 클릭해서 표시되는 메뉴를 이용하면 이중 밑줄을 그을 수 있습니다.

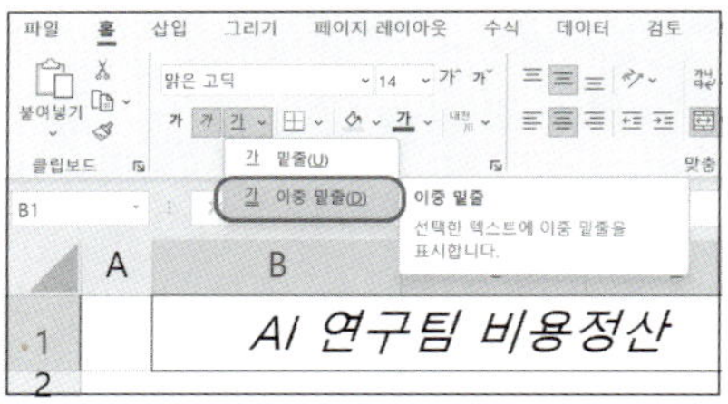

실습

❶ 셀 B1에서 밑줄을 설정할 문자 '비용정산'을 드래그하여 선택합니다.
❷ [홈] 탭의 [밑줄]을 클릭하면, ❸ 선택한 문자에 밑줄이 설정됩니다.

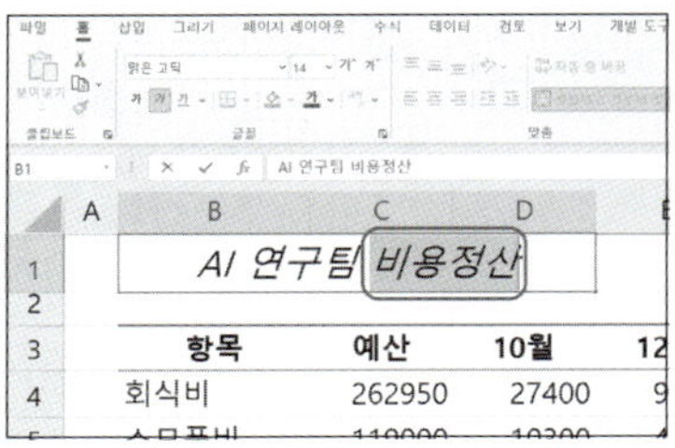

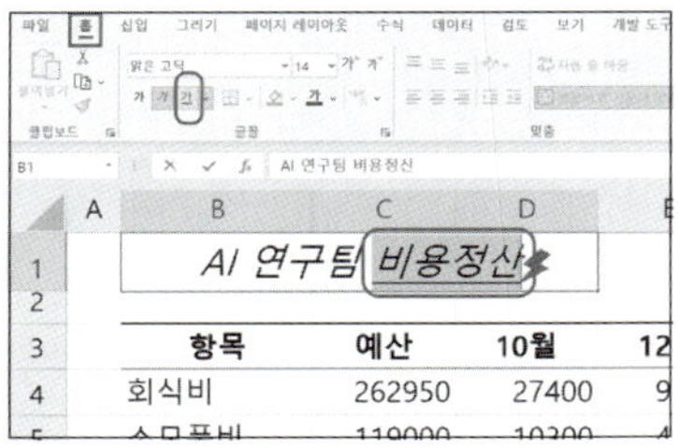

문자 서식 설정

[셀 서식] 대화상자의 [글꼴]을 이용하면 취소선, 윗 첨자, 아래 첨자 등 리본 메뉴에 없는 명령어를 이용할 수 있습니다.

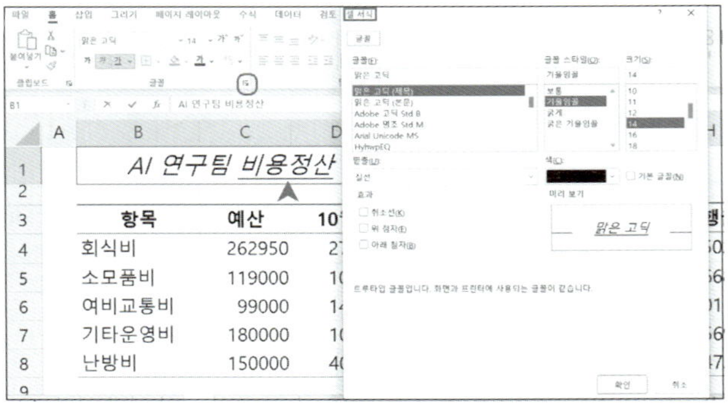

3.4 글자 맞춤 변경

디폴트 상태에서 셀에 데이터를 입력하면 숫자는 오른쪽 정렬로, 숫자 이외의 한글, 외국어, 특수문자 등은 왼쪽 정렬로 각각 자동으로 맞춰지게 됩니다. 이 맞춤은 임의로 변경할 수 있습니다. 데이터가 셀 내에 들어가지 않을 경우는 그 데이터를 자동 줄 바꿈을 하거나 셀 폭에 맞추어 축소할 수 있습니다.

03

3.4.1 문자를 셀 중앙 맞추기

[홈] 탭의 [맞춤] 그룹에 있는 명령어들을 이용하면, 셀 내의 문자를 왼쪽 정렬, 가운데 정렬, 오른쪽 정렬 등으로 설정할 수 있습니다.

실습

❶ 문자 맞춤을 변경할 셀 범위 B3~H3을 선택합니다.

❷ [홈] 탭의 [가운데 정렬]을 클릭하면, ❸ 문자가 셀 가운데로 맞춰집니다.

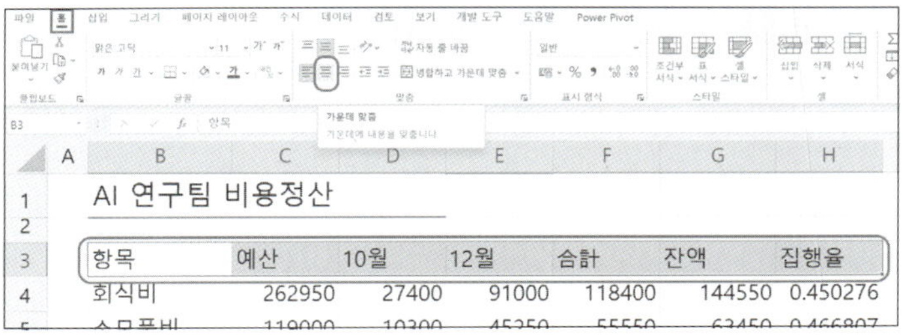

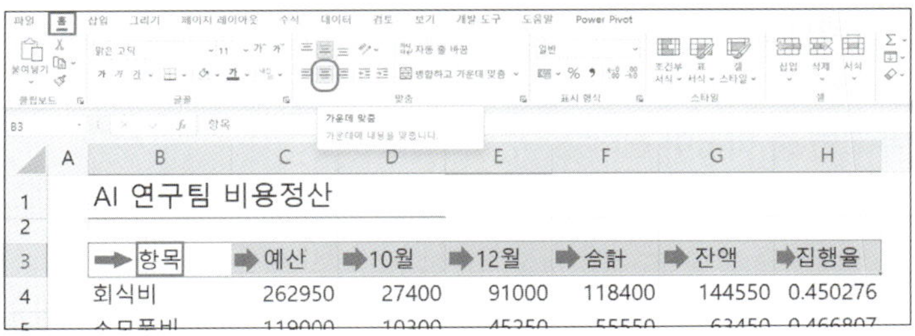

3.4.2 텍스트의 자동 줄 바꿈하기

[홈] 탭의 [자동 줄 바꿈]을 클릭하면 텍스트가 셀에 맞춰서 자동으로 줄 바꿈으로 표시됩니다. 텍스트의 줄 바꿈 위치는 셀 너비에 따라 자동으로 조정됩니다. 줄 바꿈 된 텍스트를 원래대로 되돌리려면 [자동 줄 바꿈]을 다시 클릭해야 합니다.

실습

❶셀 내에 문장이 들어가지 않은 셀 B2를 선택합니다. ❷ [홈] 탭의 [자동 줄 바꿈]을 클릭하면, ❸ 문장 전체가 셀 내에 들어갈 수 있도록 문장이 줄 바꿈이 되어 표시됩니다. ❹ 행 높이는 자동으로 조정됩니다.

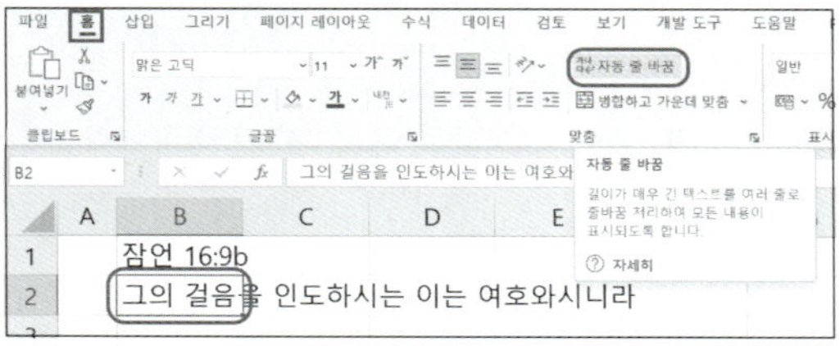

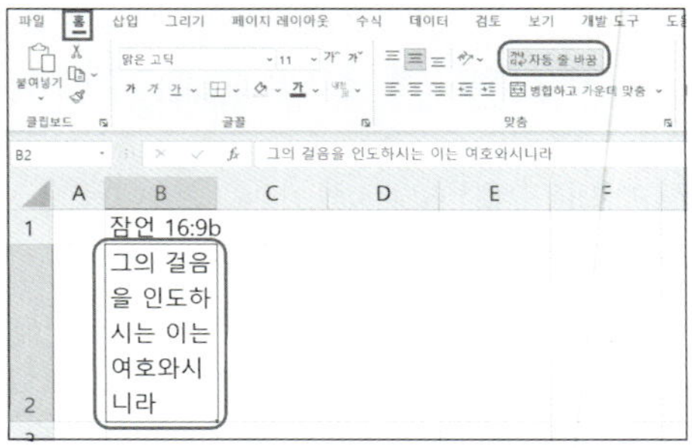

3.4.3 지정한 위치에서 텍스트 줄 바꿈하기

셀 안을 더블클릭하거나 F2를 클릭해서 줄 바꿈을 하고 싶은 위치로 커서를 이동하고, Alt + Enter↵를 누르면 지정한 위치에서 줄 바꿈이 됩니다.

실습

❶ 셀 안을 더블클릭한 후에 줄 바꿈을 하고 싶은 위치에 해당하는 '그리스도요'의 앞으로 커서를 이동해서,

❷ Alt + Enter↵를 누르면 줄 바꿈이 됩니다.

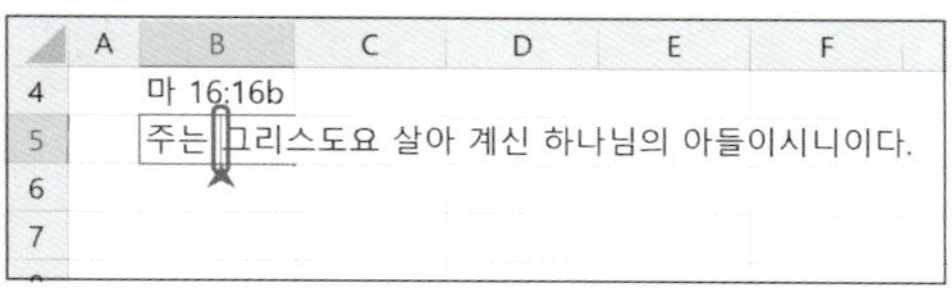

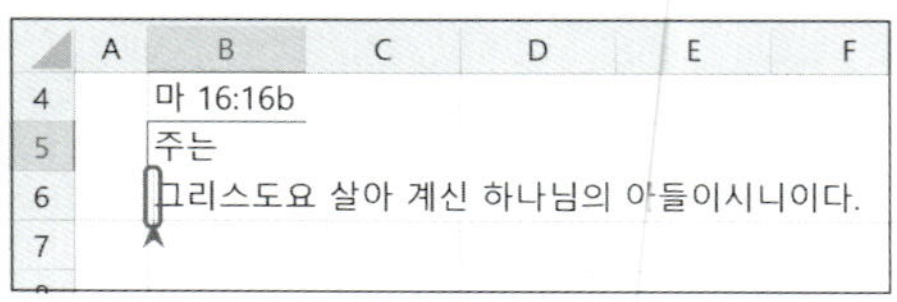

3.4.4 텍스트를 축소하여 전체 표시하기

다음의 예시 순서로 조작하면, 셀 내에 들어가지 않는 텍스트가 셀의 너비에 맞추어 자동으로 축소되어 표시됩니다. 셀의 너비를 바꾸지 않고 텍스트 전체를 표시하고 싶을 때 편리한 기능입니다. 셀 너비를 넓히면 텍스트의 크기는 원래대로 되돌아옵니다.

실습

❶ 글자 크기를 조정할 셀 B2를 클릭해서, ❷ [홈] 탭의 [맞춤] 그룹의 오른쪽 아래 모서리에 있는 맞춤 설정 버튼(단축키 Ctrl + 1)을 클릭합니다.

❸ [셀 서식] 대화상자가 표시되면 [셀에 맞춤]을 체크하고, ❹ [확인]을 클릭하면,

❺ 셀의 너비에 맞추어 문자 크기가 자동으로 축소됩니다.

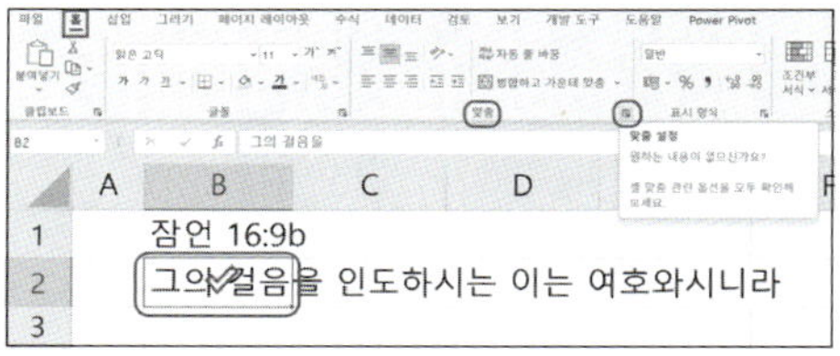

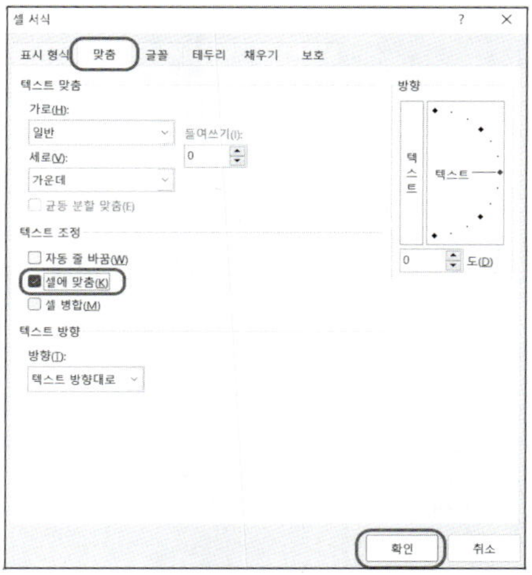

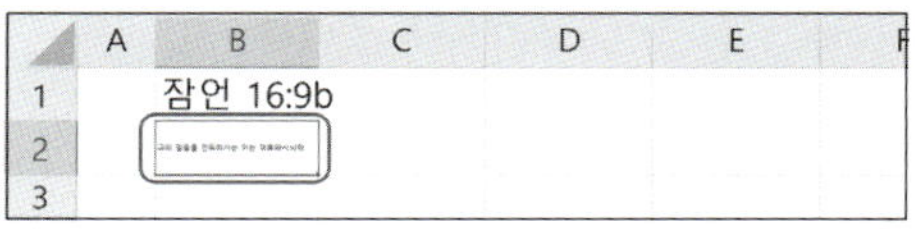

3.4.5 텍스트를 세로 쓰기로 표시하기

다음 예시는 문자를 세로 쓰기로 설정한 것입니다. [시계 반대 방향 각도] 혹은 [시계 방향 각도]를 클릭하면 각각의 방향으로 45도 회전시킬 수 있습니다. 한편, 세로 쓰기로 설정한 문자를 원래대로 되돌리려면, [홈] 탭의 [방향]을 클릭하고 [세로 쓰기]를 클릭해야 합니다.

실습

❶ 텍스트를 세로 쓰기로 할 셀 범위 B3~G3를 선택합니다. ❷ [홈] 탭의 [맞춤] 그룹에서 [방향]을 클릭하고, ❸ [세로 쓰기]를 클릭하면,

❹ 텍스트가 세로 쓰기로 표시됩니다.

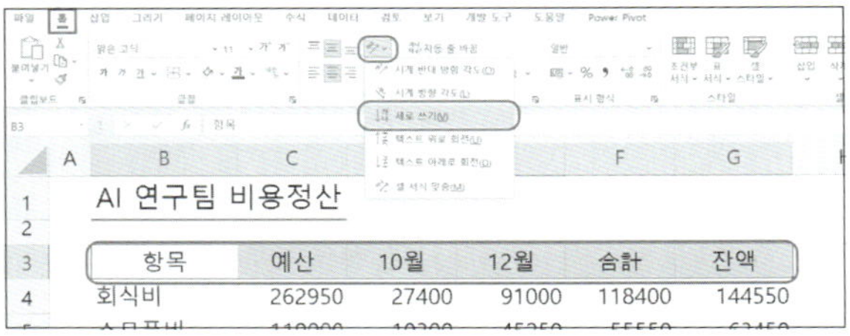

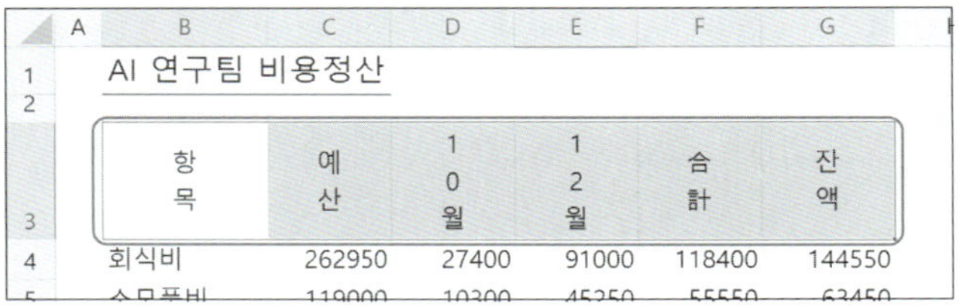

3.5 셀의 표시 형식 변경

셀의 표시 형식은 셀에 입력한 데이터를 목적에 맞는 형식으로 표시하기 위한 기능입니다. 표시 형식을 쉼표 스타일이나 백분율 스타일 등으로 설정하면 보기 쉬운 표를 작성할 수 있습니다.

3.5.1 셀의 표시 형식

Excel에서는 셀에 '표시 형식'을 설정함으로써 셀에 입력한 데이터를 다양하게 표시할 수 있습니다. 일반적으로 다음과 같은 표시 형식이 자주 이용됩니다. 독자적인 표시 형식이라 할 수 있는 '사용자 지정'을 이용하기도 합니다.

실제 데이터	표시 형식	표시된 숫자의 예시
3456.78	일반	3456.78
	숫자	3457
	통화	₩3,456.78
	회계	₩ 3,457
	백분율	345678%
	텍스트	3456.78

표시 형식 설정 방법

셀의 표시 형식을 설정하기 위해 [홈] 탭의 [표시 형식] 그룹, 미니 툴바의 명령어, [셀 서식] 대화상자의 [표시 형식] 탭 등을 이용하게 됩니다.

* [홈] 탭의 [표시 형식] 그룹/미니 툴바

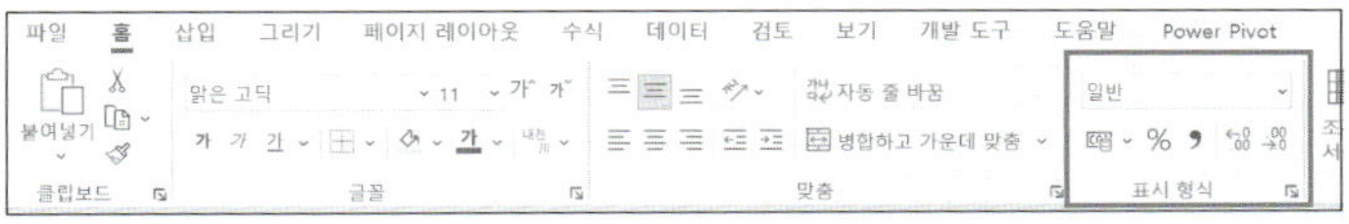

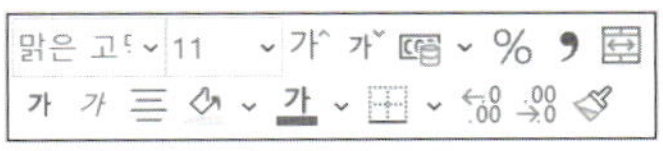

* [셀 서식] 대화상자의 [표시 형식] 탭

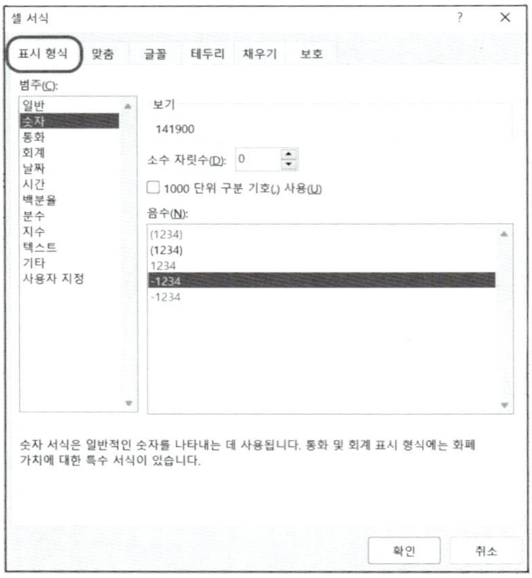

3.5.2 숫자의 쉼표 스타일로 변경하기

숫자를 쉼표 스타일(자리 구분 스타일)로 변경하면, 3자리마다 「,」(콤마 혹은 쉼표)로 구분되어 표시됩니다. 소수점 이하의 숫자가 있는 경우는 반올림되어 표시됩니다. 한편, 설정한 표시 형식을 원래대로 되돌리려면, [홈] 탭의 [표시 형식] 옆의 드롭다운 버튼 ⌄을 클릭하고 [일반]을 클릭해야 합니다.

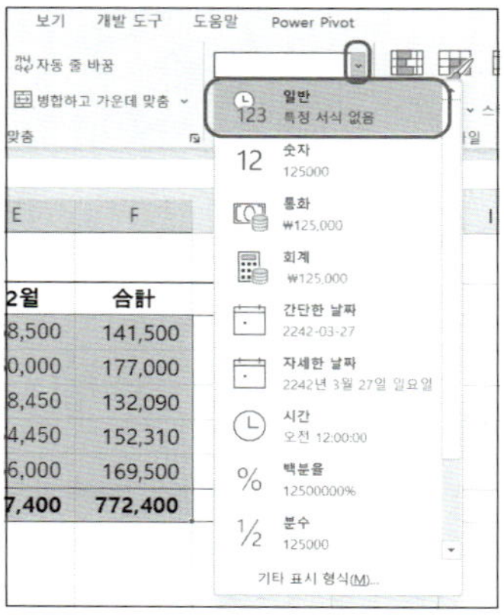

실습

❶ 표시 형식을 변경할 셀 범위 B3~F8을 선택합니다. ❷ [홈] 탭의 [쉼표 스타일]을 클릭하면, ❸ 숫자가 3자리마다 ',(쉼표)'로 구분되어 표시됩니다. ❹ 단, 소수점 이하의 숫자는 반올림되어 표시됩니다.

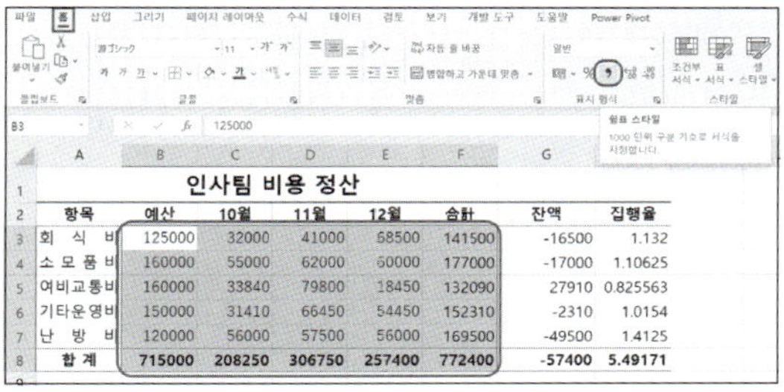

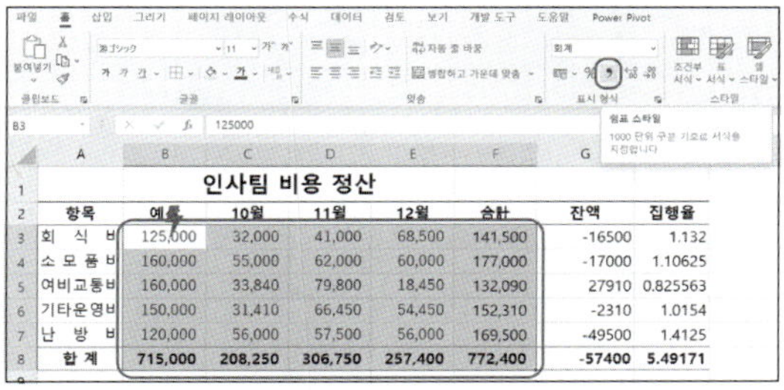

3.5.3 숫자를 백분율로 변경하기

숫자를 백분율 스타일(단축키 Ctrl + Shift + %5)로 변경하면 소수점 이하의 자릿수가 '0'(제로)이 되는 %(퍼센트)로 표시됩니다.

실습

❶ 표시 형식을 변경할 셀 범위 H3~H8을 선택합니다. ❷ [홈] 탭의 [백분율 스타일]을 클릭하면, ❸ 선택한 셀 범위가 퍼센트(%) 표시로 변경됩니다.

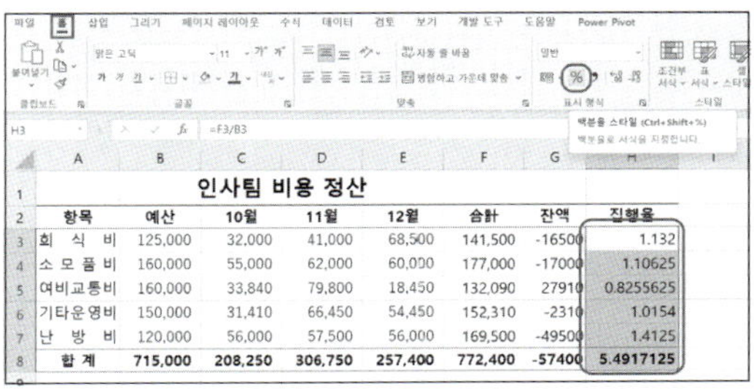

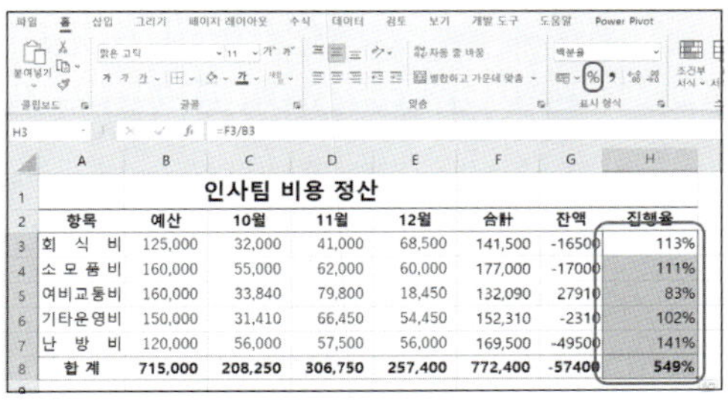

3.5.4 소수점 이하의 자릿수 변경하기

[홈] 탭의 [자릿수 늘림]을 클릭하면 소수점 이하의 자릿수가 1개 증가하고, [자릿수 줄임]을 클릭하면 소수점 이하의 자릿수가 1개 줄어듭니다. 이 경우 셀 표시상은 반올림되어 있지만 실제 데이터는 변경되지 않습니다.

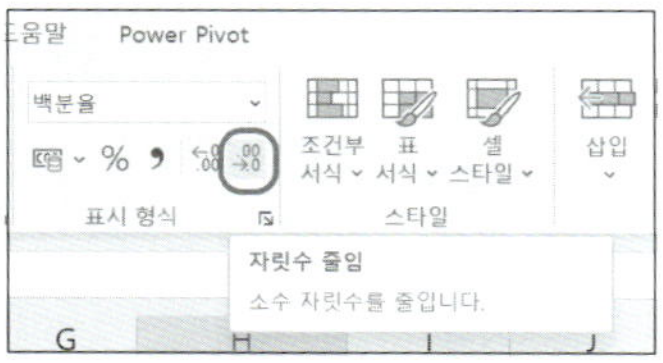

소수점 이하의 표시 자릿수가 줄어듭니다.

실습

❶ 표시 자릿수를 변경할 셀 범위 H3~H8을 선택합니다. ❷ [홈] 탭의 [자릿수 늘림]을 클릭하면, ❸ 소수점 이하의 표시 자릿수가 1개 증가합니다.

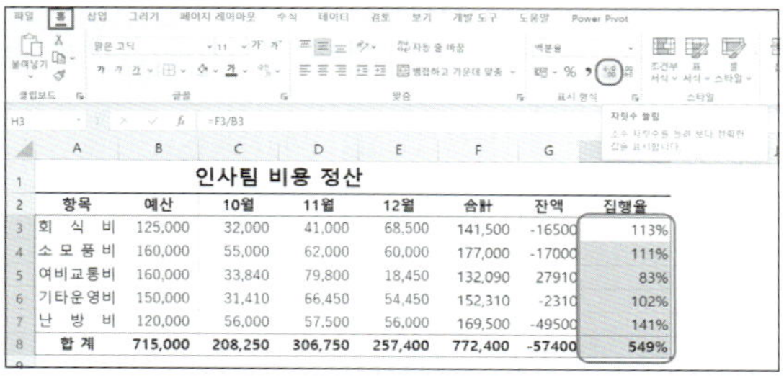

인사팀 비용 정산

항목	예산	10월	11월	12월	合計	잔액	집행율
회 식 비	125,000	32,000	41,000	68,500	141,500	-16500	113%
소 모 품 비	160,000	55,000	62,000	60,000	177,000	-17000	111%
여비교통비	160,000	33,840	79,800	18,450	132,090	27910	83%
기타운영비	150,000	31,410	66,450	54,450	152,310	-2310	102%
난 방 비	120,000	56,000	57,500	56,000	169,500	-49500	141%
합 계	715,000	208,250	306,750	257,400	772,400	-57400	549%

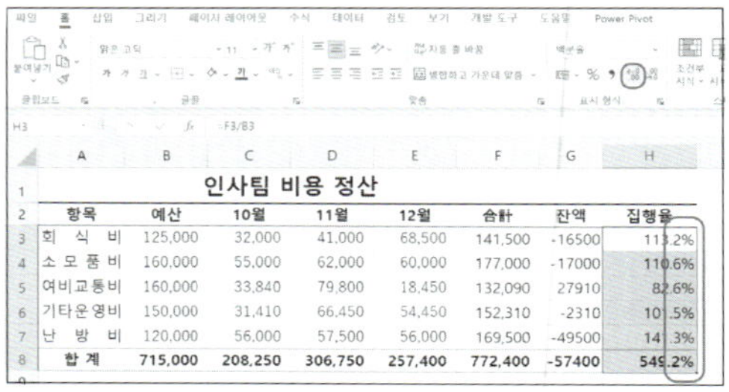

인사팀 비용 정산

항목	예산	10월	11월	12월	合計	잔액	집행율
회 식 비	125,000	32,000	41,000	68,500	141,500	-16500	113.2%
소 모 품 비	160,000	55,000	62,000	60,000	177,000	-17000	110.6%
여비교통비	160,000	33,840	79,800	18,450	132,090	27910	82.6%
기타운영비	150,000	31,410	66,450	54,450	152,310	-2310	101.5%
난 방 비	120,000	56,000	57,500	56,000	169,500	-49500	141.3%
합 계	715,000	208,250	306,750	257,400	772,400	-57400	549.2%

3.5.5 음수를 빨간색으로 표시하기

음수의 표시 형식을 설정하려면 [셀 서식] 대화상자의 [표시 형식]의 [숫자]를 이용해야 합니다. 음수 표시 형식에는 빨간색으로 표시하기, 맨 앞에 '–' 기호를 붙이기 등 여러 종류가 있습니다.

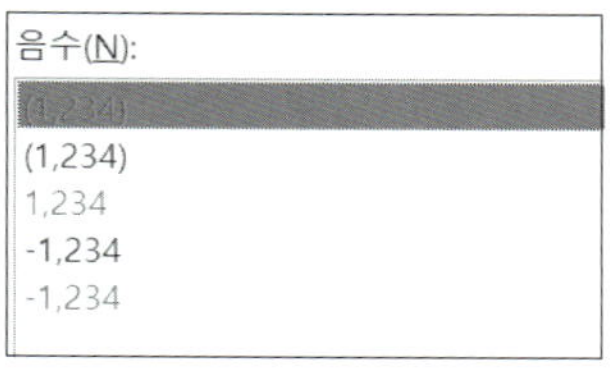

실습

❶ 표시 형식을 변경할 셀 범위 G3~G8을 선택해서, ❷ [홈] 탭의 [표시 형식] 그룹의 오른쪽 아래 모서리에 있는 표시 형식 버튼을 클릭합니다.

❸ [셀 서식] 대화상자가 나타나면 [표시 형식] 그룹의 [범주]에서 [숫자]를 클릭하고, ❹ [1000단위 구분 기호(,) 사용]을 체크하고, ❺ [음수] 영역에서 가장 아래쪽에 있는 표시 형식 '-1234(빨간색)'을 클릭합니다. ❻ [확인]을 클릭하면,

❼ 음수가 빨간색으로 표시됩니다.

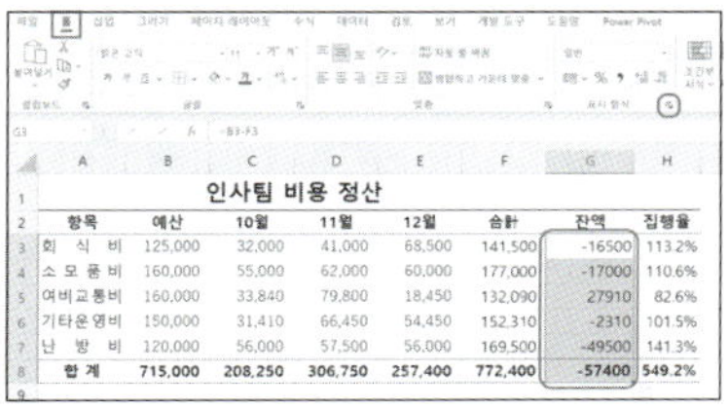

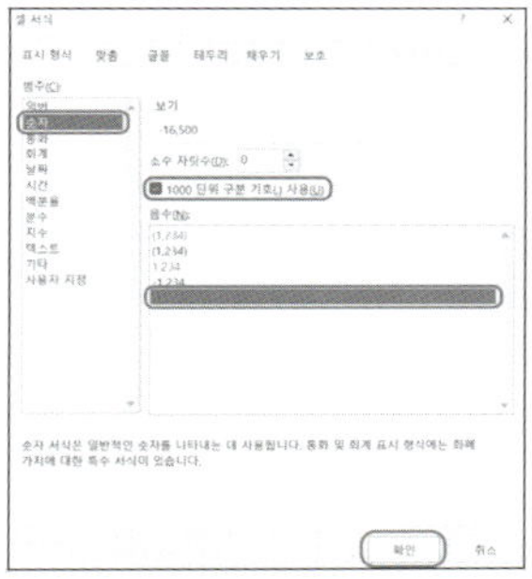

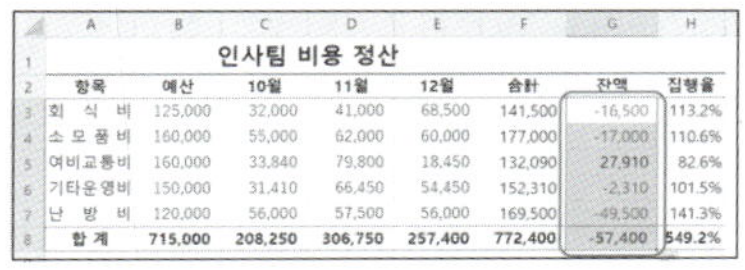

3.5.6 숫자를 천(1000) 단위로 표시하기(사용자 지정 표시)

숫자의 자릿수가 클 때는 천이나 백만 단위로 표시하면 보기 쉬워집니다. 다음 예시의 순서 ❹에서 「#,##0,」이라고 입력하면 천 단위로, 「#,##0,,」이라고 입력하면 백만 단위로 표시할 수 있습니다. 「0」 뒤에 붙인 「,」는 천의 자리로 구분하는 쉼표를 의미합니다.

「#」과 「0」은 사용자 지정 표시 형식을 설정할 때 사용하는 기호로 모두 1개의 문자의 숫자를 의미합니다. 다음은 표시 형식의 지정 예시입니다.

*입력 숫자: 1234.567

지정한 표시 형식	표시된 숫자
0	1235
0.00	1234.57
0.000	1234.567
#,##0	1,235
#,##0.00	1,234.57

실습

❶ 표시 형식을 변경할 셀 범위 F3~G9을 선택하여, ❷ [홈] 탭의 [표시 형식] 그룹의 오른쪽 아래 모서리의 맞춤 설정 버튼을 클릭합니다.

❸ [셀 서식] 대화상자가 나타나면 [표시 형식] 탭의 [사용자 지정]을 클릭하여, ❹ [형식]에 「#,##0,」이라고 입력합니다. ❺ [확인]을 클릭하면,

❻ 숫자가 천 단위로 표시됩니다. 데이터는 천 단위로 반올림됩니다.

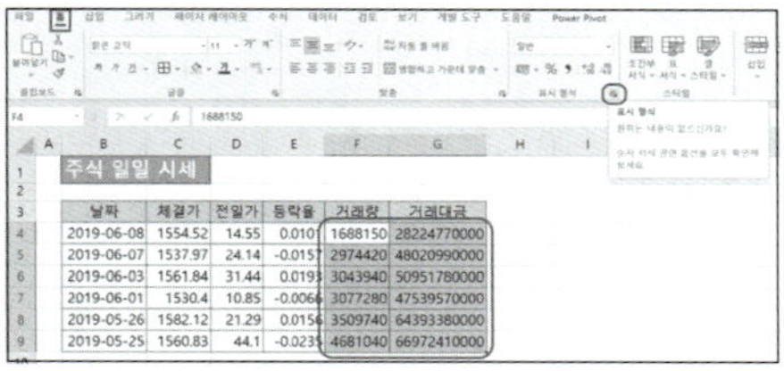

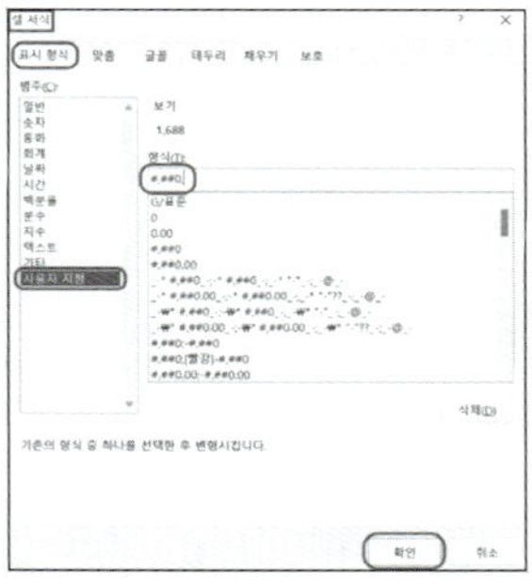

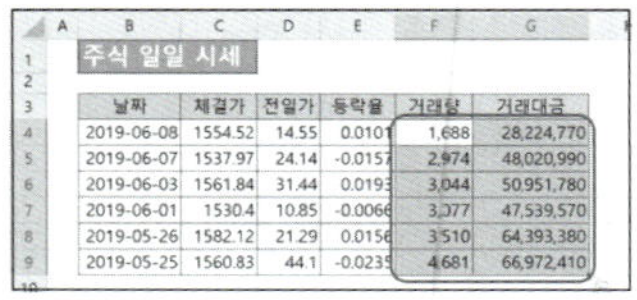

3.6 날짜의 표시 형식 변경

'년, 월, 일'을 나타내는 숫자를 '/'(슬래시) 혹은 '–'(하이픈)로 구분하여 입력하면 '2045/1/1'과 같이 자동으로 날짜 스타일이 설정됩니다. 날짜 표시 형식을 변경하면 '2045년 1월 1일'과 같이 표시할 수 있습니다.

년을 생략하고 '9/1'와 같이 입력하면 올해 날짜가 '9월 1일'과 같이 입력됩니다. 「2045년 9월 1일」과 같이 「년」을 표시시키고 싶은 경우는 다음 예시의 순서로 [자세한 날짜]를 지정합니다.

실습

❶ 날짜가 입력된 셀 G1을 클릭합니다. ❷ [홈] 탭의 [표시 형식]의 드롭다운 버튼 ⌄을 클릭해서, ❸ [자세한 날짜]를 클릭하면,

❹ 날짜 표시 형식이 변경됩니다.

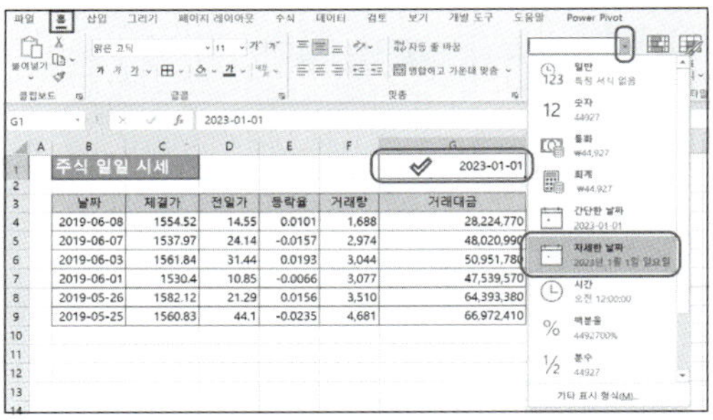

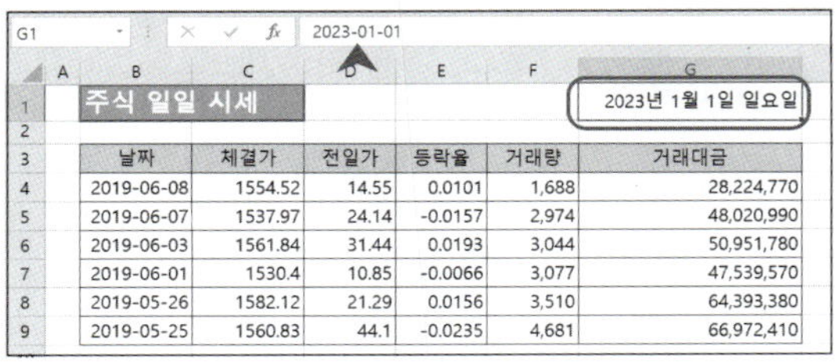

3.7 셀 병합하기

이웃하는 여러 셀은 결합하여 하나의 셀로 취급할 수 있습니다. 결합한 셀 내의 문자는 일반 셀과 마찬가지로 임의로 배치할 수 있습니다. 복수의 셀에 걸쳐진 제목 등에 이용하면 표의 스타일을 정돈할 수 있습니다.

3.7.1 셀을 병합해서 문자 가운데 맞추기

[홈] 탭의 [병합하고 가운데 맞춤]을 클릭하면 셀이 병합되어 입력되고 있던 문자가 중앙에 배치됩니다. 결합할 여러 셀에 데이터가 입력된 경우는 맨 왼쪽에 있는 셀의 데이터만 유지됩니다. 그러나 빈 셀은 무시됩니다.

실습

❶ 셀 B2로부터 G2까지를 선택합니다. ❷ [홈] 탭의 [병합하고 가운데 맞춤]을 클릭하면, ❸ 셀이 병합되어 문자 배치가 자동으로 가운데 정렬됩니다.

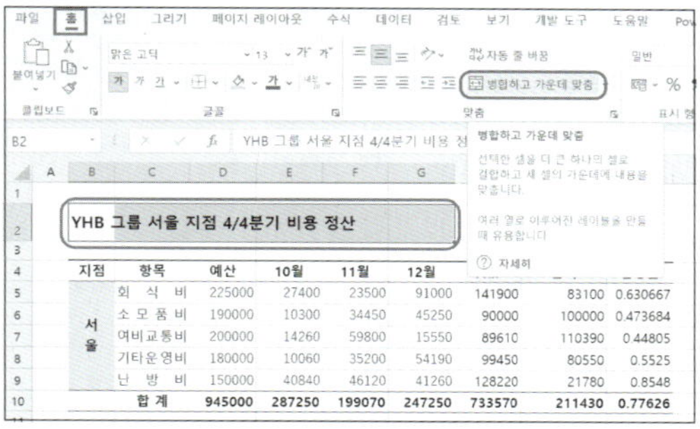

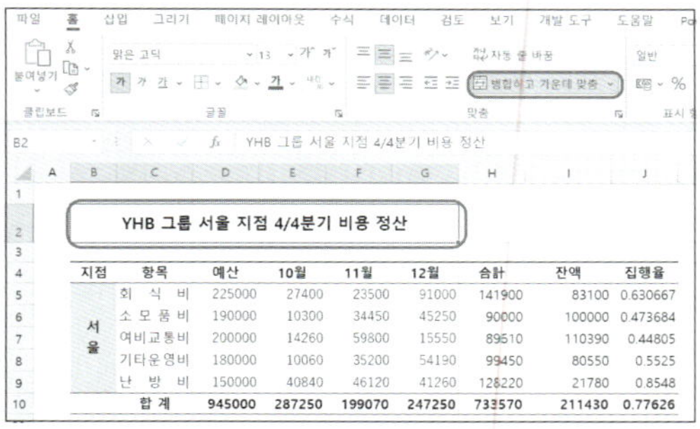

3.7.2 셀을 가로 병합하기

병합하고 싶은 셀을 선택하고 [홈] 탭의 [병합하고 가운데 맞춤]으로부터 [전체 병합]을 클릭하면, 같은 행에서 선택한 셀끼리 하나의 큰 셀로 병합됩니다. 셀의 병합을 해제하려면 병합된 셀을 선택하고 [병합하고 가운데 맞춤]을 클릭해야 합니다.

실습

❶ 셀 D9부터 E11까지를 선택합니다. ❷ [홈] 탭의 [병합하고 가운데 맞춤]의 옆에 있는 드롭다운 버튼 ⌵을 클릭해서, ❸ [전체 병합]을 클릭하면,

❹ 셀이 가로 방향으로 병합됩니다.

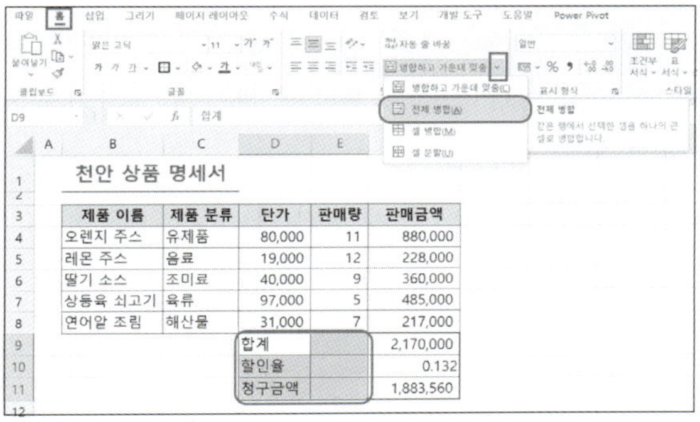

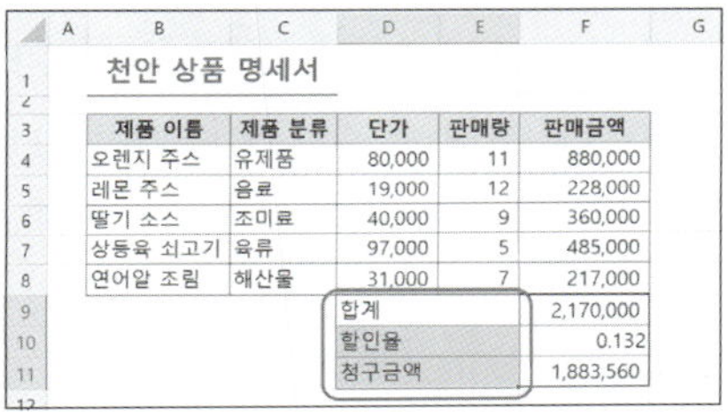

3.8 셀 테두리 그리기

시트의 표에 필요한 데이터가 입력되면 표를 보기 쉽도록 테두리를 그리게 됩니다. [홈] 탭의 [아래쪽 테두리]의 메뉴를 이용하면 선택한 셀 범위에 원하는 테두리를 그릴 수 있습니다.

3.8.1 표 전체에 테두리 그리기

표 전체에 테두리 그리기를 위해서는 셀 범위를 선택하고 [홈] 탭의 [아래쪽 테두리]로부터 [모든 테두리]를 클릭해야 합니다. [아래쪽 테두리]의 메뉴에서 종류를 선택해 테두리 그리기를 하면, 이후부터는 선택한 종류의 테두리 그리기가 기본이 됩니다. 다른 테두리 그리기를 하고 싶은 경우는, [아래쪽 테두리]의 메뉴로부터 테두리 그리기 종류를 다시 지정합니다.

실습

❶ 표 전체의 셀 범위 B4~H10을 선택합니다. ❷ [홈] 탭의 [아래쪽 테두리] 옆의 드롭다운 버튼 ⌄을 클릭해서, ❸ [모든 테두리]를 클릭하면,

❹ 선택한 셀 범위에 격자의 선이 그어집니다.

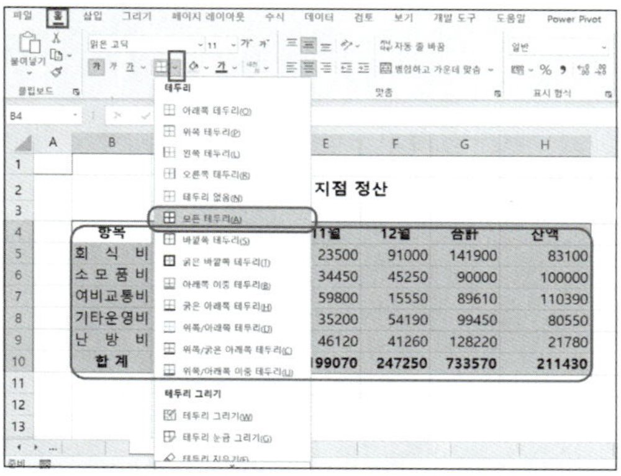

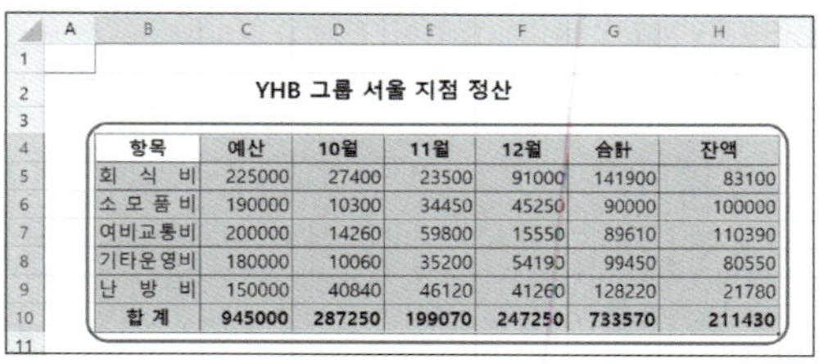

YHB 그룹 서울 지점 정산

항목	예산	10월	11월	12월	合計	잔액
회 식 비	225000	27400	23500	91000	141900	83100
소 모 품 비	190000	10300	34450	45250	90000	100000
여비교통비	200000	14260	59800	15550	89610	110390
기타운영비	180000	10060	35200	54190	99450	80550
난 방 비	150000	40840	46120	41260	128220	21780
합 계	945000	287250	199070	247250	733570	211430

3.8.2 셀에 테두리 그리기

일부 셀에만 테두리를 긋기 위해서는 테두리를 긋고 싶은 셀 범위를 선택하고 테두리 종류를 클릭합니다. 다음 예시의 순서 ❷에서 표시되는 [테두리]의 메뉴에는 13개 패턴의 테두리 종류가 준비되어 있습니다. 한편, 테두리를 삭제하려면 테두리를 삭제하고 싶은 셀 범위를 선택해서 [테두리 없음]을 클릭해야 합니다.

실습

❶ 테두리를 긋는 셀 범위 B4~H4와 B10~H10을 Ctrl을 이용해서 다중 선택하고, ❷ [홈] 탭의 [모든 테두리]의 드롭다운 버튼 ▽을 클릭해서, ❸ [위쪽/아래쪽 테두리]를 클릭하면, ❹ 선택한 셀 범위의 상하로 테두리가 그어집니다.

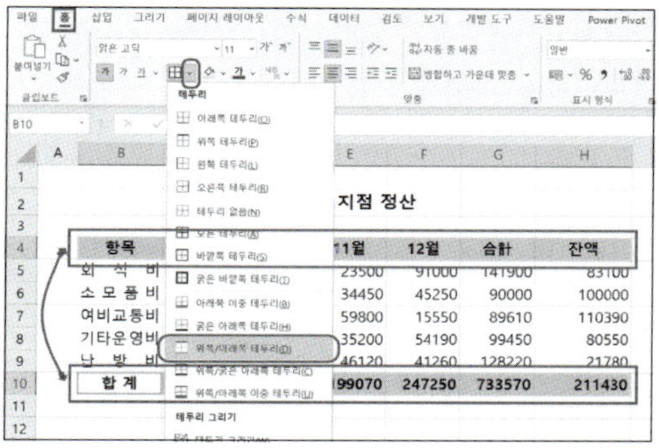

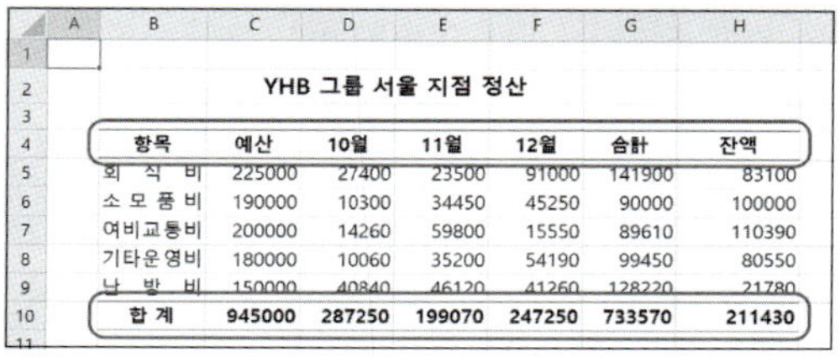

3.8.3 테두리 종류 변경하기

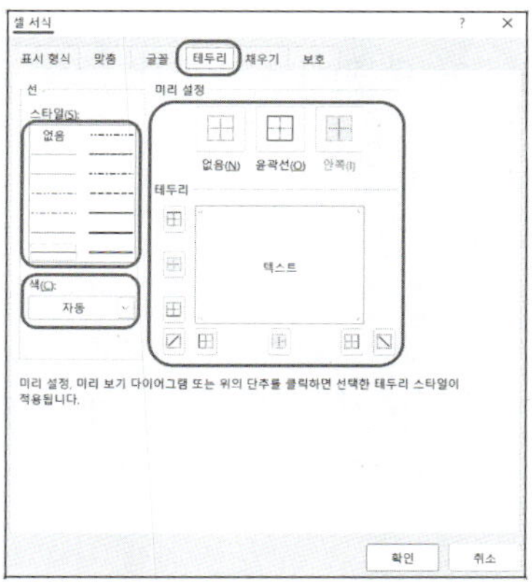

[셀 서식] 대화상자의 [테두리]에서는 테두리의 '스타일', '색' 등 테두리 긋는 방법을 상세하게 지정할 수 있습니다. 선의 '스타일' 혹은 '색'을 지정하고 [미리 설정]이나 [테두리]에 있는 아이콘을 클릭해서 테두리를 긋는 '위치'를 지정합니다.

[셀 서식] 대화상자에서 테두리의 위치를 세밀하게 지정하여 삭제할 수 있습니다. 모든 테두리를 삭제하려면 [미리 설정]의 [없음]을 클릭해야 합니다. 또한 [셀 서식] 대화상자에서 테두리 색을 변경하려면, [색]의 드롭다운 버튼 ▼을 클릭해서 원하는 색을 선택하고 테두리를 긋는 위치를 지정해야 합니다.

실습

❶ 테두리 종류를 변경하고 싶은 셀 범위 B3~H9을 선택합니다. ❷ [홈] 탭의 [아래쪽 테두리]의 드롭다운 버튼 ⌄을 클릭해서, ❸ [다른 테두리]를 클릭합니다.

❹ [셀 서식] 대화상자가 나타나면, [테두리] 탭의 [선: 스타일]에서 테두리 종류 '가는 점선'을 클릭합니다. ❺ [미리 설정]의 [안쪽]을 클릭하고, ❻ [확인]을 클릭하면,

❼ 안쪽 테두리 선의 종류가 변경됩니다.

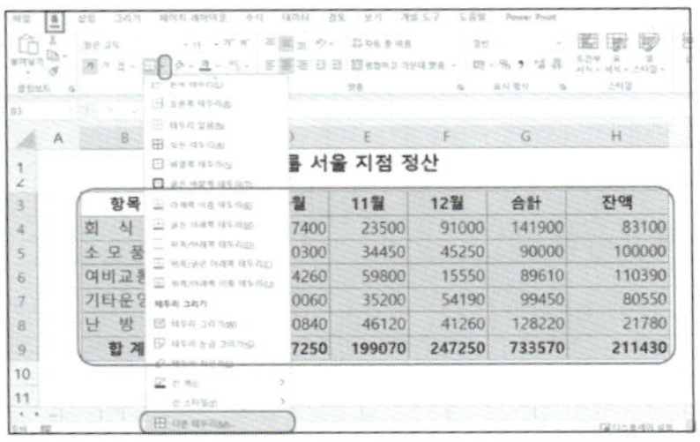

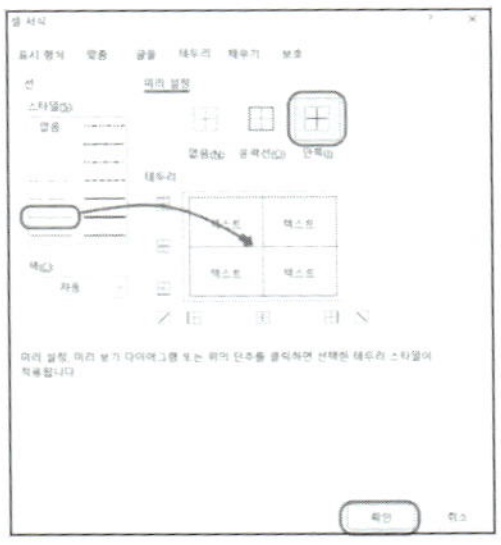

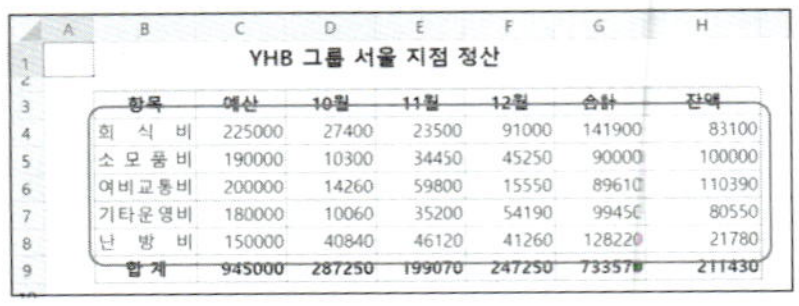

3.8.4 드래그로 테두리 그리기

[테두리]의 메뉴에서 [테두리 그리기]를 클릭하면 시트 위를 드래그해서 테두리를 그을 수 있습니다. [선 색]이나 [선 스타일]로부터 테두리 선의 종류를 선택할 수 있습니다. 한편, 드래그로 테두리 긋기를 할 수 있는 상태가 되면 마우스 포인터의 모양이 바뀌어 셀에 데이터를 입력할 수 없습니다. 데이터를 입력할 수 있는 상태로 되돌리려면 Esc를 눌러야 합니다.

실습

❶ [홈] 탭의 [테두리] 옆의 드롭다운 버튼 ⌄을 클릭해서, ❷ [테두리 그리기]를 클릭합니다.

❸ 다시 선 색을 설정하기 위해 [테두리]의 드롭다운 버튼 ⌄을 클릭해서, ❹ [선 색]에 마우스 포인터를 맞추어, ❺ 원하는 색상으로 '녹색'을 선택합니다.

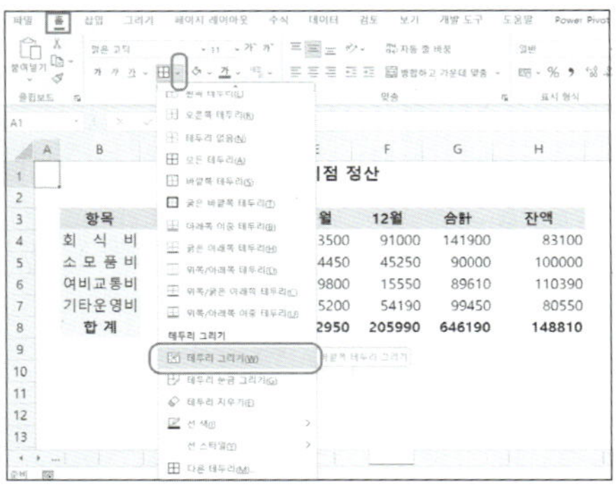

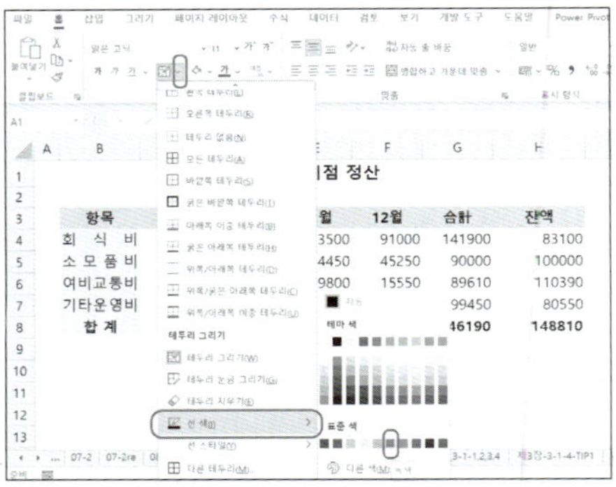

❻ 테두리를 긋고 싶은 셀 B4~H4의 아래쪽을 드래그하면 테두리가 그려집니다.

❼ 테두리를 다 긋고 나면 Esc를 눌러 마우스 포인터를 원래 모양으로 되돌립니다.

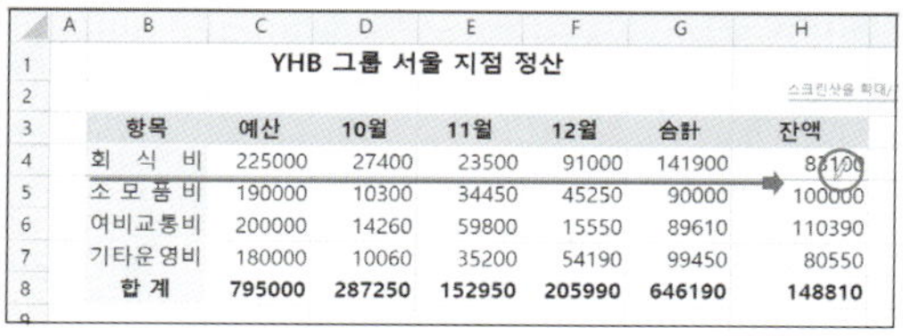

YHB 그룹 서울 지점 정산

항목	예산	10월	11월	12월	合計	잔액
회 식 비	225000	27400	23500	91000	141900	83100
소 모 품 비	190000	10300	34450	45250	90000	100000
여비교통비	200000	14260	59800	15550	89610	110390
기타운영비	180000	10060	35200	54190	99450	80550
합 계	795000	287250	152950	205990	646190	148810

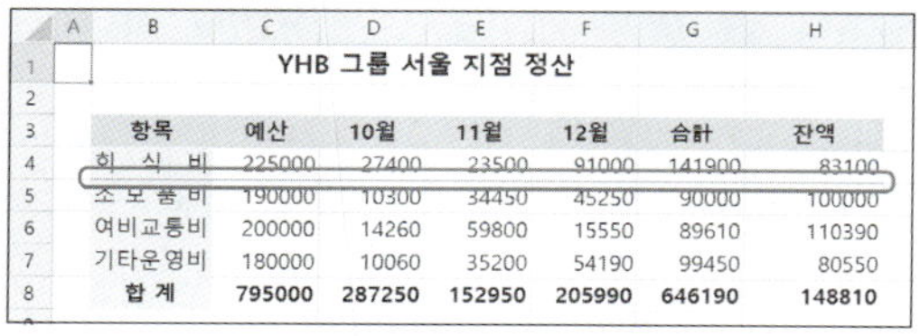

YHB 그룹 서울 지점 정산

항목	예산	10월	11월	12월	合計	잔액
회 식 비	225000	27400	23500	91000	141900	83100
소 모 품 비	190000	10300	34450	45250	90000	100000
여비교통비	200000	14260	59800	15550	89610	110390
기타운영비	180000	10060	35200	54190	99450	80550
합 계	795000	287250	152950	205990	646190	148810

3.9 셀 서식 복사

셀에 설정한 서식을 다른 셀에 반복 설정하는 것은 다소 번거로운 일입니다. 이럴 때는 기본이 되는 셀의 서식을 복사해서 붙이는 방법으로 같은 형식의 표를 간단하게 작성할 수 있습니다.

3.9.1 서식 복사하기

서식의 복사 기능을 이용하면 서식만 복사하여 다른 셀에 붙여넣을 수 있습니다. 복사 기능은 특정 서식을 다른 곳에도 설정하고 싶을 때 이용합니다. 여기에서는, 셀에 설정하고 있는 채우기 색, 글꼴 색, 텍스트 맞춤 등을 복사하고 있습니다. 또한 서식을 연속해서 복사할 경우는, [서식 복사]를 '더블클릭'해서 복사할 각 위치에서 클릭합니다.

[서식 복사/붙여넣기]에서는 다음의 서식을 복사할 수 있습니다.

Ⓐ 표시 형식

Ⓑ 텍스트 맞춤, 줄 바꿈, 셀 병합

Ⓒ 글꼴

Ⓓ 테두리 설정

Ⓔ 글꼴 색과 채우기 색

Ⓕ 글꼴 크기, 글꼴 스타일, 글꼴 서식

실습

❶ 서식을 복사할 셀 F3를 클릭해서, ❷ [홈] 탭의 [서식 복사]를 클릭합니다.

❸ 복사할 위치인 셀 B9을 클릭하면 서식만 복사됩니다.

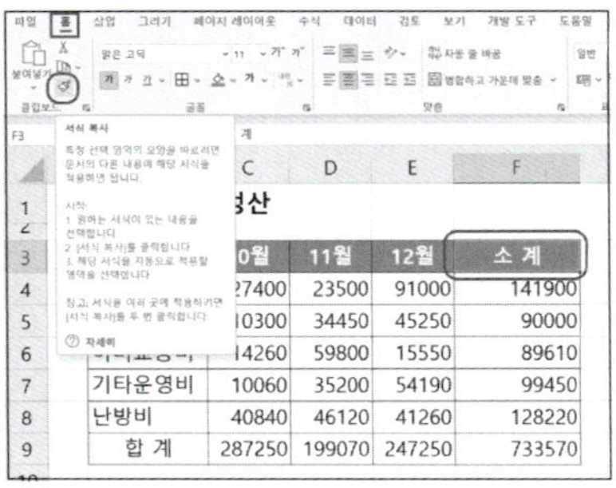

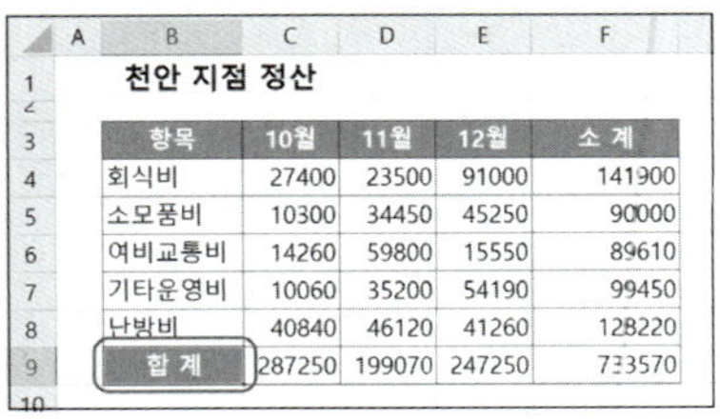

3.10 붙여넣기 옵션

계산 결과의 값만 복사하고 싶다거나 붙이는 곳의 서식에 맞추어 붙이고 싶거나 하는 경우가 자주 있습니다. 이러한 경우는 [붙여넣기 옵션]을 이용합니다.

3.10.1 붙여넣기 옵션 사용

03

일반적인 [복사]와 [붙여넣기]를 실행하면, 그 결과의 오른쪽 아래에 [붙여넣기 옵션]이 표시됩니다. 이 [붙여넣기 옵션]을 클릭하면 표시되는 메뉴를 이용해서 붙인 후의 결과를 수정할 수 있습니다.

실습

❶ 복사한 데이터를 붙여넣으면, ❷ [붙여넣기 옵션]이 표시됩니다. ❸ [붙여넣기 옵션]을 클릭하면, ❹ 붙여 넣기의 결과를 수정할 수 있는 메뉴가 표시됩니다.

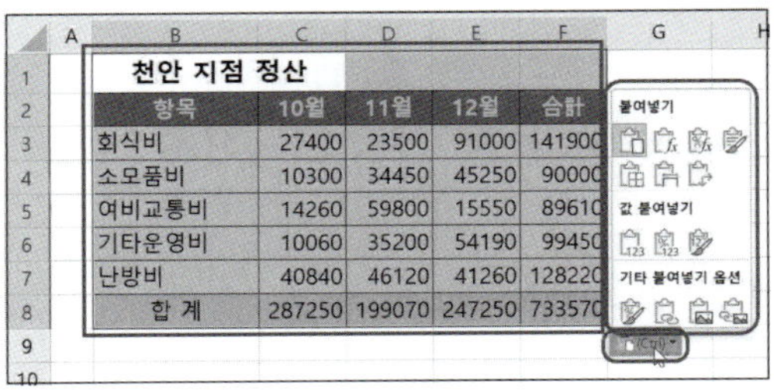

3.10.2 계산 결과만 붙여넣기

셀 참조를 이용하고 있는 수식의 계산 결과를 복사해서 다른 시트 혹은 다른 셀에 붙이면 올바른 결과가 표시되지 않습니다. 이것은 셀 참조가 붙어 있는 시트의 셀로 변경되어 올바른 계산을 수행할 수 없기 때문입니다. 이런 경우에는 값만 붙여넣어서 계산 결과만 이용할 수 있습니다. 이때 복사 원본으로 설정되어 있던 서식은 삭제됩니다.

붙여넣기 옵션은 [홈] 탭의 [붙여넣기] 아래의 드롭다운 버튼 ∨을 클릭해도 표시됩니다.

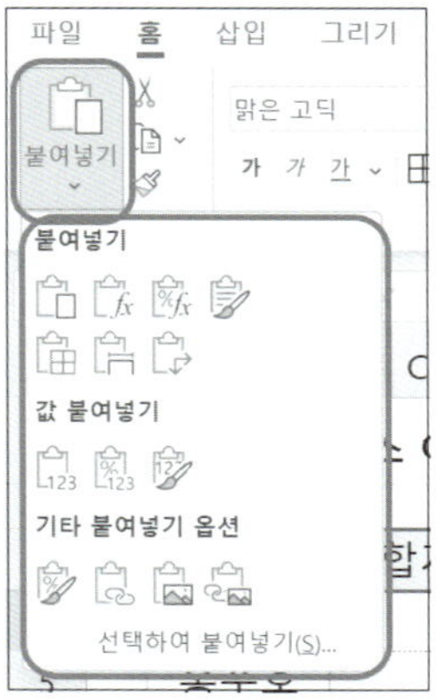

실습

❶ 수식이 들어간 셀 범위 I4~I9을 선택해서, ❷ [홈] 탭의 [복사]를 클릭합니다.

❸ 붙여넣기를 할 위치의 셀 C4를 클릭해서 [홈] 탭의 [붙여넣기]를 클릭합니다. ❹ [붙여넣기 옵션]에서 [값]을 클릭하면,

❺ 계산 결과의 값만 붙여넣을 수 있습니다.

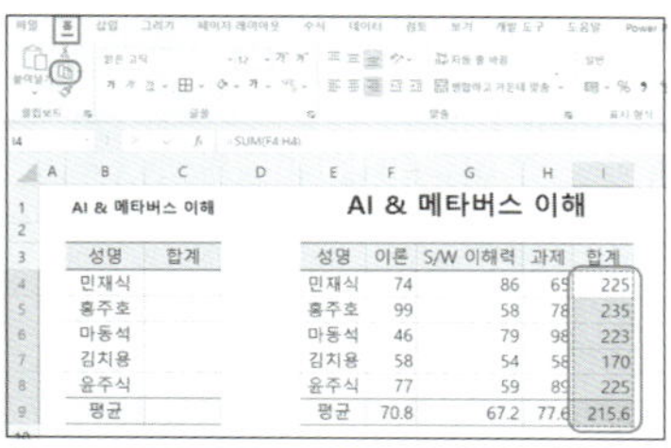

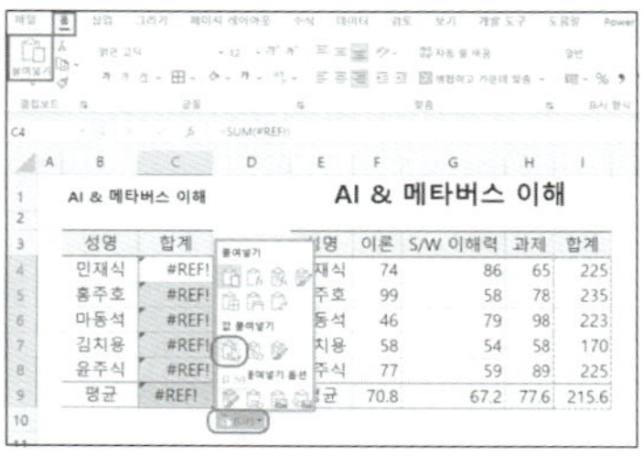

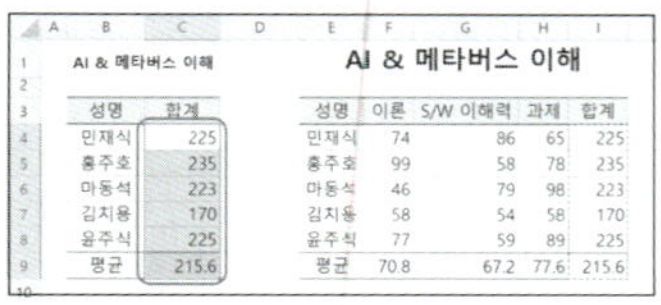

3.10.3 붙여넣을 곳의 서식에 맞추기

붙여넣을 위치의 서식에 맞춰서 붙여넣고 싶을 경우는, [붙여넣기]를 클릭하고 [붙여넣기] 영역의 [수식 및 숫자 서식] 을 클릭합니다. [값 붙여넣기] 영역의 [값 및 숫자 서식] 을 클릭해도 마찬가지 결과를 얻을 수 있습니다.

복사 원본과 붙여넣을 곳의 열 너비가 다른 경우, 단순한 붙여넣기에서는 열 너비를 조정할 필요가 있습니다. [붙여넣기] 옵션 메뉴의 [원본 열 너비 유지] 를 이용하면 열 너비를 유지해 붙일 수 있습니다.

실습

❶ 셀 범위 B1~F8을 선택해서, ❷ [홈] 탭의 [복사]를 클릭합니다.

❸ 붙여넣을 셀 I1을 클릭해서, [홈] 탭의 [붙여넣기]의 드롭다운 버튼 ∨을 클릭합니다. ❹ [붙여넣기] 옵션을 클릭하고, ❺ [값과 숫자 서식]을 클릭하면, ❻ 붙여넣을 위치의 서식에 맞게 표가 붙여집니다.

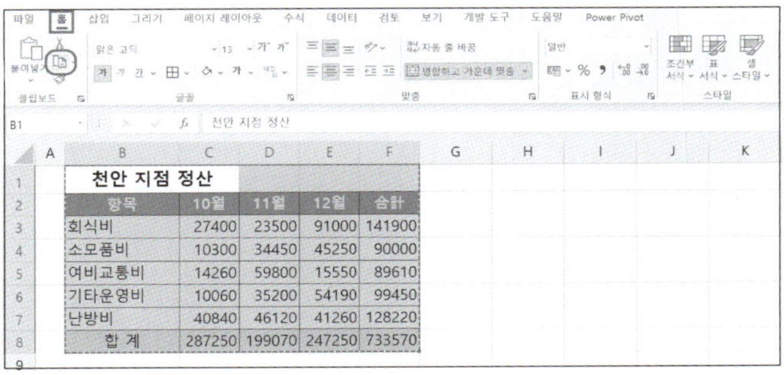

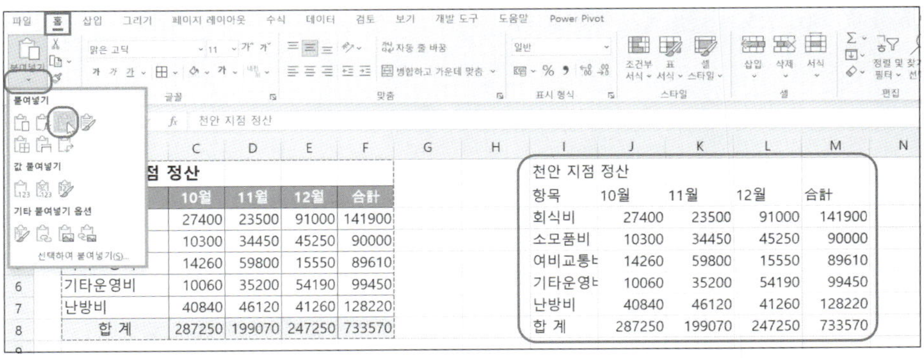

연습문제

01 다음의 그림과 같이 데이터 표시를 해보세요.

(1) 예산에서 합계까지의 숫자 데이터; 1000 단위마다 쉼표(,)

(2) 잔액의 숫자 데이터; 1000 단위마다 쉼표(,), 음수일 때는 "빨강색 (숫자)"

(3) 집행율의 숫자 데이터; 백분율(%)

	서울 지점 1/4분기 비용 정산								
						일자 :	2045-05-05		
지점	항목	예산	1월	2월	3월	합계	잔액	집행율
서울	회식비	125,000	32,000	41,000	68,500	141,500	(16,500)	113%
	소모품비	160,000	55,000	62,000	60,000	177,000	(17,000)	111%
	여비교통비	160,000	33,840	79,800	18,450	132,090	27,910	83%
	기타운영비	150,000	31,410	66,450	54,450	152,310	(2,310)	102%
	난방비	120,000	56,000	57,500	56,000	169,500	(49,500)	141%

02 다음의 조건을 이용해서 완성된 그림과 같이 서식 편집을 해보세요.

(1) 단원 강의 계획안; 병합하고 가운데 맞춤, 맑은 고딕, 18(크기), 굵게, 기울임꼴, 채우기(흰색, 배경1, 15% 더 어둡게)

(2) 단원, 학습 주제,...,자료 활용 계획; 가로 균등 분할(들여쓰기, 1), 세로 가운데, 글꼴(굴림, 굵게), 셀 병합 금지

(3) K4; 반드시 사용자지정 서식 이용

(4) B7; 맑은 고딕, 크기 11

(5) B4, B5, K4; 글꼴 크기 10, 굴림

(6) C9; 크기 11

(7) A4~C13; 채우기(파랑, 강조1, 80% 더 밝게)

(8) 특별히 글꼴을 지정하지 않은 글꼴은 모두 "굴림"으로 설정하고, 테두리 선은 결과 이미지를 보고 선의 굵기 설정, 그 이외의 서식은 결과 이미지를 보고 자율적으로 설정 가능

단원 강의 계획안						
단 원	활동마당-등굣길을 설명해보자		관련 교과	실과(창체)	차시	02월 03일
학 습 주 제	등굣길을 효과적으로 설명하기					
학 습 목 표	순차, 조건을 이용하여 학교로 가는 길의 알고리즘을 짤 수 있다.					
수 업 전 략	수업모형	CTE모형				
	학습형태	전체 ➡ 모둠 ➡ 전체 ➡ 개별 ➡ 전체				
자 료 활 용 계 획	학습자료	미로 지도, 학습지, 보드판, 보드마카				
	멀티자료	PPT				

A2: 맑은 고딕, 크기 18, 굵게, 기울임꼴, 채우기(흰색, 배경1, 15% 더 어둡게)

A열 너비; 12

A4~A13; 가로 균등분할, 들여쓰기 1, 세로 가운데, 글꼴(굴림, 굵게)

K4; 사용자지정 서식 이용

B7; 맑은 고딕, 크기 11

B4, B5, K4; 글꼴 크기 10, 굴림

C9; 크기 11

A4~C13; 채우기(파랑, 강조1, 80% 더 밝게)

*특별히 글꼴을 지정하지 않은 것은 모두 "굴림"

*테두리 선 그리기; 결과 이미지를 보고 반드시 선의 굵기 조정

*그 이외의 서식은 결과 이미지를 보고 적절하게 설정

03 다음의 조건을 이용해서 그림과 같은 표를 만들어 보세요.

(1) 셀 B2의 제목 '주식 일일 시세'에 셀 스타일 "제목1"을 적용하세요.

(2) 셀 B3~G14를 선택한 후, "녹색, 표 스타일 보통 7"을 적용하세요.

(3) 셀 B4~B14의 날짜 영역을 선택 후, 셀 서식의 사용자 지정 형식을 다음과 같이 지정하세요.

```
yyyy-mm-dd(aaa)
```

(4) 셀 F4~F14까지의 거래량을 선택한 후, 셀 서식의 사용자 지정 형식을 사용하여 천 단위로 변경하세요.

```
#,##0,
```

(5) 셀 G4~G14의 거래대금을 지정한 후, 셀 서식의 사용자 지정 표시 형식을 사용하여 백만 단위로 변경하세요.

```
#,##0,,
```

주식 일일 시세

날짜	체결가	전일가	등락율	거래량	거래대금
2019-06-08(토)	1554.52	14.55	0.0101	1,688,150	28,225
2019-06-07(금)	1537.97	24.14	-0.0157	2,974,420	48,021
2019-06-04(화)	1564.13	2.29	0	2,797,670	49,715
2019-06-03(월)	1561.84	31.44	0.0193	3,043,940	50,952
2019-06-01(토)	1530.4	10.85	-0.0066	3,077,280	47,540
2019-05-31(금)	1541.25	18.47	0.0114	2,926,230	42,859
2019-05-28(화)	1522.78	15.28	0.0095	3,089,710	58,579
2019-05-27(월)	1607.5	25.38	0.016	3,513,040	60,772
2019-05-26(일)	1582.12	21.29	0.0156	3,509,740	64,393
2019-05-25(토)	1560.83	44.1	-0.0235	4,681,040	66,972
2019-05-24(금)	1604.93	4.75	0	2,662,360	47,080

04 다음의 그림과 같이 서식 편집을 한 후, “사용자 지정”과 “표시전[실제입력값]”을 참고하여 “표시” 열 영역의 데이터를 표시해 보세요.

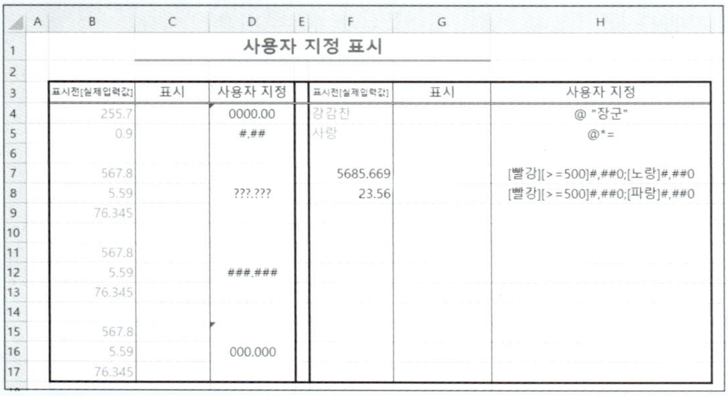

05 열 G와 H의 너비를 12로 설정하여 보세요.

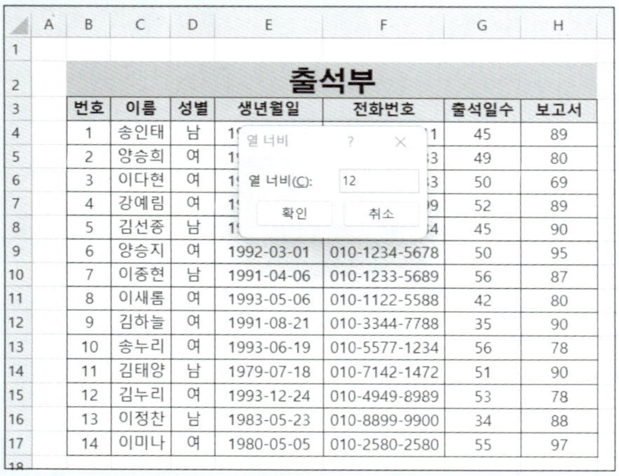

06 다음의 조건을 이용해서 표 제목 셀에 배경색을 지정해 보세요.

(1) 행 높이: 50

(2) 셀 서식의 “채우기 효과–그라데이션”에서 “색1: 흰색”, “색2: 녹색”을 적용하세요.

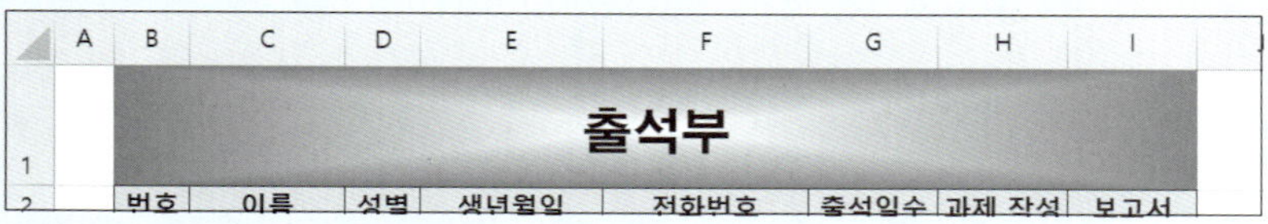

07 다음의 그림과 같이 셀 B2~F2를 병합(가운데 맞춤)하여 보세요.

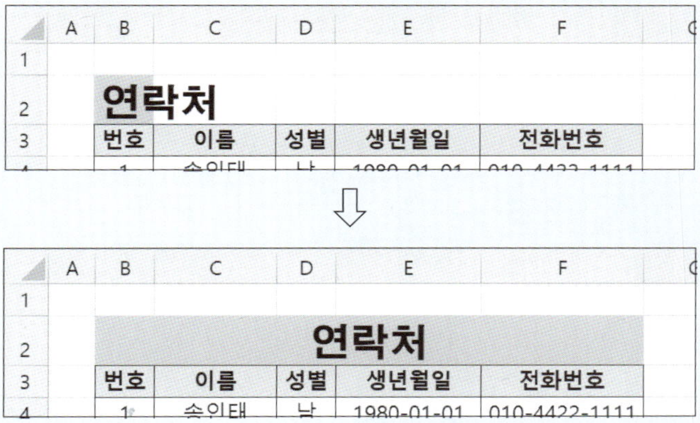

08 "결제란" 시트에 있는 결제란 양식을 아래의 위치에 "그림"으로 붙여넣기를 하고 크기 조절을 해보세요.

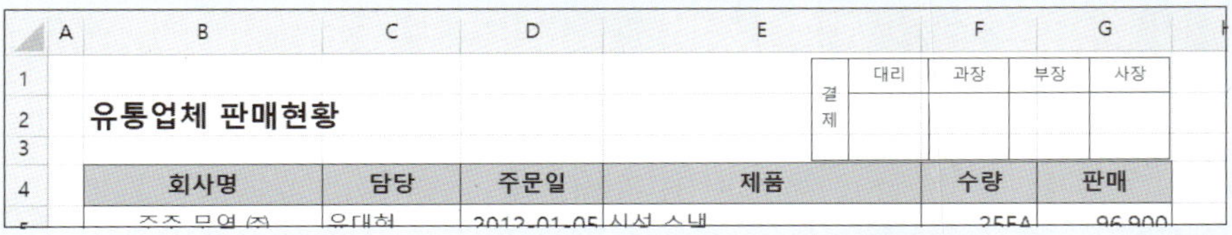

09 [찾기 및 바꾸기] 대화상자를 이용해서 담당자 '윤대현'를 '윤대윤'으로 일괄 변경해 보세요.

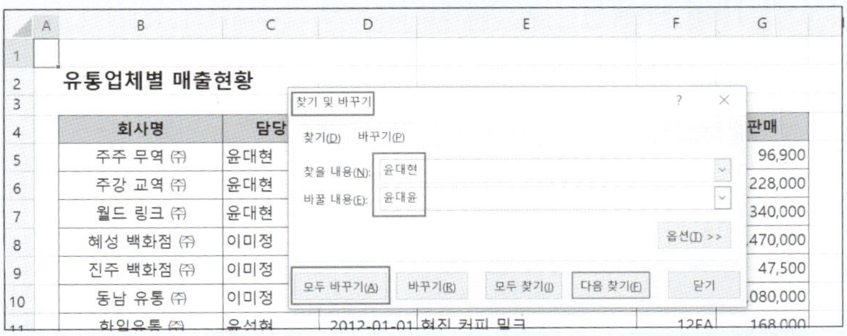

CHAPTER

04 시트 및 문서 사용

4.1 시트 추가 및 삭제

새로 작성한 문서에는 한 장의 시트가 표시되어 있습니다. 시트는 필요에 따라 추가하거나 불필요해지면 삭제할 수 있습니다. 단, 모든 시트를 삭제할 수는 없습니다.

4.1.1 시트 추가하기

Excel 화면 맨 아래에 있는 [새 시트] 아이콘 ⊕을 클릭하면 현재 시트의 오른쪽에 새로운 시트가 추가됩니다. 시트 이름은 'Sheet1', 'Sheet2'와 같은 임시 이름이 붙여집니다. 시트 이름은 변경할 수 있습니다.

실습

❶ [새 시트] 아이콘을 클릭하면,

❷ 새 시트 'Sheet2'가 추가됩니다.

❸ 'Sheet1'을 클릭하면, ❹ 워크시트가 'Sheet1'로 바뀝니다.

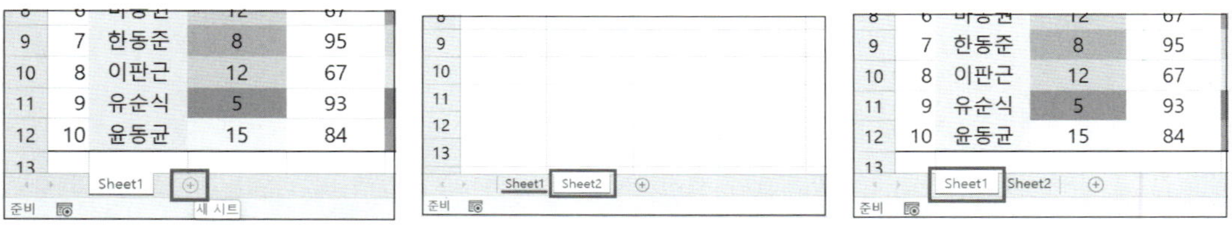

4.1.2 시트 삭제하기

시트의 삭제는 다음 예시의 순서로 조작합니다. 시트에 데이터가 입력된 경우, 삭제해도 되는지 확인하는 메시지가 표시됩니다('fool proof'). 문서에 포함된 모든 시트를 삭제할 수는 없습니다. 또한 다음 예시의 실행 순서 외에도 시트 이름 위에서 마우스 우클릭하고 [삭제]를 클릭해도 시트를 삭제할 수 있습니다.

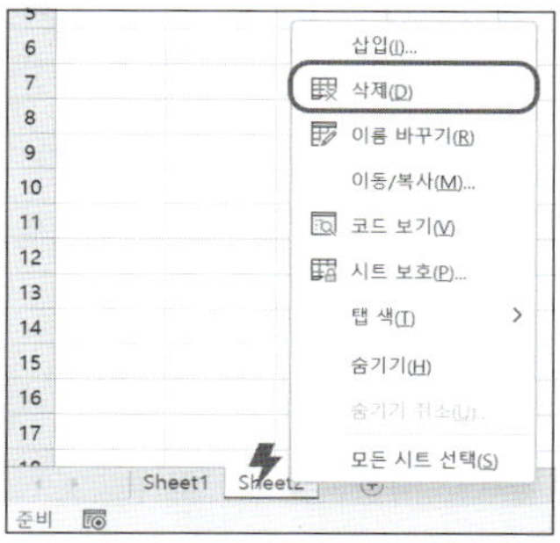

실습

❶ 삭제할 시트 이름 'Sheet2'를 선택하고,

❷ [홈] 탭에서 [삭제]의 바로 아래 드롭다운 버튼 ⌵을 클릭해서, ❸ [시트 삭제]를 클릭합니다.

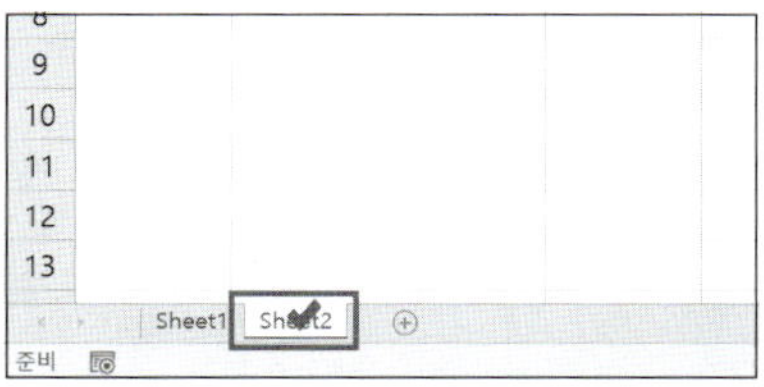

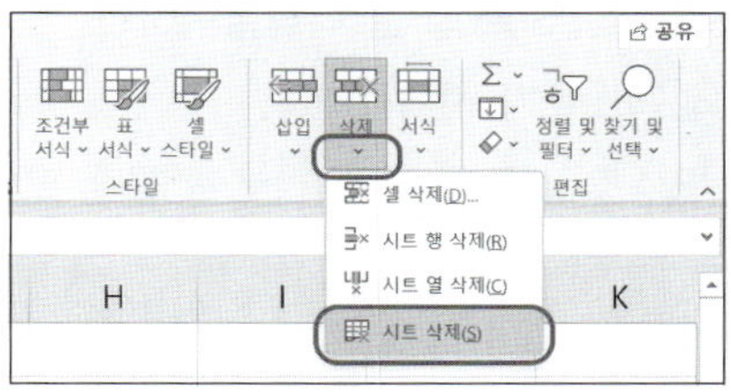

❹ 삭제하려는 시트에 데이터가 있을 경우는 [Microsoft Excel] 대화상자가 표시되며, 최종적으로 해당 시트의 삭제가 결정되면 [삭제]를 클릭하고,

❺ 시트를 삭제합니다.

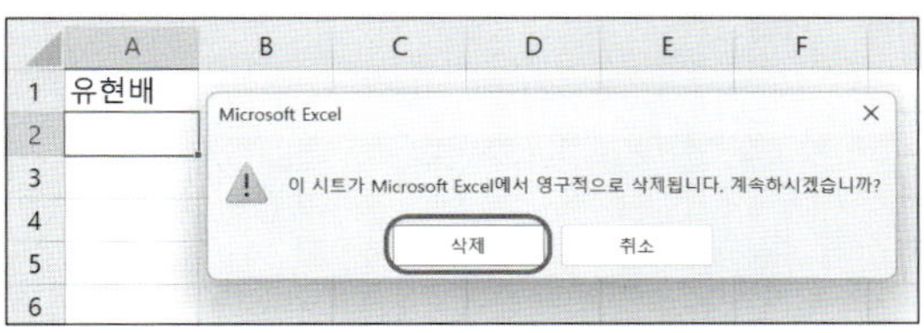

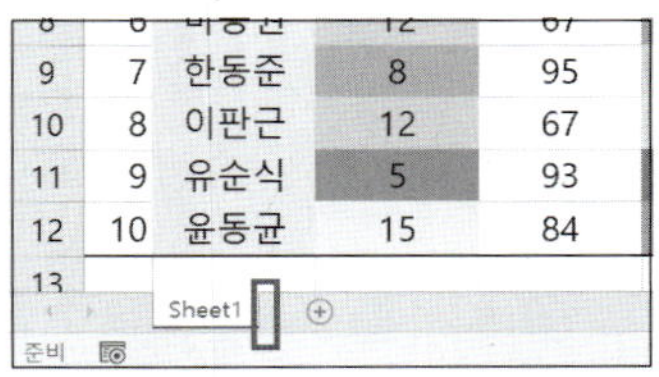

4.2 시트의 이름 변경

시트에는 'Sheet1', 'Sheet2'와 같은 임시 이름이 붙어 있습니다. 이 시트 이름을 알기 쉬운 이름으로 변경할 수 있습니다. 시트 이름에 색을 채워서 구별할 수도 있습니다.

4.2.1 시트 이름 변경하기

시트 이름을 변경하려면 다음 예시의 실행 순서로 조작해야 합니다. 시트의 데이터 내용과 관련된 이름을 붙이는 것이 좋습니다. 단, 이미 존재하는 시트와 같은 이름을 붙일 수 없습니다. 또한 시트의 이름을 공백(아무것도 문자를 입력하지 않는 상태)으로 설정할 수도 없습니다. 시트 이름은 31문자까지 입력할 수 있지만, 「¥」, 「*」, 「?」, 「:」, 「 」」, 「/」, 「]」는 사용할 수 없습니다.

실습

❶ 변경할 시트 이름 'Sheet1'을 더블클릭하면,

❷ 시트 이름의 텍스트가 선택됩니다.

❸ 시트 이름 'BI성적표'를 입력하고 Enter↵를 누르면 시트 이름이 변경됩니다.

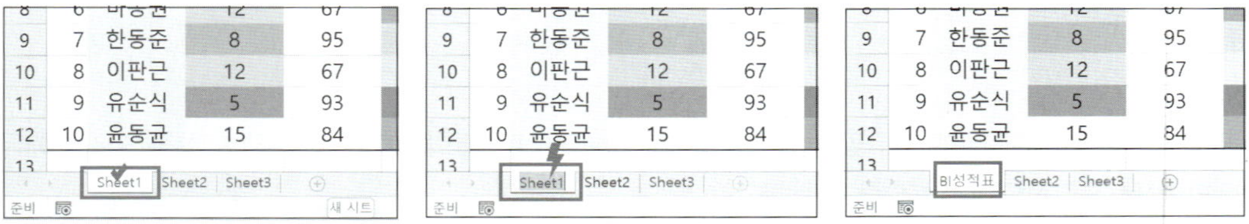

4.2.2 시트 이름에 색 채우기

시트 이름에 색을 채우려면 다음 예시의 순서로 조작해야 합니다. 각각의 시트를 구별하고 싶어질 때나 특정 시트를 돋보이게 하고 싶을 때 이용하게 됩니다. 시트 이름의 색을 취소하려면 색을 취소하려는 시트 이름을 마우스 우클릭한 후, [탭 색]에 마우스 포인터를 맞추고 [색 없음]을 클릭해야 합니다.

실습

❶ 색 채우기를 할 시트 이름 'BI성적표'를 마우스 우클릭해서, ❷ [탭 색]에 마우스 포인터를 맞추고, ❸ 색상 '빨강'을 클릭합니다.

❹ 워크시트를 'Sheet2'로 바꾸면 시트 이름 'BI성적표'에 색이 채우진 것을 확인할 수 있습니다.

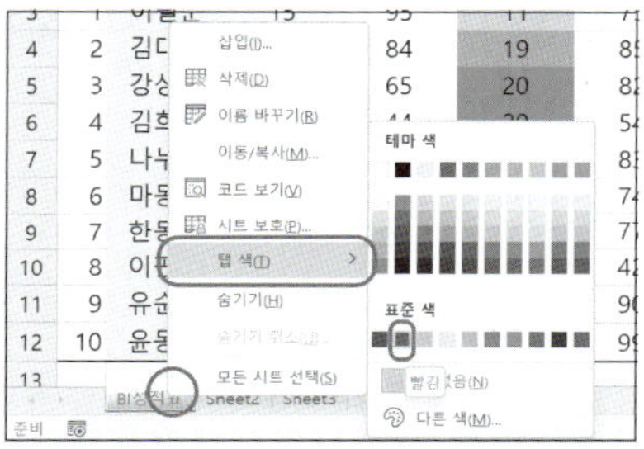

4.3 시트 복사 및 이동

다수의 시트와 비슷한 내용의 표를 작성할 경우, 시트를 복사하고 편집하는 것이 효율적입니다. 시트는 같은 문서 안이나 다른 문서 사이에서 복사하거나 이동할 수 있습니다.

4.3.1 시트 복사하기

같은 문서 안에서 시트를 복사하려면 Ctrl를 누르면서 복사 대상의 시트 이름을 드래그해야 합니다. 복사 위치에 마크 ▼가 표시되므로 복사하고 싶은 위치로 그 마크를 이동한 후에 마우스로부터 손가락을 뗍니다. 복사된 시트 이름에는 원래의 시트 이름 끝에 「(2)」, 「(3)」 등의 일련번호가 붙습니다. 필요에 따라 시트 이름을 변경할 수 있습니다.

실습

❶ 복사할 시트 이름 위로 마우스 포인터를 맞추고, ❷ Ctrl를 누른 상태에서 복사할 위치인 'Sheet3'의 오른쪽 옆으로 마우스 포인터를 드래그하면,

❸ 복사 위치에 ▼마크가 표시됩니다.

❹ 마우스에서 손가락을 떼면 그 위치에 복사된 시트 'BI성적표 (2)'가 생성됩니다.

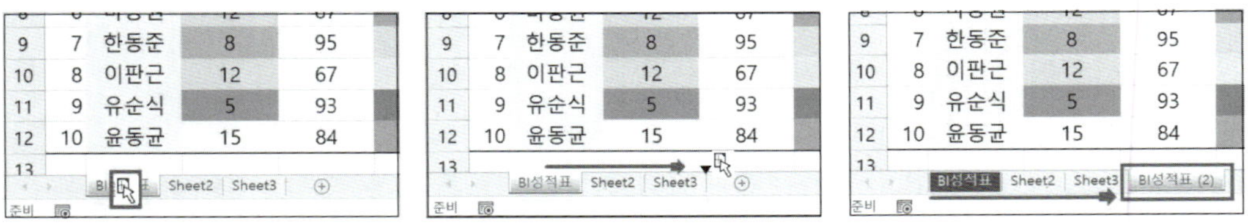

4.3.2 시트 이동하기

시트를 이동하려면 이동 대상의 시트 이름을 드래그해야 합니다. 이동 위치에 마크 ▼가 표시되므로 이동하고 싶은 위치에서 마우스로부터 손가락을 뗍니다. 복수의 시트를 정리해 이동하거나 복사하려면 Ctrl를 누르면서 복수의 시트 이름을 클릭해서 선택한 후, 어느 하나의 시트 이름을 드래그해야 합니다.

실습

❶ 이동할 시트 이름 'B시성적표'에 마우스 포인터를 맞추고,

❷ 이동 위치인 'Sheet2'의 오른쪽으로 드래그하면, ❸ 이동 위치에 ▼마크가 표시됩니다.

❹ 마우스에서 손가락을 떼면 'Sheet2'와 'Sheet3'의 사이로 시트 'B시성적표'가 이동하게 됩니다.

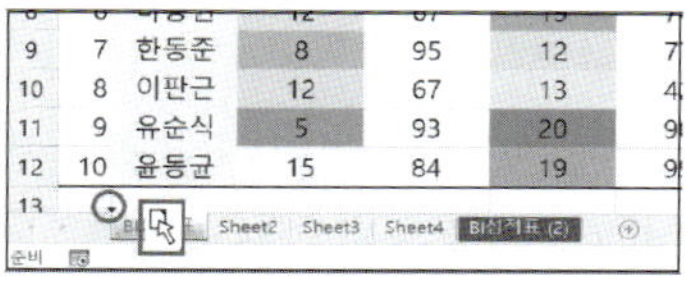

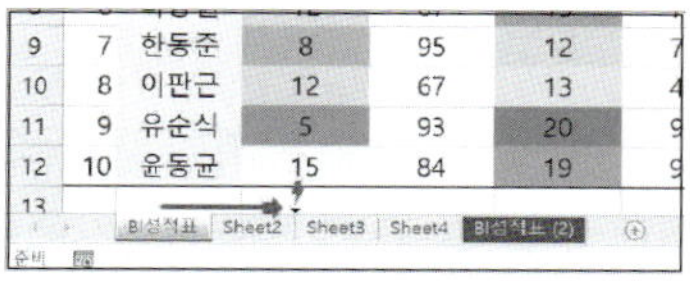

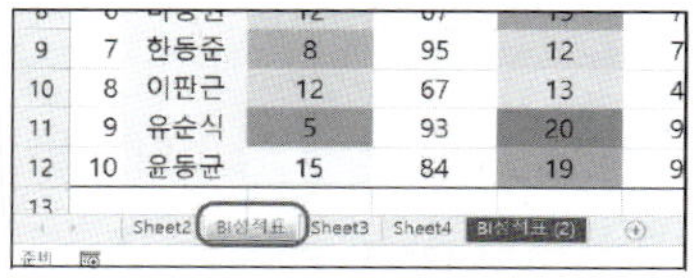

4.3.3 문서 사이에 시트 복사/이동하기

문서 사이에 시트를 복사할 경우는, 다음 예시의 순서 ❹의 [이동/복사] 대화상자에서 복사될 문서, 시트의 위치, 장소 등을 지정하고 [복사본 만들기]를 체크합니다. [복사본 만들기]를 체크하면 원래의 시트는 그대로 남습니다. 단, 시트를 이동만 할 경우는 [복사본 만들기]를 체크하지 않습니다.

실습

❶ 복사 원본 문서와 이동/복사 대상 '통합 문서1'을 열어 둡니다. ❷ 복사할 시트 이름 'A시성적표'을 마우스 우클릭해서, ❸ [이동/복사]를 클릭합니다.

❹ [이동/복사] 대화상자가 표시되면 '대상 통합 문서: 통합 문서1'과 시트의 삽입 장소 '(끝으로 이동)'을 지정하고, ❺ [복사본 만들기]를 체크합니다. ❻ [확인]을 클릭하면,

❼ 지정한 '통합 문서1'의 복사 위치에 시트 'A시성적표'가 복사됩니다.

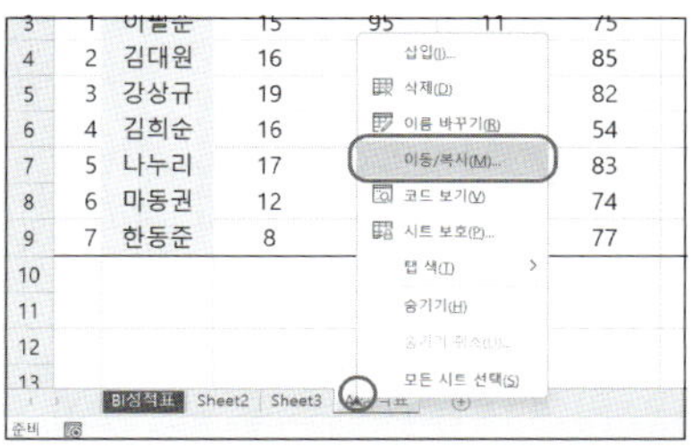

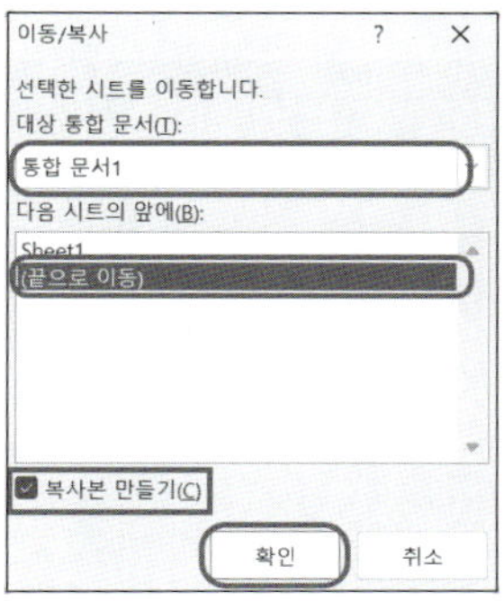

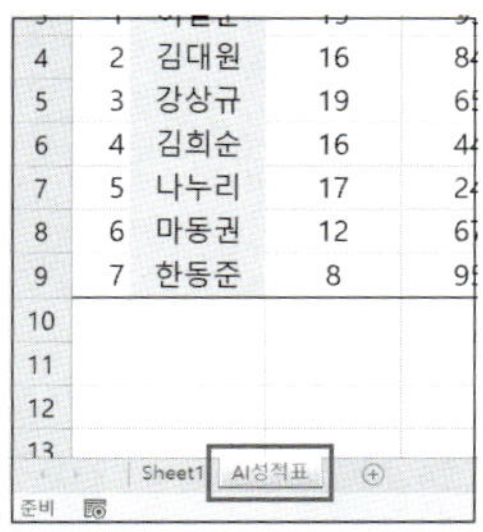

4.4 복수의 시트 정리

다수의 시트에 동일한 형식의 표를 작성하거나 편집할 경우는 시트를 그룹화하여 조작하면 효율적입니다. 시트를 그룹화하면 그룹 중의 한 시트에 수행한 편집이 그룹에 포함된 모든 시트에 반영됩니다.

4.4.1 시트 그룹화

Shift를 누르면서 시트를 클릭하면 인접한 복수의 시트를 선택할 수 있습니다. 떨어진 위치에 있는 여러 시트를 선택할 경우는 첫 번째 시트 제목을 클릭한 후, Ctrl을 누르면서 기타 시트 이름을 클릭합니다.

실습

❶ 첫 번째 시트 제목 'BI성적표'를 클릭합니다.

❷ Shift를 누르면서 마지막 시트 이름 'AI성적표'를 클릭합니다. 문서의 이름 막대에 '...[그룹]'이라고 표시됩니다. ❸ 여러 시트가 선택되어 그룹화된 상태가 됩니다.

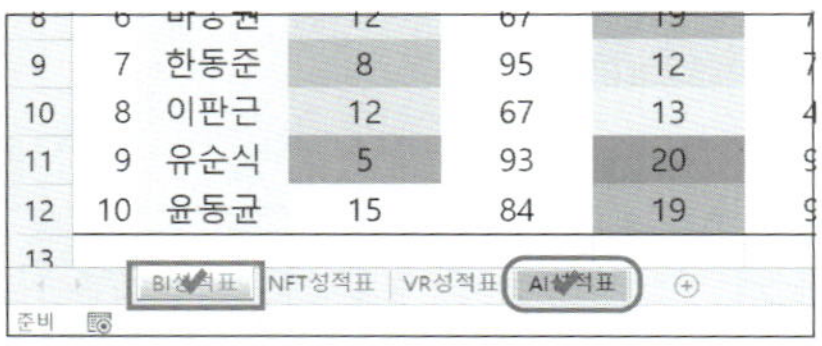

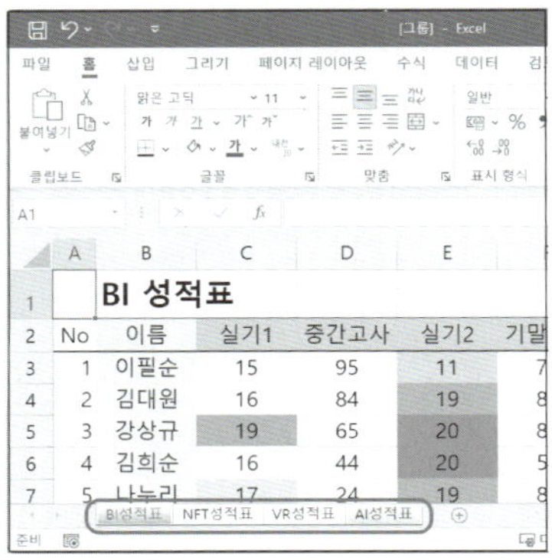

4.4.2 복수의 시트 편집

시트를 그룹화한 상태에서 어느 하나의 시트를 편집하면 하나의 시트에 행한 편집이 그룹에 포함되는 모든 시트에 반영됩니다. 시트의 그룹화를 해제하려면 그룹화되어 있는 시트 중에 어느 하나의 시트 이름 위에서 마우스 우클릭하고 [시트 그룹 해제]를 클릭해야 합니다. 같은 문서 내에서 그룹화가 되지 않은 시트가 있는 경우는 그 시트의 클릭만으로도 그룹화가 해제됩니다.

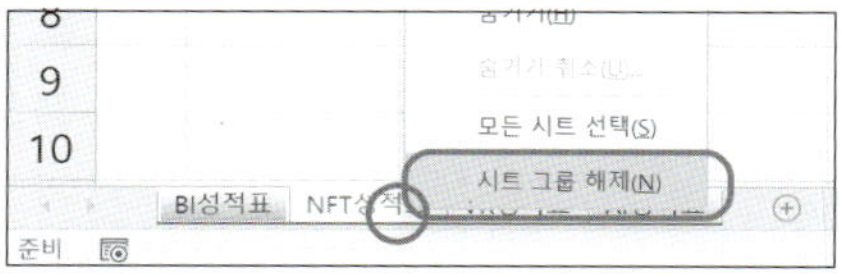

04

실습

❶ 다수의 시트 'BI성적표', 'NFT성적표', 'VR성적표', 'AI성적표'를 그룹화합니다.

❷ 시트 중 하나인 'NFT성적표'을 임의로 선택해서 편집합니다. 여기에서는 셀 F1에 '교수: 유현배'를 입력합니다.

❸ 그룹화를 해제하고, ❹ 데이터를 입력한 시트와 다른 시트 이름 'BI성적표'를 클릭하면, ❺ 편집한 내용이 다른 시트에도 반영된 것을 확인할 수 있습니다.

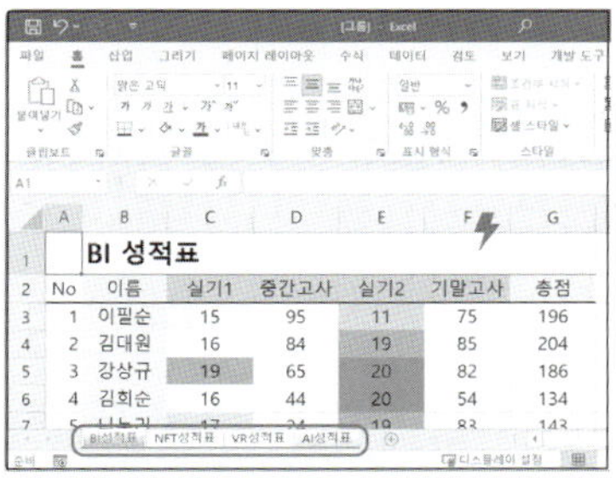

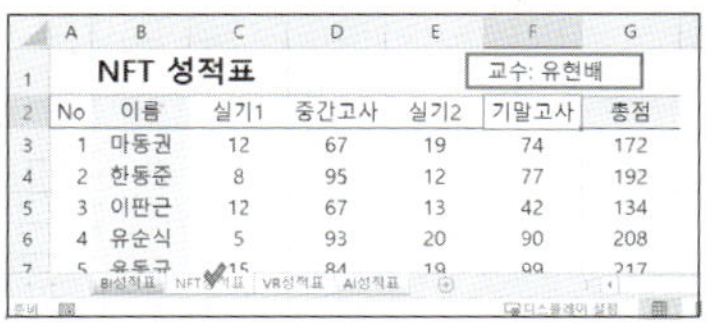

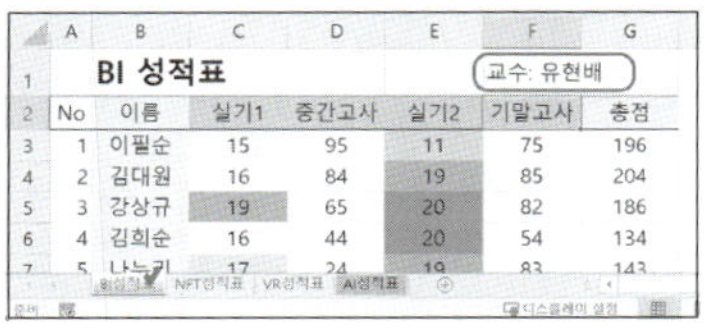

4.5 문서 정렬

창(윈도, window)을 좌우 혹은 상하로 나누면 시트 내의 떨어진 부분을 동시에 비교할 수 있습니다. 또한 다른 문서나 같은 문서 내의 2개의 시트를 나란히 표시해서 문서나 시트를 비교하면서 작업을 할 수 있습니다.

4.5.1 창을 위아래로 나누기

창을 나누면 각각의 창을 따로 스크롤(scroll) 할 수 있습니다. 떨어진 위치의 셀 범위를 동시에 보고 싶을 때 이용하면 편리합니다. 나누기 막대를 드래그하면 분할 위치를 이동할 수 있습니다.

창의 나누기를 해제하려면 [보기] 탭의 [나누기]를 재차 클릭하거나 나누기 막대를 더블클릭해야 합니다. 또한 창을 좌우로 나누려면 나누고 싶은 위치의 오른쪽 열을 클릭하고 [보기] 탭의 [나누기]를 클릭해야 합니다.

실습

❶ 나누려는 위치의 아래 행 번호 8을 클릭합니다. ❷ [보기] 탭을 클릭해서, ❸ [나누기]를 클릭하면, ❹ 창이 지정한 위치에서 상하로 나누어집니다. 나누어진 위치에는 나누기 막대가 표시됩니다.

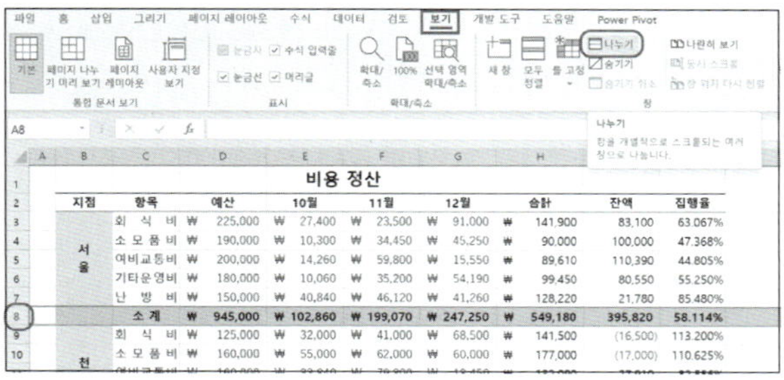

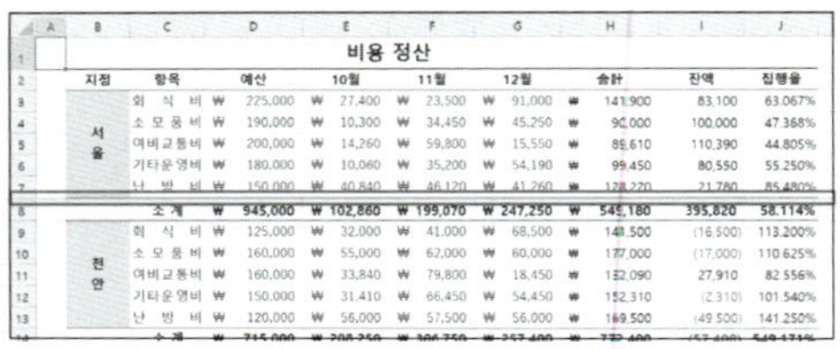

4.5.2 복수 문서의 상하 정렬

여러 개의 문서를 나란히 표시하면 나열한 문서를 동시에 스크롤 할 수 있습니다. 동시에 스크롤 되는 것을 해제하고 싶을 때는 [보기] 탭의 [동시 스크롤]을 클릭합니다. 또, 나란히 있는 창을 원래의 창으로 되돌리려면 [보기] 탭의 [나란히 보기]를 재차 클릭해야 합니다. 한편, [보기] 탭의 [나란히 보기]를 클릭해도 문서가 옆으로 나란히 표시되지 않는 경우는 [보기] 탭의 [모두 정렬]을 실행합니다.

다음 예시에서는 2개의 문서를 열어서 조작하지만, 문서를 3개 이상 열고 있는 경우는 순서 ❸의 직후에 [나란히 비교] 대화상자가 표시됩니다. 이어서 나란히 비교하고 싶은 북을 클릭하고 [확인]을 클릭합니다.

실습

❶ 나란히 표시하고 싶은 문서 '문서1'과 '문서2'를 열어 둡니다. ❷ [보기] 탭을 클릭해서, ❸ [나란히 보기]를 클릭하면,

❹ 열려 있는 북이 상하로 나란히 표시됩니다.

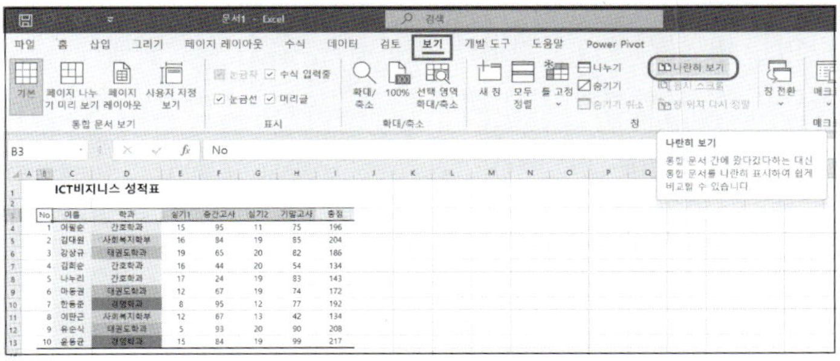

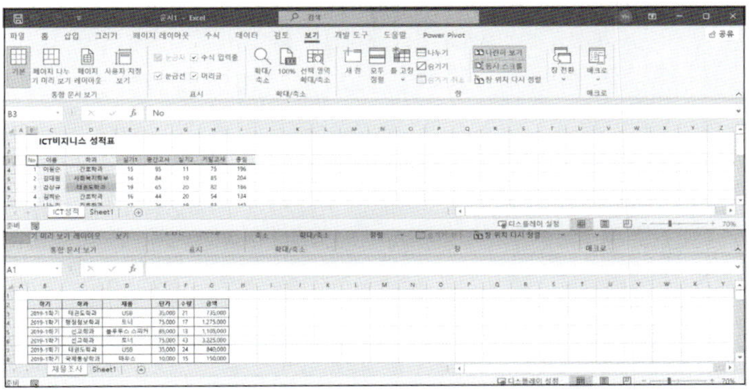

❺ 한쪽 문서를 스크롤하면 다른 쪽 문서도 동시에 스크롤됩니다.

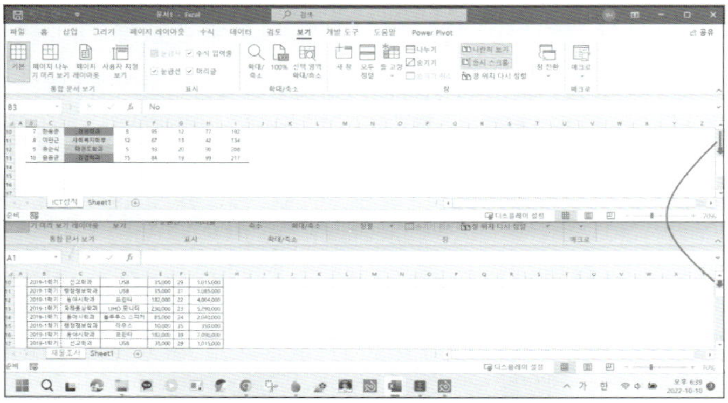

4.5.3 동일 문서 내의 시트 좌우 표시하기

같은 문서 내에 있는 복수의 시트를 나란히 표시하려면 다음 예시의 순서로 새로운 창을 연 뒤, [보기] 탭의 [모두 정렬]을 클릭해서 정렬 방법을 지정해야 합니다.

새 창을 열면 타이틀 바(문서 이름 막대)에 표시되는 파일 이름 뒤에 ':1', ':2' 등의 번호가 표시됩니다. 이 번호는 창을 구별하기 위한 것으로 파일 이름이 변경된 것은 아닙니다. 복수의 창을 나란히 표시된 상태에서 어느 하나의 창만을 닫으려면 해당하는 창의 [닫기] ✕을 클릭해야 합니다. 또한 복수의 문서가 열려 있을 때, 문서를 바꾸려면 [보기] 탭의 [창 전환]을 클릭하고 바꾸고 싶은 문서를 클릭해야 합니다.

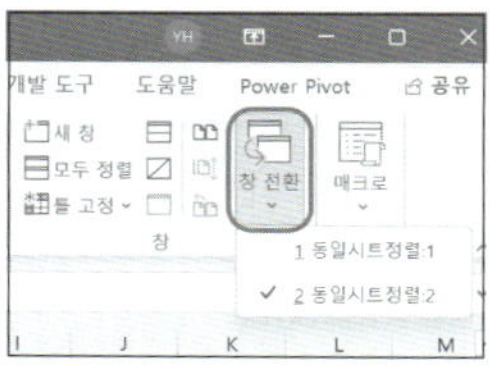

실습

❶ [보기] 탭을 클릭해서, ❷ [새 창]을 클릭하면,

❸ 같은 문서 '동일시트정렬'이 새 창에서 열립니다. 파일 이름 뒤에 ': 2'라고 표시됩니다. ❹ [보기] 탭을 클릭해서, ❺ [모두 정렬]을 클릭합니다.

❻ [창 정렬] 대화상자가 표시되면 [세로]를 체크하고, ❼ [확인]을 클릭하면,

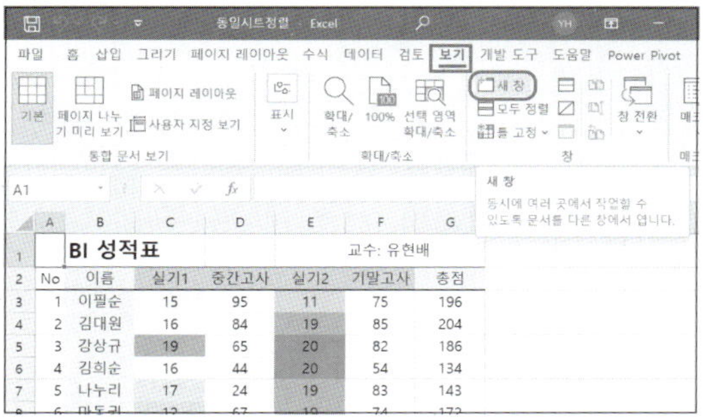

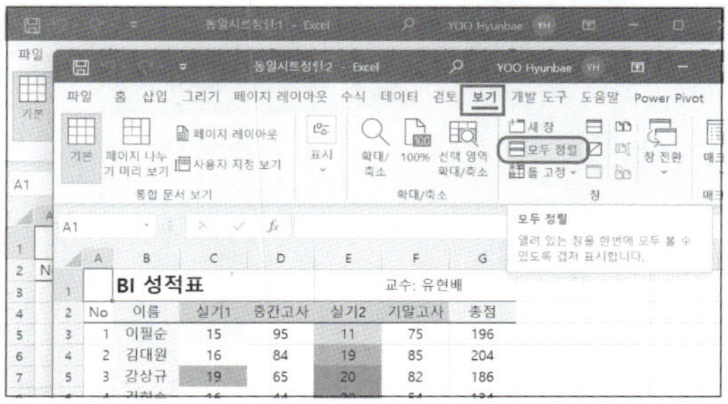

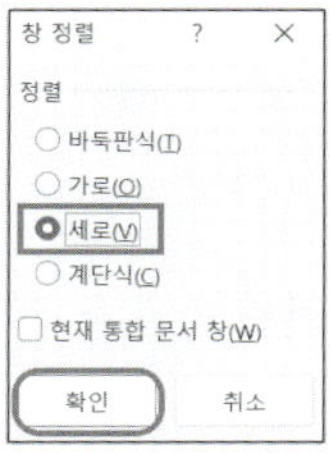

❽ 2개의 창이 좌우로 나란히 표시됩니다. ❾ 표시하고 싶은 시트의 시트 이름 'VR성적표'를 클릭하면, ❿ 같은 문서 내의 다른 시트 'BI성적표'와 'VR성적표'를 나란히 표시시킬 수 있습니다. 즉, 창마다 다른 시트를 표시할 수 있습니다.

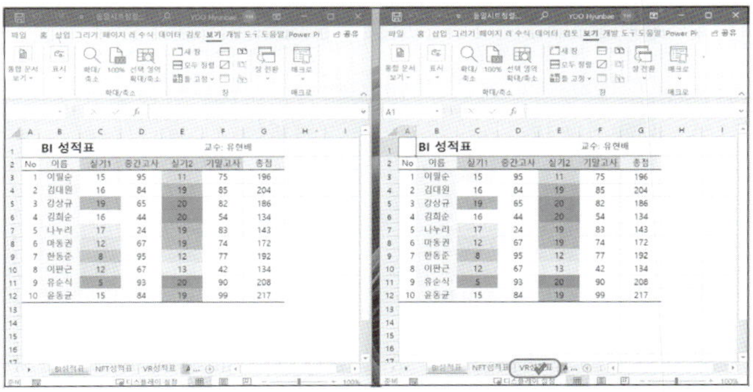

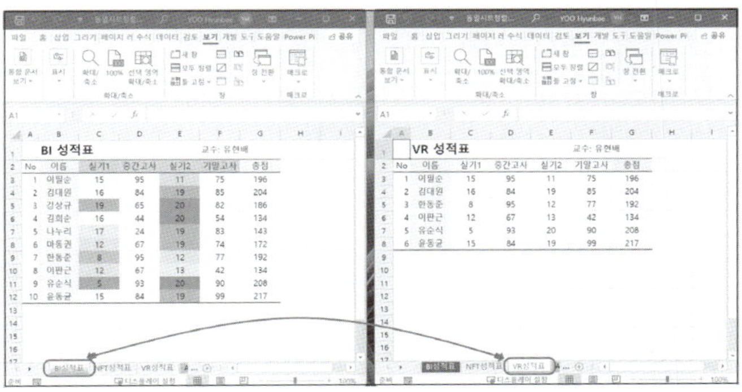

4.6 시트 보호

데이터 내용을 변경하거나 삭제되지 않도록 특정 시트 혹은 문서를 보호할 수 있습니다. 여기서는 특정 셀 범위만 편집할 수 있도록 한 다음에 시트를 보호하는 방법을 소개합니다.

4.6.1 편집 허용 범위 설정하기

시트 보호란, 시트나 문서의 데이터가 변경되거나 삭제되지 않도록 특정 시트나 문서를 비밀번호 설정 또는 비밀번호 없이 보호하는 기능을 말합니다. 보호된 시트의 데이터는 변경할 수 없으며 특정 셀 범위에 대해 데이터 편집을 허용하도록 설정할 수 있습니다. 한편, 편집을 허가한 셀 범위의 설정을 삭제하려면 [검토] 탭의 [범위 편집 허용]을 클릭해서 [범위 편집 허용] 대화상자를 표시하고, 삭제할 셀 범위 이름을 선택한 후에 [삭제]를 클릭해야 합니다.

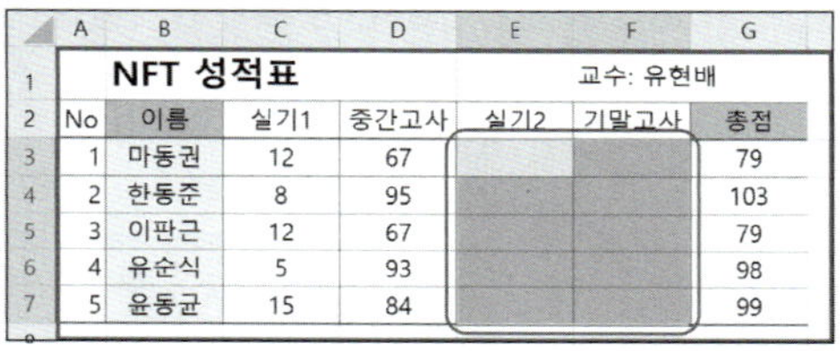

	A	B	C	D	E	F	G
1		NFT 성적표				교수: 유현배	
2	No	이름	실기1	중간고사	실기2	기말고사	총점
3	1	마동권	12	67			79
4	2	한동준	8	95			103
5	3	이판근	12	67			79
6	4	유순식	5	93			98
7	5	윤동균	15	84			99

시트를 보호하면 기본적으로는 모든 셀의 편집을 할 수 없게 되지만, 특정 셀 범위만큼 데이터 편집을 허용할 수도 있습니다. 다음의 예시에서는 시트를 보호하기 전에 데이터 편집을 허용하는 셀 범위를 지정합니다.

실습

❶ 편집을 허용할 셀 범위 E3~F7을 선택해서, ❷ [검토] 탭을 클릭하고, ❸ [범위 편집 허용]을 클릭합니다.

❹ [범위 편집 허용] 대화상자가 표시되면 [새로 만들기]를 클릭합니다.

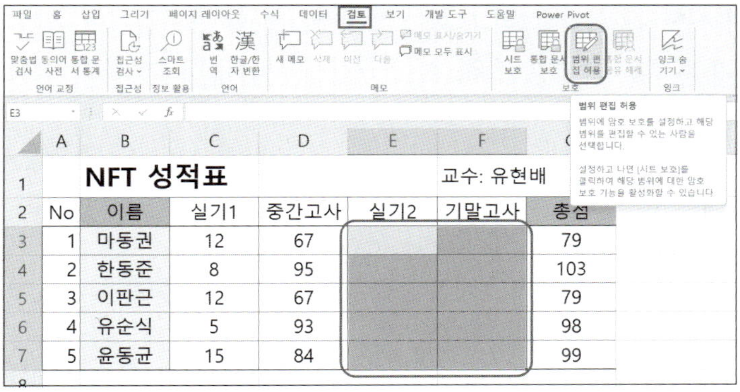

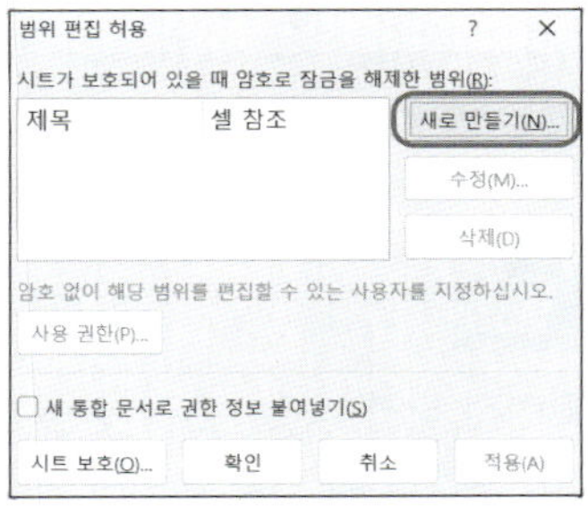

❺ [새 범위] 대화상자가 표시되면 편집을 허용할 셀 범위의 [제목: 실기및기말점수]과 [셀 참조: $S$3:$F$7]를 설정하고, ❻ [범위 암호: *****]를 입력한 후, ❼ [확인]을 클릭합니다. [셀 참조]에는, 위 순서 ❶에서 선택한 범위가 절대 참조로 입력됩니다. 셀 범위를 미리 지정하지 않고, 시트에서 직접 드래그해서 지정할 수도 있습니다. [범위 암호]에는 공백, 즉 생략할 수도 있습니다.

❽ [암호 확인] 대화상자에서 암호를 확인을 위해서 위 순서 ❻과 같은 비밀번호를 다시 입력하고, ❾ [확인]을 클릭합니다.

❿ [범위 편집 허용] 대화상자에서 편집을 허용하는 셀 범위가 설정된 것을 확인하고, ⓫ [확인]을 클릭합니다. 여기까지 설정이 완료되면 다음 단계인 '4.6.2 시트 보호하기'의 순서로 시트를 보호합니다.

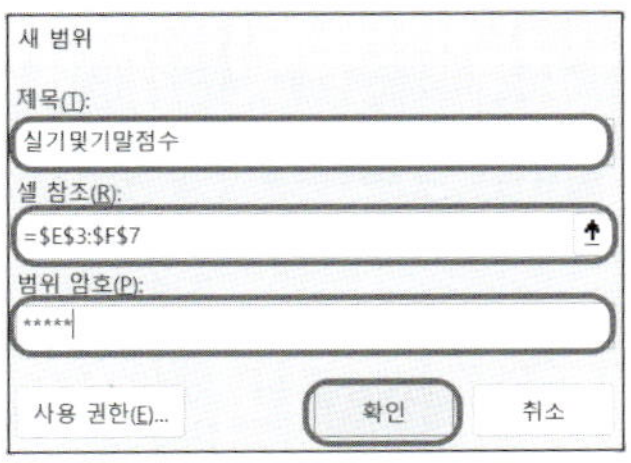

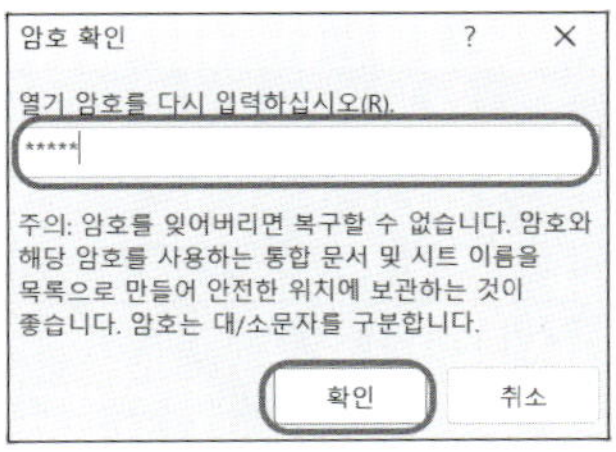

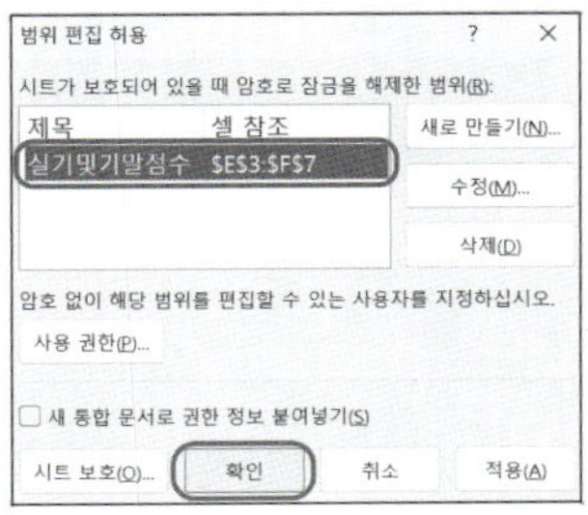

4.6.2 시트 보호하기

시트 보호를 설정하면 셀에 대한 조작이 제한되고 [검토] 탭의 [시트 보호]에서 설정한 암호(password)를 입력하지 않는 한 데이터를 편집할 수 없게 됩니다. 셀에 제한되는 것은 [시트 보호] 대화상자에서 [워크시트에서 허용할 내용]에서 허가한 이외의 모든 조작입니다.

[검토] 탭의 [시트 보호]에서 입력하는 암호는 시트의 보호를 해제하기 위한 암호입니다. 만일 '4.6.1 편집 허용 범위 설정하기'가 실행된 상태일 경우, 이 암호는 [새 범위] 대화상자의 [범위 암호: *****]에서 입력한 것과는 다른 암호로 하는 것이 좋습니다.

실습

❶ 이전 작업 '4.6.1 편집 허용 범위 설정하기'를 이용해서 데이터 편집을 허용할 셀 범위를 설정해 둡니다. ❷ [검토] 탭을 클릭하고, ❸ [시트 보호]를 클릭합니다.

❹ [시트 보호] 대화상자에서 [시트 보호 해제 암호]의 암호를 입력하고, ❺ [잠긴 셀의 내용과 워크시트 보호]를 체크합니다. ❻ [워크시트에서 허용할 내용]에서 허가할 내용을 체크하고, ❼ [확인]을 클릭합니다.

❽ [암호 확인] 대화상자의 [열기 암호를 다시 입력하시오.]에서 위 순서 ❹와 같은 비밀번호를 다시 입력하고, ❾ [확인]을 클릭하면 시트가 보호됩니다.

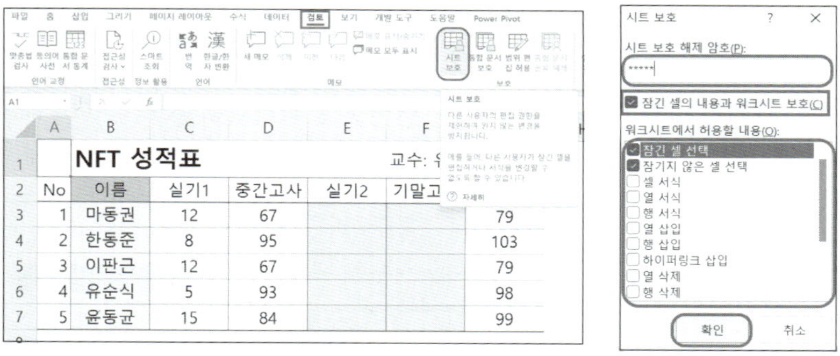

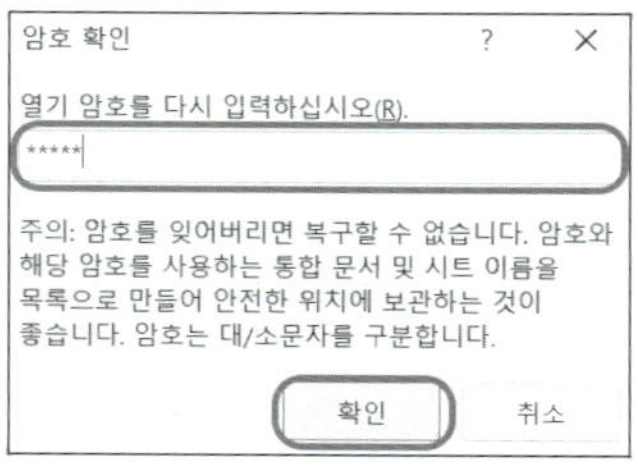

4.6.3 보호된 시트 편집하기

시트의 보호를 해제하려면 [검토] 탭을 클릭하고 [시트 보호 해제]를 클릭해야 합니다. 이전 작업([시트 보호] 대화상자에서 [시트 보호 해제 암호]의 암호 입력)에서 설정한 암호를 입력하고 [확인]을 클릭합니다.

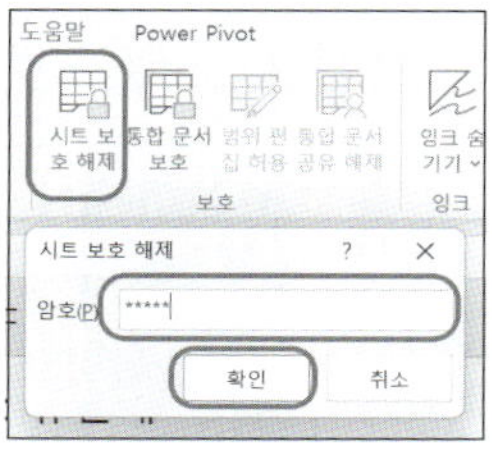

실습

❶ 보호된 시트의 데이터를 편집하기 위해서 셀 D3을 선택하고 숫자를 입력하면,

❷ [Microsoft Excel] 대화상자의 메시지가 표시되어 데이터를 편집할 수 없습니다. ❸ [확인]을 클릭해서 편집을 중지합니다.

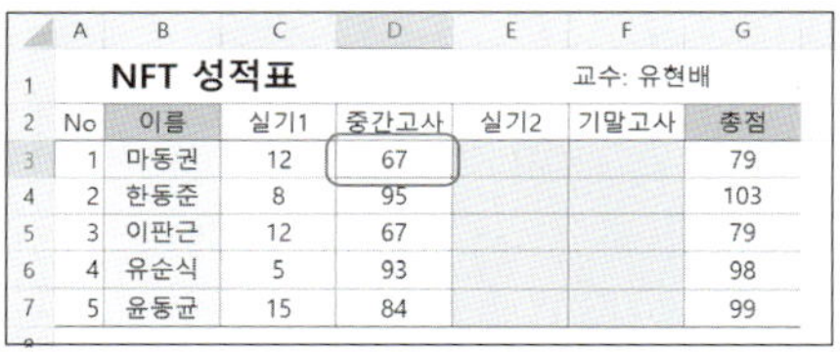

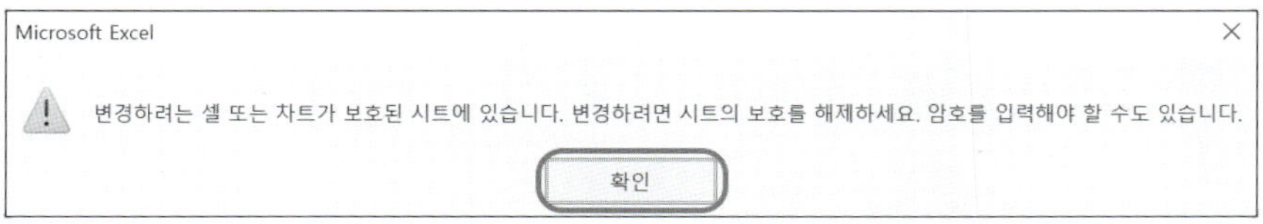

❹ 편집이 허용된 셀 E3에 데이터를 입력하려고 하면, ❺ [범위 잠금 해제] 대화상자의 비밀번호 입력이 요구됩니다. ❻ 이전 조작 '4.6.1 편집 허용 범위 설정하기'의 [새 범위] 대화상자의 [범위 암호: *****]에서 설정한 비밀번호를 입력하고, ❼ [확인]을 클릭하면 원하는 데이터 23을 입력할 수 있습니다.

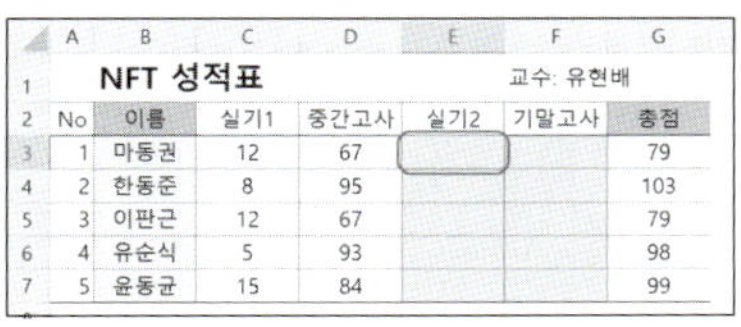

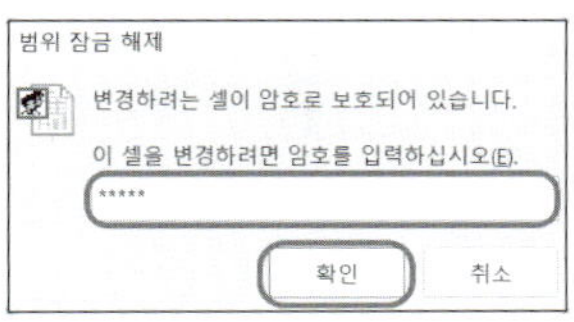

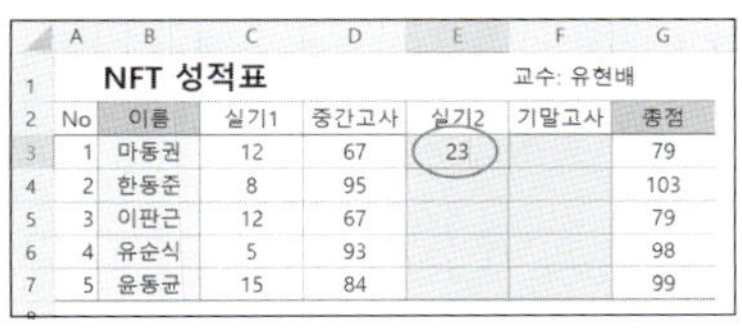

문서에 암호 설정

문서에 설정할 수 있는 암호에는 「열기 암호」와 「쓰기 암호」가 있습니다. 문서를 열지 못하게 하려면 열기 암호를, 문서를 덮어쓰기 저장할 수 없도록 하려면 쓰기 암호를 설정해야 합니다. 이 두 가지 암호를 모두 설정하려면 [파일] 탭의 [다른 이름으로 저장]을 이용해야 합니다. 이 외의 방법으로는 [파일] 탭으로부터 [정보]를 클릭해서 [통합 문서 보호]로부터 [암호 설정]을 클릭하는 방법도 있습니다. 단, 이 방법으로 설정할 수 있는 것은 「읽기 암호」뿐입니다.

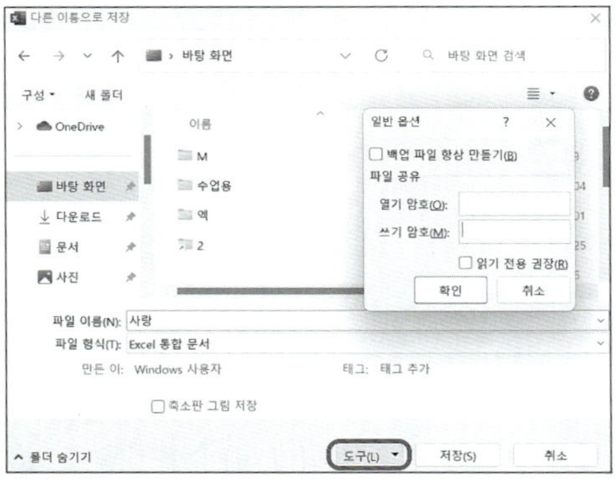

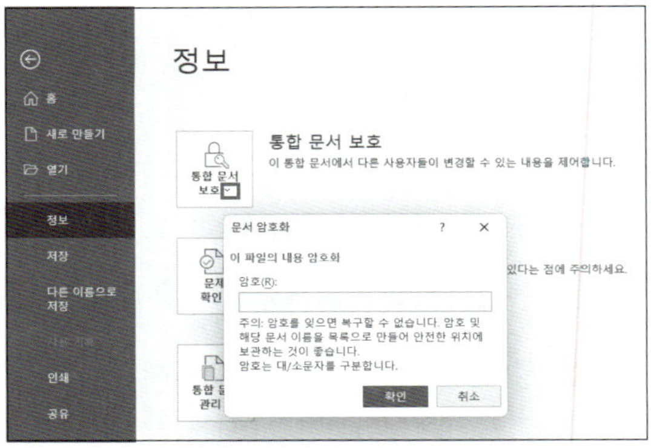

연습문제

01 ‘기독교와사회’ 시트의 오른쪽에(아래의 화살표 위치) 새 워크시트를 삽입해 보세요.

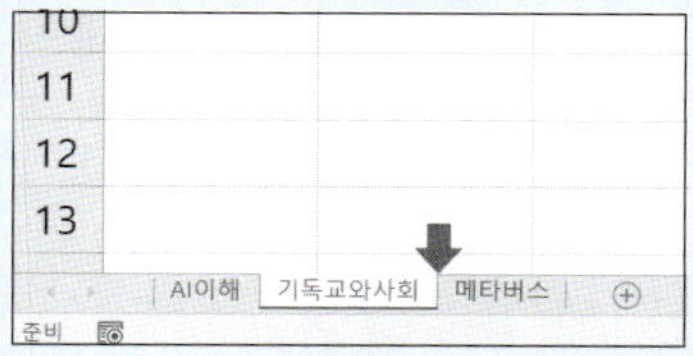

02 문제 1에서 새 워크시트가 삽입된 Sheet1에 시트 이름 ‘NFT’를 입력해 보세요.

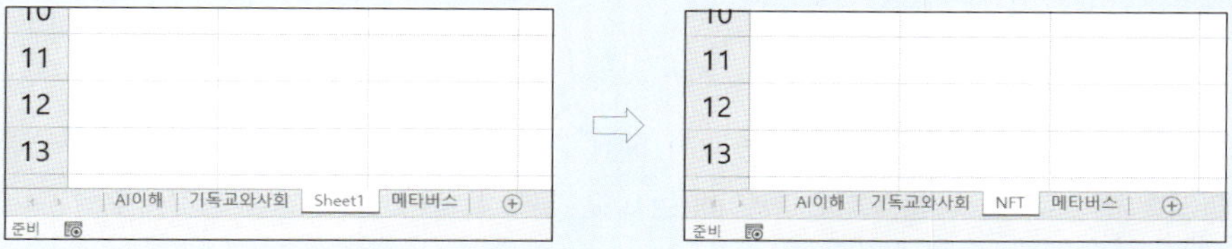

03 맨 왼쪽에 있는 ‘AI이해’ 시트를 삭제해 보세요.

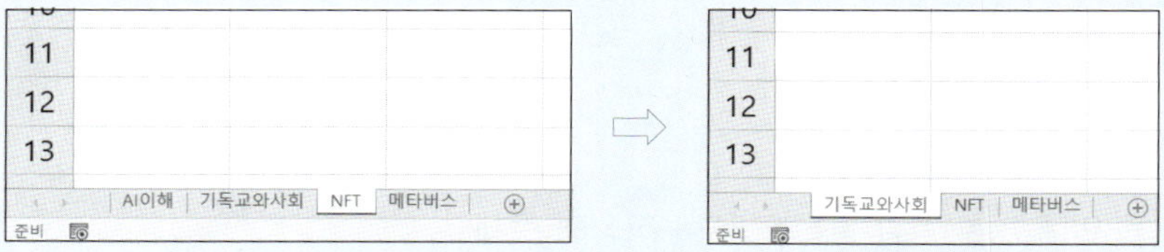

04 ‘AI이해’ 시트를 메타버스 시트의 왼쪽으로 이동해 보세요.

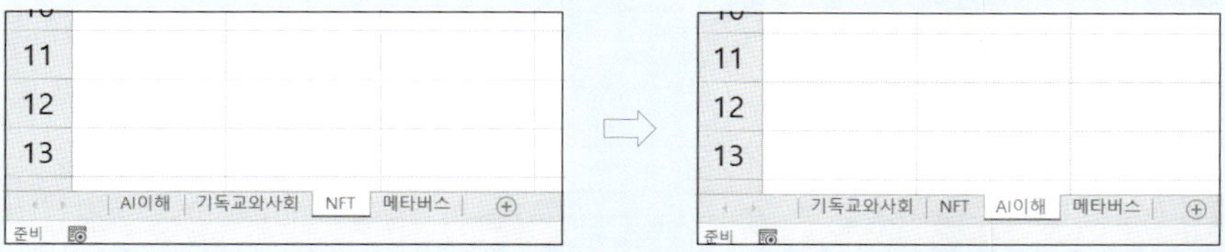

05 새 통합문서 ‘통합 문서2’를 만들고, 현재 문서에 있는 ‘메타버스’ 시트를 〈이동/복사〉 대화상자를 이용해서 통합 문서2로 이동/복사를 실행해 보세요.

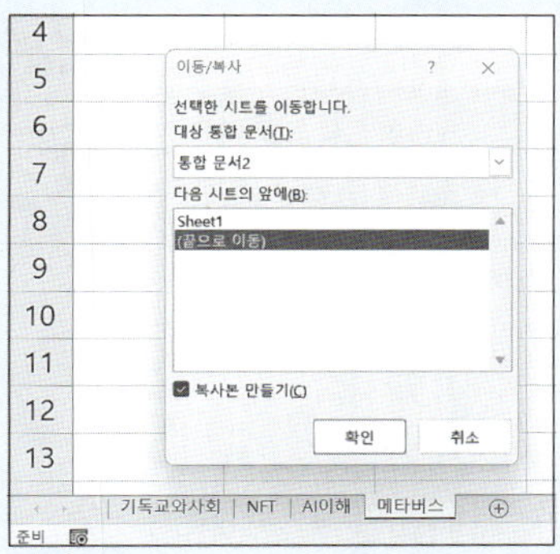

06

'NFT' 시트를 숨겨보세요. 이것을 실행한 후에 다시 숨기기 취소로 'NFT' 시트가 나타나도록 해 보세요.

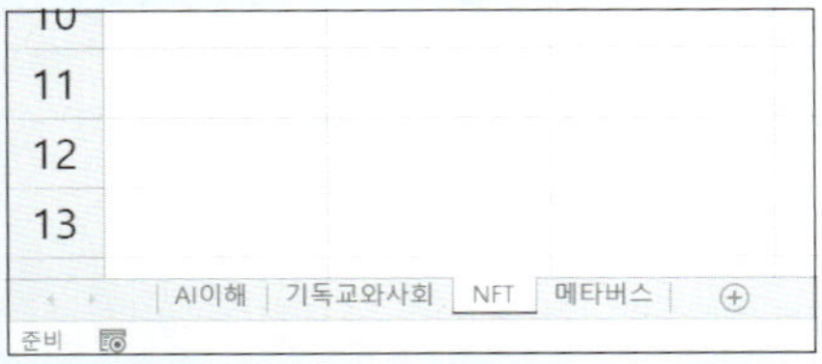

07

'시트 보호 해제 암호: 12345'를 이용해서 'NFT' 시트를 보호해 보세요. 그리고 보호된 이 시트에 데이터를 입력할 수 있는지를 확인해 보세요.

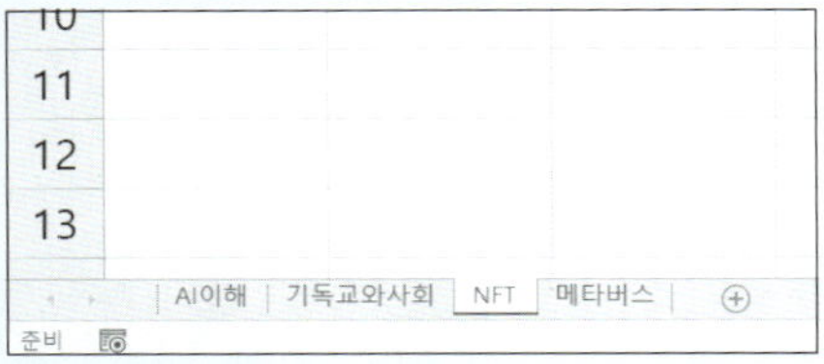

08

다음의 조건을 만족하는 '범위 편집 허용'을 작성해 보세요.

(1) 제목: 서울관리자, 셀 참조; E5~F9, 범위 암호; 1122

(2) 제목: 천안관리자, 셀 참조; E11~E15, 범위 암호; 3344

(3) 시트 보호 해제 암호; 3200

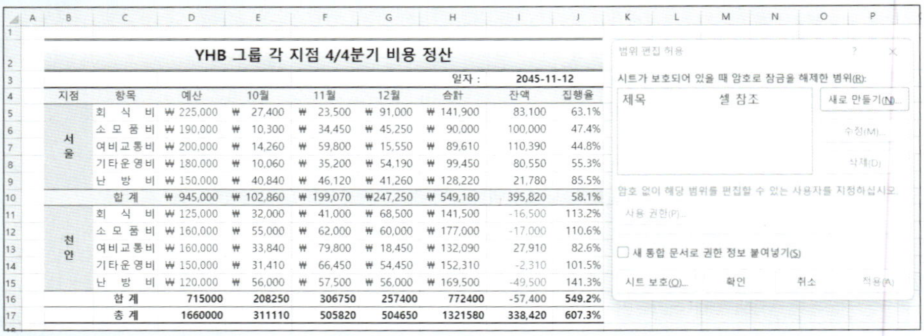

YHB 그룹 각 지점 4/4분기 비용 정산

일자 : 2045-11-12

지점	항목	예산	10월	11월	12월	合計	잔액	집행율
서울	회 식 비	₩ 225,000	₩ 27,400	₩ 23,500	₩ 91,000	₩ 141,900	83,100	63.1%
	소 모 품 비	₩ 190,000	₩ 10,300	₩ 34,450	₩ 45,250	₩ 90,000	100,000	47.4%
	여비교통비	₩ 200,000	₩ 14,260	₩ 59,800	₩ 15,550	₩ 89,610	110,390	44.8%
	기타운영비	₩ 180,000	₩ 10,060	₩ 35,200	₩ 54,190	₩ 99,450	80,550	55.3%
	난 방 비	₩ 150,000	₩ 40,840	₩ 46,120	₩ 41,260	₩ 128,220	21,780	85.5%
	합 계	₩ 945,000	₩ 102,860	₩ 199,070	₩247,250	₩ 549,180	395,820	58.1%
천안	회 식 비	₩ 125,000	₩ 32,000	₩ 41,000	₩ 68,500	₩ 141,500	-16,500	113.2%
	소 모 품 비	₩ 160,000	₩ 55,000	₩ 62,000	₩ 60,000	₩ 177,000	-17,000	110.6%
	여비교통비	₩ 160,000	₩ 33,840	₩ 79,800	₩ 18,450	₩ 132,090	27,910	82.6%
	기타운영비	₩ 150,000	₩ 31,410	₩ 66,450	₩ 54,450	₩ 152,310	-2,310	101.5%
	난 방 비	₩ 120,000	₩ 56,000	₩ 57,500	₩ 56,000	₩ 169,500	-49,500	141.3%
	합 계	715000	208250	306750	257400	772400	-57,400	549.2%
	총 계	1660000	311110	505820	504650	1321580	338,420	607.3%

CHAPTER

05 수식 계산

5.1 수식 입력

숫자를 사용하여 계산하려면 계산 결과를 표시할 셀에 수식을 입력해야 합니다. 수식을 입력하는 몇 가지 방법 중에 셀 내에 직접 숫자나 산술 연산자를 입력하여 계산하는 방법을 소개하도록 하겠습니다.

5.1.1 수식 입력해서 계산하기

수식의 시작에는 반드시 「=」(등호)를 입력합니다. 「=」를 입력하면 그 후에 입력하는 숫자나 산술 연산자가 수식으로 인식됩니다.

덧셈, 뺄셈, 곱셈, 나눗셈 등의 사칙 연산의 계산식을 입력하려면 「+」, 「−」, 「*」, 「/」 등의 「산술 연산자」를 사용해야 합니다. 산술 연산자란, 수식 중의 사칙 연산에 사용되는 기호를 말합니다.

수식은 수식 입력줄에 입력할 수도 있습니다. 수식을 입력하고 싶은 셀을 클릭한 후 수식 입력줄을 클릭하여 입력합니다. 수식이 길어지는 경우는 수식 입력줄을 이용하는 것이 편리합니다.

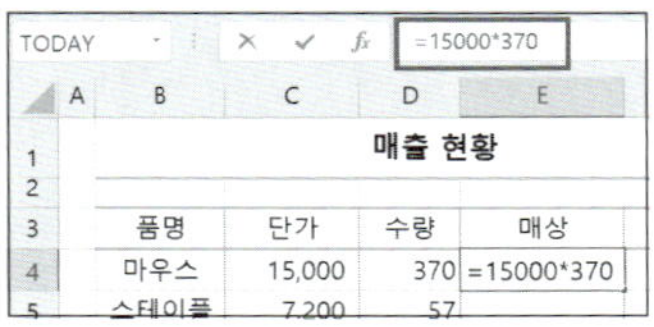

실습

❶ 수식을 입력할 셀 E4를 클릭하고 「=」를 입력합니다.

❷ 「15000*370」이라고 입력합니다. 「*」은 곱하기 연산자입니다.

❸ Enter↵를 누르면, ❹ 계산 결과가 표시됩니다.

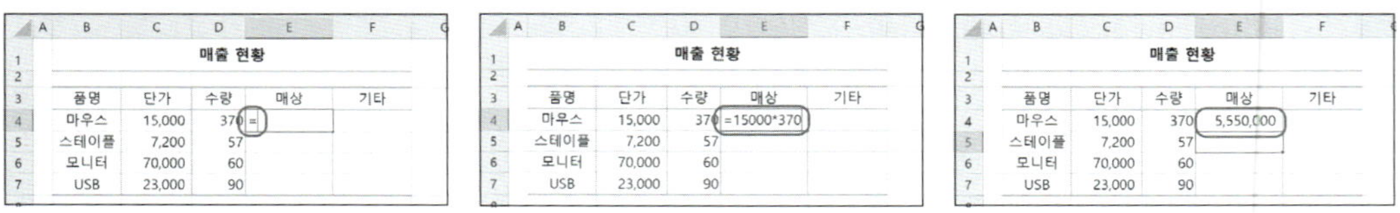

5.2 셀을 이용한 계산

수식은 셀 내에 직접 숫자를 입력하는 대신 셀 위치를 지정하여 계산할 수 있습니다. 이것을 셀 참조라고 합니다. 셀 참조를 이용하면 참조 위치의 셀 숫자를 수정하면 계산 결과도 자동으로 갱신됩니다.

5.2.1 셀 참조를 이용해 계산하기

'셀 참조'란, 수식 중에서 숫자 대신 셀 위치를 지정하는 것을 말합니다. 셀 참조를 이용하면 참조 위치의 셀 숫자가 수정되면 계산 결과도 자동으로 갱신됩니다. 수식 입력을 중간에 취소하려면 Esc를 눌러야 합니다. 또한 수식을 삭제하려면 수식이 입력된 셀을 클릭하여 Delete를 눌러야 합니다.

수식을 입력하면 셀에는 계산 결과가 표시됩니다. 수식을 입력한 셀을 클릭하면 수식 입력줄에 수식 내용이 표시됩니다. 수식 입력줄에는 수식의 내용 =15000*370, 셀 E4에는 계산 결과 5550000이 표시됩니다.

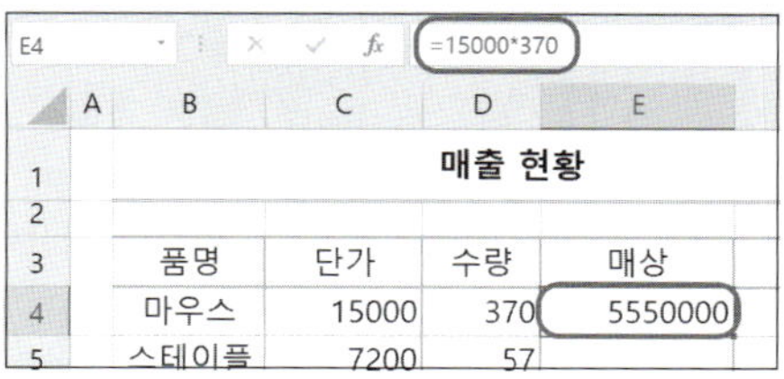

실습

셀 내에 직접 숫자를 입력하는 대신 셀 위치를 참조하여 계산할 수 있습니다. 여기에서는, 셀 E4에 셀 C4(단가)와 셀 D4(수량)의 곱을 계산하고 있습니다.

❶ 계산 결과를 표시할 셀 E4를 클릭하고 '='를 입력합니다.

❷ 참조할 셀 C4를 클릭하면, ❸ 클릭한 셀의 위치가 입력됩니다.

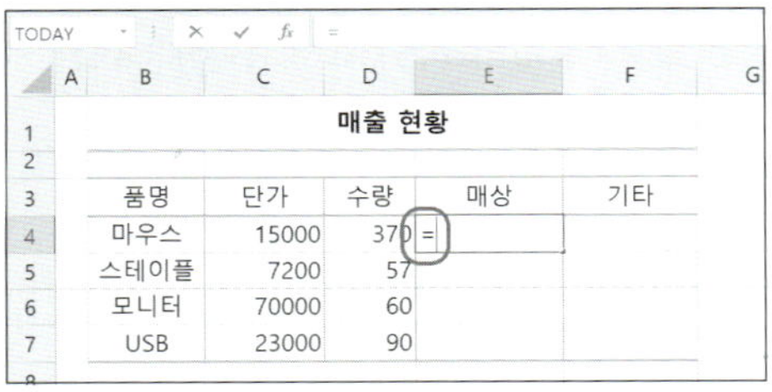

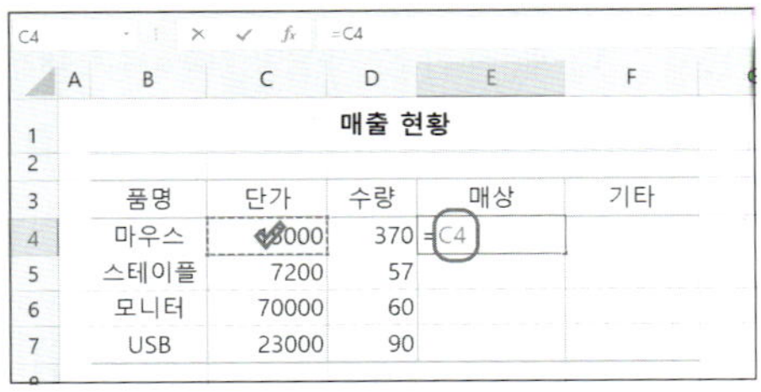

❹ '*'(곱하기)를 입력하고, ❺ 참조할 셀 D4를 클릭합니다.

❻ Enter↵를 누르면 계산 결과가 표시됩니다.

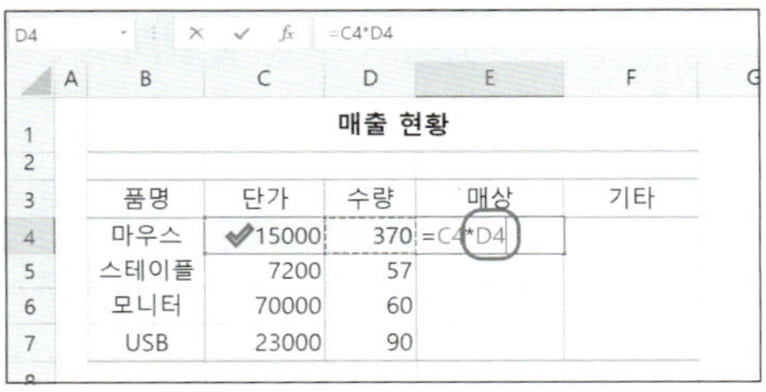

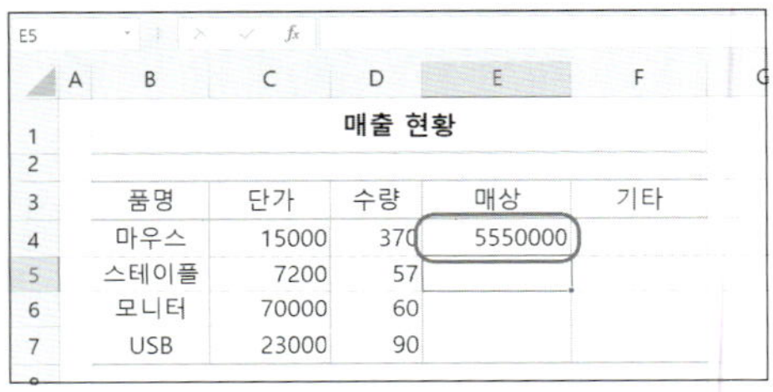

5.3 수식 복사

행이나 열에서 같은 수식을 이용할 때는 수식을 복사하는 것이 효율적입니다. 셀 참조를 이용한 수식을 복사하면 복사 위치의 셀 위치에 맞게 참조할 셀이 자동으로 변경됩니다.

5.3.1 수식 복사하기

수식을 복사하려면 자동 채우기 기능을 이용해야 합니다. 수식이 입력된 셀을 클릭하고, 마우스 포인터를 해당 셀의 오른쪽 아래 모서리에 맞추면 표시되는 채우기 핸들(+ 기호)을 복사 위치까지 드래그합니다.

수식을 아래 방향으로 복사할 경우, 채우기 핸들을 더블클릭하면 이미 데이터가 입력된 인접한 셀의 행까지 빠르게 수식을 복사할 수 있습니다. 즉, 더블클릭을 이용한 데이터 복사는 인접한 셀에 데이터가 있을 때만 유효합니다.

실습

❶ 셀 E4에 「=C4*D4」라고 하는 수식을 입력합니다.

❷ 수식이 입력된 셀 E4를 클릭해서, ❸ 채우기 핸들을 셀 E7까지 드래그합니다.

❹ 수식이 복사됩니다.

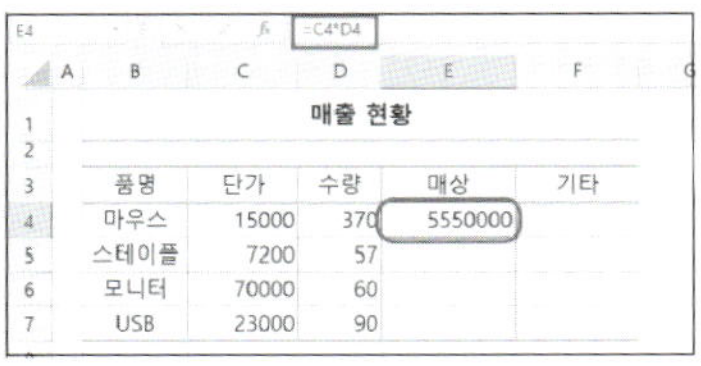

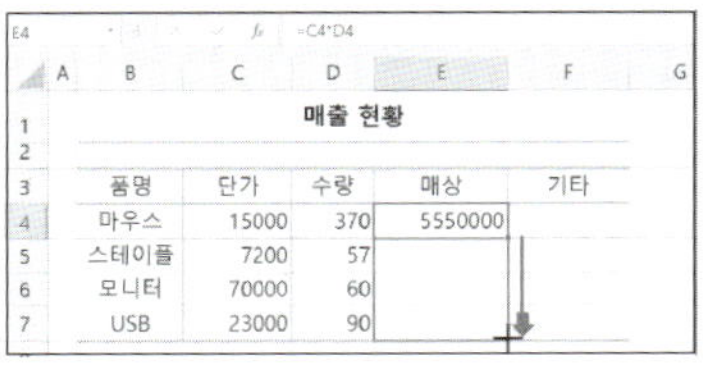

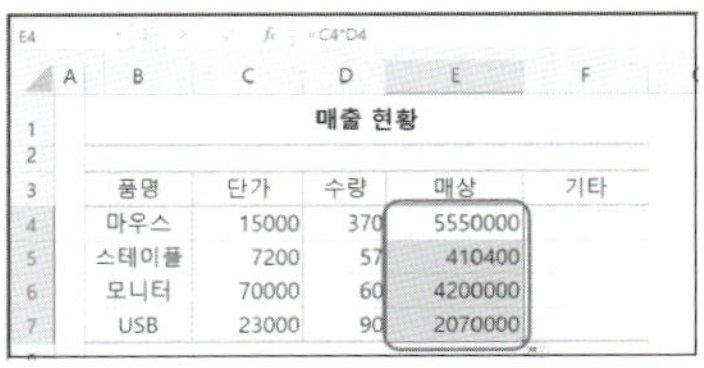

5.3.2 상대 참조

수식이 입력된 셀을 다른 셀에 복사하면 복사 원본의 셀과 복사 위치의 셀에서 상대적인 위치 관계가 유지되도록 셀 참조가 자동으로 변화합니다. 다음 예시에서는 복사 원본에 해당하는 셀 E4의 「=C4*D4」라고 하는 수식이 셀 E5에서 「=C5*D5」라고 하는 수식으로 변경되고 있습니다.

상대 참조란, 수식이 입력된 셀을 기점으로 다른 셀의 위치를 상대적인 위치 관계로 지정하는 참조 방식을 말합니다. 수식이 입력된 셀을 복사하면 자동으로 셀 참조가 갱신되는데 이는 상대 참조에 따라 변경됩니다.

실습

❶ 셀 E5를 클릭하면, ❷ 수식 입력줄에서 셀 복사된 참조 수식 '=C5*D5'를 확인할 수 있습니다.
❸ 셀 E6를 클릭하면, ❹ 셀 복사한 수식의 내용 '=C6*D6'를 확인할 수 있습니다.

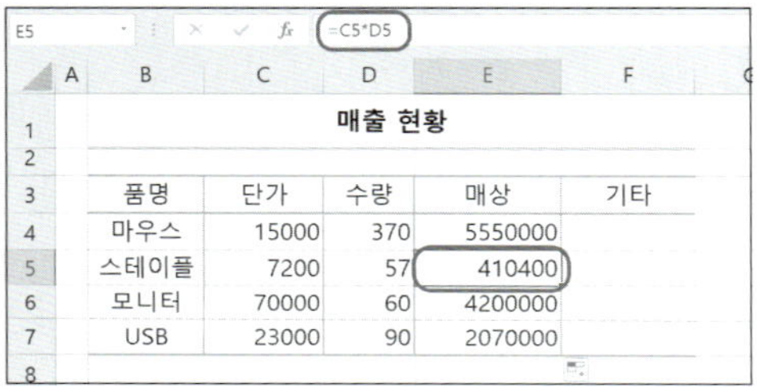

품명	단가	수량	매상	기타
마우스	15000	370	5550000	
스테이플	7200	57	410400	
모니터	70000	60	4200000	
USB	23000	90	2070000	

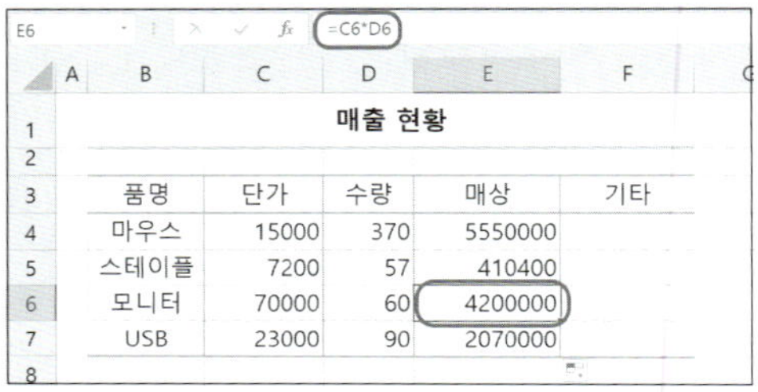

품명	단가	수량	매상	기타
마우스	15000	370	5550000	
스테이플	7200	57	410400	
모니터	70000	60	4200000	
USB	23000	90	2070000	

5.4 수식 수정

수식이 입력된 셀을 더블클릭(double click)하면 수식이 참조하고 있는 셀 범위에 색이 들어가므로 대응 관계를 한눈에 확인할 수 있습니다. 수식을 수정할 때, 이 기능을 이용하면 쉽게 수정할 수 있습니다.

5.4.1 컬러 참조

컬러 참조란, 수식 내의 셀 번호와 이에 대응하는 셀 범위에 색을 붙여서 대응 관계를 나타내는 기능입니다. 수식 내의 셀 번호와 셀 범위의 색상이 같을 경우는 서로 대응 관계에 있음을 의미합니다. 단, 컬러 참조를 이용하지 않고 참조 위치를 변경하려면 수식 입력줄 또는 셀에서 직접 수식을 수정해야 합니다.

05

색상의 테두리(컬러 참조)에 마우스 포인터를 맞추면 포인터의 모양이 로 바뀝니다. 이 상태에서 색상의 테두리를 다른 곳으로 드래그하면 참조 위치를 이동할 수 있습니다.

실습

셀 F4는 셀 D4의 실적을 셀 C4의 목표로 나누는 수식으로 수정이 필요합니다. 셀 F4에 입력한 수식을 수정하려면 셀을 더블클릭하거나 셀을 선택하고 F2를 눌러야 합니다.

❶ 셀 F4에 「= E4/C4」라고 하는 수식이 입력되어 있습니다. 이 수식은 오류가 있어서 수정이 필요합니다.

❷ 수식이 입력된 셀 F4를 더블클릭하면, ❸ 수식이 참조하고 있는 셀 범위가 색상의 테두리(컬러 참조)로 둘러싸여 표시됩니다.

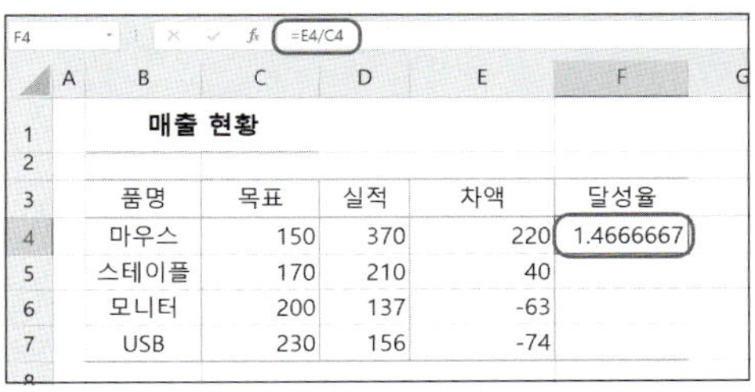

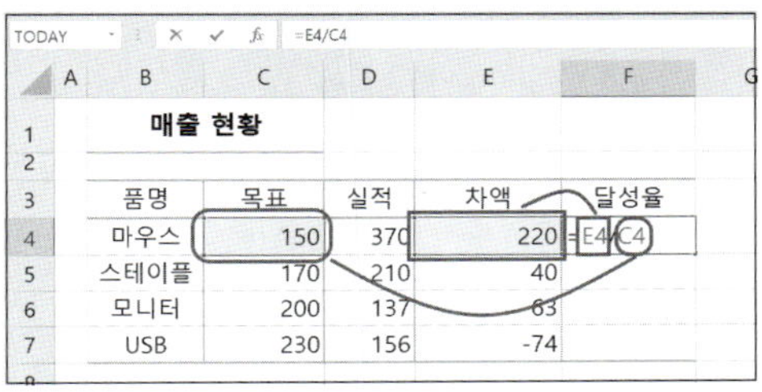

❹ 색상이 있는 틀에 마우스 포인터를 맞추면 마우스 포인터의 모양이 으로 변경됩니다.

❺ 셀 E4의 테두리를 셀 D4까지 드래그하면, ❻ 참조할 셀 범위가 변경됩니다.

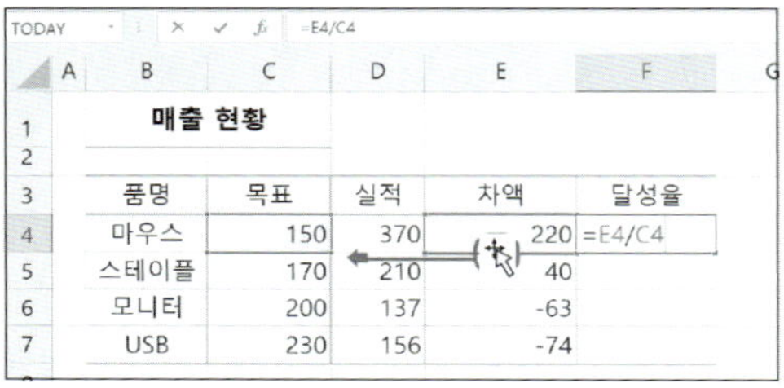

TODAY =E4/C4

	A	B	C	D	E	F
1		매출 현황				
2						
3		품명	목표	실적	차액	달성율
4		마우스	150	370	220	=E4/C4
5		스테이플	170	210	40	
6		모니터	200	137	-63	
7		USB	230	156	-74	

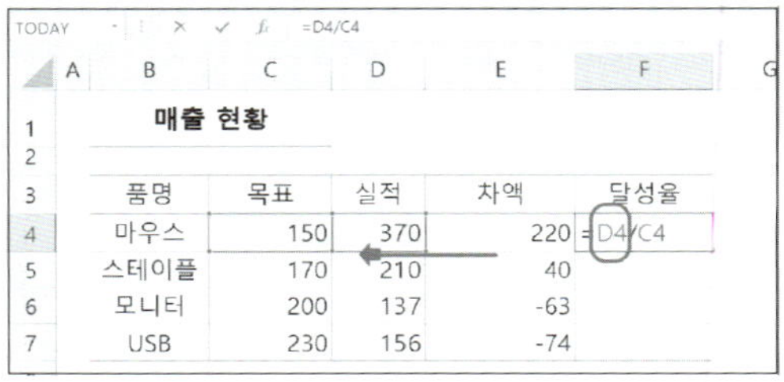

TODAY =D4/C4

	A	B	C	D	E	F
1		매출 현황				
2						
3		품명	목표	실적	차액	달성율
4		마우스	150	370	220	=D4/C4
5		스테이플	170	210	40	
6		모니터	200	137	-63	
7		USB	230	156	-74	

❼ Enter↵를 누르면 계산 결과가 표시됩니다.

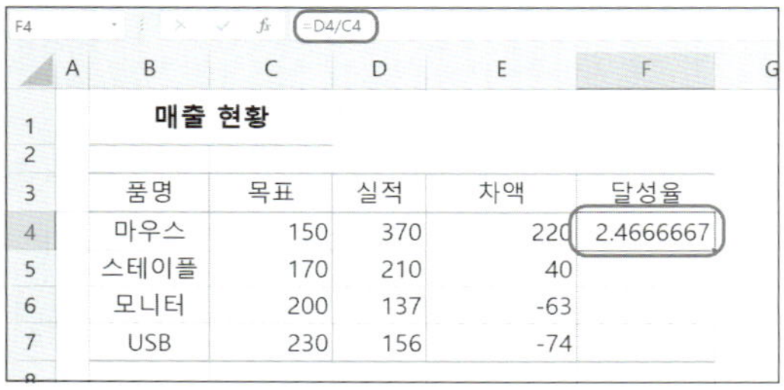

F4 =D4/C4

	A	B	C	D	E	F
1		매출 현황				
2						
3		품명	목표	실적	차액	달성율
4		마우스	150	370	220	2.4666667
5		스테이플	170	210	40	
6		모니터	200	137	-63	
7		USB	230	156	-74	

5.5 셀을 고정한 계산

Excel에서는 셀 참조로 입력한 수식을 복사하면 참조 위치가 자동으로 변경됩니다. 그러나 참조 위치의 셀이 변경되면 곤란할 때도 있습니다. 이 경우는 특정 셀의 위치를 고정하는 절대 참조를 이용합니다.

5.5.1 상대 참조 적용이 불가능한 경우

다음의 표에서 '이익금액'의 셀 G7은, '금액'의 셀 F7에 '판매이익율'의 셀 G4를 곱한 수식으로 계산됩니다. 이 수식을 아래 방향으로 자동 채우기를 실행하면 올바른 계산 결과를 구할 수 없습니다. 즉 계산 오류가 발생하게 됩니다.

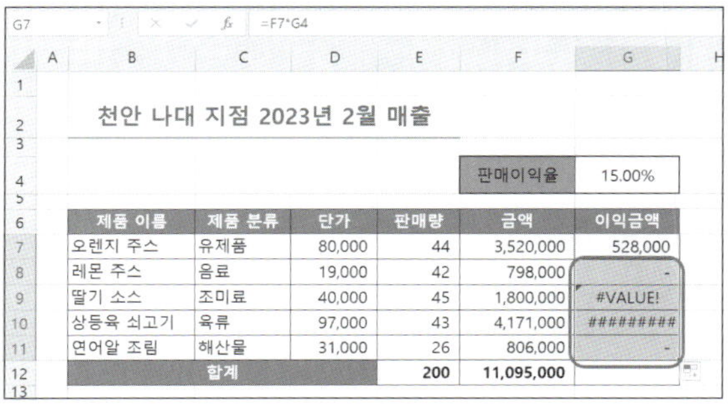
G7 =F7*G4

천안 나대 지점 2023년 2월 매출

판매이익율 15.00%

제품 이름	제품 분류	단가	판매량	금액	이익금액
오렌지 주스	유제품	80,000	44	3,520,000	528,000
레몬 주스	음료	19,000	42	798,000	-
딸기 소스	조미료	40,000	45	1,800,000	#VALUE!
상등육 쇠고기	육류	97,000	43	4,171,000	#########
연어알 조림	해산물	31,000	26	806,000	-
합계			200	11,095,000	

위 계산 오류가 발생하는 이유는, 이익금액의 셀 G7이 셀 G8~G11에 상대 참조로 적용되었을 때, 셀 G4의 셀 참조가 자동으로 변경되어 올바른 계산 결과를 구할 수 없기 때문입니다. 수식을 복사해도 참조하는 셀을 항상 고정하고 싶을 때는 절대 참조를 이용합니다('5.5.2 절대 참조' 참고).

복사 위치의 셀	복사된 수식
G8	=F8*G5
G9	=F9*G6
G10	=F10*G7
G11	=F11*G8

실습

❶ 셀 G4에 셀 F7과 셀 G4를 참조한 수식 「=F7*G4」를 입력합니다. ❷ Enter↵를 눌러 계산 결과를 구합니다.

❸ 셀 G4의 수식을 셀 G11까지 복사합니다.

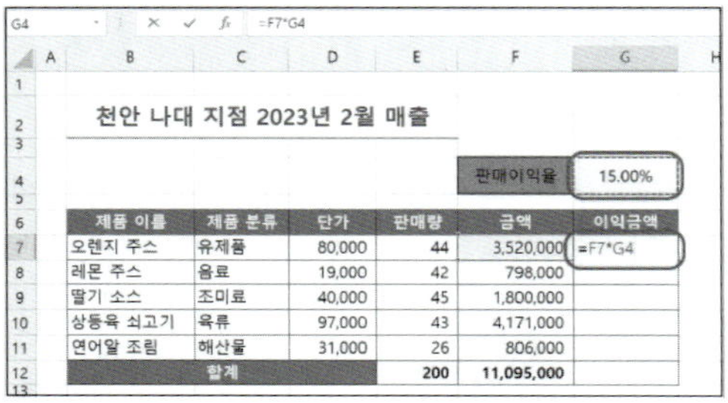

천안 나대 지점 2023년 2월 매출

판매이익율	15.00%

제품 이름	제품 분류	단가	판매량	금액	이익금액
오렌지 주스	유제품	80,000	44	3,520,000	=F7*G4
레몬 주스	음료	19,000	42	798,000	
딸기 소스	조미료	40,000	45	1,800,000	
상등육 쇠고기	육류	97,000	43	4,171,000	
연어알 조림	해산물	31,000	26	806,000	
합계			200	11,095,000	

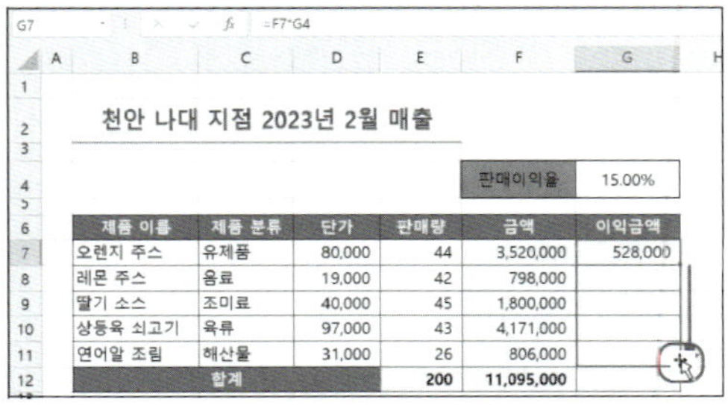

천안 나대 지점 2023년 2월 매출

판매이익율	15.00%

제품 이름	제품 분류	단가	판매량	금액	이익금액
오렌지 주스	유제품	80,000	44	3,520,000	528,000
레몬 주스	음료	19,000	42	798,000	
딸기 소스	조미료	40,000	45	1,800,000	
상등육 쇠고기	육류	97,000	43	4,171,000	
연어알 조림	해산물	31,000	26	806,000	
합계			200	11,095,000	

❹ 올바른 계산 결과를 구할 수 없습니다.

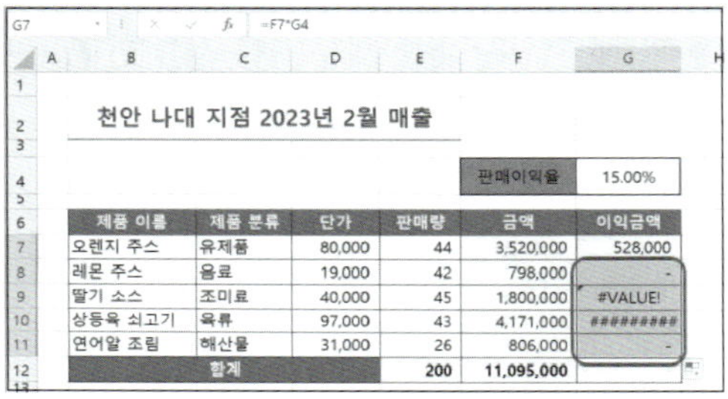

천안 나대 지점 2023년 2월 매출

판매이익율	15.00%

제품 이름	제품 분류	단가	판매량	금액	이익금액
오렌지 주스	유제품	80,000	44	3,520,000	528,000
레몬 주스	음료	19,000	42	798,000	-
딸기 소스	조미료	40,000	45	1,800,000	#VALUE!
상등육 쇠고기	육류	97,000	43	4,171,000	#########
연어알 조림	해산물	31,000	26	806,000	-
합계			200	11,095,000	

5.5.2 절대 참조

상대 참조로 생기는 오류(error)를 피하려면 참조 위치의 셀 위치를 고정해야 합니다. 다음의 실습에서는 판매이익율의 셀 G4를 고정하고 수식을 복사해도 에러가 발생하지 않게 됩니다. 셀을 고정하려면 행과 열 번호 앞에 「$」(달러)를 입력해야 합니다. F4를 누르면 자동으로 「$」가 입력됩니다. 이것을 「절대 참조」라고 합니다. 즉 「절대 참조」란, 참조할 셀 번호를 고정하는 참조 방식을 말합니다. 수식을 복사해도 절대 참조에 지정한 셀 번호는 바뀌지 않습니다.

다음의 예시에서는, 참조를 고정하고 싶은 판매이익율의 셀 G4를 절대 참조로 지정하기 때문에 셀 G7의 수식을 셀 G8~G11에 복사해도 셀 G4로의 셀 참조가 유지되어 계산이 올바르게 행해집니다. 또한 절대 참조가 적용되지 않은 셀 F7은 자동으로 셀 참조가 갱신됩니다.

복사 위치의 셀	복사된 수식
G8	=F8*$G$5
G9	=F9*$G$5
G10	=F10*$G$5
G11	=F11*$G$5

실습

❶ 복사 원본의 수식 '=F7*G4'가 입력된 셀 G7을 더블클릭합니다. ❷ 참조를 고정하고 싶은 셀 G4를 클릭해서, ❸ F4를 누르면, ❹ 셀 G4가 $G$4로 바뀌어 절대 참조가 됩니다. 즉 열과 행의 머리글 앞에 '$'이 추가 입력됩니다.

❺ Enter↵를 눌러 계산 결과를 구합니다. ❻ 절대 참조 형식이 적용된 셀 G7의 수식을 셀 G11까지 복사하면,

❼ 올바른 계산 결과를 구할 수 있습니다.

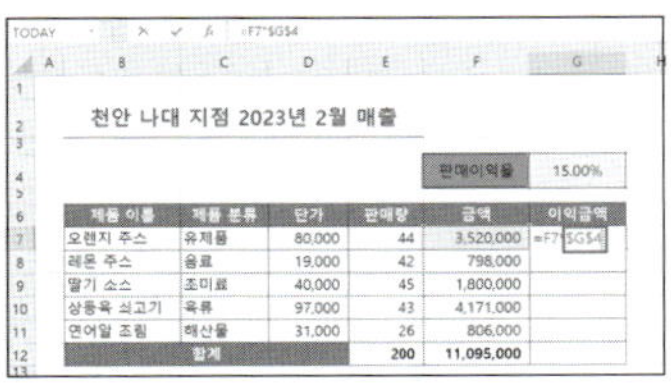

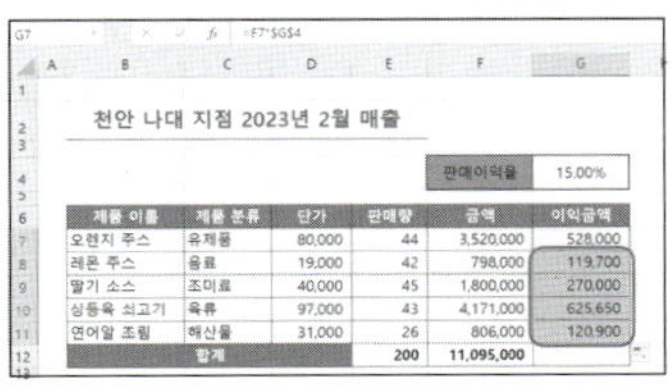

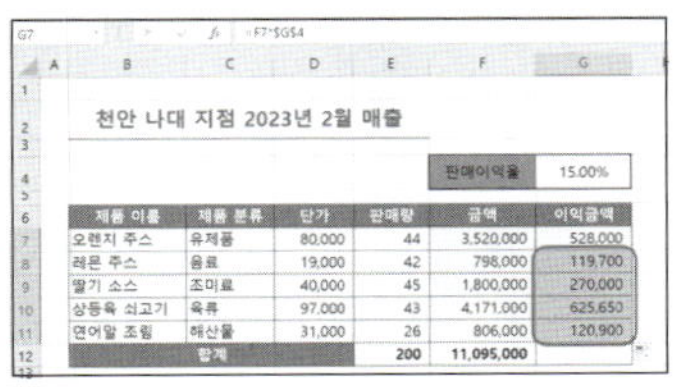

5.5.3 혼합 참조

셀의 참조 방식에는 상대 참조, 절대 참조 외에 「혼합 참조」가 있습니다. 「혼합 참조」란, 상대 참조와 절대 참조를 조합한 참조 방식으로 행만 고정하는 경우와 열만 고정하는 경우가 있습니다. 혼합 참조는 수식을 가로 방향과 세로 방향으로 복사할 때 이용됩니다.

다음의 예시와 같이 열 F에 「판매금액」, 행 3에 「판매이익율」을 입력해서 각각의 항목이 교차하는 위치에 이익금액을 계산하는 경우는 항상 열 F와 행 3의 셀을 참조할 필요가 있습니다. 이럴 때는 열과 행 중의 어느 하나의 참조 위치를 고정하는 혼합 참조를 이용합니다.

실습

❶ 열 F가 변경되지 않도록 열 머리글 F앞에 $를 붙여서 열만을 고정합니다. ❷ 행 3이 변경되지 않도록 행 머리글 3앞에 $를 붙여서 행만을 고정합니다.

❸ 셀 G6의 계산 결과를 구해서 셀 G6의 수식을 가로 방향으로 셀 H6에 복사합니다.

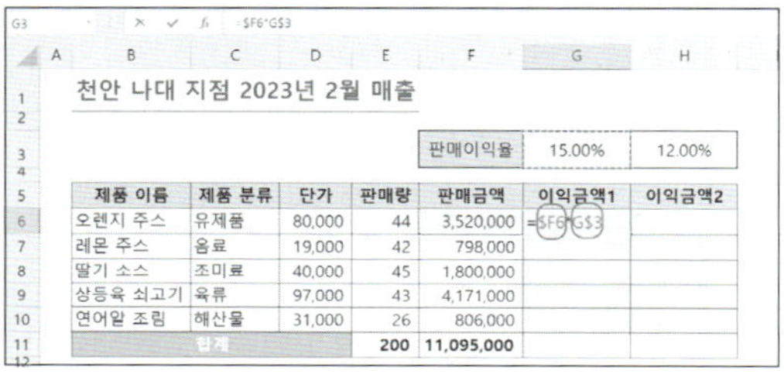

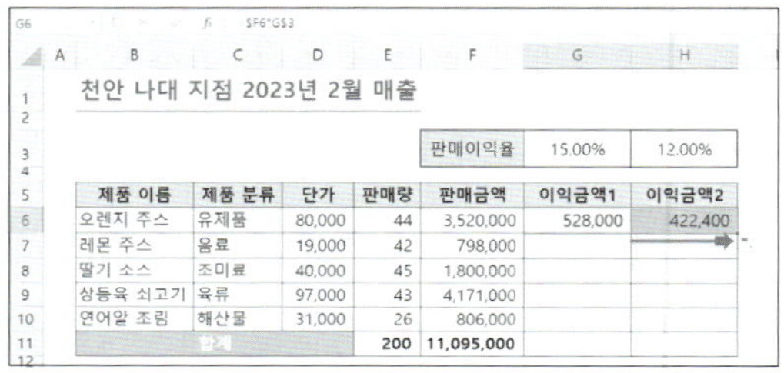

❹ 셀 H6의 수식을 세로 방향으로 셀 H10까지 복사합니다.

❺ 참조 위치의 열 F만이, 참조 위치의 행 3만이 각각 고정되어 있습니다.

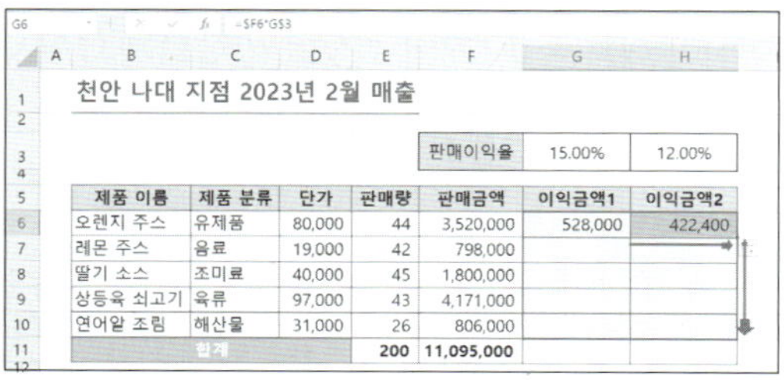

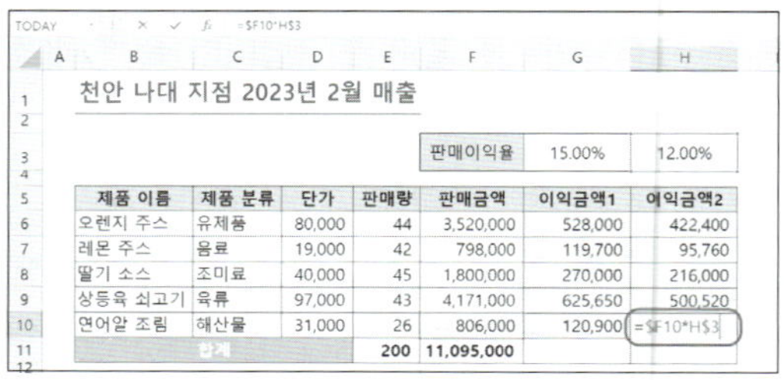

5.6 수식 오류 해결

Excel에서는 입력한 수식이 올바르지 않거나 계산 결과가 올바르게 요구되지 않는 경우 등에 오류 표시(error indicator) 혹은 오류 값(error value)이 표시됩니다. 이런 경우에는 오류 내용을 확인하고 수정해야 합니다.

5.6.1 오류 표시와 오류 값

05

Excel에서는 다양한 오류를 자동으로 체크하고 오류 가능성이 있는 셀에는 오류 표시와 오류 값이 표시됩니다.

실습

❶ 오류가 있는 셀에는 오류 표시가 표시됩니다. ❷ 수식의 오류가 있는 셀에는 오류 값이 표시됩니다.

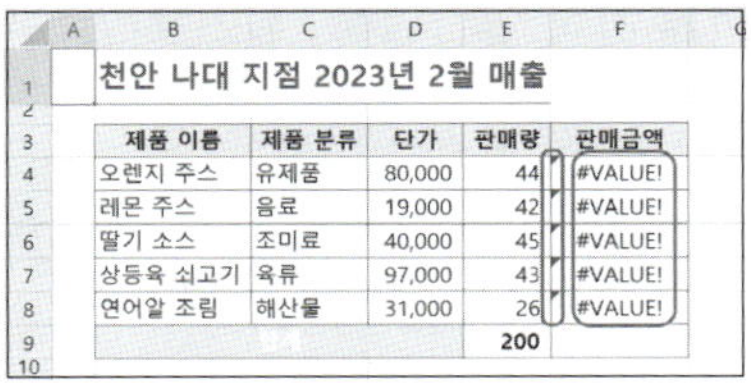

에러 표시 설정

에러 표시 여부는 개별적으로 지정할 수 있습니다. [파일] 탭으로부터 [옵션]을 클릭하고 [Excel 옵션] 대화상자를 표시해서 [수식] 탭의 [오류 검사 규칙]으로 설정합니다.

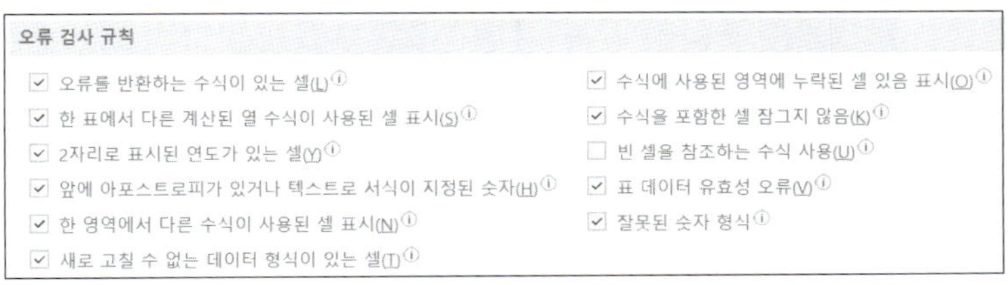

5.6.2 오류 내용 확인하기

오류 표시가 표시된 셀을 클릭하면 [오류 검사 옵션]이 표시됩니다. [오류 검사 옵션]을 클릭해서 표시되는 메뉴를 이용하면 오류의 원인을 조사하거나 오류의 내용에 따른 수정을 실행할 수 있습니다.

실습

❶ 오류 표시가 표시된 셀 F4를 클릭하여, ❷ [오류 검사 옵션]에 마우스 포인터를 맞추면 오류의 내용을 나타내는 힌트가 표시됩니다.

❸ [오류 검사 옵션]을 클릭하면, ❹ 오류 내용에 따른 수정 방법을 확인할 수 있습니다.

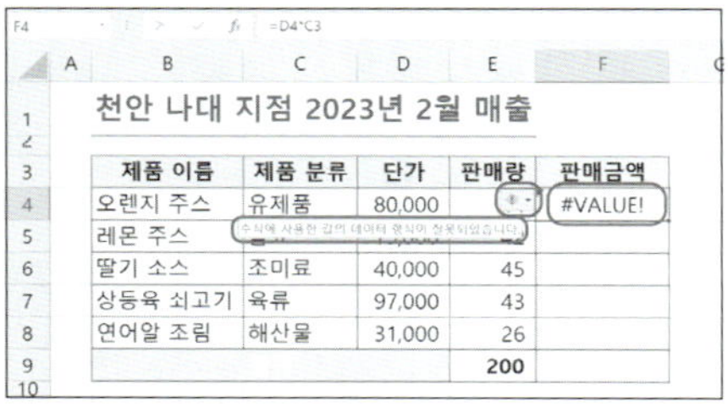

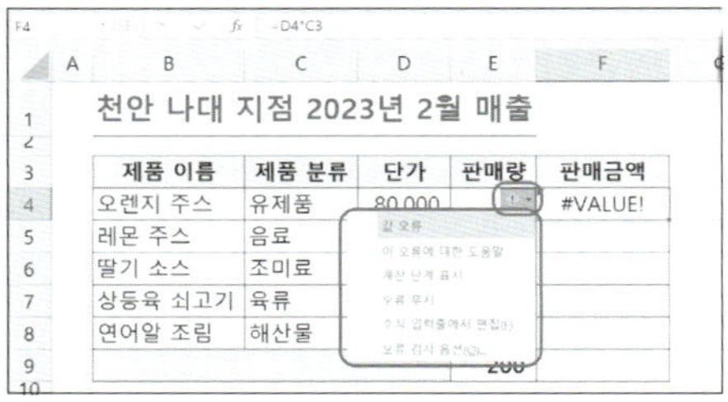

아래 표와 같은 오류로 표시되는 값이 있습니다. 원인을 알아두면 오류 수정에 도움이 됩니다.

오류 값	원인
# VALUE!	수식의 참조 위치나 함수의 인수 형태, 연산자의 종류 등이 틀렸을 때 표시됩니다.
# NAME	함수명이 틀리거나 수식 내의 문자열을 「" "」로 둘러싸고 있지 않았을 경우 표시됩니다.
# DIV/0!	나눗셈의 나누는 수(divisor) 값이 「0」 또는 미입력 공백일 경우 표시됩니다.
# N/A	VLOOKUP 함수, LOOKUP 함수, HLOOKUP 함수, MATCH 함수 등의 함수로 검색한 값이 검색 범위 내에 존재하지 않을 경우 표시됩니다.
# NULL!	참조할 셀 범위 지정이 틀렸을 경우 표시됩니다.
# NUM!	인수로 지정할 수 있는 숫자의 범위를 넘었을 경우 표시됩니다.
# REF!	수식 내에서 참조하고 있는 셀이 행이나 열 삭제 등으로 삭제된 경우 표시됩니다.

5.6.3 오류 수정하기

[오류 검사 옵션]을 클릭해서 [오류 무시]를 클릭하면 오류 표시가 무시됩니다. 불필요한 오류 표시는 [오류 검사 옵션]에서 오류 표시하지 않는 설정으로 가능합니다.

오류가 표시된 셀에서 [오류 검사 옵션]을 클릭하고, [수식 입력줄에서 편집]을 클릭하면 수식 입력줄에서 수식을 수정할 수 있습니다.

실습

셀 D4의 단가와 셀 E4의 판매량을 곱해야 할 셀 F4의 수식이 셀 C4의 제품 분류로 곱셈하는 수식으로 되어 있기 때문에 수정이 필요합니다.

❶ 오류가 표시된 셀 F4를 클릭하고, [오류 검사 옵션]을 클릭합니다. ❷ [수식 입력줄에서 편집]을 클릭하면, ❸ 수식 입력줄에 커서가 표시되므로 수식을 수정할 수 있습니다. 수식에 있는 C4를 E4로 수정한 후, ❹ Enter↵를 누르면, ❺ 오류가 수정됩니다.

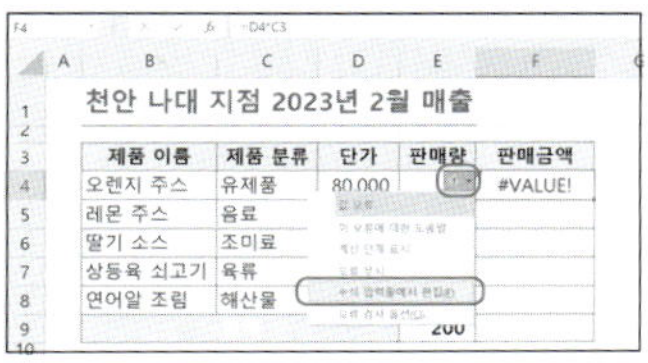

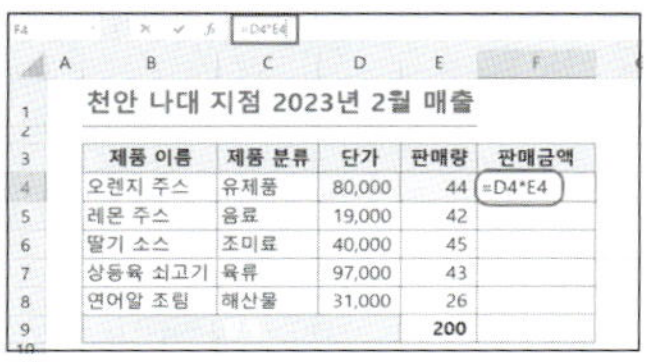

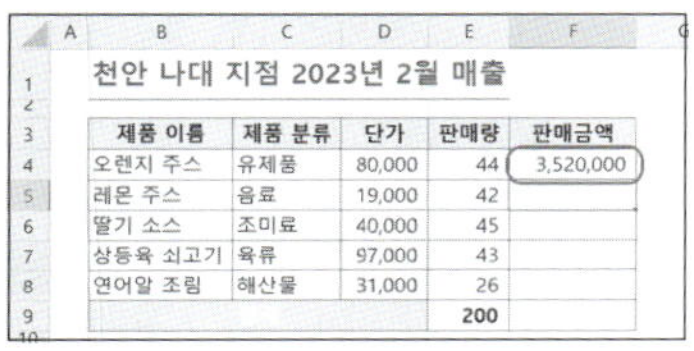

연습문제

01 아래의 그림을 보고 A와 B의 더하기를 실행한 후, [수식] 탭–[수식 분석] 그룹–"수식 표시" 버튼을 눌러서 계산 수식을 확인해 보세요.

〈계산 전〉

데이터		A와 B의 더하기	
		셀 주소 참조	직접 계산
A	B	결과 값	결과 값
50	1000	=B5+C5	=50+1000
60	1100		
70	1200		
80	1300		
90	1400		

〈계산 후〉

데이터		A와 B의 더하기	
		셀 주소 참조	직접 계산
A	B	결과 값	결과 값
50	1000	1050	1050
60	1100		
70	1200		
80	1300		
90	1400		

02 다음의 식을 참조해서 매출 현황의 빈칸을 계산해 보세요.

(1) 상하반기 판매차액=하반기 판매액−상반기 판매액

(2) 상하반기 판매증가율=하반기 판매액/상반기 판매액*100

Q-마트 매출 현황

제품	상반기 제품단가	하반기 제품단가	상반기 판매수량	하반기 판매수량	상하반기 총판매수량	상반기 판매액	하반기 판매액	상하반기 판매차액	상하반기 판매증가율
마우스	₩ 23,000	₩ 21,000	420	320					
키보드	₩ 31,000	₩ 33,000	45	78					
USB	₩ 12,000	₩ 15,000	550	600					
연필	₩ 3,500	₩ 2,800	50	60					
모니터	₩ 120,000	₩ 150,000	64	91					
USB젠더	₩ 12,000	₩ 21,000	55	64					
스피커	₩ 32,000	₩ 33,000	80	55					
무선충전기	₩ 43,000	₩ 51,000	95	88					
5색볼펜	₩ 32,000	₩ 31,000	750	254					

03 다음의 문자열을 계산한 후, [수식] 탭–[수식 분석] 그룹–"수식 표시" 버튼을 눌러서 계산 수식을 확인해 보세요.

문자열 연산자		
A	B	결과 값
충청	남도	=B4&C4
충청	북도	=B5&C5
전라	남도	=B6&C6
전라	북도	=B7&C7
서울	특별시	=B8&C8
부산	광역시	=B9&C9

04 다음의 표에서 달성율과 비고를 계산해 보세요. 단 반드시 비고를 계산할 때는 절대참조를 이용하세요.

(1) 달성률(%)=월 실적/월 목표*100

(2) 비고=월 실적/실적 합계*100

2022년 실적 현황

시기	월	목표	실적	달성률(%)	비고
상반기	1월	17,749.4	18,994.6		
	2월	13,874.6	18,355.2		
	3월	18,069.6	20,400.5		
	4월	30,012.0	27,515.6		
	5월	24,227.0	26,047.7		
	6월	29,148.3	25,515.6		
하반기	7월	10,339.7	12,517.5		
	8월	19,183.6	19,395.7		
	9월	19,819.6	20,454.3		
	10월	23,120.5	21,573.9		
	11월	27,272.1	28,049.5		
	12월	12,778.8	15,573.9		
요약		**20,466.3**	**254,394.1**		

05 다음의 구구단표를 혼합 참조 형식을 활용해서 계산한 후, [수식] 탭–[수식 분석] 그룹–"수식 표시" 버튼을 눌러서 혼합 참조를 확인해 보세요.

혼합참조를 활용한 구구단 작성

	1	2	3	4	5	6	7	8	9
1	=B$3*$A4	=C$3*$A4	=D$3*$A4	=E$3*$A4	=F$3*$A4	=G$3*$A4	=H$3*$A4	=I$3*$A4	=J$3*$A4
2	=B$3*$A5	=C$3*$A5	=D$3*$A5	=E$3*$A5	=F$3*$A5	=G$3*$A5	=H$3*$A5	=I$3*$A5	=J$3*$A5
3	=B$3*$A6	=C$3*$A6	=D$3*$A6	=E$3*$A6	=F$3*$A6	=G$3*$A6	=H$3*$A6	=I$3*$A6	=J$3*$A6
4	=B$3*$A7	=C$3*$A7	=D$3*$A7	=E$3*$A7	=F$3*$A7	=G$3*$A7	=H$3*$A7	=I$3*$A7	=J$3*$A7
5	=B$3*$A8	=C$3*$A8	=D$3*$A8	=E$3*$A8	=F$3*$A8	=G$3*$A8	=H$3*$A8	=I$3*$A8	=J$3*$A8
6	=B$3*$A9	=C$3*$A9	=D$3*$A9	=E$3*$A9	=F$3*$A9	=G$3*$A9	=H$3*$A9	=I$3*$A9	=J$3*$A9
7	=B$3*$A10	=C$3*$A10	=D$3*$A10	=E$3*$A10	=F$3*$A10	=G$3*$A10	=H$3*$A10	=I$3*$A10	=J$3*$A10
8	=B$3*$A11	=C$3*$A11	=D$3*$A11	=E$3*$A11	=F$3*$A11	=G$3*$A11	=H$3*$A11	=I$3*$A11	=J$3*$A11
9	=B$3*$A12	=C$3*$A12	=D$3*$A12	=E$3*$A12	=F$3*$A12	=G$3*$A12	=H$3*$A12	=I$3*$A12	=J$3*$A12

06 문제 05에서 구구단표가 작성되었으면 셀 E8에서 "참조되는 셀" 화살표, 셀 G3과 A9에서 "참조하는 셀"의 화살표가 표시되도록 실행해 보세요.

혼합참조를 활용한 구구단 작성

	1단	2단	3단	4단	5단	6단	7단	8단	9단
1	1	2	3	4	5	6	7	8	9
2	2	4	6	8	10	12	14	16	18
3	3	6	9	12	15	18	21	24	27
4	4	8	12	16	20	24	28	32	36
5	5	10	15	20	25	30	35	40	45
6	6	12	18	24	30	36	42	48	54
7	7	14	21	28	35	42	49	56	63
8	8	16	24	32	40	48	56	64	72
9	9	18	27	36	45	54	63	72	81

CHAPTER

06 함수 계산

6.1 합계 계산

Excel에서는 행 및 열의 합계를 구하는 작업이 자주 이루어집니다. 합계를 구할 때는 SUM 함수를 사용합니다. SUM 함수는 [홈] 탭의 [편집]–Σ(자동 합계)로부터 간단하게 입력할 수 있습니다.

6.1.1 합계 계산하기

지정한 셀 범위의 합계를 구하려면 SUM 함수를 사용해야 합니다. SUM 함수는 다음의 예시와 같이 [홈] 탭의 [편집]–Σ(합계)으로부터 입력합니다. Σ(자동 합계)는 [수식] 탭의 [함수 라이브러리] 그룹으로부터 입력할 수도 있습니다.

> 「SUM(…) 함수」는 지정된 숫자나 셀 범위의 합계를 구하는 함수입니다.
> 서식: =SUM(숫자1, 숫자2, …)

실습

❶ 합계를 표시할 셀 C9을 클릭해서, ❷ [홈] 탭의 [편집]–Σ(자동 합계)를 클릭합니다.

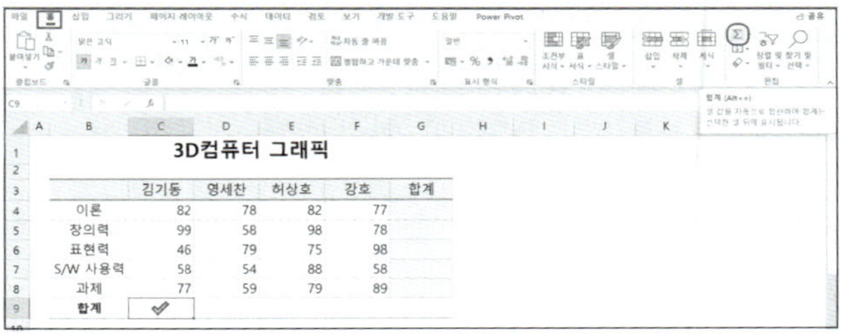

❸ 계산 대상이 되는 범위 C4~C8이 자동으로 선택되므로,

❹ 범위 오류가 없는지 확인하고 Enter↵를 누르면, ❺ 셀 범위의 합계가 계산됩니다.

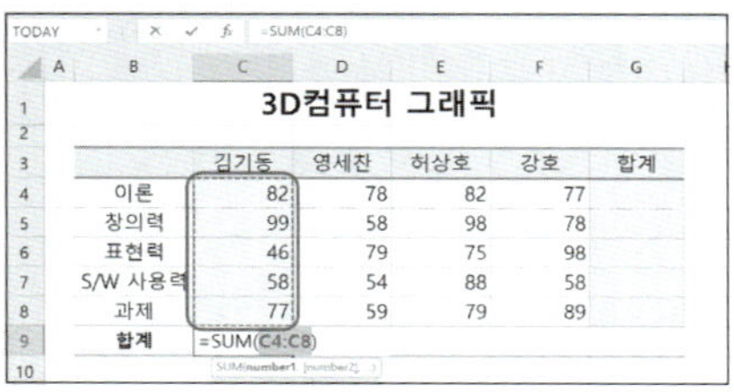

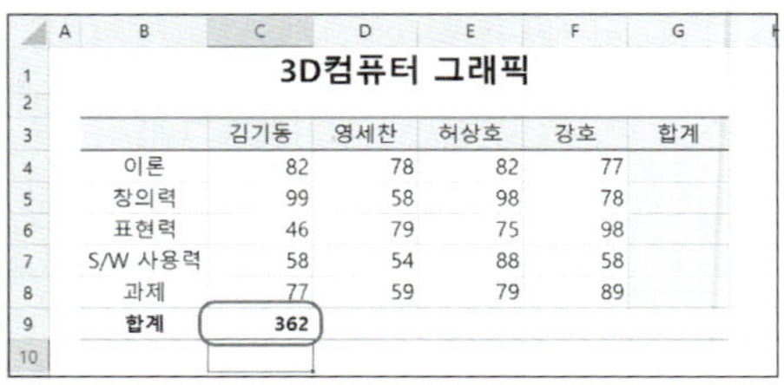

6.1.2 떨어진 셀의 합계 구하기

합계의 대상이 되는 셀 범위가 떨어진 위치에 있는 경우나, 다른 시트에 있는 셀의 합계를 요구하는 경우는 [편집]-Σ(자동 합계)를 사용해 대상 범위를 자동 설정할 수 없습니다. 이럴 때는 다음의 예시와 같이 합계의 대상이 되는 셀 범위를 드래그하여 지정합니다. 또한 Ctrl를 누르면서 셀을 하나씩 선택할 수도 있습니다.

행과 열의 합계 혹은 총계를 한꺼번에 구할 수도 있습니다. 합계를 표시하는 셀도 포함해 셀 범위를 선택해서 [홈] 탭의 [편집]-Σ(자동 합계)를 클릭합니다.

실습

❶ 합계를 표시할 셀 D11을 클릭하여, ❷ [홈] 탭의 [편집]-Σ(자동 합계)를 클릭합니다.

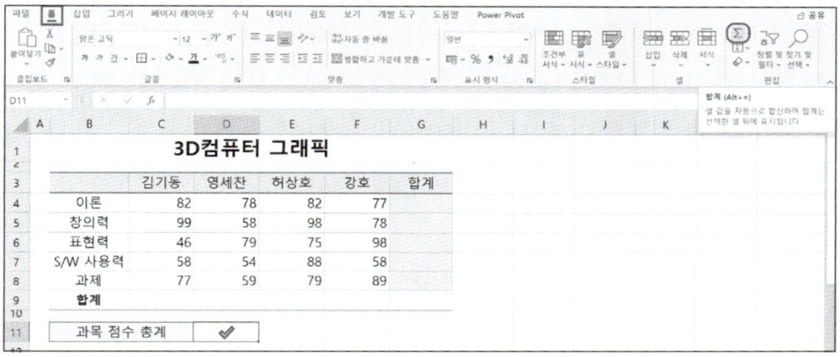

❸ 자동으로 설정된 범위 D4~D10이 적절하지 않기 때문에 원하는 셀 범위 C4~F8을 사용자가 직접 드래그하여,

❹ Enter↵를 누르면, ❺ 지정한 셀 범위의 합계가 계산됩니다.

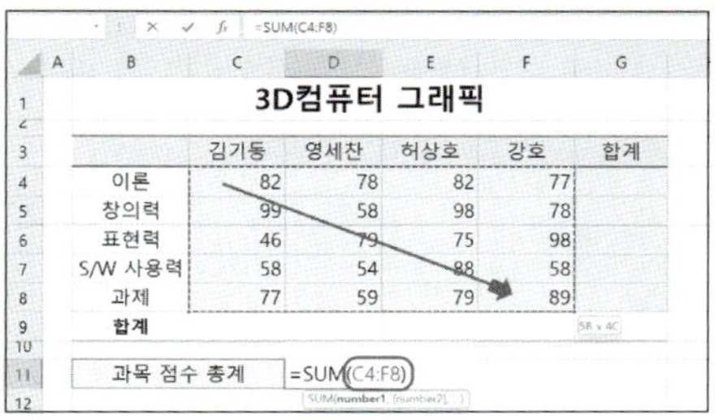

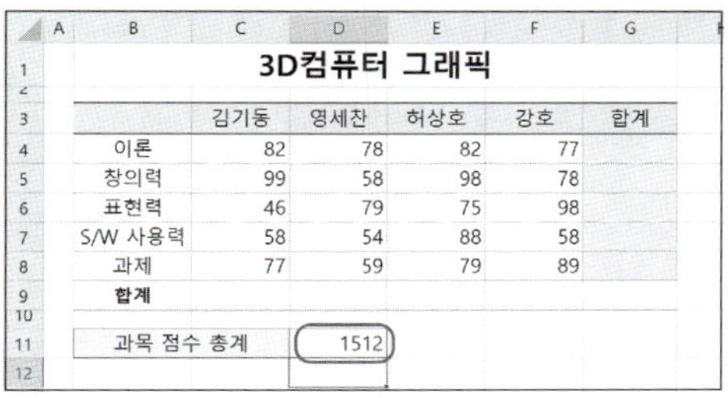

6.2 평균 계산

Excel에서는 평균을 구하는 작업도 자주 이루어집니다. 평균을 구할 때는 AVERAGE 함수를 사용합니다. AVERAGE 함수는 [홈] 탭의 [편집]−Σ(자동 합계)의 메뉴에서 선택하고 간단하게 입력할 수 있습니다.

6.2.1 평균 계산하기

지정한 셀 범위의 평균을 구하려면 AVERAGE 함수를 사용해야 합니다. AVERAGE 함수는, 다음 예의 순서와 같이 [홈] 탭의 [편집]−Σ(자동 합계)으로부터 입력합니다. Σ(자동 합계)는 [수식] 탭의 [함수 라이브러리] 그룹으로부터 입력할 수도 있습니다.

> AVERAGE 함수
> 「AVERAGE(…) 함수」는 지정된 숫자나 셀 범위의 평균을 구하는 함수입니다.
> 서식: =AVERAGE(숫자1, 숫자2, …)

실습

❶ 평균을 계산할 셀 C9를 클릭해서, ❷ [홈] 탭의 [편집]−Σ(자동 합계)의 드롭다운 버튼 [∨]을 클릭하고, ❸ [평균]을 클릭합니다.

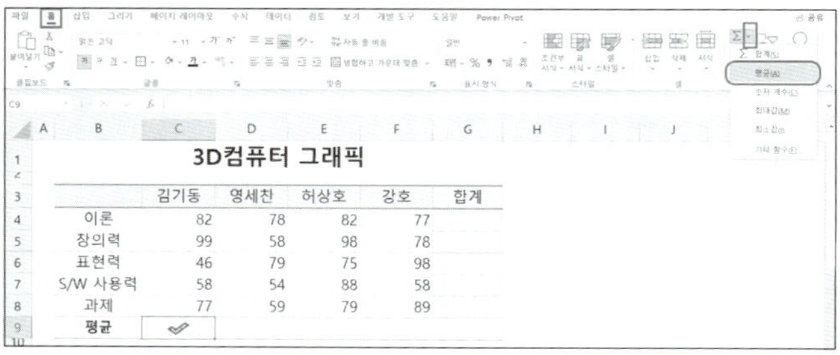

❹ 계산 대상이 되는 범위 C4~C8이 자동으로 선택되므로, ❺ 오류가 없는지 확인하고 [Enter↵]를 누르면,

❻ 셀 범위의 평균이 계산됩니다.

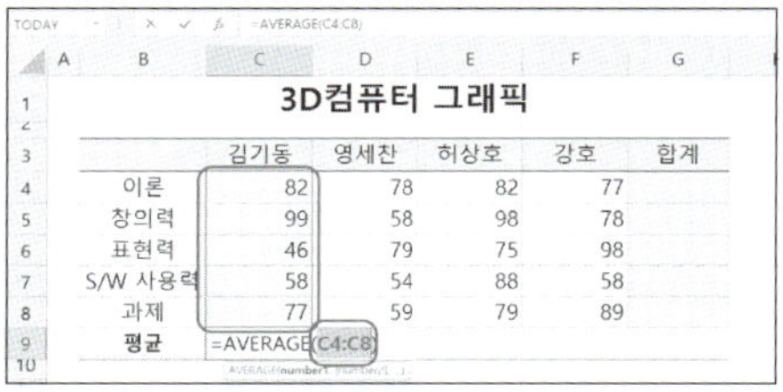

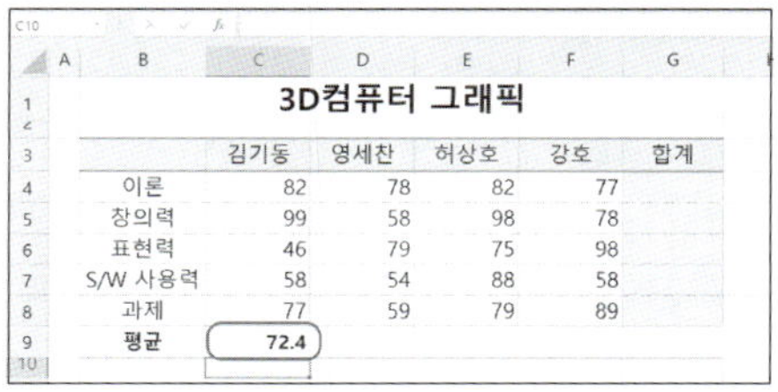

6.2.2 떨어진 셀의 평균 구하기

평균의 대상이 되는 셀 범위가 떨어진 위치에 있는 경우나, 다른 시트에 있는 셀의 평균을 구하는 경우는 [홈] 탭의 [편집]–Σ(자동 합계)를 사용해 대상 범위를 자동 설정할 수 없습니다. 이럴 때는 다음 예시의 순서와 같이 평균 대상으로 하는 셀 범위를 드래그하여 지정합니다. 또한 Ctrl를 누르면서 셀을 하나씩 선택할 수도 있습니다.

실습

❶ 평균을 계산할 셀 C10을 클릭해서, ❷ [홈] 탭의 [편집]–Σ(자동 합계)의 드롭다운 버튼 ⌵을 클릭하고, ❸ [평균]을 클릭합니다.

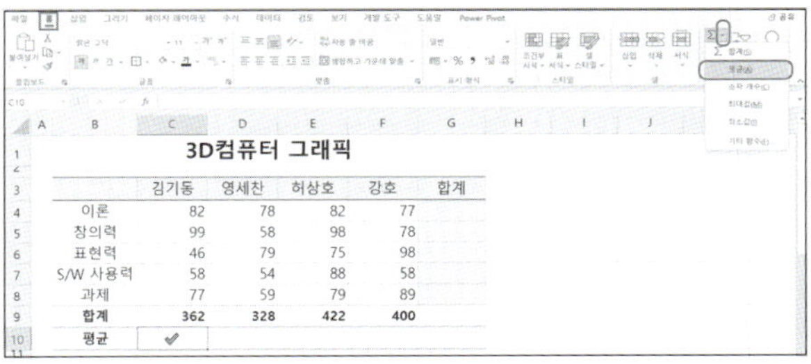

❹ 계산 대상으로 하는 셀 범위 C4~C8을 드래그하여, ❺ Enter↵를 누르면
❻ 지정한 셀 범위의 평균이 계산됩니다.

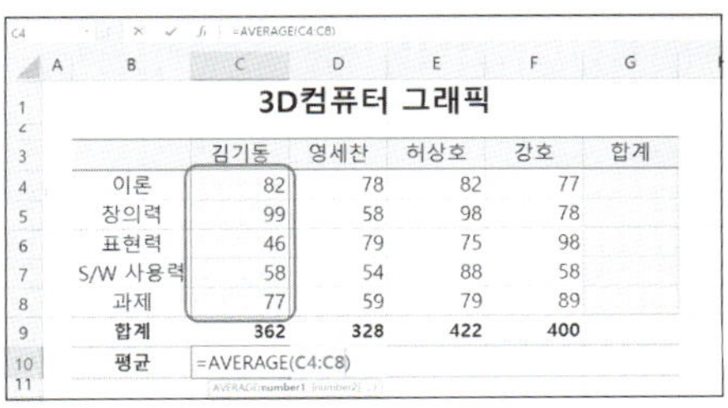

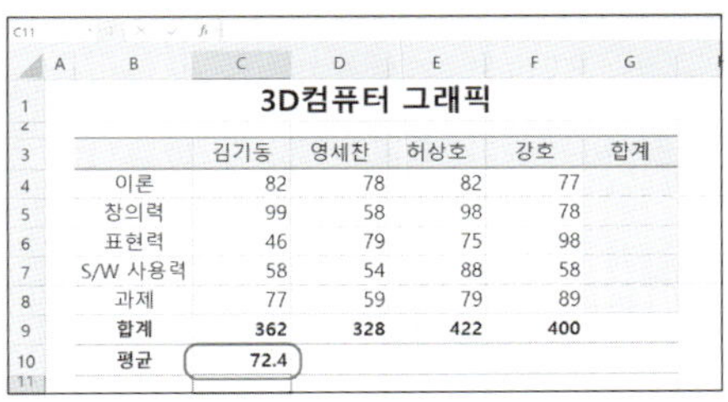

함수의 도움말 표시하기

입력한 함수의 도움말을 표시할 수 있습니다. 함수가 입력된 셀 C10을 클릭하고 수식 입력줄에 표시되는 함수 이름 AVERAGE를 클릭하면 해당 함수의 기본 형식 AVERAGE(nember1, [neumber2], ...)이 표시됩니다. 기본 형식에서 함수 이름 AVERAGE를 클릭하면 화면 오른쪽에 도움말이 표시됩니다.

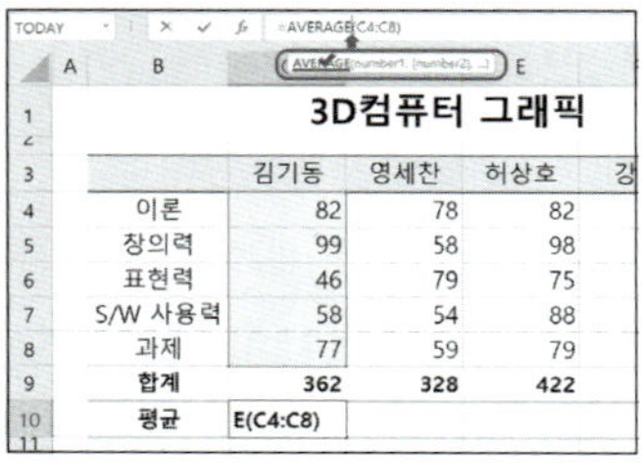

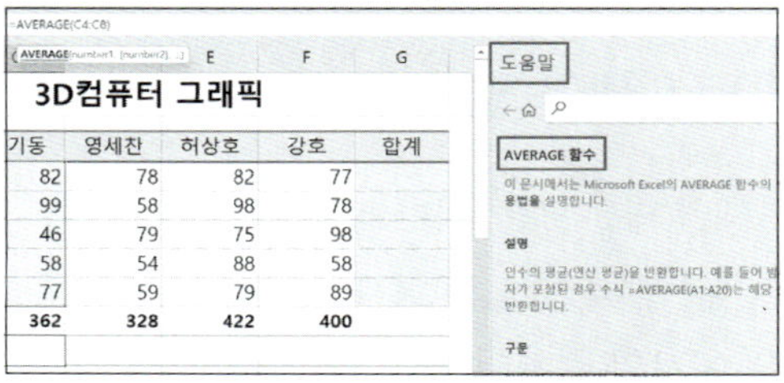

6.3 함수의 수식 수정

수식 내 셀 위치에 대응하는 셀 범위는 컬러 참조로 둘러싸여 표시되므로 대응 관계를 한눈에 확인할 수 있습니다. 이 컬러 참조의 틀을 드래그하면 참조 위치나 범위를 간단하게 변경할 수 있습니다.

6.3.1 함수의 수식 수정하기

함수가 입력된 셀을 더블클릭하면 참조하고 있는 셀 범위가 컬러 참조로 둘러싸여 표시됩니다. 이 컬러 참조의 범위를 변경함으로써 함수가 참조하는 셀 범위를 수정할 수 있습니다.

컬러 참조의 네 모서리 핸들에 마우스 포인터를 맞추면 마우스 포인터의 모양이 ↘으로 바뀝니다. 이 상태로 드래그하면 참조 위치의 셀 범위를 변경할 수 있습니다. 핸들을 수평 혹은 수직 방향으로 드래그하면 참조 위치를 어느 방향으로든 넓히거나 좁힐 수 있습니다. 단 컬러 참조를 이용하지 않고 참조 위치를 변경하려면 수식 입력줄 또는 셀에서 직접 수식을 편집해야 합니다.

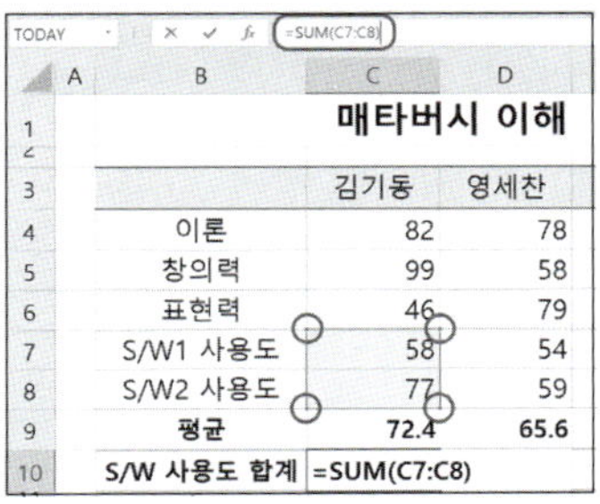

06

실습

❶ 함수가 입력된 셀 C10을 더블클릭하면,

❷ 참조하고 있는 셀 범위 C4~C6가 색이 들어간 테두리(컬러 참조)로 둘러싸여 표시됩니다. ❸ 컬러 참조의 네 모서리 핸들에 마우스 포인터를 맞추면 마우스 포인터의 모양이 ↘으로 변경됩니다.

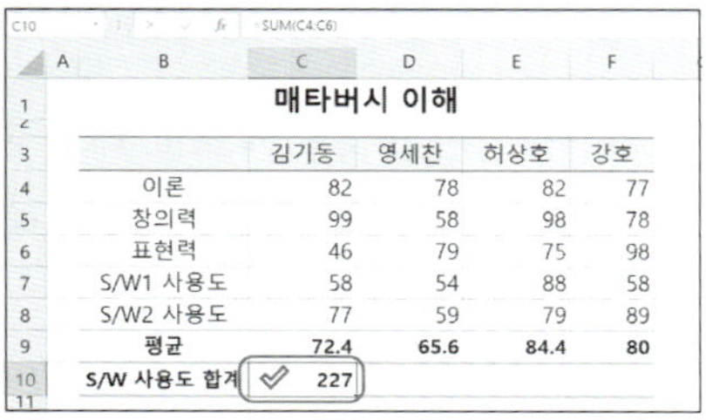

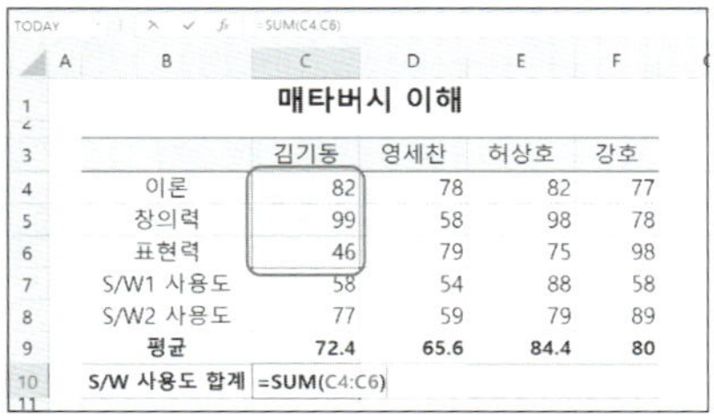

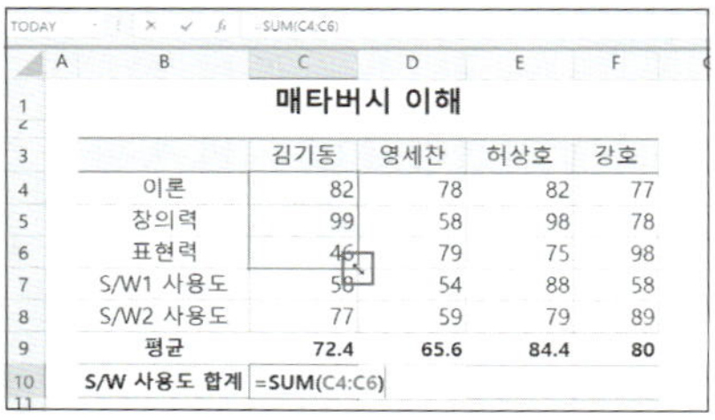

❹ 원하는 셀 범위 C7~C8이 되도록 각 모서리를 드래그하면, ❺ 참조할 셀 범위가 변경됩니다. ❻ Enter↵를 누르면 계산 결과도 변경됩니다.

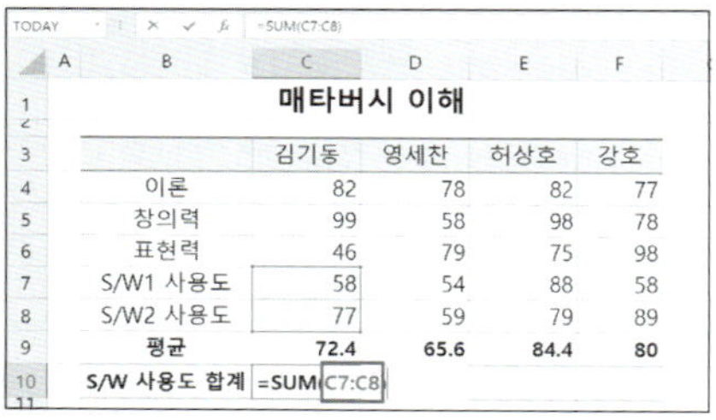

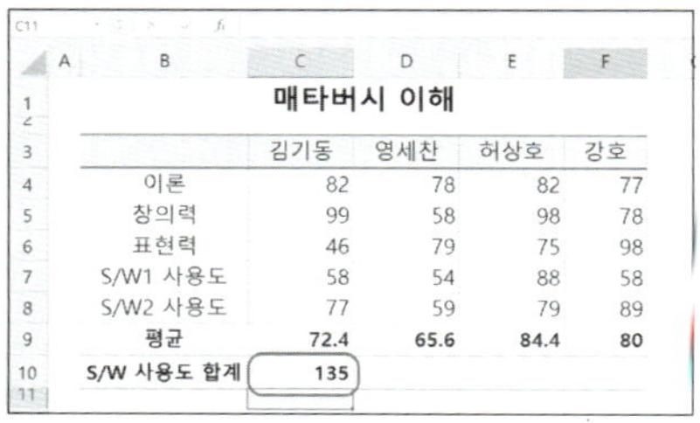

6.4 최댓값/최솟값 계산

매출의 최고액이나 최저액, 성적의 최고점이나 최저점 등을 구할 때 함수를 사용하면 쉽게 구할 수 있습니다. 최댓값은 MAX 함수를, 최솟값은 MIN 함수를 각각 이용합니다.

6.4.1 최댓값 구하기

지정한 셀 범위의 최댓값을 구하려면 MAX 함수를 사용해야 합니다. MAX 함수는 다음 예시의 순서와 같이 [홈] 탭의 [편집]–Σ(자동 합계)으로부터 입력합니다.

MAX 함수
「MAX(…) 함수」는 지정된 숫자나 셀 범위의 최댓값을 구하는 함수입니다.
서식: =MAX(숫자1, 숫자2, …)

실습

❶ 최댓값을 계산할 셀 C9을 클릭한 후, [홈] 탭의 [편집]–Σ(자동 합계)의 드롭다운 버튼 ∨을 클릭하고, ❸ [최대값]을 클릭합니다.

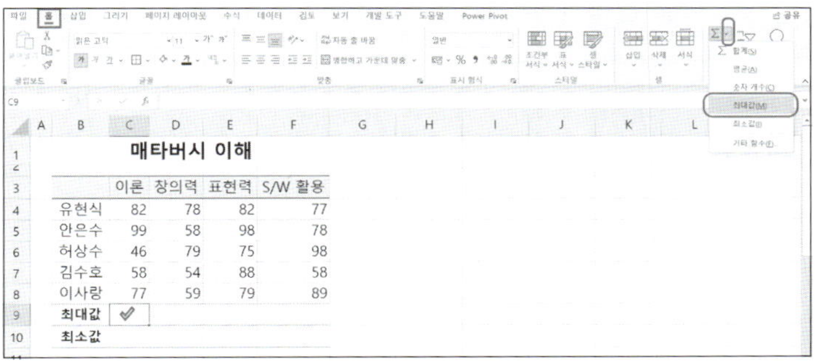

❹ 계산 대상이 되는 범위 C4~C8이 자동으로 선택되므로, ❺ 오류가 없는지 확인하고 Enter↵를 누르면,

❻ 셀 범위 C4~C8의 최댓값이 계산됩니다.

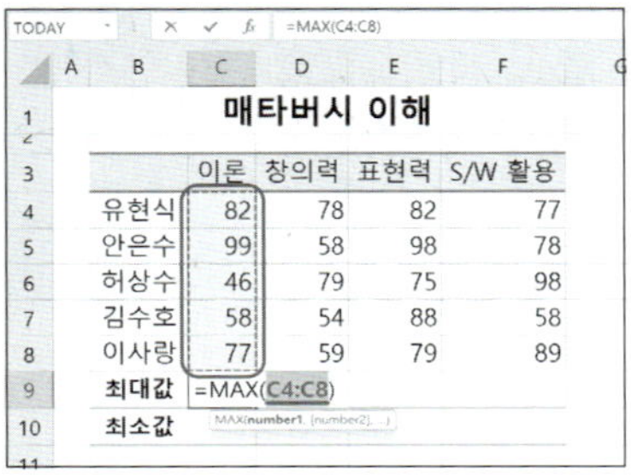

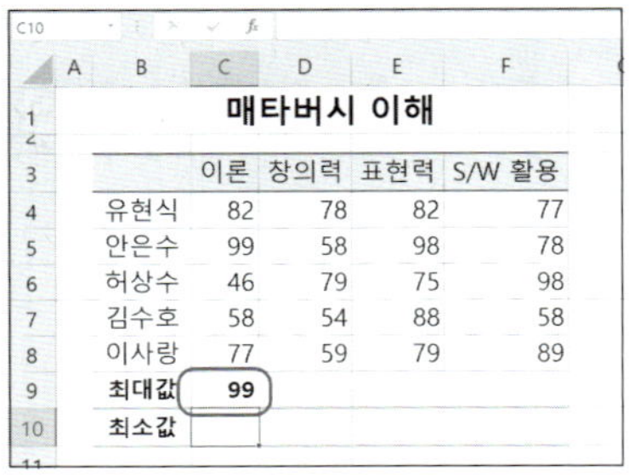

6.4.2 최솟값 구하기

지정한 셀 범위의 최솟값을 구하려면 MIN 함수를 사용해야 합니다. MIN 함수는 다음 예시의 순서와 같이 [홈] 탭의 [편집]–Σ(자동 합계)으로부터 입력합니다.

최솟값을 구하는 셀이 떨어진 위치에 있으면 이전 페이지와 같이 대상 범위를 자동 설정할 수 없습니다. 이럴 때는 다음 예시의 순서와 같이 대상으로 하는 셀 범위를 드래그하여 지정합니다.

> MIN 함수
> 「MAX(…) 함수」는 지정된 수치나 셀 범위의 최솟값을 구하는 함수입니다.
> 서식: =MIN(숫자1, 숫자2, …)

실습

❶ 최솟값을 계산할 셀 C10을 클릭한 후, [홈] 탭의 [편집]–Σ(자동 합계)의 드롭다운 버튼 ⌄을 클릭하고, ❸ [최소값]을 클릭합니다.

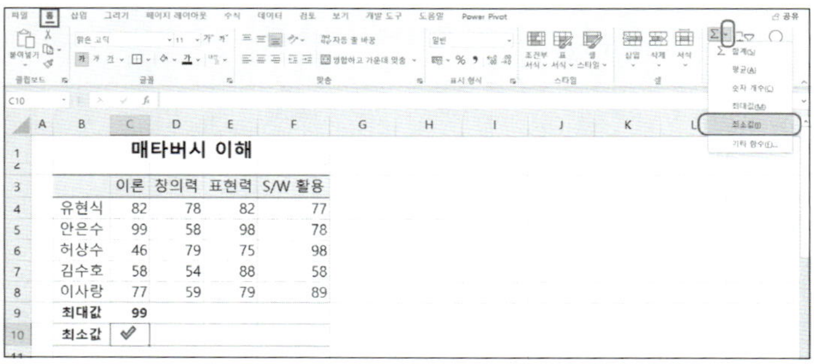

❹ 자동 선택된 범위가 부적합하므로 계산 대상이 되는 범위 C4~C8을 드래그해서 선택하고, ❺ Enter↵를 누르면,

❻ 셀 범위 C4~C8의 최솟값이 계산됩니다.

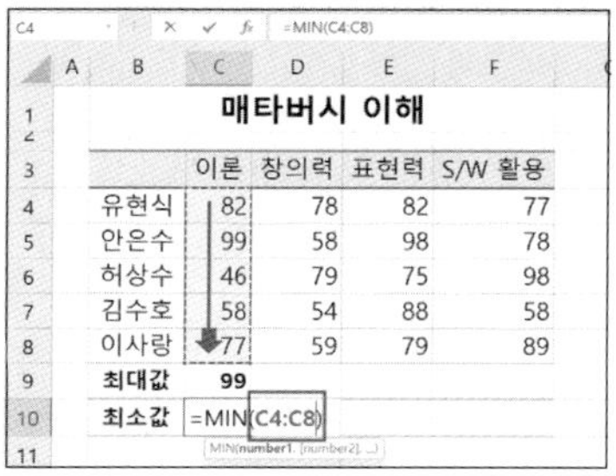

	이론	창의력	표현력	S/W 활용
유현식	82	78	82	77
안은수	99	58	98	78
허상수	46	79	75	98
김수호	58	54	88	58
이사랑	77	59	79	89
최대값	**99**			
최소값	=MIN(C4:C8)			

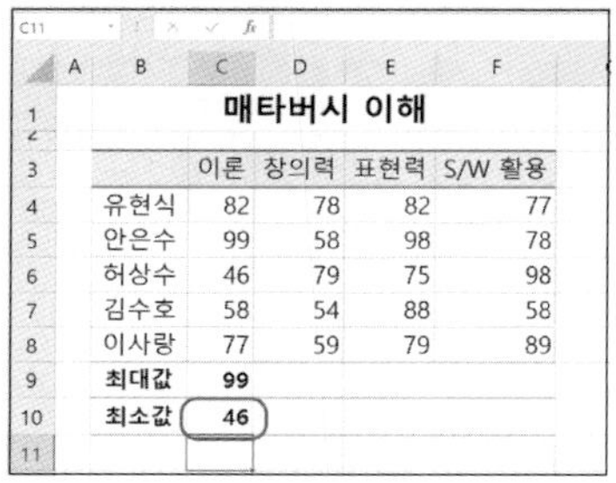

	이론	창의력	표현력	S/W 활용
유현식	82	78	82	77
안은수	99	58	98	78
허상수	46	79	75	98
김수호	58	54	88	58
이사랑	77	59	79	89
최대값	**99**			
최소값	**46**			

06

6.5 숫자 반올림

계산 결과 숫자에 소수점 이하의 자릿수가 표시될 경우, ROUND 함수를 이용해서 지정한 자릿수로 숫자를 반올림할 수 있습니다. 인수에는 반올림한 결과의 소수점 이하의 자릿수를 지정합니다.

6.5.1 숫자 반올림하기

숫자를 반올림하려면 ROUND 함수를 사용해야 합니다. [수식] 탭의 [수학/삼각]을 클릭하고, ROUND를 클릭해서, [함수 인수] 대화상자에서 Number(숫자)와 Num_digits(자릿수)를 지정합니다.

> ROUND 함수
> 「ROUND(…) 함수」는 숫자를 반올림하는 함수입니다. 인수 'Number(숫자)'에는 반올림할 숫자나 숫자를 입력한 셀을 지정합니다. 'Num_digits(자릿수)'에는 반올림한 결과의 소수점 이하의 자릿수를 지정합니다.
> 서식: =ROUND(Number, Num_digits)

실습

❶ 반올림 결과를 표시할 셀 G4를 클릭합니다.

❷ [수식] 탭을 클릭해서, ❸ [함수 라이브러리] 그룹의 [수학/삼각] 버튼을 클릭하고, ❹ 목록의 오른쪽에 있는 상하 스크롤바를 움직여서 ROUND를 클릭합니다.

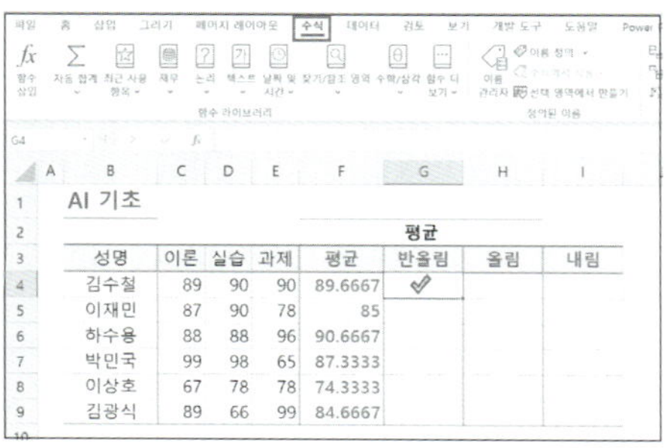

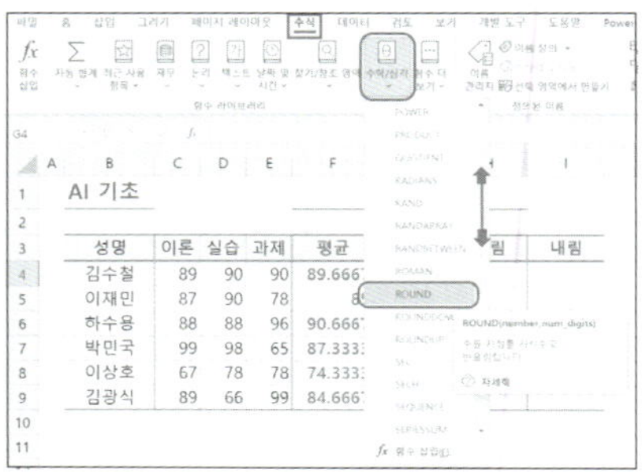

❺ [함수 인수] 대화상자에서 Number(숫자) 입력란을 클릭하고, 반올림하는 숫자가 들어간 셀 F4를 클릭합니다. ❻ Num_digits(자릿수) 입력란에 소수점 이하의 자릿수 「1」을 입력합니다. ❼ [확인]을 클릭하면,

❽ 숫자가 반올림됩니다. ❾ 다른 셀 G5~G9에 수식을 자동 채우기로 복사합니다.

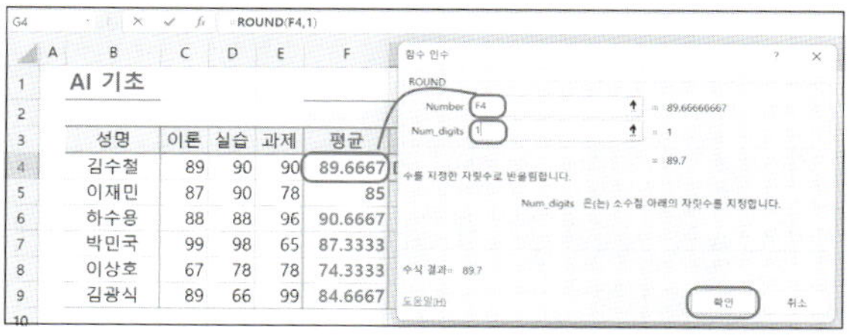

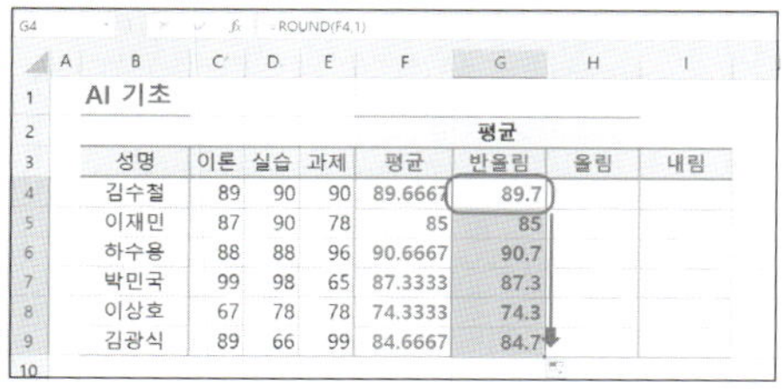

ROUND 함수의 자릿수 지정 방법

ROUND 함수의 '자릿수'에는 반올림한 결과의 소수점 이하의 자릿수를 지정합니다. 자릿수가 정수일 때는 소수 부분에서, 0일 때는 소수점 위치에서, 음수일 때는 정수 부분에서 각각 반올림이 이루어집니다.

자릿수	내용	입력 예시	결과
2	소수점 이하 셋째 자리(10^{-3})에서 반올림	=ROUND (123.456, 2)	123.46
1	소수점 이하 둘째 자리(10^{-2})에서 반올림	=ROUND (123.456, 1)	123.5
0	소수점 이하 첫째 자리(10^{-1})에서 반올림	=ROUND (123.456, 0)	123
−1	일(10^{0})의 자리에서 반올림	=ROUND (123.456, −1)	120
−2	십(10^{1})의 자리에서 반올림	=ROUND (123.456, −2)	100

6.6 숫자 올림/내림

계산 결과의 숫자에 소수점 이하의 자릿수가 표시된 경우, 지정한 자릿수로 숫자를 올림하려면 ROUNDUP 함수를, 내림하려면 ROUNDDOWN 함수를 각각 사용해야 합니다. 인수에는 올림/내림한 결과의 소수점 이하의 자릿수를 지정합니다.

6.6.1 숫자 올림하기

숫자를 잘라 올리려면 ROUNDUP 함수를 사용해야 합니다. [수식] 탭의 [수학/삼각]을 클릭하고, ROUNDUP를 클릭해서 [함수 인수] 대화상자에서 Number(숫자)와 Num_digits(자릿수)를 지정합니다.

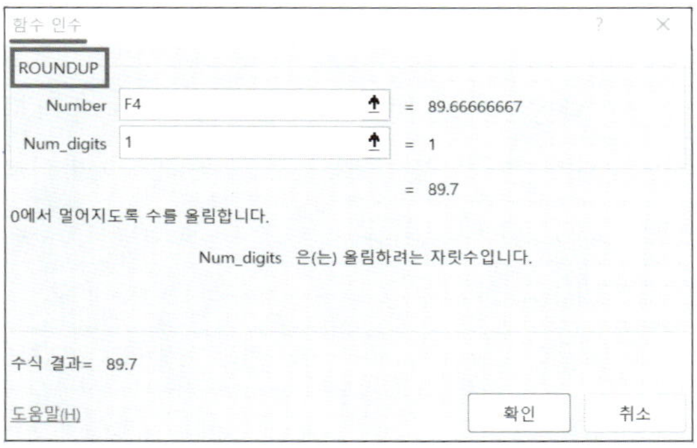

ROUNDUP 함수

「ROUNDUP(…) 함수」는 숫자를 올림하는 함수입니다. 인수 Number(숫자)에는 올림할 숫자나 숫자를 입력한 셀을 지정합니다. 「Num_digits(자릿수)」에는 올림한 결과의 소수점 이하의 자릿수를 지정합니다(다음의 'ROUNDUP 함수/ROUDDOWN 함수의 자릿수 지정 방법' 참조).

서식 : =ROUNDUP(Number, Num_digits)

실습

❶ 올림 결과를 표시할 셀 H4를 클릭합니다. ❷ [수식] 탭을 클릭해서, ❸ [수학/삼각] 버튼을 클릭하고, ❹ ROUNDUP를 클릭합니다.

'6.5.1 숫자 반올림하기'의 실습 순서 ❺~❾와 같은 방법으로 'Number(숫자):F4'와 'Num_digits(자릿수):1'을 지정하면, 숫자가 올림이 됩니다.

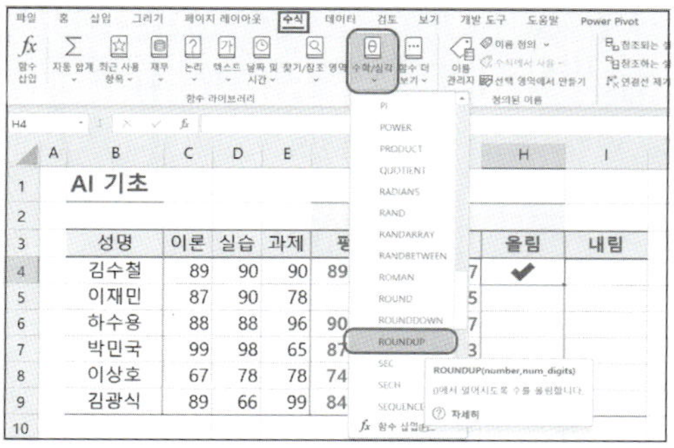

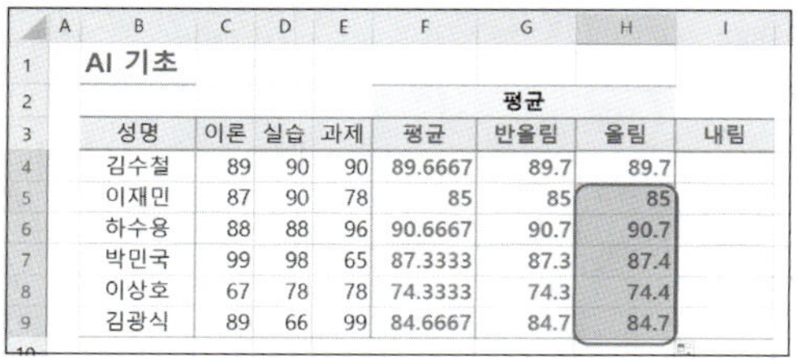

06

6.6.2 숫자 내림하기

숫자를 내림하려면 ROUNDDOWN 함수를 사용해야 합니다. [수식] 탭의 [수학/삼각]을 클릭하고, ROUNDDOWN을 클릭해서, [함수 인수] 대화상자에서 Number(숫자)와 Num_digits(자릿수)를 지정합니다.

> ROUNDDOWN 함수
> 「ROUNDDOWN(…) 함수」는 숫자를 내림하는 함수입니다. 인수 Number(숫자)에는 내림할 숫자나 숫자를 입력한 셀을 지정합니다. 「Num_digits(자릿수)」에는, 내림한 결과의 소수점 이하의 자릿수를 지정합니다.
> 서식 : =ROUNDDOWN(Number, Num_digits)

ROUNDUP 함수/ROUDDOWN 함수의 자릿수 지정 방법

ROUNDUP 함수의 'Num_digits(자릿수)'에는 올림한 결과의 소수점 이하의 자릿수를 지정합니다. 또한 ROUNDDOWN 함수의 'Num_digits(자릿수)'에는 내림한 결과의 소수점 이하의 자릿수를 지정합니다.

자릿수	내용	입력 예시	결과
2	소수점 이하 셋째 자리(10^{-3}) 이하를 올림	=ROUNDUP(123.456, 2)	123.46
	소수점 이하 셋째 자리(10^{-3}) 이하를 내림	=ROUNDDOWN(123.456, 2)	123.45
1	소수점 이하 둘째 자리(10^{-2}) 이하를 올림	=ROUNDUP(123.456, 1)	123.5
	소수점 이하 둘째 자리(10^{-2}) 이하를 내림	=ROUNDDOWN(123.456, 1)	123.4
0	소수점 이하 첫째 자리(10^{-1}) 이하를 올림	=ROUNDUP(123.456, 0)	124
	소수점 이하 첫째 자리(10^{-1}) 이하를 내림	=ROUNDDOWN(123.456, 0)	123
−1	일(10^{0})의 자리 이하를 올림	=ROUNDUP(123.456, −1)	130
	일(10^{0})의 자리 이하를 내림	=ROUNDDOWN(123.456, −1)	120
−2	십(10^{1})의 자리 이하를 올림	=ROUNDUP(123.4561, −2)	200
	십(10^{1})의 자리 이하를 내림	=ROUNDDOWN(123.4561, −2)	100

6.7 IF 함수

지정한 조건에 일치하는지를 판정하고 그 결과에 따라 처리를 나누고 싶을 때는 IF 함수를 사용합니다. IF 함수에서는 '논리식(Logical_test)'에 '만약 ~이라면'이라는 조건을 지정하고 조건의 충족 여부에 따라 처리를 나누게 됩니다.

6.7.1 조건에 따라 처리 나누기

조건에 따라 처리를 나누려면 IF 함수를 사용해야 합니다. 다음의 예시에서는 셀 F4의 「합계」가 220 이상이면 「합격」, 그 이외는 「불합격」이라고 표시합니다.

> IF 함수
> 「IF(…) 함수」는 조건의 충족 여부에 따라 처리를 나누는 함수입니다. 조건을 「Logical_test(논리식)」로 지정하고, 그 조건이 충족될 경우는 「Value_if_true(값이 참일 경우)」로 지정한 값을 표시하고, 충족되지 않을 경우는 「Value_if_false(값이 거짓일 경우)」로 지정한 값을 표시합니다.
> 서식: =IF(Logical_test, Value_if_true, Value_if_false)

조건 분기의 흐름

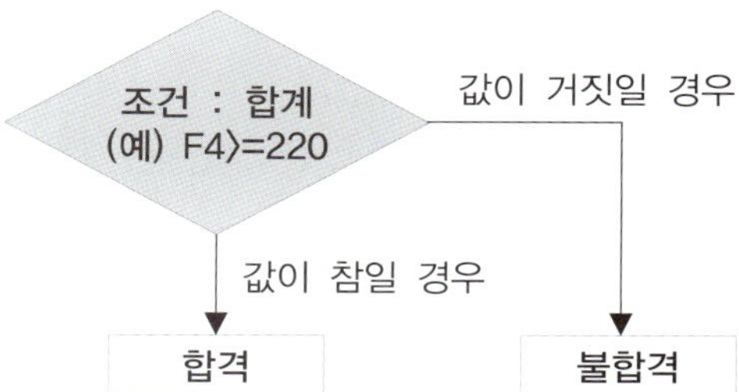

'논리식'에서는, 'F4〉=220'은 '셀 G4의 값이 220 이상'을 의미합니다. '〉='은 왼쪽 변의 값이 오른쪽 변의 값 이상임을 나타내는 비교 연산자입니다.

인수(parameter) 중에서 문자열을 지정하는 경우는, 「" "」(더블 쿼테이션, 이중 인용)으로 둘러싸야 합니다. 또한 "함수 인수" 대화상자에서는, '값이 참일 경우'와 '값이 거짓일 경우'에 문자열을 입력해서 커서를 이동하거나 **[확인]**을 클릭하거나 하면, 「" "」이 자동으로 입력됩니다.

실습

❶ IF 함수의 결과를 표시할 셀 G4를 클릭합니다. ❷ [수식] 탭을 클릭해서, ❸ [논리] 버튼을 클릭하고 ❹ 「IF」을 클릭합니다.

❺ [Logical_test(논리식)]에 'F4〉=220'이라고 입력하고, ❻ [Value_if_true(값이 참인 경우)]에 「"합격"」이라고 입력합니다. ❼ [Value_if_false(값이 가짜일 경우)]에 「"불합격"」이라고 입력하고, ❽ [확인]을 클릭하면,

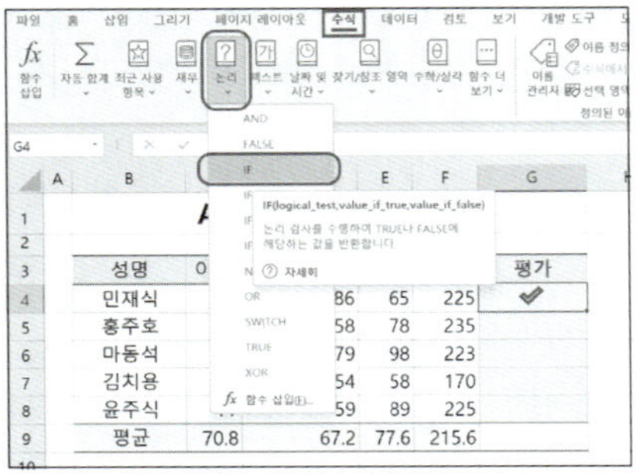

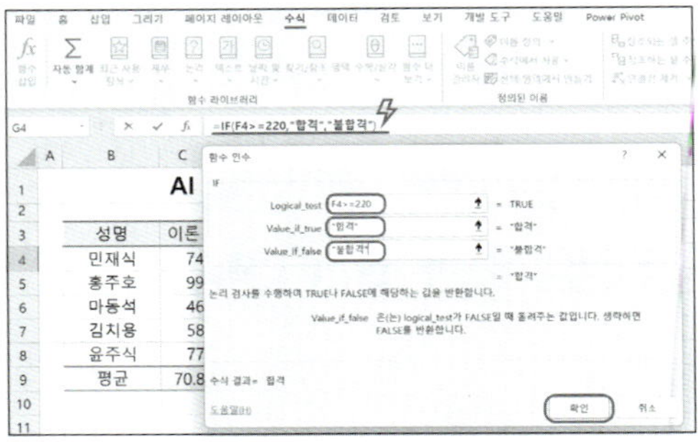

❾ 조건에 따라 처리가 분배됩니다. ❿ 다른 셀 G5~G8에 수식을 자동 채우기로 복사합니다.

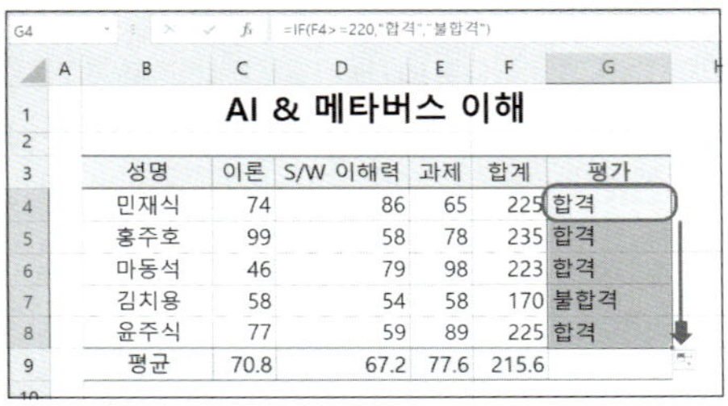

비교 연산자

비교 연산자란 두 값을 비교하기 위한 기호를 말합니다. Excel에서 이용할 수 있는 비교 연산자는 아래 표와 같습니다.

기호	의미
=	좌변과 우변이 같다.
〉	좌변이 우변보다 크다.
〈	좌변이 우변보다 작다.
〉=	좌변이 우변 이상이다.
〈=	좌변이 우변 이하이다.
〈〉	좌변과 우변이 동일하지 않다.

6.7.2 나눔 처리 수의 늘리기

IF 함수에서는 인수(parameter)에 IF 함수를 지정함으로써 나누는 처리의 수를 늘릴 수 있습니다. 함수의 인수에 함수를 지정하는 것을 '네스트(nest)' 또는 '둥지'라고 합니다.

다음의 예시에서는 첫 번째 IF 함수의 논리식에 '셀 F4의 값이 220 이상'을 지정하고 조건이 충족될 경우는 'A'를 표시합니다. 충족되지 않을 경우, 다른 IF 함수의 논리식에 '셀 F4의 값이 190 이상'이라고 지정하고 조건이 충족될 경우는 'B'를, 충족되지 않을 경우는 'C'를 각각 표시합니다.

조건을 충족하거나 충족하지 않을 경우, 셀을 공백으로 만들려면 「" "(더블 쿼테이션)」를 입력해야 합니다. 예를 들어 「IF(F4>=190,"B","")」라고 입력하면 조건이 충족될 경우는 'B'를 표시하고, 충족되지 않을 경우는 아무것도 표시되지 않습니다.

실습

❶ IF 함수의 결과를 표시할 셀 G4를 클릭합니다. ❷ [수식] 탭을 클릭해서, ❸ [논리] 버튼을 클릭하고, ❹ 「IF」을 클릭합니다.

❺ [논리식]에 'F4>=220'이라고 입력하고, ❻ [값이 참인 경우]에 'A'라고 입력합니다. ❼ [값이 거짓일 경우]에 「IF(F4>=190,"B","C")」라고 입력하고, ❽ [확인]을 클릭하면,

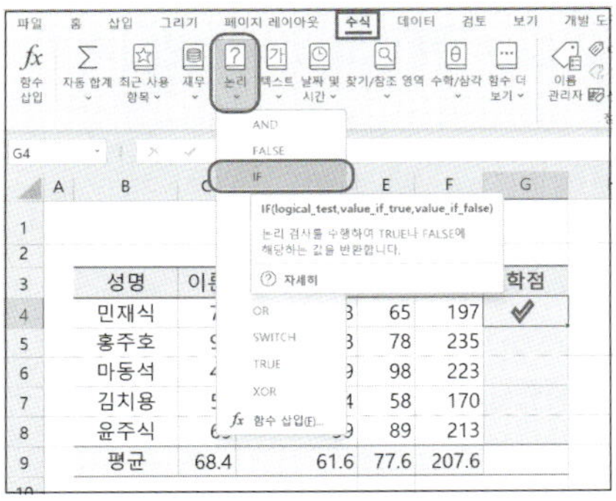

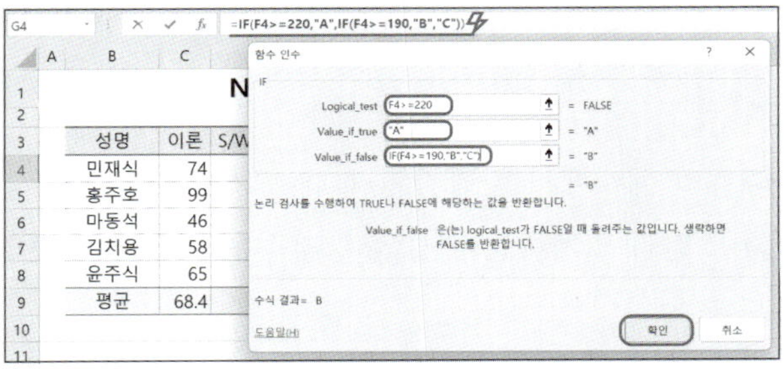

❾ 조건에 따라 처리가 분배됩니다. ❿ 다른 셀 G5~G8에 수식을 자동 채우기로 복사합니다.

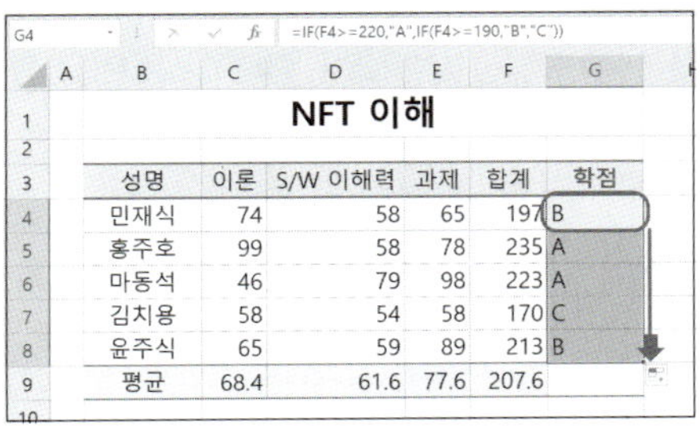

6.8 SUMIF 함수

표 안에서 조건에 맞는 셀 값만 합치고 싶을 때는 SUMIF 함수를 사용합니다. SUMIF 함수는 인수에 지정한 셀 범위에서 검색 조건에 일치하는 셀의 값을 합하는 함수입니다.

6.8.1 조건에 맞는 셀 값을 합하기

표 안에서 조건에 맞는 셀 값을 합하려면 SUMIF 함수를 사용해야 합니다. [수식] 탭의 [수학/삼각]을 클릭하고, [SUMIF]를 클릭해서 [함수 인수] 대화상자에서 [범위(Range)], [검색 조건(Criteria)], [합계 범위(Sum_Range)] 등을 지정합니다.

SUMIF 함수
「SUMIF(…) 함수」는 인수에 지정한 셀 범위에서 검색 조건에 일치하는 셀의 값을 합하는 함수입니다. 인수 「Range(범위)」에는 검색 대상이 되는 셀 범위를 지정합니다. 「Criteria(검색 조건)」에는 합계를 구하고 싶은 값의 조건을 지정합니다. 「Sum_range(합계 범위)」에는 합계를 원하는 셀 범위를 지정합니다.
서식: =SUMIF(Range, Criteria, Sum_range)

다음의 예시에서는 각각의 검색 조건 G5~G8을 분류의 셀 범위 C5~C12로부터 검색해서 검색 조건과 일치하는 셀들의 평가점수를 합하고 있습니다.

실습

각 셀 G5~G8을 검색 조건으로, '부서' 검색 범위의 셀 C5~C12에서 검색 조건과 일치하는 셀들의 '평가점수'의 합계를 각각 구하세요.

❶ SUMIF 함수의 결과를 표시할 셀 H5를 클릭합니다. ❷ [수식] 탭을 클릭해서 ❸ [수학/삼각] 버튼을 클릭하고 ❹ 「SUMIF」를 찾아서 클릭합니다.

❺ Range(범위) 부분을 클릭하고, 검색 대상의 셀 범위 C5~C12를 드래그해서 지정합니다. ❻ Criteria(검색 조건) 부분을 클릭하고, 조건이 되는 셀 G5를 클릭합니다. ❼ Sum_range(합계 범위) 부분을 클릭하고, 계산 대상이 되는 셀 범위 E5~E12를 드래그해서 지정합니다.

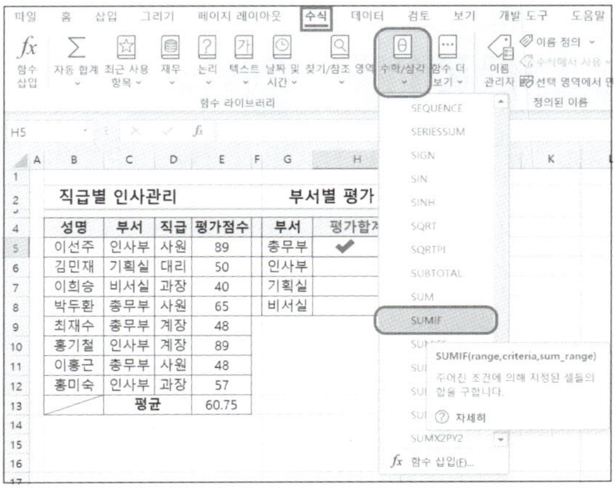

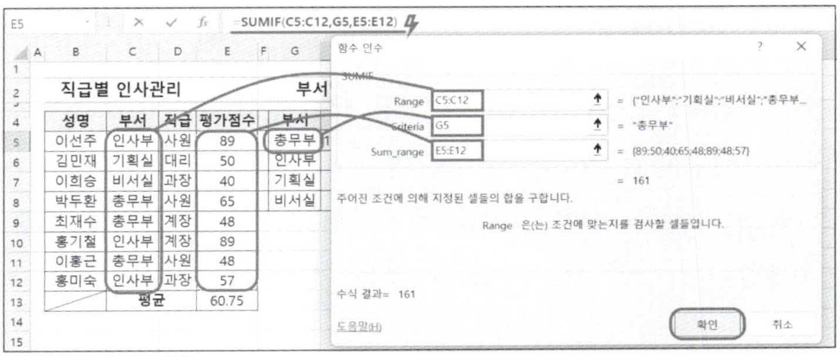

❽ [확인]을 클릭하면 조건에 일치한 셀의 합계가 계산됩니다. 단, 셀 H4~H8에 자동채우기를 적용할 경우, 반드시 'Range: $C$5:$C$12'와 'Sum_range: $E$5:$E$12'의 인수 항목에 절대참조를 적용해야 합니다.

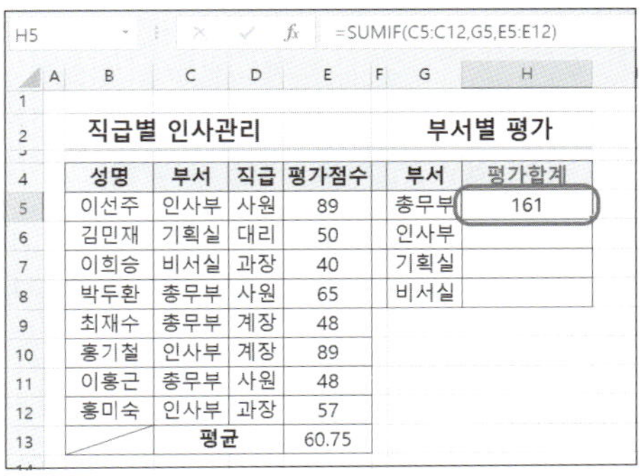

6.9 VLOOKUP 함수

표에 상품 번호 등을 입력하면 대응하는 상품명과 가격 등이 자동으로 표시되도록 하기 위해서는 VLOOKUP 함수를 사용해야 합니다. VLOOKUP 함수는 지정한 범위를 세로(열, verticality) 방향으로 검색하여 해당하는 값을 추출하는 함수입니다.

6.9.1 2개의 표를 준비하기

VLOOKUP 함수를 사용하여 상품 목록에서 상품 번호를 바탕으로 상품명과 가격이 자동으로 표시되도록 합니다. 상품명과 가격을 추출하여 표시하기 위한 표와 추출하는 원래의 상품 목록은 2개의 다른 표로 작성해 둡니다. 상품 목록에서는 왼쪽 끝에 검색 대상 데이터(다음의 예시에서는 '상품 번호')를 입력합니다. 두 표는 같은 시트에 작성해도 되고 다른 시트에 작성해도 됩니다.

상품명 및 가격을 표시하기 위한 표

상품 번호를 입력하면 상품명과 단가가 자동으로 표시되도록 합니다.

상품 목록

맨 왼쪽 열에 상품 번호를 입력한 상품 목록을 작성합니다.

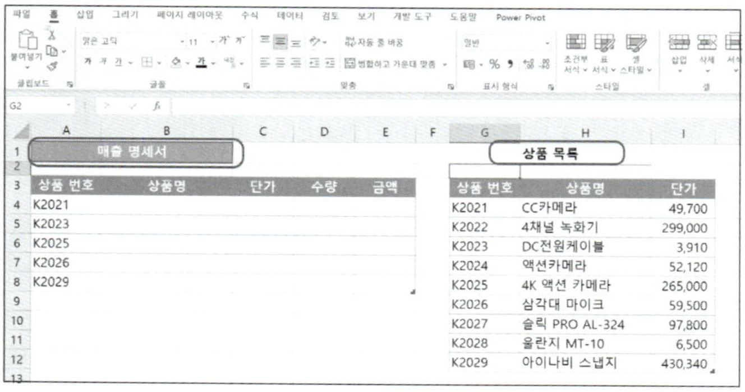

6.9.2 상품 번호 입력으로 상품명과 가격 표시하기

상품 번호를 입력하고 상품명이나 단가 등을 추출해서 자동으로 표시하려면 VLOOKUP 함수를 사용해야 합니다. 여기에서는 '상품 번호'를 입력하고 별도로 준비한 상품 목록에서 '상품명'과 '단가'를 표시합니다.

> VLOOKUP 함수
> 「VLOOKUP(…) 함수」는 인수 「Table_array(범위)」에서 지정한 표의 왼쪽 끝줄(end row)을 기준으로 검색하여 인수 「Lookup_value(검색값)」와 일치하는 값이 있는 행과 인수 「Col_index_num(열 번호)」에서 지정한 열이 교차하는 셀의 값을 반환하는 함수입니다. 「Range_lookup(검색 방법)」에는 「Lookup_value(검색값)」를 찾을 수 없는 경우의 방안을 「1」이나 「0」으로 지정합니다(다음의 'Range_lookup(검색 방법)' 참조).
> 서식 : =VLOOKUP(Lookup_value, Table_array, Col_index_num, Range_lookup)

06

Range_lookup(검색 방법)

VLOOKUP 함수는 인수 '검색 방법'에 '1' 또는 'TRUE'를 지정할지, '0' 또는 'FALSE'를 지정할지에 따라 검색 방법을 구분합니다. '1' 또는 'TRUE'로 지정하면, 일치하는 값이 없을 경우는 '검색값' 미만에서 가장 큰 값이 검색됩니다. 'FALSE' 또는 '0'으로 지정하면 검색값과 일치하는 값만 검색합니다. 일치하는 값을 찾을 수 없을 때는 에러 값 '#N/A'가 표시됩니다.

다음의 예시 순서 ❻에서는 미리 열 A에 '상품 번호'가 입력되어 있지만, 해당 번호가 입력되어 있지 않은 경우는 에러값 '#N/A'가 표시됩니다. 이 경우 '상품 번호'를 입력하면 상품명과 가격이 표시됩니다. 이 에러값은 표시하지 않게 할 수도 있습니다(다음의 '오류값 표시하지 않기' 참조).

실습

❶ 상품명을 추출할 셀 B4를 클릭합니다. ❷ [수식] 탭을 클릭하고, ❸ [찾기/참조 영역]을 클릭하여, ❹ VLOOKUP를 찾아서 클릭합니다.

❺ [함수 인수] 대화상자에서 Lookup_value(검색값) 입력 부분을 클릭하고 검색하는 값을 지정하는 셀 A4를 지정합니다.

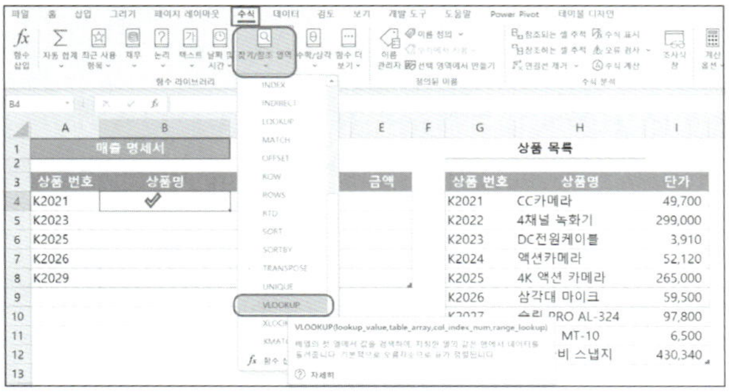

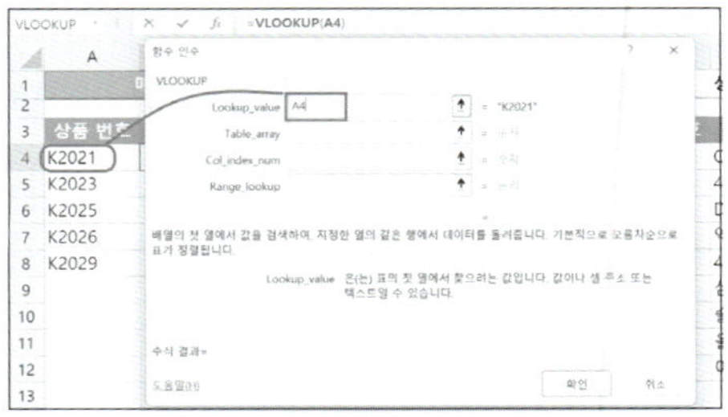

❻ Table_array(범위) 입력 부분을 클릭한 후, 셀 G4~I12를 드래그해서 상품 목록의 검색 범위를 지정합니다. 특히, 다른 셀에 수식을 복사해도 상품 목록의 셀 범위가 어긋나지 않도록 F4를 눌러 절대 참조 '$G$4:$I$12'로 변경합니다.

❼ Col_index_num(열 번호) 입력 부분을 클릭하고, 상품 목록의 검색 범위로부터 추출하는 열 번호 '2'를 입력합니다. ❽ Range_lookup(검색 방법) 입력 부분을 클릭하여 '0'으로 입력하고, ❾ [확인]을 클릭합니다. 여기에서는, 셀 A4에 입력된 상품 번호 'K2021'을 상품 목록의 셀 범위 G4~G12의 왼쪽 끝 줄(열)에서 검색하고, 일치하는 행의 2번째 열로부터 '상품명'을, 3번째 열로부터 '단가'를 추출하고 있습니다. 'Range_lookup(검색 방법)에 '0'(FALSE)을 지정하고, Lookup_value(검색값)와 완전하게 일치하는 값을 검색하고 있습니다.

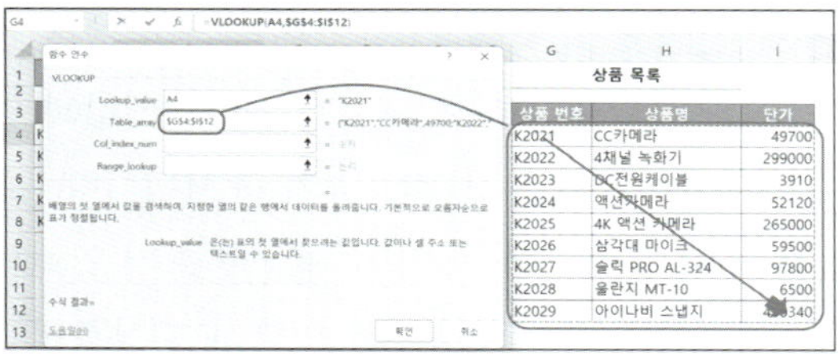

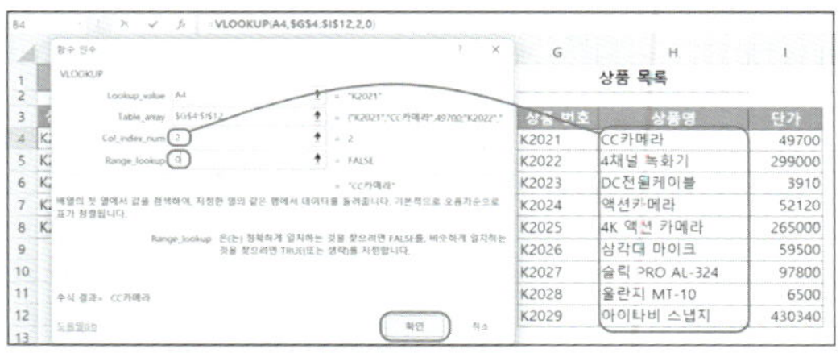

❿ 상품 번호 'K2021'에 일치하는 상품명 'CC카메라'가 표시됩니다. 동일한 방법으로 단가를 표시하는 수식 '=VLOOKUP(A4,$G$4:$G$12,3,0)'을 이용하면, 상품 번호에 대응하는 단가도 구할 수 있습니다. ⓫ 셀 B4를 선택하고, ⓬ 채우기 핸들을 드래그하면, ⓭ 상품 번호를 바탕으로 대응하는 상품명이 표시됩니다.

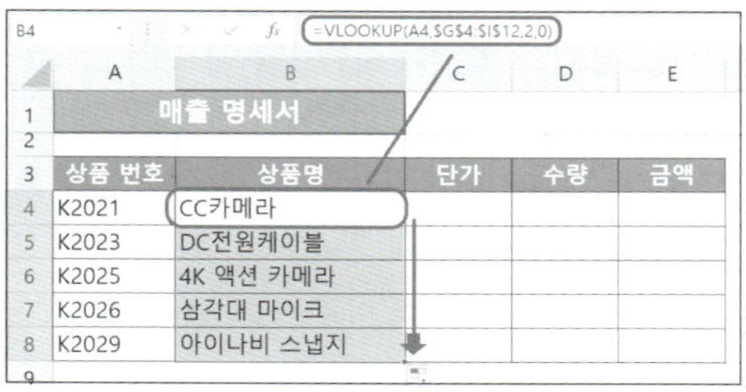

오류값 표시하지 않기

VLOOKUP 함수에서는 검색값이 공란이거나 검색 범위에 존재하지 않는 값이 지정되어 있을 경우는 오류값 '#N/A'가 표시됩니다. 이때 IFERROR 함수를 사용하여 오류값이 표시되지 않도록 할 수 있습니다. IFERROR 함수는 지정한 수식이나 셀이 오류일 경우 처리를 지정하는 함수입니다. 지정한 수식이 오류일 경우 지정 값(위 예시에서는 공백)을 표시하고 그 이외의 경우는 수식의 결과를 표시합니다.

실습

❶ 열 A의 '상품 번호'가 미입력된 셀에는 에러 값 '#N/A'가 표시됩니다.

❷ '상품명'의 수식을 '=IFERROR(VLOOKUP(A4,$G$4:$G$12,2,0),"")'으로 수정합니다.

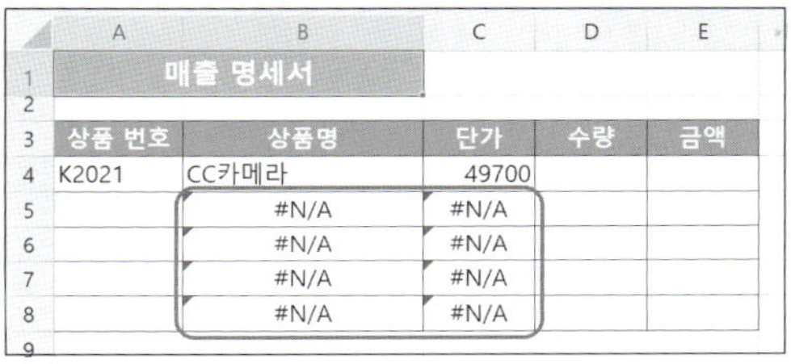

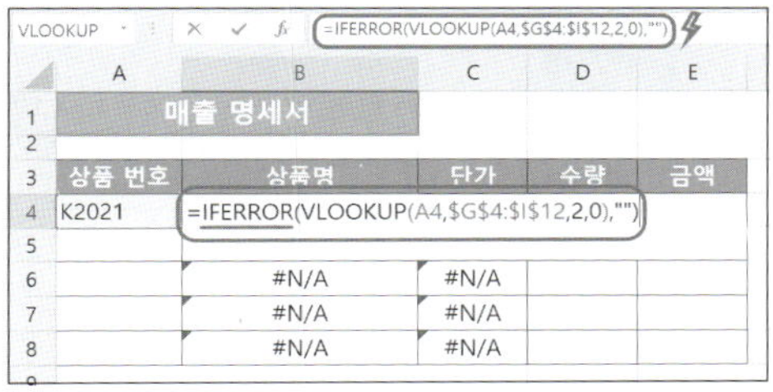

❸ '단가' 수식을 '=IFERROR(VLOOKUP(A4,$G$4:$G$12,3,0),"")'로 수정합니다.

❹ 셀 B4와 C4의 수식을 8행까지 자동 채우기로 복사하면 오류값을 공백으로 바꿀 수 있습니다.

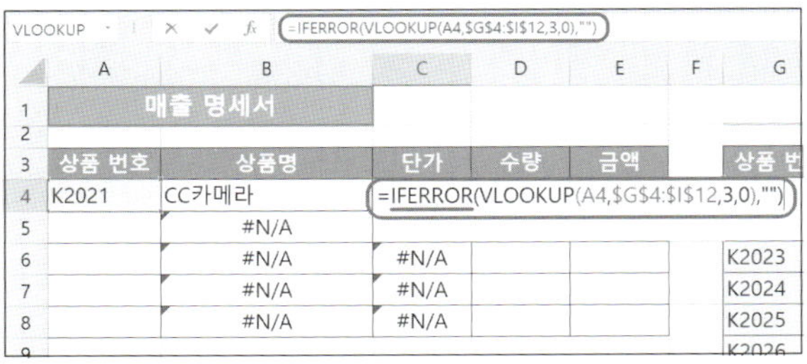

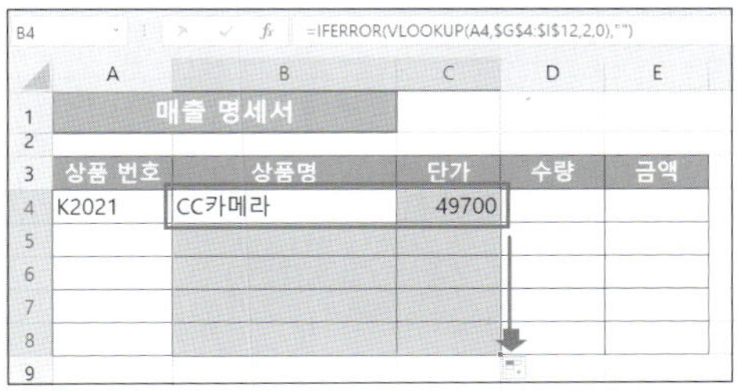

연습문제

01 다음의 표에서 '이론' 점수를 기준으로 RANK.AVG 함수를 이용하여 순위(오름차순)를 구해보세요.

경기대회 시험결과

성명	이론	실기	창의력	합계	평균	이론기준 순위(오름차순)
이민재	82	78	77	237	79.00	7
김갑수	78	68	69	215	71.67	6
최도희	54	92	98	244	81.33	2
방미자	74	86	65	225	75.00	4
이유식	99	58	78	235	78.33	8
오도환	46	79	98	223	74.33	1
김현승	58	54	58	170	56.67	3
마닷	77	59	89	225	75.00	5
평균	71	71.75	79	222	74	

02 다음의 표에서 합계(D12, E12)와 평균(D13, E13)을 구해보세요.

A사 부서별 자금 보유 현황

부서명	부서코드	자금출처	수입액	매출액
인사팀	A-0001	재무	2,450,300	5,520,000
재무팀	C-0001	국고	1,250,000	1,266,000
영업팀	B-0001	재무	1,595,000	1,865,000
재무팀	C-0001	거래처	5,443,290	2,573,290
영업팀	B-0001	거래처	989,000	910,000
인사팀	A-0001	재무	5,150,000	3,250,000
재무팀	C-0001	거래처	13,255,000	15,685,000
재무팀	C-0001	거래처	989,500	989,000
합계				
평균				

03 셀의 범위 B2~E5에서 숫자의 개수를 구해보세요. 단, COUNT 함수 이용.

B	C	D	E	F
32	사랑	2	y	숫자의 개수(범위: B2:E3)
9	a	5	12	

04 다음의 표에서 교양1학기와 교양2학기의 최고점수, 최저점수 그리고 등수(교양2학기 기준, 오름차순)를 구해보세요. 단, RANK.EQ 함수 이용.

교양과목 이수 현황

학번	이름	교양1학기	교양2학기	평균	등수(교양2학기, 오름차순)
1700001	이나래	4.5	3.5	4	
1700002	김율동	4.2	3.4	3.8	
1700003	김장군	3.9	2.8	3.35	
1700004	홍장군	4.4	4.8	4.6	
1700005	이나리	4.9	3.5	4.2	
1700006	주진모	2.8	3.5	3.15	

	교양1학기	교양2학기
최고점수		
최저점수		

05 다음의 표에서 셀 B3의 절대참조 형식을 이용해서 "결과값"에 맞는 ROUND 함수의 수식을 입력해 보세요. [수식] 탭의 "수식표시" 기능도 적용해 보세요.

	B	C	D
1	ROUND 함수 이해하기		
2	기본값	결과값	수식확인
3		235	
4		234.6	
5		234.57	
6	234.56789	234.568	
7		234.5679	
8		230	
9		200	

06 텍스트 함수 LEFT, RIGHT, MID 함수 그리고 IF 함수를 이용해서 셀 J3, J5, J9, K9에 적절한 수식과 값을 구해보세요.

	A	B	C	D	E	F	G	H	I	J	K
1		학생 관리									
2		성명	학과	주소	주민번호						
3		이재현	생물학과	오전동	680523-1254654		장동건의 태어난 해는?				
4		김민우	경영학과	부림동	680553-2254655						
5		장동건	생명공학과	고천동	780523-1254656		김민우의 주민번호 뒤 7자리				
6		유선희	생명공학과	귀인동	880523-2254657						
7		양승배	화학공학과	삼산동	480523-1254658					주민번호 뒤 첫째자리	남자/여자 표시
8		최문식	경영학과	능동	880523-1254660		유선희의 성별			2	여자
9		성은주	화학공학과	파동	680523-2254661		성은주의 성별				

07 TODAY, YEAR, MONTH, DAY, NOW, HOUR, LEFT, MID 함수를 적절하게 이용해서 다음을 구해보자. 특히, 생년월일은 DATE 함수를 이용하세요.

	A	B	C	D	E	F	G	H
1								
2				결과값				데이터
3		오늘의 날짜는?				주민 번호		201202-1256736
4								
5		오늘의 년도는?				생년월일?		
6								
7		오늘의 월은?						
8								
9		오늘의 일은?						
10								
11		지금의 시각은?						
12								
13		지금의 시간은?						
14								

08 찾기 참조 함수를 적절히 활용해서 '학점 기준표'로부터 학점을 구해보세요.

< 성적 정리 >

이름	실기1	중간고사	실기2	기말고사	총점	학점
이진혁	13	55	10	50	128	
유진희	15	50	20	80	165	
박재영	17	65	15	75	172	
이희지	12	30	15	45	102	
성은주	10	35	10	30	85	
임지민	0	80	0	80	160	
장동현	19	70	10	40	139	

<학점 기준표>

총점	학점
0	F
70	D
100	C
130	B
170	A

09 다음의 표에서 부장은 "보너스 50%"를 나머지 직급들은 모두 "보너스 150%"를 표시해 보세요.

직급별 인사관리

성명	부서	직급	필요점수	취득점수	부장은 "보너스 50%", 나머지 "보너스 150%"
최창민	자재부	대리	89	84	
이재현	기획실	과장	50	67	
유선희	비서실	부장	40	89	
김지원	총무부	대리	65	89	
최대점	생산1과	부장	48	48	
박서욱	영업부	과장	89	69	
최세진	마케팅	부장	48	57	
박미성	인사부	사원	57	89	

10 다음의 조건을 참고해서 세금과 실수령액을 구해보세요.

(1) 세금; 기본급과 수당의 합계에 대한 3%, 반올림하여 정수로 계산하세요.
"세금 = (기본급 + 수당)*3%"

(2) 실수령액: 기본급과 수당의 합계에서 세금을 뺀 값, 반올림하여 10원 단위로 계산하세요.
"실수령액 = 기본급 + 수당 − 세금"

7월 급여 지급 내역

사번	이름	기본급	수당	세금	실수령액
YJ001	이진혁	1,494,400	345,160		
YJ002	유진희	1,326,400	209,340		
YJ003	박재영	1,635,200	160,790		
YJ004	이희지	1,203,400	159,010		
YJ005	성은주	1,341,100	186,530		
YJ006	임지민	983,200	262,080		
YJ007	장동현	1,574,100	185,480		
YJ008	이나라	1,015,600	332,940		
YJ009	송지원	1,240,900	258,830		
YJ010	이만수	1,359,300	201,380		

세금 : 기본급과 수당의 합계에 대한 3%, 반올림하여 정수로 계산하시오.
세금=(기본급+수당)*3%

실수령액: 기본급과 수당의 합계에서 세금을 뺀 값, 반올림하여 10원 단위로 계산
실수령액=기본급+수당-세금

11 결제가 900,000원 이상일 경우 "A급", 700,000원 이상일 경우 "B급", 나머지는 "C급"을 비고란에 표시해 보세요.

유통업체별 입금현황

고객	제품	수량	판매	입금여부	결제	비고
주주 무역 ㈜	신성 스낵	25EA	96,900	O	96,900	
주강 교역 ㈜	한성 통밀가루	40EA	228,000	O	228,000	
월드 링크 ㈜	한성 특산 후추	20EA	340,000	O	340,000	
혜성 백화점 ㈜	대양 마말레이드	40EA	2,470,000	O	2,470,000	
진주 백화점 ㈜	대관령 멜론 아이스크림	25EA	47,500	O	47,500	
동남 유통 ㈜	대관령 파메쌍 치즈	40EA	1,080,000	O	1,080,000	
원일 ㈜	대림 옥수수	15EA	100,000	O	100,000	
협우 유통 ㈜	대림 훈제 대합조개 통조림	15EA	80,000	O	80,000	
베네디스 유통 ㈜	대림 사과 통조림	20EA	1,249,500	O	1,249,500	
일화 유통 ㈜	한성 특산 후추	25EA	216,750	O	216,750	
경성 트레이딩 ㈜	유미 건조 다시마	40EA	171,000	O	171,000	
성신 교역 ㈜	한림 특선 양념 칠면조	21EA	339,150	O	339,150	
					6,418,800	

12 (금액에 따라 서로 다른 자릿수에서의 사사오입 반올림)

단가와 개수로부터 부가세 제외 가격을 계산한 표가 있습니다. 소비세를 5%로 하는 부가세 포함 가격을 계산하려고 합니다. 단, 부가세 포함 가격이 25,000원 미만이면 1원 단위를 사오입해서 10원 단위까지, 25,000원 이상이면 10원 단위를 사사오입해서 100원 단위까지를 계산한 결과를 부가세 포함 가격(조정 후)으로 합니다. 부가세 포함 가격(조정 후)을 계산하는 식을 E열에 넣습니다. 사용 함수는 IF와 ROUND이며, 부가세 포함 가격은 "부가세 제외 가격 * (1 + 소비세)"로 계산됩니다.

	소비세	5%

단가	수량	부가세 제외 가격	부가세 포함 가격 (조정 후)
850	55	46,750	
750	25	18,750	
520	19	9,880	
890	28	24,920	
980	35	34,300	
450	55	24,750	
250	35	8,750	

CHAPTER

07

차트 소개

7.1 Excel 차트 기능

Excel에는 작성한 표를 바탕으로 차트를 만드는 기능이 있습니다. 이 기능을 사용하면 다양한 형식의 차트를 간단히 만들 수 있으며 데이터를 숫자가 아닌 시각적으로 표현할 수 있습니다.

7.1.1 데이터로부터 차트 만들기

Excel에서 차트를 만들 경우는 숫자가 입력된 데이터베이스 형식의 원본 데이터가 필요합니다. 데이터의 내용에 따라 만들 수 있는 차트의 종류가 달라집니다. 또한 같은 데이터에서 다른 종류의 차트를 만들 수도 있습니다.

차트 만들기

❶ 기본이 되는 소스 데이터를 준비하고, ❷ 그 데이터를 바탕으로 꺾은선형 차트를 만들 수 있습니다.

	A	B	C	D	E	F	G
1		2022년도 정보기기 제품별 판매고					
2		월	PC	프린터	모니터	외장하드	
3		1월	2,297,400	3,261,100	1,822,500	2,102,100	
4		2월	3,182,400	2,952,500	1,723,800	2,112,300	
5		3월	3,312,300	3,156,500	2,531,600	2,812,700	
6							

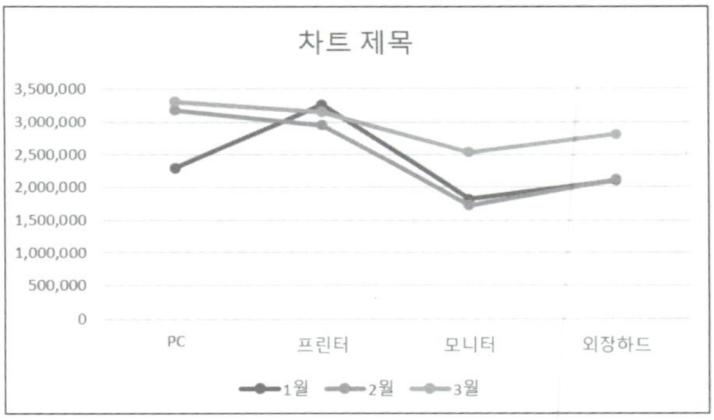

❸ 차트의 색상을 변경할 수 있습니다.

❹ 데이터의 내용이나 만드는 차트의 용도에 따라 차트의 종류나 디자인을 변경할 수 있습니다.

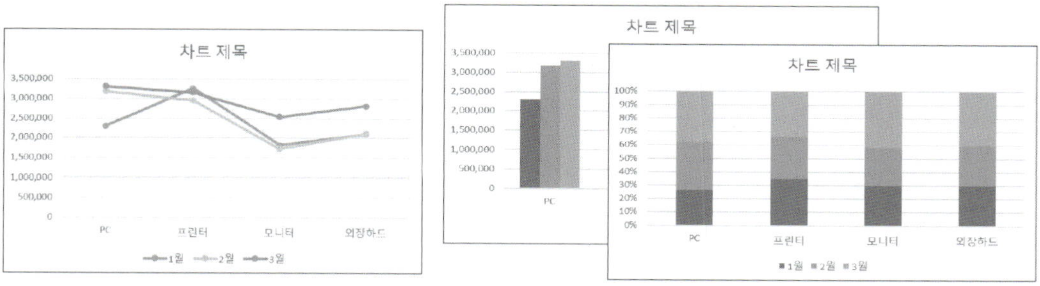

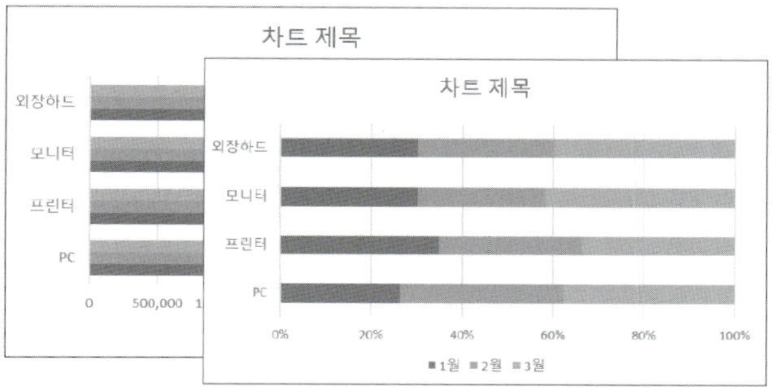

7.1.2 차트는 가능한 한 단순하게

Excel에서 만들어진 차트는 미리 준비된 종류(차트 종류 변경), 차트 스타일, 차트 레이아웃의 빠른 레이아웃(quick layout) 등을 이용해서 수정합니다. 이들 중에는 겉보기에 화려하고 보기 좋은 차트도 있지만 차트가 가진 장점을 살리기 위해서는 단순하고 보기 쉬운 차트가 더 효과적입니다.

다음의 3차원 세로 막대형 차트는 디자인을 중시하는 차트입니다. 보기 좋지만 차트에서 데이터를 읽거나 경향을 분석하는 데는 적합하지 않을 수 있습니다.

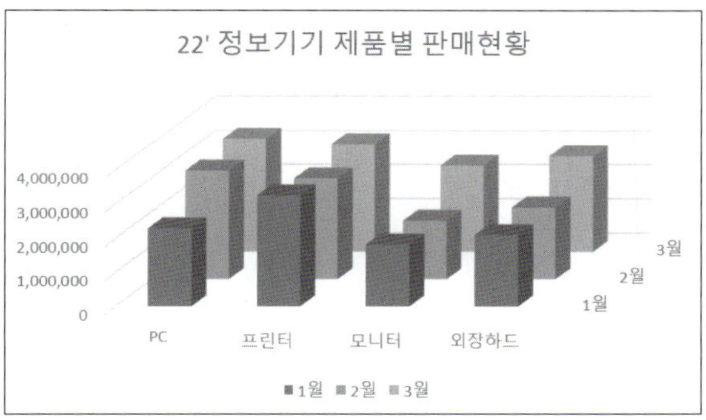

7.2 차트 활용법

차트로 데이터의 비교나 경향 파악 등을 시각적으로 할 수 있습니다. 또한 차트는 자료나 프레젠테이션용으로 Office Application(앱) 등에 붙이거나 웹에 올리기 등으로 활용할 수 있습니다.

7.2.1 Excel에서 차트 활용하기

다음은 원본 데이터를 세로 막대형 차트화하고 있습니다. PC와 모니터의 매출액을 비교할 수 있습니다.

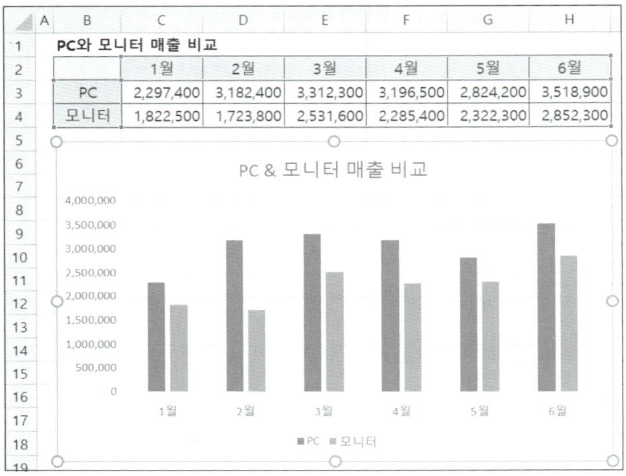

다음은 원본 데이터를 원형 차트화하고 있습니다. 월별 PC 매출액과 모니터 매출액의 구성 비율을 한눈에 알 수 있습니다.

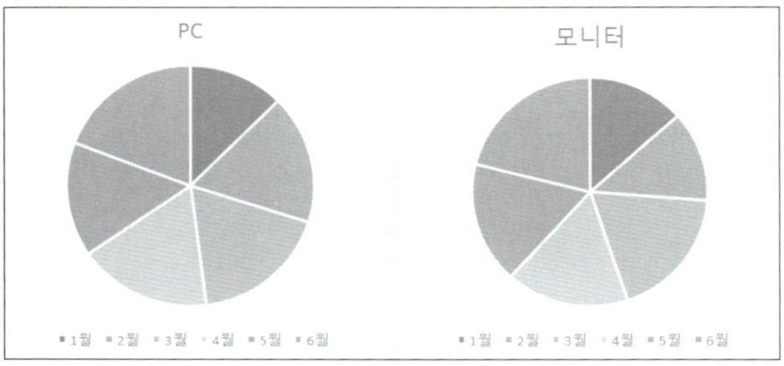

7.2.2 PowerPoint에서 차트 활용하기

PowerPoint 혹은 Word 문서를 작성하여 차트를 붙여넣을 수 있습니다. 텍스트만으로 설명하기 어려운 숫자 데이터도 차트를 통해 시각 정보로 변경함으로써 이해도를 높일 수 있습니다.

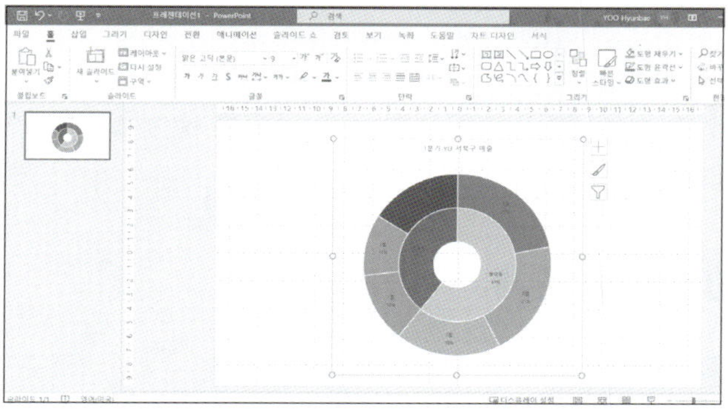

7.3 차트 구성 요소

차트는 차트 제목, 축 제목, 범례 등 다양한 차트 요소로 구성되어 있습니다. 각 차트 요소는 표의 데이터와 관련되어 있습니다.

7.3.1 원본 데이터와의 관계

원본 데이터와 차트

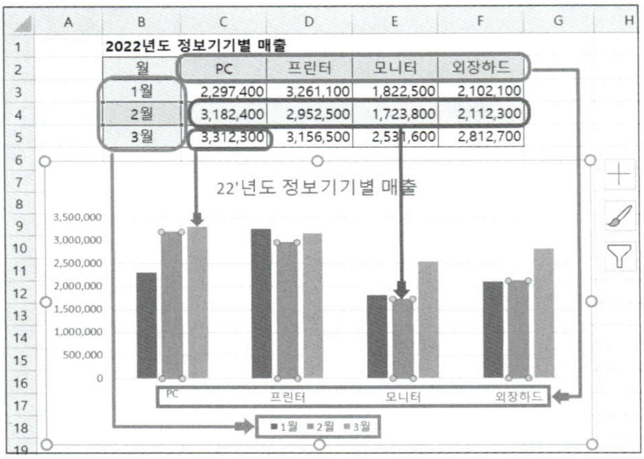

① 데이터 계열 이름: "1월 | 2월 | 3월"

② 데이터 계열: *2월 데이터; "3,182,400(PC) | 2,952,500(프린터) | 1,723,800(모니터) | 2,112,300(외장하드)"

③ 차트 요소: 축, 차트 제목, 눈금선, 범례

④ 가로 (항목) 축: "PC | 프린터 | 모니터 | 외장하드"

7.3.2 차트 요소의 명칭과 기능

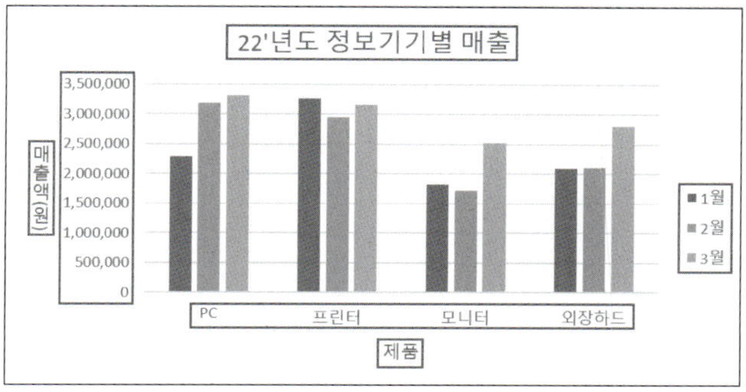

차트 요소의 역할

요소 명칭	기능
① 차트 영역	모든 차트 요소를 포함하는 영역입니다. 단순히 차트라고 하는 경우는 차트 영역을 가리킵니다.
② 세로 (값) 축 제목	세로 (값) 축의 내용을 나타내는 레이블입니다.
③ 세로 (값) 축	데이터의 값을 나타내는 축입니다.
④ 차트 제목	차트의 내용을 나타내는 제목입니다.
⑤ 그림 영역	차트 및 데이터 레이블이 표시되는 영역입니다.
⑥ 기본 주 가로 눈금선	축의 눈금을 수평 방향으로 늘린 선(line)입니다. 가로 (항목) 축에도 표시할 수 있습니다. 또한 기본 주 눈금선과 기본 주 눈금선 사이에 기본 보조 눈금선을 표시할 수도 있습니다.
⑦ 데이터 계열	원본 데이터의 같은 행 또는 같은 열에 있는 데이터 모임입니다.
⑧ 데이터 요소	데이터 계열 중 개별 요소입니다. '데이터 표식'이라고 부르기도 합니다.
⑨ 범례	데이터 계열의 내용을 표시하는 영역입니다.
⑩ 가로 (항목) 축 제목	가로 (항목) 축의 내용을 나타내는 레이블입니다.
⑪가로 (항목) 축	데이터의 항목을 나타내는 축입니다.

07

7.4 막대형 차트

다수의 동일 조건의 데이터를 단순 비교하고자 하는 경우는 세로 막대형 차트 또는 가로 막대형 차트를 사용합니다. 또한 같은 데이터라도 세로축과 가로축을 교체함으로써 다른 데이터의 분석도 가능하게 됩니다.

원본 데이터

공연장별 방문객수

지역	1월	2월	3월	4월	5월	6월	합계
천안	2891	3290	5068	4802	4524	4067	24642
세종	6290	6248	1892	4524	5129	3398	27481
청주	6334	4102	5203	4078	3902	3789	27408

7.4.1 막대형 차트

막대형 차트는 가장 일반적인 차트이며 다수의 데이터 비교에 효과적입니다. 여러 데이터를 나열함으로써 시각적으로 비교하거나 경향을 파악할 수 있습니다. 막대형 차트에는 묶은 막대형 차트, 누적 막대형 차트, 100% 기준 누적 막대형 차트 외에 3D 차트가 있습니다.

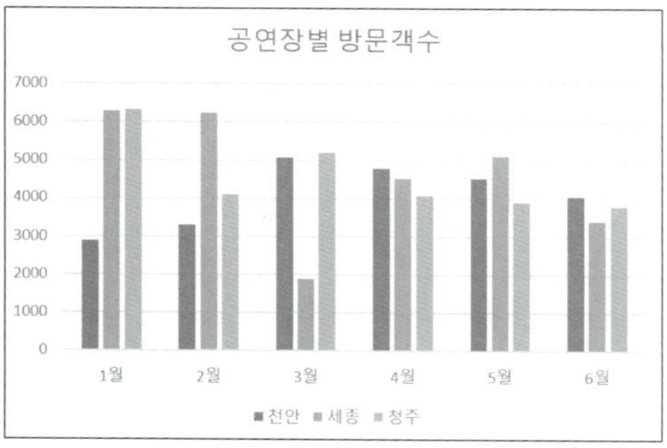

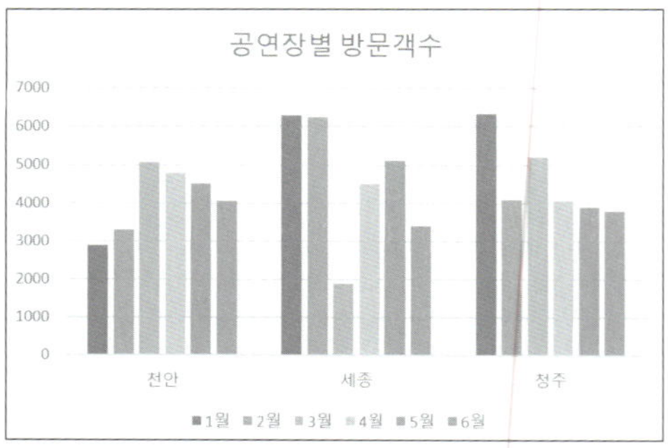

7.4.2 묶은 막대형 차트

묶은 막대형 차트는 막대기 길이로 값의 크고 작은 부분을 비교하는 차트입니다. 가로축을 년월이나 시간 등의 시간축으로 사용합니다. 또한 같은 데이터라도 가로축에 지역 등의 데이터를 나열함으로써 다른 관점에 의한 비교나 경향의 파악을 할 수도 있습니다.

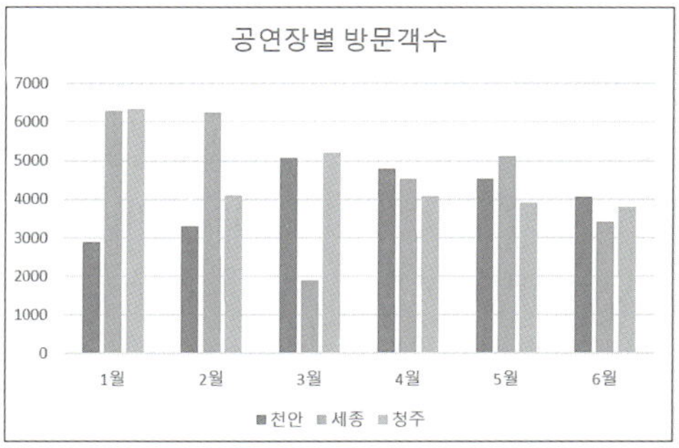

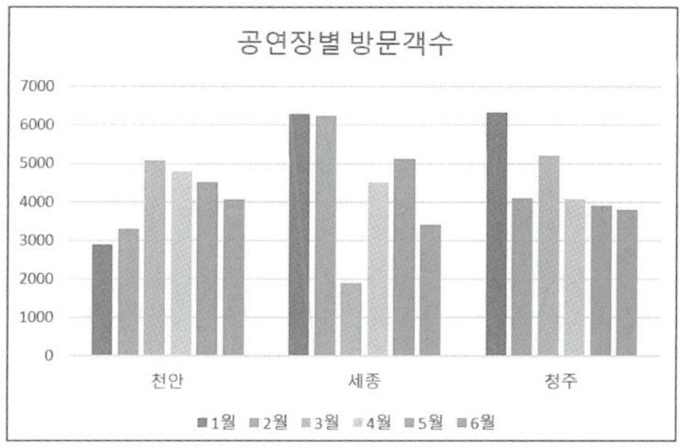

7.4.3 누적 막대형 차트

누적 막대형 차트는 각 항목을 구성하는 요소를 쌓아 올린 막대 차트입니다. 데이터의 총 수를 비교할 뿐만 아니라 항목별로 전체에 대한 비율을 비교함으로써 각 항목과 전체와의 관계를 시각적으로 파악할 수 있습니다.

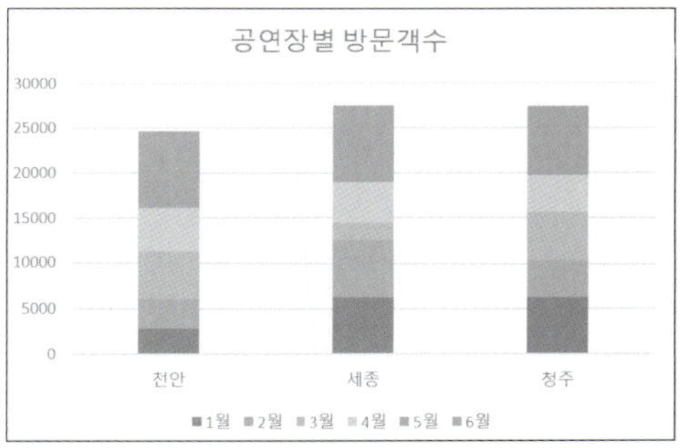

7.4.4 100% 기준 누적 막대형 차트

누적 세로 막대형 차트의 일종으로 세로축을 100%로 하고 그 내역을 비율로 표시하는 100% 기준 누적 세로 막대형 차트도 있습니다. 원형 차트처럼 전체 비율을 파악할 때 이용합니다.

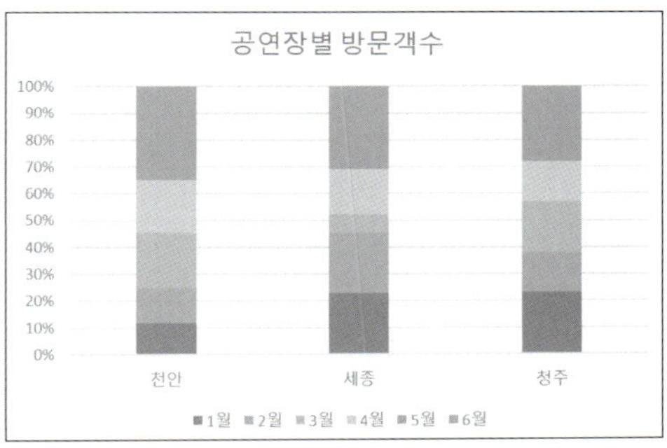

7.5 꺾은선형 차트

세로 막대형 차트의 가로 축을 시간 축으로 하면 시간 경과에 따른 데이터의 추이를 관찰할 수 있지만 시간 축의 데이터가 많은 경우는 세로 막대형 차트로는 표현할 수 없습니다. 이럴 때는 꺾은선형 차트를 사용합니다. 즉 꺾은선형 차트는 시간이 지남에 따른 데이터의 변화를 이해하기에 적합합니다. 세로 막대형 차트에 비해 더 많은 데이터를 시간 축으로 잡을 수 있어 장기간의 추이 등을 파악하는 데 도움이 됩니다. 그러나 데이터가 많은 경우는 표식을 표시하거나 숫자 데이터를 표시하거나 하면 보기 어려워지므로 간단한 차트를 이용하도록 유의해야 합니다.

7.5.1 시간에 따른 데이터 변화 이해하기

가장 일반적인 것은 꺾은선형 차트입니다. 가로 축을 시간 축으로 설정하고 시간이 지남에 따라 변화하는 데이터를 시각적으로 이해할 때 사용합니다.

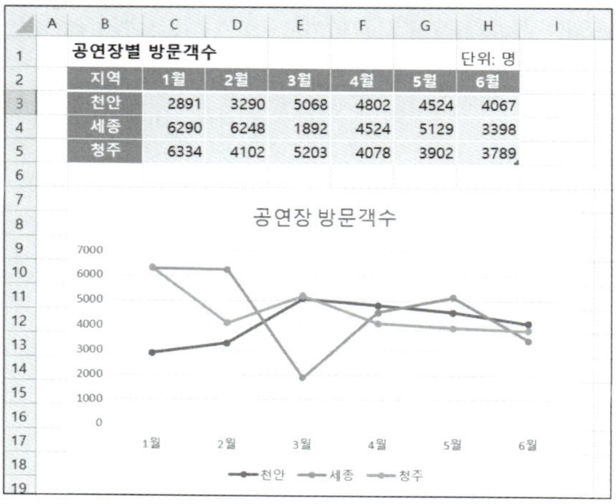

공연장별 방문객수 단위: 명

지역	1월	2월	3월	4월	5월	6월
천안	2891	3290	5068	4802	4524	4067
세종	6290	6248	1892	4524	5129	3398
청주	6334	4102	5203	4078	3902	3789

7.5.2 대량의 데이터 추이를 시각적으로 표시하기

52주의 데이터를 하나의 차트로 만들어 그 추이를 파악할 수 있습니다.

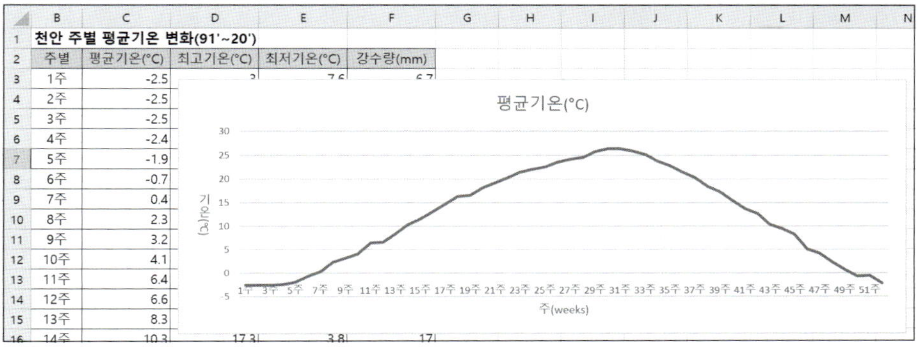

52주의 데이터에서 필요한 기간을 선택하여 상세한 경과를 확인할 수도 있습니다.

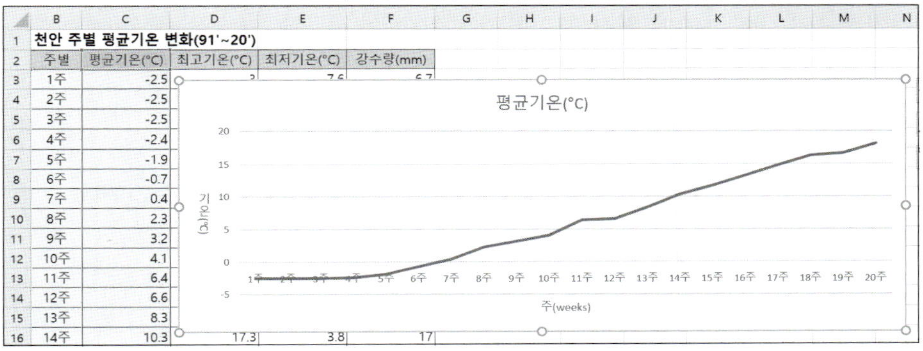

7.6 원형 차트

원형 차트는 데이터 전체 구성 비율을 보기에 적합한 차트입니다. 숫자만으로는 어느 쪽이 큰지 작은지는 알아도 그 비율을 즉시 파악하기 어려운 경우에 한눈에 알 수 있도록 표현할 수 있습니다. 또한 원형 차트는 모든 데이터의 총계를 100%로 하여 그 비율을 시각적으로 표현합니다. 따라서 큰 값이라고 해도, 혹은 데이터 수가 많아졌다고 해도 차트 자체의 크기는 변하지 않습니다. 데이터 수가 많아져도 해당 데이터가 차지하는 면적에서 전체에 대한 비율을 즉시 파악할 수 있습니다.

예를 들어 남녀 비율 혹은 연령별 비율 등 전체에서 차지하는 각 데이터가 어느 정도의 비율인지를 시각적으로 이해하기에 적합합니다.

7.6.1 단순한 데이터의 구성 비율 이해하기

다음의 설문과 같이 '찬성 또는 반대', '남자 또는 여자' 등 단순한 데이터의 비율을 볼 때 이용됩니다.

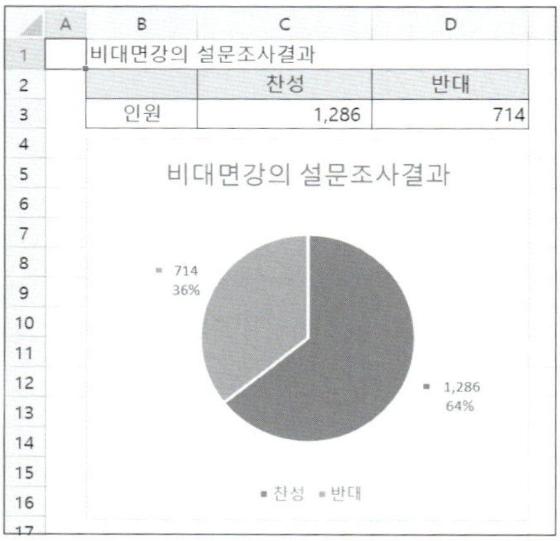

7.6.2 복수 데이터의 구성 비율 이해하기

원형 차트는 모든 데이터의 총계를 100(100%)으로 했을 경우의 비율을 시각적으로 표현합니다.

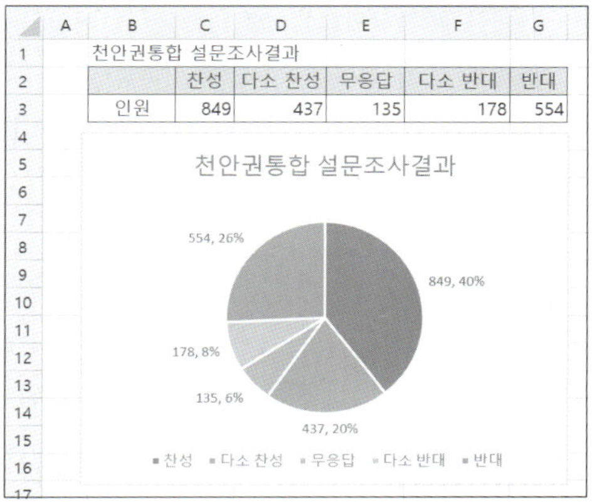

7.6.3 보조 차트를 이용한 데이터의 상세 명세 표현하기

보조 차트는 원형 차트의 데이터 일부를 추출하여 다른 원형 차트로 만든 것입니다. 예를 들어 비율이 작은 데이터를 한 그룹으로 묶어서 원형 차트에 표시하고 그 그룹의 명세(breakdown)를 보조 원형 차트로 표시한다고 할 수 있습니다. 이 밖에 '보조 세로 막대형이 달린 원형 차트'도 있습니다.

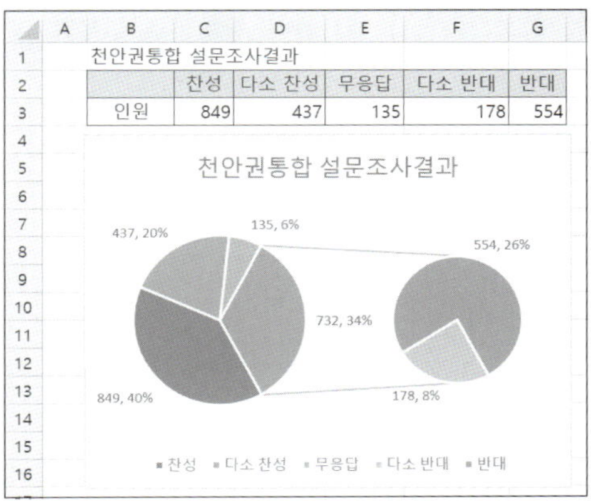

7.7 그 밖의 차트

Excel에서는 데이터에 따라 다양한 종류의 차트를 만들 수 있습니다. 또한 차트의 종류를 바꿈으로써 같은 데이터라도 다른 데이터 해석이 가능합니다.

7.7.1 도넛형(원형)

도넛형 차트는 바깥쪽에 대분류, 안쪽에 소분류 데이터가 표시됩니다. 즉 도넛형 차트는 중앙에 구멍이 난 원형 차트와 비슷한 형상의 차트입니다. 원을 2중, 3중으로 할 수 있어서 여러 데이터 계열의 구성비를 표시할 수 있습니다. 표시되는 데이터는 원형 차트와 마찬가지로 전체에서 차지하는 각각의 데이터의 비율입니다. 도넛형 차트는 소계의 명세를 표시하는 것과 같은 용도로 사용됩니다.

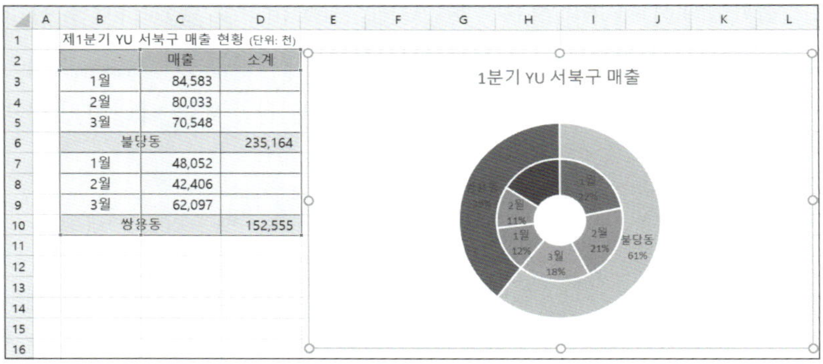

7.7.2 누적 영역형

보통 영역형 차트의 경우는 앞에 표시되는 차트 데이터의 값이 크면 뒤에 표시되는 차트가 보이지 않습니다. 누적 영역형 차트의 경우는 모든 차트의 변화가 표시됩니다.

누적 영역형 차트는 꺾은선형 차트 아래의 영역에 색 채우기를 한 영역형 차트의 데이터를 쌓아 올린 표시가 됩니다.

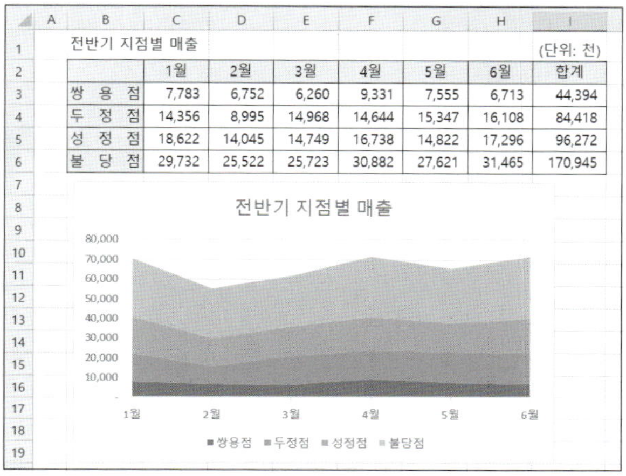

전반기 지점별 매출 (단위: 천)

	1월	2월	3월	4월	5월	6월	합계
쌍 용 점	7,783	6,752	6,260	9,331	7,555	6,713	44,394
두 정 점	14,356	8,995	14,968	14,644	15,347	16,108	84,418
성 정 점	18,622	14,045	14,749	16,738	14,822	17,296	96,272
불 당 점	29,732	25,522	25,723	30,882	27,621	31,465	170,945

7.7.3 분산형

분산형은 통계 데이터, 공학 데이터 등의 숫자 데이터를 시각화할 때 자주 사용되는 차트입니다. 복수의 데이터 계열의 숫자 사이의 관계를 나타내고 상관관계를 보는 경우 등에 사용됩니다.

분산형은 두 항목의 연관성을 점 분포로 나타냅니다.

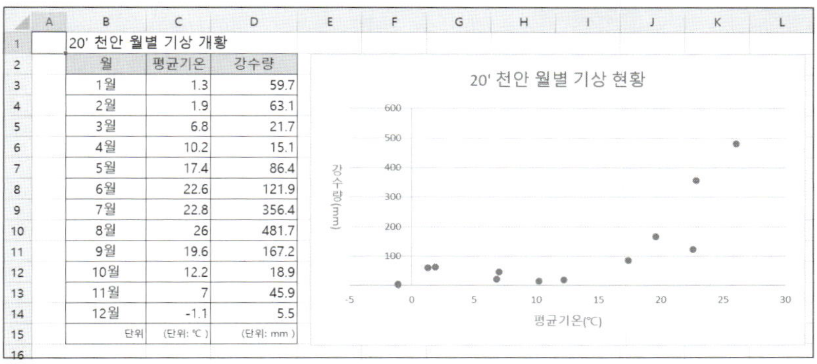

20' 천안 월별 기상 개황

월	평균기온	강수량
1월	1.3	59.7
2월	1.9	63.1
3월	6.8	21.7
4월	10.2	15.1
5월	17.4	86.4
6월	22.6	121.9
7월	22.8	356.4
8월	26	481.7
9월	19.6	167.2
10월	12.2	18.9
11월	7	45.9
12월	-1.1	5.5
단위	(단위: ℃)	(단위: mm)

7.7.4 거품형(분산형)

거품형 차트는 3개의 데이터 계열로 구성되어 있습니다. 세 번째 데이터 계열 값에 따라 거품 크기가 결정됩니다. 세 번째 데이터 값이 커질수록 거품 크기가 커집니다.

거품형은 분산형에 원의 면적이란 요소를 더한 차트입니다.

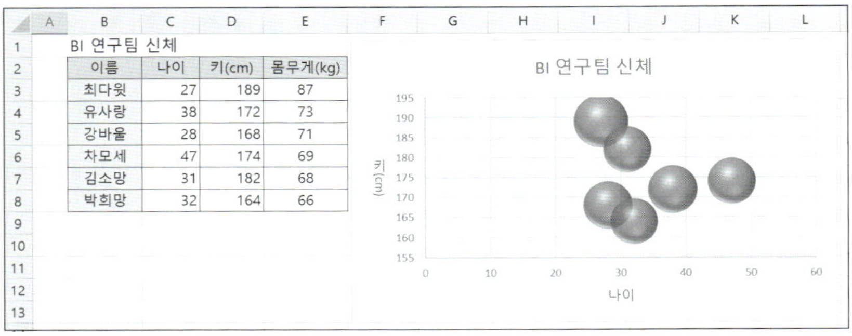

7.7.5 지도

지도 차트는 데이터 값의 크기에 따라 지도를 구분할 수 있는 차트입니다. 국가 이름과 도 · 시 · 군명, 우편 번호 등의 지리 정보가 포함되었을 때 이용할 수 있습니다. 일반적으로 국가통계포털(KOSIS) 사이트에서 관련 데이터를 취득합니다.

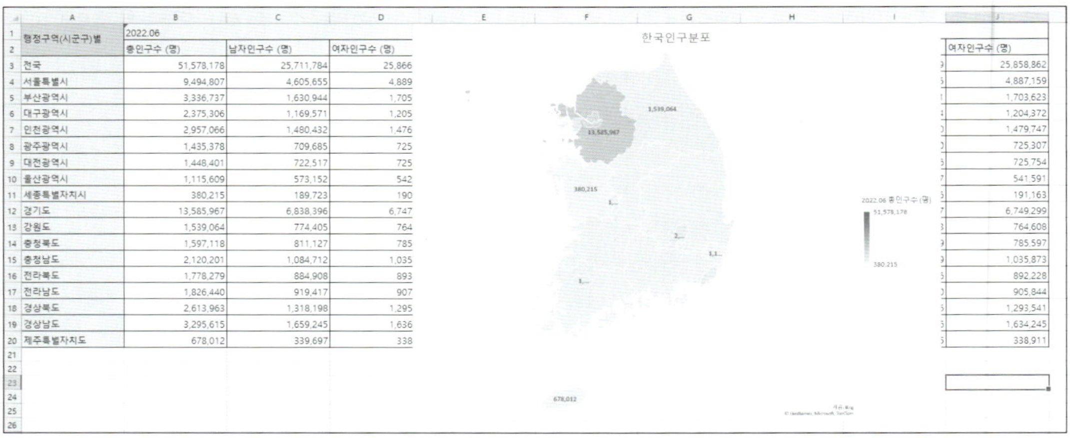

7.7.6 주식형

주가 차트에서는 데이터의 구성이나 순서에 따라 만들 수 있는 차트가 달라집니다. 차트의 근원이 되는 데이터가 「거래량」, 「시가」, 「고가」, 「저가」, 「종가」의 순서로 나열된 경우는 아래의 그림과 같은 주가 차트를 만들 수 있습니다.

주가 차트는 주가 동향을 확인하기 위한 차트입니다.

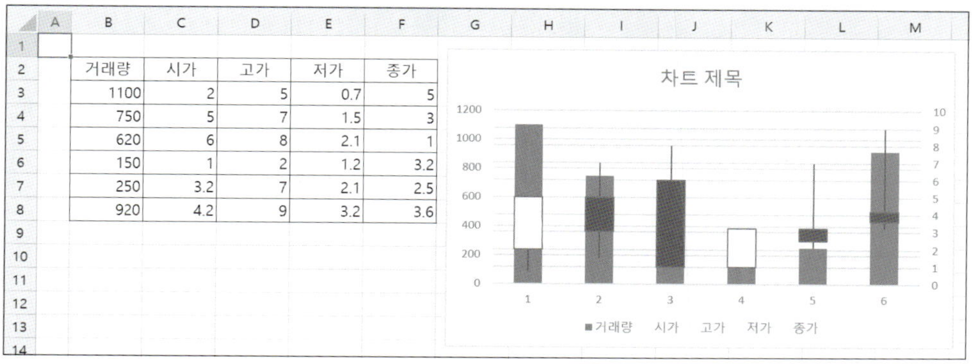

거래량	시가	고가	저가	종가
1100	2	5	0.7	5
750	5	7	1.5	3
620	6	8	2.1	1
150	1	2	1.2	3.2
250	3.2	7	2.1	2.5
920	4.2	9	3.2	3.6

7.7.7 표면형

2차원을 교차하는 값의 추세를 연속되는 곡선으로 나타냅니다. 항목과 계열이 둘 다 숫자인 경우는 이 차트를 사용합니다.

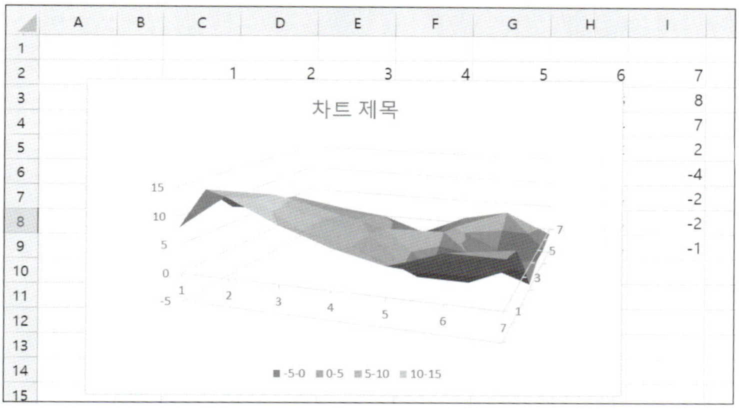

7.7.8 방사형

방사형은 차트의 중심이 시작점으로 바깥쪽 끝을 끝점으로 하는 차트이며, 각각의 축을 따라 각 데이터의 값을 플롯(plot)합니다. 이 차트는 데이터의 크기, 전체 밸런스, 다른 데이터 계열과 비교할 때 이용합니다.

방사형 차트는 값을 중심점으로부터의 거리로 표시합니다.

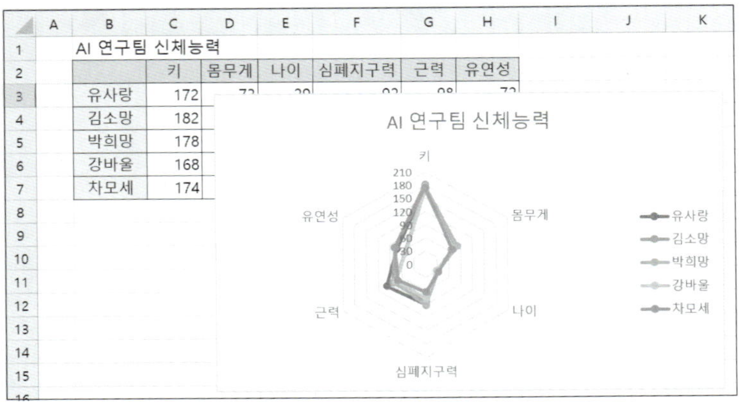

7.7.9 트리맵

트리맵은 데이터의 계층 구조를 나타내는 차트입니다. 색상과 근접성에 따라 카테고리를 표시하고 같은 카테고리의 데이터 크기를 직사각형 면적으로 보여줍니다.

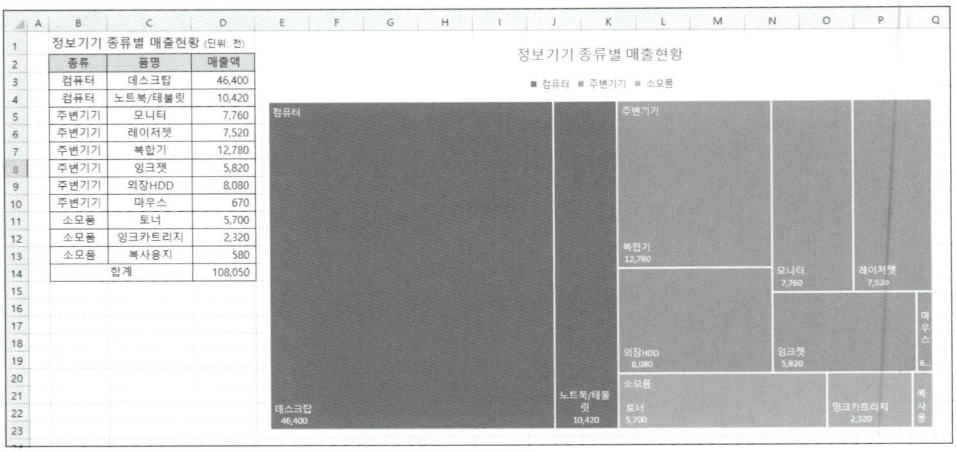

7.7.10 선버스트

선버스트는 데이터의 계층 구조를 나타내는 도넛 모양의 차트입니다. 계층의 각 레벨을 1개의 원(링)으로 나타내고, 가장 안쪽 원이 계층의 최상위가 됩니다. 이 차트는 가장 큰 카테고리와 각 데이터 포인트 사이의 계층 수준을 나타내기에 적합합니다.

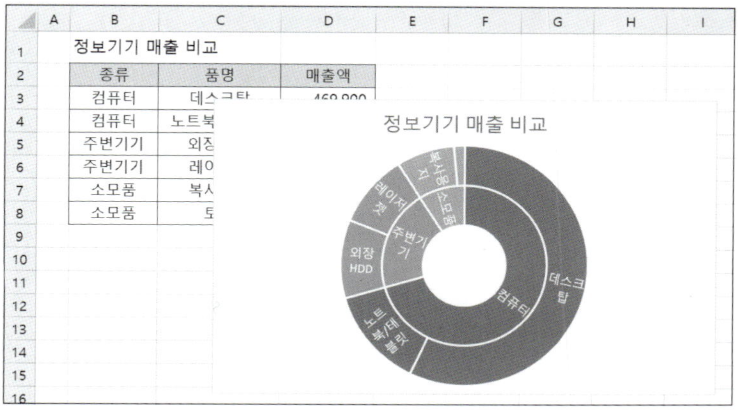

7.7.11 히스토그램

히스토그램은 데이터의 빈도를 표시하는 세로 막대형 차트입니다. 데이터 세트를 지정한 빈 수로 자동으로 분할하고 나눈 값의 범위 내에 있는 데이터 수를 표시합니다.

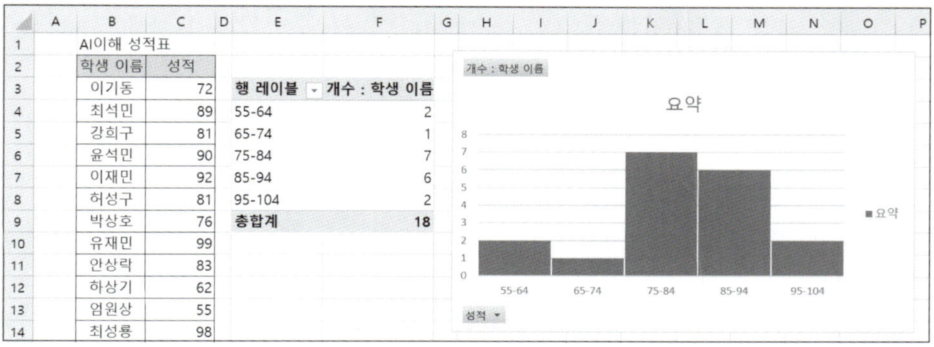

7.7.12 파레트(히스토그램)

팔레트는 내림차순으로 정렬된 세로 막대형과 누적 합계 비율을 나타내는 꺾은선형으로 구성됩니다. 데이터 내의 최대 요소(값)를 강조하여 표시하기 때문에 데이터로부터 과제나 문제를 파악하기 쉽다는 특징이 있습니다. 이 차트는 품질관리의 7가지 기본 도구 중 하나로 여겨지고 있습니다.

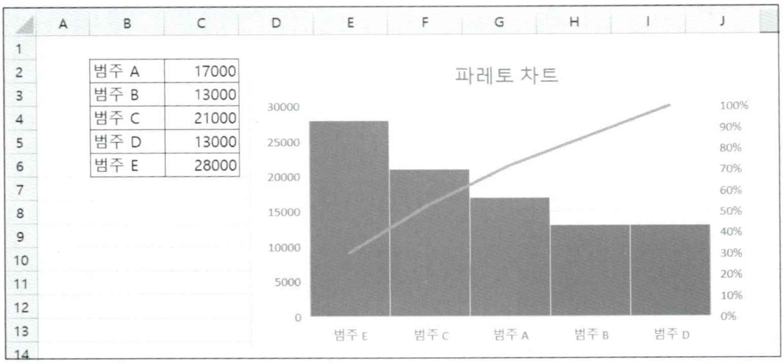

범주 A	17000
범주 B	13000
범주 C	21000
범주 D	13000
범주 E	28000

7.7.13 상자 수염

상자 수염에서는 통계 분석에서 가장 일반적으로 사용되는 차트입니다. 차트상에 표시되는 상자에는 '수염'이라고 불리는 수직 방향으로 뻗는 선이 표시될 수 있으며, 이 선(수염)보다 바깥쪽에 있는 점은 모두 특이 포인트로 인식됩니다.

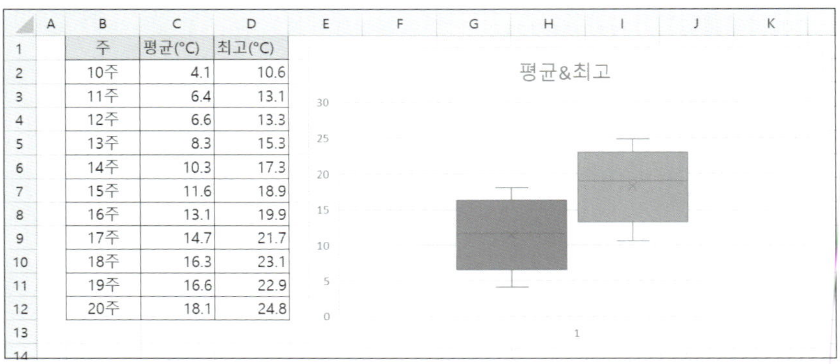

주	평균(°C)	최고(°C)
10주	4.1	10.6
11주	6.4	13.1
12주	6.6	13.3
13주	8.3	15.3
14주	10.3	17.3
15주	11.6	18.9
16주	13.1	19.9
17주	14.7	21.7
18주	16.3	23.1
19주	16.6	22.9
20주	18.1	24.8

7.7.14 폭포

폭포는 값의 증감이 나타나는 누계가 표시됩니다. 이 차트를 사용하면 양의 값 또는 음의 값에 따라 데이터가 어떻게 증감되는지 시각적으로 파악할 수 있습니다.

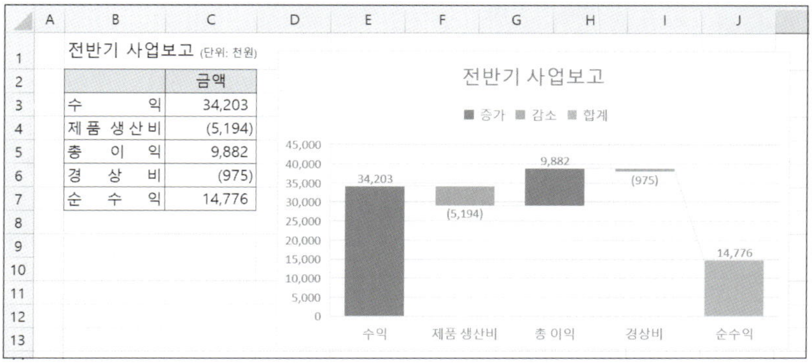

7.7.15 깔대기형

깔대기형 차트에서는 데이터 세트 내의 여러 단계에서 값이 표시됩니다. 이 차트에서는 일반적으로 값이 단계적으로 감소하고 '깔대기'와 비슷한 형상의 차트가 됩니다.

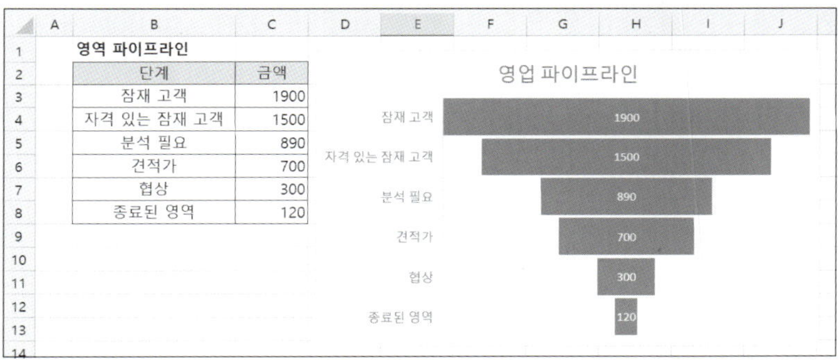

7.7.16 혼합(콤보)

예를 들어 기온 변화와 강수량을 같은 차트로 표현하고 싶은 경우 가로 축(시간 축)은 공통이라도 세로축은 기온과 강수량이라는 다른 값의 변화를 표시하게 됩니다. 이 경우 기온을 꺾은 선형 차트, 강수량을 세로 막대형 차트로 표시하는 등 다른 종류의 차트를 하나의 차트 위에 표시할 수 있습니다.

혼합 차트는 다른 종류의 차트를 조합하여 만든 차트입니다.

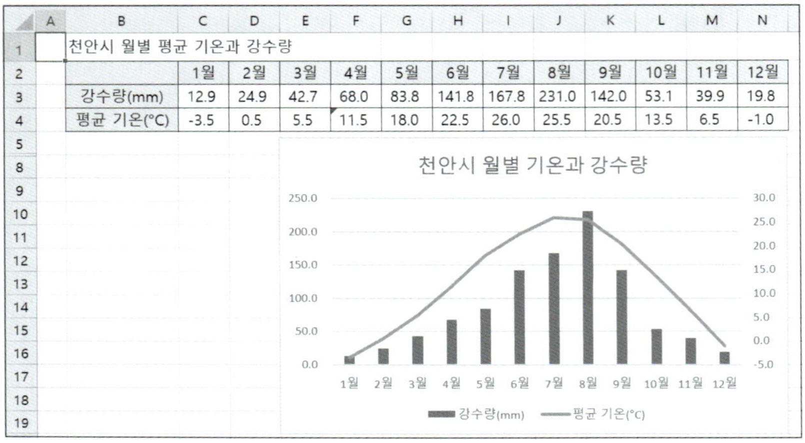

천안시 월별 평균 기온과 강수량

	1월	2월	3월	4월	5월	6월	7월	8월	9월	10월	11월	12월
강수량(mm)	12.9	24.9	42.7	68.0	83.8	141.8	167.8	231.0	142.0	53.1	39.9	19.8
평균 기온(°C)	-3.5	0.5	5.5	11.5	18.0	22.5	26.0	25.5	20.5	13.5	6.5	-1.0

연습문제

01 다음 차트의 요소 (1)~(6)의 명칭과 기능을 설명하고

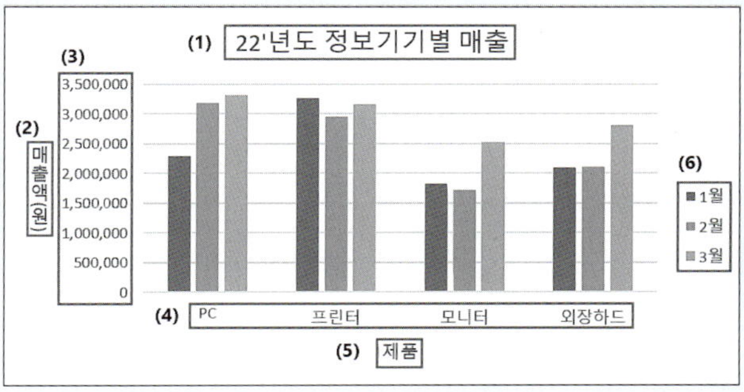

차트 요소 명칭	기능
차트 영역	모든 차트 요소를 포함하는 영역입니다. 단순히 차트라고 하는 경우는 차트 영역을 가리킵니다.
(2)	
(3)	
(1)	
그림 영역	차트 및 데이터 레이블이 표시되는 영역입니다.
기본 주 가로 눈금선	축의 눈금을 수평 방향으로 늘린 선(line)입니다. 가로 (항목) 축에도 표시할 수 있습니다. 또한 기본 주 눈금선과 기본 주 눈금선 사이에 기본 보조 눈금선을 표시할 수도 있습니다.
데이터 계열	원본 데이터의 같은 행 또는 같은 열에 있는 데이터 모임입니다.
데이터 요소	데이터 계열 중 개별 요소입니다. '데이터 표식'이라고 부르기도 합니다.
(6)	
(5)	
(4)	

02 다음의 그림을 참고해서 차트의 종류와 각각의 특징을 표로 작성해 보세요.

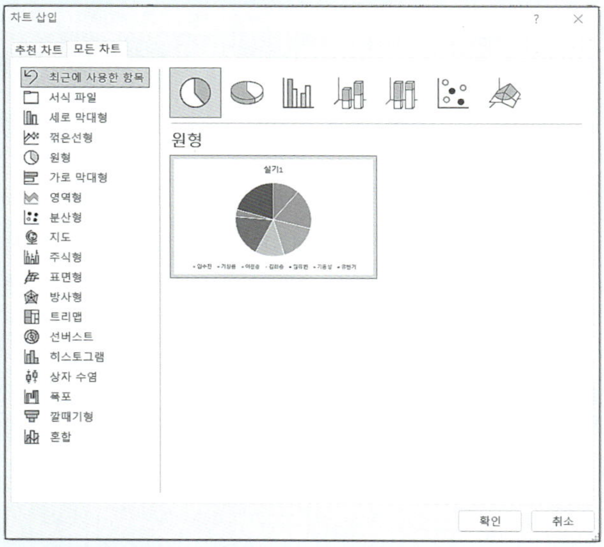

CHAPTER

08

차트 만들기 기본

8.1 차트 만들기 포인트

차트를 만들 때는 데이터에 적합한 차트 종류를 선택하여 데이터 범위를 올바르게 지정해야 합니다. 그렇지 않을 경우는 의미 없는 차트가 됩니다. 요점을 잘 파악하는 것이 중요합니다.

여기서 만들고 있는 것은 기본 차트입니다. 기본 차트를 생성한 후에 필요한 요소를 추가 혹은 편집하거나 차트 장식 등을 설정하기도 합니다.

8.1.1 목적에 맞는 차트의 종류 선택

가로축에 날짜, 요일, 시간 등의 시계열 데이터가 있는 경우 꺾은선형 차트를 이용하여 데이터의 변화를 확인할 수 있습니다.

공연장별방문객수

.	1월	2월	3월	4월	5월	6월	합계
천안	8092	6074	5068	4802	4524	4067	32627
아산	6043	5024	4532	4233	4421	3643	27896
세종	7832	6248	4834	4524	4135	3398	30971
청주	6334	5804	5203	4078	3902	3789	29110
평택	6200	5527	4978	4412	3988	3768	28873

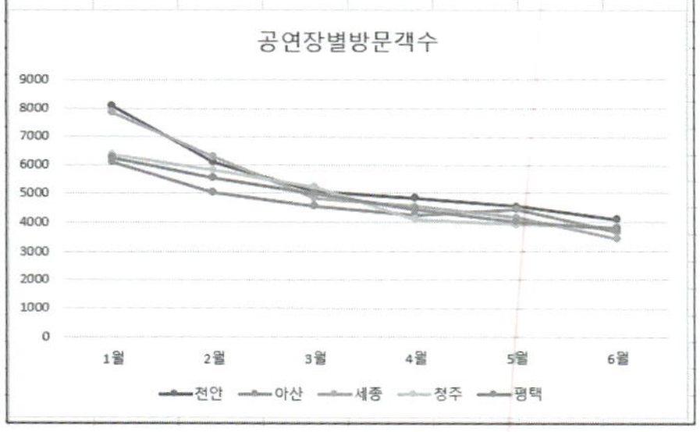

가로축이 시계열인 데이터 이외의 경우는 세로 막대형 차트를 이용하여 데이터를 비교할 수 있습니다.

정보기기 판매 현황

	PC	프리터	모니터	외장하드HDD
3월	623	412	210	612
4월	546	498	198	529
5월	620	390	134	534
합계	1789	1300	542	1675

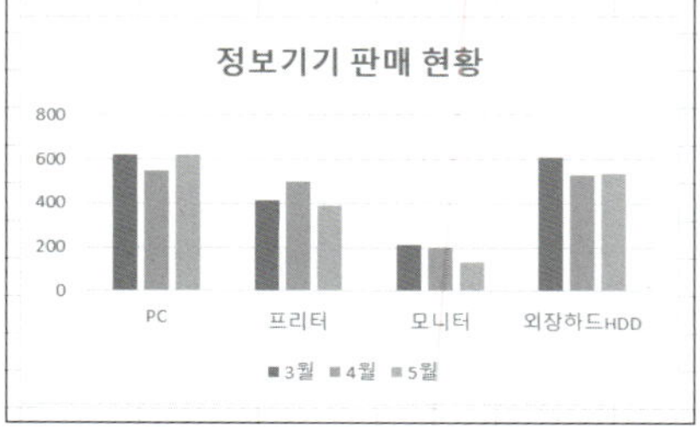

상관관계를 보는 경우 등 두 데이터의 연관성을 차트로 하는 경우에는 분산형이 적합합니다.

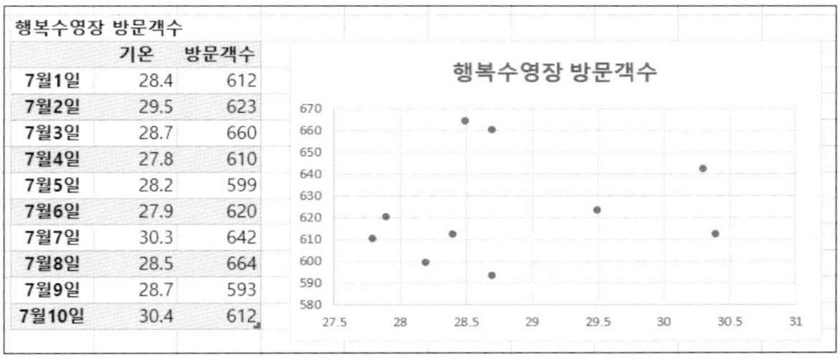

비교하는 데이터가 1종류이고 전체를 100으로 했을 때 각각의 데이터가 차지하는 비율을 비교할 때는 원형 차트가 적합합니다.

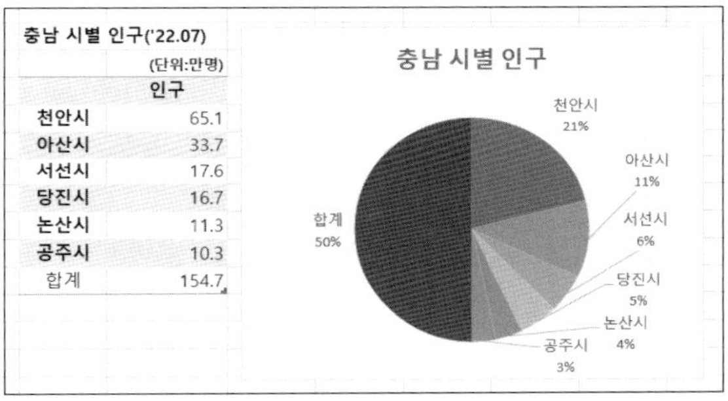

데이터 수가 많은 경우에 원형 차트를 이용하면 각각의 데이터를 비교하기가 어렵습니다. 이러한 경우는 막대형 차트를 사용하면 데이터의 비교가 쉬워집니다.

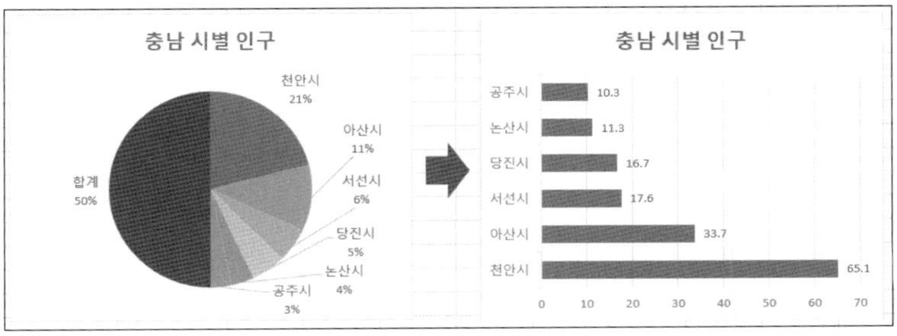

8.1.2 적절한 데이터 범위의 선택

세로 막대형 차트의 경우

다음의 예시에서는 차트의 막대가 되는 값(매출액)과 월명, 제품명을 표시하고 있습니다. 차트 축에 제품명을 표시하기 위해 데이터 범위에 표의 항목 이름(제품 이름)을 포함하고 있습니다.
❶ 차트의 근원이 되는 데이터가 입력된 셀 범위를 선택해서, ❷ 세로 막대형 차트 만들기를 합니다.

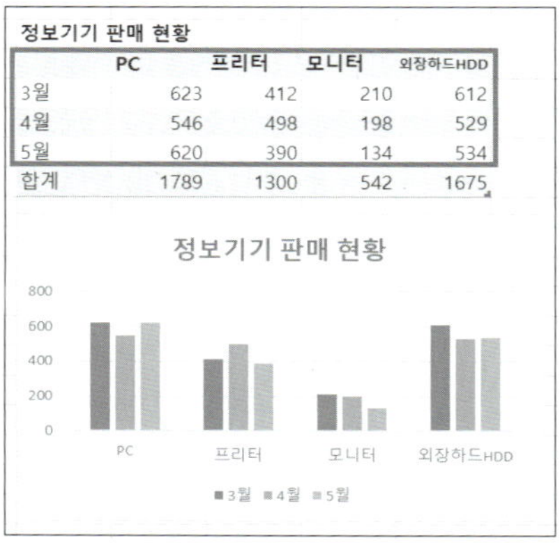

요약 행(합계란)을 포함한 데이터로 차트 만들기

❶ 합계란을 포함한 데이터를 선택한 경우, ❷ 세로 막대형 차트를 만들면 합계 값만 커집니다.

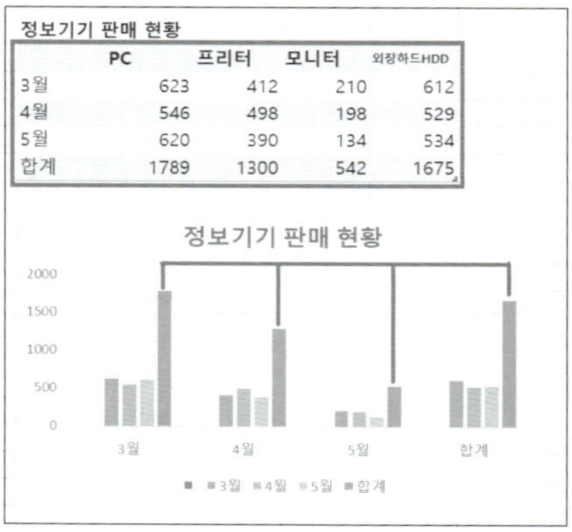

표의 일부 데이터를 제외한 차트 만들기

❶여기서는 셀 E3~E6를 제외하기 위해 가장 먼저 셀 B3~D6를 선택하고, ❷ 또 Ctrl를 누르면서 셀 F3~F6를 선택한 후, ❸ 세로 막대형 차트를 만듭니다.

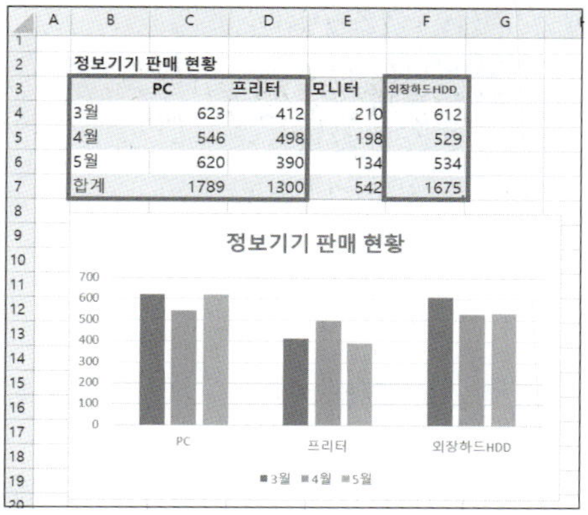

원형 차트의 경우

다음의 예시에서는 충남 6개 시별 인구를 원형 차트로 나타내고 있습니다. 차트 제목을 표시하기 위해 표의 항목 이름을 포함하여 범위를 선택하고 있습니다.

❶ 원형 차트는 하나의 데이터 계열을 나타내는 차트이기 때문에 여기서는 셀 B4~C10을 선택해서, ❷ 원형 차트를 만듭니다. 차트 제목 '시별 인구'가 표시됩니다.

❸ 차트 제목이 필요 없는 경우 항목 이름을 제외한 셀 범위를 지정하여 차트를 만듭니다. 그림에서 '차트 제목'은 비어있는 상태에 해당합니다.

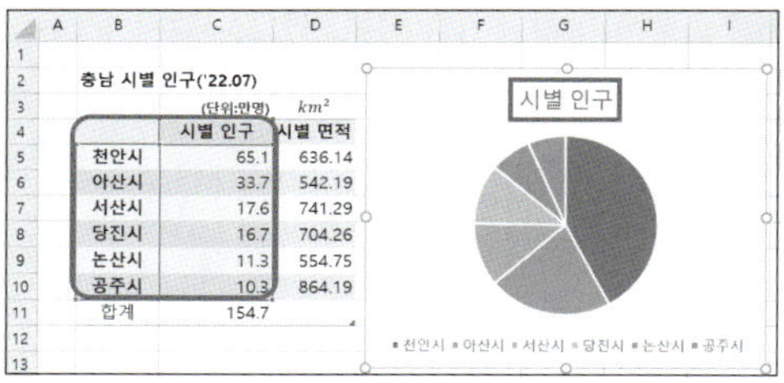

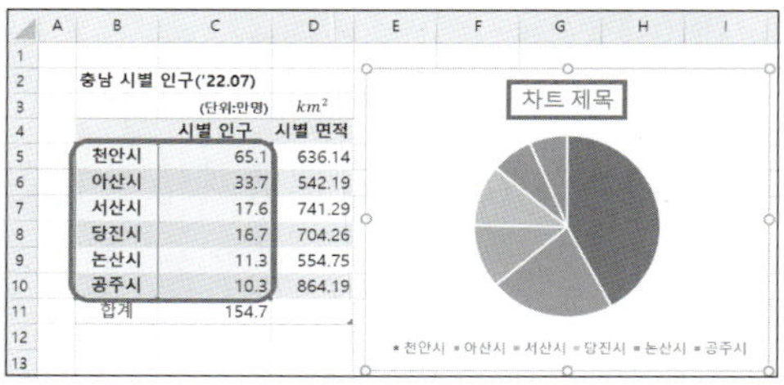

떨어진 셀 범위의 데이터를 원형 차트로 만들다.

❶ 제일 먼저 셀 B4~B10을 선택하고, ❷ Ctrl를 누르면서 셀 D4~D10을 선택해서, ❸ 원형 차트를 만듭니다.

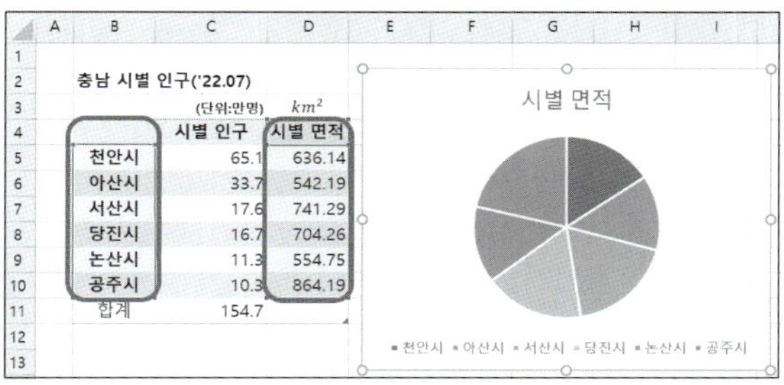

8.2 차트 만들기의 흐름 이해

8.2.1 차트의 근원이 되는 표 만들기

차트의 근원이 되는 데이터베이스 형식의 표(목록 형식의 표)를 만듭니다. 미리 어떤 차트를 만들 것인지를 생각하고 행이나 열에 어떤 데이터를 입력해야 최적인지 고려해야 합니다.

정보기기 판매 현황

	3월	4월	5월
PC	623	546	620
프리터	412	498	390
모니터	210	198	134
외장하드HDD	612	529	534

8.2.2 기본이 되는 차트 만들기

이미 만들어진 표를 바탕으로 최적의 차트를 만듭니다. 차트 만들기는 표의 데이터 범위를 선택하고 [삽입] 탭의 [차트] 그룹에서 실행합니다.

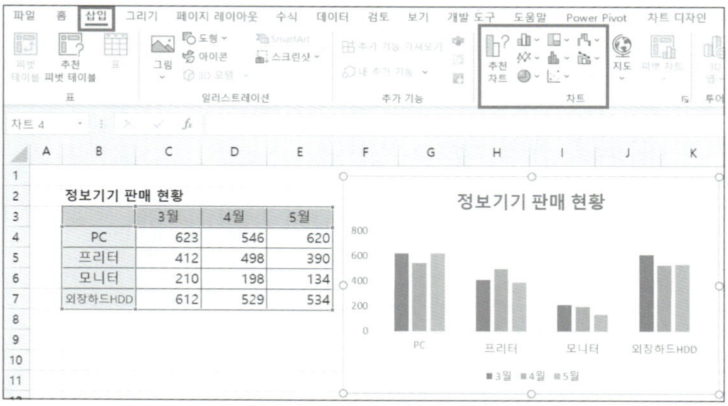

8.2.3 차트 요소의 편집

차트 영역에 있는 차트 제목, 축 제목, 범례 등 차트를 구성하는 것을 차트 요소라고 합니다. 또한 데이터 계열 하나하나에 데이터의 값(데이터 레이블)을 표시할 수 있습니다.

실습

❶ 디폴트 상태에서 만든 차트는 간단한 구성이기 때문에 목적에 따라 차트 요소를 편집합니다. ❷ 옆의 보조선을 추가해서 보조 눈금선을 회색 실선으로 변경하고 있습니다.

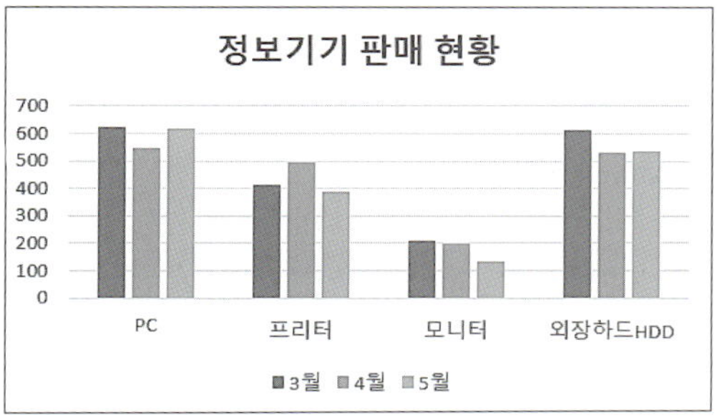

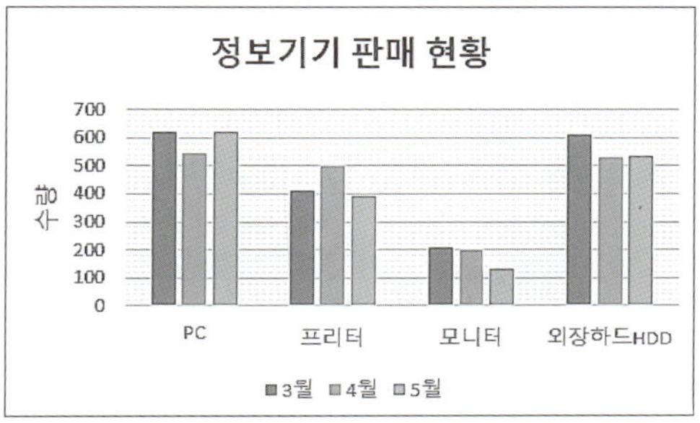

8.2.4 차트 꾸미기

배포자료나 프레젠테이션에 사용하는 차트의 경우에는 보기 좋게 꾸밀 필요가 있습니다. 단, 너무 화려한 꾸미기를 하면 오히려 보기 어려울 수도 있으므로 주의가 필요합니다.

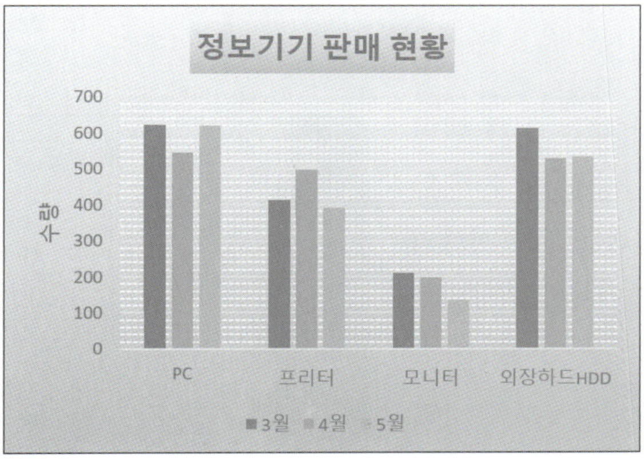

8.2.5 차트의 Word나 PowerPoint에서 이용하기

만든 차트는 Word의 문서에 붙여 이용할 수 있습니다. Excel에서 차트를 복사하여 Word에 붙여넣기를 할 때는 '대상 테마 사용 및 통합 문서 포함', '원본 서식 유지 및 통합 문서 포함', '대상 테마 사용 및 데이터 연결', '원본 서식 유지 및 데이터 연결', '그림' 등 5가지 형식이 있습니다.

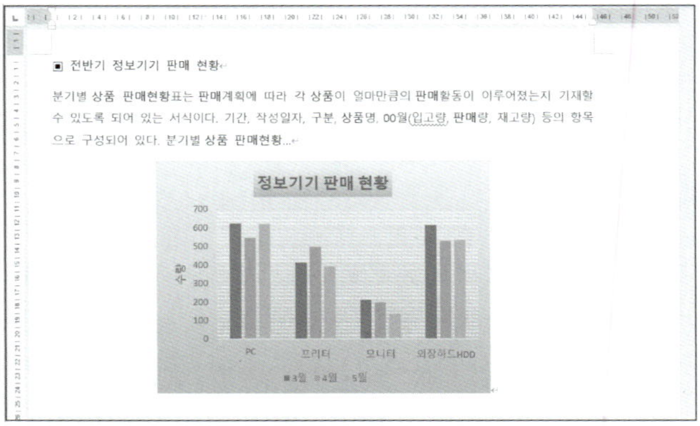

PowerPoint 슬라이드에서도 Word의 문서와 동일하게 차트를 붙여서 이용할 수 있습니다.

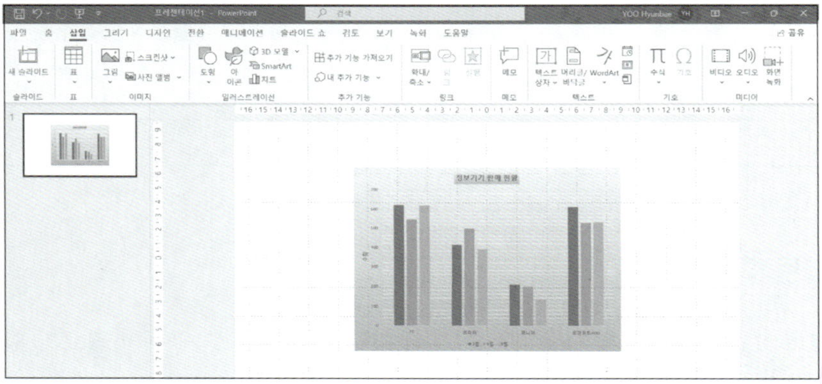

8.2.6 차트 인쇄

만든 차트를 인쇄할 때는 인쇄 이미지를 확인하고 인쇄 설정을 한 후에 인쇄를 실행합니다. 인쇄는 워크시트의 인쇄 영역을 설정하고 인쇄하는 방법과 차트를 선택하여 차트만을 인쇄하는 방법이 있습니다.

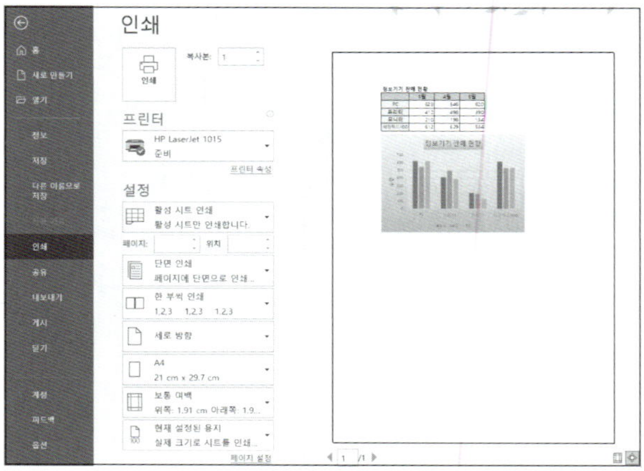

8.3 리본 메뉴

8.3.1 차트 만들기 도구

[삽입] 탭의 [차트] 그룹에 있는 [추천 차트]를 클릭하거나 각각의 차트 종류를 클릭하여 원하는 차트를 만듭니다.

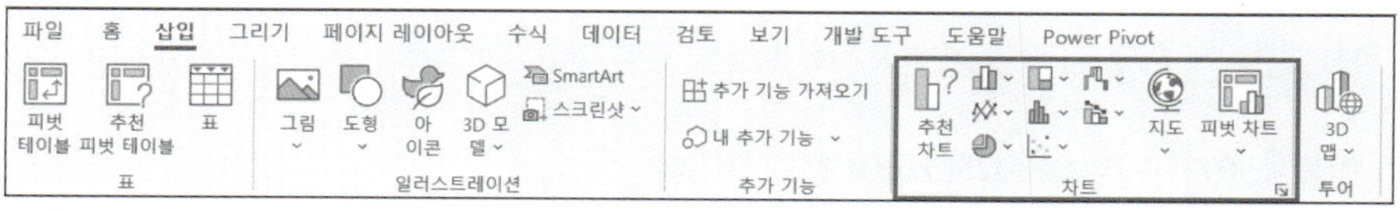

8.3.2 차트와 차트 요소의 편집 도구

차트를 선택하면 차트의 조작에 필요한 [차트 디자인]과 [서식]이 표시됩니다. [차트 디자인] 탭에서는 차트의 스타일이나 레이아웃, 색 변경, 위치 이동, 종류 변경 등을 설정할 수 있습니다. [서식] 탭에서는 도형의 스타일 설정이나 오브젝트의 배치, 도형의 삽입 등을 실행합니다.

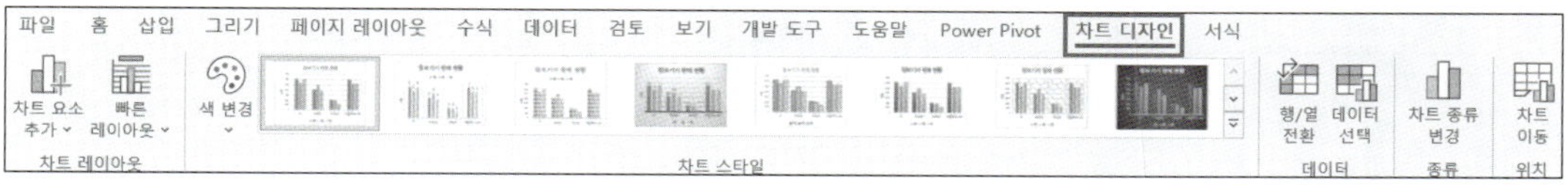

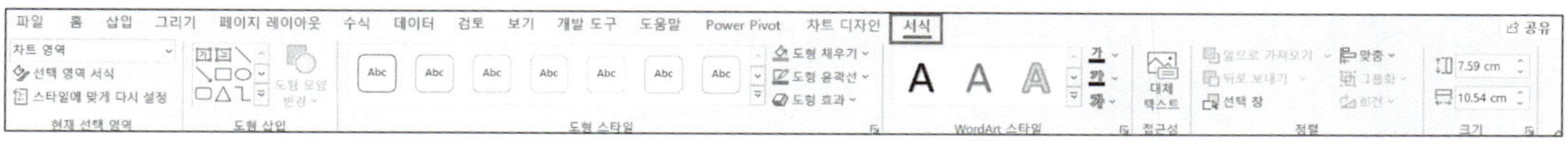

8.4 막대형 차트 만들기

8.4.1 차트의 데이터 범위 선택

차트를 만들려면 차트 만들기에 적합한 표를 만들고 차트의 바탕이 되는 데이터 범위를 선택해야 합니다. 다음으로 [삽입] 탭의 [차트]에서 목적에 적합한 차트를 선택합니다.

실습

❶ 차트를 만들 데이터 범위를 드래그하여 선택합니다.

❷ [삽입] 탭을 클릭하고, ❸ [추천 차트]를 클릭합니다. [추천 차트] 옆의 차트 아이콘으로부터 만들 수도 있습니다.

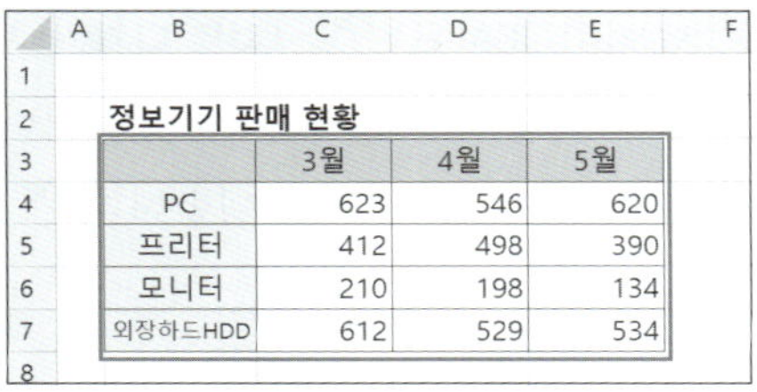

정보기기 판매 현황

	3월	4월	5월
PC	623	546	620
프리터	412	498	390
모니터	210	198	134
외장하드HDD	612	529	534

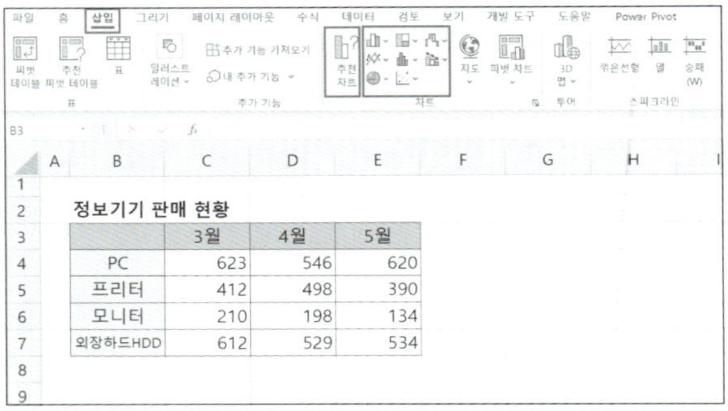

8.4.2 차트 종류의 선택

실습

❶ 만들고자 하는 차트(여기서는 "묶은 세로 막대형")를 클릭하면 선택한 데이터에 적합한 종류의 차트가 표시됩니다. ❷ [확인]을 클릭하면,

❸ 목적하는 차트가 만들어집니다. 차트를 편집하기 위한 커맨드([차트 요소], [차트 스타일], [차트 필터])가 차트의 우측 옆에 아이콘으로 표시됩니다.

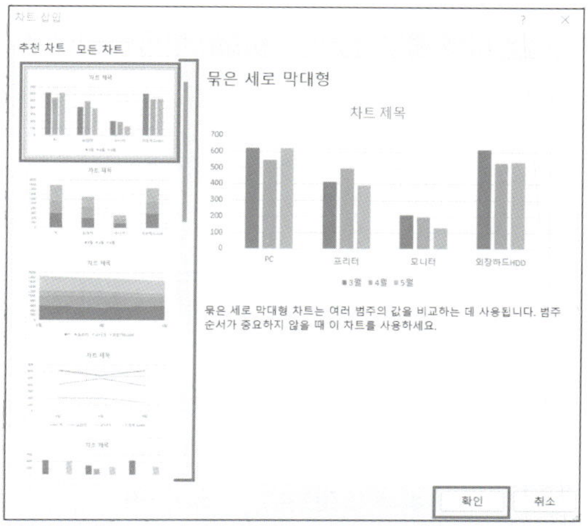

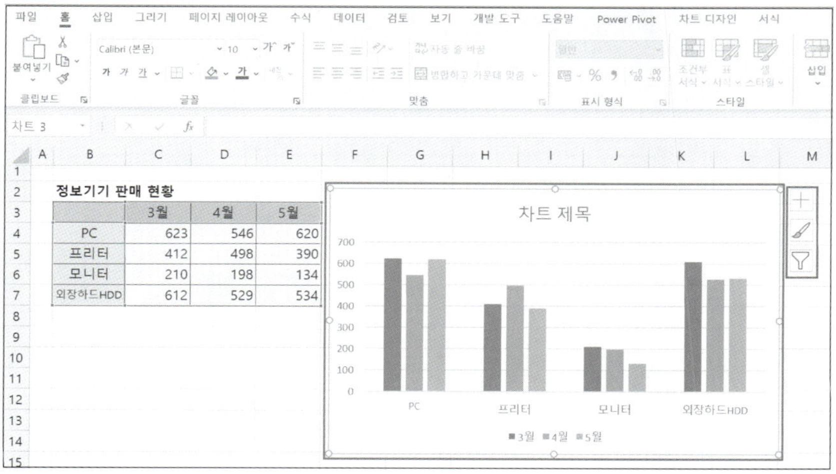

8.4.3 [차트] 그룹의 명령어(아이콘) 이용

실습

❶ 데이터 범위를 드래그하여 선택합니다.

❷ [삽입] 탭을 클릭해서, ❸ 세로 또는 가로 막대형 차트 삽입을 클릭합니다.

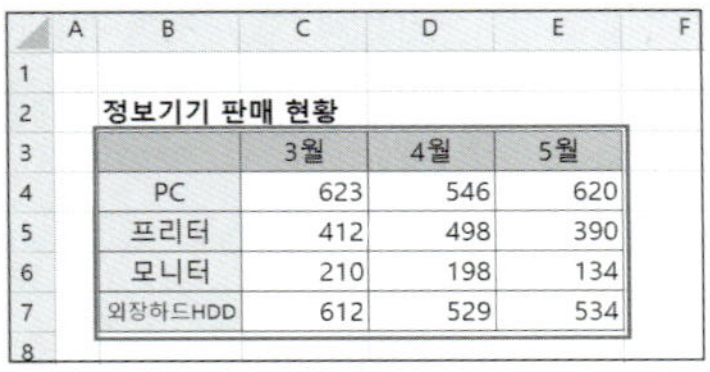

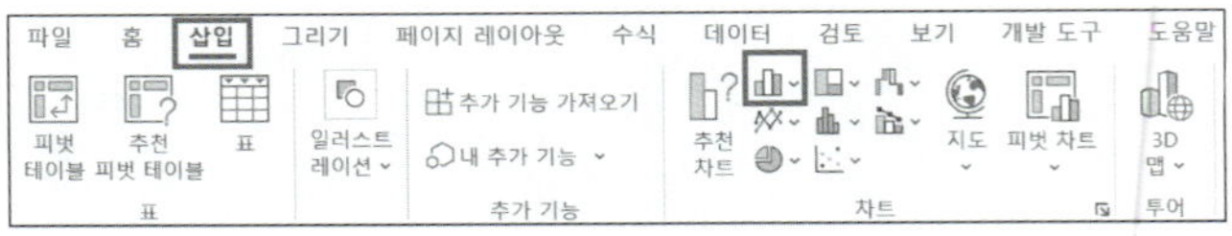

❹ 만들고자 하는 차트(여기에서는 "묶은 세로 막대형")를 클릭하면,

❺ 차트를 생성할 수 있습니다.

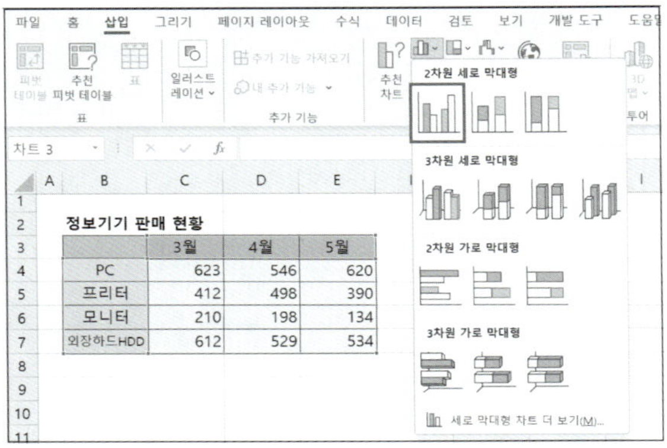

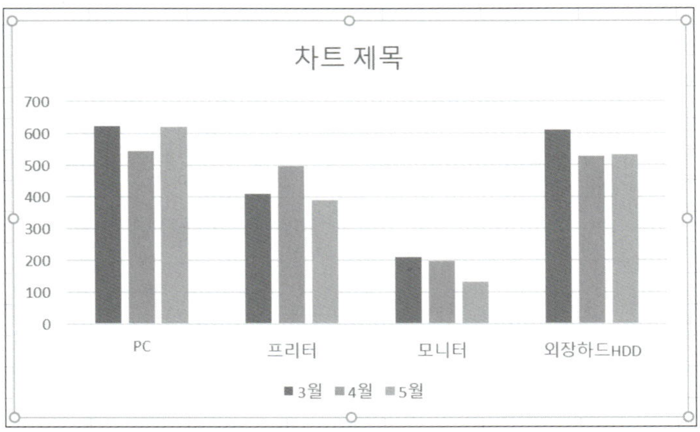

[빠른 분석]을 이용한 차트 만들기

[빠른 분석]의 기능은 리본 명령어를 클릭하지 않아도 빠르게 데이터를 집계하거나 차트를 만들기 위한 기능입니다. 워크시트 상의 데이터가 입력된 범위를 선택해서 [빠른 분석]이 나타나면, [차트] 탭을 클릭하여 차트 종류를 선택합니다.

❶ 차트의 데이터 범위를 선택하면, ❷ [빠른 분석]이 표시됩니다. ❸ [빠른 분석]을 클릭해서, ❹ [차트]를 클릭합니다. ❺ 만들고자 하는 차트의 종류(여기서는 "묶은 세로 막대형")를 클릭하면, ❻ 차트를 만들 수 있습니다.

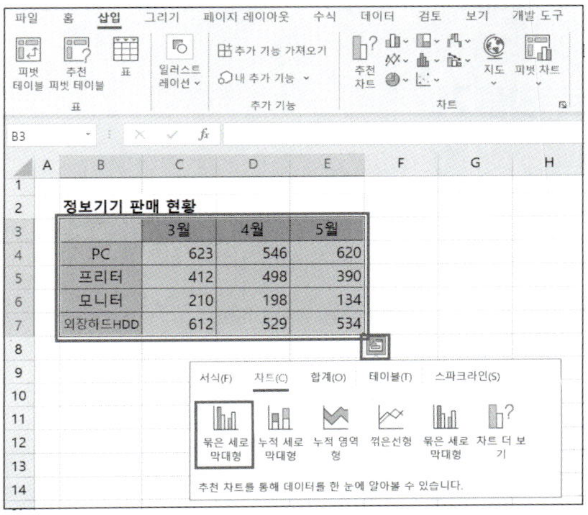

08

8.5 꺾은선형 차트 만들기

꺾은선형 차트는 시간이 지남에 따라 변화하는 데이터를 볼 때 사용합니다. 값을 마커라는 표시로 나타내고 각각의 마커를 순서대로 선으로 연결한 차트입니다.

8.5.1 꺾은선형 차트 만들기

실습

❶ 차트의 데이터 범위를 드래그하여 선택하고,

❷ [삽입] 탭을 클릭해서, ❸ [추천 차트]를 클릭합니다.

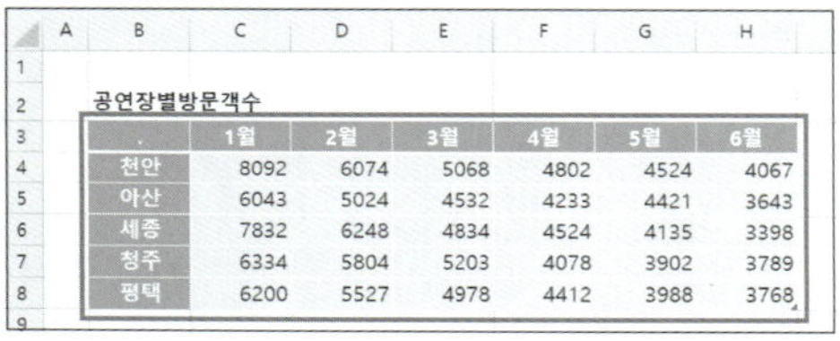

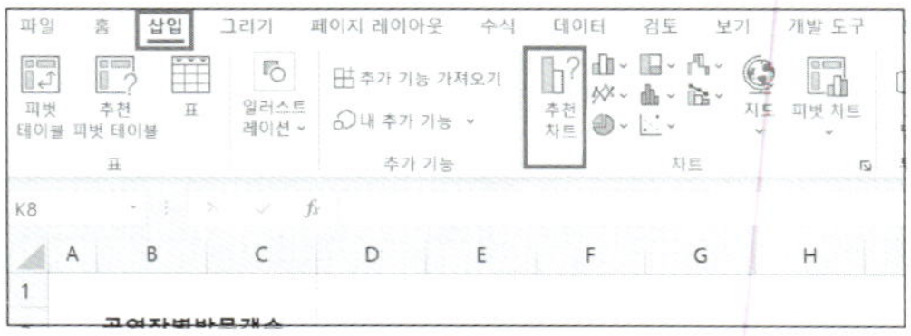

❹ [꺾은선형]을 클릭하고, ❺ [확인]을 클릭하면,

❻ 꺾은선형 차트를 만들 수 있습니다. ❼ 차트 제목을 입력합니다. 만드는 꺾은선형 차트의 종류에 따라 마커가 표시되지 않을 수 있습니다.

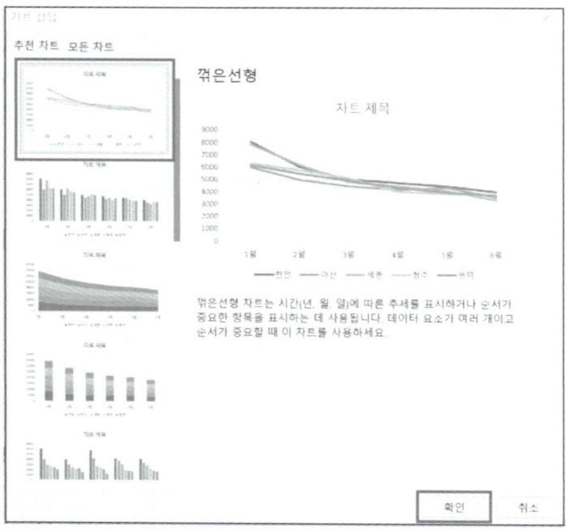

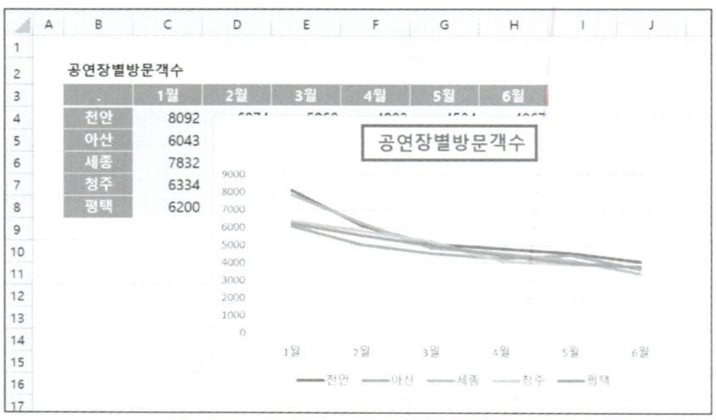

8.5.2 차트 스타일의 변경

실습

❶ 차트를 클릭해서, ❷ [차트 스타일]을 클릭합니다. ❸ 우측 스크롤바를 드래그해서, ❹ 사용하고 싶은 스타일(여기서는 "스타일 5")을 클릭하면, ❺ 차트 스타일을 변경할 수 있습니다.

차트 영역 밖의 셀을 클릭하면 차트 스타일 메뉴가 닫힙니다.

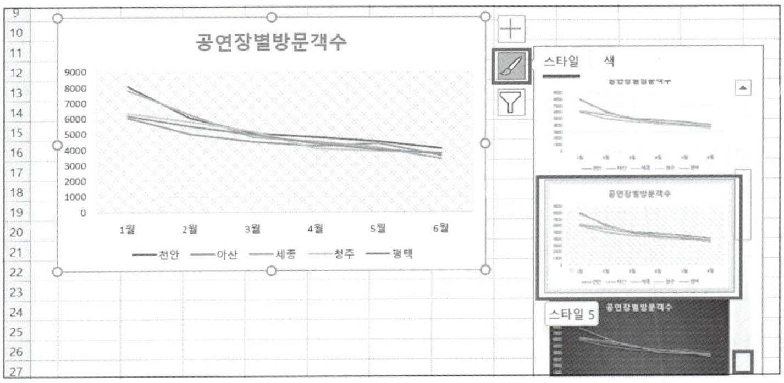

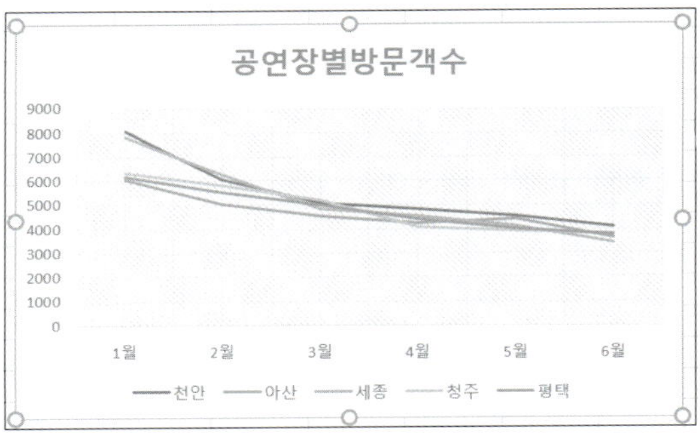

08

8.6 원형 차트 만들기

원형 차트는 원 전체를 100%로 하여 원을 구성하는 부채꼴 면적으로 데이터의 구성 비율이 표시됩니다. 전체에 대한 각각의 값의 비율이나 상호 관계 등을 시각적으로 볼 때 이용합니다.

8.6.1 원형 차트의 만들기

원형 차트는 하나의 데이터 계열을 선택하여 하나의 원으로 나타냅니다. 또한 데이터 범위에 항목 행을 포함하지 않으면 차트 제목이 표시되지 않습니다. 일반적으로 원형 차트는 값이 큰 순서대로 시계 방향으로 표시되기 때문에 원본 데이터는 내림차순으로 미리 정렬해야 합니다.

실습

❶ 차트의 데이터 범위를 드래그하여 선택합니다.

❷ [삽입] 탭을 클릭하고, ❸ [추천 차트]를 클릭합니다.

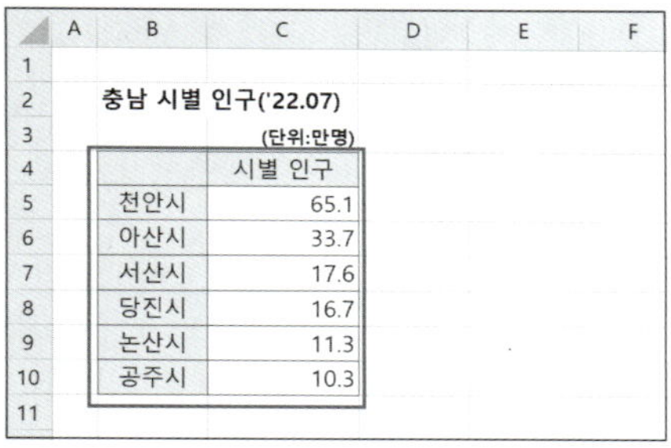

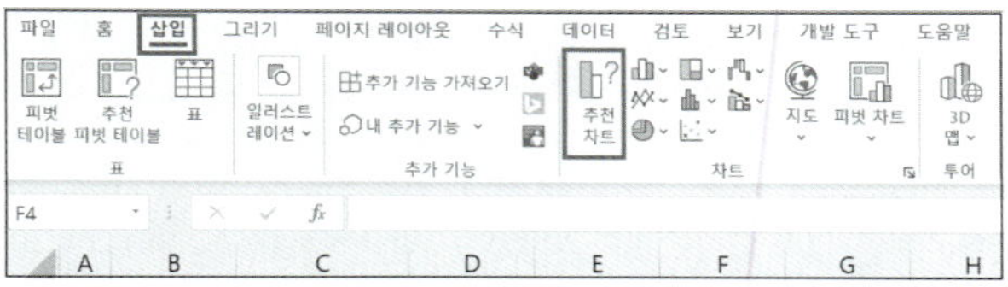

❹ [원형]을 클릭하고, ❺ [확인]을 클릭하면,

❻ 원형 차트를 만들 수 있습니다. ❼ 주위의 핸들을 드래그하면 차트의 크기를 조정할 수 있습니다.

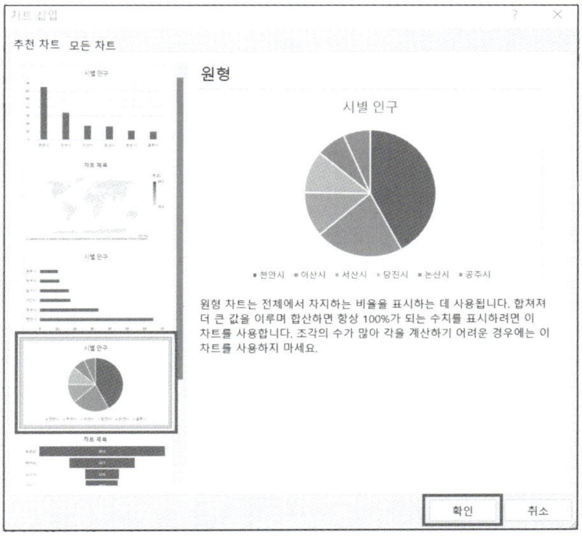

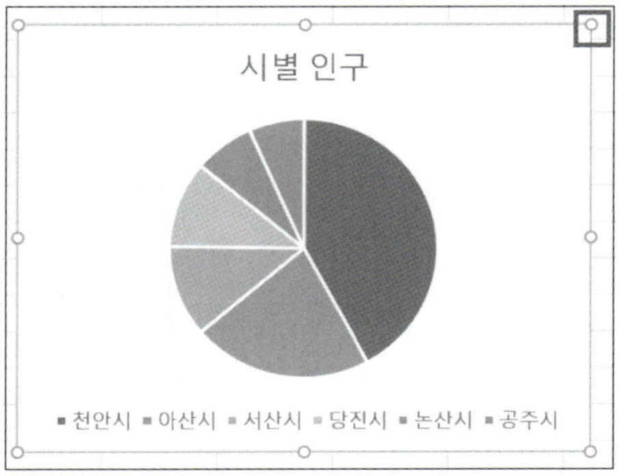

8.6.2 데이터 레이블(데이터의 정보)의 표시

실습

❶ 차트를 클릭하고 [차트 디자인] 탭을 클릭합니다. ❷ [빠른 레이아웃]을 클릭하고, ❸ 원하는 레이아웃(여기에서는 “레이아웃 1”)을 클릭하면,

❹ 데이터 계열에 항목 이름과 데이터 계열의 값이 백분율로 표시됩니다.

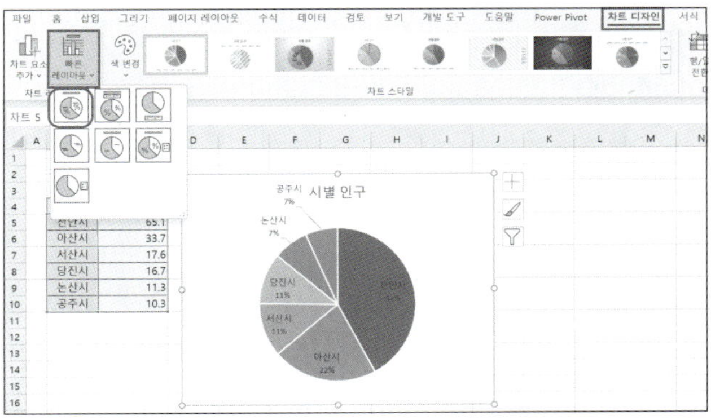

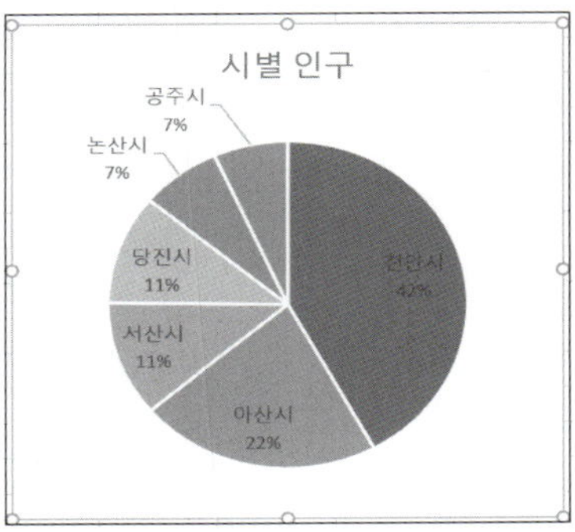

8.7 차트 이동/복사

차트를 다른 시트에서 이용하고 싶으면 만든 차트를 이용하고자 하는 시트로 복사하거나 이용해야 합니다. 차트의 이동은 [차트 이동]을, 복사는 [복사와 붙여넣기]를 각각 이용합니다.

8.7.1 차트를 다른 시트로 이동

실습

❶ 이동하고 싶은 차트를 클릭해서, ❷ [차트 디자인] 탭을 클릭하고, ❸ [차트 이동]을 클릭합니다. ❹ [워크시트에 삽입]를 클릭하여 체크하고, ❺ 우측 끝부분의 드롭다운 버튼 ⌵을 클릭하여, ❻ 이동할 위치의 시트 '차트분석'을 지정합니다. 단, 이동할 시트는 미리 만들어져 있어야 합니다. ❼ [확인]을 클릭하면,

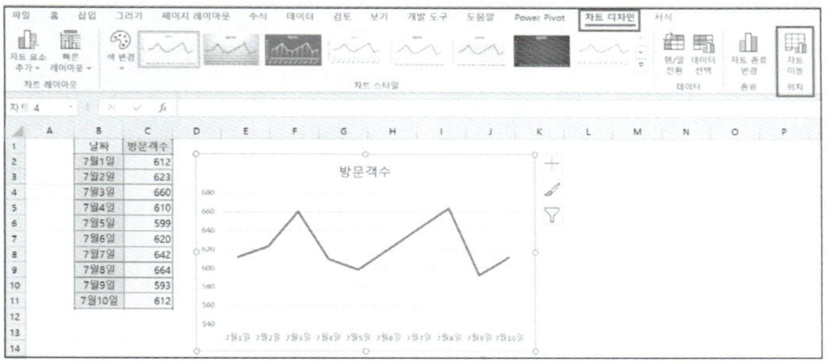

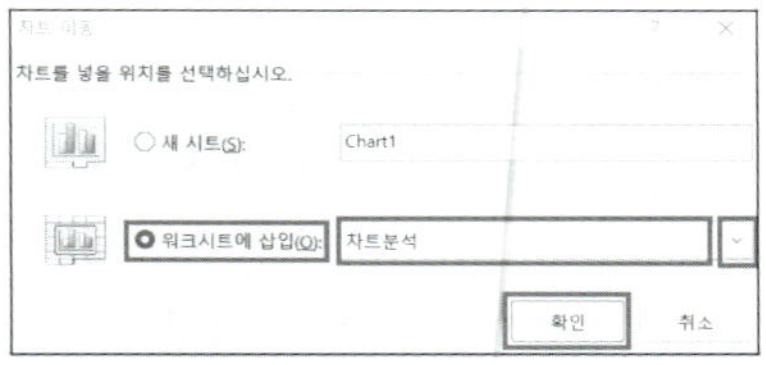

❽ 차트가 지정한 시트 '차트분석'으로 이동합니다.

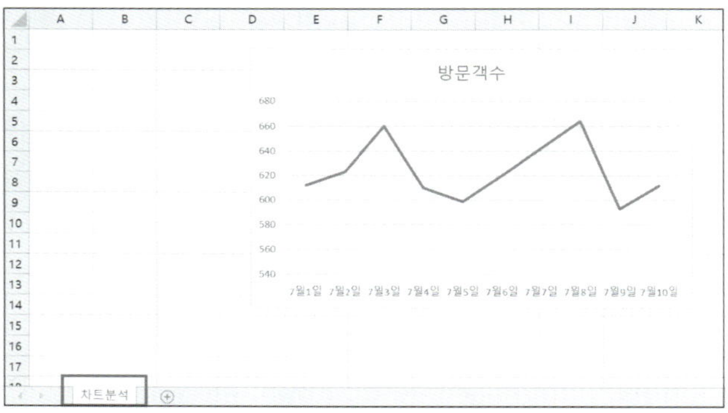

8.7.2 차트를 다른 시트에 복사

차트만 이동하거나 복사한 경우는 그 차트와 원본 데이터와는 연결(link)되어 있습니다. 즉 데이터가 변경되면 이동 혹은 복사된 차트도 변경됩니다.

실습

❶ 복사하고자 하는 차트를 클릭합니다. ❷ [홈] 탭을 클릭하고, ❸ [복사]를 클릭합니다.
❹ 복사할 곳의 시트로 이동한 후에 차트를 복사할 셀 B2를 클릭하고, ❺ [붙여넣기]를 클릭하면,

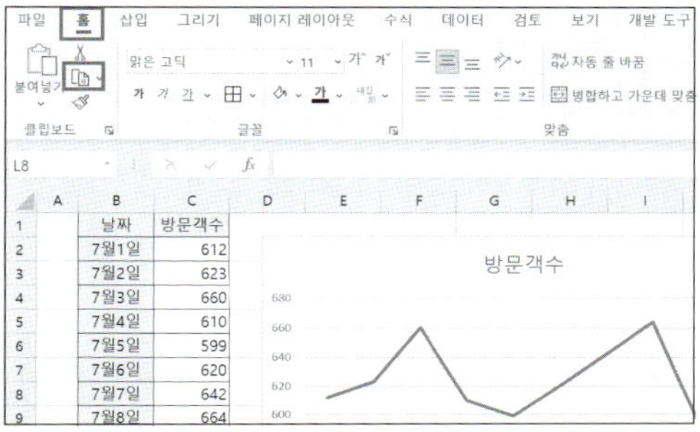

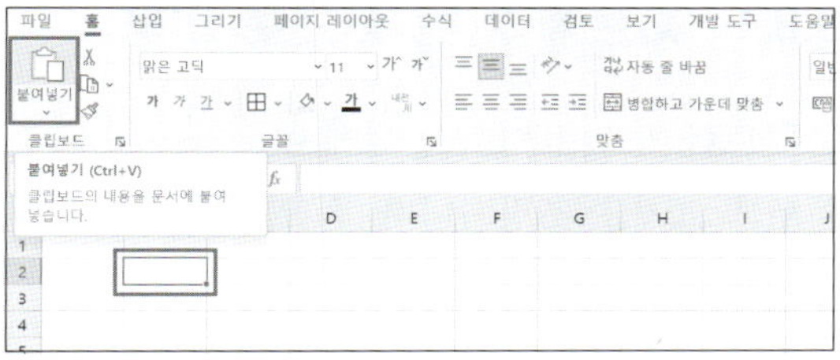

08

❻ 클릭한 셀을 기점(차트의 왼쪽 상단 모서리)으로 하여 차트가 붙여집니다.

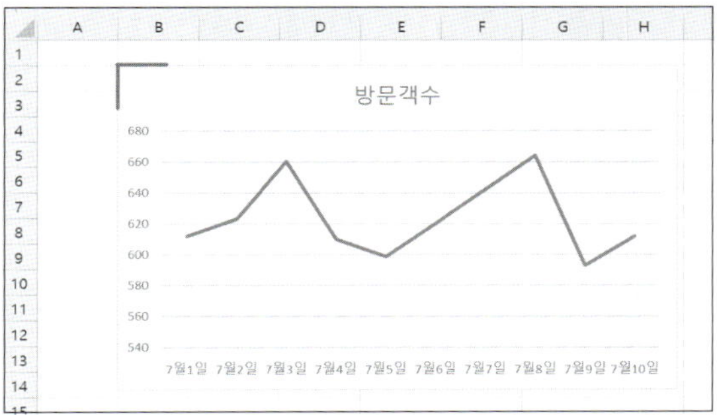

8.8 차트 시트로 이동

차트를 인쇄할 때는 차트 전용의 차트 시트로 이동시켜 두면 편리합니다. 차트 시트의 차트는 인쇄 크기에 맞게 조정되므로 시트 상에서 크기를 조정할 수 없습니다.

8.8.1 차트를 차트 시트로 이용

차트를 차트 표시나 인쇄에 이용하는 차트 전용 워크시트로 이동하면 화면 표시 크기에 맞게 차트의 크기도 조정됩니다. 차트 시트에 표시된 차트는 원본 표의 데이터와 링크되어 있으므로 데이터를 변경하면 차트에 반영됩니다.

이동한 차트를 원본 시트로 되돌리려면, 다음의 예시 ❶~❸의 조작으로 [차트 이동] 대화상자를 표시합니다. [워크시트에 삽입] 항목의 드롭다운 버튼 ⌄으로 원본 시트를 선택하고 [확인]을 클릭하면, 차트가 원본 시트로 이동하고 차트 시트는 삭제됩니다.

실습

❶ 차트 시트로 이동시킬 차트를 클릭하여,

❷ [디자인] 탭을 클릭하고, ❸ [차트 이동]을 클릭합니다.

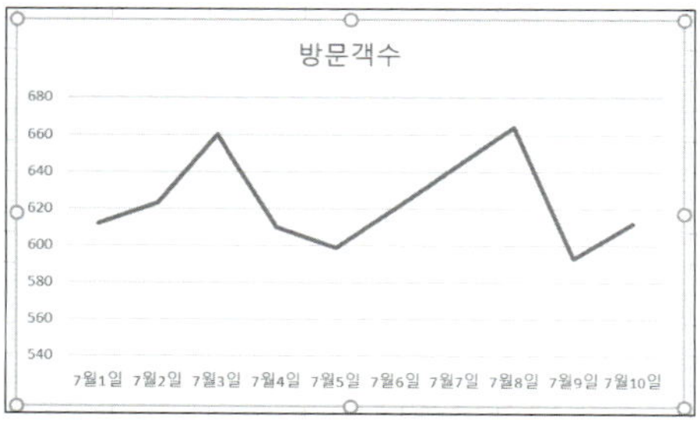

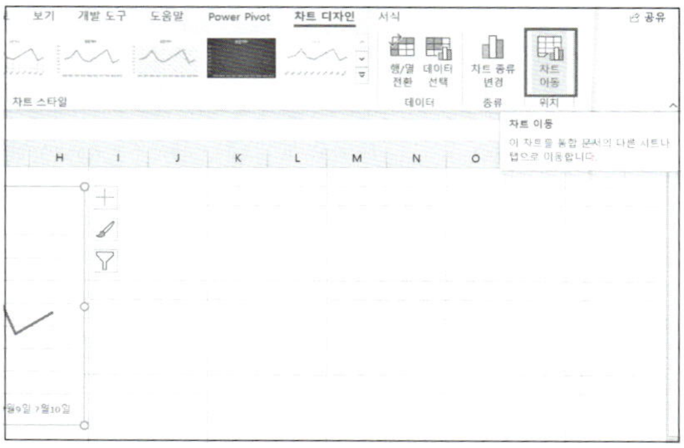

❹ [차트 이동] 대화상자가 나타나면 [새 시트]를 선택하고, ❺ 필요에 따라 시트명(이름) '차트분석'을 입력하고, ❻ [확인]을 클릭합니다.

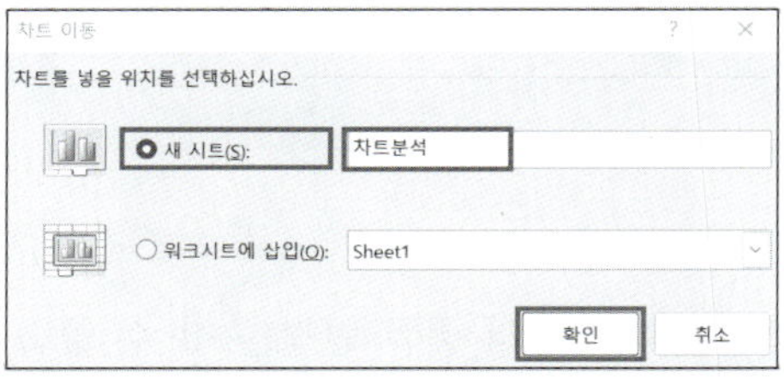

❼ 위 순서 ❺에서 입력한 이름의 차트 시트가 생성되고 그 시트로 차트가 이동됩니다.

08

8.9 차트 종류 변경

이미 만들어진 차트는 언제든지 차트의 종류 변경을 할 수 있습니다. 차트 종류를 변경하려면 [차트 디자인] 탭의 [차트 종류 변경]에서 변경하고 싶은 차트를 선택해야 합니다.

8.9.1 세로 막대형 차트를 가로 막대형 차트로 변경

다음의 예시에서는 세로 막대형 차트를 같은 종류의 가로 막대형 차트로 변경하고 있어서 별다른 지장이 없습니다. 하지만 예를 들어 원형 차트 등 형식이 다른 차트로 변경하면 데이터를 읽기 어려울 수 있으므로 주의가 필요합니다.

실습

❶ 차트를 클릭하고, ❷ [차트 디자인] 탭을 클릭한 다음, ❸ [차트 종류 변경]을 클릭합니다. ❹ [차트 종류의 변경] 대화상자의 [모든 차트]를 클릭합니다.

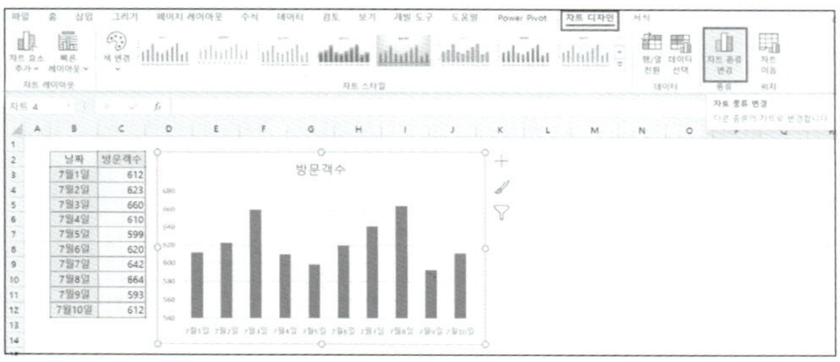

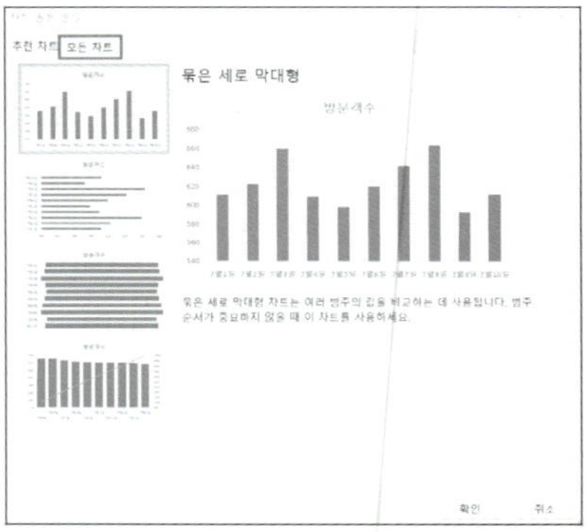

❺ 차트의 종류(여기서는 "가로 막대형")를 클릭하고, ❻ 차트의 형식(여기에서는 "묶은 가로 막대형")을 클릭합니다. ❼ [확인]을 클릭하면,

❽ 차트의 종류가 변경됩니다.

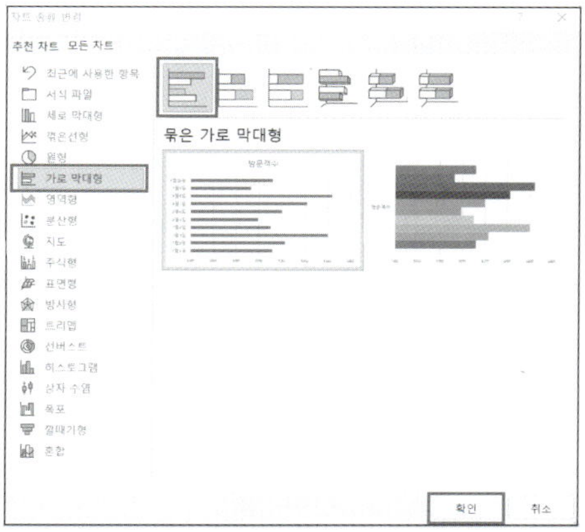

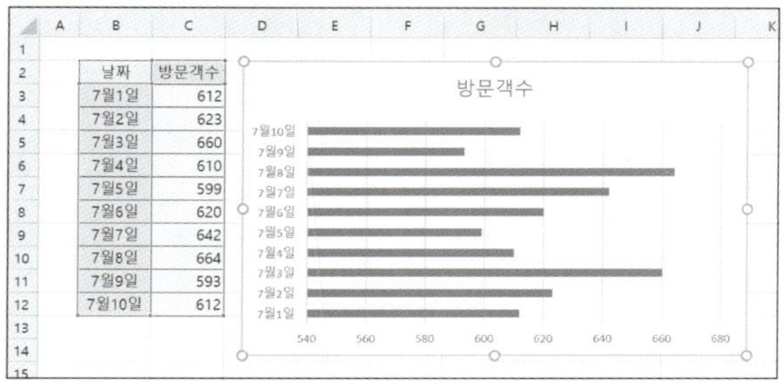

축 제목의 방향 변경

차트의 종류를 변경하면 차트에 따라 축 제목 등의 텍스트 방향이 변경 전의 차트 그대로 표시될 수 있습니다. 이럴 때는 서식 설정에서 텍스트 방향을 변경합니다.

❶ 변경할 차트 요소(여기에서는 "가로축 제목")를 클릭하여, ❷ [서식] 탭을 클릭하고, ❸ [선택 영역 서식]을 클릭합니다.

❹ [텍스트 옵션]을 클릭하여, ❺ [텍스트 상자]를 클릭하고, ❻ '텍스트 방향'의 우측 드롭다운 버튼 ▼ 을 클릭합니다.

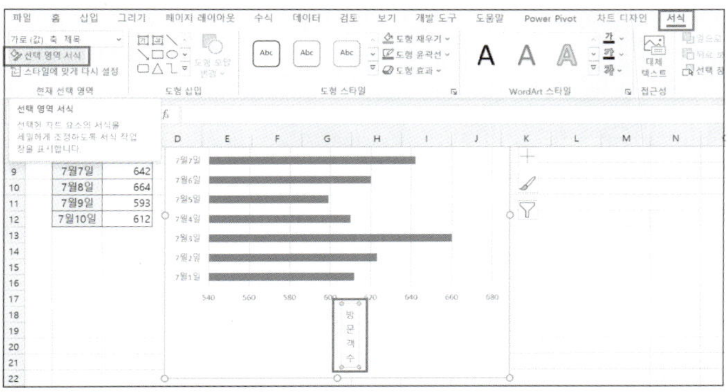

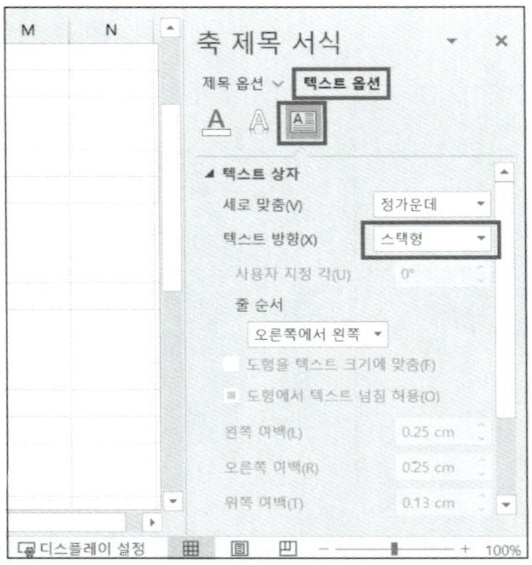

❼ [가로]를 클릭하면,

❽ 축 제목의 텍스트 방향이 가로쓰기가 됩니다. 닫기 ☒를 클릭하고 작업 창을 닫습니다.

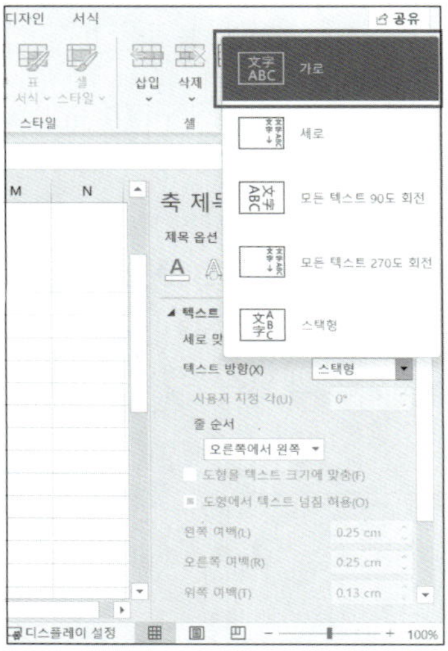

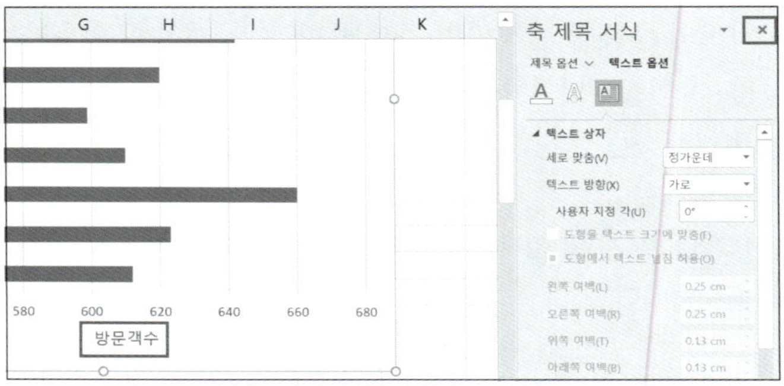

연습문제

01 셀 범위를 주의하면서 다음과 같은 차트를 만들어 보세요.

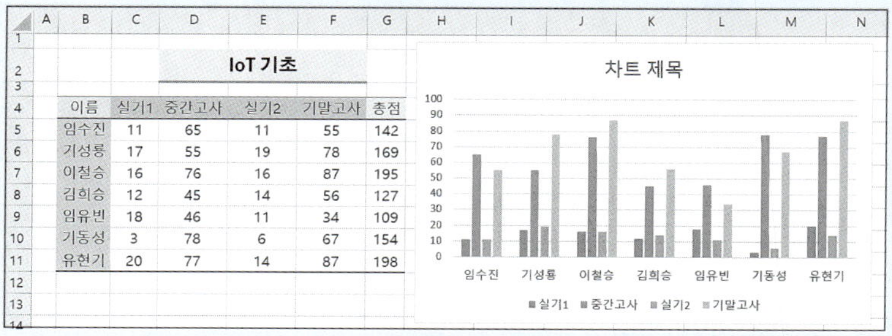

IoT 기초

이름	실기1	중간고사	실기2	기말고사	총점
임수진	11	65	11	55	142
기성룡	17	55	19	78	169
이철승	16	76	16	87	195
김희승	12	45	14	56	127
임유빈	18	46	11	34	109
기동성	3	78	6	67	154
유현기	20	77	14	87	198

02 셀 범위를 주의하면서 다음과 같은 차트를 만들어 보세요.

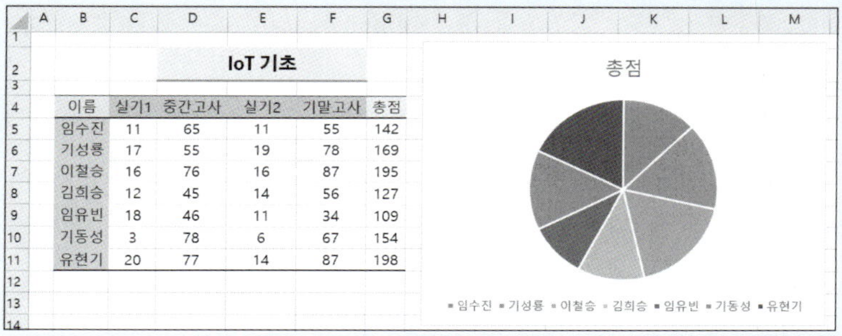

IoT 기초

이름	실기1	중간고사	실기2	기말고사	총점
임수진	11	65	11	55	142
기성룡	17	55	19	78	169
이철승	16	76	16	87	195
김희승	12	45	14	56	127
임유빈	18	46	11	34	109
기동성	3	78	6	67	154
유현기	20	77	14	87	198

03 다음과 같이 차트의 종류를 변경해 보세요.

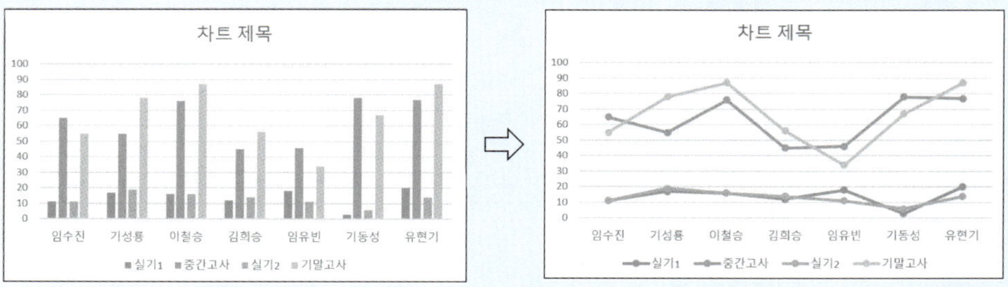

08

CHAPTER

09

차트 편집

9.1 차트 제목 설정

Excel의 디폴트 상태에서 만들어진 차트는 원본 데이터를 표시하지 않는 경우가 많아서 차트 제목을 붙이는 것이 일반적입니다. 차트 제목은 직접 입력하는 방법과 표 제목에 링크를 거는 방법이 있습니다.

9.1.1 차트 제목의 직접 입력

실습

❶ 차트를 선택하고,

❷ 차트 제목을 클릭합니다.

❸ 디폴트로 입력된 텍스트를 드래그하여 편집 상태로 만들고,

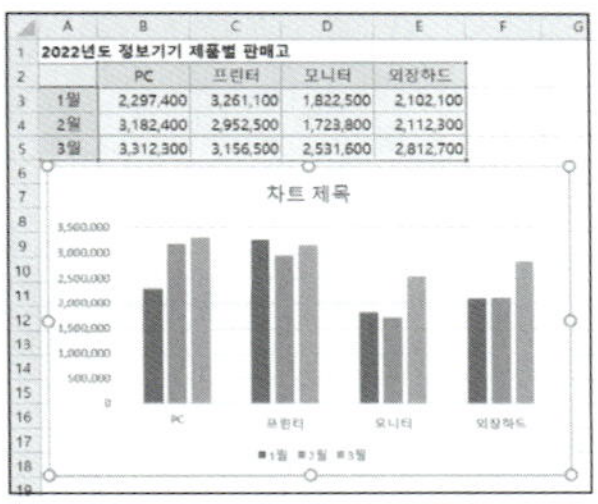

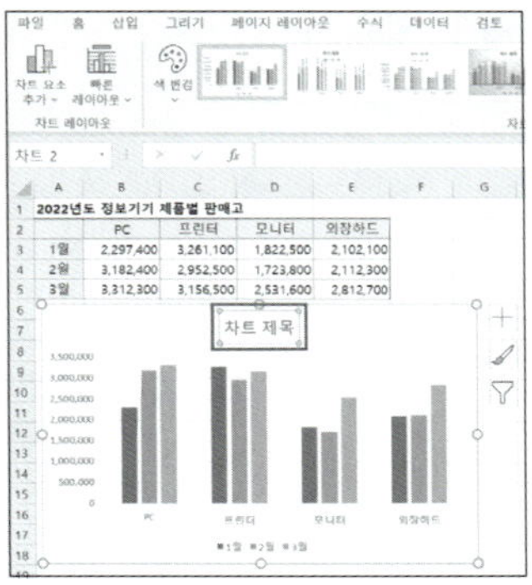

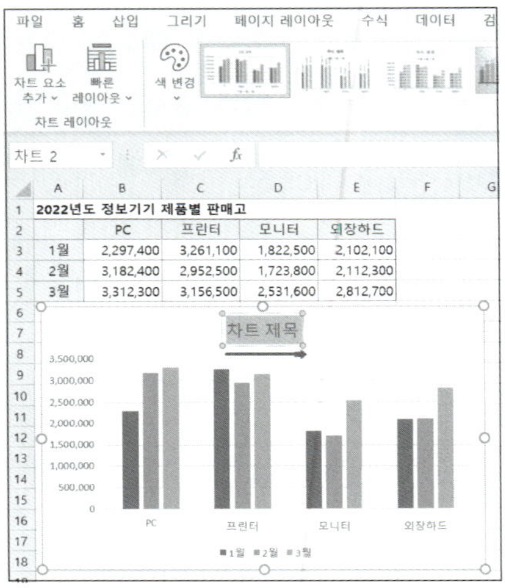

❹ 차트 제목 '2022년도 정보기기 제품별 판매고'를 입력합니다.

❺ 차트 제목 이외의 부분을 클릭하면, ❻ 차트 제목이 완성됩니다.

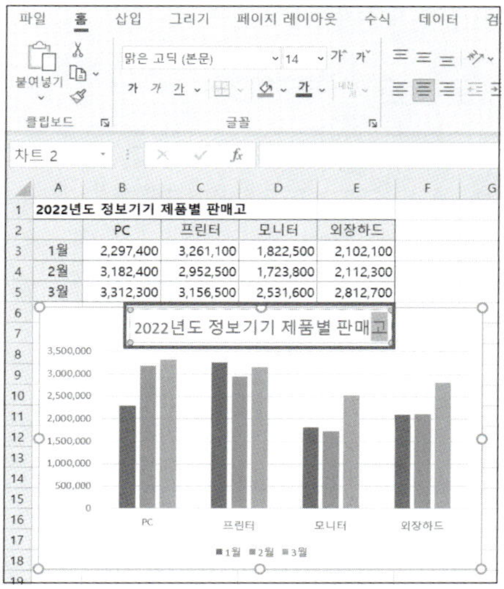

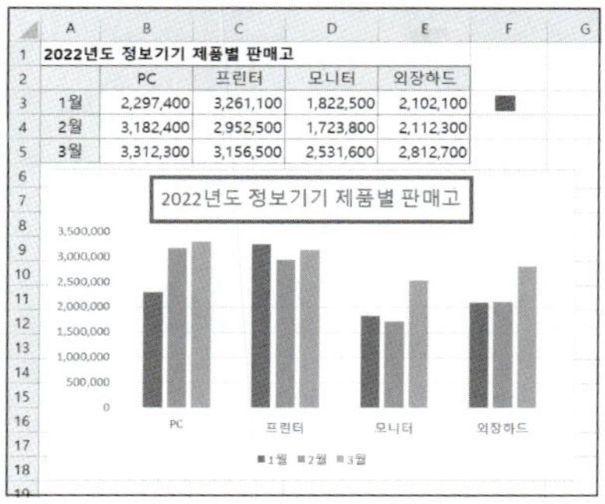

9.1.2 차트 제목을 셀 내의 문자열과 링크하기

다음의 예시와 같은 방법으로 차트 제목이 연결된 상태에서 다시 차트 제목 링크를 해제하고 새 제목을 입력하고 싶으면, 차트 제목을 누른 후 수식 입력줄의 표시된 수식을 삭제하고 새 차트 제목을 수식 입력줄에 입력합니다.

실습

❶ 차트를 만들고 차트 제목을 클릭합니다.

❷ 수식 입력줄에 '='라고 입력하고,

❸ 제목에 표시하고자 하는 텍스트가 입력된 셀(여기서는 셀 A1)을 클릭한 후,

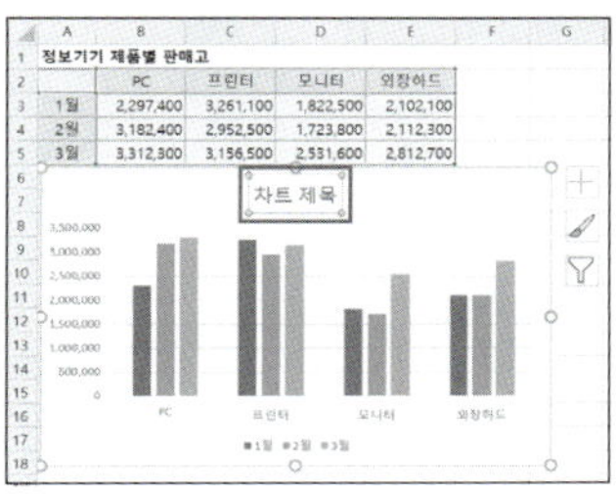

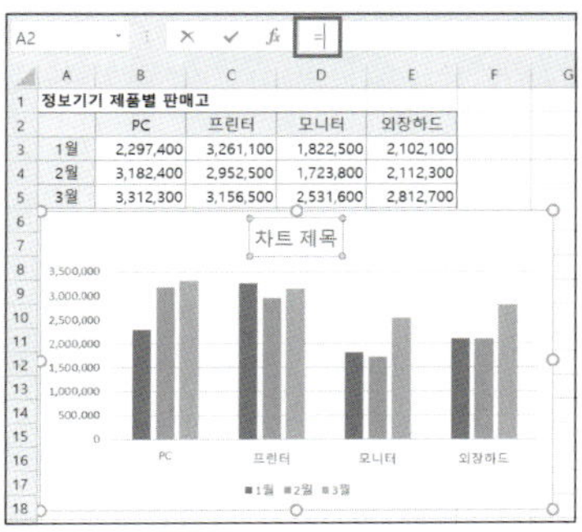

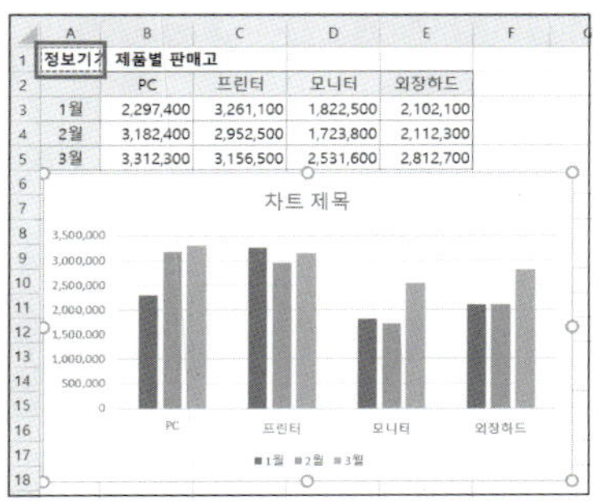

❹ Enter↵를 누르면, ❺ 차트 제목에 셀 A1에 입력된 텍스트가 표시됩니다.

❻ 셀 A1의 데이터를 변경하면, ❼ 차트 제목도 자동으로 변경됩니다.

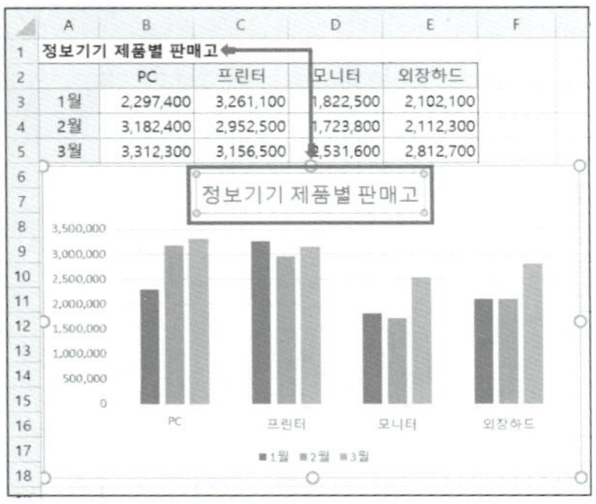

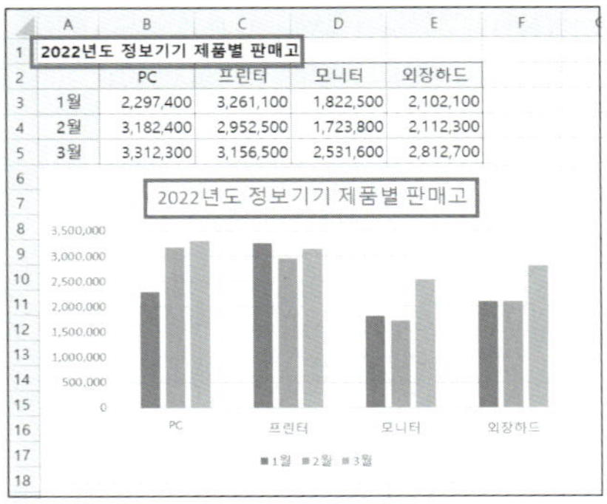

9.2 차트 전체의 위치 및 크기 변경

차트 전체를 임의의 위치로 이동하려면 차트를 선택해서 원하는 위치로 드래그해야 합니다. 또한 차트를 선택하면 주위에 표시되는 크기 변경 핸들을 드래그하여 임의의 크기로 변경할 수 있습니다.

9.2.1 차트 전체를 임의의 위치로 이동

실습

❶ 차트 전체를 선택합니다. 차트 전체를 선택할 때는 차트 영역의 아무것도 없는 곳을 클릭합니다.
❷ 원하는 위치(여기서는 셀 B6 근방)로 드래그하면,
❸ 차트 전체가 이동합니다.

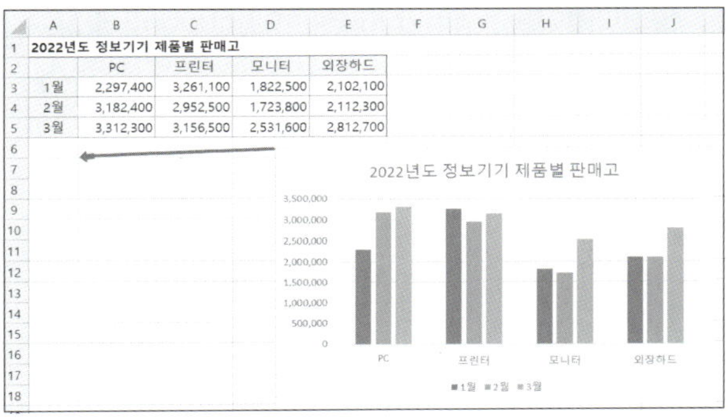

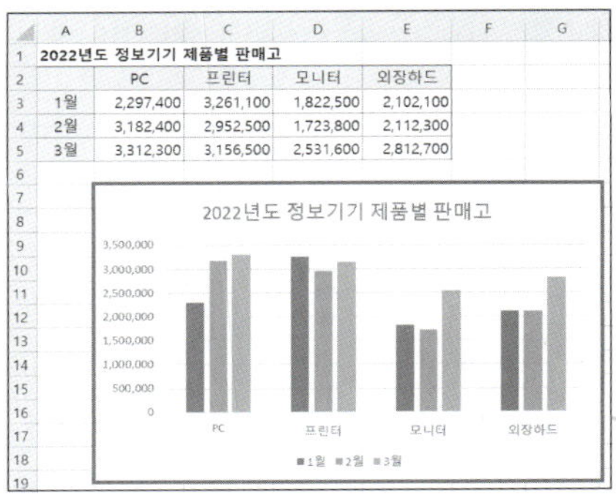

09

9.2.2 차트 전체의 크기 변경

차트 크기를 변경해도 텍스트 크기는 변하지 않습니다. 텍스트 크기를 변경하는 방법에 대해서는, 본서의 관련 부분을 참조해 주세요.

차트 영역을 클릭하고 Alt를 누르면서 드래그하면 셀에 맞게 차트를 이동할 수 있습니다. Alt를 누르면서 크기 변경 핸들을 드래그하면 셀에 맞게 차트 크기를 변경할 수도 있습니다.

실습

❶ 차트 전체를 선택하고, ❷ 차트의 크기 변경 핸들에 마우스 포인터를 맞추고 마커의 표시가 바뀐 상태에서,

❸ 변경하고 싶은 크기가 될 때까지 바깥쪽(혹은 안쪽)으로 드래그하면,

❹ 차트 전체의 크기가 변경됩니다.

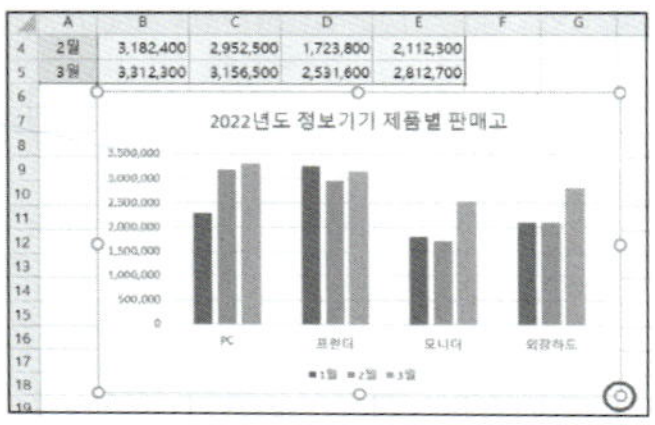

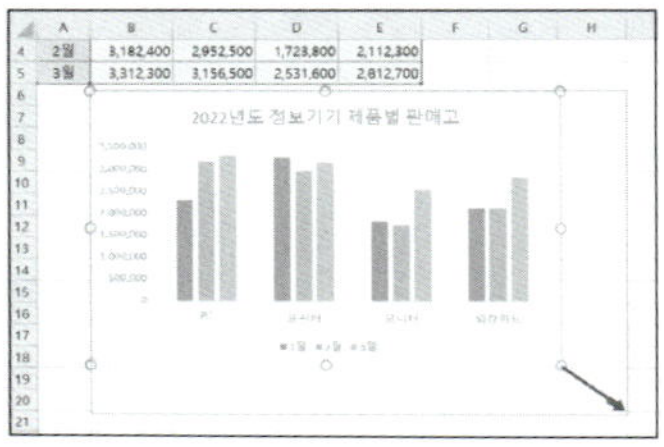

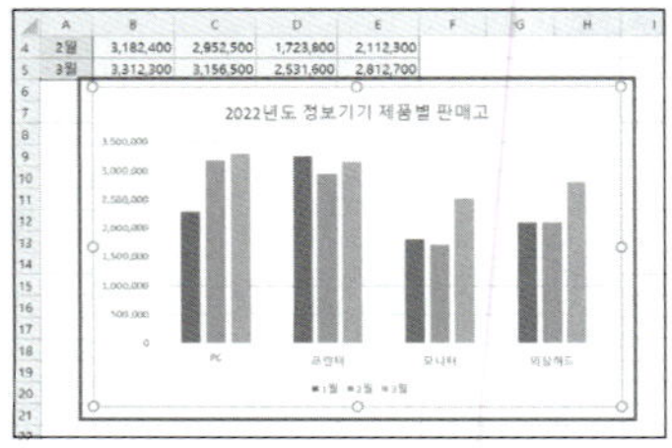

9.3 차트 요소의 위치 및 크기 변경

차트 요소를 원하는 위치로 이동시키려면 차트 요소를 드래그해야 합니다. 또한 크기를 변경하려면 차트 요소를 클릭하고 주위에 표시되는 크기 변경 핸들을 드래그해야 합니다.

9.3.1 차트 요소를 임의의 장소로 이동시키기

실습

여기에서는 차트 제목을 원하는 위치로 이동시킵니다.

❶ 차트 제목의 테두리에 마우스 포인터를 맞추면 마우스 마커가 ✥ 로 전환됩니다.

❷ 마우스 좌클릭한 상태로 원하는 위치까지 드래그하면,

❸ 차트 요소가 이동됩니다.

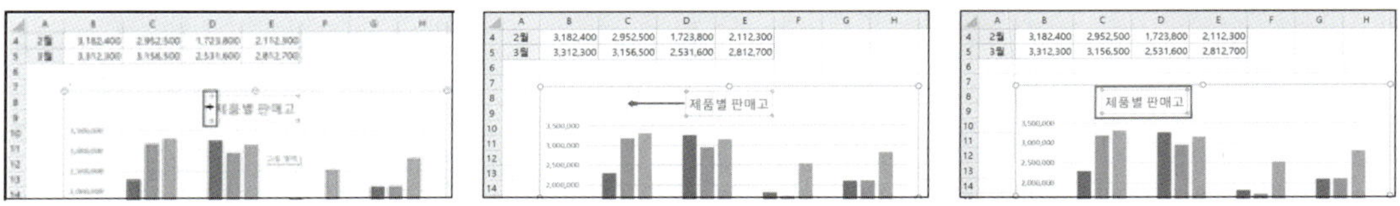

9.3.2 차트 요소를 임의의 크기로 변경하기

차트 제목이나 축 제목 등 텍스트가 입력된 차트 요소는 크기를 변경할 수 없습니다. 그 대신에 텍스트 크기는 변경할 수 있습니다. 또한 차트 요소의 종횡비(가로세로비)를 유지한 채로 크기를 변경하고 싶다면 Shift를 누르면서 크기 변경 핸들을 드래그해야 합니다. 차트 전체의 크기를 변경할 때도 마찬가지입니다.

실습

여기서는 차트의 "그림 영역"의 크기를 변경합니다.

❶ 그림 영역을 클릭합니다. ❷ 크기 변경 핸들에 마우스 포인터를 맞추고 마우스 포인터가 ↘로 바뀐 상태에서,

❸ 변경하고 싶은 크기가 될 때까지 안쪽(혹은 바깥쪽)으로 드래그하면,

❹ 그림 영역의 크기가 변경됩니다.

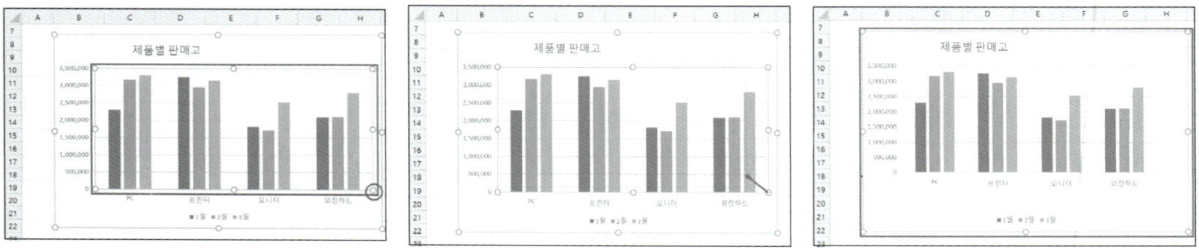

9.4 데이터의 행과 열의 교체

차트의 디폴트 상태에서는 원본 데이터의 행과 열 중 수가 많은 쪽이 가로축이 되지만 차트의 용도에 따라서는 그 반대가 편리한 때도 있습니다. 그러한 경우에는 행과 열(가로축과 범례)을 교체합니다.

원본 데이터와 차트 축의 관계

차트를 만들면 원본 데이터의 행과 열의 데이터 중 수가 많은 편(이 경우는 '제품명')이 가로축이 됩니다. 적은 편(이 경우는 「월」)이 데이터 계열(막대형 차트)이 되어 범례로 표시됩니다.

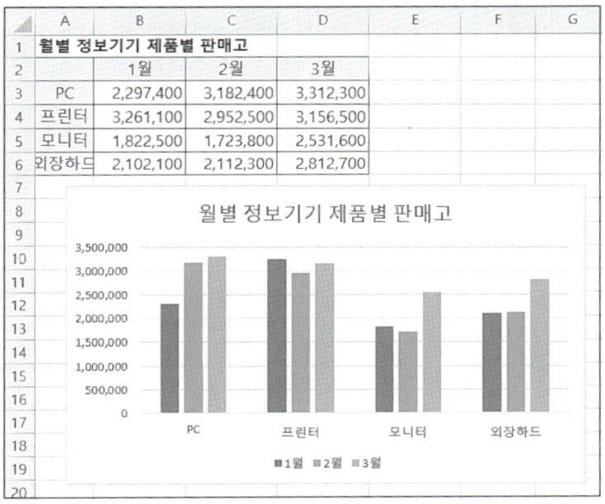

09

9.4.1 차트의 범례와 가로축의 교체

다음 예시의 방법 이외에 차트를 선택하고 [차트 디자인] 탭에서 [데이터] 그룹의 [행/열 전환]을 클릭해서 교체할 수도 있습니다.

실습

❶ 차트를 선택한 후, ❷ [차트 디자인] 탭을 클릭하고, ❸ [데이터의 선택]을 클릭합니다.
❹ [데이터 원본 선택] 대화상자에서 [행/열 전환]을 클릭하면,
❺ 행과 열이 바뀝니다. ❻ [확인]을 클릭하면,

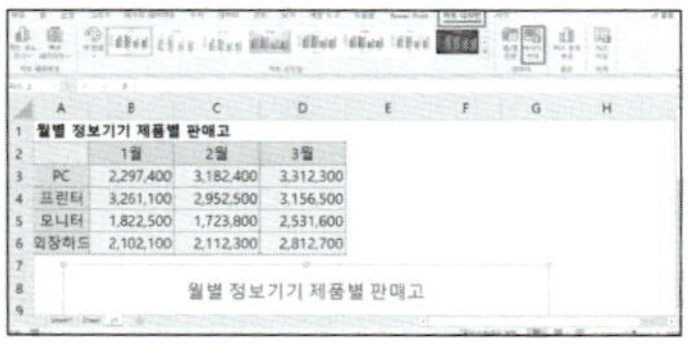

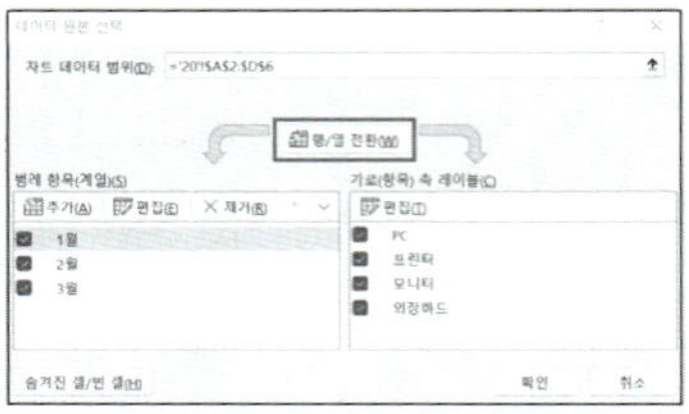

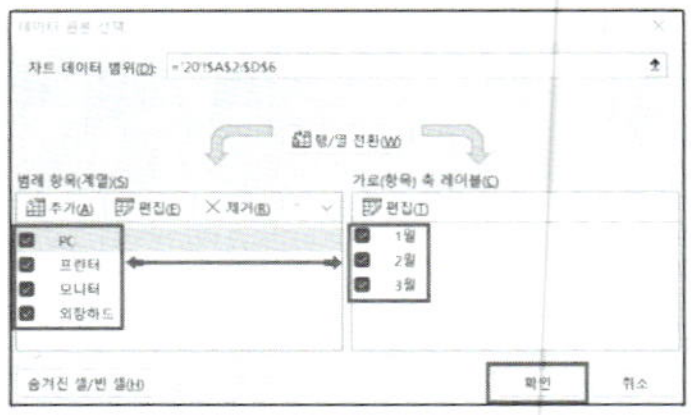

❼ 차트의 가로축과 범례가 바뀝니다. '제품명'이 범례가 되고 '월'이 가로축 항목으로 전환됩니다.

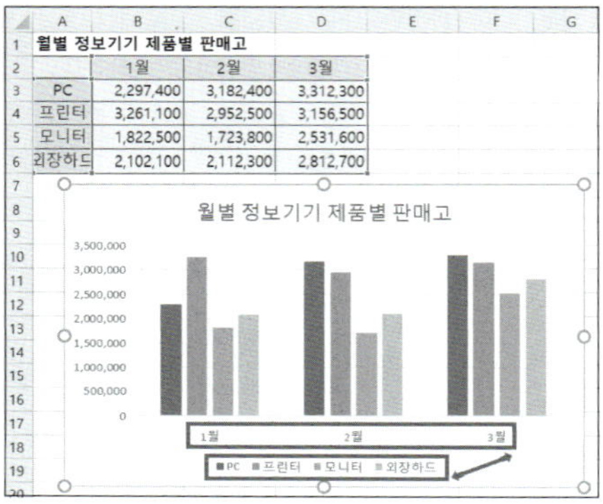

9.5 참조할 데이터의 설정

차트의 데이터 범위를 추가하거나 삭제할 수 있습니다. 또한 차트 필터를 사용하여 차트에 표시할 데이터를 개별적으로 선택할 수 있습니다.

9.5.1 차트에 데이터의 범위 추가

실습

❶ 차트를 클릭하면, ❷ 차트의 근원이 되는 데이터의 범위가 색상의 테두리로 둘러싸입니다. ❸ 그 테두리의 모서리 핸들에서 마우스 포인터가 ⤡로 바뀐 상태에서,

❹ 추가하고 싶은 데이터 범위까지 드래그하면, ❺ 원본 데이터의 표 셀에 맞춰서 데이터 요소가 추가됩니다. 데이터 범위를 삭제할 때도 동일한 방법으로 드래그합니다.

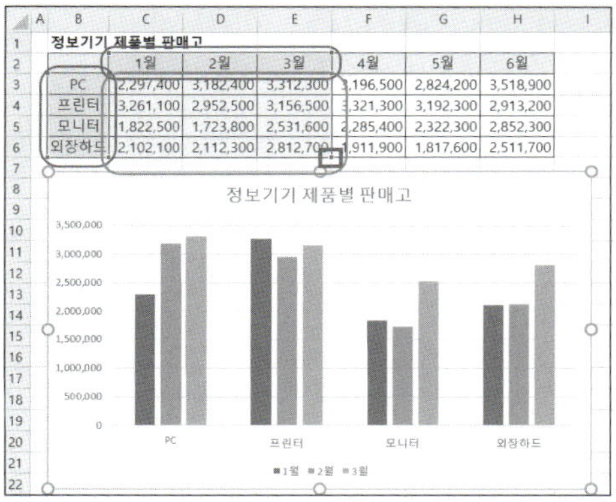

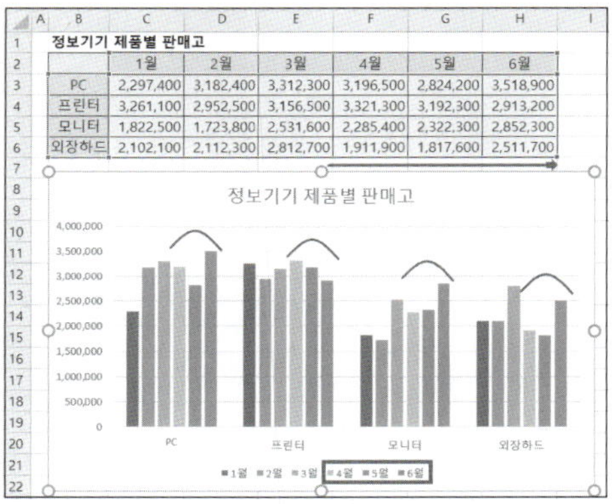

9.5.2 떨어진 위치에 있는 데이터의 범위 추가

추가하고 싶은 데이터가 원본 데이터 범위와 연속하고 있지 않은 경우는 [데이터 원본 선택] 대화상자를 사용합니다. 또한 삭제할 경우는 삭제할 항목을 클릭하여 삭제합니다.

실습

❶ 차트를 클릭합니다. ❷ [차트 디자인] 탭을 클릭하고, ❸ [데이터의 선택]을 클릭하면, ❹ [데이터 원본 선택] 대화상자가 표시됩니다. ❺ Ctrl을 누르면서 추가하고 싶은 셀 범위(여기에서는 셀 G2:I6)를 선택한 후, ❻ [확인]을 클릭하면,

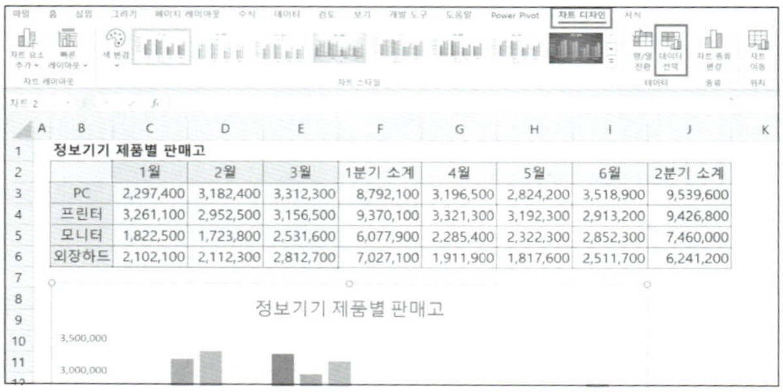

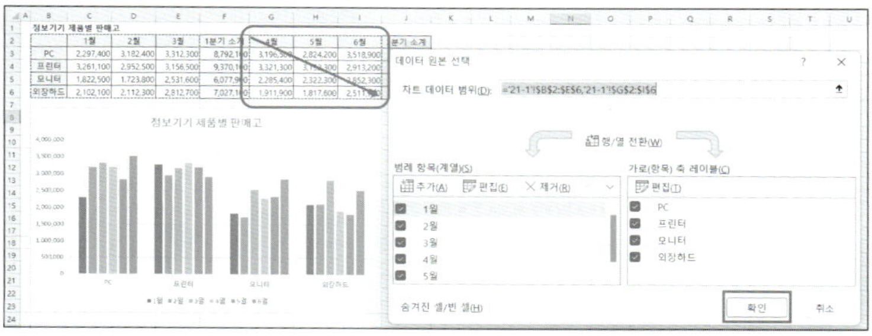

❼ 데이터 계열(여기서는 「4월」 「5월」 「6월」)이 추가됩니다.

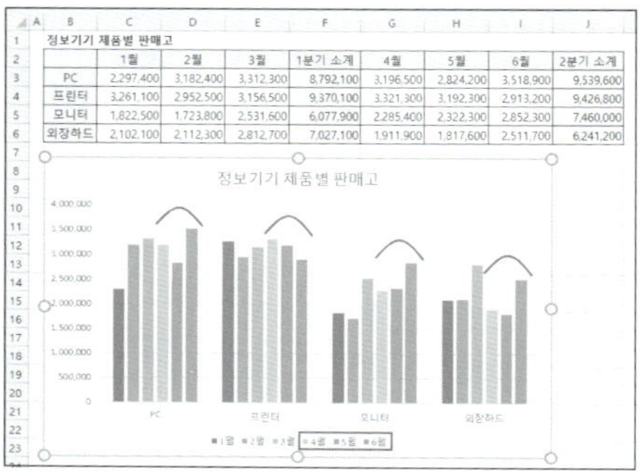

9.5.3 차트에 표시할 데이터의 선택

데이터 요소도 다음의 예시와 같은 방법으로 차트 필터 메뉴의 [카테고리]로 표시/비표시를 전환할 수 있습니다.

실습

여기에서는 데이터 계열을 편집합니다.

❶ 차트를 클릭하여, ❷ [차트 필터]를 클릭합니다.

❸ 표시하고 싶지 않은 계열 '2월, 4월, 6월'을 클릭하여 해제하고, ❹ [적용]을 클릭하면, ❺ 체크된 데이터 계열만 표시됩니다. ❻ 차트 밖의 셀을 클릭하면 메뉴가 닫힙니다.

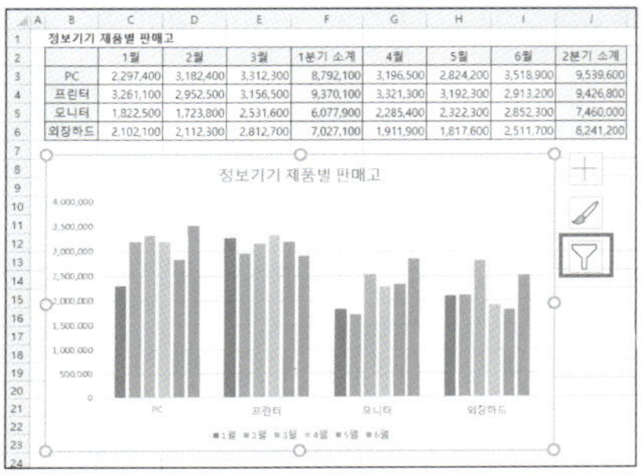

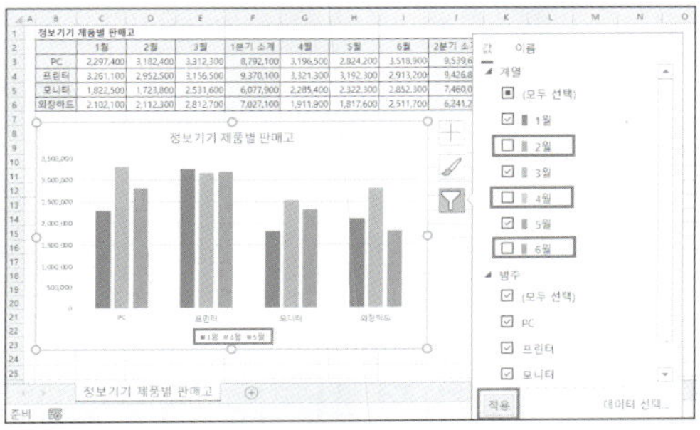

모든 데이터 계열의 표시 방법

해제하고자 하는 계열이 많이 있는 경우는 위 순서 ❸에서 "(모두 선택)"을 클릭해서 일단 모든 계열을 해제하고, 표시하고 싶은 계열을 체크합니다.

❼ 다시 차트를 선택합니다. ❽ [차트 필터]를 클릭해서 메뉴를 표시하고, ❾ 모든 계열을 클릭하여 체크합니다. ❿ [적용]을 클릭하면,

⓫ 모든 데이터 계열이 표시됩니다. ⓬ 차트 밖의 셀을 클릭하면 메뉴가 닫힙니다.

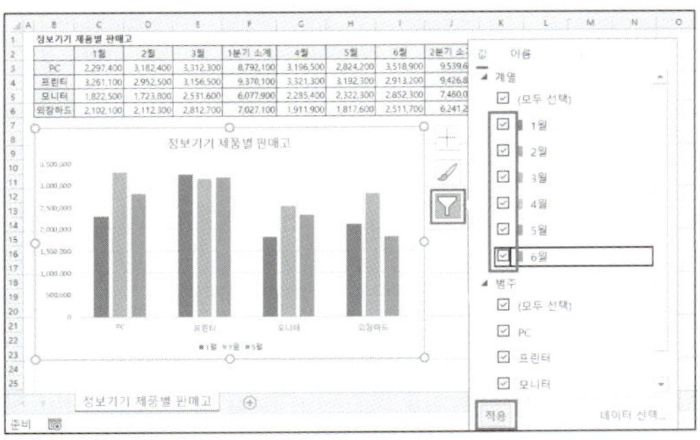

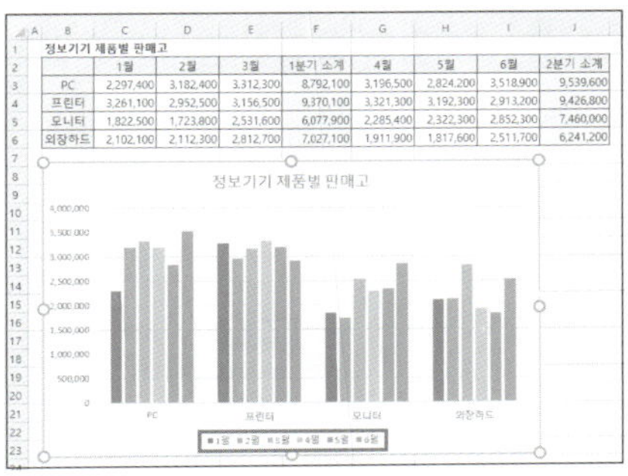

9.6 항목 순서의 원본 데이터와 맞추기

가로 막대형 차트를 만들면 항목 축의 정렬이 원본 데이터의 항목과 반대 순서로 표시됩니다. 원본 데이터의 항목과 항목 축의 정렬을 같게 하려면 축을 반전('항목을 거꾸로')시켜야 합니다.

원본 데이터

	A	B	C	D	E
1		수강생수 추이			
2			2020년도	2021년도	증감
3		정보사회	320	352	32
4		AI이해	91	120	29
5		메타버스	210	331	121
6		기독교사회	89	120	31
7		해외탐방	53	78	25

9.6.1 한 축의 반전(항목을 거꾸로)

축을 반전시키면 가로축 및 가로축 제목이 차트의 위쪽에 표시되므로, 다음 예시의 순서 ❻에서 [가로축 교차]를 [최대 항목]으로 설정하고 가로축 및 가로축 제목을 차트의 아래쪽에 배치합니다.

실습

가로 막대형 차트를 만들면 항목 축의 정렬이 거꾸로 됩니다.

❶ 항목 축을 클릭합니다. ❷ [서식] 탭을 클릭하고, ❸ [선택 영역 서식]을 클릭하면, ❹ [축의 서식] 작업 창이 표시됩니다. ❺ [항목을 거꾸로]를 체크합니다. ❻ [가로축 교차]의 [최대 항목]을 체크하면, ❼ 항목 축의 내림차순 정렬이 됩니다.

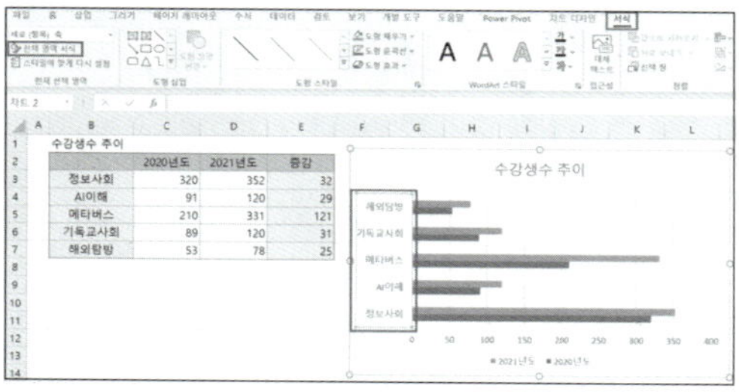

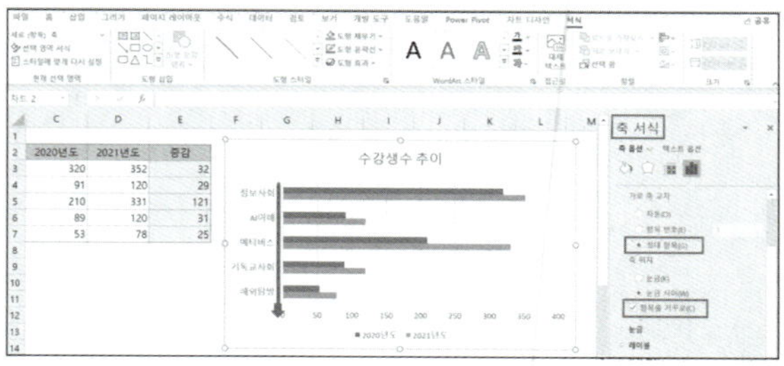

9.7 항목 도중에 줄 바꿈

차트의 근원이 되는 표에 입력한 항목 이름이 길 경우, 그 상태에서 차트를 만들면 항목 이름이 넘쳐서 표시되지 않을 수 있습니다. 이런 경우는 항목 이름 중간에서 줄 바꿈을 실행합니다.

긴 항목 이름이 있는 표를 차트로 만들면 항목 이름 이외의 차트 요소의 표시가 작아지고 차트는 보기 어렵게 됩니다.

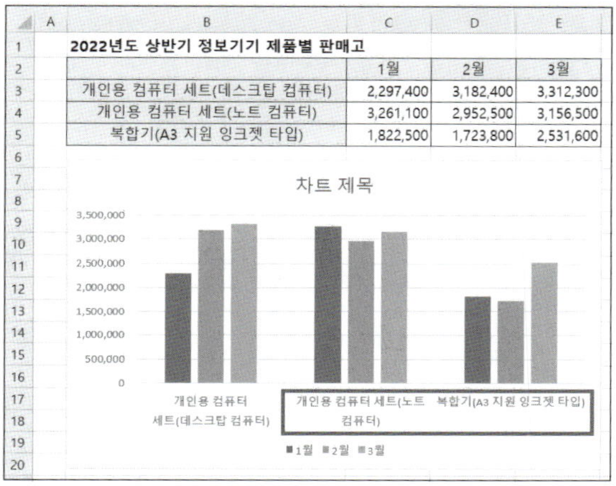

2022년도 상반기 정보기기 제품별 판매고

	1월	2월	3월
개인용 컴퓨터 세트(데스크탑 컴퓨터)	2,297,400	3,182,400	3,312,300
개인용 컴퓨터 세트(노트 컴퓨터)	3,261,100	2,952,500	3,156,500
복합기(A3 지원 잉크젯 타입)	1,822,500	1,723,800	2,531,600

09

9.7.1 항목 이름의 도중에 줄 바꿈

셀에 입력된 항목 이름이 긴 경우, [홈] 탭에서 [맞춤] 그룹의 [자동 줄 바꿈]을 이용하면 셀의 폭에 맞추어 여러 행으로 표시할 수 있습니다. 이 경우, 줄 바꿈 위치는 셀의 폭에 맞추어 자동으로 설정됩니다. 한편 항목 이름 자체는 한 줄 그대로 남아 있어서 차트에 표시하는 경우도 긴 항목 이름 그대로입니다.

실습

❶ 항목 이름이 입력된 셀을 클릭하여 선택하여, ❷ 수식 입력줄에서 줄 바꿈하는 위치에 커서를 맞추고, ❸ Alt를 누르면서 Enter↵를 누르면 줄 바꿈이 됩니다. ❹ Enter↵를 눌러 셀 입력을 확정하면, ❺ 항목 이름의 중간에서 줄 바꿈이 되어 표시됩니다.

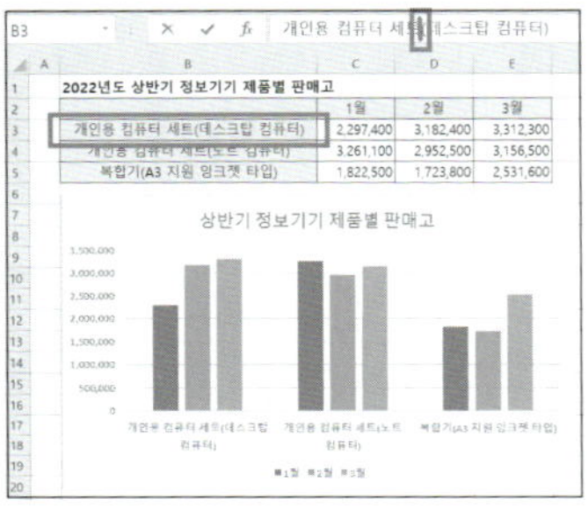

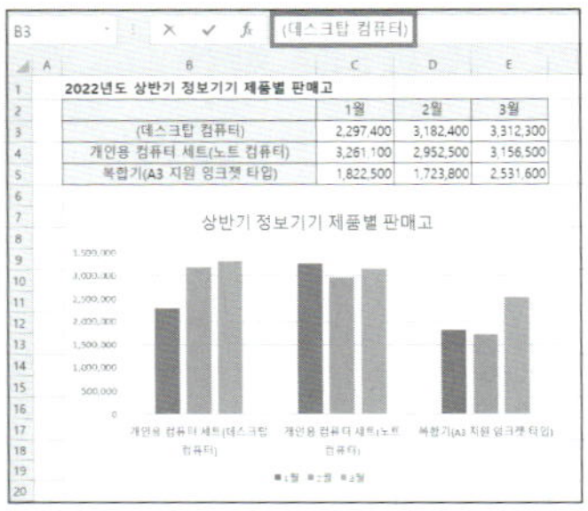

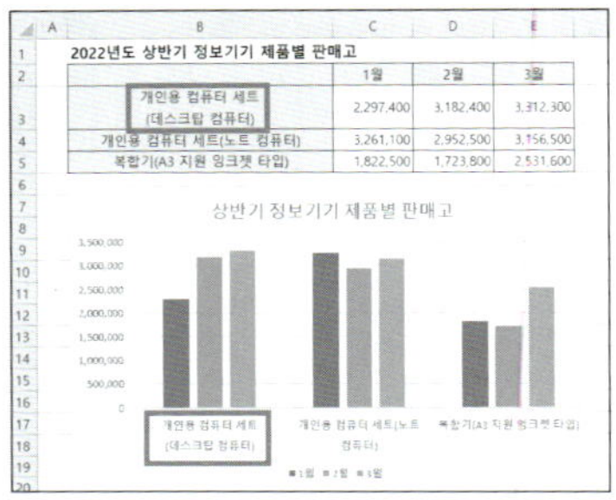

❻ 같은 방법으로 다른 셀의 항목 이름도 줄 바꿈하면, ❼ 해당 차트 항목 이름도 줄 바꿈되어 표시됩니다.

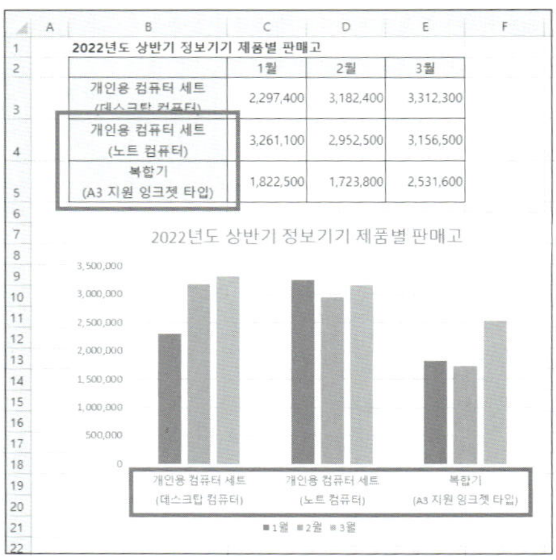

9.8 범례의 위치 이동

차트를 생성하면 범례가 나타나지만 표시 위치에 따라 보기 어려울 수 있습니다. 이러한 경우는 [차트 요소]를 이용하거나 마우스로 드래그하여 표시 위치를 변경합니다.

9.8.1 범례를 차트 오른쪽에 표시하기

실습

❶ 차트를 클릭하고, ❷ [차트 요소]를 클릭합니다. ❸ [범례]에 마우스 포인터를 맞추고 ▶을 클릭한 후, ❹ [오른쪽]을 클릭하면, ❺ 범례가 차트 오른쪽에 표시됩니다.

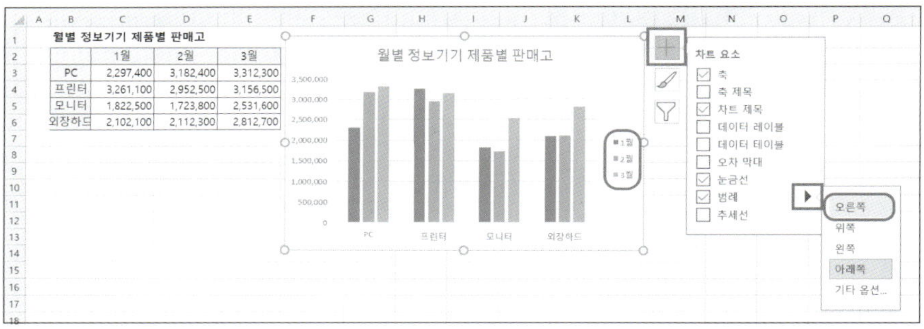

9.8.2 범례를 임의의 위치로 이동하기

범례를 삭제하려면 [차트 요소]를 클릭하고 [범례]를 클릭하여 삭제해야 합니다. 또는 범례를 선택하고 Delete를 눌러도 삭제할 수 있습니다.

실습

❶ 범례를 클릭하여, ❷ 마우스 포인터가 ✥로 바뀐 상태에서,

❸ 원하는 위치로 드래그하면,

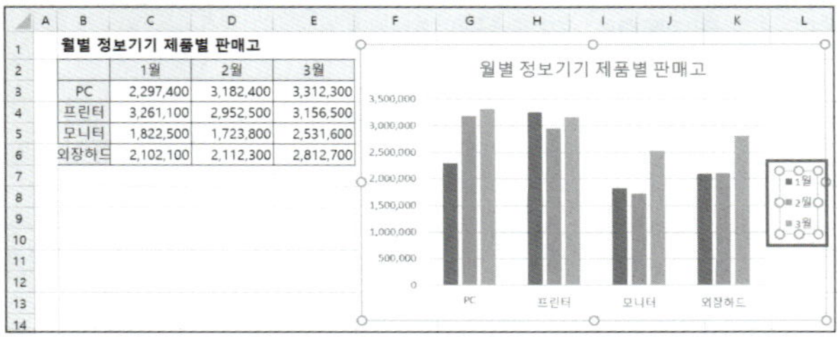

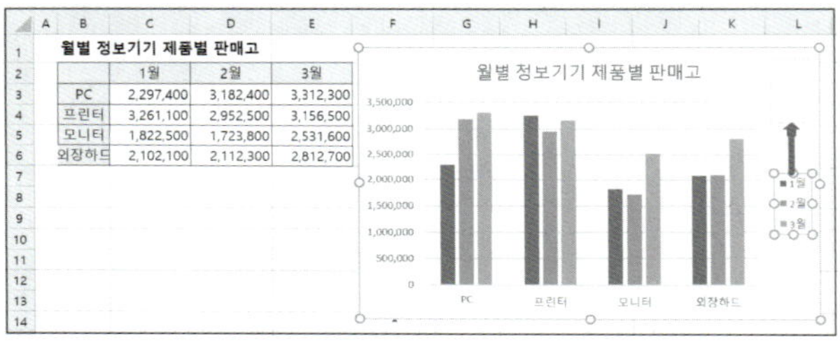

❹ 범례를 이동시킬 수 있습니다.

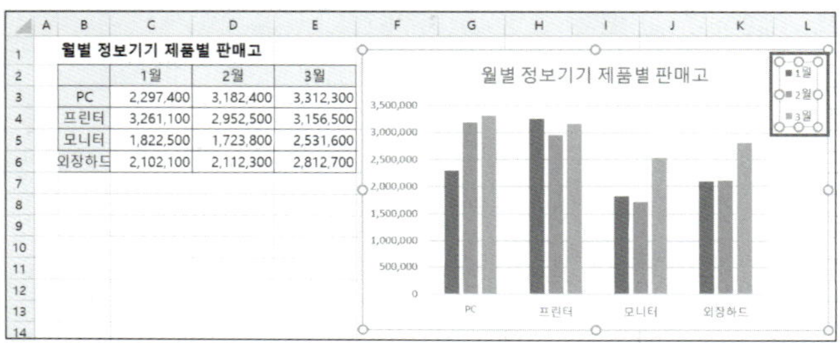

9.9 범례 직접 입력

차트를 생성하면 표시되는 범례는 원본 데이터로부터 자동으로 생성되지만 직접 입력하여 편집할 수도 있습니다. 편집하려면, [데이터 원본 선택] 대화상자를 이용해야 합니다.

9.9.1 범례에 표시된 텍스트 변경하기

다음의 예시와 같이 편집된 범례는 차트상으로만 표시가 변경됩니다. 원본 표에는 영향이 없습니다.

실습

❶ 차트를 클릭하여, ❷ [차트 디자인] 탭을 클릭하고, ❸ [데이터 선택]을 클릭합니다.

❹ 표시 내용을 변경하는 항목(여기에서는 「개인용 컴퓨터 세트(데스크탑 컴퓨터)」)를 클릭하고, ❺ [편집]을 클릭하면,

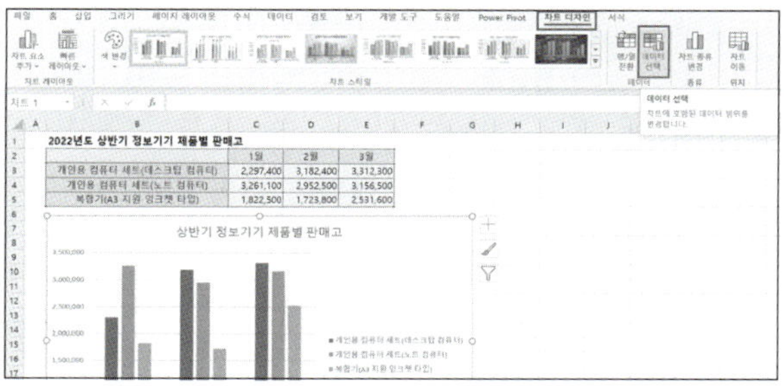

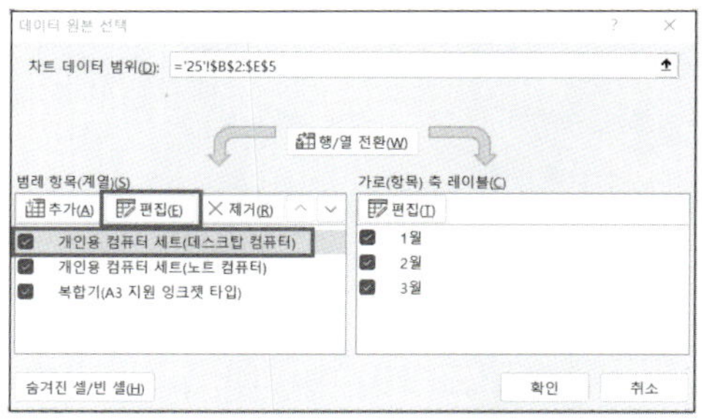

❻ [계열 편집] 대화상자가 표시됩니다. ❼ 선택한 항목이 입력된 셀의 참조가 표시되므로 ❽ '계열 이름'에 범례로 표시할 텍스트(여기서는 '데스크탑 컴퓨터')를 입력하고, ❾ [확인]을 클릭하면,

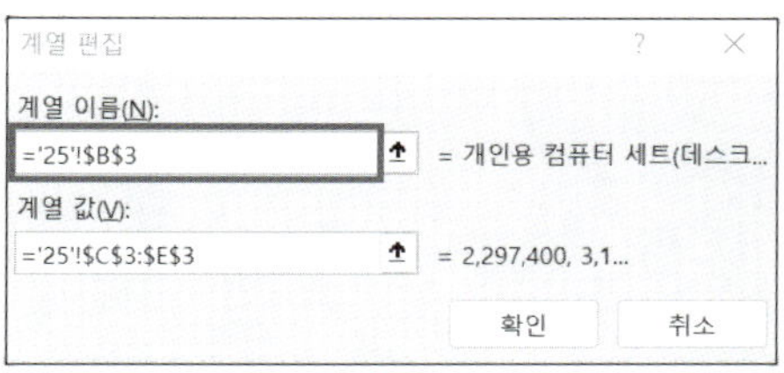

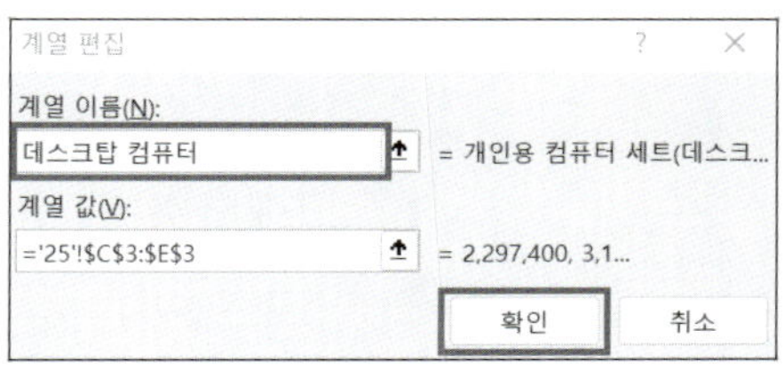

⑩ 선택한 범례 항목의 표시 내용이 "데스크탑 컴퓨터"로 변경됩니다. ⑪ 마찬가지로 다른 범례 항목도 변경하여, ⑫ [확인]을 클릭하면,

⑬ 차트의 범례에 표시되는 텍스트가 변경됩니다.

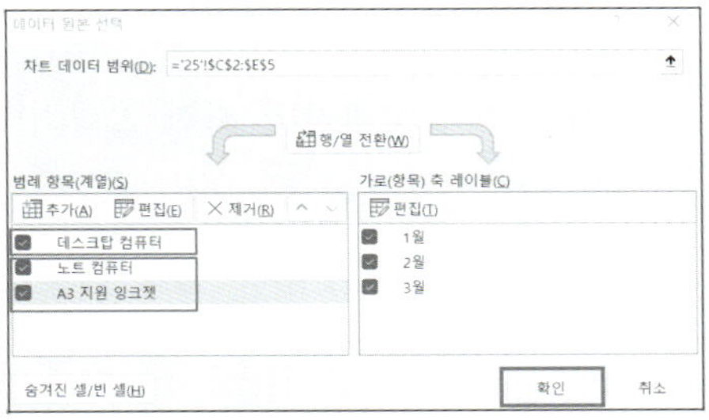

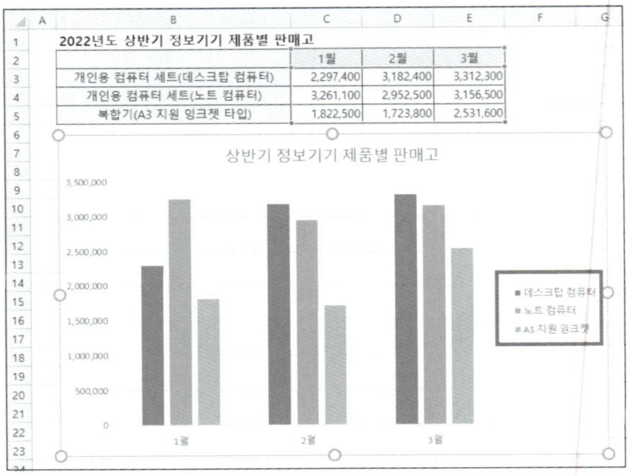

9.10 축 제목 표시

축 제목은 차트의 가로축과 세로축의 내용을 각각 알기 쉽게 표시하는 것으로, 차트의 종류에 따라 만든 직후 표시되지 않을 수 있습니다. 축 제목의 표시는 [차트 요소]로 설정합니다.

9.10.1 세로축 제목을 표시

다음의 예시 이외에도 [차트 디자인] 탭을 클릭하고 [차트 요소 추가]로부터 [축 제목]에 마우스 포인터를 맞춰서 [기본 세로] 클릭하는 방법도 있습니다. 한편 가로축 제목을 표시할 경우는 [차트 요소] 혹은 [차트 디자인]의 메뉴 항목에서 [기본 가로]를 선택합니다.

축 제목을 삭제하려면 [차트 요소]를 클릭하고 [축 제목]의 [기본 세로]를 해제하거나 축 제목을 선택하고 Delete를 눌러야 합니다.

실습

❶ 차트를 클릭하고, ❷ [차트 요소]를 클릭합니다. ❸ [축 제목]에 마우스 포인터를 맞추고 ▶를 클릭한 후, ❹ [기본 세로]을 체크합니다. ❺ 차트 왼쪽에 '축 제목'으로 표시됨으로 차트 밖의 셀을 클릭하면 차트 요소 메뉴가 닫힙니다.

❻ "축 제목"의 문자열을 드래그하여 선택하고,

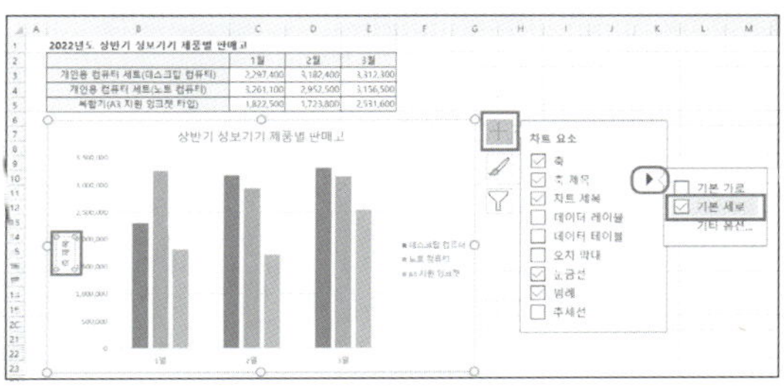

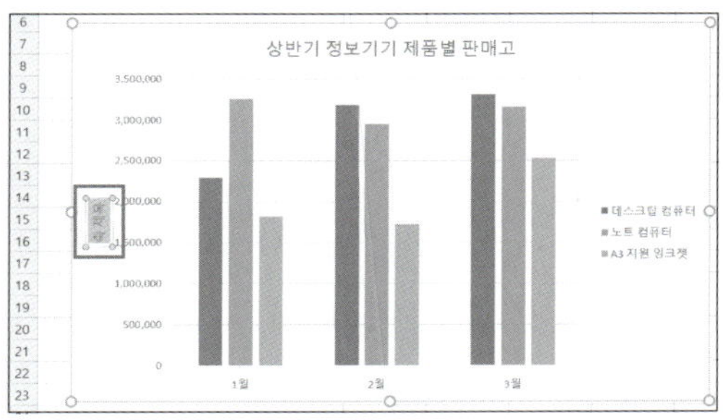

❼ 제목 이름 '판매액(원)'을 입력합니다. 축 제목 이외를 클릭하면 축 제목의 텍스트가 확정됩니다.

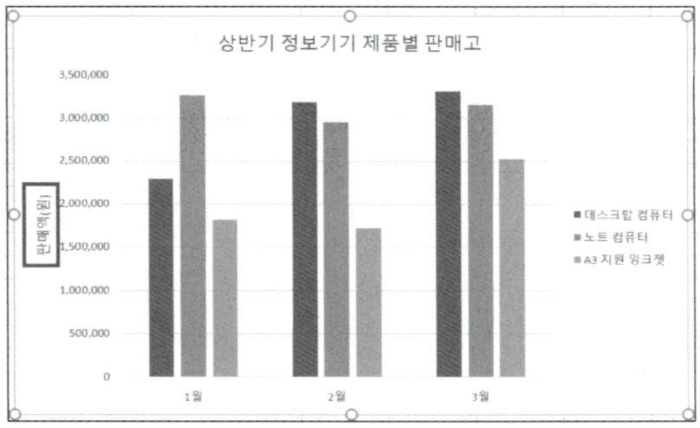

9.11 세로 쓰기/가로 쓰기의 전환

세로축 제목을 표시하면 초기설정에서는 텍스트가 '모든 텍스트 270도 회전'으로 표시됩니다. 문자열의 방향을 세로 쓰기로 변경하려면 [축 제목 서식] 작업 창에서 설정해야 합니다.

9.11.1 축 제목의 세로 쓰기 표시

실습

❶ 세로축 제목을 클릭합니다. ❷ [서식] 탭을 클릭하고, ❸ [선택 영역 서식]을 클릭하면, ❹ [축 제목 서식] 작업 창이 표시됩니다. ❺ [텍스트 옵션]을 클릭하여, ❻ [텍스트 상자]를 클릭합니다. ❼ '텍스트 방향'의 드롭다운 버튼 ▼을 클릭하고,

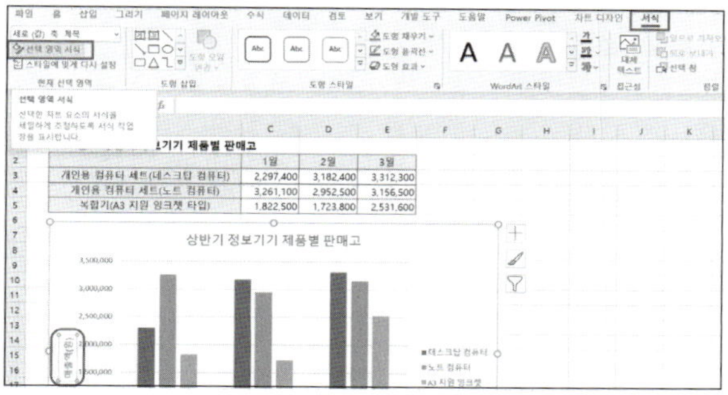

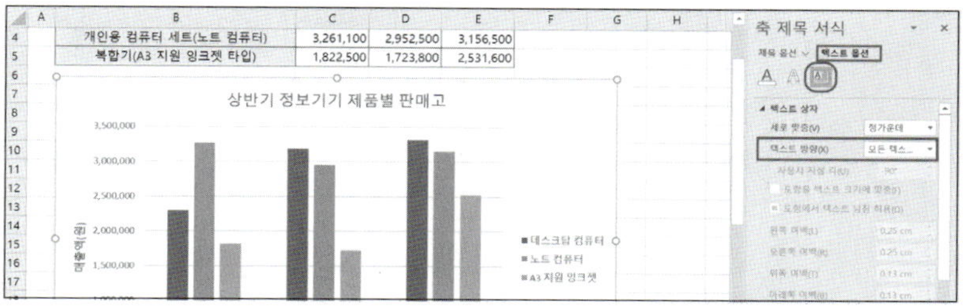

09

❽ [세로]를 클릭하고, ❾ [닫기]를 클릭해서, [축 제목 서식] 작업 창을 닫습니다. ❿ 세로축 제목의 텍스트가 세로 쓰기로 변경됩니다.

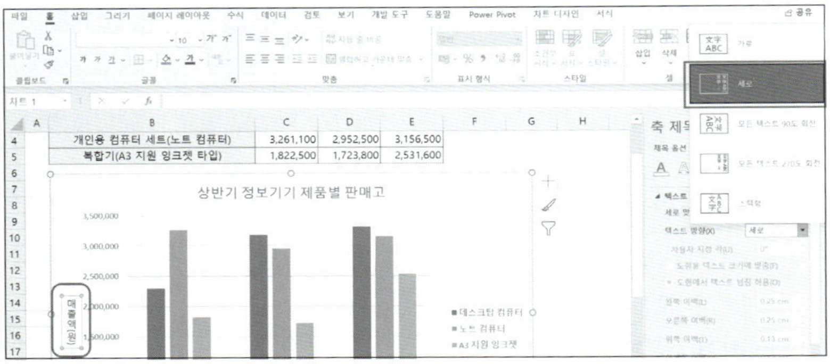

9.12 축 눈금 간격 설정

차트를 생성하면 눈금에 표시되는 수치의 간격은 자동으로 설정됩니다. 눈금의 간격이 너무 넓거나 좁으면 보기 어려워지므로 눈금의 간격을 변경해서 보기 쉽게 할 수 있습니다.

9.12.1 눈금의 간격 변경

눈금 간격 등 수치를 입력할 때는 수치를 그대로 입력하는 것 외에 지수 표기로도 입력할 수 있습니다.

예를 들어 '1000000'은 '1.E+06(1 곱하기 10의 6승의 의미)'이라고 입력할 수도 있습니다.

변경한 눈금 간격을 원래의 값(초기값)로 되돌리려면, 다시 [축 서식] 작업 창을 표시하고 [다시 설정]을 클릭해야 합니다. 또한 [다시 설정]을 클릭하면 눈금 간격의 변경에 맞추어 변경된 [최대값]이나 [보조] 등의 항목도 초기화됩니다.

09

실습

❶ '세로 (값) 축'을 클릭해서, ❷ [서식] 탭을 클릭하고, ❸ [선택 영역 서식]을 클릭하면,

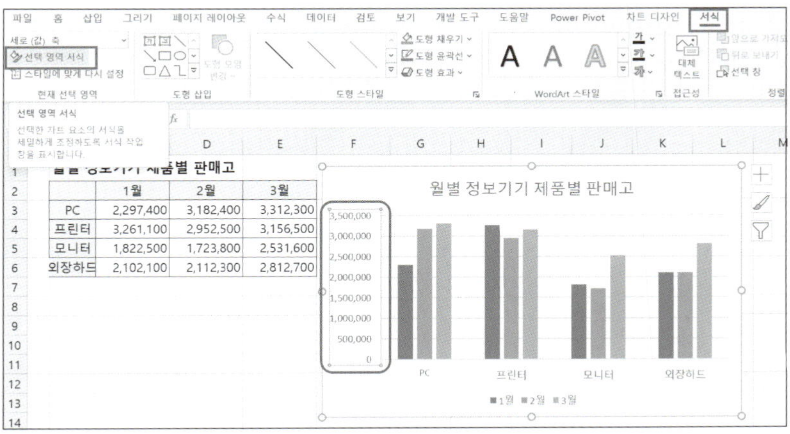

그 밖의 [축 서식] 작업 창 표시 방법

세로 (값) 축을 우클릭하고, 바로가기 메뉴의 [축 서식]을 클릭하는 것으로도 [축 서식] 작업 창을 표시할 수 있습니다.

❹ [축 서식] 작업 창이 표시됩니다. ❺ [축 옵션]에서 '단위'의 '기본'에 「1000000(=1.0E6)」을 입력하고, ❻ ☒(닫기)를 클릭하면, ❼ 눈금 간격이 변경됩니다.

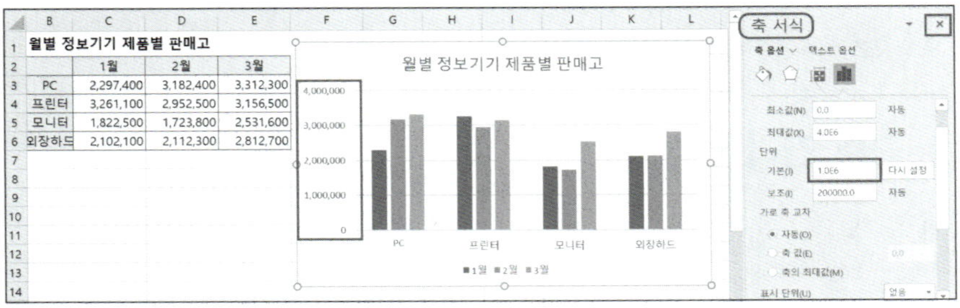

9.13 축 표시 단위 설정

축 눈금에 표시되는 수치의 자릿수가 많으면 수치를 읽기 어려울 뿐만 아니라 그림(plot) 영역이 좁아지고 차트가 작아집니다. 이러한 경우는 축 눈금의 표시 단위를 변경합니다.

9.13.1 세로축 눈금 표시 단위를 변경하다

실습

❶ '세로 (값) 축'을 클릭합니다. ❷ [서식] 탭을 클릭하고, ❸ [선택 영역 서식]을 클릭하면, ❹ [축 서식] 작업 창이 표시됩니다. ❺ 그 작업 창의 오른쪽 스크롤바(scroll bar)를 클릭한 상태에서 아래로 드래그하여 창의 아래 영역을 표시합니다.

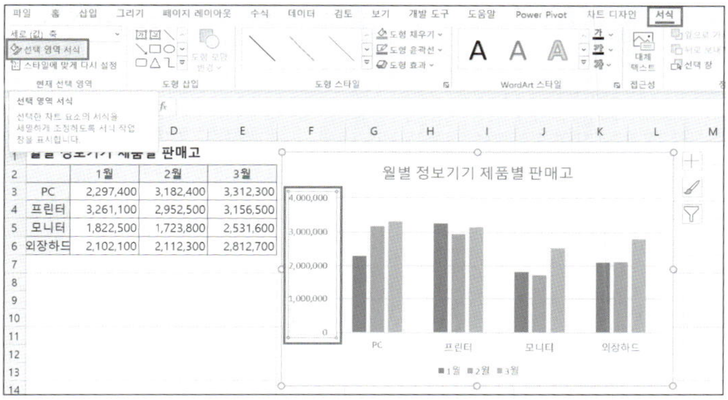

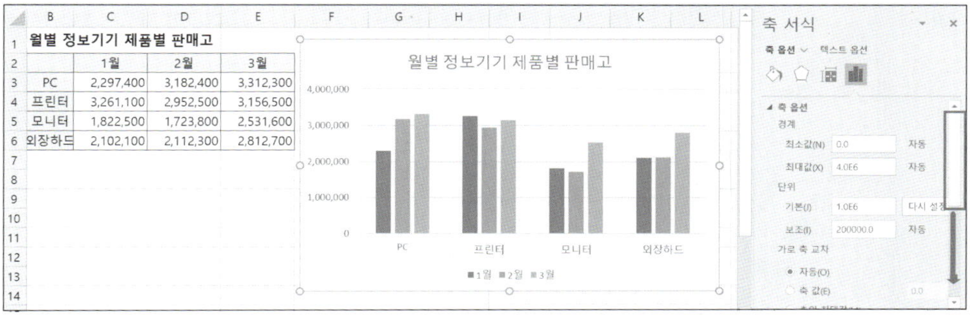

❻ [표시 단위]의 드롭다운 버튼 ▼을 클릭하고, ❼ 표시 단위 [천]을 선택합니다. ❽ [닫기]를 클릭하면, ❾ 축의 표시 단위가 변경됩니다. 축의 단위를 나타내는 레이블의 문자열 방향을 세로쓰기로 변경해서 표시 위치를 변경할 수 있습니다.

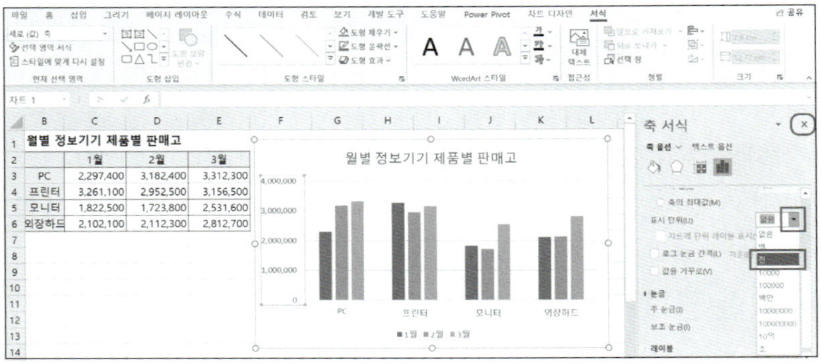

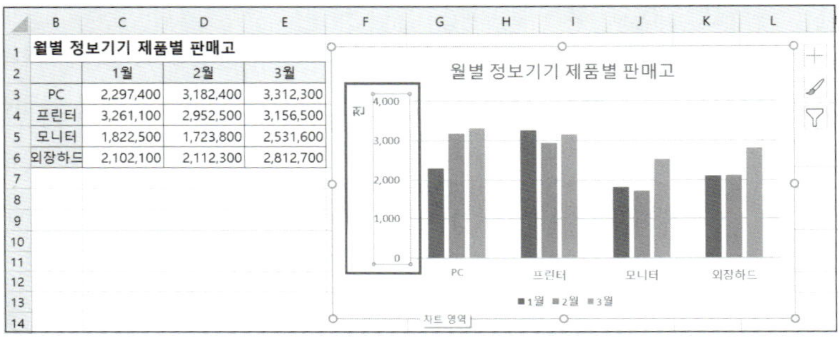

9.14 눈금선 추가

차트를 만들면 눈금 간격에 맞춘 가로축 눈금선이 자동으로 표시되지만 눈금선은 세로축에도 표시가 됩니다. 또한 가로축이나 세로축에 보조 눈금선을 추가할 수도 있습니다.

9.14.1 세로축 눈금선의 추가

눈금선은 데이터를 쉽게 읽을 수 있도록 표시되는 선을 말합니다.

실습

❶ 차트를 클릭하고, ❷ [차트 요소]를 클릭합니다. ❸ [눈금선]에 마우스 포인터를 맞춰서 ▶을 클릭하고, ❹ [기본 주 세로]를 체크하면 세로축 눈금선이 표시됩니다. ❺ 차트 밖의 셀을 클릭하면 차트 요소 메뉴가 닫힙니다. 세로 막대형 차트의 주 세로 눈금선은 이웃하는 데이터 계열의 중간에 표시됩니다.

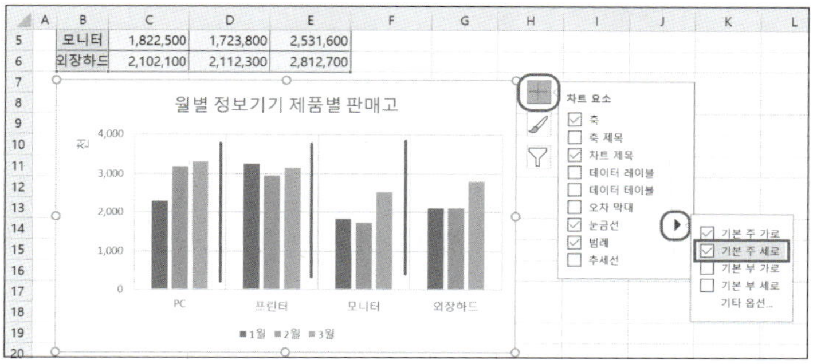

9.14.2 가로축 보조 눈금선의 추가

보조 눈금선은 눈금선과 눈금선 사이에 표시되는 보조 눈금선을 말합니다.

실습

❶ '9.14.1 세로축 눈금선의 추가'의 조작 순서 ❶~❸의 조작을 실행합니다. ❷ [기본 부 가로]를 체크하면, ❸ '기본 보조 가로'의 눈금선이 표시됩니다. ❹ 차트 밖의 셀을 클릭하면 차트 요소 메뉴가 닫힙니다.

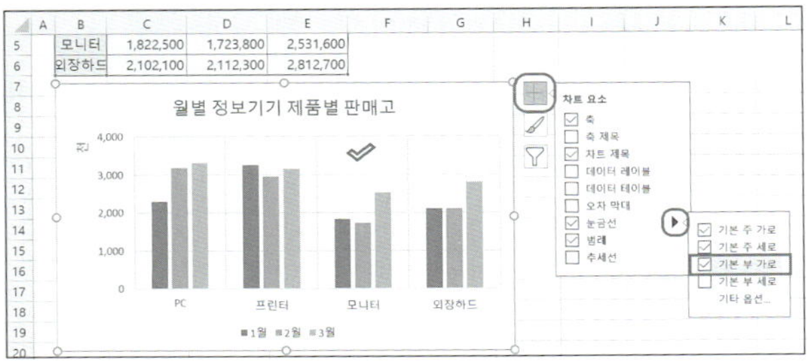

9.14.3 눈금선의 색 변경

변경한 보조 눈금선을 원래대로 되돌리고 싶은 경우는 보조 눈금선을 우클릭하고 [스타일에 맞게 다시 설정]을 클릭합니다.

실습

❶ 차트를 클릭하고, ❷ 눈금선에 마우스 포인터를 맞추어 [세로 (값) 축 보조 눈금선]이라고 표시되는 선을 클릭합니다. ❸ [서식] 탭을 클릭하고, ❹ [도형 윤곽선]의 드롭다운 버튼 ⌵을 클릭해서, ❺ 원하는 색상 '주황, 강조 2, 40% 더 밝게'를 선택하면, ❻ 보조 눈금선의 색상이 변경됩니다.

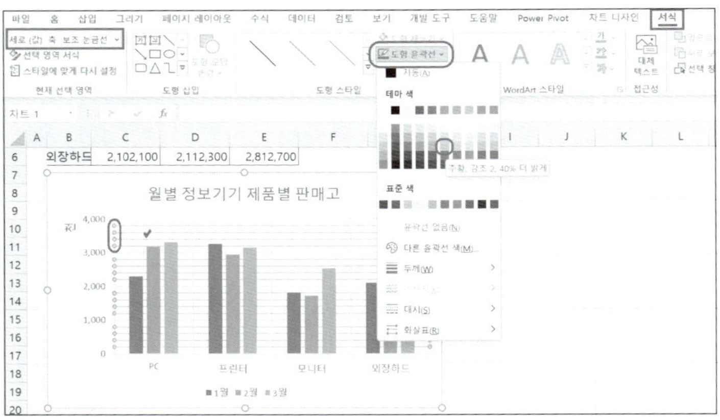

9.14.4 눈금선의 굵기 변경

실습

❶ 차트를 클릭해서, ❷ 눈금선에 마우스 포인터를 맞추고, '가로 (항목) 축 주 눈금선'이라고 표시되는 선을 클릭합니다.

❸ [서식] 탭을 클릭하고, ❹ [도형 윤곽선]의 드롭다운 버튼 ▽을 클릭합니다. ❺ [두께]를 클릭하여, ❻ 원하는 굵기 '3pt'를 클릭하면, ❼ 눈금선의 굵기가 변경됩니다.

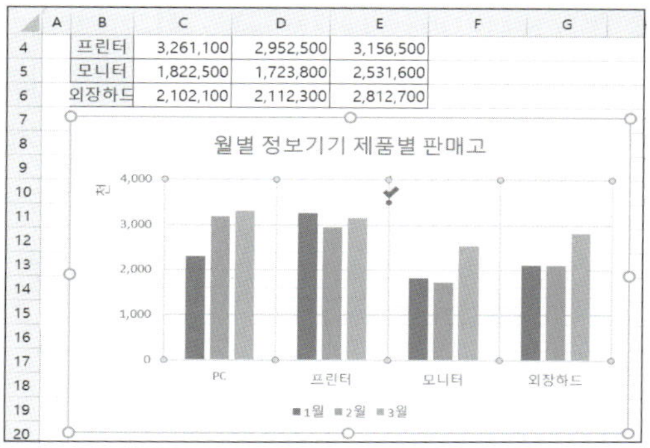

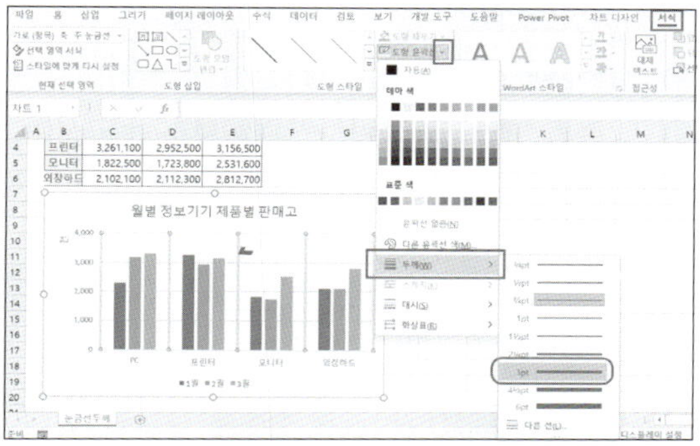

9.14.5 눈금선 종류의 변경

변경할 주 눈금선 또는 보조 눈금선을 선택하고 [서식] 탭의 [도형 스타일] 그룹의 ▿([자세히])를 클릭해서 표시되는 스타일의 목록(list)으로부터 선의 색상이나 스타일을 선택할 수도 있습니다.

실습

❶ 차트를 클릭하고, ❷ 눈금선에 마우스 포인터를 맞추어 '세로 (값) 축 보조 눈금선'이라고 표시되는 선을 클릭합니다.

❸ [서식] 탭을 클릭하고, ❹ [도형 윤곽선]의 드롭다운 버튼 ▿을 클릭합니다. ❺ [대시]를 클릭하고, ❻ 선 종류 '파선'을 클릭하면, ❼ 보조 눈금선이 파선으로 변경됩니다. 여기서 사용하고 있는 차트는 가로축에 보조 눈금선을 표시하고 있습니다.

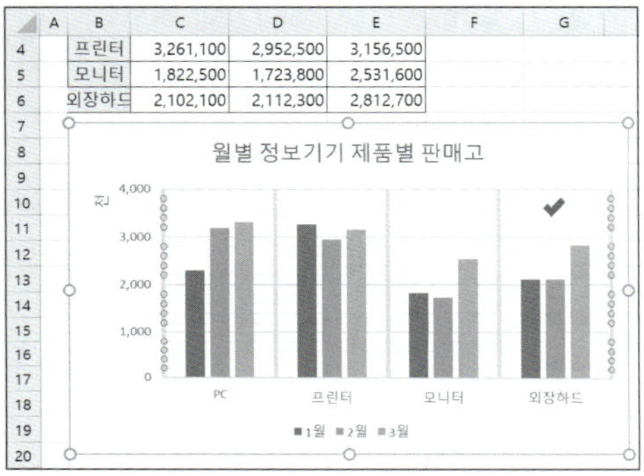

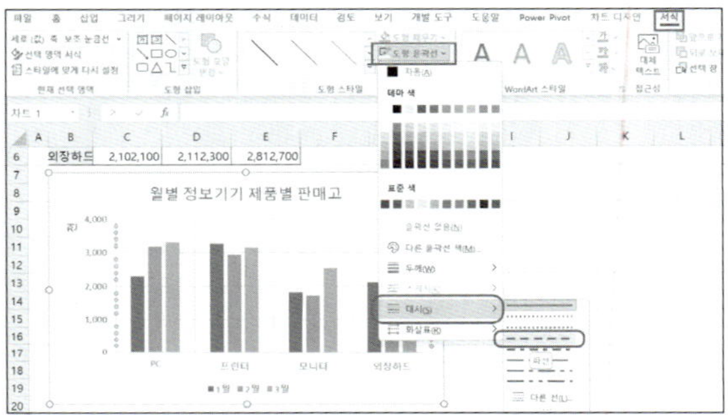

연습문제

01 다음의 차트에서 축 제목을 추가해 보세요.

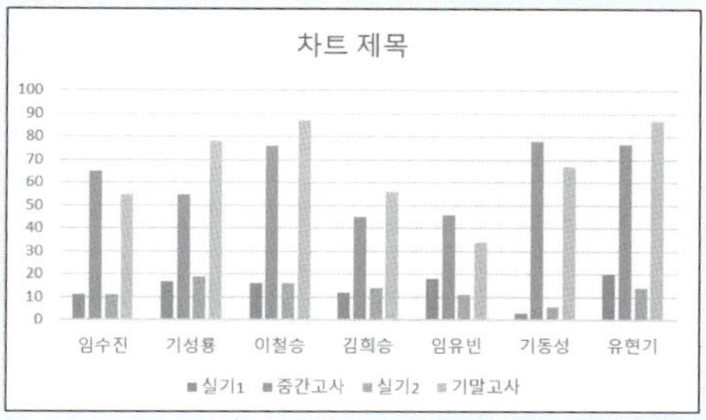

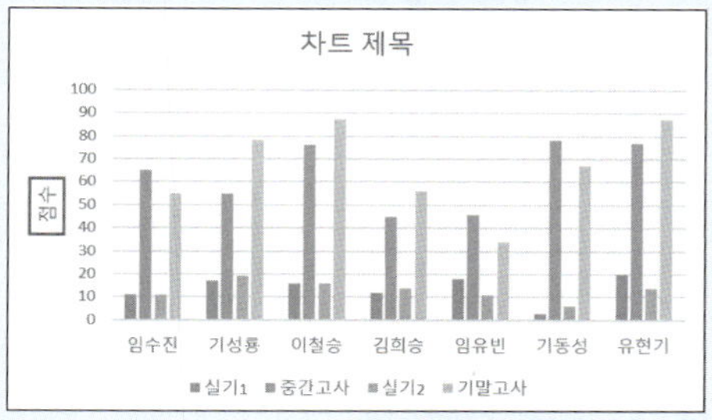

02 '행/열 전환'을 이용해서 차트의 가로 (항목) 축을 변경해 보세요.

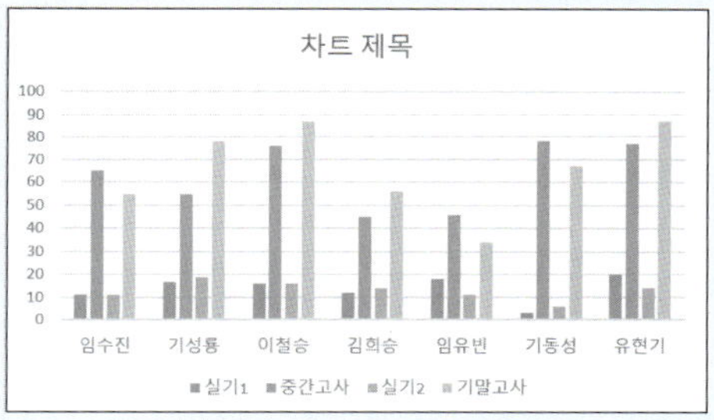

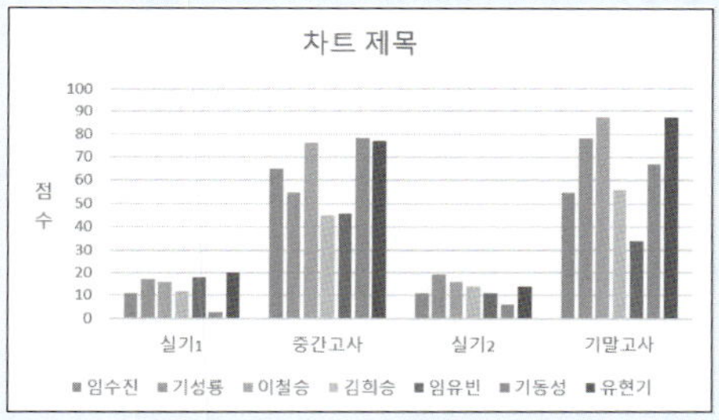

03 [데이터 원본 선택] 대화상자를 이용해서 차트 데이터 범위를 다음과 같이 변경해 보세요.

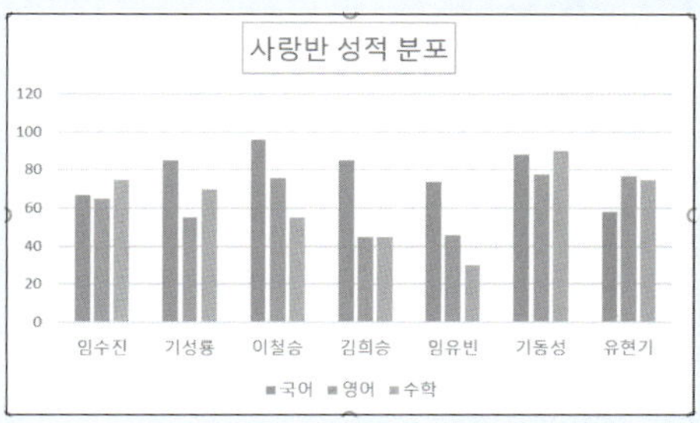

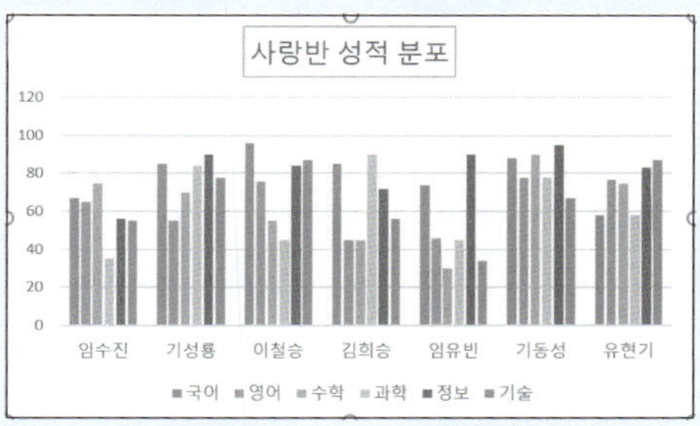

09

04 [데이터 원본 선택] 대화상자에서 '범례 항목(계열)'을 이용하여 다음과 같이 데이터 계열을 추가해 보세요.

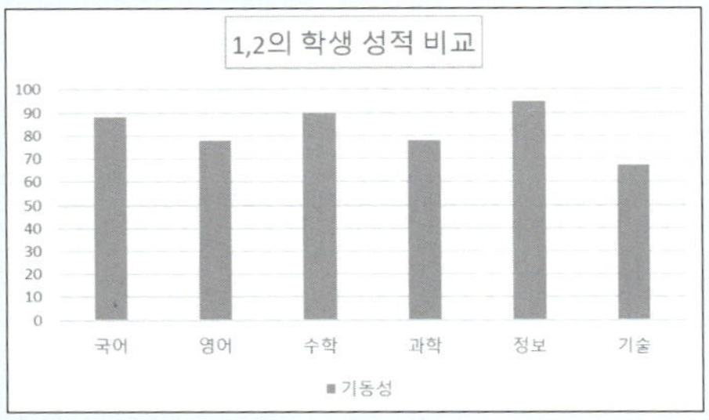

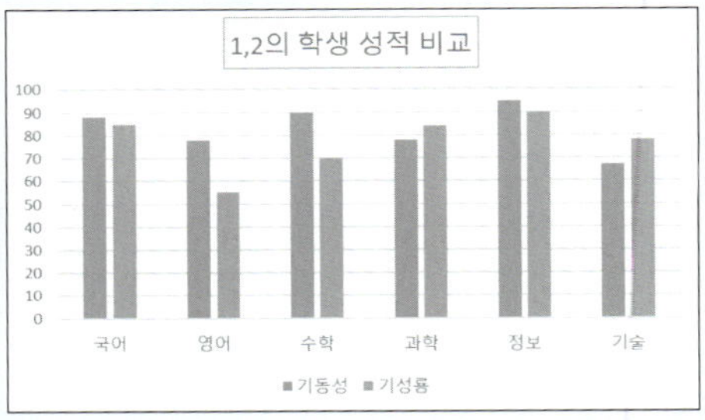

05 다음과 같은 혼합 차트를 만들어 보세요.

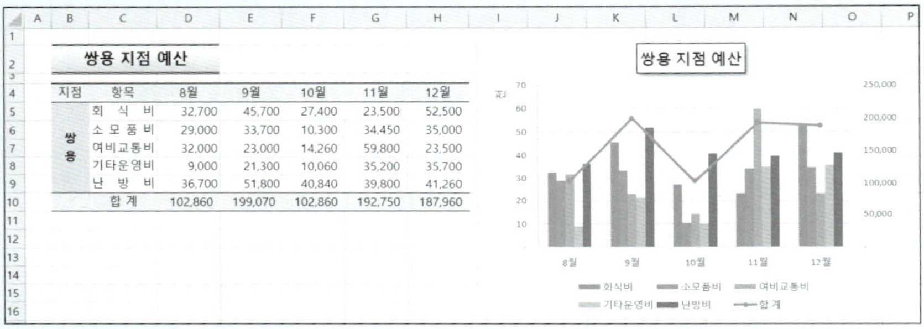

쌍용 지점 예산

지점	항목	8월	9월	10월	11월	12월
쌍용	회 식 비	32,700	45,700	27,400	23,500	52,500
	소 모 품 비	29,000	33,700	10,300	34,450	35,000
	여비교통비	32,000	23,000	14,260	59,800	23,500
	기타운영비	9,000	21,300	10,060	35,200	35,700
	난 방 비	36,700	51,800	40,840	39,800	41,260
	합 계	102,860	199,070	102,860	192,750	187,960

CHAPTER

10 차트 꾸미기

10.1 차트 전체의 스타일 변경하기

차트의 색상이나 배경색 등 차트 전체의 스타일을 정리하고 변경하려면 차트 스타일을 이용해야 합니다. 또한 차트 요소의 레이아웃을 정리하여 변경할 경우에는 빠른 레이아웃을 이용합니다.

10.1.1 차트에 스타일 적용하기

실습

❶ 차트를 클릭하고 [차트 스타일]을 클릭합니다. ❷ 그 스타일 영역의 오른쪽에 있는 이동형 스크롤바를 드래그해서, ❸ 사용하고 싶은 스타일인 [스타일 4]를 클릭하면,

❹ 선택한 스타일이 차트에 적용됩니다.

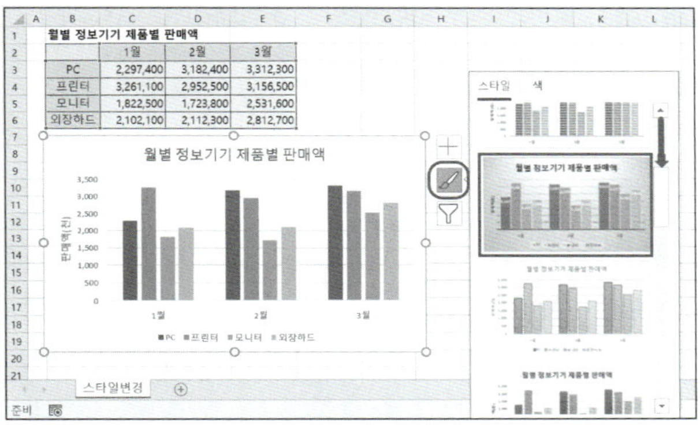

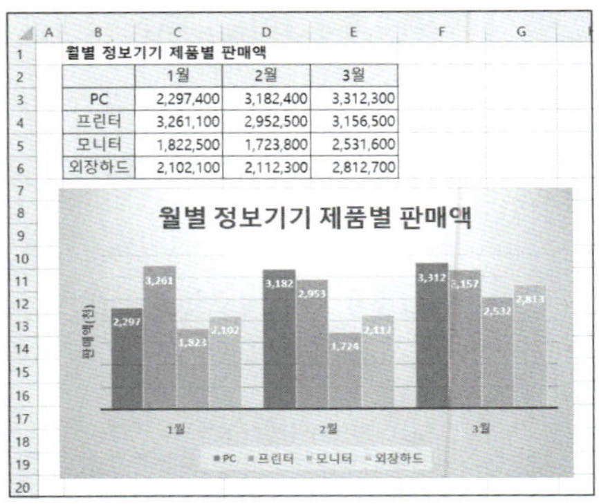

10.1.2 차트의 레이아웃 변경하기

차트 스타일의 설정이나 레이아웃 변경을 하면 사용자가 특별하게 수행한 서식 설정 등도 변경됩니다. 특별한 서식 설정을 하고 싶을 경우에는 먼저 스타일이나 레이아웃을 변경하는 것이 좋습니다.

실습

❶ 차트를 선택하고 [차트 디자인] 탭을 클릭합니다.

❷ [빠른 레이아웃]을 클릭해서, ❸ 사용하고 싶은 레이아웃(여기서는 '레이아웃 10')을 클릭하면,

❹ 차트의 레이아웃이 변경됩니다.

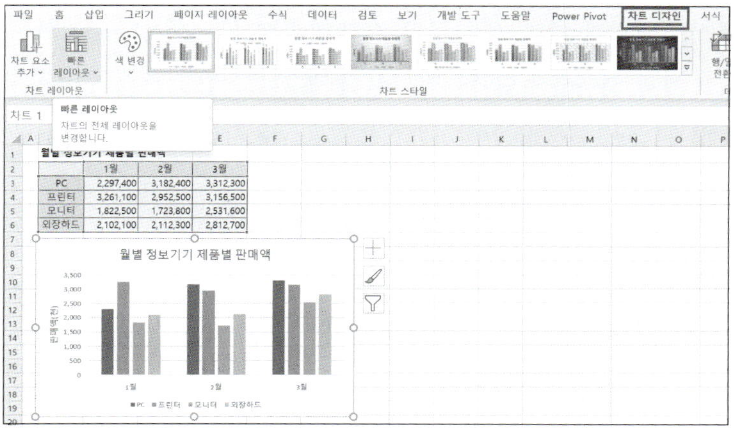

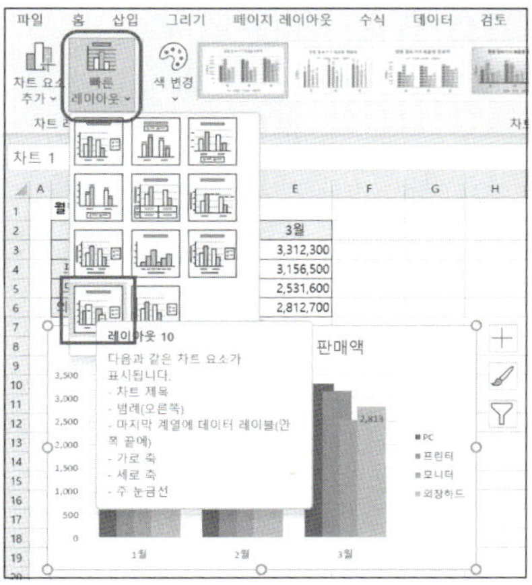

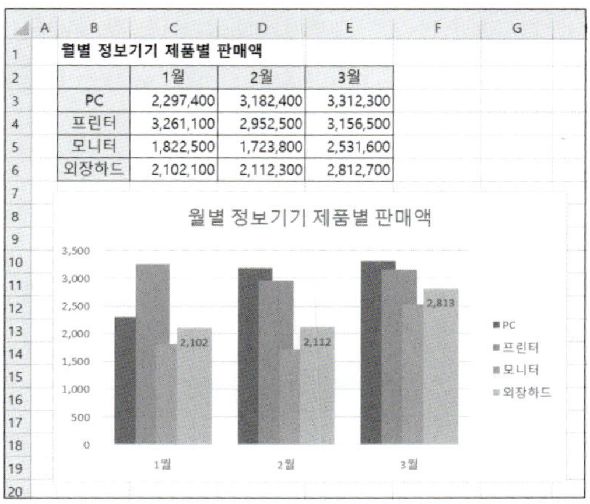

10

10.2 텍스트 크기와 글꼴 변경하기

차트 내의 텍스트 크기나 글꼴의 변경은 [홈] 탭의 [글꼴] 그룹을 이용합니다. 차트 내의 모든 텍스트를 일괄 변경하거나 특정 차트 요소의 텍스트 크기를 변경할 수 있습니다.

10.2.1 차트 전체의 텍스트 크기 변경하기

차트 내의 텍스트 크기가 다를 경우 차트 전체에서 텍스트 크기를 변경하면 크기가 가장 작은 텍스트에 대해 지정한 크기가 적용되며, 그 외 텍스트는 원래 텍스트 크기에 따른 크기로 변경됩니다.

실습

❶ 차트를 선택하고 [홈] 탭을 클릭합니다. ❷ [글꼴 크기]의 드롭다운 버튼 ⌄을 클릭하고, ❸ 원하는 텍스트 크기(여기서는 '12')를 클릭하면, ❹ 차트 전체의 텍스트 크기가 변경됩니다.

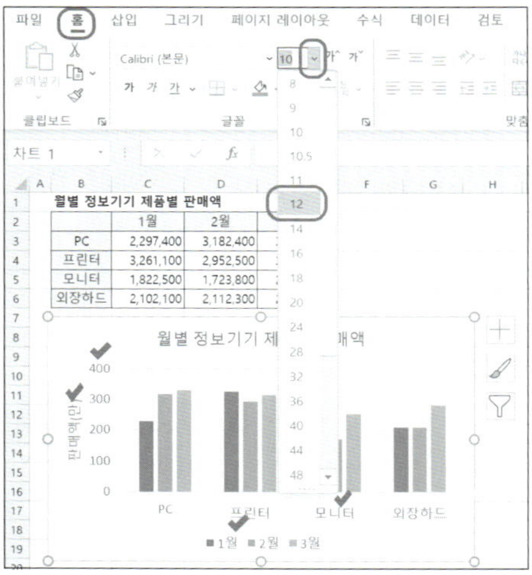

10.2.2 특정 차트 요소의 텍스트 크기 변경하기

실습

여기에서는 차트 제목의 텍스트 크기를 변경합니다.

❶ 차트 제목을 선택하고 [홈] 탭을 클릭합니다. ❷ [글꼴 크기]의 드롭다운 버튼 ⌄을 클릭하고, ❸ 원하는 텍스트 사이즈(여기서는 '16')를 클릭하면, ❹ 차트 제목의 텍스트 크기가 변경됩니다.

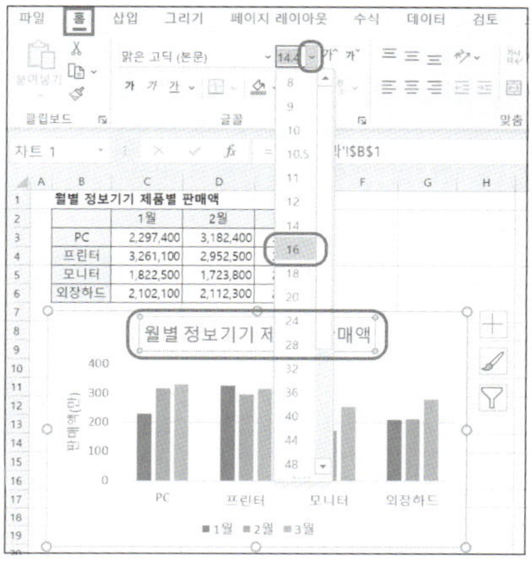

미니 툴바 이용하기

차트 제목의 텍스트를 드래그하면 표시되는 미니 툴바의 [글꼴 크기]를 이용해도 텍스트 크기를 변경할 수 있습니다. 또, 글꼴의 변경이나 텍스트 장식도 할 수 있습니다.

10.2.3 특정 차트 요소의 글꼴 변경하기

차트 전체의 글꼴을 한꺼번에 변경할 경우는 차트를 선택하여 글꼴을 지정합니다. 또한 차트 전체의 글꼴을 변경하면, 타이틀 등의 문자 사이즈가 자동으로 변경되는 경우가 있으므로 텍스트 크기를 변경하기 전에 글꼴을 변경하는 것이 바람직합니다.

실습

여기에서는 차트 제목 글꼴을 변경합니다.

❶ 차트 제목을 선택하고 [홈] 탭을 클릭합니다. ❷ [글꼴]의 옆에 있는 드롭다운 버튼 ⌵을 클릭해서, ❸ 원하는 글꼴 [문체부 훈민정음체]를 클릭하면, ❹ 차트 제목의 글꼴이 변경됩니다.

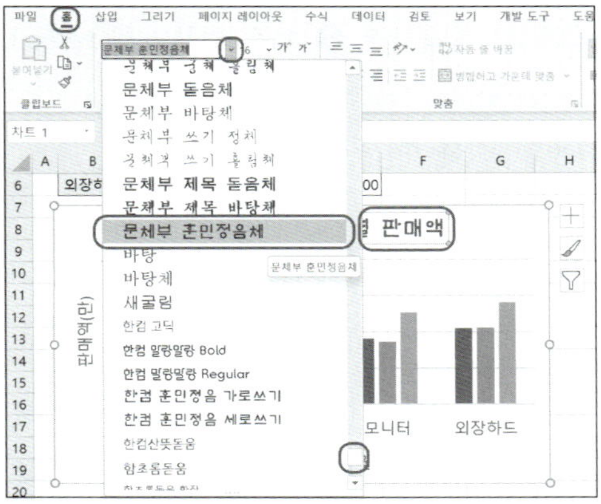

10.2.4 텍스트 장식하기

실습

여기서는 차트 제목의 텍스트를 굵은 글씨로 만들겠습니다.

❶ 차트 제목을 선택하고 [홈] 탭을 클릭합니다. ❷ [굵게]를 클릭하면,

❹ 차트 제목의 텍스트가 굵은 글씨로 변경됩니다.

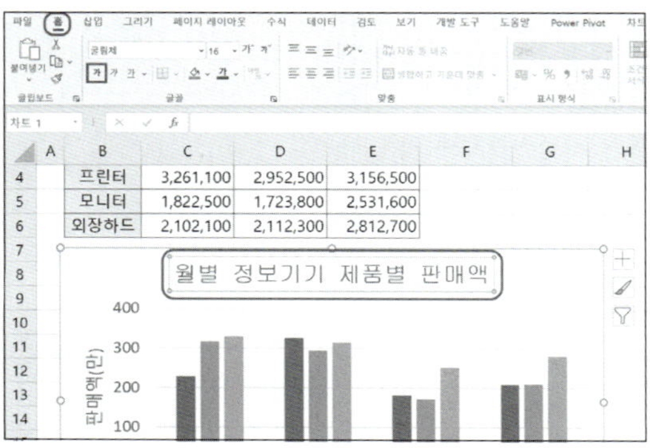

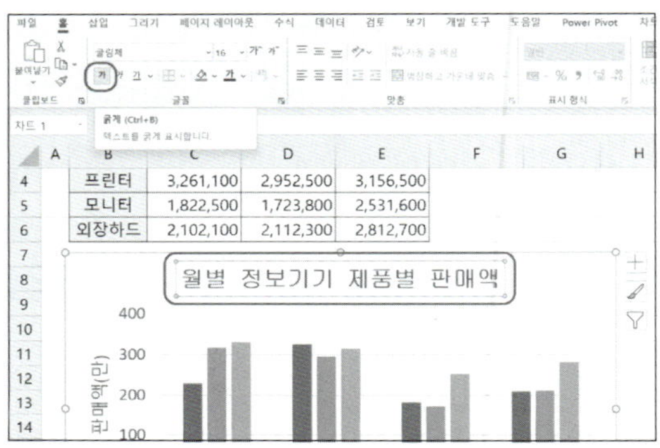

기타 텍스트 장식

[기울림꼴]을 클릭하면 텍스트가 오른쪽 비스듬한 기울림꼴 텍스트가 됩니다. 또, [밑줄]을 클릭하면 밑줄이, [밑줄]을 클릭해서 [이중 밑줄]을 클릭하면 텍스트에 이중 밑줄이 각각 그려집니다.

[글꼴] 대화상자 이용하기

[홈] 탭의 [글꼴] 그룹의 오른쪽 아래에 있는 글꼴 설정 버튼 을 클릭하면, [글꼴] 대화상자가 표시됩니다. [글꼴] 탭에서는 텍스트의 크기, 글꼴, 장식 등을 세세하게 설정할 수 있습니다.

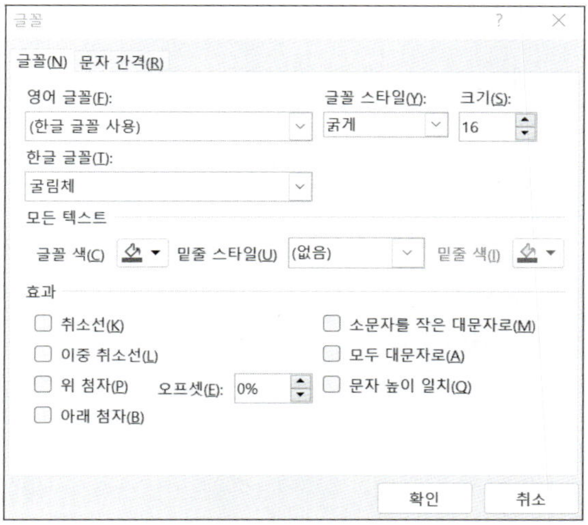

10.3 텍스트 색상 변경하기

차트 내의 글꼴 색은 [서식] 탭의 [텍스트 채우기]에서 변경할 수 있습니다. 차트 전체의 글꼴 색을 한꺼번에 변경하거나 특정 차트 요소의 글꼴 색을 개별적으로 변경할 수 있습니다.

10.3.1 차트 전체의 텍스트 색 변경하기

[홈] 탭의 [글꼴 색]을 이용해도 텍스트 색을 변경할 수 있습니다.

실습

❶ 차트를 선택하고 [서식] 탭을 클릭합니다. ❷ [텍스트 채우기]의 드롭다운 버튼 ⌄을 클릭하고, ❸ 원하는 색상 [녹색]을 선택하면, ❹ 차트 전체의 텍스트 색이 녹색으로 변경됩니다.

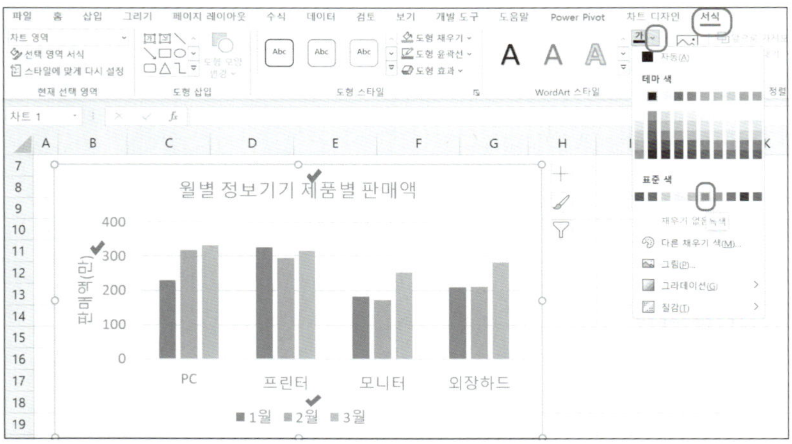

10.3.2 특정 차트 요소의 문자 색상 변경하기

실습

여기에서는 차트 제목의 텍스트 색을 변경합니다.

❶ 차트 제목을 선택하고 [서식] 탭을 클릭합니다. ❷ [텍스트 채우기]의 드롭다운 버튼 ⌵을 클릭해서, ❸ 원하는 색상 [빨강]을 선택하면, ❹ 차트 제목의 텍스트 색이 빨강색으로 변경됩니다.

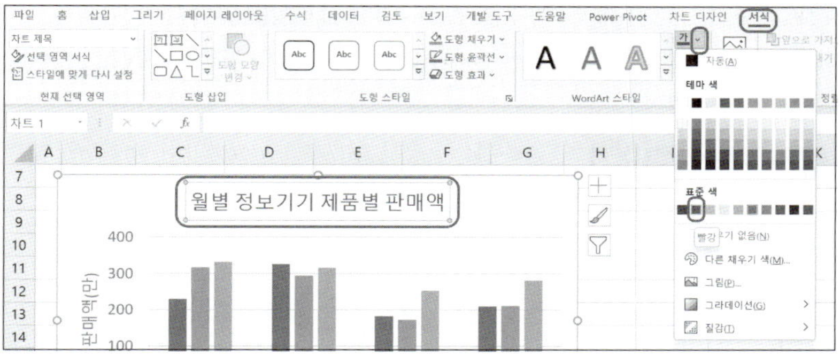

목록에 없는 색 이용

위의 순서 ❸의 목록에 원하는 색이 없는 경우는 [다른 채우기 색]을 클릭합니다. [색] 대화상자가 표시되므로, [표준](미리 준비된 색)이나 [사용자 지정](RGB나 HSL를 이용해 사용자가 세세하게 설정할 수 있는 색)으로 특정한 색을 지정할 수 있습니다.

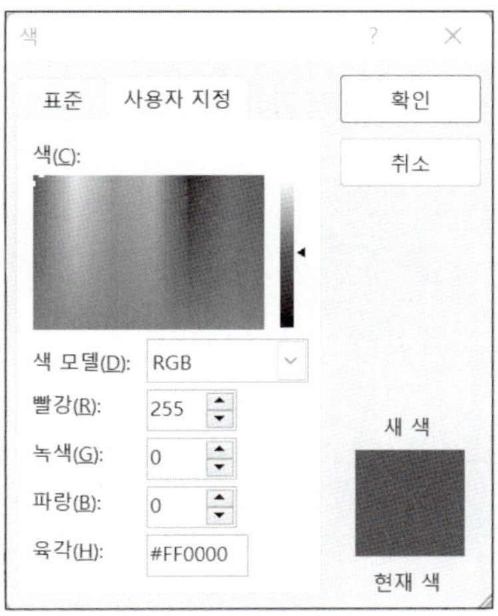

10.4 텍스트 장식하기

도형 채우기나 테두리 선의 색 · 스타일 변경, 그림자 등의 효과를 설정할 수 있습니다. 과도하지 않은 범위에서 설정하면 차트를 돋보이게 하는 효과가 있습니다.

10.4.1 배경에 색 채우기

실습

❶ 차트 제목을 선택하고 [서식] 탭을 클릭합니다. ❷ [선택 영역 설정]을 클릭하면, ❸ [차트 제목 서식] 작업 창이 나타납니다. ❹ [채우기 및 선] 을 클릭하고, ❺ [채우기]를 클릭해서, ❻ [단색 채우기]를 체크합니다.

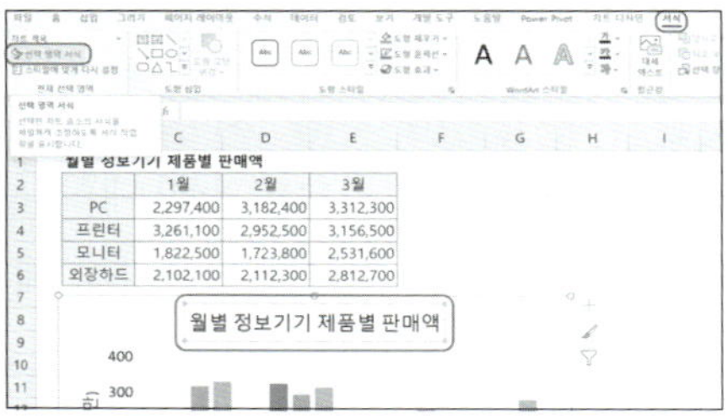

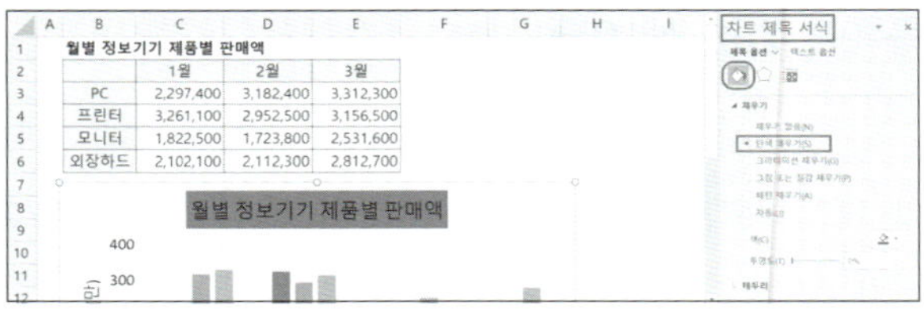

❼ [채우기 색]을 클릭하고, ❾ 배경으로 하고 싶은 색상인 연한 녹색을 선택한 후, ❿ [닫기]를 클릭하면, ⓫ 차트 제목 배경에 색이 연한 녹색으로 설정됩니다.

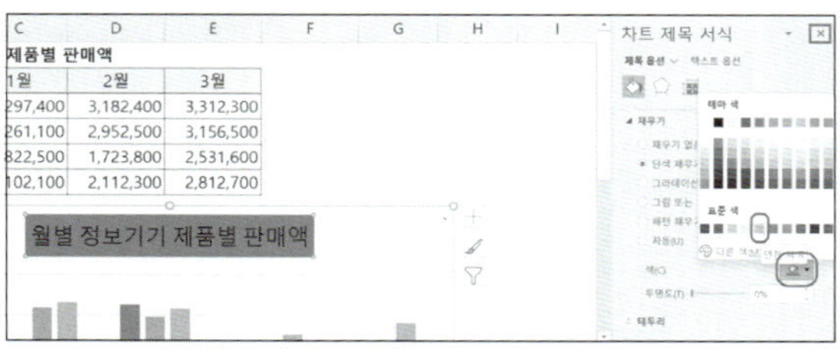

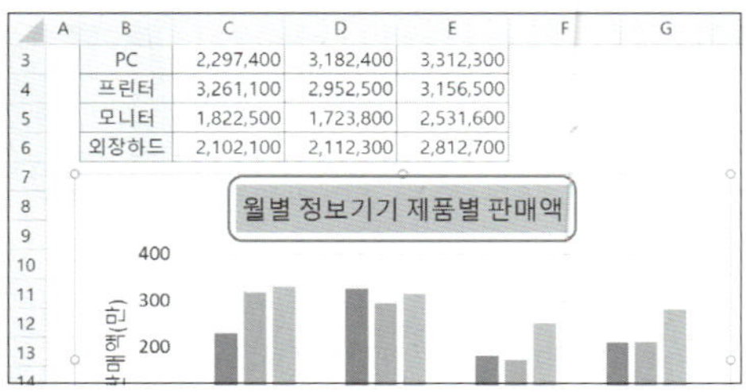

10.4.2 테두리 색상과 스타일 변경하기

다음 예시에서는 [차트 제목 서식] 작업 창을 일단 닫고 다음 설정 시에 다시 열지만, 열린 채로 다음 작업으로 이행할 수도 있습니다. 또한 [서식] 탭의 [도형 채우기] 혹은 [테두리선] 등을 이용해도 차트 요소의 서식을 설정할 수 있습니다.

Excel의 버전과 무관하게 일반적으로 차트 제목의 글꼴이나 텍스트 크기, 텍스트 채우기 등을 변경할 경우는 [홈] 탭의 [글꼴] 그룹의 각 명령어(command)나 [서식] 탭의 명령어를 이용합니다.

실습

❶ 이전 '10.4.1 배경에 색 채우기'의 순서 ❶~❷의 조작으로 [차트 제목 서식] 작업 창을 표시합니다. ❷ [테두리]를 클릭하고, ❸ [실선]을 체크합니다. ❹ [윤곽선 색]을 클릭하고, ❺ 테두리에 설정하고 싶은 색상인 '파랑, 강조1, 25%, 더 어둡게'를 선택합니다.

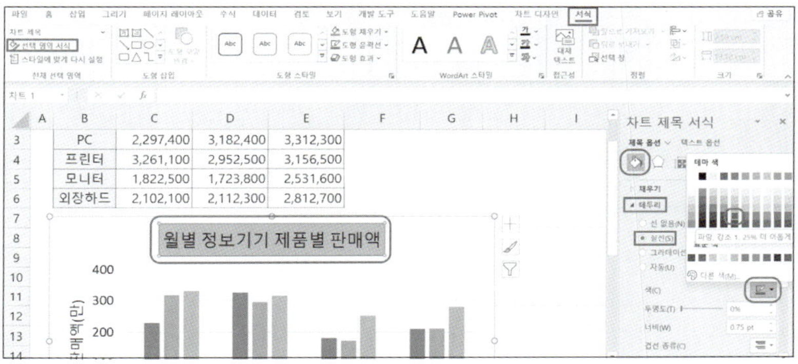

❻ 테두리의 너비를 2.5pt로 지정합니다. ❼ [겹선 종류]를 클릭하고, ❽ 원하는 겹선인 '이중'을 선택해서, ❾ [닫기]를 클릭하면, ❿ 테두리 선의 색과 스타일이 변경됩니다.

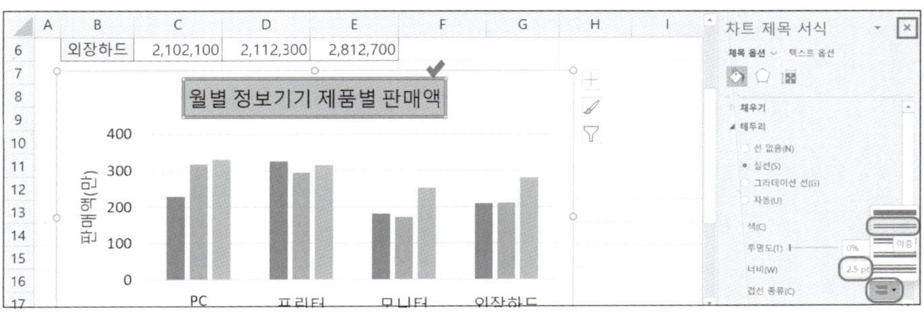

10.4.3 차트 제목에 효과 설정

설정한 서식을 해제하려면 대상 차트 요소를 우클릭한 후에 [스타일에 맞게 다시 설정]을 클릭해야 합니다.

실습

❶ 이전 '10.4.1 배경에 색 채우기'의 순서 ❶~❷의 조작으로 [차트 제목 서식] 작업 창을 표시합니다. ❷ [효과]를 클릭한 후, ❸ [그림자]를 클릭합니다. ❹ [그림자]를 클릭하고, ❺ [미리 설정]의 [바깥쪽 – 오프셋: 오른쪽 아래]를 선택하면, ❻ 차트 제목에 그림자가 설정됩니다.

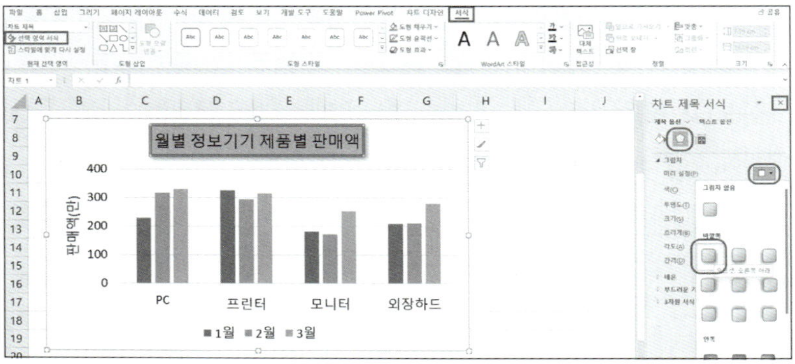

10.5 데이터 계열의 색상 변경하기

차트를 디폴트 상태에서 만든 직후에는 모든 데이터 계열의 색상이 초기설정으로 표시됩니다. 모든 데이터 계열의 색상을 한꺼번에 변경하거나 특정 데이터 계열의 색상을 변경할 수 있습니다. 또한 그라데이션 등으로도 설정할 수 있습니다.

10.5.1 데이터 계열의 색상을 묶어서 변경하기

실습

❶ 차트를 선택하고, ❷ [차트 디자인] 탭을 클릭합니다. ❸ [색 변경]을 클릭하고, ❹ 설정하고 싶은 색으로 [색상형: 다양한 색상표 3]을 클릭하면, ❺ 데이터 계열의 색상이 한꺼번에 변경됩니다.

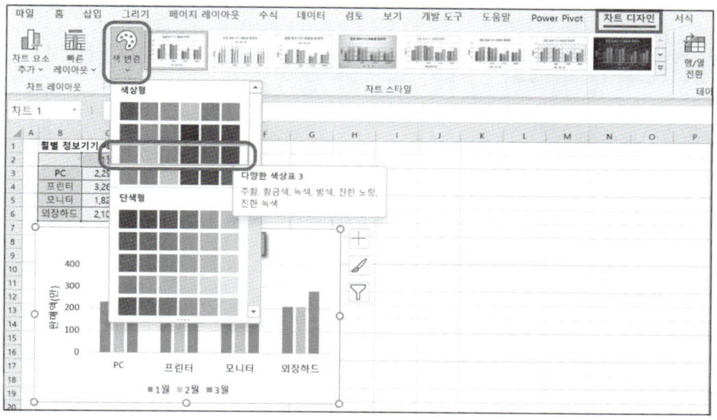

10.5.2 특정 데이터 계열의 색상 변경하기

다음 예시의 순서 ❹에서 [그라데이션]이나 [질감]을 클릭하면, 데이터 계열에 그라데이션이나 질감(의사적으로 표현한 물체 표면의 질감이나 모양)을 설정할 수 있습니다. 단, 그것을 설정할 경우는 차트가 보기 어려워지지 않도록 선택해야 합니다.

실습

❶ 데이터 계열(여기서는 3월의 데이터 계열)을 선택하고, ❷ [서식] 탭을 클릭합니다. ❸ [도형 채우기]의 드롭다운 버튼 ▽을 클릭하고,

❹ 설정하고 싶은 색으로 [연한 녹색]을 선택하면, ❺ 선택한 데이터 계열의 색상이 변경됩니다.

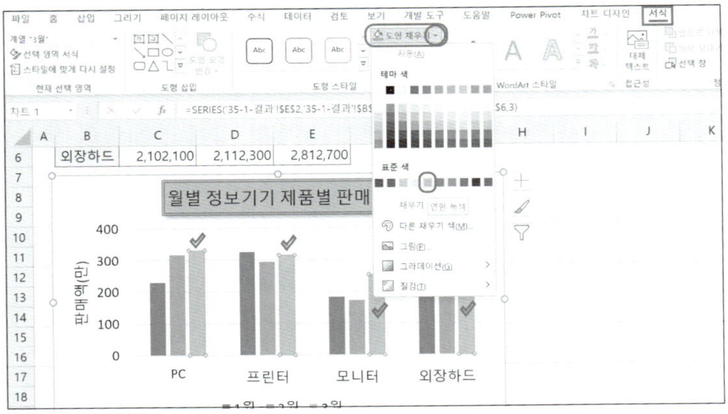

10.5.3 특정 데이터 마커의 색상 변경하기

데이터 마커와 데이터 계열

데이터 계열의 각 항목별 수치를 나타내기 위한 요소를 '데이터 마커'라고 합니다. 즉, 그 데이터 마커들의 집합이 바로 데이터 계열입니다.

❶ 데이터 계열을 한 번 클릭하면 동일 계열의 데이터 마커(maker)가 동시에 모두 선택됩니다.

❷ 다시 특정 데이터 마커(여기서는 프린터)를 클릭하면 클릭한 데이터 마커만 선택됩니다.

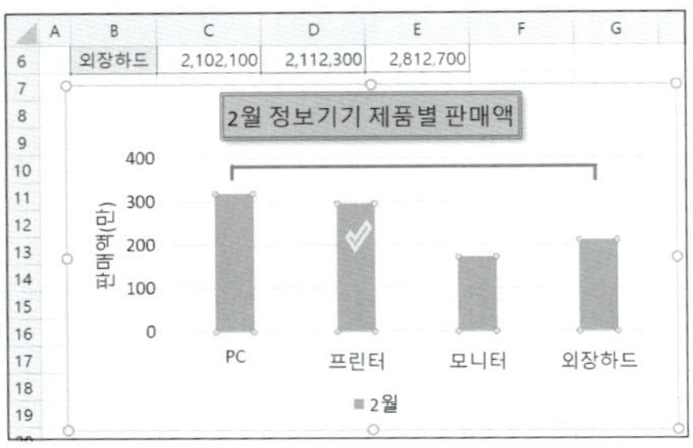

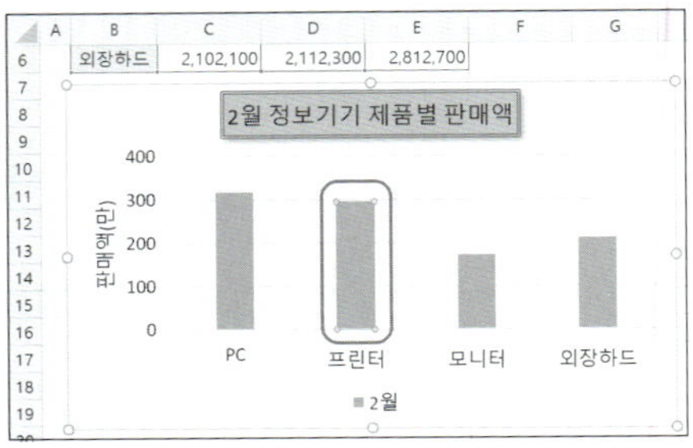

❸ [서식] 탭을 클릭합니다. ❹ [도형 채우기]의 드롭다운 버튼 ▽을 클릭하고, ❺ 원하는 색상으로 [연한 파랑]을 선택하면, ❻ 선택한 데이터 마커의 색상이 변경됩니다.

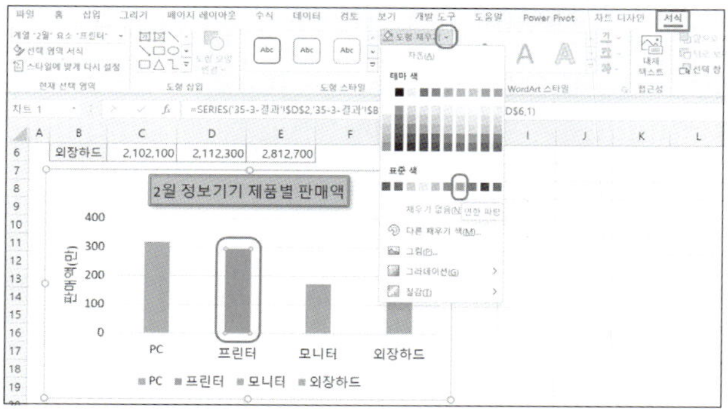

도형 스타일 적용하기

데이터 마커를 돋보이게 하기 위해서는 색상을 변경하는 것뿐만 아니라 미리 서식이 설정된 스타일을 선택하고 적용하는 방법도 있습니다. 스타일을 변경할 차트 요소를 선택하고, [도형의 스타일] 그룹의 ▿[자세히]를 클릭한 후, 목록으로부터 원하는 스타일을 선택합니다.

❶ [자세히]를 클릭하여,

❷ 스타일 '강한 효과 – 파랑, 강조 1'을 선택합니다.

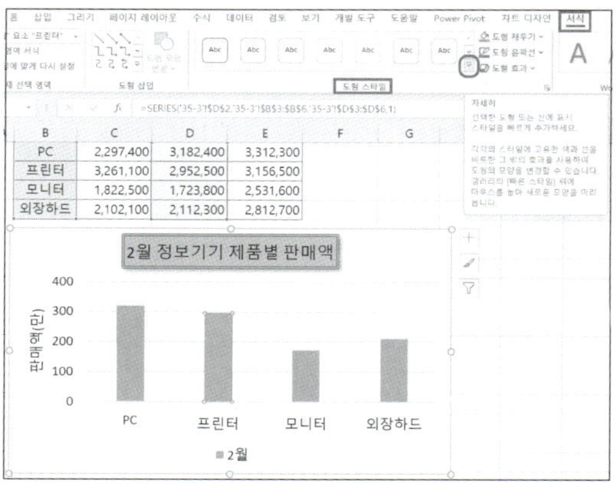

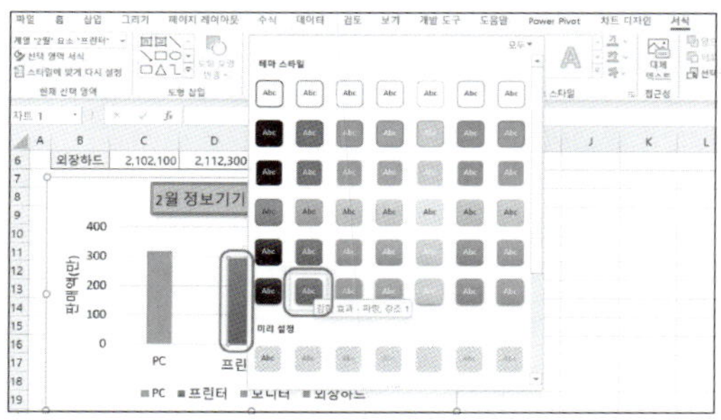

10.6 데이터 계열의 중첩 및 굵기 변경하기

막대형 차트는 같은 계열의 막대가 겹칠 수 있습니다. 또한 막대기를 가늘게 하거나 굵게 하려면 요소의 간격을 조정해야 합니다. 데이터 계열이 많을 경우는 이들을 적절하게 이용해서 차트의 시인성을 높일 수 있습니다.

10.6.1 동일 계열의 막대를 겹쳐 표시하기

다음의 예시에서 데이터의 "계열 겹치기" 수치(value)가 「(−마이너스)」인 경우는 계열끼리 떨어져서 표시되고, 「+(플러스)」인 경우는 겹칩니다. 0%의 경우는 딱 붙은 상태로 표시됩니다.

실습

❶ 2월의 데이터 계열을 선택합니다. ❷ [서식] 탭을 클릭하고, ❸ [선택 영역 서식]을 클릭하면,

❹ [데이터 계열 서식] 작업 창이 표시됩니다. ❺ [계열 겹치기]의 슬라이더를 오른쪽으로 드래그하면 수치가 플러스가 되어서,

❻ 차트 막대가 겹쳐 표시됩니다.

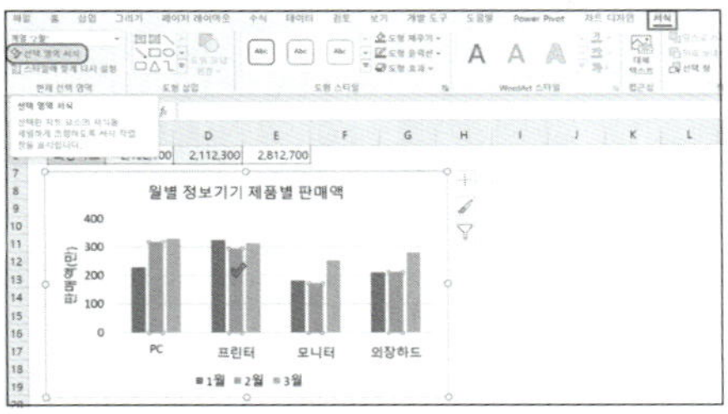

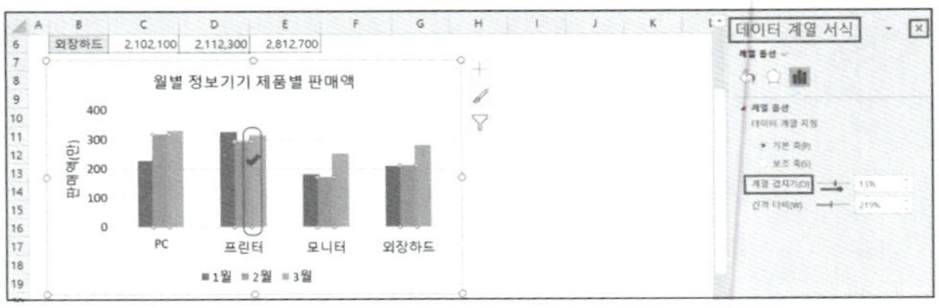

10.6.2 차트의 막대를 가늘게/굵게 하기

차트의 막대 굵기는 데이터 계열의 "간격 너비"를 조정하면 자동으로 조정됩니다. 다음 예시의 순서 ❷에서 슬라이더를 왼쪽으로 드래그하면 막대 간격은 좁아지지만 차트 막대는 굵어집니다.

실습

❶ 이전 '동일 계열의 막대 겹쳐 표시하기'의 순서 ❶~❸의 조작으로 [데이터 계열 서식] 작업 창을 표시합니다. ❷ [간격 너비]의 슬라이더를 오른쪽으로 드래그하면, ❸ 차트의 막대가 가늘어지고, 요소의 간격이 넓어집니다.

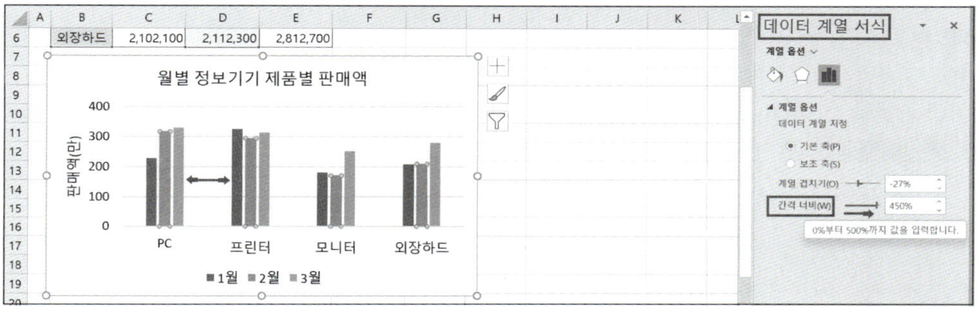

10.7 데이터 계열의 그림자 효과 적용하기

차트의 데이터 계열에는 둥근 모양이나 그림자 등의 효과를 이용할 수 있습니다. 데이터 계열에 효과를 주면 프레젠테이션에서 차트를 이용할 경우 등에 효과적입니다.

10.7.1 막대형 차트에 입체 효과 적용하기

실습

❶ 데이터 계열을 선택합니다. ❷ [서식] 탭을 클릭하고, ❸ [도형 효과]를 클릭합니다. ❹ [입체 효과]에 마우스 포인터를 맞추고, ❺ [둥글게]를 선택하면, ❻ 차트의 막대가 입체적으로 둥글게 됩니다.

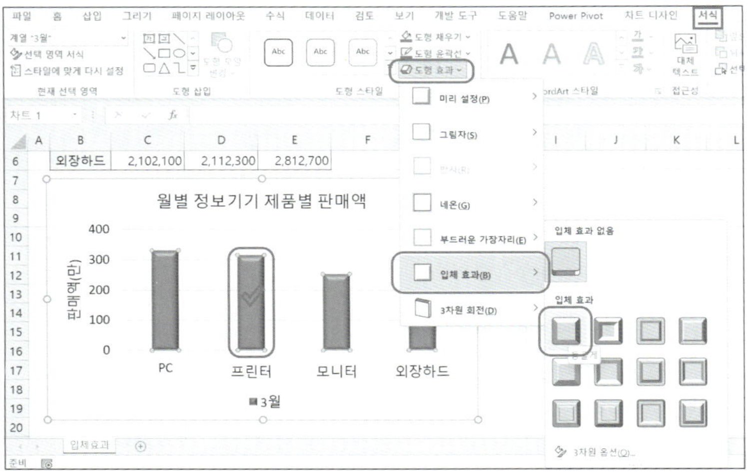

10.7.2 막대 차트에 그림자 만들기

도형의 효과는 데이터 계열뿐만이 아니라, 차트 제목 혹은 차트 영역 등의 차트 요소에도 설정할 수 있습니다. 하나의 차트에서, 다수의 차트 요소에 동일한 도형 효과를 설정을 하면 일치감이 생깁니다.

실습

❶ 데이터 계열을 선택합니다. ❷ [서식] 탭을 클릭하고, ❸ [도형 효과]를 클릭합니다. ❹ [그림자]에 마우스 포인터를 맞추고, ❺ 설정하고 싶은 그림자로 [원근감: 왼쪽 위]를 선택하면, ❻ 차트에 선택한 그림자 효과가 표시됩니다.

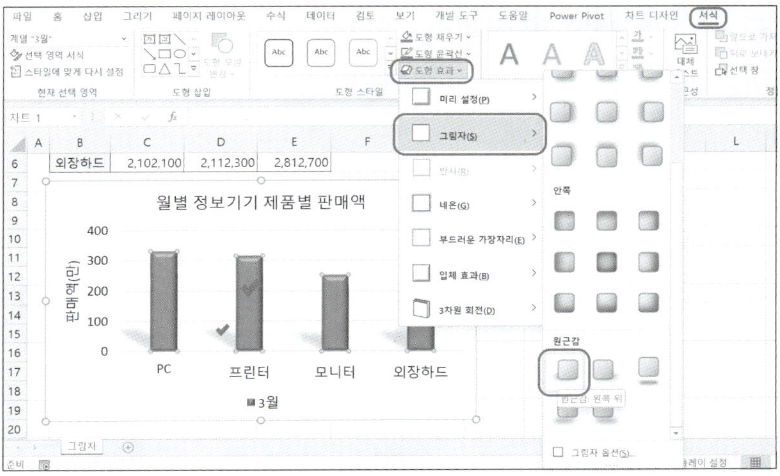

10.8 차트 배경이나 주위 장식하기

차트를 만든 직후의 차트 영역은 흰색 바탕의 심플한 디자인이지만, 배경색이나 텍스처, 사진 등을 설정하거나 그림자나 스타일, 3D 서식을 설정하면 차트의 시각적 효과를 높일 수 있습니다.

10.8.1 차트 영역에 질감 표시하기

다음 예시에서는 텍스처를 설정했지만, 순서 ❸의 목록에서 단색이나 그라데이션을 설정할 수도 있습니다.

실습

❶ 차트 영역을 클릭합니다. ❷ [서식] 탭을 클릭하고, ❸ [도형 채우기]를 클릭합니다. ❹ [질감]에 마우스 포인터를 맞추어, ❺ 질감으로 [파랑 백엽지]를 클릭하면, ❻ 차트 영역에 선택한 질감이 적용됩니다.

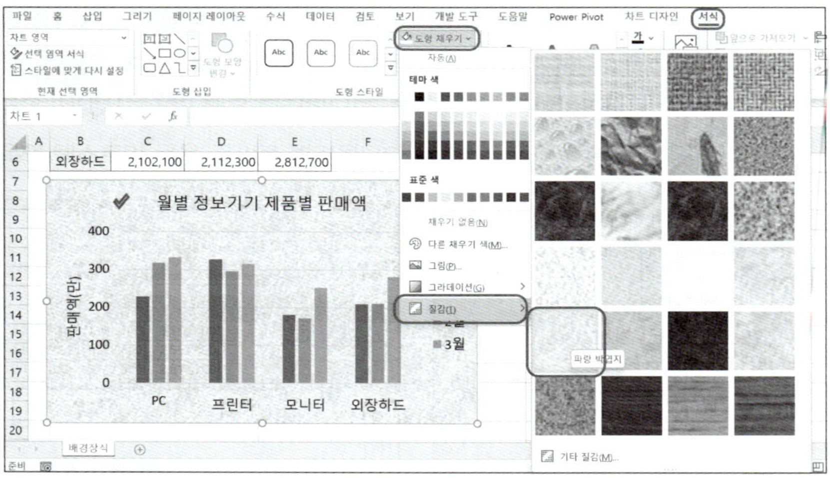

10.8.2 차트 배경(그림 영역)에 색 입히기

범례 등 다른 차트 요소에 색을 입힐 때, 원하는 요소를 선택하여 차트 배경(그림 영역)에 '도형 채우기'를 실행합니다. 그라데이션이나 질감의 설정을 할 수도 있습니다.

실습

❶ 그림 영역을 클릭하여, ❷ [서식] 탭을 클릭합니다. ❸ [도형 채우기]를 클릭하여, ❹ 원하는 색상으로 '황금색, 강조 4, 80% 더 밝게'를 클릭하면, ❺ 차트의 그림 영역에 색이 채워집니다.

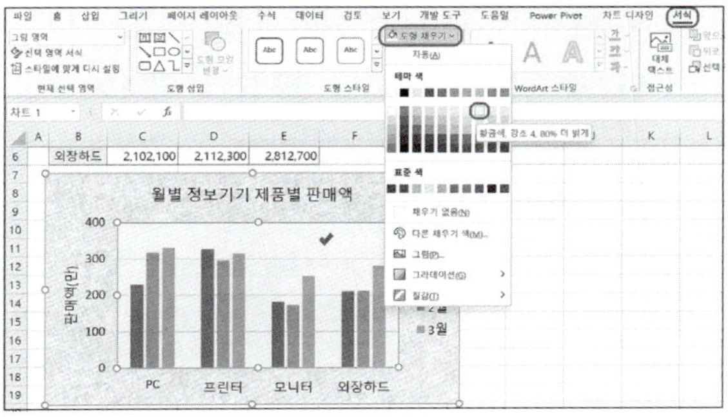

10.8.3 차트 영역에 그림자 만들기

실습

❶ 차트 영역을 클릭합니다. ❷ [서식] 탭을 클릭하고, ❸ [도형 효과]를 클릭합니다. ❹ [그림자]에 마우스 포인터를 맞추고, ❺ 그림자의 종류로 [오프셋: 왼쪽 아래]를 클릭하면, ❻ 차트 영역에 그림자가 드리워집니다.

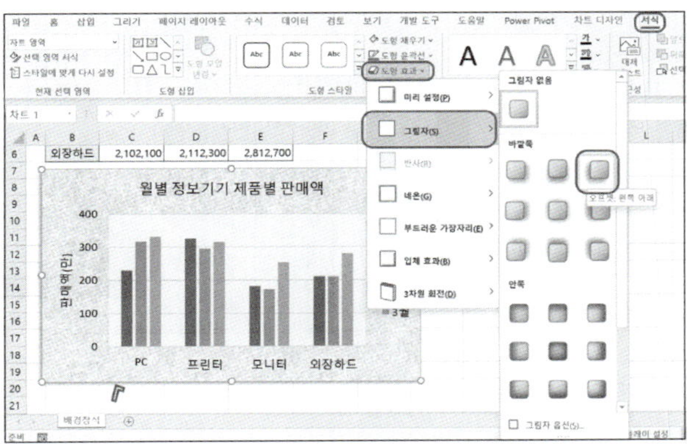

10.8.4 차트 모서리 둥글게 하기

차트 영역의 배경에 사진을 넣을 수도 있습니다. [도형 채우기]를 클릭하고 [그림]을 클릭합니다. 표시되는 [그림 삽입] 화면에서 이미지 파일을 지정해 삽입합니다.

또한 차트로 설정한 서식을 정리하여 리셋하려면 차트 위에서 우클릭한 후에 [스타일에 맞게 다시 설정]을 클릭해야 합니다. 다만, 모서리를 둥글게 했을 경우는 다음 예시의 순서 ❽에서 [둥근 모서리]를 클릭하고 체크를 해제할 필요가 있습니다.

실습

❶ 차트 영역을 클릭합니다. ❷ [서식] 탭을 클릭하고, ❸ [선택 영역 서식]을 클릭하면, ❹ [차트 영역 서식] 작업 창이 표시됩니다. ❺ [채우기 및 선]을 클릭하여, ❻ [테두리]를 클릭합니다. ❼ [자동]을 체크한 후, 오른쪽 스크롤바를 아래쪽 끝으로 이동합니다. ❽ [둥근 모서리]를 클릭합니다.

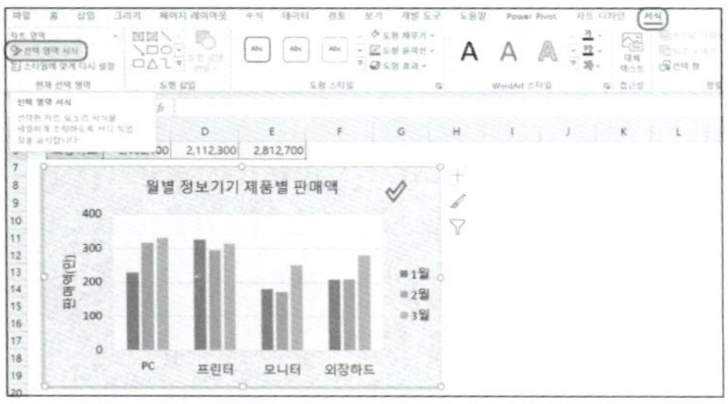

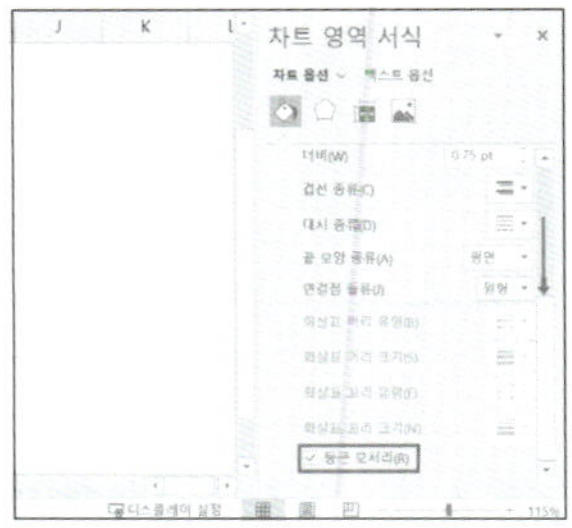

❾ [효과]를 클릭하고, ❿ [3차원 서식]을 클릭합니다.
⓫ [위쪽 입체]를 클릭해서, ⓬ [볼록하게]를 클릭합니다.
⓭ 차트 영역의 모서리가 둥글어지면서 차트에 입체감이 표시됩니다.

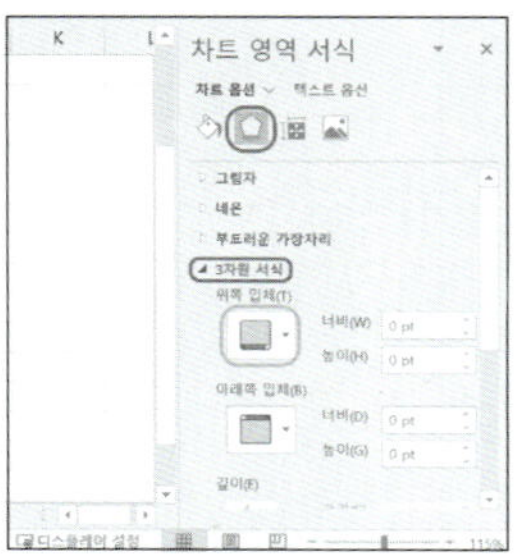
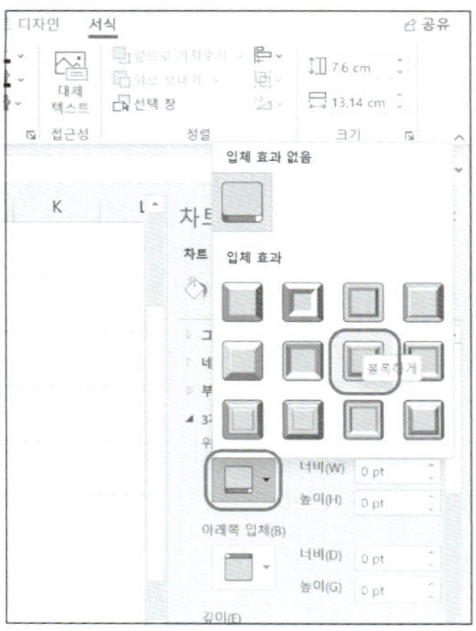
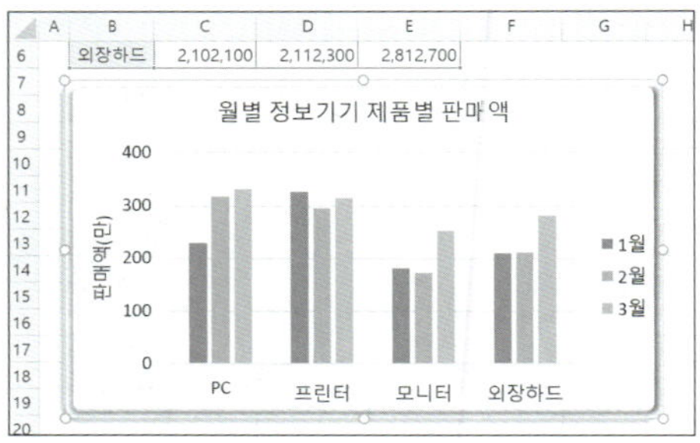

10.9 차트를 서식 파일로 등록하기

만든 차트는 템플릿으로 등록할 수 있습니다. 차트의 서식이나 스타일 등을 등록해 두면 동일한 차트를 만들 때 처음부터 설정할 필요가 없으므로 작업의 효율성을 높을 수 있습니다.

10.9.1 차트를 서식 파일로 저장하기

실습

❶ 보존할 차트를 우클릭한 후에 [서식 파일로 저장]을 클릭합니다. ❷ 차트가 서식 파일로 저장됩니다. ❸ 저장 위치가 자동으로 선택됩니다. ❹ 파일명 '황금색–파랑백엽'을 입력하고, ❺ [저장]을 클릭하면 여기서 입력한 파일명이 차트 서식 파일로 표시됩니다.

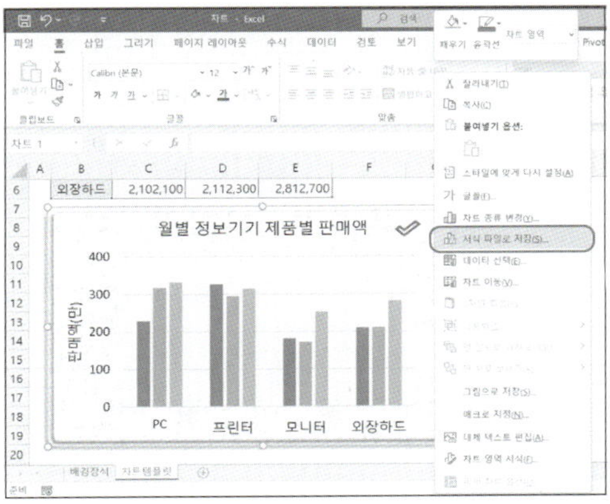

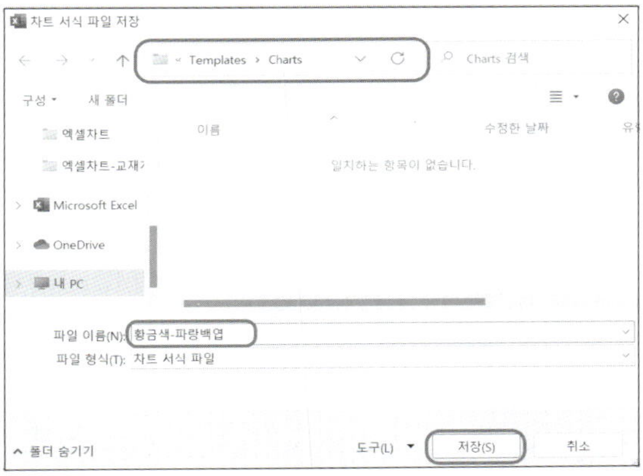

10

10.9.2 등록한 차트 서식 파일 이용하기

서식 파일로 등록되는 것은 차트 영역이나 데이터 계열, 차트 제목, 축 제목 등의 서식입니다. 추가로 필요한 부분은 차트를 만든 후 적절히 수정합니다.

실습

❶ 차트로 만들 셀 범위 B2~F5를 선택합니다. ❷ [삽입] 탭을 클릭하고, ❸ [추천 차트]를 클릭합니다. ❹ [모든 차트]를 클릭하여, ❺ [서식 파일]을 클릭합니다. ❻ 사용할 서식 파일을 클릭하여, ❼ [확인]을 클릭하면,

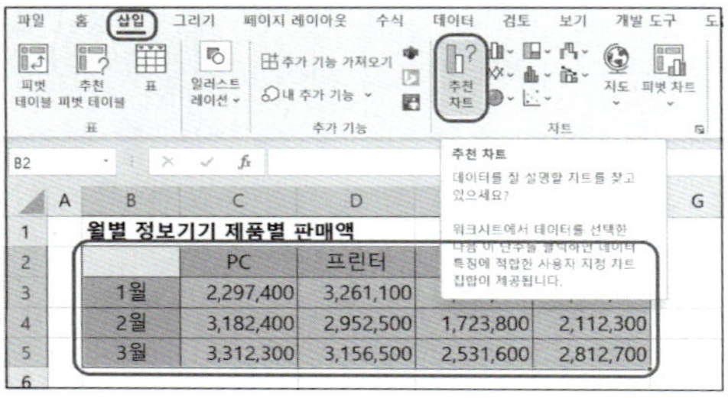

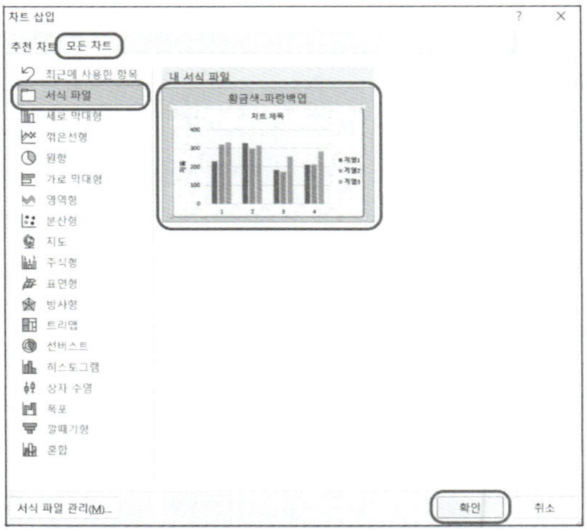

❽ 서식 파일을 이용한 차트가 생성됩니다.

❾ 차트 제목을 입력하고 축 제목을 내용에 맞추어 설정합니다.

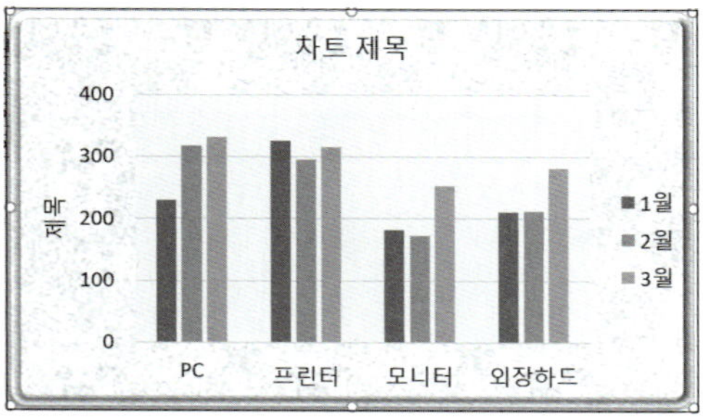

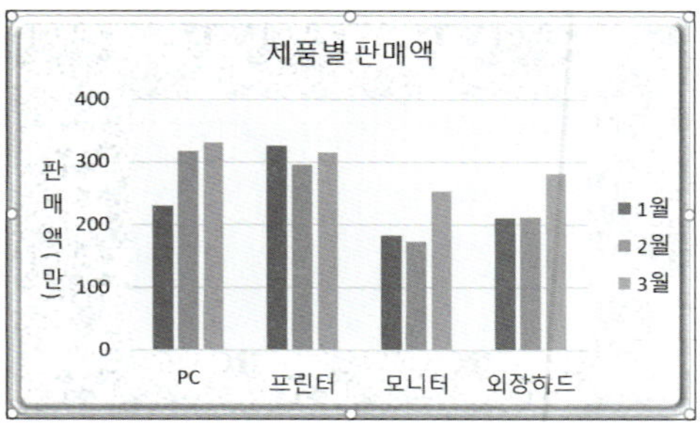

10.9.3 등록한 서식 파일 삭제하기

다음 예시의 순서 ❼에서, 불필요한 서식 파일을 선택한 후에, 탐색기의 [홈] 탭의 [삭제]를 클릭하거나 Delete를 눌러서 삭제할 수 있습니다.

실습

❶ 셀 범위를 선택합니다. ❷ [삽입] 탭을 클릭하고, ❸ [차트] 그룹의 오른쪽 아래 끝에 있는 [모든 차트 보기]를 클릭합니다.

❹ [모든 차트]를 클릭해서, ❺ [서식 파일]을 클릭하고, ❻ [서식 파일 관리]를 클릭하면,

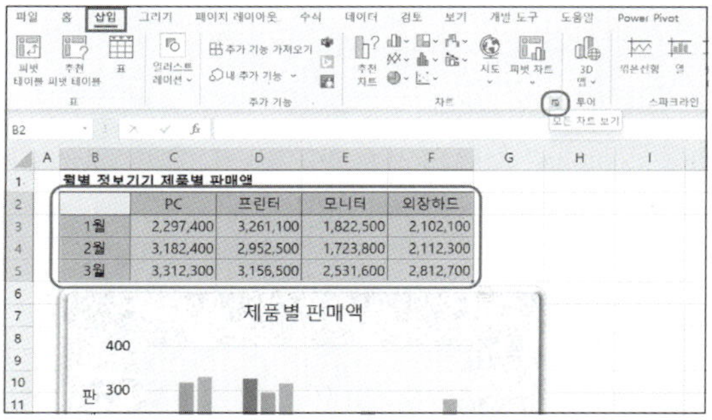

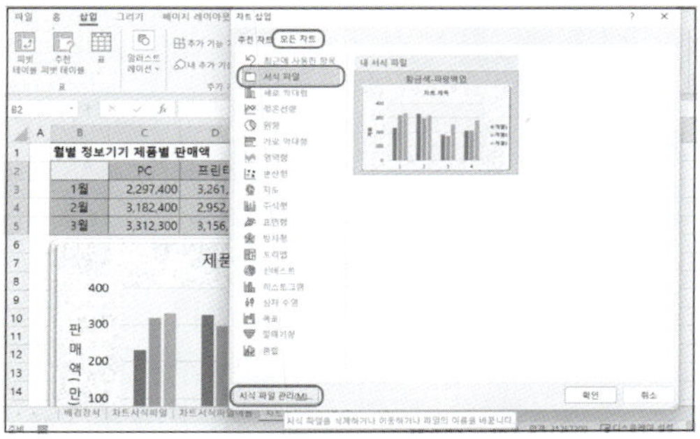

❼ 탐색기 시작되고 서식 파일이 저장된 폴더가 열립니다. ❽ 삭제할 서식 파일을 우클릭한 후,

❾ [삭제(Delete)]를 클릭하면,

❿ 저장한 서식 파일이 삭제됩니다.

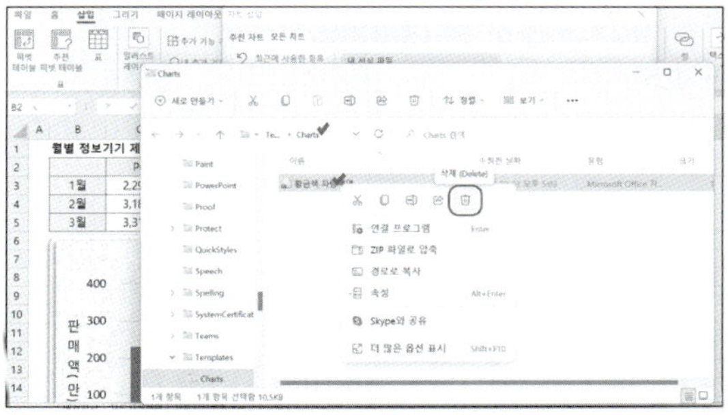

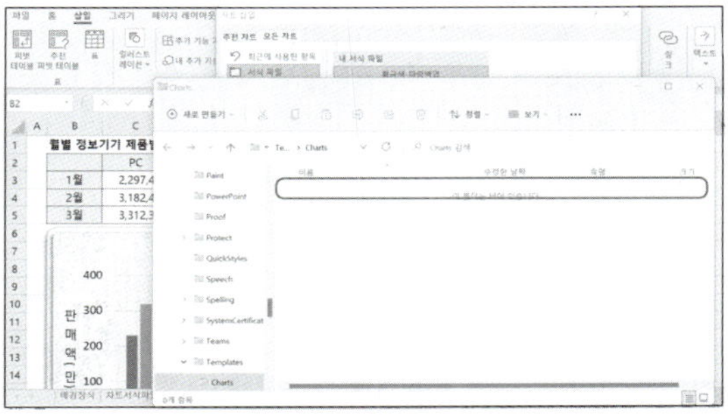

10

연습문제

01 [서식] 탭 – [도형 스타일] 그룹의 테마 스타일에서 "색 채우기 – 녹색, 강조 6"을 선택하여 차트 제목을 꾸며보세요.

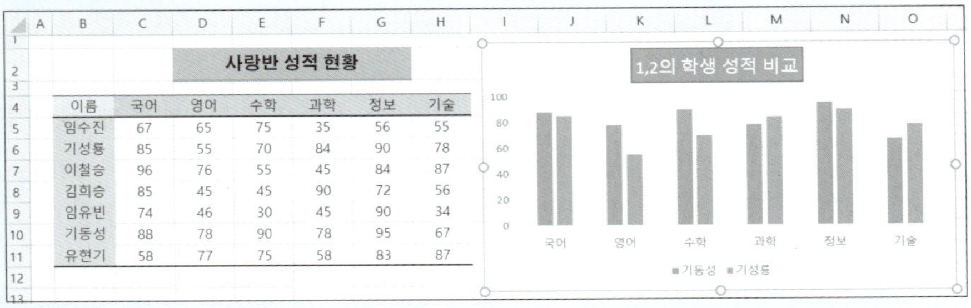

사랑반 성적 현황

이름	국어	영어	수학	과학	정보	기술
임수진	67	65	75	35	56	55
기성룡	85	55	70	84	90	78
이철승	96	76	55	45	84	87
김희승	85	45	45	90	72	56
임유빈	74	46	30	45	90	34
기동성	88	78	90	78	95	67
유현기	58	77	75	58	83	87

02 세로축의 "축 옵션" – "단위"의 "기본"에 20을 입력해서 차트의 세로축이 간격 20이 되도록 표시해 보세요.

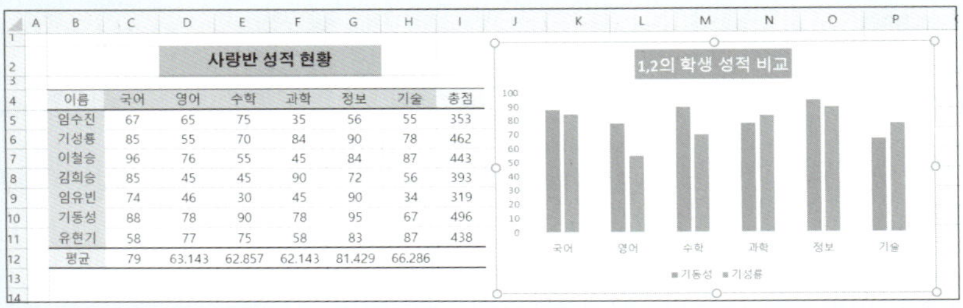

사랑반 성적 현황

이름	국어	영어	수학	과학	정보	기술	총점
임수진	67	65	75	35	56	55	353
기성룡	85	55	70	84	90	78	462
이철승	96	76	55	45	84	87	443
김희승	85	45	45	90	72	56	393
임유빈	74	46	30	45	90	34	319
기동성	88	78	90	78	95	67	496
유현기	58	77	75	58	83	87	438
평균	79	63.143	62.857	62.143	81.429	66.286	

03 세로축 값의 "표시 단위"를 "백만"으로 표시해 보세요.

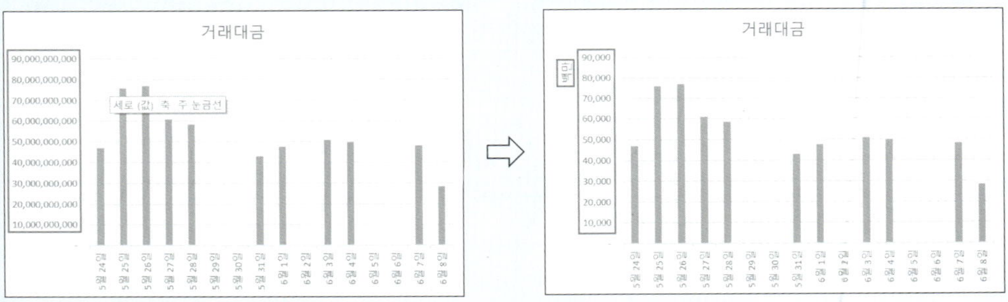

CHAPTER

11 알기 쉽게 정보 전달하기

11.1 데이터의 정렬 순서 교체하기

차트의 데이터 계열 순서를 변경하려면 데이터 소스 선택을 이용하여 차트상에서 교체해야 합니다. 또한 항목의 순서를 바꾸고 싶을 때는 원본 데이터를 정렬합니다.

11.1.1 범례 항목(데이터 계열)의 정렬 순서 변경하기

실습

❶ 차트를 선택합니다. ❷ [차트 디자인] 탭을 클릭하고, ❸ [데이터의 선택]을 클릭하면, ❹ [데이터 원본 선택] 대화상자가 표시됩니다. ❺ 정렬 순서를 변경하고 싶은 데이터 계열 '모니터'를 클릭하여, ❻ [위로 이동]을 클릭합니다. ❼ 원하는 위치 PC앞으로 이동한 후 [확인]을 클릭하면,

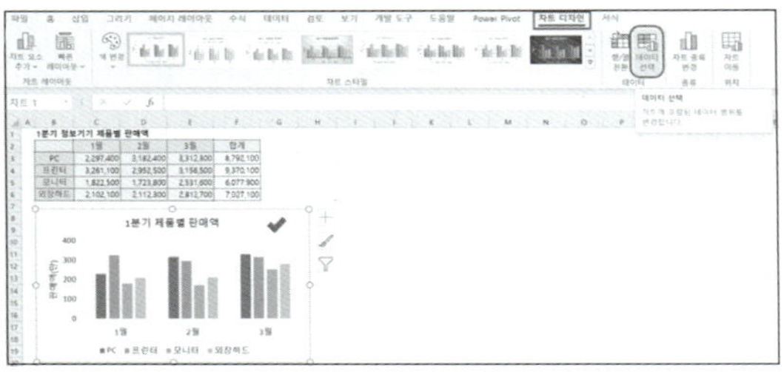

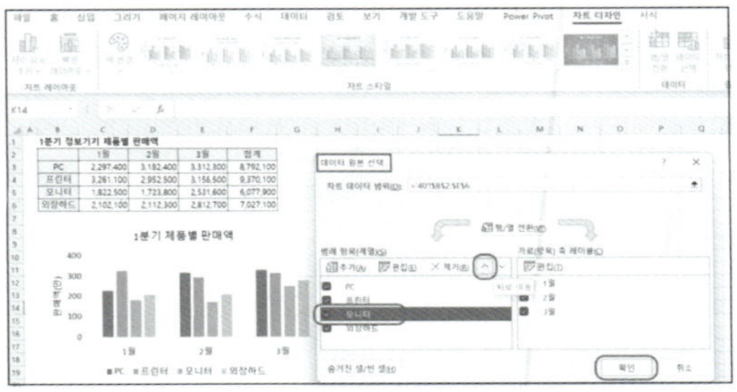

❽ 범례 항목의 정렬 순서가 변경됩니다.

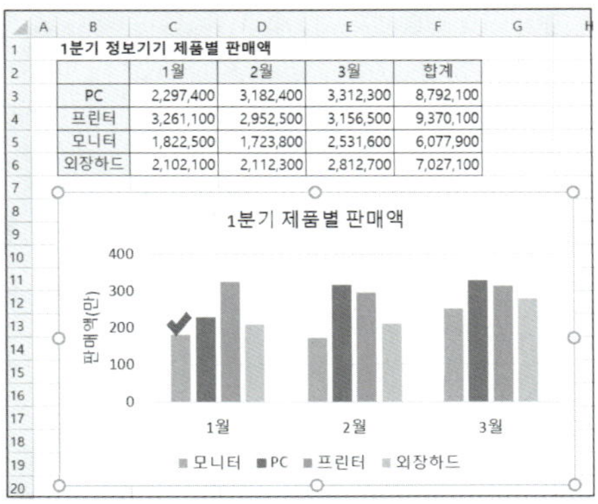

11.1.2 항목의 순서 바꾸기

차트의 원본 데이터를 임의의 순서로 정렬할 경우는 행을 선택하고 [홈] 탭의 [잘라내기✂(Ctrl+X)]를 클릭합니다. 그리고 삽입하고 싶은 위치의 행 번호를 우클릭하고 [잘라낸 셀 삽입]을 클릭합니다.

실습

❶ 정렬하려는 셀 F3을 클릭합니다. ❷ [홈] 탭의 [정렬 및 필터]를 클릭하고, ❸ [숫자 오름차순 정렬]을 클릭하면,

❹ 원본 데이터의 표가 정렬되고 차트에도 반영됩니다.

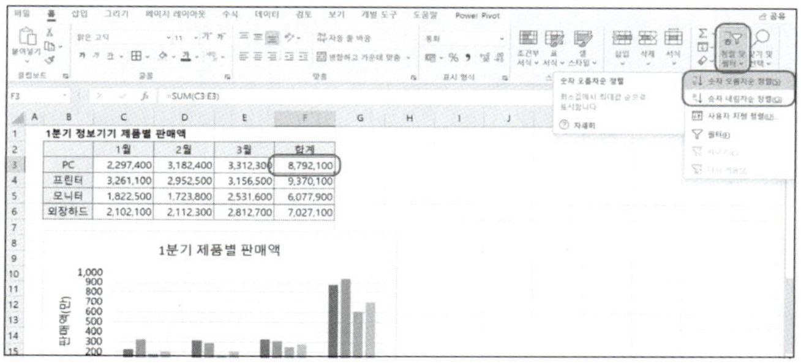

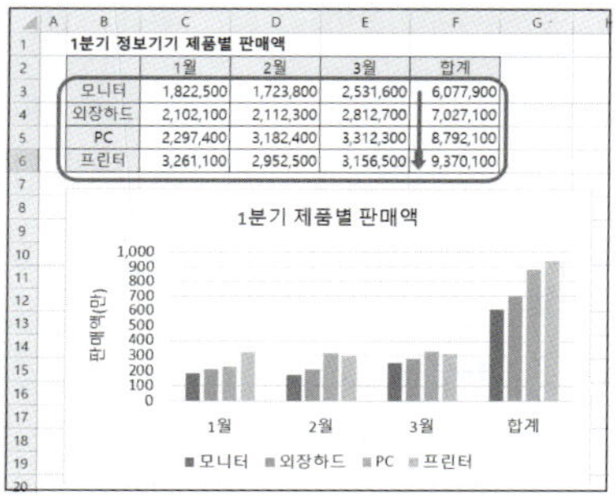

11.2 원본 데이터의 값 표시하기

데이터 레이블은 데이터 계열에 원본 데이터의 값이나 문자열 등을 표시하는 레이블을 말합니다. 차트에 데이터 레이블을 표시하면 차트만 봐도 정확한 데이터를 파악할 수 있습니다.

11.2.1 데이터 계열에 값 표시하기

실습

❶ 값을 표시할 데이터 계열 '후반기'를 선택하고, ❷ [차트 요소]를 클릭합니다. ❸ [데이터 레이블]에 마우스 포인터를 맞추고 ▶을 클릭하고, ❹ 데이터 레이블을 표시하고자 하는 위치 [바깥쪽 끝에]를 클릭하면,

❺ 선택한 데이터 계열의 바깥쪽 끝에 원래 데이터의 값이 표시됩니다. ❻ 차트 밖의 셀을 클릭하면 차트 요소 메뉴가 닫힙니다.

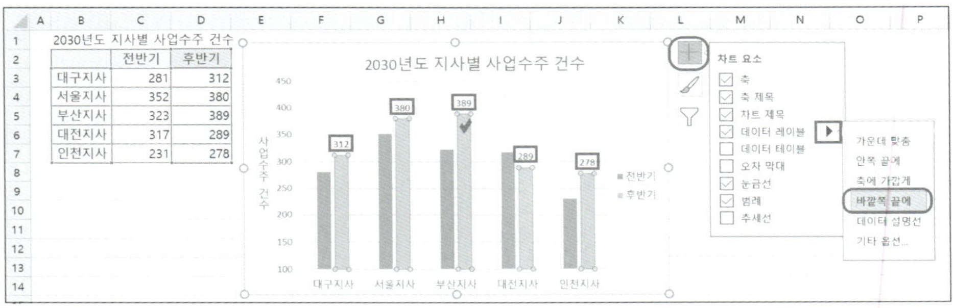

11.2.2 특정 데이터 요소에 값 표시하기

차트를 선택하고 [차트 요소]를 클릭한 후 [데이터 레이블]을 좌클릭(마우스의 왼쪽을 클릭)하면 모든 데이터 계열에 데이터 레이블을 표시할 수 있습니다.

실습

❶ 데이터 계열 '후반기'를 클릭하여 선택하고, ❷ 추가로 특정 데이터 요소 '부산지사'를 클릭하면 해당 데이터 요소만 선택됩니다. ❸ [차트 요소]를 클릭하고, ❹ [데이터 레이블]에 마우스 포인터를 맞춘 후 ▶을 클릭합니다. ❺ 데이터 레이블을 표시하는 위치로 [데이터 설명선]을 클릭하면, ❻ 선택한 데이터 요소에만 원래 데이터의 값이 표시됩니다.

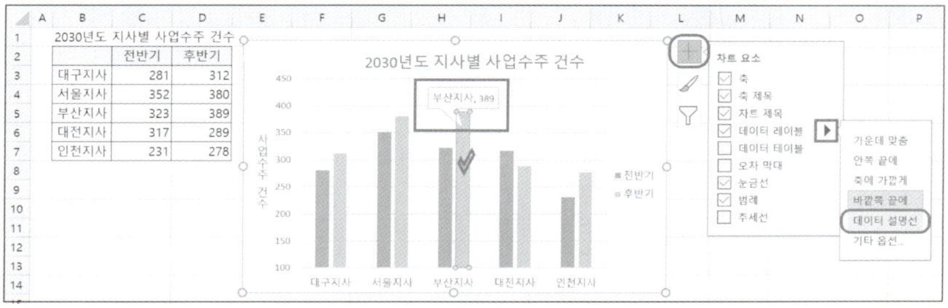

11.2.3 데이터 계열에 계열명과 값 표시하기

차트를 선택하고 [차트 요소]를 클릭한 후, [데이터 레이블]을 좌클릭해서 체크하면 데이터 계열에 데이터 레이블을 표시할 수 있습니다.

모든 데이터 레이블을 삭제하려면 [차트 요소]를 클릭하여 [데이터 레이블]의 체크를 해제해야 합니다. 개별 데이터 레이블을 삭제하려면 삭제하고자 하는 개별 데이터 레이블을 선택하고 Delete를 눌러야 합니다.

실습

❶ 데이터 계열을 클릭해서 선택하고, ❷ [차트 요소]를 클릭합니다. ❸ [데이터 레이블]에 마우스 포인터를 맞춰서 ▶을 클릭하고 [기타 옵션]을 클릭합니다.

❹ [계열 이름]과 [값]을 각각 체크합니다. ❺ [구분 기호]의 오른쪽 드롭다운 버튼 ▼을 클릭하여, ❻ 구분 기호로 '(줄 바꿈)'을 클릭합니다.

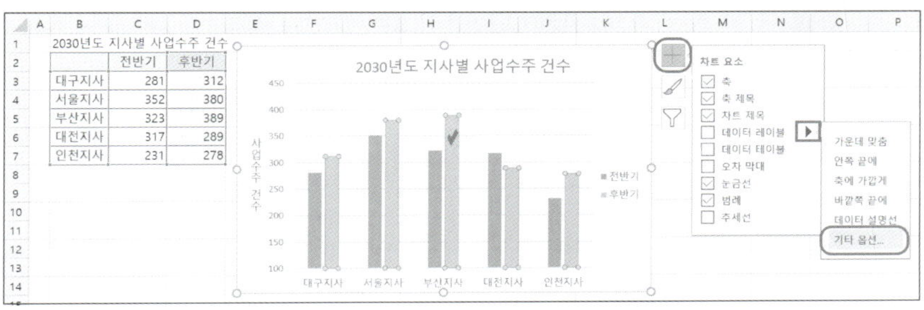

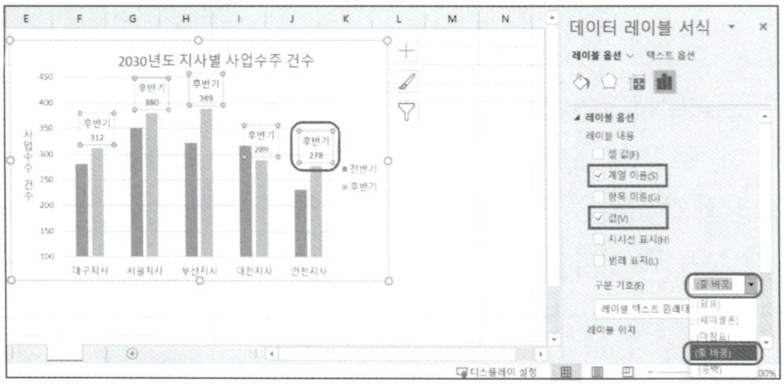

❼ 레이블 위치로 '안쪽 끝에'를 체크하면, ❽ 선택한 데이터 계열에 계열 이름과 값이 줄 바꿈 된 상태로 표시됩니다.

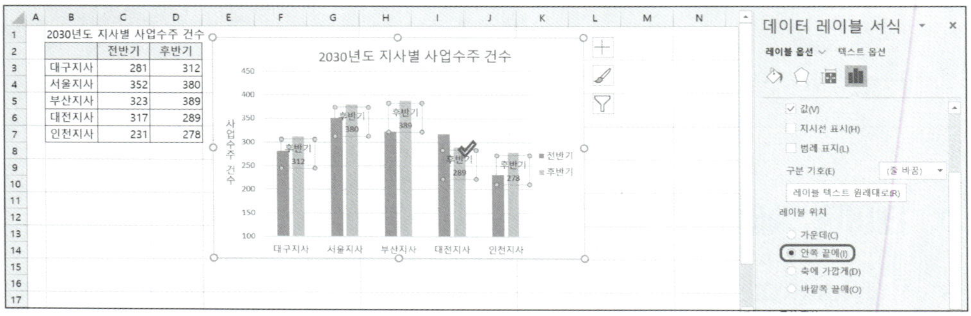

데이터 레이블의 문자 색상 변경하기

데이터 레이블의 글자 색을 변경하려면 [데이터 레이블 서식] 작업 창에서 [텍스트 옵션]을 클릭하고 [텍스트 채우기 및 윤곽선]을 클릭한 다음 [텍스트 채우기]를 클릭하여 색 팔레트에서 선택해야 합니다.

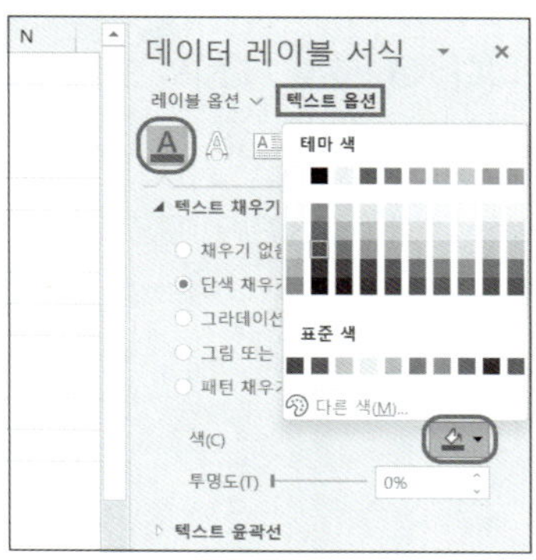

11.3 원본 데이터의 테이블 형식으로 표시하기

차트의 원본 데이터를 [데이터 테이블]로 차트 영역 내에 표시할 수 있습니다. [데이터 테이블] 표시는 차트와 표가 떨어져 있을 때 이용하면 편리합니다.

11.3.1 데이터 테이블 표시하기

실습

❶ 차트를 클릭한 후, ❷ [차트 요소]를 클릭합니다. ❸ [데이터 테이블]을 클릭해서 체크하면, ❹ 차트 아래에 원본 데이터의 값이 표시됩니다. 차트 밖의 셀을 클릭하면 차트 요소 메뉴가 닫힙니다.

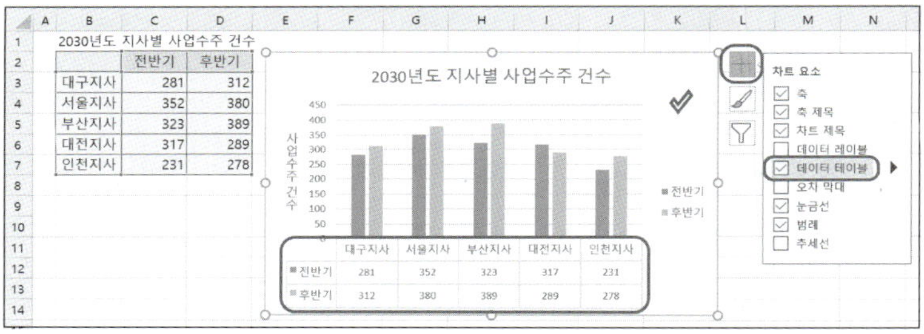

11.3.2 데이터 표의 서식 변경하기

데이터 테이블을 삭제하려면 [차트 요소]를 클릭해서 [데이터 테이블]을 해제해야 합니다.

실습

❶ 데이터 테이블을 선택합니다. ❷ [서식] 탭을 클릭하고, ❸ [선택 영역 서식]을 클릭하면, ❹ [데이터 표 서식] 작업 창이 나타납니다. ❺ [데이터 표 옵션]의 [세로]를 클릭해서 해제합니다.

11

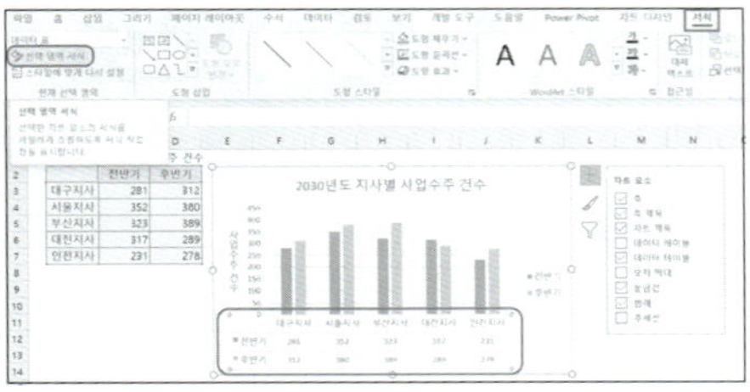

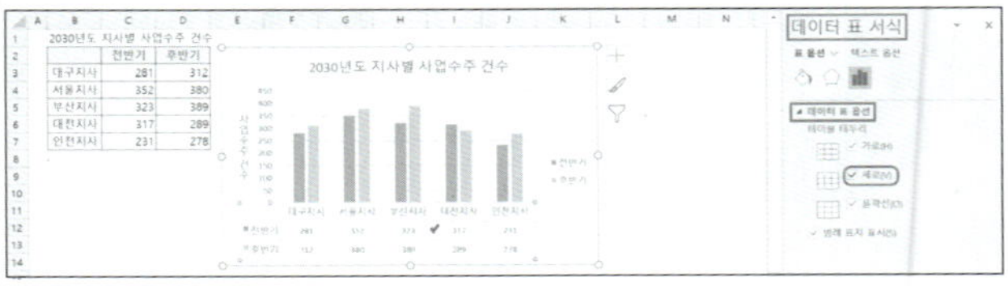

❻ 데이터 테이블의 세로가 표시되지 않습니다.

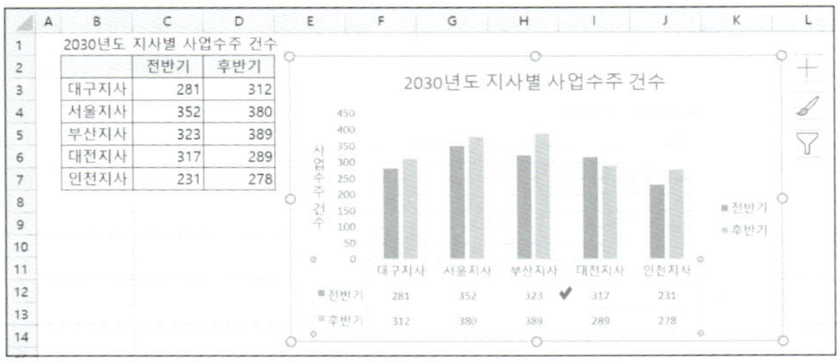

11.3.3 원본 데이터를 그림으로 붙이기

다음 예시의 순서 ❺~❼에서 표를 그림으로 붙이면 차트를 임의의 위치에 표시할 수 있습니다. 또한 표를 링크해 붙일 수도 있습니다. 표를 링크로 부착하면 원래 데이터를 변경했을 때 붙인 표도 자동으로 변경됩니다.

실습

❶ 원본 데이터 표를 선택하고, ❷ [홈] 탭을 클릭한 후, ❸ [복사]를 클릭합니다.

❹ 붙여넣을 위치로 셀 F2를 클릭합니다.

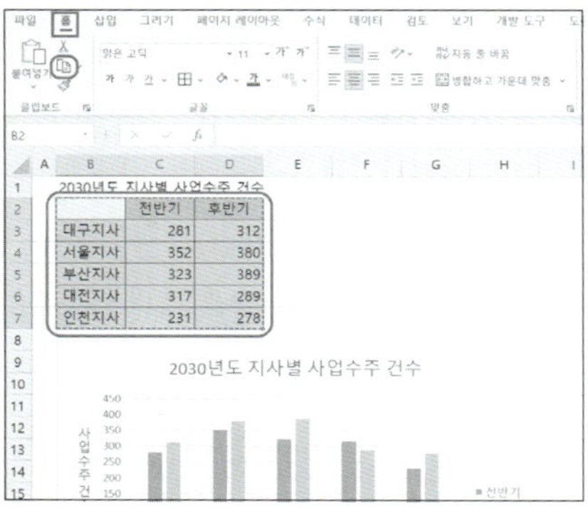

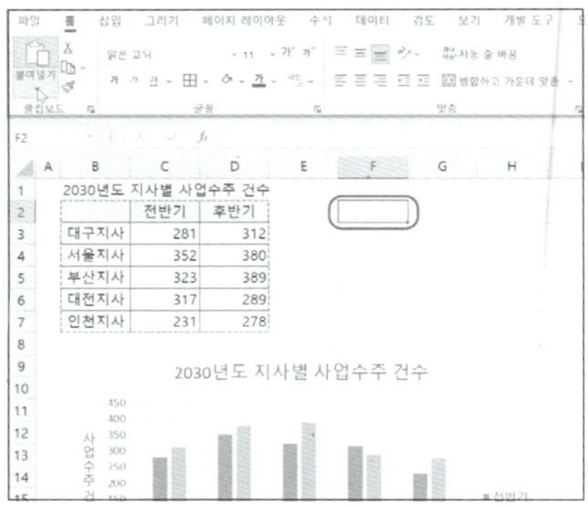

❺ [붙여넣기]를 클릭해서, ❻ [그림]을 클릭하면, ❼ 표가 그림으로 부착됩니다.

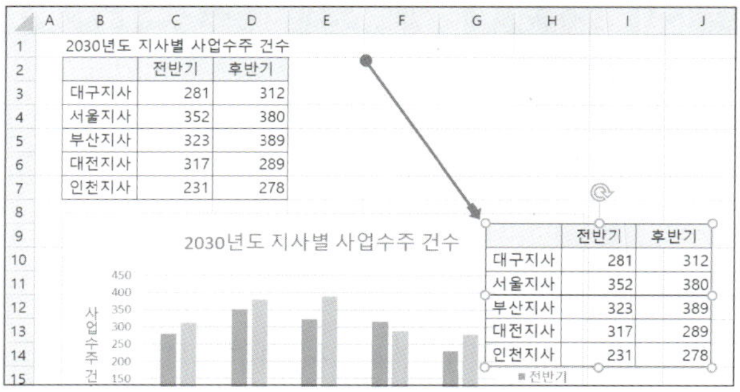

❽ 셀에 붙인 표를 차트 위로 드래그하여 이동합니다.

❾ [채우기 색]의 드롭다운 버튼 ⌵을 클릭하고, ❿ 원하는 색상으로 '파랑, 강조, 1, 80% 더 밝게'를 클릭하면 표 내부가 클릭한 색으로 채워집니다. ⓫ 표 주위에 있는 핸들의 드래그에 의해 크기 조정도 가능합니다.

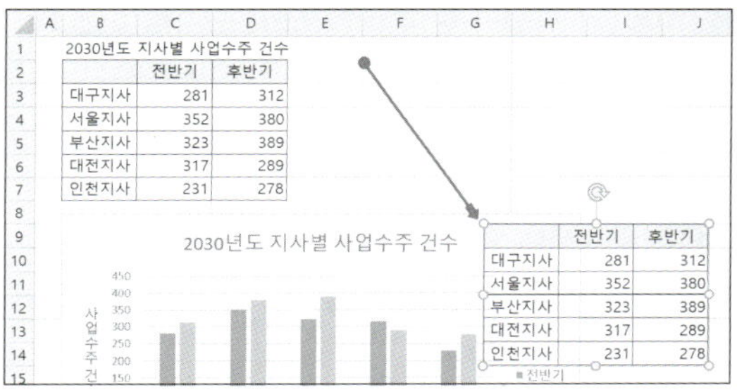

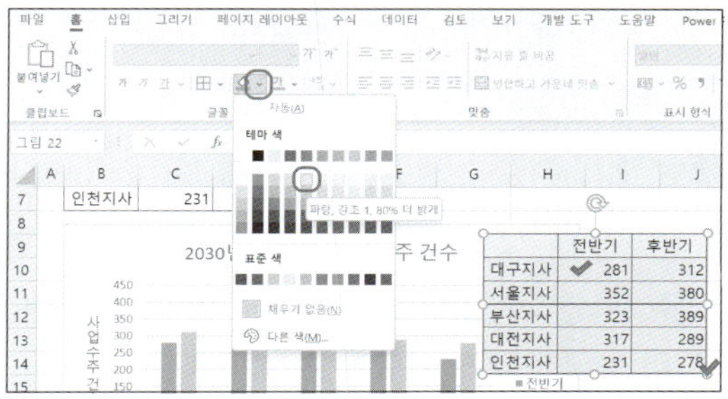

11

11.4 축의 표시 범위 변경하기

차트의 세로축에 표시되는 축 눈금 범위는 원본 데이터의 수치에 따라 자동으로 설정됩니다. 차트의 변화를 강조해서 표시하려면 축 눈금의 표시 범위를 원본 데이터에 맞게 조정해야 합니다.

11.4.1 세로축 눈금의 최솟값과 최댓값 변경하기

변경한 표시 범위를 원래대로 되돌리려면 다시 [축 서식] 작업 창을 표시하고 [다시 설정]을 클릭해야 합니다.

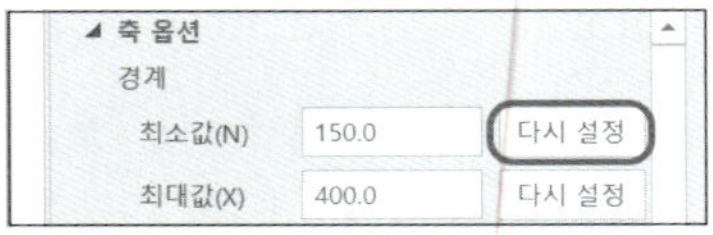

실습

❶ 차트의 세로축을 클릭합니다. ❷ [서식] 탭을 클릭하고, ❸ [선택 영역 서식]을 클릭하면, ❹ [축 서식] 작업 창이 표시됩니다. ❺ [최소값]에 수치 '150.0'를 입력하면 세로축 눈금의 최솟값이 변경되어 눈금에 맞게 차트가 조정됩니다.

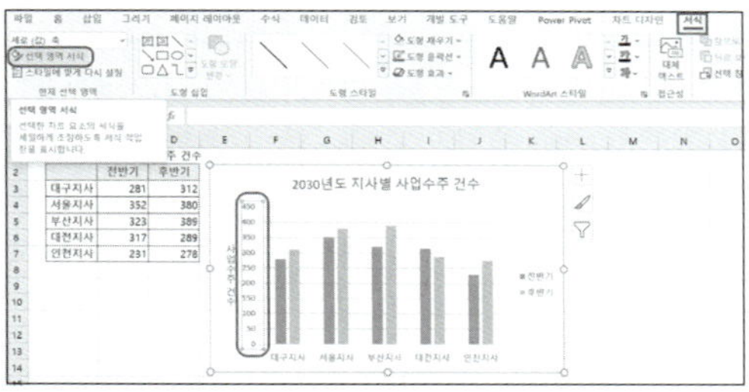

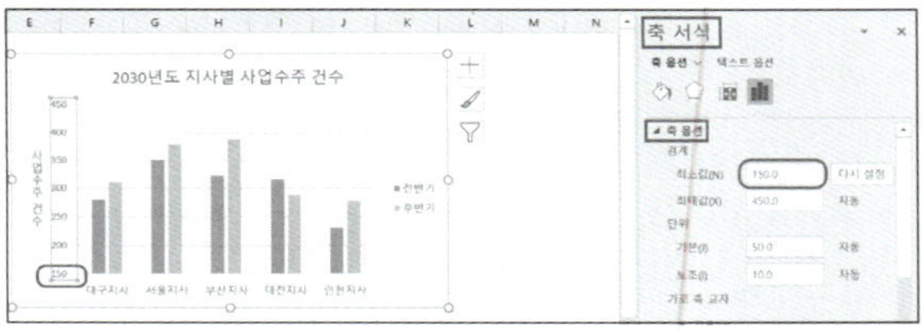

❻ [최대값]에 수치 '400.0'을 입력하면, 세로축 눈금의 최댓값이 변경되어 눈금에 맞게 차트가 조정됩니다.

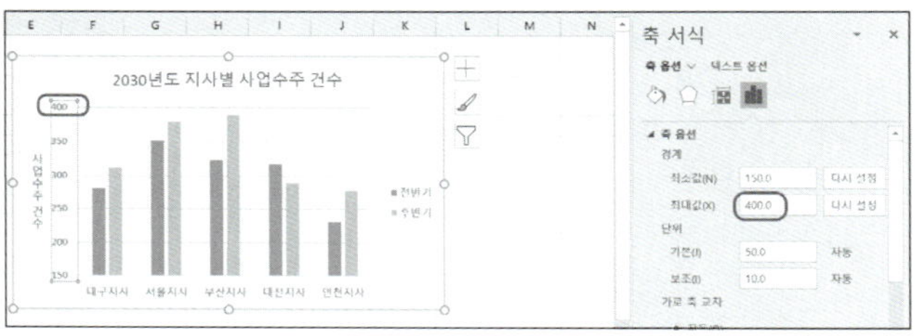

11.5 눈금선과 표식의 위치 맞추기

Excel의 디폴트 상태에서 만들어진 꺾은선형 차트의 시작점과 끝점은 그림 영역의 양 끝에서 떨어져 있습니다. 그 두점을 그림 영역의 양 끝에 맞추려면 차트의 눈금선과 표식의 표시 위치를 맞춰야 합니다.

11.5.1 눈금선과 마커의 표식 위치 맞추기

다음의 예시는 차트 스타일로 세로 눈금선을 표시하고 있습니다. 꺾은선형 차트의 초기설정에서는 표식이 세로 눈금선 사이에 표시됩니다.

실습

❶ 가로축을 클릭합니다. ❷ [서식] 탭을 클릭하고, ❸ [선택 영역 서식]을 클릭하면, ❹ [축 서식] 작업 창이 표시됩니다. ❺ [축 옵션]의 '눈금'을 체크하면, ❻ 표식이 눈금선 위에 표시되고 차트의 시작점과 끝점이 그림 영역의 양 끝에 정렬됩니다.

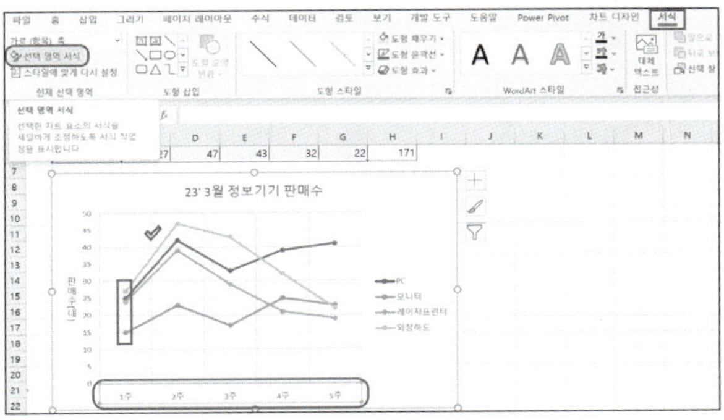

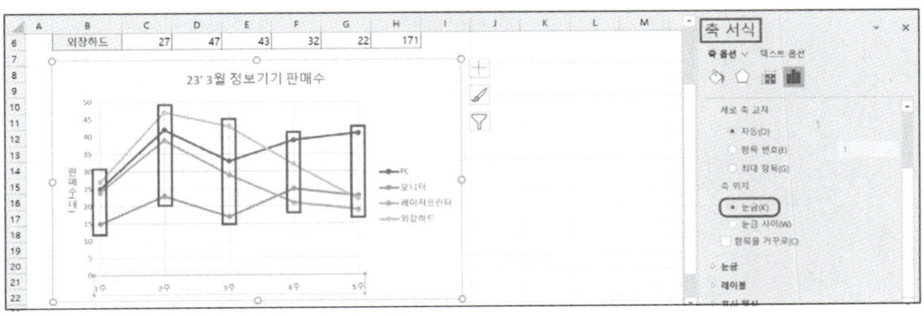

11.6 선의 색과 스타일 변경하기

꺾은선형 차트를 만들면 데이터 계열별로 분류된 선으로 차트가 그려집니다. 특정 꺾은선이나 데이터 표식을 강조하고 싶을 경우는 선의 스타일이나 색상을 변경합니다.

11.6.1 특정 선의 스타일을 변경하기

실습

❶ 스타일을 변경할 PC 데이터 계열을 클릭하고, ❷ [서식] 탭을 클릭합니다. ❸ [도형 윤곽선]을 클릭해서,

❹ [대시]에 마우스 포인터를 맞추고, ❺ 선의 스타일로 [사각 점선]을 클릭하면, ❻ 선택한 데이터 계열 선의 스타일이 변경됩니다. 범례 스타일도 자동으로 변경됩니다.

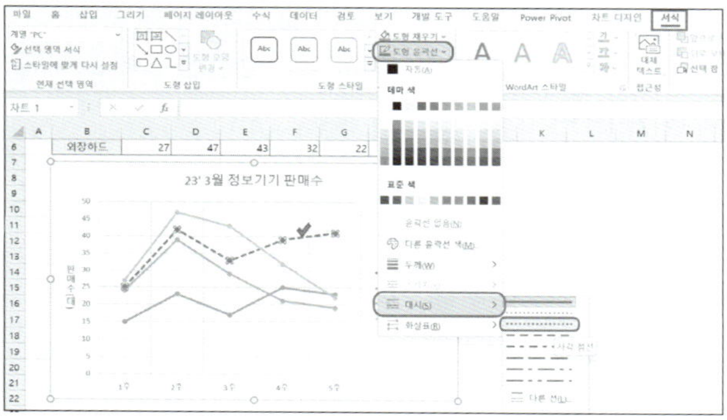

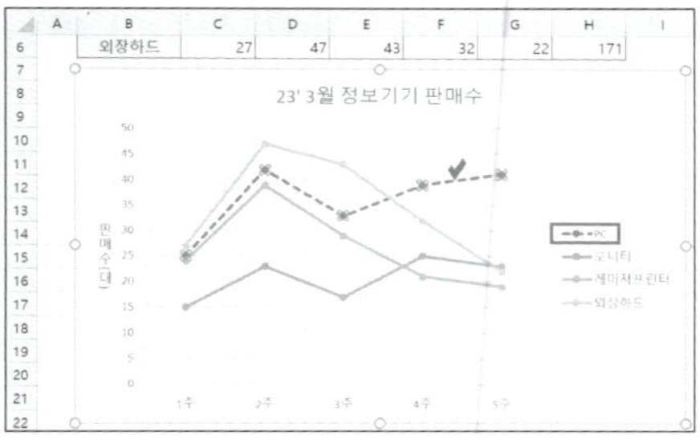

11.6.2 특정 표식의 색 변경하기

각각의 수치를 나타내기 위한 차트 요소를 '데이터 표식'이라고 합니다. 꺾은선형 차트의 경우는 각각의 꺾은선이 '데이터 계열'입니다.

실습

❶ PC 데이터 계열을 클릭합니다. ❷ 표식을 클릭하면 클릭한 표식만 선택됩니다.
❸ [서식] 탭을 클릭하고, ❹ [도형 채우기]를 클릭한 후, ❺ 원하는 색상으로 [빨강]을 클릭하면,

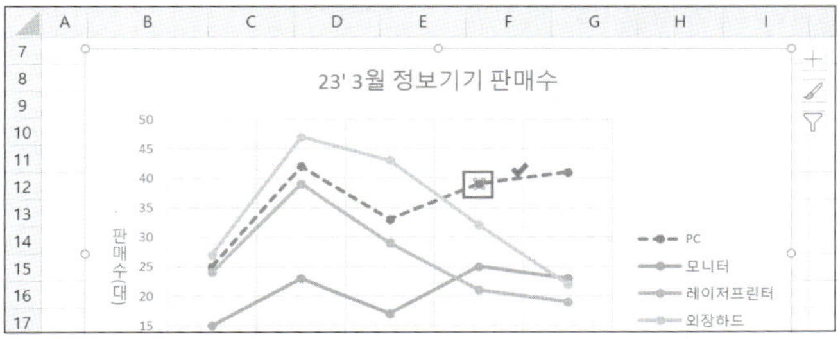

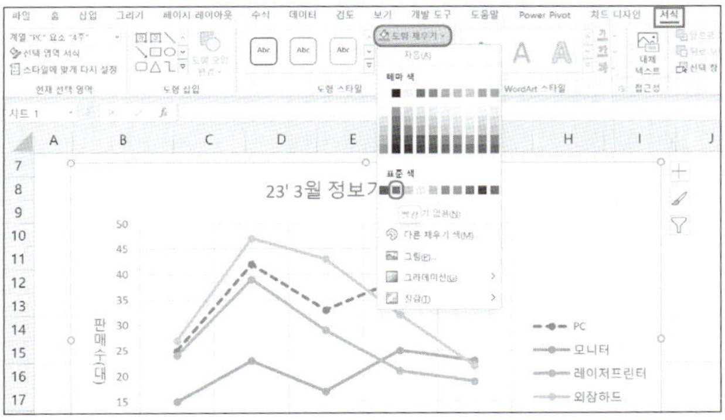

❻ 선택한 표식의 색상이 변경됩니다.

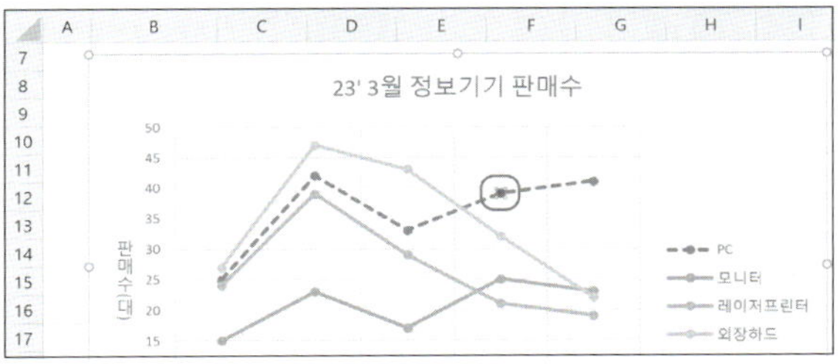

11.7 끊긴 부분 수정하기

꺾은선형 차트를 만들 경우, 원본 데이터 표에 공백 셀이 있으면 꺾은선이 끊겨 표시됩니다. 끊어진 꺾은선을 손쉽게 연결하기 위해, [데이터 원본 선택] 대화 상자에서 [숨겨진 셀/빈 셀 설정] 혹은 [가로(항목) 축 레이블] 등을 이용합니다.

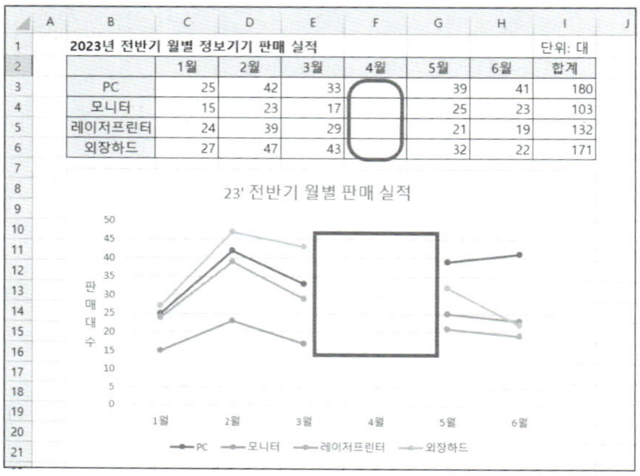

11.7.1 끊어진 선을 연결하여 표시하기

근원 데이터 테이블(표)에서 열 또는 행이 숨겨져 있거나 그 부분이 모두 공백일 경우에는 차트의 일부가 표시되지 않습니다. [숨겨진 셀/빈 셀 설정] 대화상자의 [숨겨진 행 및 열에 데이터 표시]를 켜서 끊어진 선을 연결해도 차트에는 영향이 없습니다.

실습

❶ 차트를 클릭합니다. ❷ [차트 디자인] 탭을 클릭하고, ❸ [데이터 선택]을 클릭하면,
❹ [데이터 원본 선택] 대화상자가 표시됩니다. ❺ [숨겨진 셀/빈 셀]을 클릭하면,

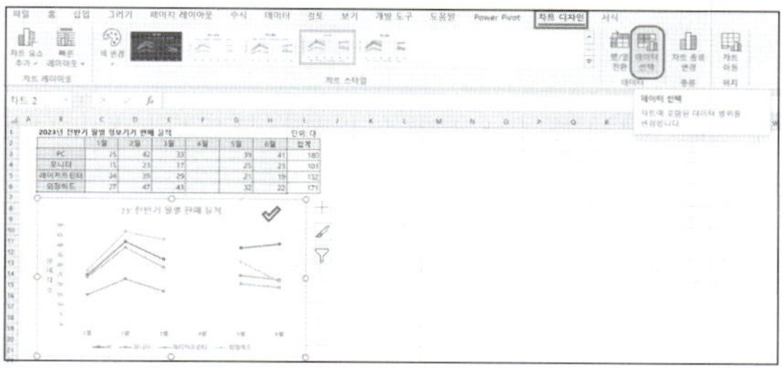

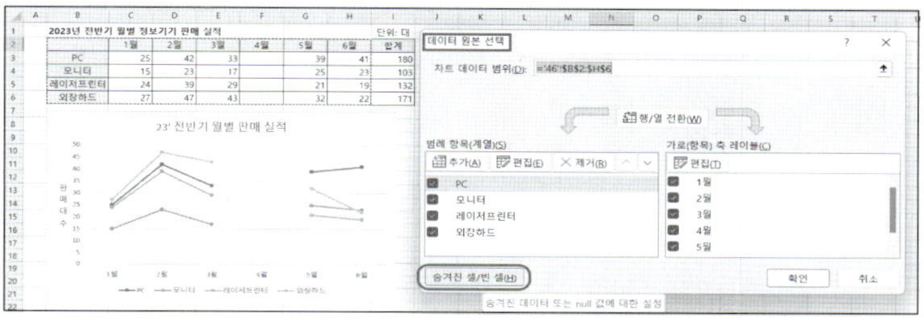

❻ [숨겨진 셀/빈 셀 설정] 대화상자가 표시됩니다. ❼ '선으로 데이터 요소 연결'과 '숨겨진 행 및 열에 데이터 표시'를 체크하고, ❽ [확인]을 클릭하면,

❾ [데이터 원본 선택] 대화상자로 돌아옵니다. ❿ [확인]을 클릭하면, ⓫ 끊어진 선이 연결되어 표시됩니다.

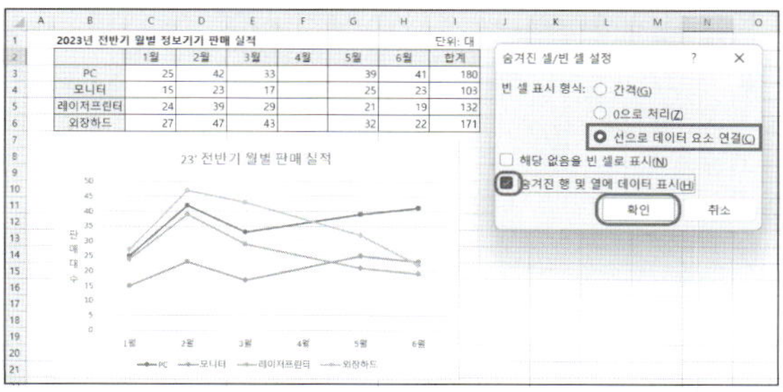

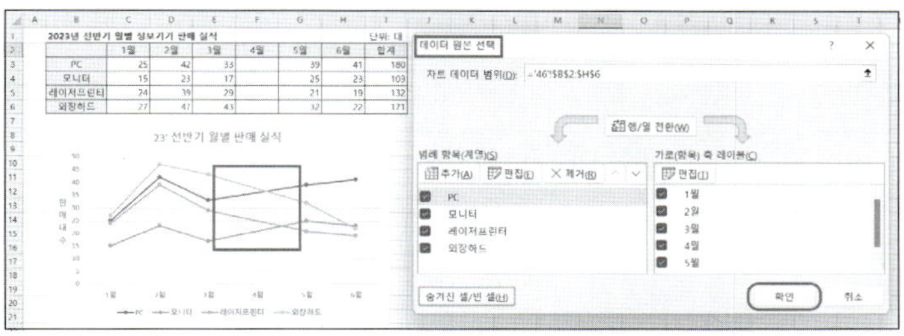

11.7.2 데이터가 없는 가로(항목) 축 레이블 숨기기

실습

❶ 차트를 클릭합니다. ❷ [차트 디자인] 탭을 클릭하고, ❸ [데이터의 선택]을 클릭하면,

❹ [데이터 원본 선택] 대화상자가 표시됩니다. ❺ [가로(항목) 축 레이블]에서 숨기려는 항목 '4월'을 클릭하여 해제하고, ❻ [확인]을 클릭하면,

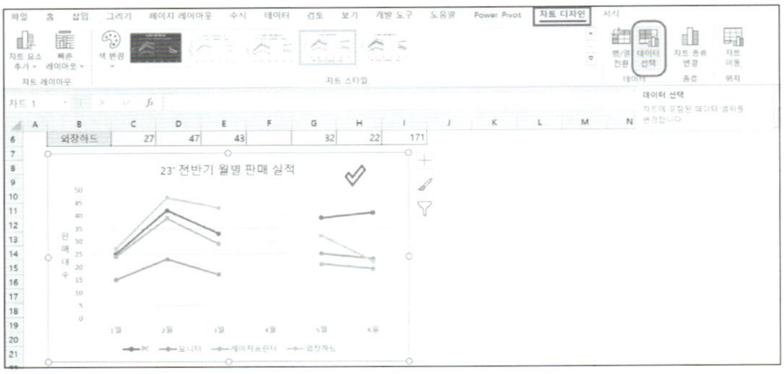

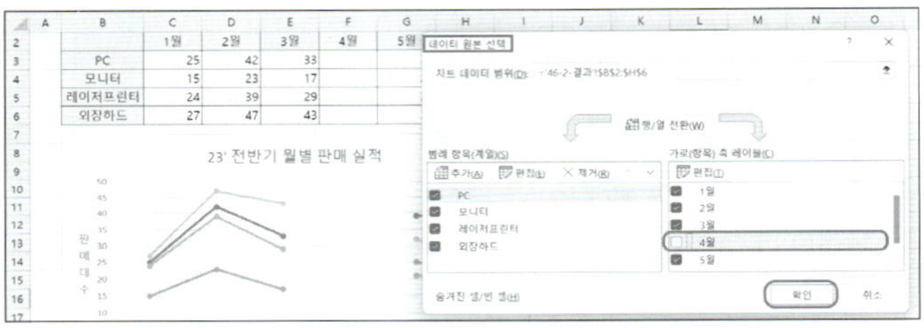

❼ 데이터가 없는 가로(항목) 축 레이블이 숨겨지고 끊긴 선이 연결되어 표시됩니다.

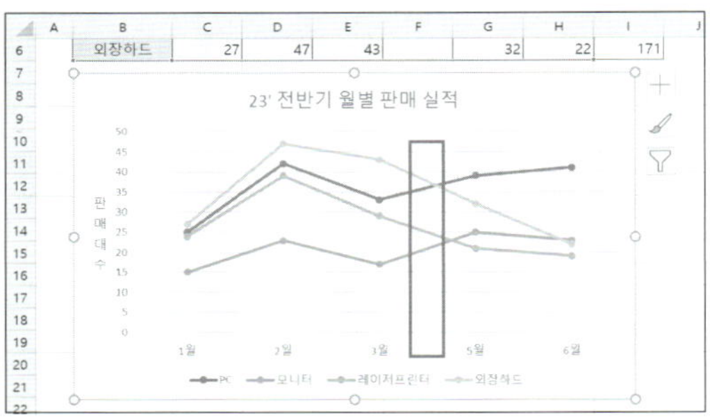

11.8 기준선 추가하기

합격 라인 등 차트에 기준이 되는 선을 추가하면 한눈에 다양한 정보를 파악할 수 있게 됩니다. 기준선을 표시하려면 먼저 원본 데이터 테이블에서 기준 데이터를 결정하고, 차트에서 그 데이터 계열을 보조 축으로 설정해야 합니다.

11.8.1 혼합 차트 만들기

11

실습

여기에서는 '합격점수'의 값을 기준선으로 합니다.

❶ 차트의 데이터 범위를 선택하고, ❷ [삽입] 탭을 클릭하여, ❸ [추천 차트]를 클릭합니다.
❹ [모든 차트]를 클릭하고, ❺ [혼합]을 클릭합니다. ❻ [묶은 세로 막대형 – 꺾은선형, 보조 축]을 클릭하고,
❼ [확인]을 클릭하면, ❽ 가로선이 그어진 혼합 차트가 만들어집니다.

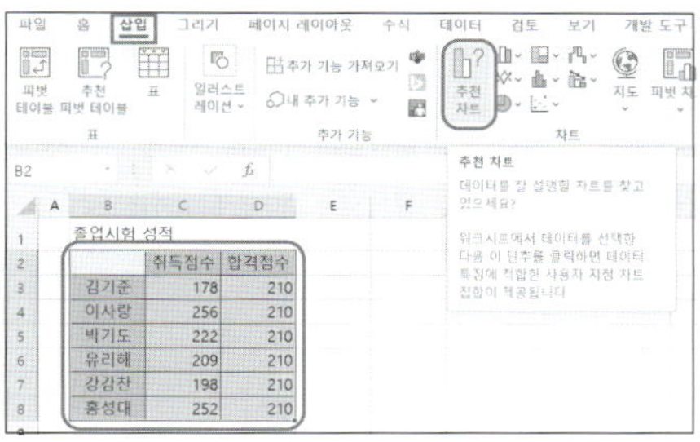

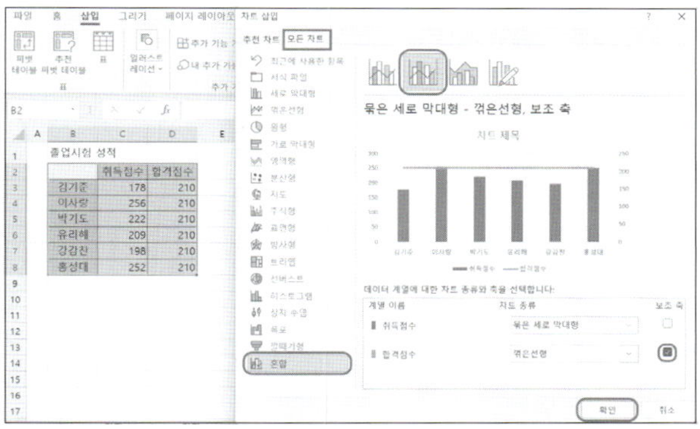

❽ 차트 제목을 입력합니다.

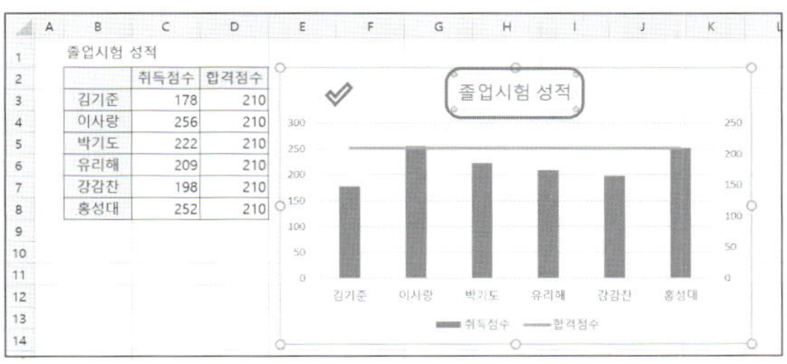

11.8.2 기준선(보조 축) 설정 변경하기

보조 세로 (값) 축의 눈금과 축 레이블을 숨기기 위해서는 다음 예시의 순서 ❽ 과 ⓫에서 [없음]으로 설정합니다.

실습

❶ '보조 세로 (값) 축'을 클릭합니다. ❷ [서식] 탭을 클릭하고, ❸ [선택 영역 서식]을 클릭하면, ❹ [축의 서식 설정] 작업 창이 표시됩니다. ❺ [경계]의 [최대값]에 「300.0」이라고 입력합니다. 여기에서는 보조 세로 축을 왼쪽 주축과 같게 하기 위해서 값을 「300.0」으로 설정합니다.

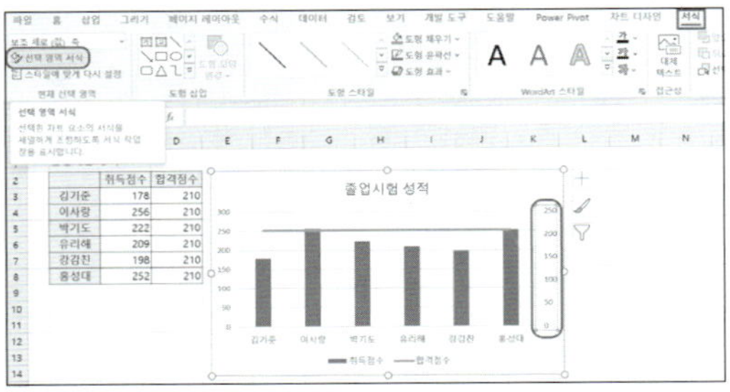

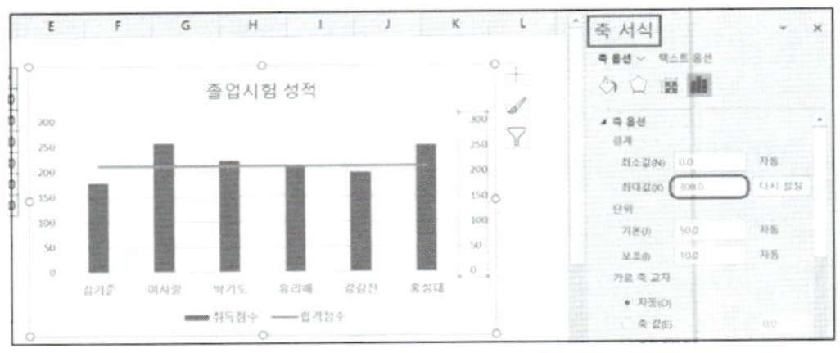

❻ [눈금]을 클릭해서, ❼ [보조 눈금]의 드롭다운 버튼 ▼를 클릭하고, ❽ [없음]을 클릭합니다.
❾ [레이블]을 클릭해서, ❿ [레이블 위치]의 드롭다운 버튼 ▼를 클릭하고, ⓫ [없음]을 클릭합니다.

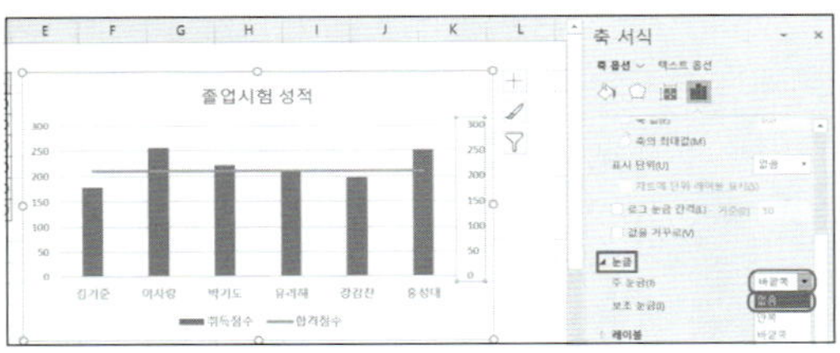

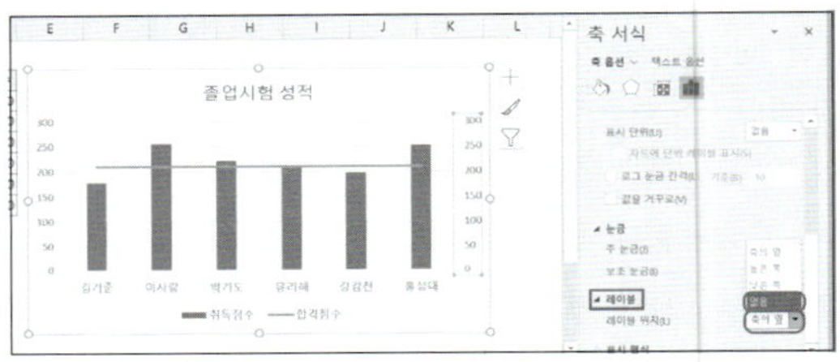

⓬ '보조 세로 (값) 축'이 왼쪽 주축과 같아지고 눈금과 축 레이블이 숨겨집니다.

11.8.3 기준선을 그림 구역의 양끝까지 늘이기

다음의 작업의 순서 ❸에서 표시된 '보조 가로' 축을 숨기기 위해서는 다음 예시의 순서 ⓬와 ⓯에서 [주 눈금]과 [레이블 위치]를 [없음]으로 설정했습니다.

실습

❶ 차트를 선택하고 [차트 요소]를 클릭합니다. ❷ [축]에 마우스 포인터를 맞춰서 오른쪽 버튼 ▶을 클릭하고, ❸ [보조 가로]를 체크한 후, ❹ 차트 밖의 셀을 클릭하여 차트 요소 메뉴를 닫습니다. ❺ 보조 가로 축을 클릭합니다. ❻ [서식] 탭을 클릭하고, ❼ [선택 영역 서식]을 클릭하면,

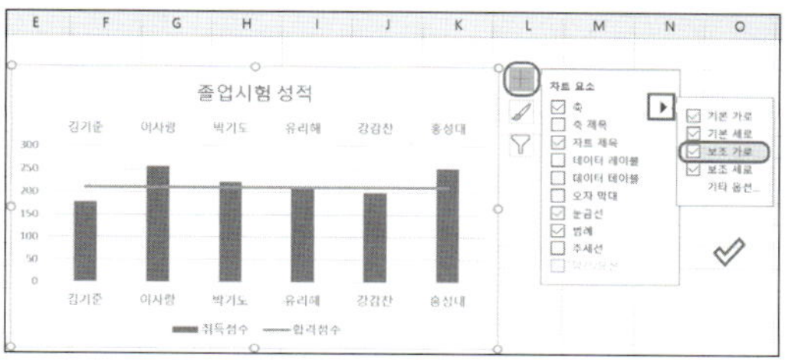

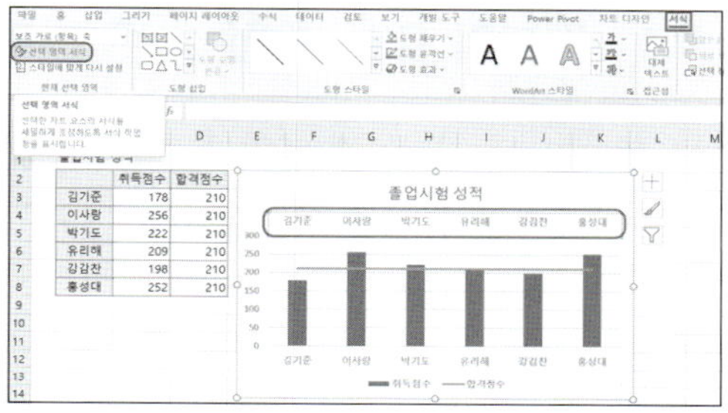

❽ [축 서식] 작업 창이 표시됩니다. ❿ [축 옵션]을 확인한 후, "축 위치: 눈금"을 클릭합니다. ❿ [눈금] 탭을 클릭하고, ⓫ [주 눈금]의 드롭다운 버튼 ▾를 클릭해서, ⓬ [없음]을 클릭합니다.

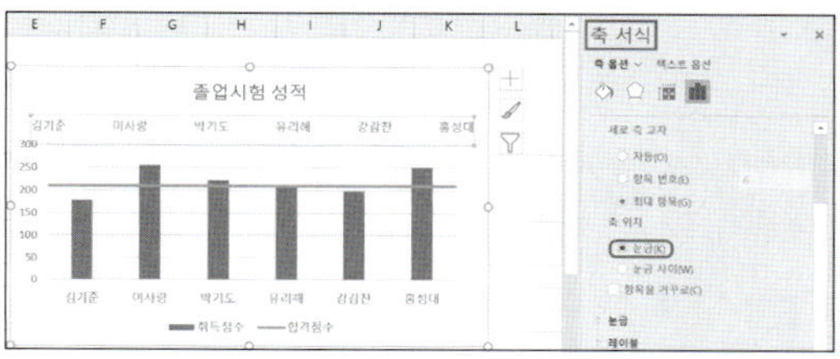

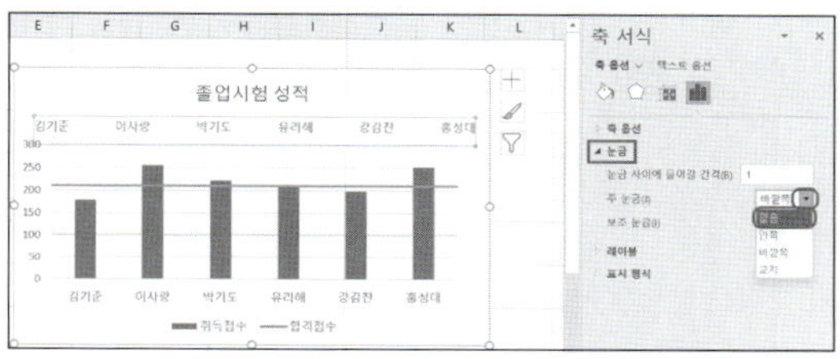

⓭ [레이블]을 클릭해서, ⓮ [레이블 위치]의 드롭다운 버튼 ▾을 클릭하고, ⓯ [없음]을 클릭하면 기준선이 그림(plot) 영역의 양단까지 늘어납니다.

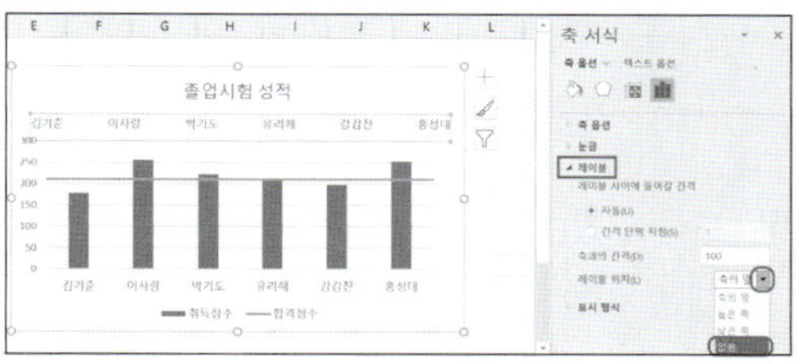

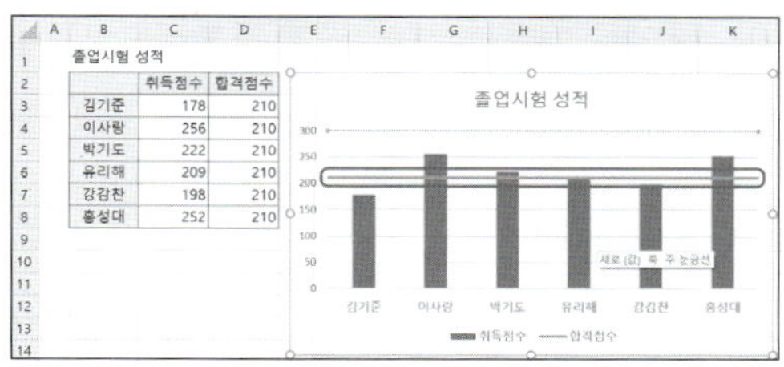

11.9 기준값으로 배경 구별하기

차트의 배경을 기준값으로 구분하면 차트에서 정확한 수치를 읽지 않고도 시각적으로 정보를 읽을 수 있습니다. 배경 색칠을 하려면 기준값으로 만든 영역형 차트를 응용해야 합니다.

11.9.1 기본이 되는 혼합 차트 만들기

다음의 예시에서는 누적 영역 차트의 최대치가 100%가 되도록 목표 미달성을 70%, 목표 달성을 30%로 각각 설정하고 있습니다.

실습

❶ 차트를 만들 데이터 범위를 선택해서, ❷ [삽입] 탭을 클릭하고, ❸ [추천 차트]를 클릭합니다. ❹ [모든 차트]를 클릭하고, ❺ [혼합]을 클릭합니다. ❻ 차트의 종류를 변경하는 계열 이름 '101호'의 드롭다운 버튼 ☑을 클릭하고, ❼ [표식이 있는 꺾은선형]을 선택합니다.

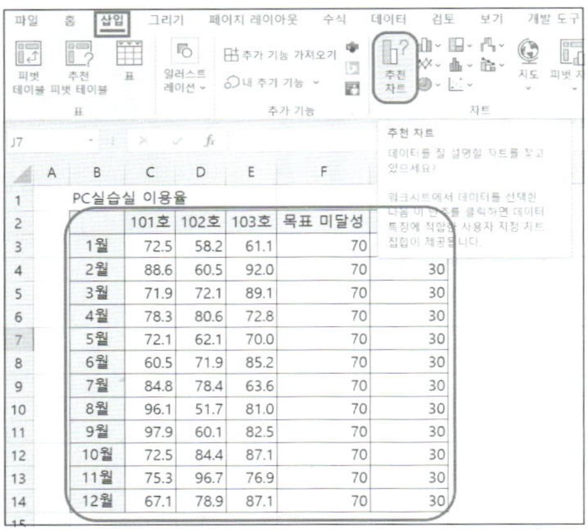

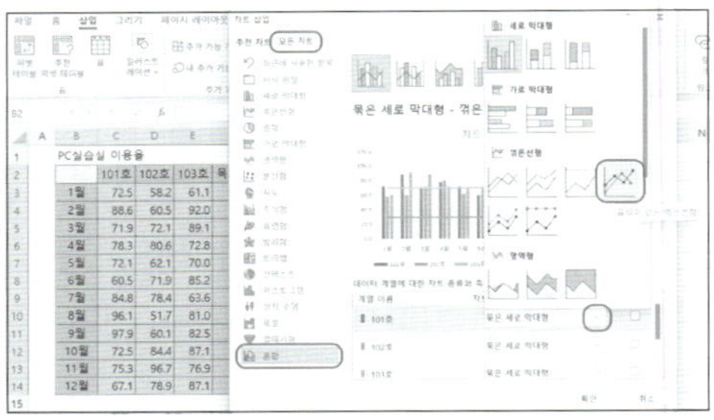

❽ 계열 이름 '102호'와 '103호'도 같은 방법으로 모두 [표식이 있는 꺾은선형]을 선택합니다.

❾ 차트 종류를 변경하는 계열 이름 [목표 미달성]의 드롭다운 버튼 ☑을 클릭하고, ❿ [누적 영역형]을 클릭합니다.

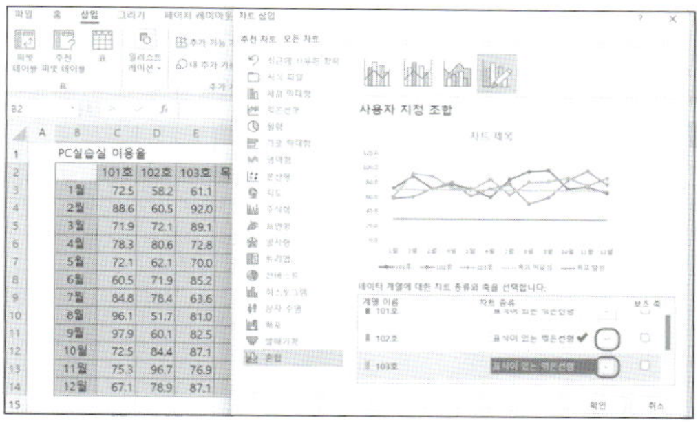

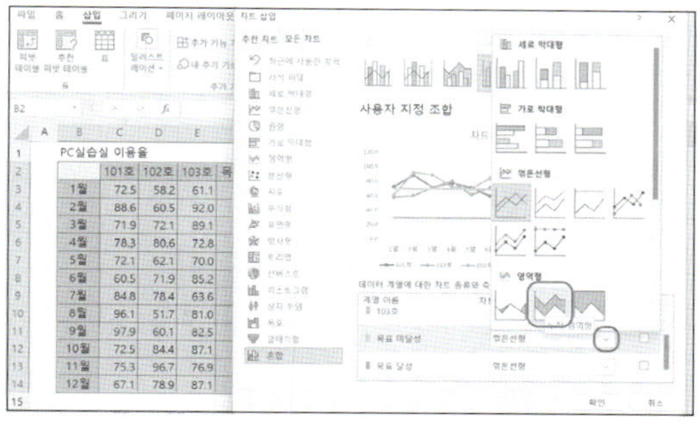

⓫ 계열 이름 [목표 달성]도 같은 방법으로 [누적 영역형]을 클릭합니다. ⓬ [확인]을 클릭하면, ⓭ 기준값으로 배경색을 구분한 혼합 차트가 만들어집니다.

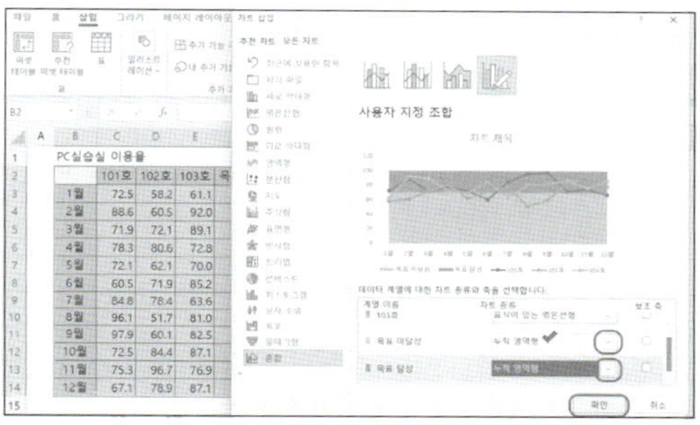

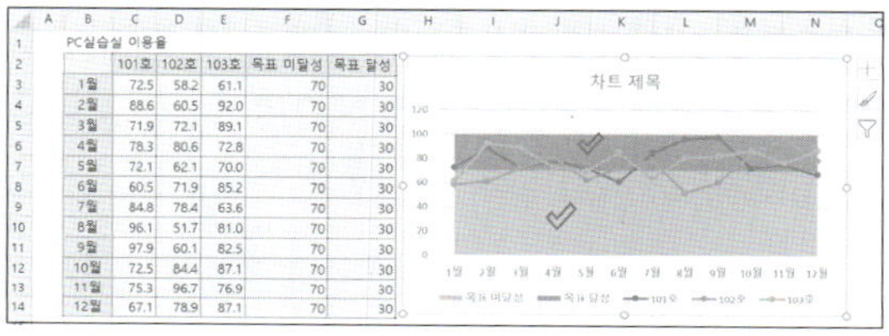

11.9.2 차트 스타일을 변경하기

차트의 색상 등을 변경한 후에 차트의 스타일이나 빠른 레이아웃으로 설정을 수행하면 차트의 색 변경 등의 설정이 바뀌게 됩니다. 따라서 스타일 변경 등은 먼저 실행하는 것이 효과적입니다.

차트의 배경을 색으로 구분하면 그 기준값의 의미를 쉽게 이해할 수 있습니다. 다음의 예시에서는 PC 실습실의 목표 이용률이 70%이므로 70% 이상을 녹색으로, 70% 미만의 미달성은 주황색으로 구분하고 있습니다.

실습

❶ 차트 제목을 입력합니다.

❷ 차트를 클릭하여 선택하고, ❸ [차트 디자인] 탭을 클릭해서, ❹ [차트 스타일]에서 '스타일 4'를 클릭하면,

❺ 차트의 스타일이 변경됩니다.

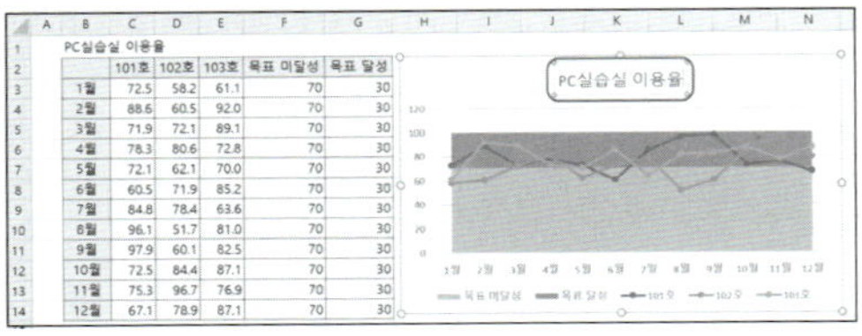

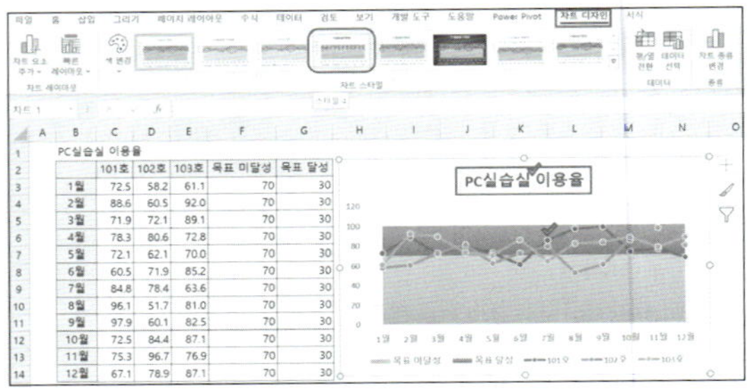

❻ '목표 미달성'에 해당하는 기준값의 누적 영역형 차트를 클릭하여, ❼ [서식] 탭을 클릭하고, ❽ [도형 채우기]를 클릭합니다. ❾ 차트 색으로 '주황, 강조 2, 60% 더 밝게'을 클릭하면 선택한 색으로 채우기 색이 바뀝니다.

⓫ '목표 달성'에 해당하는 기준값의 누적 영역형 차트를 클릭하여, ⓬ [서식] 탭을 클릭하고, ⓭ [도형 채우기]를 클릭합니다. ⓮ 차트 색으로 '녹색, 강조 6, 60% 더 밝게' 클릭하면 선택한 색으로 차트 배경색을 변경할 수 있습니다.

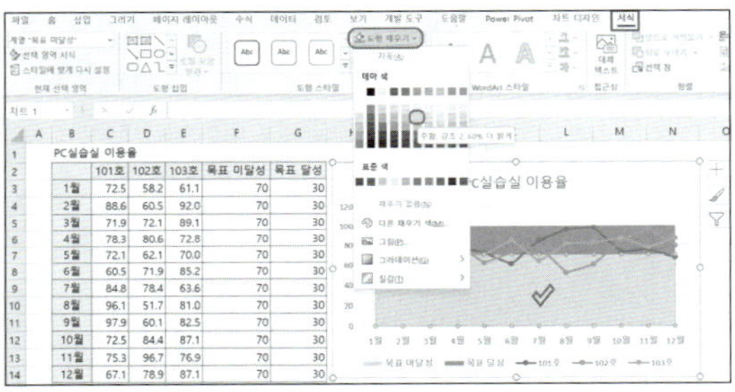

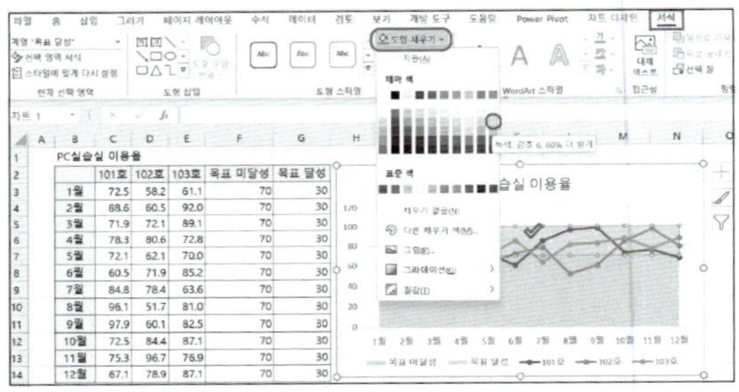

11.9.3 축의 서식 설정하기

실습

❶ 세로축을 클릭합니다. ❷ [서식] 탭을 클릭하고, ❸ [선택 영역 서식]을 클릭하면, ❹ [축의 서식] 작업 창이 표시됩니다. ❺ [최소값]에 「40.0」, [최대값]에 「100.0」이라고 입력합니다. ❼ 최솟값 40.0%, 최댓값 100%의 차트가 됩니다.

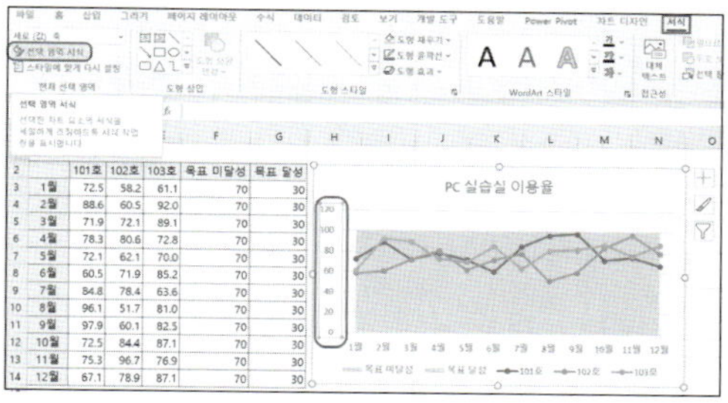

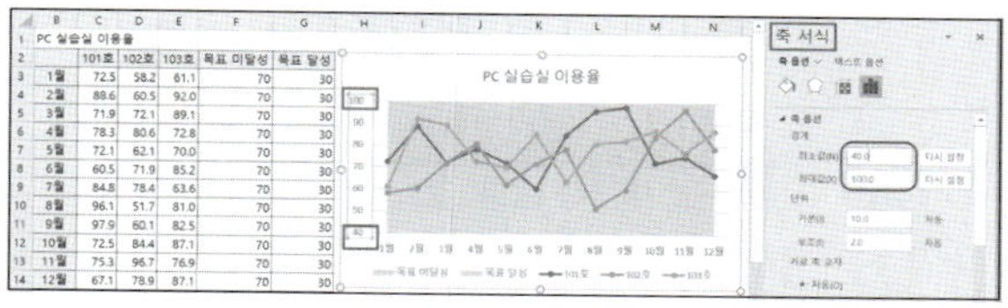

가로축 서식 설정

다음의 차트에서 '가로 (항목) 축'을 클릭하고, [축 서식] 작업 창에서 [축 위치]의 [눈금]을 클릭하여 체크하면 차트가 그림 영역의 양쪽 끝부분까지 늘어납니다.

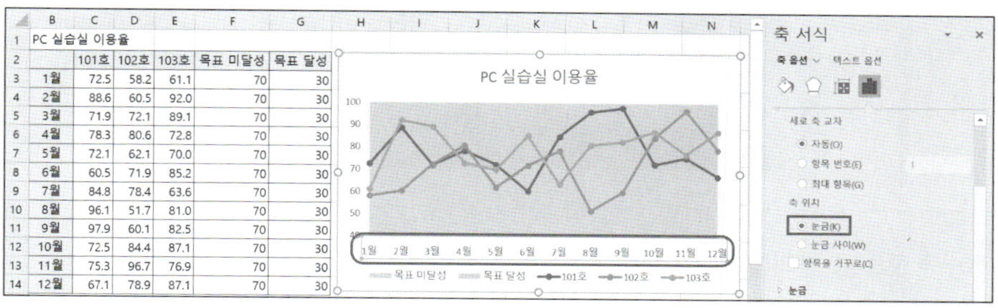
PC 실습실 이용율

	101호	102호	103호	목표 미달성	목표 달성
1월	72.5	58.2	61.1	70	30
2월	88.6	60.5	92.0	70	30
3월	71.9	72.1	89.1	70	30
4월	78.3	80.6	72.8	70	30
5월	72.1	62.1	70.0	70	30
6월	60.5	71.9	85.2	70	30
7월	84.8	78.4	63.6	70	30
8월	96.1	51.7	81.0	70	30
9월	97.9	60.1	82.5	70	30
10월	72.5	84.4	87.1	70	30
11월	75.3	96.7	76.9	70	30
12월	67.1	78.9	87.1	70	30

11.10 차트의 일부 분리하기

원형 차트에서 특정 데이터 요소를 강조할 때 데이터 요소를 분리하여 표시하면 효과적입니다. 또한 데이터 레이블의 표시 위치를 개별적으로 조정하면 차트를 쉽게 이해할 수 있습니다.

11.10.1 특정 데이터 요소 분리하기

3D 원형 차트에서도 다음과 같은 방법으로 분리할 수 있습니다.

실습

❶ 분리할 데이터 요소를 클릭합니다. ❷ 다시 클릭하면 해당 요소만 선택됩니다.

❸ 분리할 데이터 요소에 마우스 포인터를 맞춘 후, 마우스 포인터가 ✥로 바뀐 상태로 이동하고 싶은 방향으로 드래그하면,

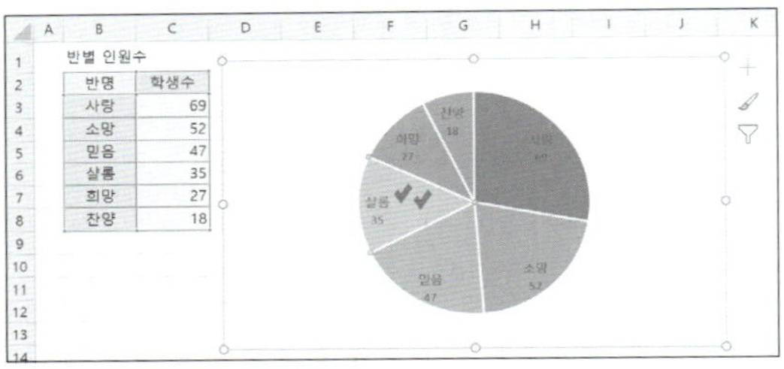

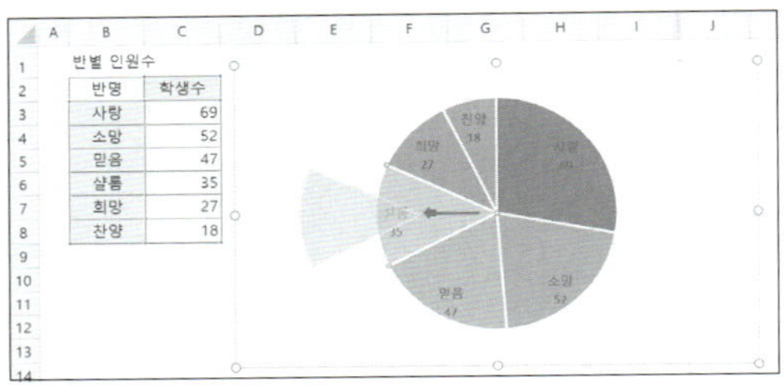

❹ 특정 데이터 요소를 분리할 수 있습니다.

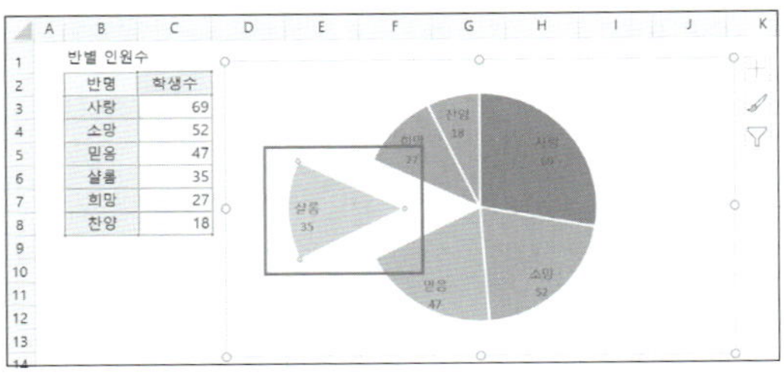

11.10.2 데이터 레이블의 위치를 개별적으로 조정하기

실습

❶ 이동시키고 싶은 데이터 레이블을 클릭합니다. ❷ 다시 클릭하면 해당 데이터 레이블만 선택됩니다. ❸ 데이터 레이블 테두리 위에 마우스 포인터를 맞추고 ✥ 로 바뀐 상태에서 원하는 위치로 드래그하면, ❹ 데이터 레이블의 위치를 조정할 수 있습니다.

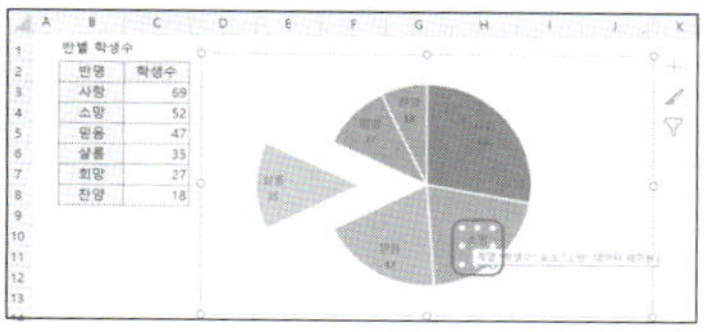
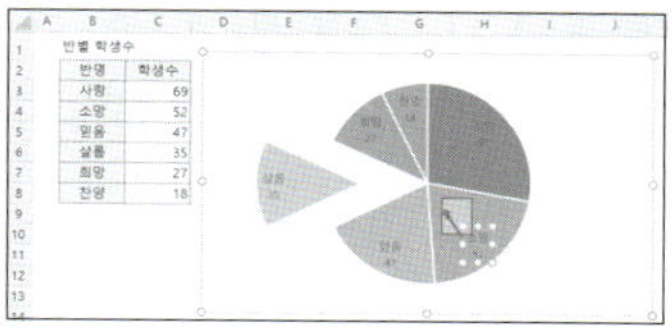
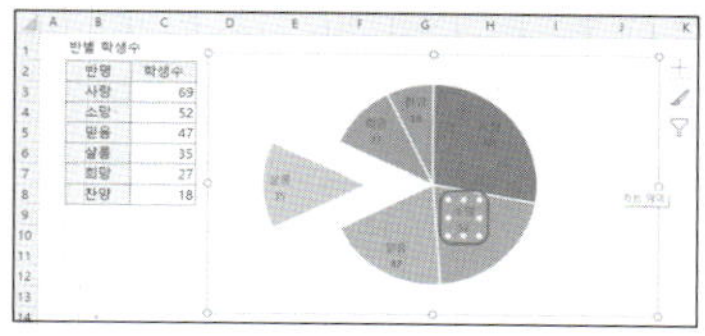

리본 메뉴에서 데이터 레이블 배치하기

차트를 선택하고 [차트 디자인] 탭의 [차트 요소] 그룹의 [데이터 레이블] 메뉴에서 데이터 레이블의 배치를 정리하여 조정할 수도 있습니다.

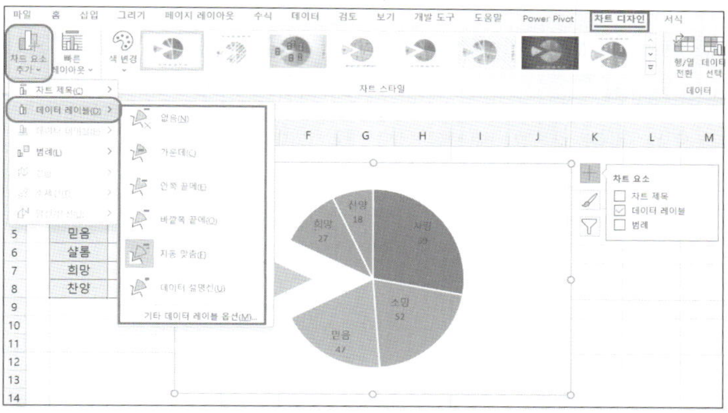

11.11 보조 차트의 추가하기

원형 차트는 데이터 계열의 비율을 시각적으로 볼 수 있지만, 비율이 작은 데이터 계열이 보기 어려운 경우는 해당 데이터 계열을 보조 차트로 묶어 표시하는 것이 시각적으로 보다 효과적입니다.

11.11.1 보조 원형 차트가 있는 원형 차트 만들기

보조 차트는 여러 데이터 요소를 보조적으로 나타내는 차트입니다. 원본 데이터를 내림차순으로 정렬된 표의 하단에 있는 데이터가 자동으로 보조 데이터로 표시됩니다.

실습

❶ 차트의 원본이 되는 데이터를 내림차순으로 정렬해 둡니다.

❷ 차트의 셀 범위를 선택하고, ❸ [삽입] 탭을 클릭합니다. ❹ [원형 또는 도넛형 차트 삽입]을 클릭해서 ❺ [원형 대 원형]을 클릭하면,

❻ 보조 원형 차트가 있는 원형 차트가 생성됩니다. ❼ "데이터 레이블"을 추가한 후, [데이터 레이블] 서식의 [레이블 옵션]에서 '항목 이름', '백분율', '지시선 표시', '구분 기호 – 줄 바꿈' 그리고 "레이블 위치 : 바깥쪽 끝"이 표시되도록 합니다.

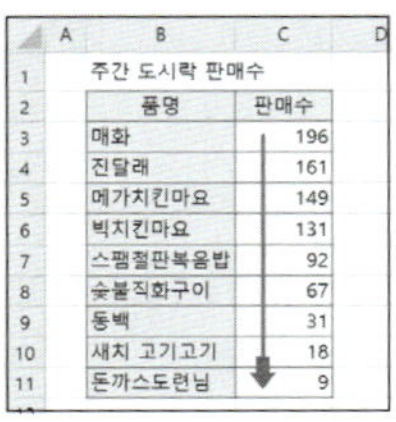

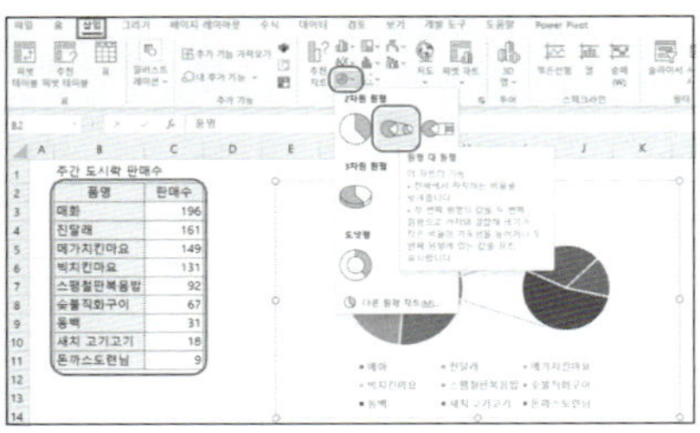

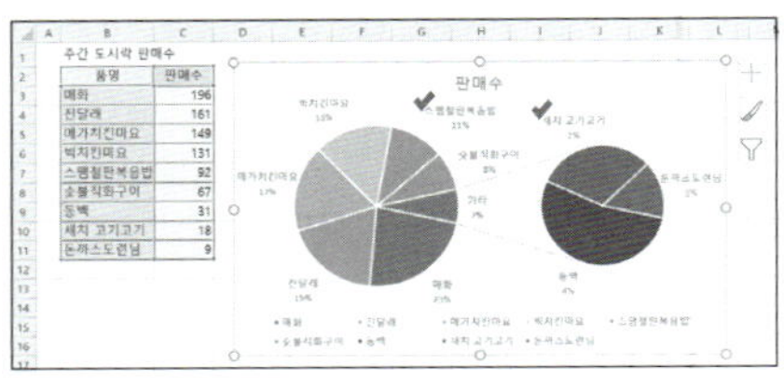

11.11.2 보조 가로 막대형 있는 원형 차트 만들기

실습

❶ 이전 '보조 원형 차트가 있는 원형 차트 만들기'의 순서 ❺에서 [원형 대 가로 막대형]을 클릭하면, 보조 가로 막대형이 포함된 원형 차트가 생성됩니다.

❷ [데이터 레이블] 서식의 [레이블 옵션]에서 '항목 이름', '백분율', '지시선 표시', '구분 기호 – 줄 바꿈' 등이 표시되도록 합니다.

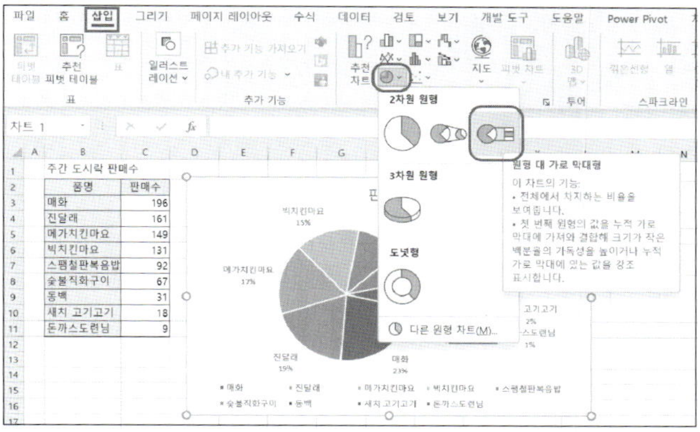

보조 차트의 크기 조정하기

보조 차트의 크기를 조정하려면, 원형 차트상에서 마우스 우클릭해서 [데이터 계열 서식]을 클릭하고, [둘째 영역 크기]의 슬라이더를 좌우로 드래그해서 조정해야 합니다.

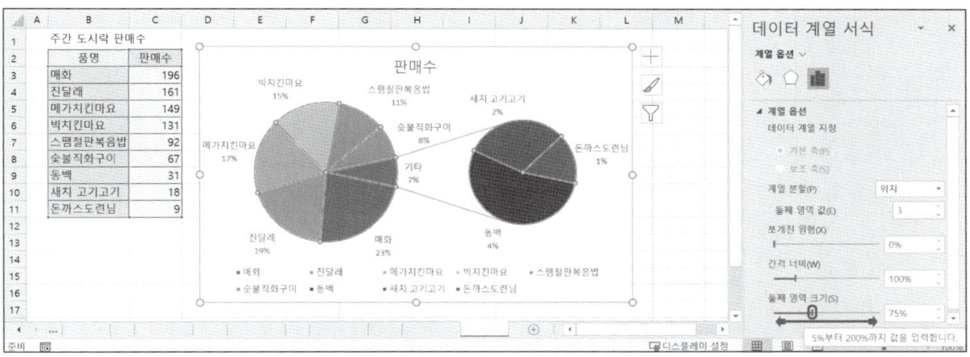

11

11.12 다수의 차트 조합하기

단위나 종류가 다른 두 가지 데이터의 관계성 등을 분석할 때는 혼합(콤보) 차트를 이용하는 것이 편리합니다.

11.12.1 혼합 차트 만들기

실습

여기서는 '기온'을 꺾은선형 차트, '강수량'을 세로 막대형 차트로 한 혼합(콤보) 차트를 만듭니다.

❶ 차트로 만들 셀 범위를 선택합니다. ❷ [삽입] 탭을 클릭하고, ❸ [혼합]을 클릭합니다.

❹ [사용자 지정 콤보 차트 만들기]를 클릭하면,

❺ [차트 삽입] 대화상자가 표시됩니다. ❻ '강수량'이 [묶은 세로 막대형]으로, [평균 기온]이 [꺾은선형]으로 설정하고, ❼ '평균 기온'의 수치 표시에 적합하도록 '보조 축'을 체크합니다. ❽ [확인]을 클릭하면,

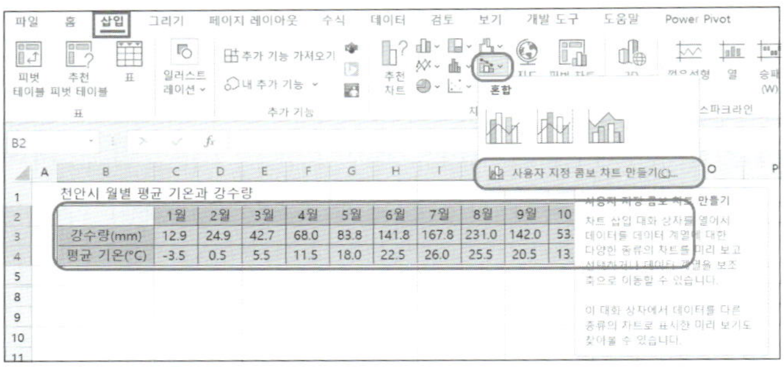

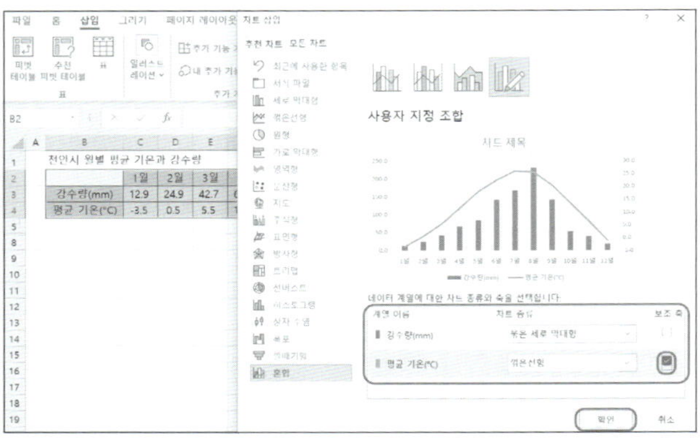

❾ 세로 막대형과 꺾은선형의 혼합 차트가 만들어집니다. ❿ 필요에 따라 차트 제목, 축 제목 등을 입력합니다.

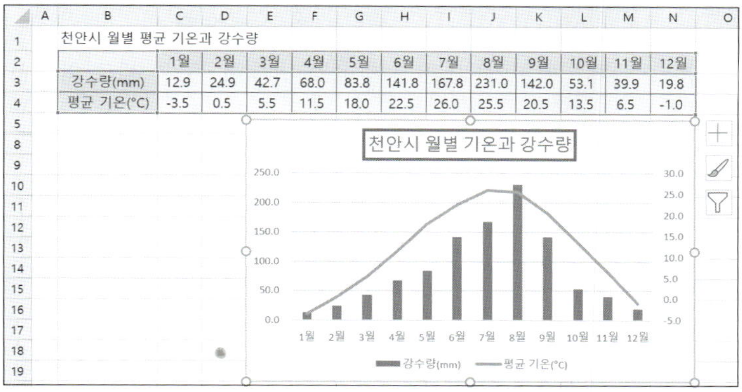
천안시 월별 평균 기온과 강수량

	1월	2월	3월	4월	5월	6월	7월	8월	9월	10월	11월	12월
강수량(mm)	12.9	24.9	42.7	68.0	83.8	141.8	167.8	231.0	142.0	53.1	39.9	19.8
평균 기온(°C)	-3.5	0.5	5.5	11.5	18.0	22.5	26.0	25.5	20.5	13.5	6.5	-1.0

11

연습문제

01 다음의 조건을 참고해서 그림과 같은 2차원 차트를 만들어 보세요.

(1) 차트 범위 및 종류; 셀 B2:G9, 2차원 세로 막대형−묶은 세로 막대형

(2) 총점 데이터; 표식이 있는 꺾은선형, 보조축 사용(혼합 차트 이용)

(3) 차트 제목; "AI의 이해" 성적 분석

(4) 제목 설정; WordArt 스타일 "채우기: 흰색, 윤곽선: 주황, 강조색 2, 진한 그림자: 주황, 강조색 2", 테두리 색 "밝은 회색, 배경 2, 25% 더 어둡게", 그림자 "바깥쪽, 오프셋 대각선 오른쪽 아래"

(5) 축 제목; 가로 "학생명", 세로 "점수"

(6) 범례 위치; 차트 아래

(7) 기본 가로축, 기본 세로축, 보조 세로축; 주 눈금 "바깥쪽"

(8) 추가로 필요한 조건은 제시한 차트 결과를 보고 적절하게 설정하세요.

AI의 이해

이름	실기1	중간고사	실기2	기말고사	총점
이진혁	13	55	10	50	128
유진희	15	50	20	80	165
박재영	17	65	15	75	172
이희지	12	30	15	45	102
성은주	10	35	10	30	85
임지민	0	80	0	80	160
장동현	19	70	10	40	139

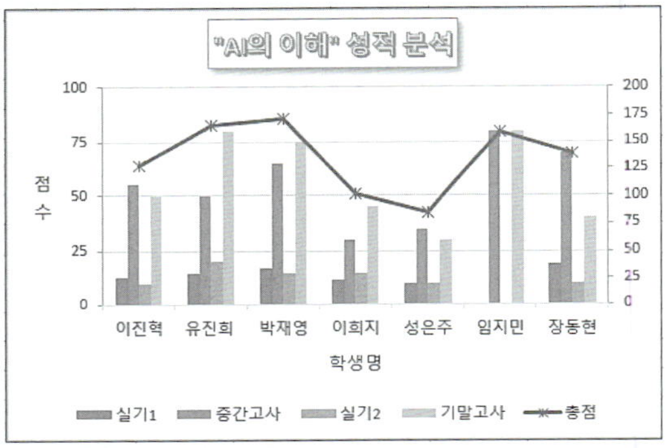

CHAPTER

12 차트 응용하기

12.1 영역형 차트 만들기

영역형 차트는 꺾은선형 차트의 하부를 채워서 영역형으로 만든 차트이며, 영역의 넓이로 값의 크기를 시각적으로 파악할 수 있습니다. 시간의 경과에 따른 총량과 구성 비율의 추이를 나타낼 때 등에 이용합니다.

12.1.1 누적 영역형 차트 만들기

일반적인 영역형 차트에서는 데이터의 정렬 순서에 따라 안쪽의 데이터 계열이 가려질 수 있습니다. 따라서 누적 영역형 차트가 많이 사용되고 있습니다.

실습

❶ 차트로 만들 셀 범위를 선택하고, ❷ [삽입] 탭을 클릭합니다. ❸ [꺾은선형 또는 영역형 차트 삽입]을 클릭하고, ❹ [누적 영역형]을 클릭하면,

❺ 누적 영역형 차트가 만들어집니다. ❻ 필요에 따라 차트 제목, 축 제목 등을 입력합니다.

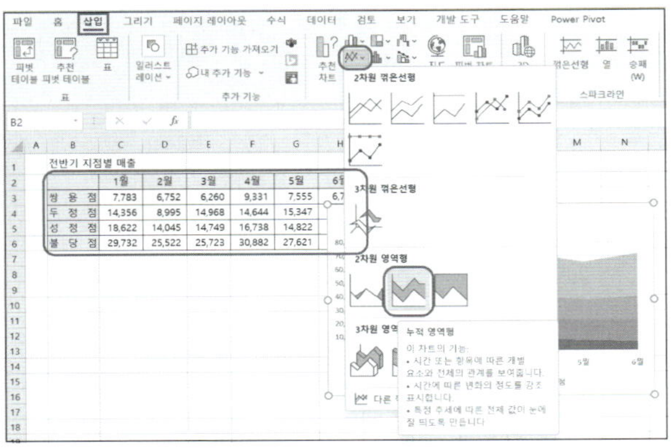

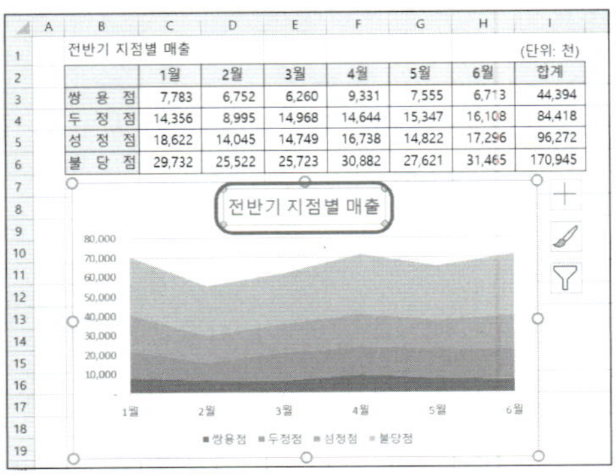

12.1.2 3차원 영역형 차트 만들기

3차원 영역형 차트를 만들었을 때 안쪽 데이터 계열에 있는 값이 가려서 보이지 않게 되는 것을 방지하기 위해 원본 데이터를 오름차순으로 정렬합니다.

실습

❶ 정렬 기준으로 '합계' 필드가 결정되면 그 필드 중에 임의 셀 I3를 클릭합니다. ❷ [홈] 탭의 [정렬 및 필터]를 클릭하고, ❸ [텍스트 오름차순 정렬]을 클릭합니다.

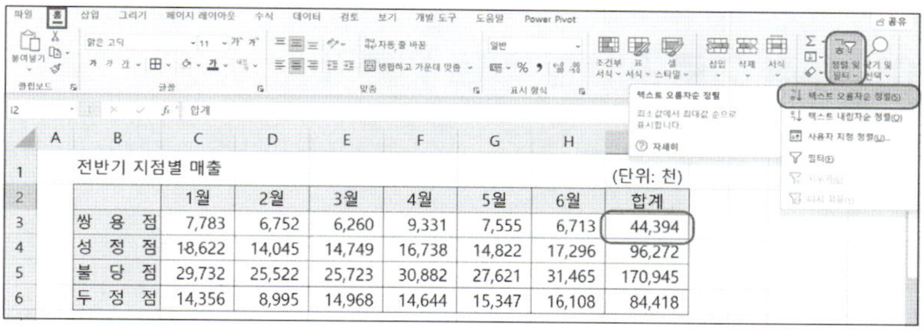

❹ 차트로 만들 셀 범위 B2~H6를 선택합니다. ❺ [삽입] 탭을 클릭하고, ❻ [꺾은선형 또는 영역형 차트 삽입]을 클릭해서, ❼ [3차원 영역형]을 클릭하면,

❽ 3차원 영역형 차트가 만들어집니다. ❾ 필요에 따라 차트 제목, 축 제목 등을 입력합니다.

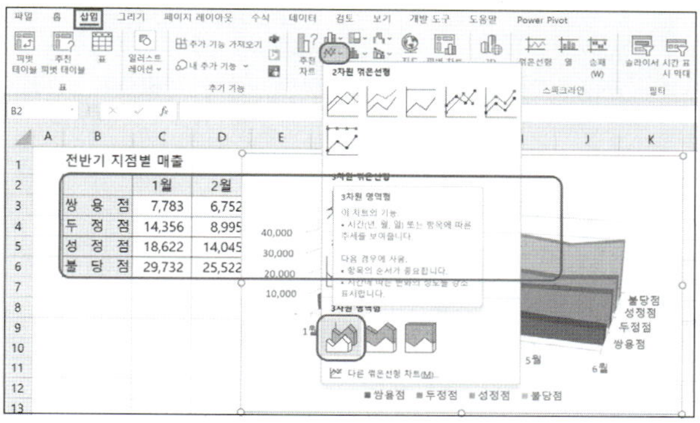

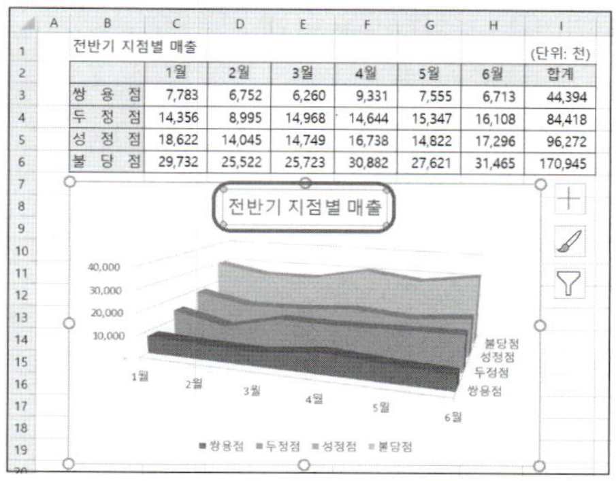

12

12.2 누적 막대형 차트 만들기

합계값을 비교할 때 편리한 누적 막대형 차트는 데이터 레이블을 표시하면 개개의 값을 비교할 수 있습니다. 또한 구분선을 표시하면 데이터 요소 간의 증가와 감소 등을 파악하기 쉽습니다.

12.2.1 100% 누적 가로 막대형 차트 만들기

100% 누적 막대형 차트는 각 항목의 총량을 100%로 해서 각각의 데이터의 구성비를 쌓아 나타내는 차트입니다.

실습

❶ 차트로 만들 데이터 범위를 선택합니다. ❷ [삽입] 탭을 클릭하고, ❸ [세로 또는 가로 막대형 차트 삽입]을 클릭해서, ❹ [100% 기준 누적 가로 막대형]을 클릭하면,

❺ 100% 기준 누적 가로 막대형 차트가 만들어집니다. ❻ 차트 제목을 입력하고, ❼ 세로축을 클릭합니다. ❽ [서식] 탭을 클릭하면,

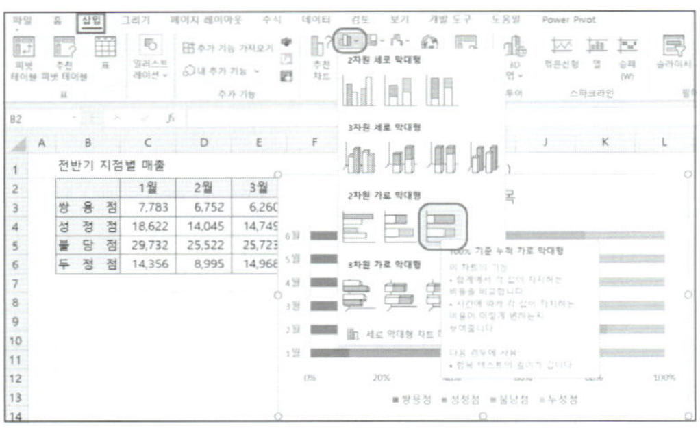

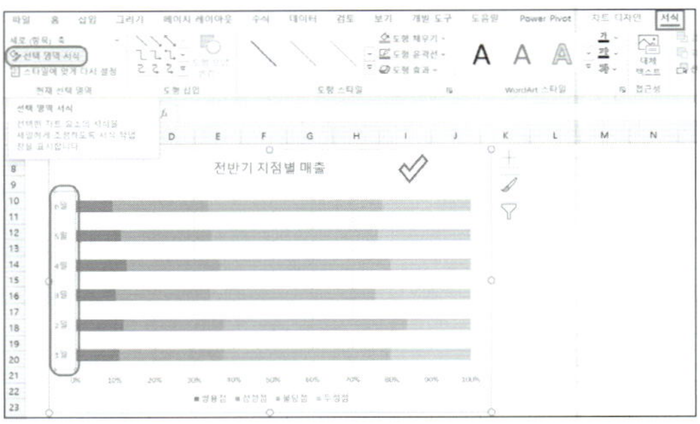

❾ [축 서식] 작업 창이 표시됩니다. ❿ [가로 축 교차]의 [최대 항목]을 체크하고, ⓫ [축 위치]의 '항목을 거꾸로'를 체크하면, ⓬ 원본 데이터의 표와 같은 순서의 차트가 만들어집니다.

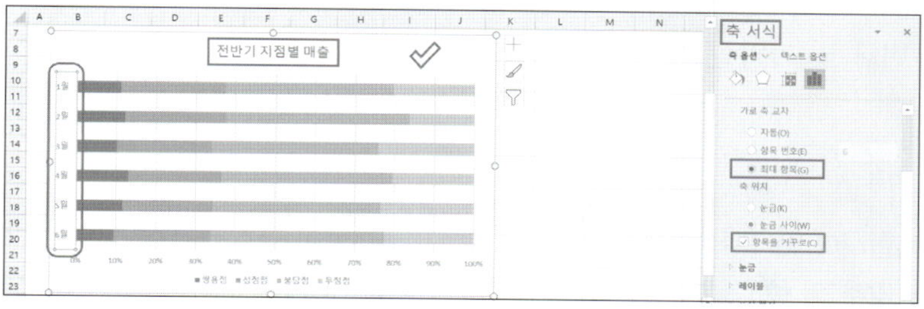

12.2.2 데이터 레이블 표시하기

다음의 예시에서 데이터 레이블의 글자가 차트의 색상과 유사해서 확인하기 어려울 때는 글자의 색을 흰색으로 변경합니다.

실습

❶ 차트를 선택하고, ❷ [차트 요소]를 클릭합니다. ❸ [데이터 레이블]에 마우스 포인터를 맞추고 오른쪽에 있는 ▶을 클릭해서, ❹ 데이터 레이블을 표시하는 위치로 [가운데 맞춤]을 선택하면, ❺ 데이터 레이블이 데이터 계열 중앙에 퍼센티지(%)로 표시됩니다.

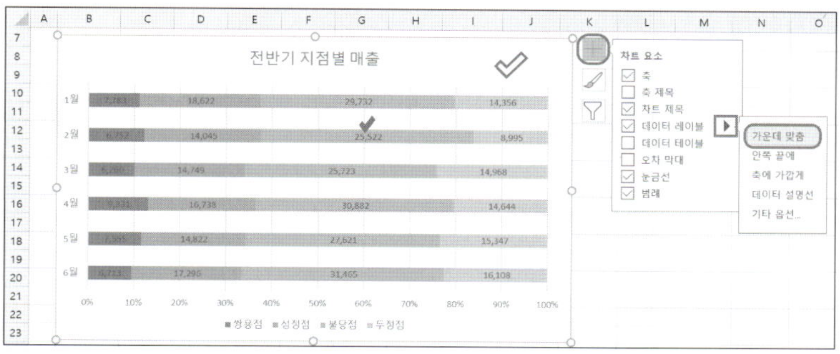

12.2.3 계열선 표시하기

계열선은 누적 차트에서 동일한 데이터 요소의 경계를 연결하는 선을 말합니다. 데이터 요소 간의 증감을 비교 및 파악할 때 이용합니다.

실습

❶ 차트를 클릭합니다. ❷ [차트 디자인] 탭을 클릭하고, ❸ [차트 요소 추가]를 클릭합니다. ❹ [선]에 마우스 포인터를 맞추고, ❺ [계열선]을 클릭하면, ❻ 데이터 계열에 계열선이 표시됩니다.

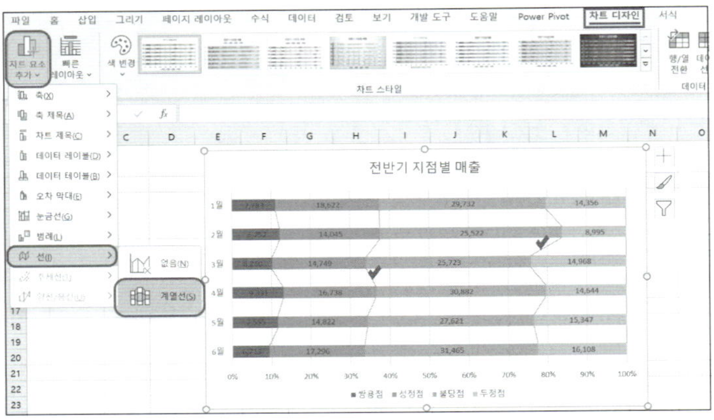

누적 막대형 차트 이용

각 항목의 총량(데이터 합계)과 구성비를 동시에 비교하고자 할 때는 누적 막대형 차트를 만듭니다.

다음은 가로 누적 막대형 차트입니다.

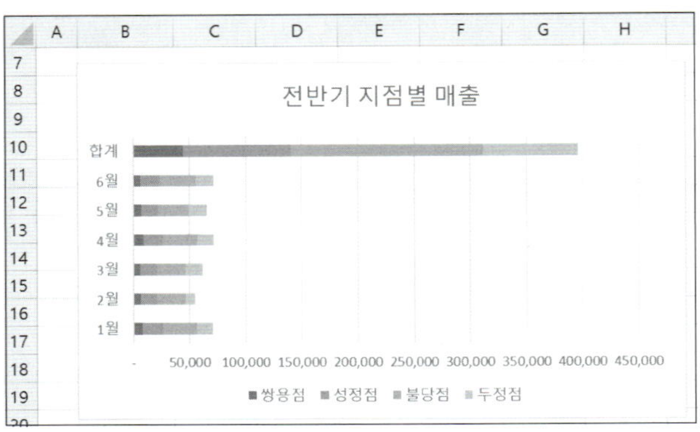

12.3 3차원 막대형 차트 만들기

프레젠테이션에서 이용하는 차트는 외형도 중요합니다. 차트를 입체적으로 하면 보기 쉬워집니다. 또한 차트의 순서를 바꾸거나 회전시키면 차트의 시각적 효과를 극대화시킬 수 있습니다.

12.3.1 3차원 세로 막대형 차트 만들기

3차원 차트는 막대형 차트, 꺾은선형 차트, 영역형 차트, 원형 차트 등으로 만들 수 있습니다.

실습

❶ 차트로 만들 데이터 범위 B2~H6를 선택하고, ❷ [삽입] 탭을 클릭합니다. ❸ [세로 또는 가로 막대형 차트 삽입]을 클릭하고, ❹ [3차원 세로 막대형]을 클릭하면, ❺ 3차원 세로 막대형 차트가 만들어집니다.

❻ 필요에 따라 차트 제목을 입력합니다.

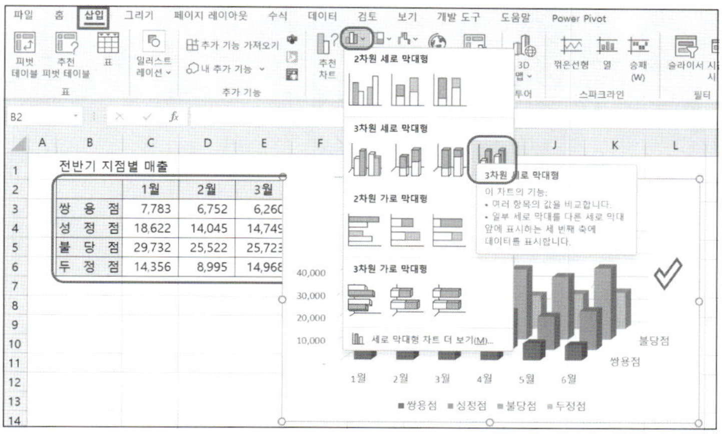

12.3.2 데이터 계열의 순서를 바꾸어 보기 쉽게 하기

다음 예시에서는 차트를 만든 후에 데이터 계열의 순서를 변경하고 있습니다. 차트를 만들기 전에 원본 데이터를 오름차순으로 나열해 두면 나중에 정렬하는 수고를 덜 수 있습니다.

실습

❶ 차트를 클릭합니다. ❷ [차트 디자인] 탭을 클릭하고, ❸ [데이터의 선택]을 클릭합니다.

❹ 교체하고자 하는 항목으로 '쌍용점'을 클릭하고, ❺ [아래로 이동] ▼을 3회 클릭하면,

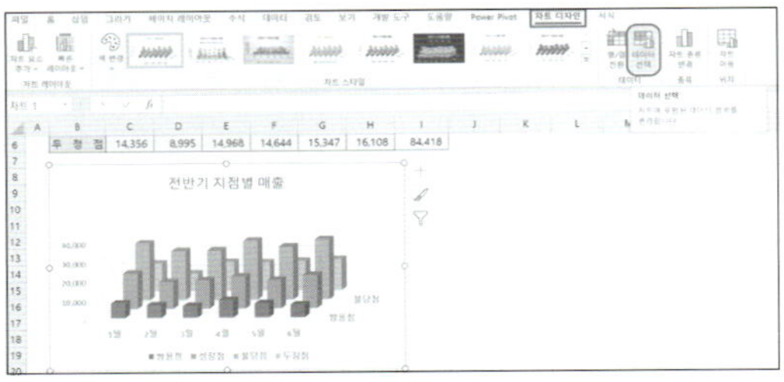

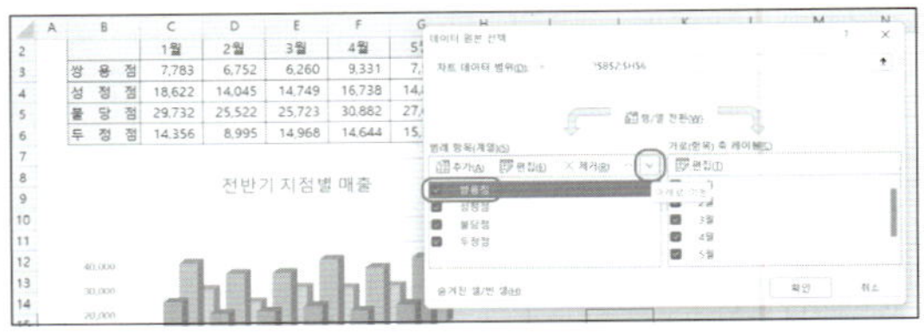

❻ 선택한 항목 '쌍용점'이 3개 아래로 이동합니다. ❼ [확인]을 클릭하면,

❽ 차트의 계열이 바뀝니다.

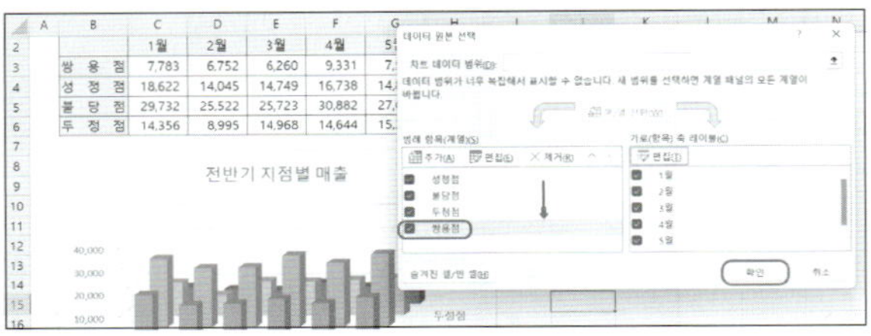

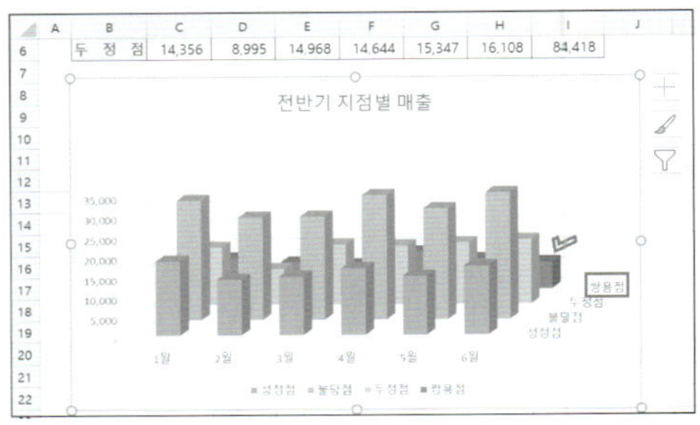

12.3.3 차트의 각도를 조정하여 보기 쉽게 하기

실습

❶ 차트를 클릭합니다. ❷ [서식] 탭을 클릭하고, ❸ [선택 영역 서식]을 클릭하면,

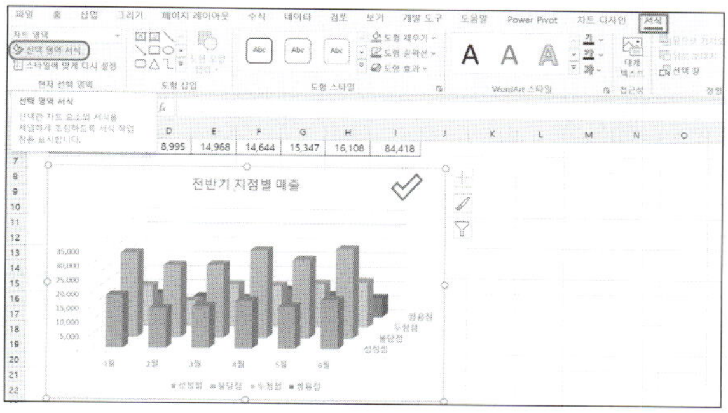

❹ [차트 영역 서식] 작업 창이 표시됩니다. ❺ [차트 옵션]의 [효과]를 클릭하고, ❻ [3차원 회전]을 클릭합니다. ❼ 'X 회전(x) : 50°, Y 회전(y) : 60°'로 방향의 각도를 조정합니다. X 회전은 가로 방향, Y 회전은 세로 방향을 나타냅니다. ❽ 차트가 지정한 각도로 회전되면 깊이가 변경되어 차트 전체가 보기 쉬워집니다.

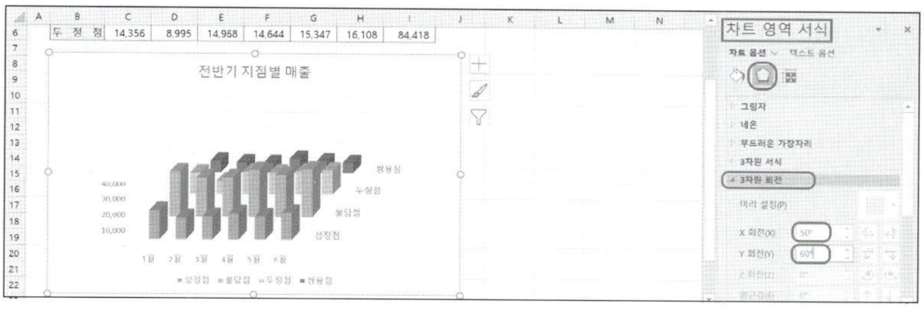

기본 각도로 되돌리기

차트의 각도를 원래대로 되돌리기 위해서는 [차트 영역 서식] 작업 창의 [효과]의 [3차원 회전]을 클릭하고, [기본 회전]을 클릭한 후 [원래대로]를 클릭합니다.

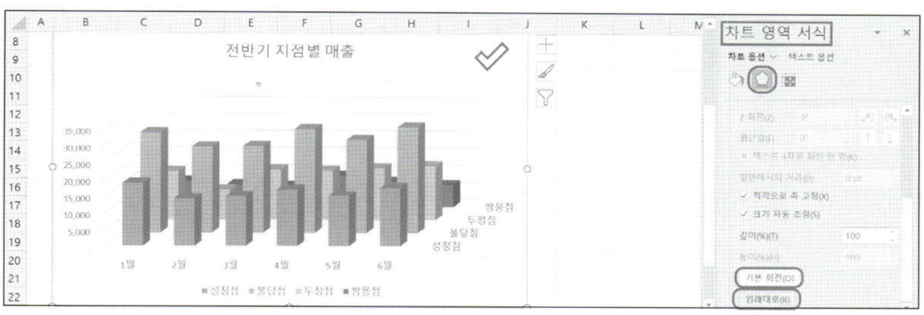

12.4 3차원 원형 차트 만들기

3차원 원형 차트는 원형 차트를 입체적으로 표시한 것으로, 프레젠테이션 등 외형을 중시하는 경우에 많이 사용됩니다. 3차원 원형 차트의 각도를 회전시키면 강조하고 싶은 데이터를 앞에 표시할 수 있습니다.

12.4.1 3차원 원형 차트 만들기

실습

❶ 차트로 만들 데이터 범위 B2~C7을 선택하고, ❷ [삽입] 탭을 클릭합니다. ❸ [원형 또는 도넛형 차트 삽입]을 클릭하고, ❹ [3차원 원형]을 클릭하면,

❺ 3차원 원형 차트가 만들어집니다. ❻ 차트를 적절한 위치로 이동하고 "데이터 레이블"을 추가 한 후, [데이터 레이블 서식]의 [레이블 옵션]에서 '레이블 내용: 항목 이름, 백분율, 지시선 표시'와 '레이블 위치: 자동 맞춤'을 클릭하여 체크합니다. 차트의 제목에 '전반기 매출'을 입력합니다.

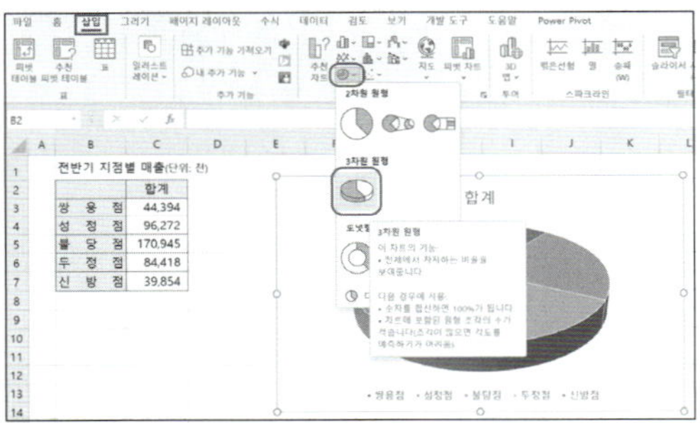

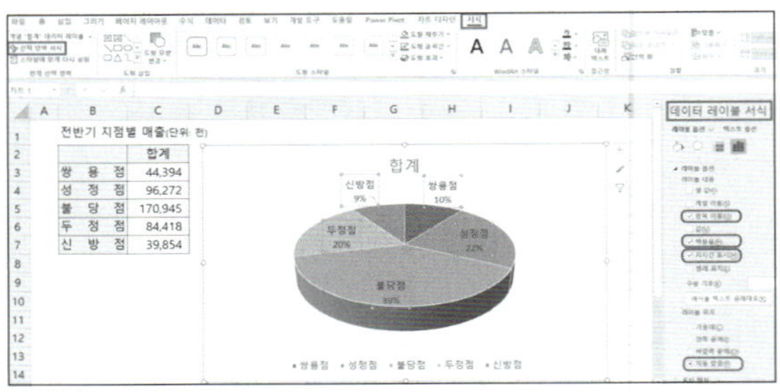

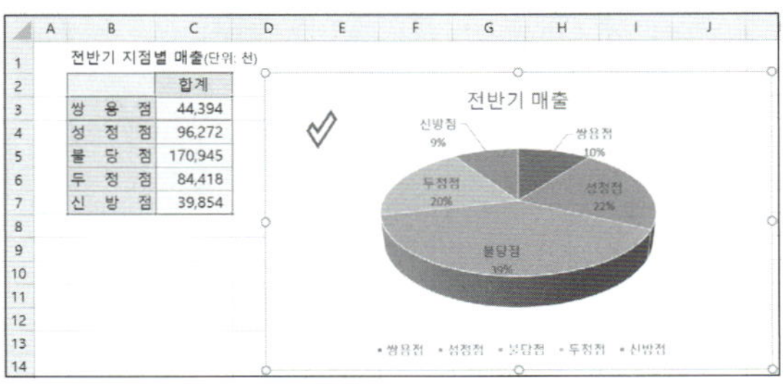

12.4.2 차트의 각도 조정하기

차트의 경사 각도를 변경하려면 다음의 순서 ❽에서 'Y 회전(y)'의 각도를 변경해야 합니다.

실습

❶ 차트를 클릭합니다. ❷ [서식] 탭을 클릭하고, ❸ [선택 영역 서식]을 클릭하면, ❺ [차트 영역 서식] 작업 창이 표시됩니다. ❻ [차트 옵션]의 [효과]를 클릭하고, ❼ [3차원 회전]을 클릭합니다. ❽ 'X 회전(x) : 90°'을 입력하면, ❾ 차트가 지정한 각도로 회전됩니다.

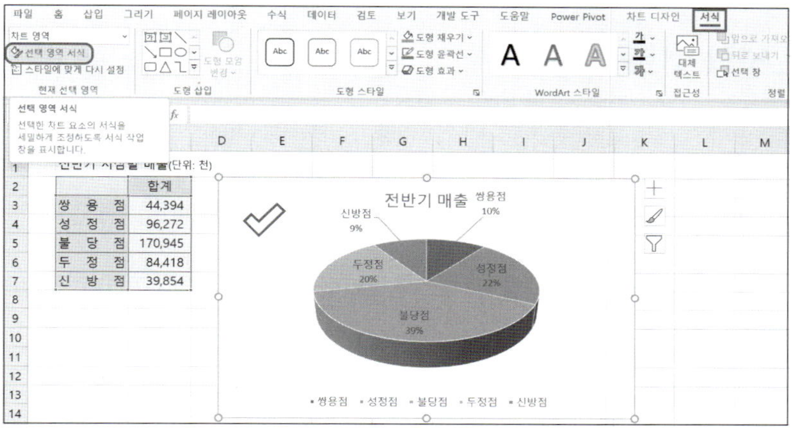

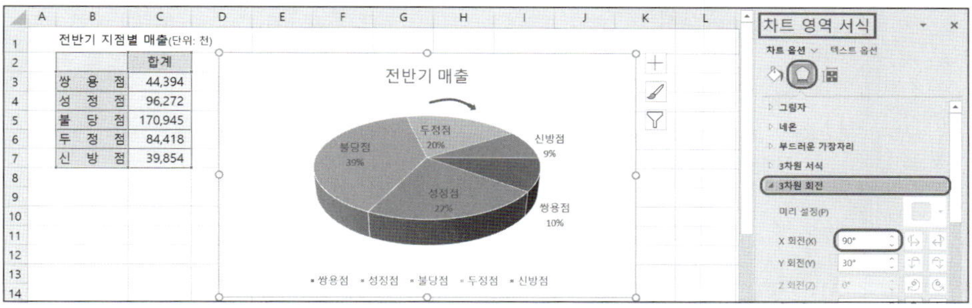

12

12.5 도넛형 차트 만들기

도넛형 차트는 여러 데이터 계열의 구성비를 동시에 표시하고 싶을 때 이용합니다. 다른 차트와 마찬가지로 데이터 레이블 등의 표시나 크기 변경, 데이터 계열의 교체가 가능합니다.

12.5.1 도넛형 차트 만들기

실습

❶ 차트의 근원이 되는 표를 만듭니다. 원형의 바깥쪽과 안쪽이 될 데이터를 각각 다른 열에 준비합니다.

❷ 차트로 만들 데이터 범위 B2~D10을 선택한 후, ❸ [삽입] 탭을 클릭하고, ❹ [원형 또는 도넛형 차트 삽입]을 클릭해서, ❺ [도넛]을 클릭하면,

❻ 기본 도넛형 차트가 생성됩니다.

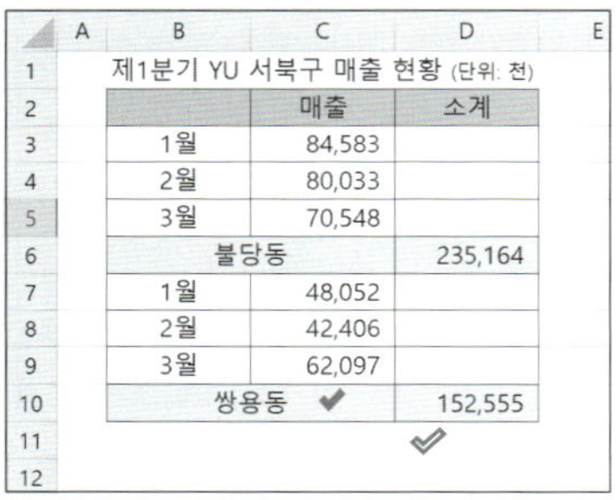

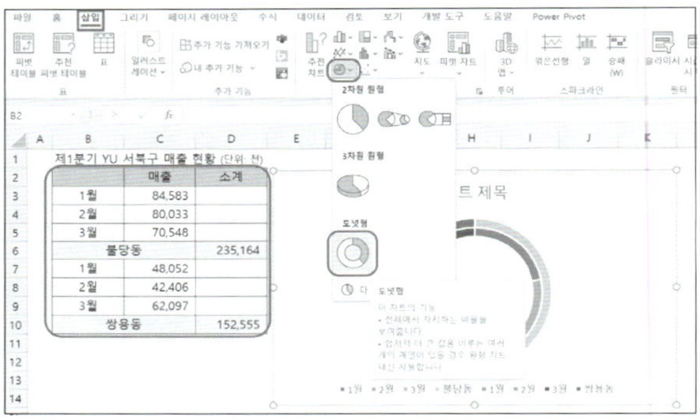

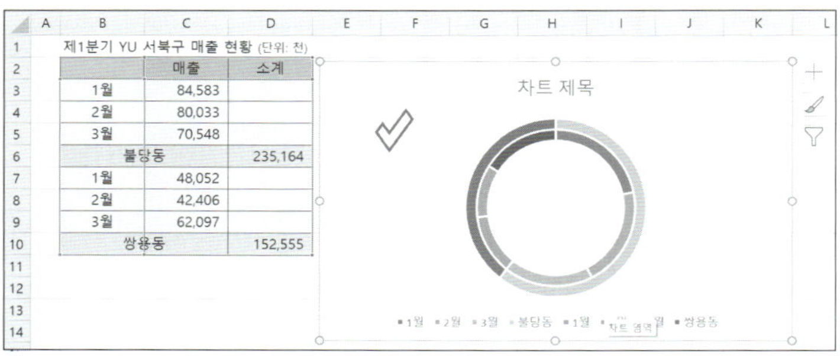

12.5.2 데이터 레이블 표시하기

도넛형 차트는 하나의 데이터 계열에서 작성할 수도 있고 여러 개의 데이터 계열에서 작성할 수도 있습니다. 또한 도넛형 차트의 구멍 크기는 차트에 표시하는 데이터 레이블 등에 의해 자동으로 조정됩니다.

실습

❶ 차트를 클릭하고, ❷ [차트 디자인] 탭을 클릭합니다. ❸ [빠른 레이아웃]을 클릭하고, ❹ [레이아웃 1]을 클릭하면 차트에 데이터 레이블이 표시됩니다.

❺ 차트 제목을 입력하고 데이터 계열을 선택합니다. [서식] 탭과 [선택 영역 서식]을 순차적으로 클릭한 후, [데이터 계열 서식]에서 차트의 '도넛 구멍 크기: 25%' 등을 조정합니다.

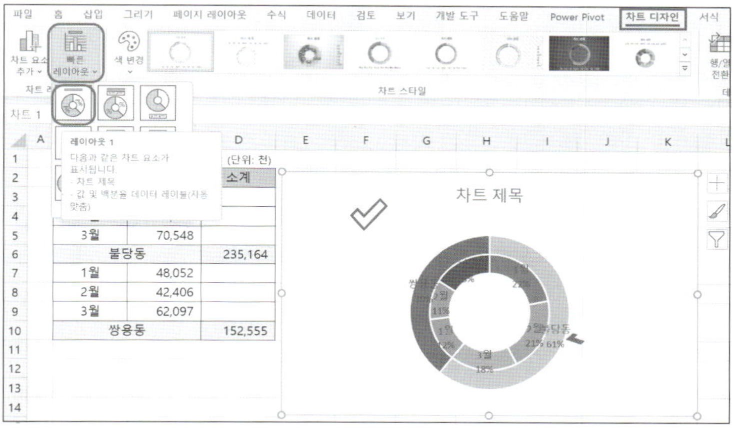

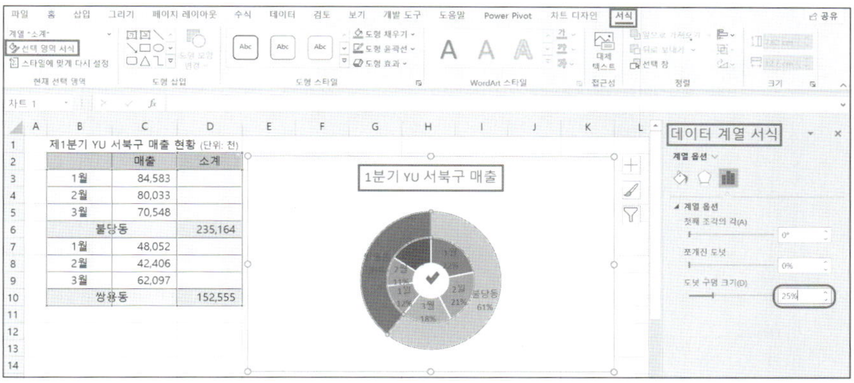

12.5.3 데이터 계열의 순서 바꾸기

실습

❶ 차트를 클릭합니다. ❷ [차트 디자인] 탭을 클릭하고, ❸ [데이터의 선택]을 클릭합니다.

❹ [데이터 원본 선택] 대화상자에서 순서를 바꾸고 싶은 항목 [매출]을 클릭하여, ❺ [아래로]를 클릭하면, ❻ 선택한 항목이 아래로 이동합니다. ❼ [확인]을 클릭하면,

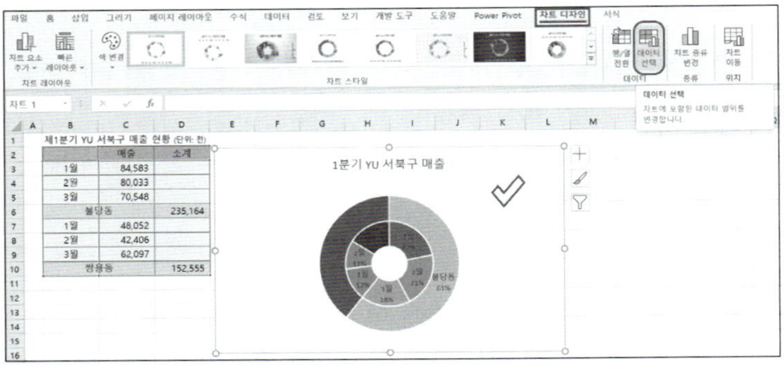

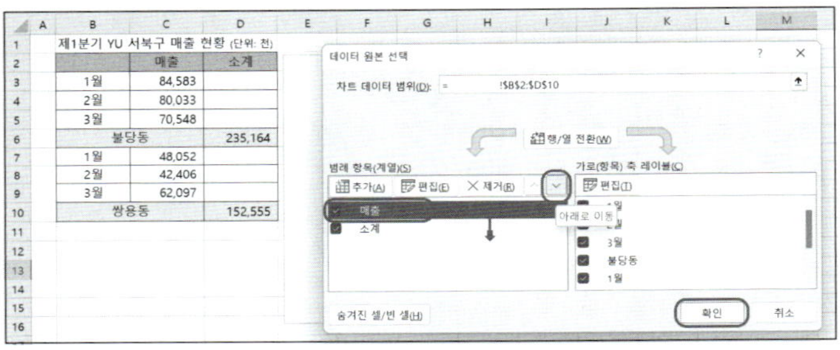

❽ 바깥쪽 원과 안쪽 원이 바뀝니다.

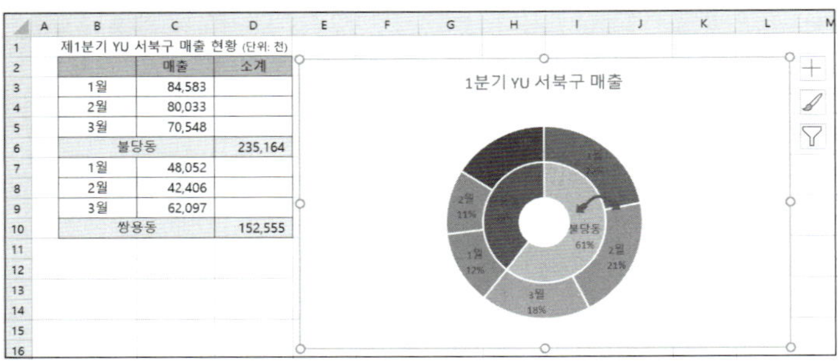

12.6 선버스트 차트 만들기

선버스트 차트는 데이터의 계층 구조를 도넛 모양으로 나타내는 차트입니다. 계층의 각 레벨을 원형으로 나타내며 안쪽 계층이 상위가 됩니다. 카테고리와 각 데이터 간의 계층 수준을 비교할 때 이용합니다.

12.6.1 선버스트 차트 만들기

실습

❶ 차트의 근원이 되는 표를 작성합니다. 원본 표에는 카테고리와 항목에 대응하는 값으로 「종류」, 「품명」, 「매출액」을 입력합니다. ❷ 차트로 만들 셀 범위 B2~D8을 선택하고, ❸ [삽입] 탭을 클릭합니다. ❹ [계층 구조 차트 삽입]을 클릭하고, ❺ [선버스트]를 클릭하면,

❻ 선버스트 차트가 만들어집니다. ❼ 차트의 크기는 데이터 레이블의 표시를 고려해서 충분히 확대하고 차트 제목을 입력합니다.

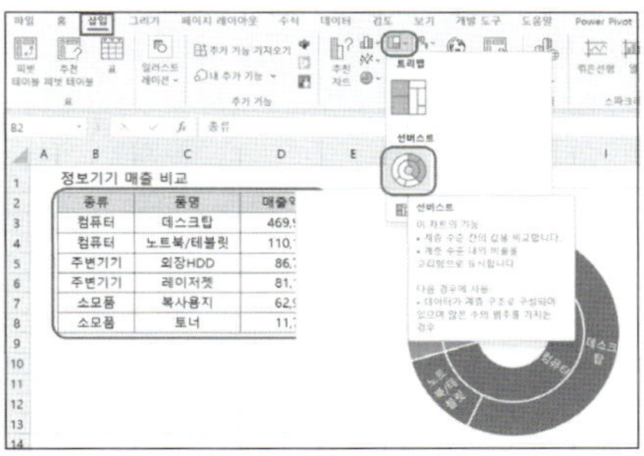

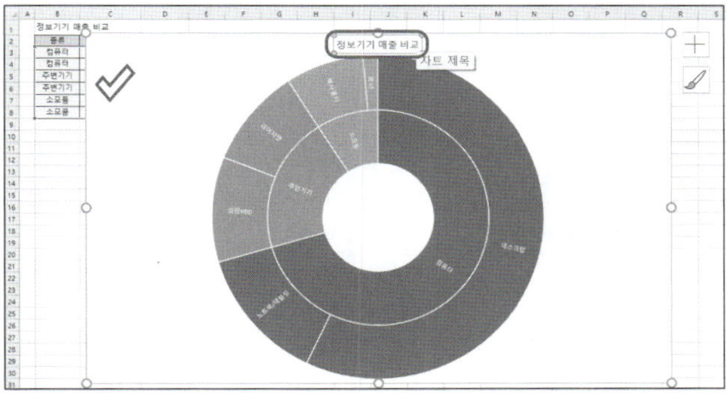

12

12.6.2 데이터 레이블 표시하기

실습

❶ 차트를 클릭합니다. ❷ [차트 요소]를 클릭하고, ❸ [데이터 레이블]의 ▶을 클릭해서, ❹ [기타 데이터 레이블 옵션]을 클릭합니다.

❺ [레이블 옵션]의 [값]을 체크합니다. ❻ [구분 기호]의 드롭다운 버튼 ▾을 클릭하여, ❼ '(줄 바꿈)'을 클릭하면,

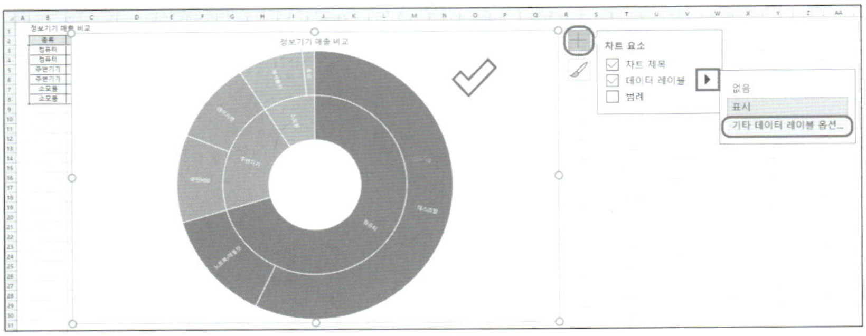

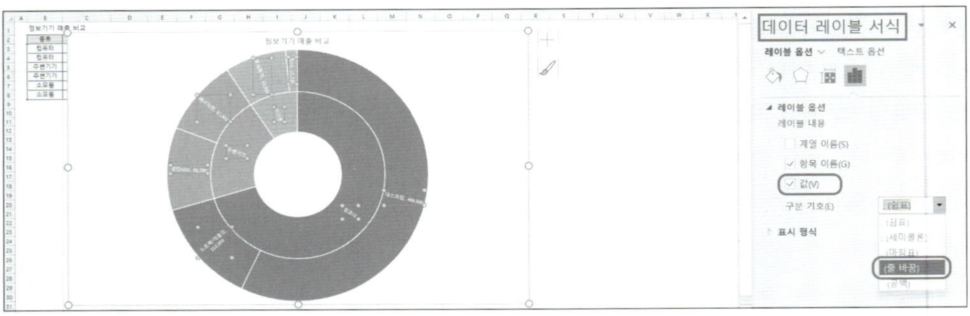

❽ 데이터 레이블이 표시됩니다.

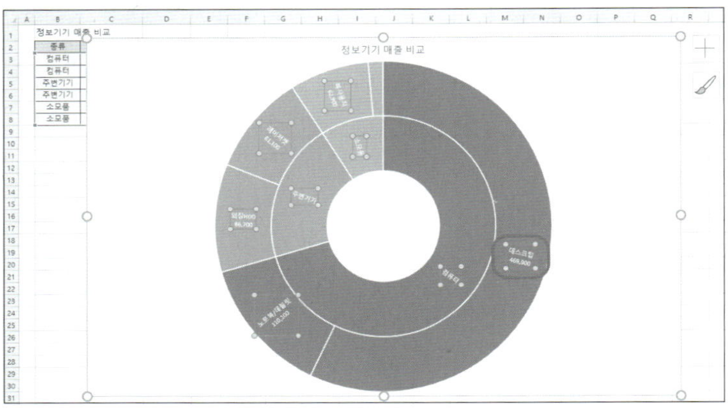

12.7 방사형 차트 만들기

방사형 차트는 차트의 중심에서 방사 형태로 뻗은 축을 따라 각 데이터의 값을 플롯(plot)하는 차트입니다. 이 차트는 값의 크기와 전체의 균형, 경향을 분석하는 경우 등에 이용됩니다.

12.7.1 표식이 있는 방사형 차트 만들기

실습

❶ 차트로 만들 셀 범위 B2~H7을 선택합니다. ❷ [삽입] 탭을 클릭하고, ❸ [폭포, 깔때기형, 주식형, 표면형, 또는 방사형 차트 삽입]을 클릭해서, ❹ [표식이 있는 방사형]를 클릭하면,
❺ 표식이 있는 방사형 차트가 작성됩니다. ❻ 차트 제목을 입력하고, [차트 요소]의 [범례]에서 '오른쪽'을 클릭하여 범례의 위치를 조정합니다.

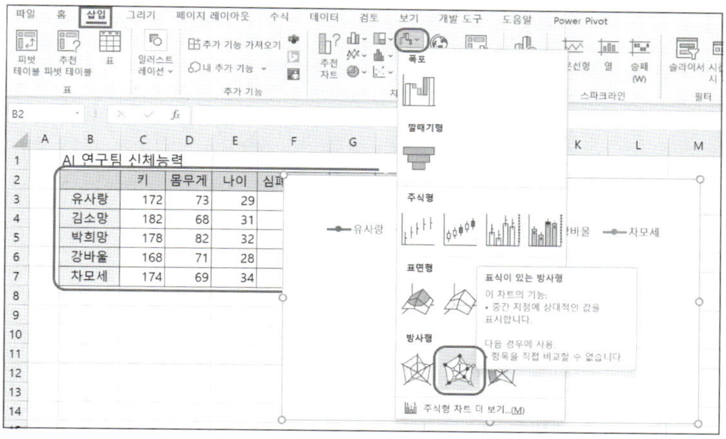

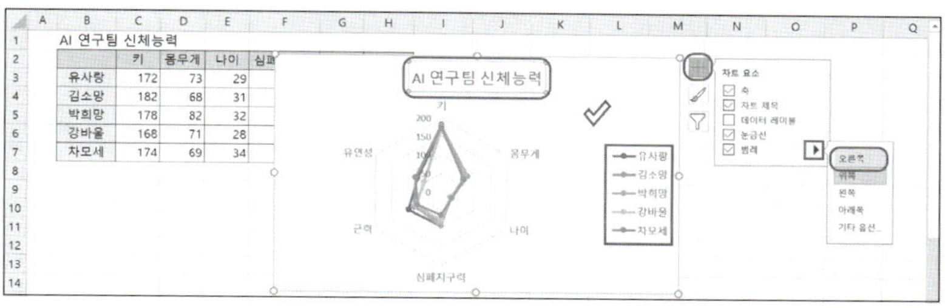

12.7.2 방사형 축 편집하기

방사형 축은 방사형 차트의 중심점에서 방사 형태로 늘린 축을 말합니다.

실습

여기에서는 축의 눈금 간격을 변경합니다.

❶ 방사형 축을 클릭합니다. ❷ [서식] 탭을 클릭하고, ❸ [선택 영역 서식]을 클릭하면, ❹ [축 서식] 작업 창이 표시됩니다. ❺ [단위]의 '기본'에 눈금의 간격 30.0을 입력하고 Enter↵를 치면, ❼ 눈금 간격이 변경됩니다.

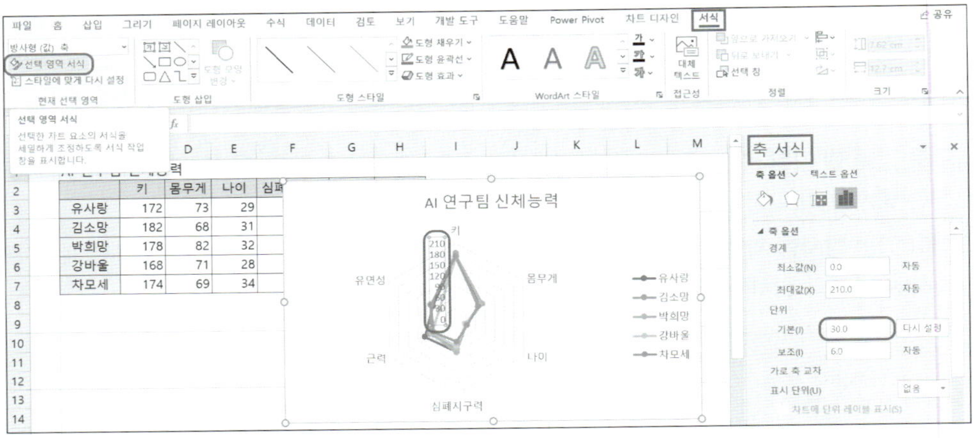

12.8 트리맵 차트 만들기

트리맵 차트는 데이터의 계층 구조를 나타내는 차트이며, 같은 카테고리의 데이터를 각각의 값의 크기에 따른 직사각형으로 나타냅니다. 데이터 전체 크기와 각 데이터 크기를 시각적으로 비교할 수 있습니다.

12.8.1 트리맵 차트 만들기

실습

❶ 차트의 근원이 되는 표를 작성합니다. 원본 표에는 카테고리와 항목에 대응하는 값으로 「종류」, 「품명」, 「매출액」을 입력합니다. ❷ 차트를 만들 데이터 범위 B2~D13을 선택하고, ❸ [삽입] 탭을 클릭합니다. ❹ [계층 구조 차트 삽입]을 클릭하고, ❺ [트리맵]을 클릭하면,

❻ 트리맵 차트가 만들어집니다. ❼ 차트 제목을 입력하고, 데이터 레이블 표시를 고려하여 작성된 차트의 크기를 적절하게 확대합니다.

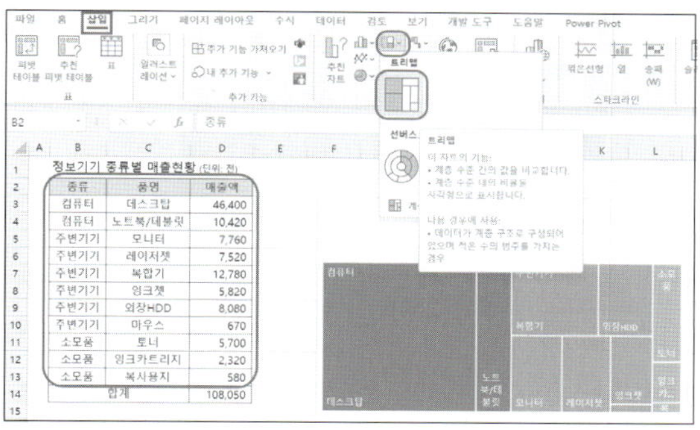

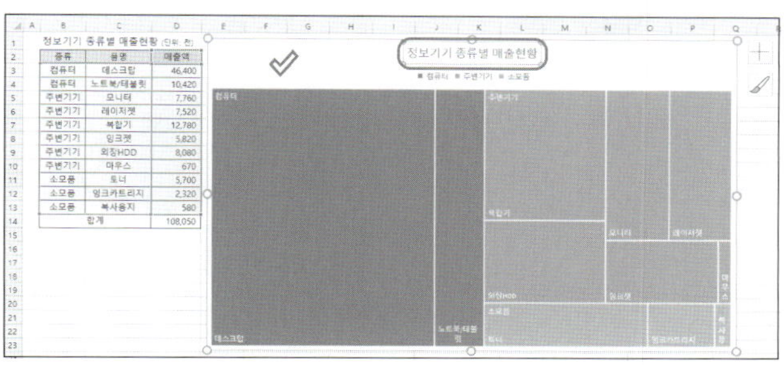

12.8.2 데이터 레이블 표시하기

트리맵 차트는 데이터의 크기를 각각의 값에 따른 직사각형 면적으로 표시하므로 데이터의 크기를 비교할 수 있지만 차트에서 데이터의 값을 읽을 수 없습니다. 따라서 필요에 따라 데이터 레이블의 '값'을 표시합니다.

실습

❶ 차트를 클릭합니다. ❷ [차트 요소]를 클릭하고, ❸ [데이터 레이블]의 오른쪽 버튼 ▶을 클릭한 후, ❹ [기타 데이터 레이블 옵션]을 클릭합니다.

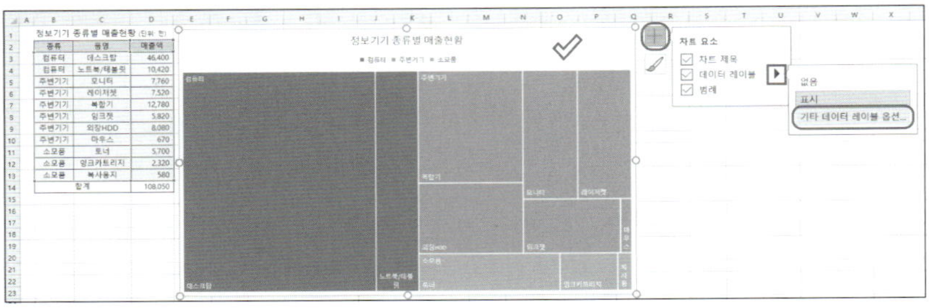

❺ [레이블 옵션]의 [값]을 체크합니다. ❻ [구분 기호]의 드롭다운 버튼 ▾을 클릭하고, ❼ '(줄 바꿈)'을 클릭하면,

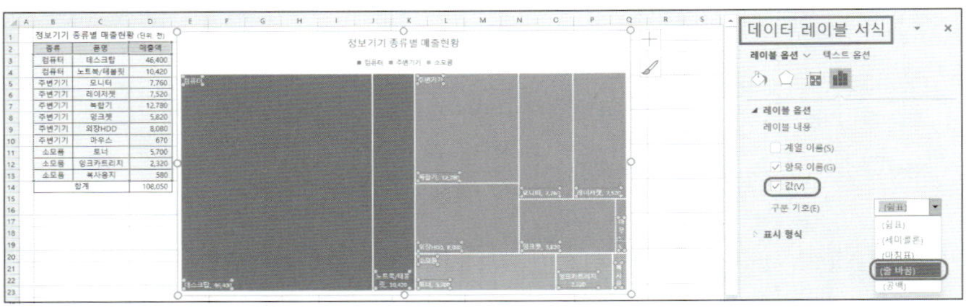

❽ 데이터 레이블이 표시됩니다.

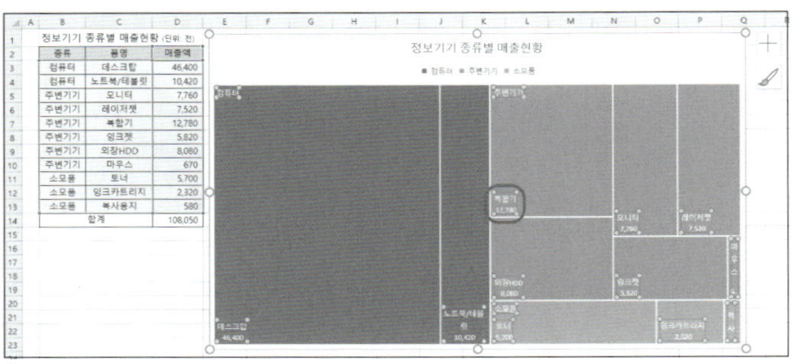

12.9 폭포 차트 만들기

폭포 차트는 값의 증감을 누계로 나타내는 차트입니다. 데이터의 값이 양 혹은 음에 따라 어떻게 증감하는지 시각적으로 확인하기 쉽고 경영 상황 파악 등에 이용됩니다.

12.9.1 폭포 차트 만들기

실습

❶ 차트의 근본이 되는 표를 작성합니다. 여기에서는 수익, 제품 생산비, 총이익, 경상비, 순이익 순으로 금액을 입력합니다. ❷ 금액 필드의 음수 표기를 위한 범위 C3~C7을 선택하고 [표시 형식] 그룹의 오른쪽 아래 끝에 있는 맞춤 설정 버튼 ⧉을 클릭하면 [셀 서식] 대화상자가 표시됩니다. ❸ [표시 형식] 탭의 [숫자] 영역에서 '1000 단위 구분 기호(,) 사용'을 체크하고 '음수: (1,234)'를 선택합니다.

❹ 차트를 만들 데이터 범위 B2~C7을 선택해서, ❺ [삽입] 탭을 클릭합니다. ❻ [폭포, 깔때기형, 주식형, 표면형, 또는 방사형 차트 삽입]을 클릭하고, ❼ [폭포]를 선택하면,

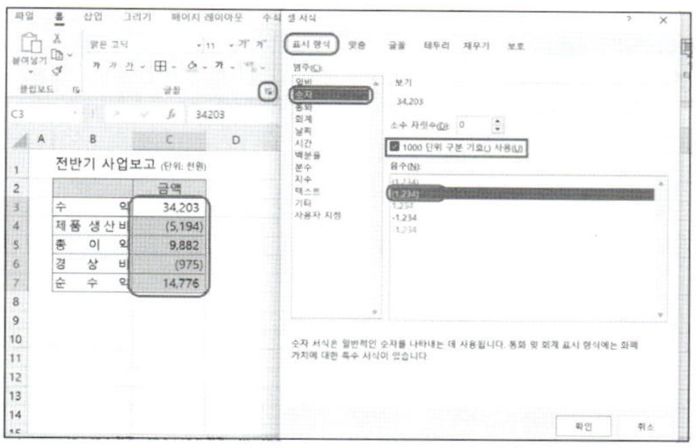

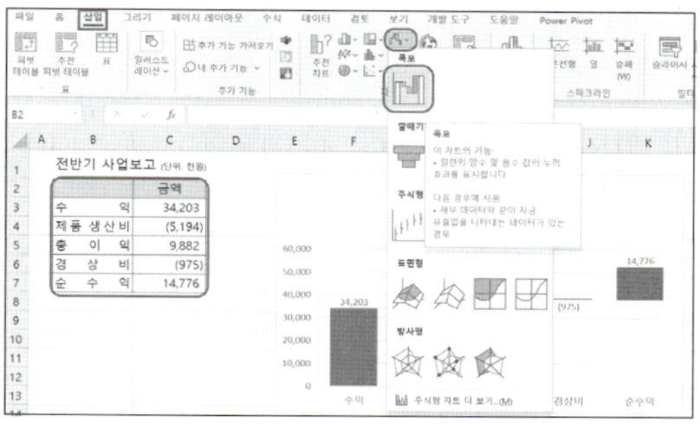

12

❽ 폭포 차트가 생성됩니다. ❾ 차트 제목을 입력합니다.

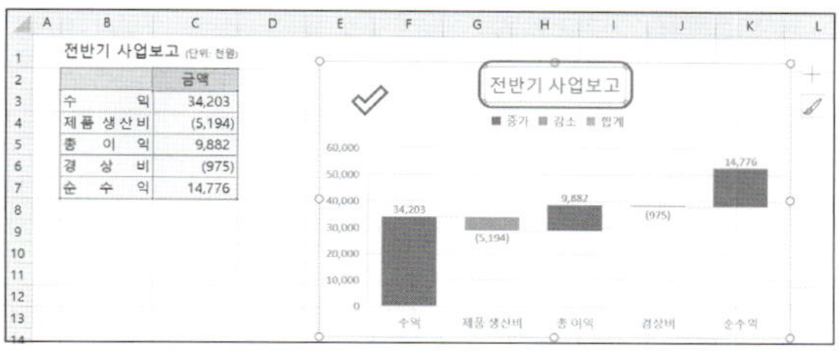

12.9.2 순이익을 합계로 표시하기

원본 데이터에서 작성한 폭포 차트는 각각의 데이터가 증감하면서 연속된 차트가 되기 때문에 순이익 액수만 파악하기에는 적합하지 않습니다. 따라서 순수익을 합계로 표시하여 값을 읽기 쉽게 합니다.

실습

❶ 순수익 데이터 계열을 클릭하고, ❷ 다시 클릭하면 순이익 데이터 계열만 선택됩니다. ❸ [서식] 탭을 클릭하고, ❹ [선택 영역 서식]을 클릭하면,

❺ [데이터 요소 서식] 작업 창이 표시됩니다. ❻ [계열 옵션]의 '합계로 설정'을 체크하면, ❼ 순수익이 합계로 표시됩니다.

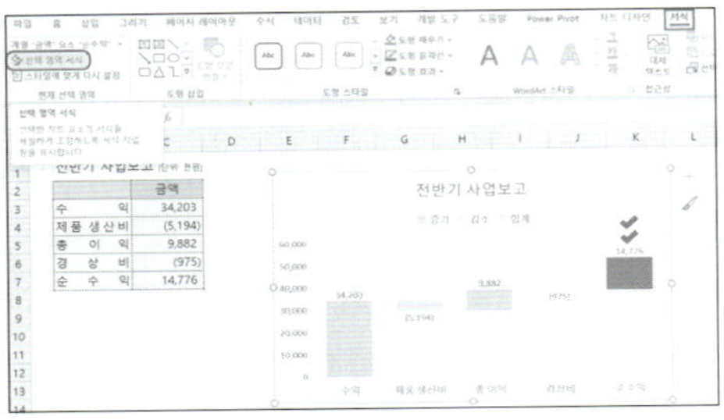

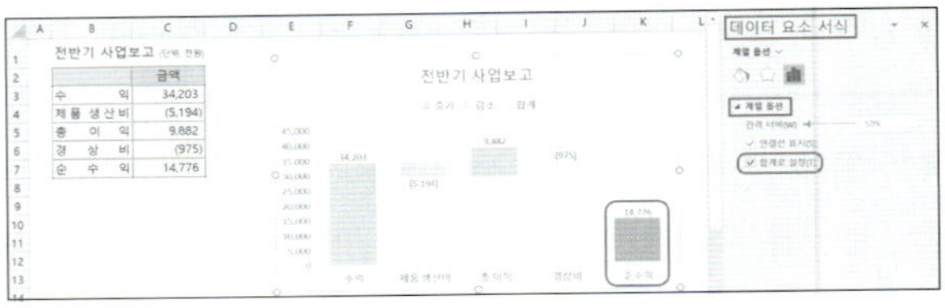

12.10 그림 차트 만들기

그림 차트는 데이터 표식에 일러스트 등을 표시한 차트로 일러스트 개수로 데이터의 값을 나타낼 수도 있습니다. 이미지의 표시 방법에는 늘리기, 쌓기, 배율에 맞게 쌓기, 도형과 함께 회전 등이 있습니다.

12.10.1 기본이 되는 막대차트 만들기

그림 차트란, 일러스트와 같은 이미지를 사용하여 값을 나타내는 차트를 말합니다.

실습

❶ 차트의 근원이 되는 표를 작성합니다. ❷ 차트를 만들 데이터 범위 B2~C7을 선택하고, ❸ [삽입] 탭을 클릭합니다. ❹ [세로 또는 가로 막대형 차트 삽입]을 클릭하고, ❺ [묶은 세로 막대형]을 클릭하면, ❻ 세로 막대형 차트가 만들어집니다.

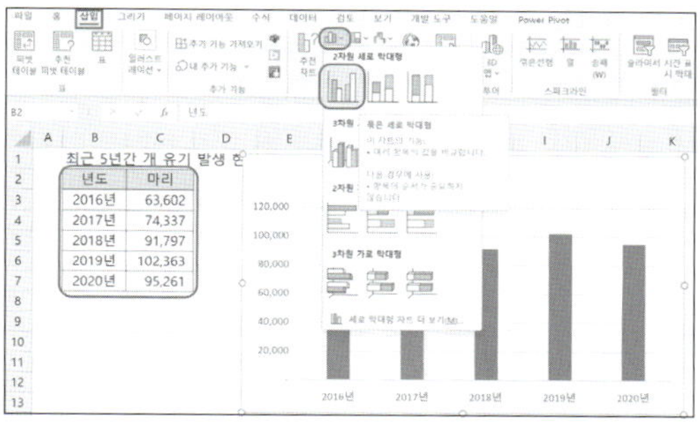

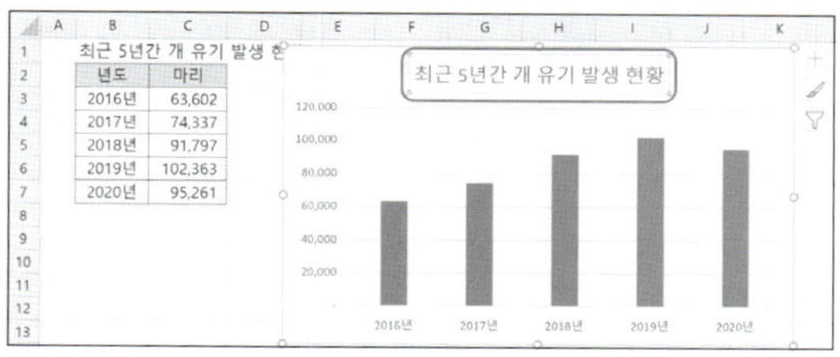

12.10.2 데이터 표식에 일러스트 표시하기

표시한 그림을 지우려면 데이터 계열을 마우스 우클릭하고 [스타일에 맞게 다시 설정]을 클릭해야 합니다.

실습

❶ 데이터 계열을 클릭합니다. ❷ [서식] 탭을 클릭하고, ❸ [선택 영역 서식]을 클릭하면, ❹ [데이터 계열 서식] 작업 창이 표시됩니다. ❺ '그림 또는 질감 채우기'를 클릭하고, ❻ [삽입]을 클릭합니다.

❼ [그림 삽입] 대화상자가 나타나면 [아이콘에서]를 클릭합니다.

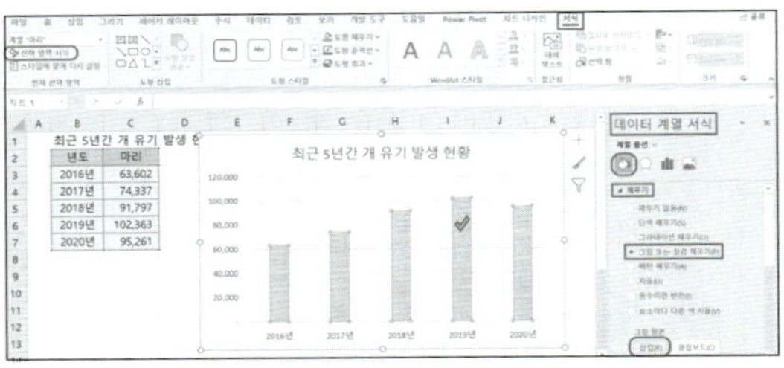

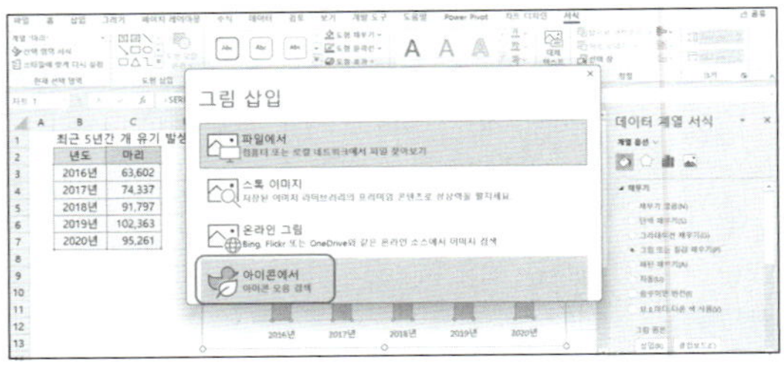

❽ 검색하고 싶은 키워드 "개"를 입력하면 사용하고 싶은 아이콘들이 표시됩니다. ❾ 표시된 리스트에서 첫 번째 아이콘을 선택하고, ❿ [삽입]을 클릭합니다.

⓫ [쌓기]를 체크하면 아이콘을 쌓아 올린 그림 차트가 작성됩니다.

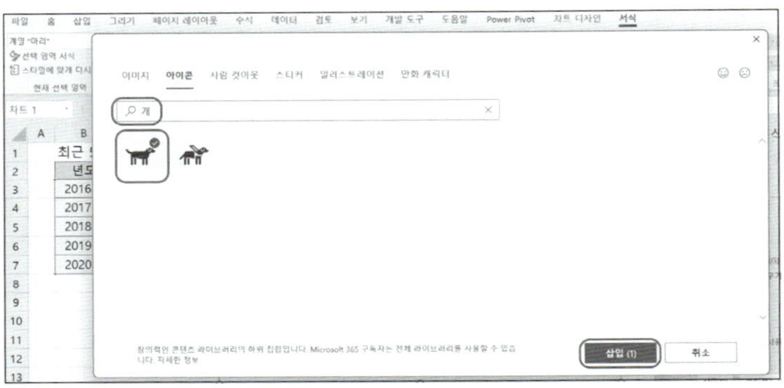

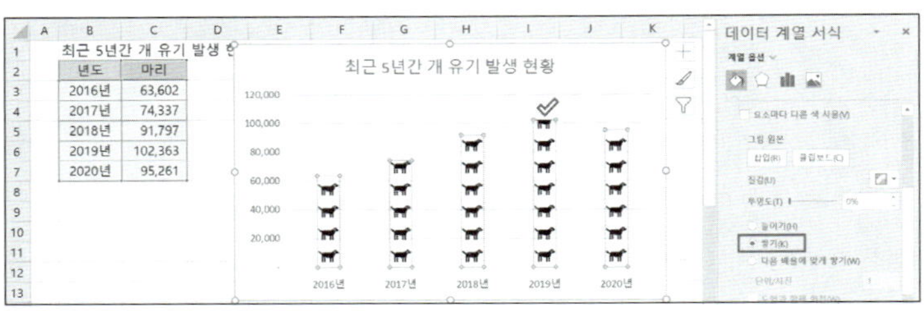

이미지 표시 방법

데이터 표식에 이미지를 표시하는 방법은 세 가지가 있습니다. 이전 페이지에서는 [쌓기]를 이용했지만, [늘리기]를 선택하면 아래 그림과 같이 됩니다. [늘리기]를 선택했을 경우는 그림이 데이터 표식의 크기에 맞추어 확대/축소됩니다.

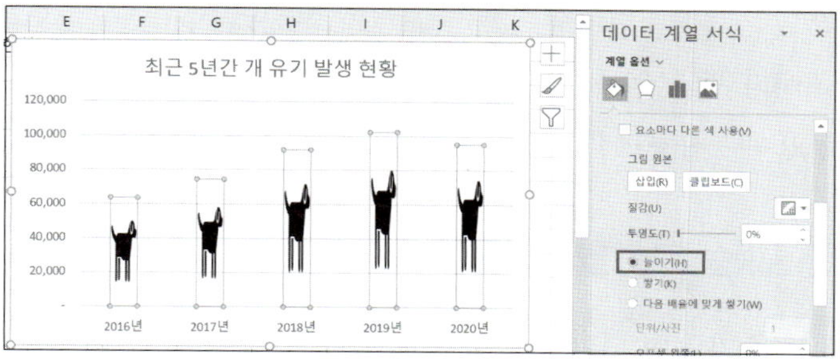

12.11 분산형 차트 만들기

분산형은 2개의 데이터 계열 수치 간의 연관성을 점(데이터 표식)의 분포로 나타내는 차트입니다. 분산형은 데이터 표식의 분포에서 전체 경향이나 상관관계를 파악하는 경우 등에 이용됩니다.

12.11.1 기본이 되는 분산형 만들기

범위를 선택할 때는 숫자 데이터만 선택합니다. 다음의 예시에서, 표 왼쪽 끝 항목명인 '월'을 포함하여 선택하면 분산형을 올바르게 작성할 수 없습니다.

실습

❶ 차트로 만들 셀 범위 C3~D14를 선택하고, ❷ [삽입] 탭을 클릭합니다. ❸ [분산형(X, Y) 또는 거품형 차트 삽입]을 클릭하고, ❹ [분산형]을 클릭하면,
❺ 데이터 표식만의 분산형이 만들어집니다.

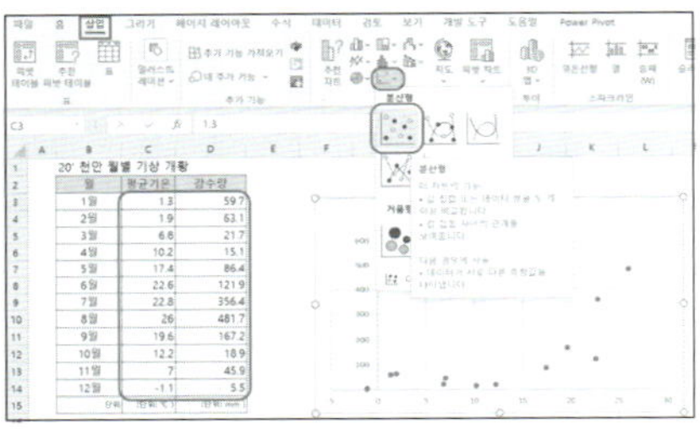

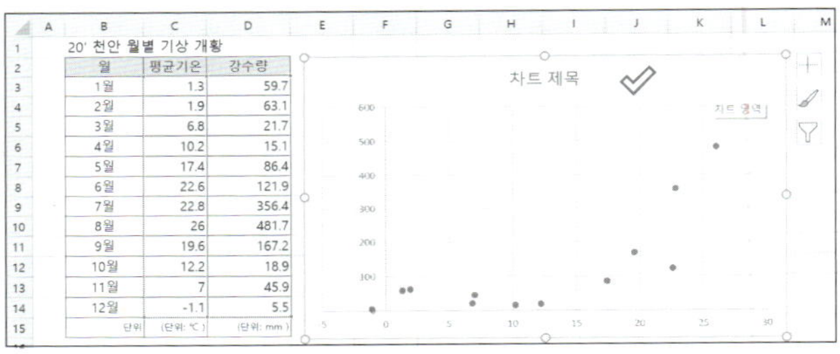

12.11.2 레이아웃 변경하기

실습

❶ 차트를 클릭합니다. ❷ [차트 디자인] 탭을 클릭하고, ❸ [빠른 레이아웃]을 클릭해서, ❹ 원하는 레이아웃으로 [레이아웃 1]을 클릭하면, ❺ 양쪽 축 제목이 표시되는 차트 레이아웃으로 변경됩니다. ❻ 여기에서는 빠른 레이아웃에 의해 표시된 범례를 삭제합니다.

❻ 차트 제목을 「20' 천안 월별 기상 현황」으로 변경한 후, ❼ 양쪽 축 제목도 각각 '평균기온(℃)'과 '강수량(mm)'으로 변경합니다.

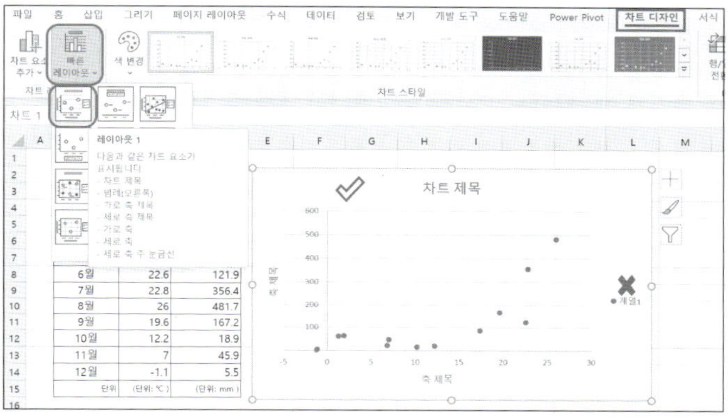

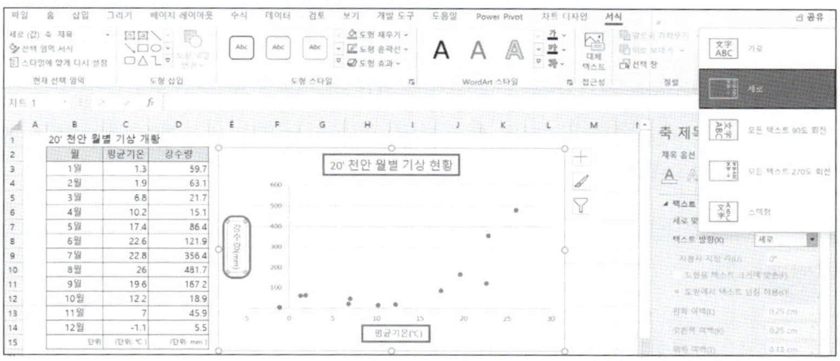

12

12.12 거품형 차트 만들기

거품형 차트는 분산형에 원의 면적 요소를 더한 차트입니다. 2개의 값을 가로축과 세로축으로 나타내고, 3번째 값을 거품형(원) 크기로 나타냅니다. 프레젠테이션 등에서 이용하면 효과적입니다.

12.12.1 3차원 효과가 있는 거품형 차트 만들기

거품형 차트의 원본 데이터 표는 가로축, 세로축, 양(거품형) 순으로 작성합니다. 또한 큰 거품형의 배후에 작은 거품형이 숨어 버리는 일이 있으므로, 미리 양(거품형)의 데이터를 큰 순서(내림차순)로 정렬해 둡니다.

거품형 차트가 될 셀 범위를 선택할 때는 숫자 데이터만 선택합니다. 표의 데이터 머리글 등을 포함하여 선택하면 거품형 차트를 올바르게 생성할 수 없습니다.

실습

❶ 차트의 근본이 되는 데이터를 작성하고, 거품형의 값이 될 「몸무게」을 내림차순으로 나열해 둡니다. ❷ 차트로 만들 셀 범위 C3~E8을 선택하고, ❸ [삽입] 탭을 클릭합니다. ❹ [분산형(X, Y) 또는 거품형 차트 삽입]을 클릭하고, ❺ [3차원 거품형]을 클릭하면,

❻ 3차원 거품형 차트가 생성됩니다. ❼ 차트 제목을 입력하고, ❽ [차트 요소]의 '축 제목'을 클릭한 후, 양축의 제목을 변경합니다.

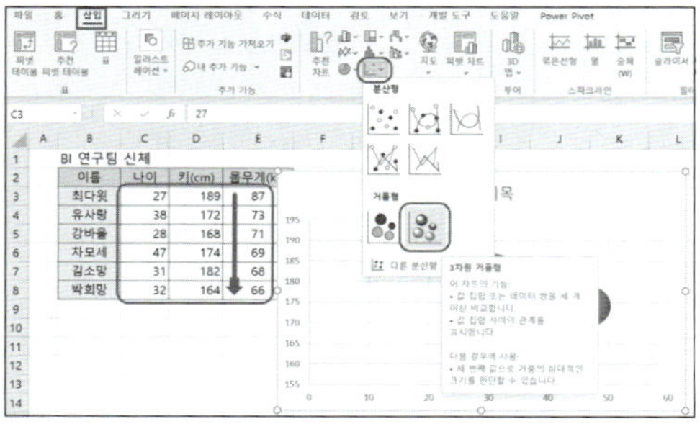

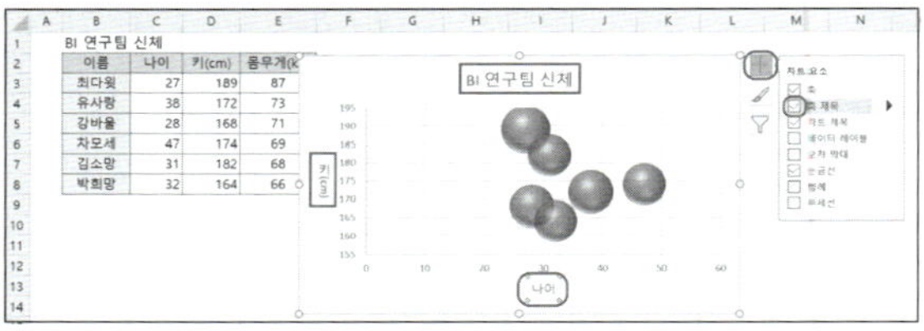

12.12.2 거품의 배색 변경하기

실습

❶ 차트를 클릭합니다. ❷ [차트 디자인] 탭을 클릭하고, ❸ [색상 변경]을 클릭합니다. ❹ 설정하고 싶은 색상 '다양한 색상표 4'을 선택하면, ❺ 거품의 배색이 파랑에서 노랑으로 변경됩니다.

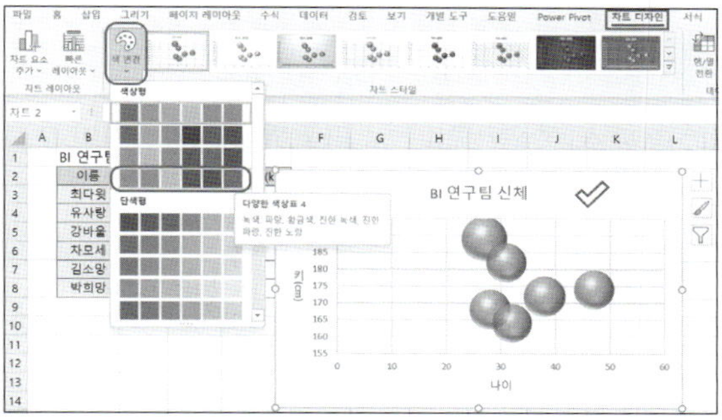

12.12.3 거품형 크기 변경하기

거품형은 초기설정에서는 데이터의 대소를 면적으로 나타냅니다. 다음의 실습 순서 ❺에서 선택한 [거품 지름]에서는, 데이터의 대소를 직경으로 나타냅니다. 거품 크기를 확대하거나 축소하거나 하려면, [계열 옵션] 작업 창의 [거품 크기 배율]로 설정합니다.

실습

❶ 임의의 거품을 클릭하여 전체 거품을 선택하고, ❷ [서식] 탭을 클릭합니다. ❸ [현재 선택 영역] 그룹의 [선택 영역 서식]을 클릭하면, ❹ [데이터 계열 서식] 작업 창이 표시됩니다. ❺ [계열 옵션]의 '거품 지름'을 클릭하여 체크하면, 큰 거품과 작은 거품의 차이가 명확해집니다.

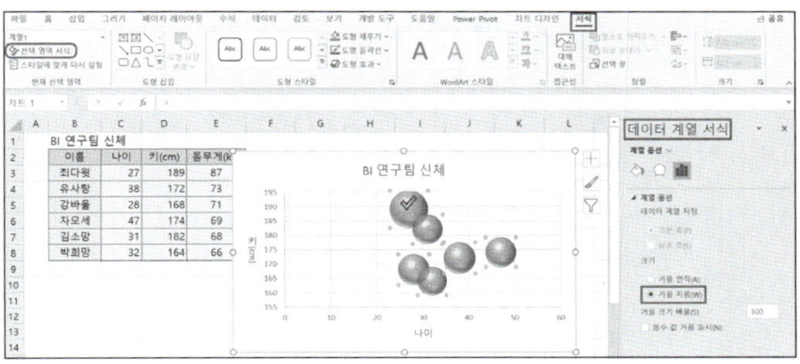

12.12.4 데이터 레이블을 원본 데이터에서 표시하기

데이터 레이블이 겹쳐서 읽기 어려운 경우에는 레이블 위치를 개별적으로 조정합니다. 텍스트를 입력할 데이터 레이블을 선택해서 이미 표시된 텍스트를 드래그하여 삭제하고, 텍스트를 입력하면 레이블을 직접 입력할 수 있습니다.

실습

❶ 차트를 클릭하고, ❷ [차트 요소]를 클릭합니다. ❸ [데이터 레이블]의 오른쪽에 있는 버튼 ▶을 클릭하고,

❹ 데이터 레이블을 표시하는 위치로 [아래쪽]을 클릭하면, ❺ 거품 아래에 데이터 레이블이 표시됩니다.

❼ 임의의 데이터 레이블을 클릭한 후, 다시 레이블 '174'을 클릭하면 레이블 '174'만 선택됩니다. ❽ 수식 바에 '='라고 입력하고,

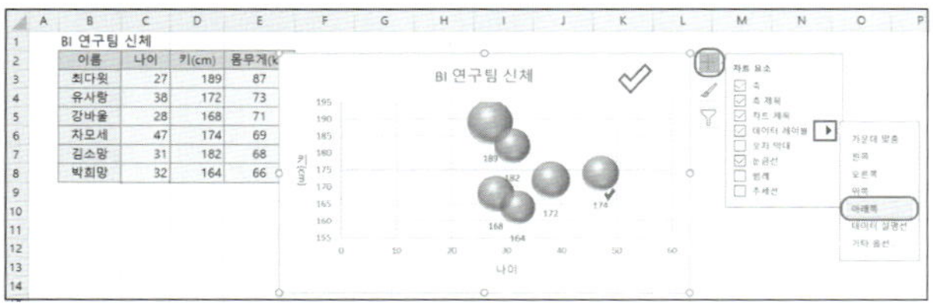

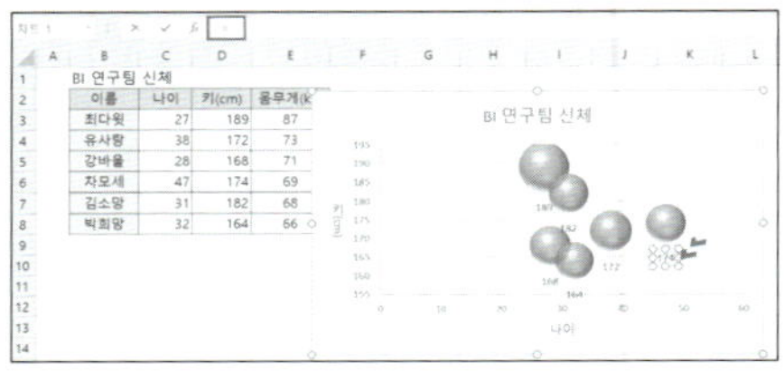

❾ 표시하고 싶은 텍스트가 입력된 셀 「B6」을 클릭하고,

❿ Enter↵를 누르면, ⓫ 셀 내의 텍스트 '차모세'가 데이터 레이블로 표시됩니다.

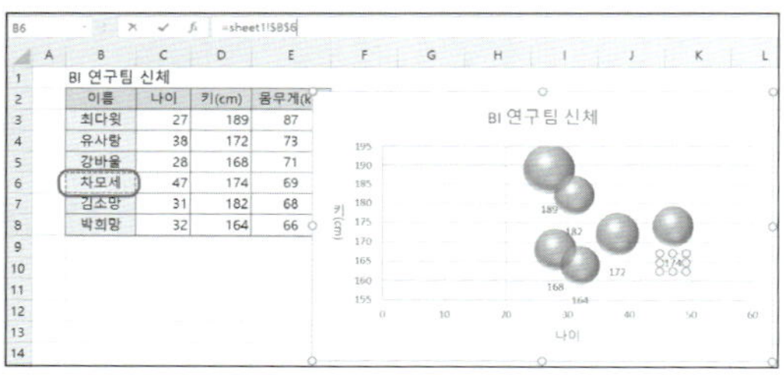

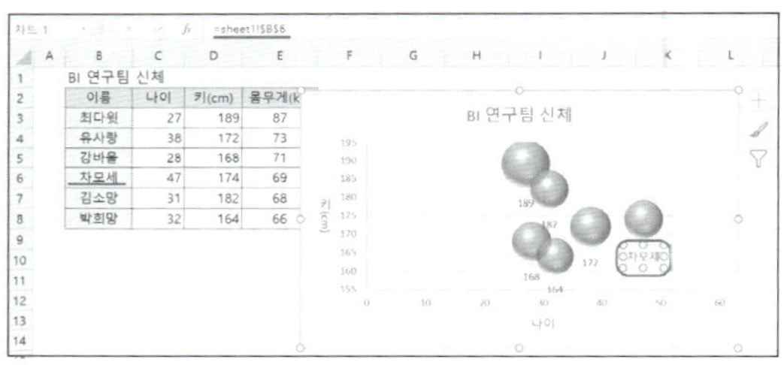

⓬ 다른 거품의 데이터 레이블도 위 순서 ❼~⓫의 방법을 이용해서 레이블 표시를 변경합니다.

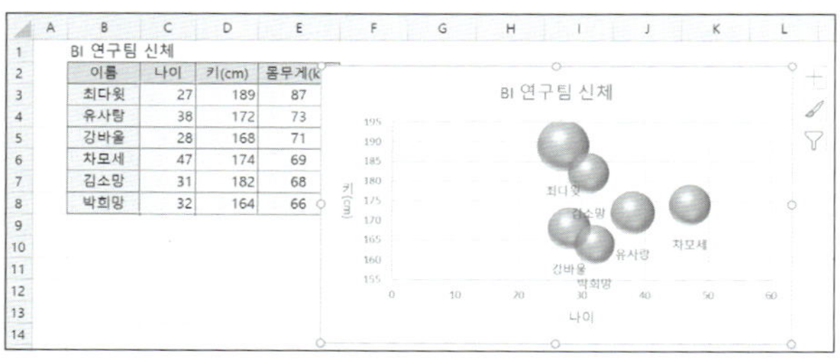

12.13 PowerPoint에 차트 붙여넣기

Excel에서 작성한 차트를 PowerPoint 슬라이드에 붙여 넣으려면 Excel에서 차트를 복사하고 형식을 지정하여 붙여넣기를 해야 합니다.

12.13.1 차트 붙여넣기

원래 서식을 유지하고 차트를 붙여 넣으면 Excel에서 설정한 서식 그대로 부착됩니다.

실습

PowerPoint를 실행하여 차트를 붙여넣는 프레젠테이션을 열어 둡니다.

❶ Excel에서, PowerPoint에 붙여넣을 차트를 선택합니다. ❷ Excel에서 [홈] 탭을 클릭하고, ❸ [복사]를 클릭합니다.

❹ PowerPoint로 전환한 후에 차트를 붙여넣을 슬라이드를 클릭하고, ❺ [홈] 탭을 클릭합니다. ❻ [붙여넣기] 아래의 드롭다운 버튼 ⌵을 클릭하고, ❼ '대상 테마 사용 및 통합 문서 포함'을 클릭하면,

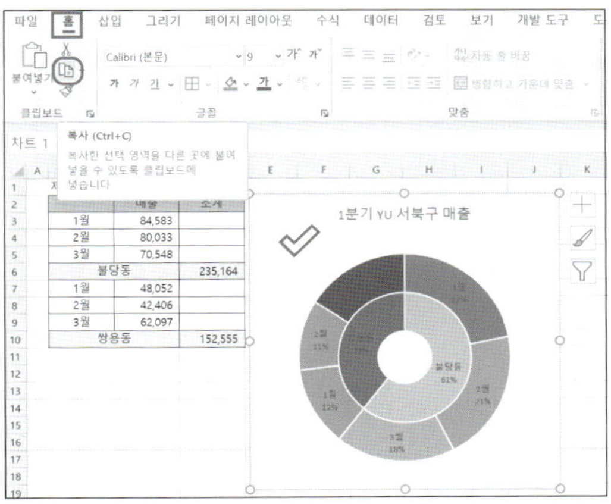

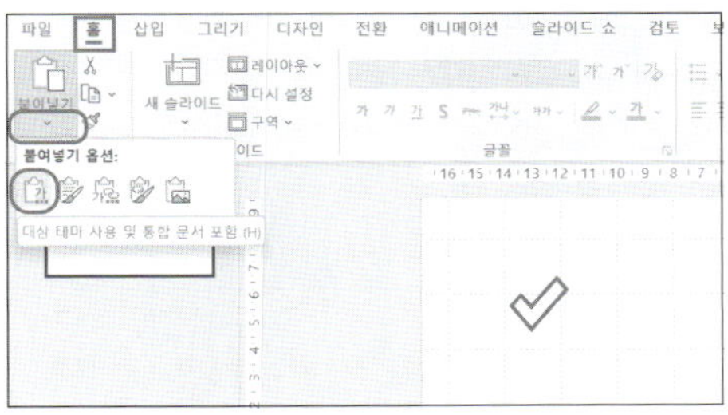

12

❽ 선택한 형식으로 Excel에서 작성한 차트가 붙여집니다. ❾ 차트를 클릭하여 위치 및 크기를 조정합니다. 차트 디자인은 PowerPoint 주제에 맞게 자동으로 변경됩니다.

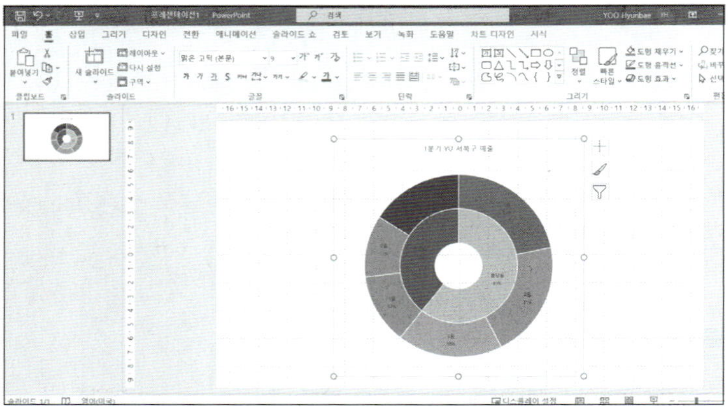

형식을 선택하여 붙여넣기

위 순서 ❼에서 [선택하여 붙여넣기]를 클릭하면 [선택하여 붙여넣기] 대화상자가 표시됩니다. 이 대화상자에서 형식을 선택하고 붙여넣을 수도 있습니다.

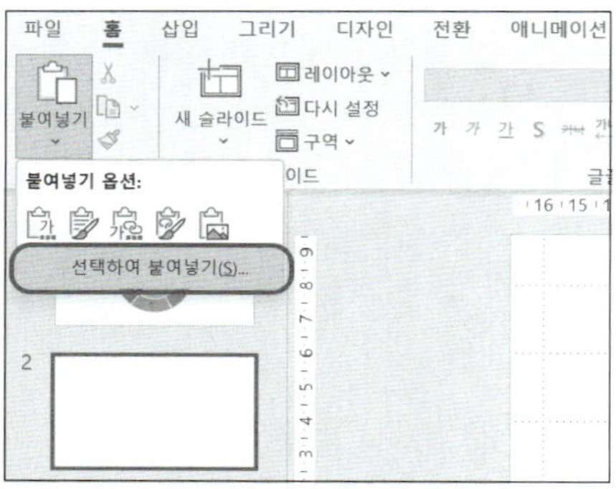

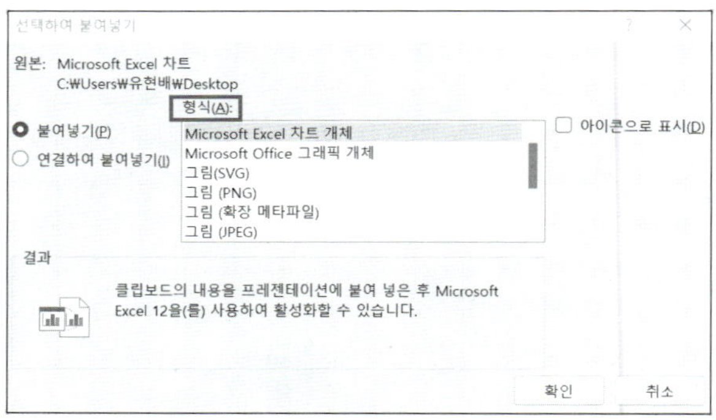

12.13.2 차트 편집하기

차트를 붙여넣기 할 경우, 다음의 순서 ❺에서 데이터를 편집해도 원본 Excel에는 반영되지 않습니다.

실습

❶ 차트를 선택하고, ❷ [차트 디자인] 탭을 클릭합니다. ❸ [데이터] 그룹의 [데이터 편집]을 클릭하면, ❹ Excel이 실행되어 원본 데이터의 파일이 표시됩니다. ❺ 셀 C8의 수치를 '42,406'에서 '59,870'으로 변경하면, ❻ PowerPoint 차트에 편집이 반영됩니다.

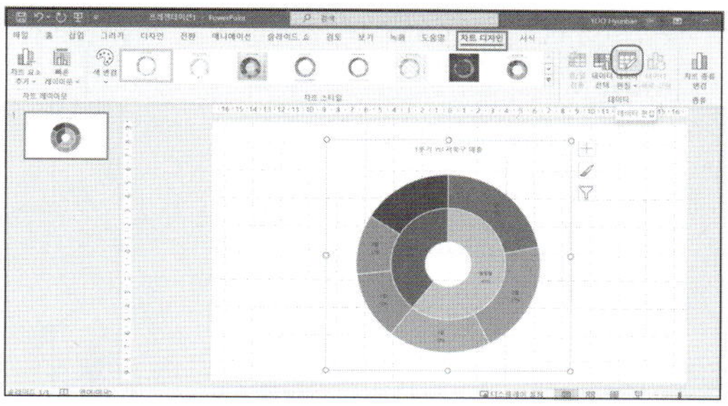

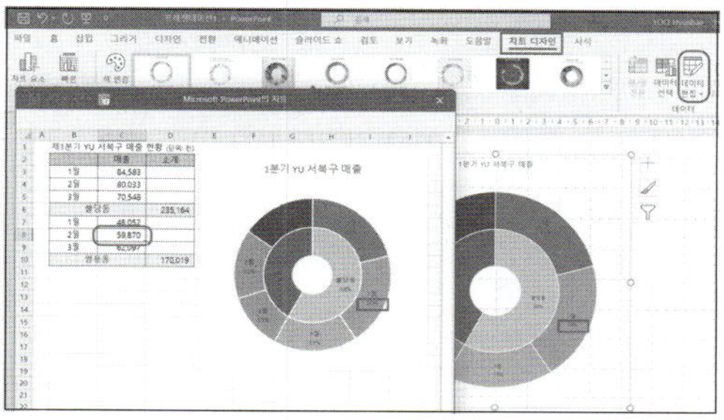

12.13.3 PowerPoint 스타일 적용하기

원래 서식을 유지하고 차트를 붙여넣기 할 경우는 차트의 스타일이 변경되지 않습니다.

실습

❶ [차트 디자인] 탭을 클릭하고, ❷ [차트 스타일]의 오른쪽 하단에 있는 [자세히] 버튼 [▿]을 클릭합니다. ❸ 사용하고 싶은 차트 스타일로 '스타일 8'을 클릭하면, ❹ 차트를 포함한 슬라이드 전체 스타일이 변경됩니다.

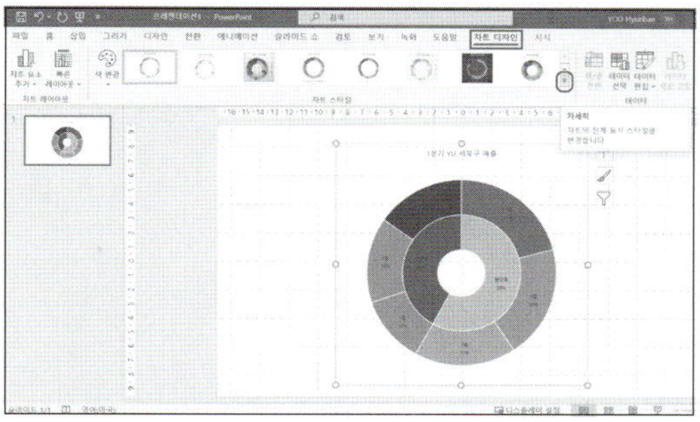

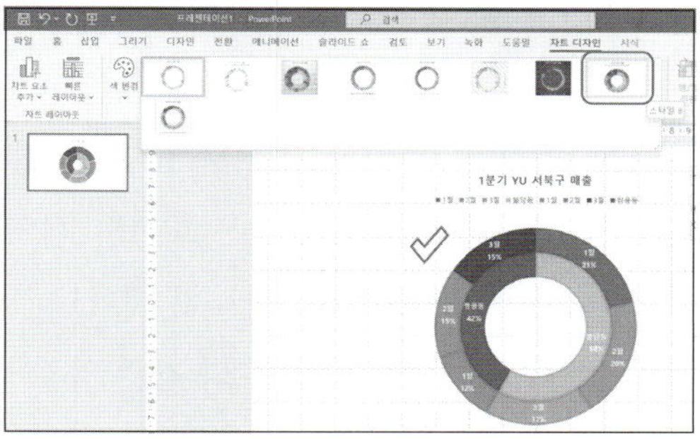

연습문제

01 다음의 3종류의 차트를 그림과 동일하게 작성해 보세요. 차트의 요소별 색상은 시인성을 고려해서 제시된 그림과 동일하게 선택하세요. 각 데이터 계열의 채우기는 "자동 / 요소마다 다른 색 사용"을 적용하세요.

본과 성적 현황

이름	실기1	중간고사	실기2	기말고사	총점
이진혁	13	55	10	50	128
유진희	15	50	20	80	165
박재영	17	65	15	75	172
이희지	12	30	15	45	102
성은주	10	35	10	30	85
임지민	0	80	0	80	160
장동현	19	70	10	40	139

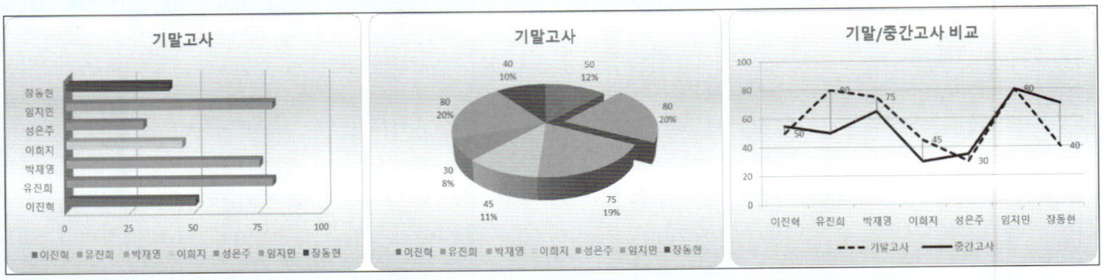

02 다음의 조건으로 3차원 차트를 작성해 보세요.

(1) 차트 종류는 가로축 항목을 각 도로(행/열 전환 적용)로 하는 '3차원 100% 기준 누적 세로 막대형', 차트 스타일은 '스타일 1'로 지정하세요.

(2) 작성된 차트는 '차트 이동'으로 '새 시트(S)'에 삽입하세요. 시트 이름은 "연도별도로현황"으로 지정하세요.

(3) 이동된 차트에 [차트 도구]-[디자인] 탭-[차트 레이아웃] 그룹에 있는 '레이아웃 1'을 적용한 후, 차트 제목은 '연도별 도로현황'으로 입력, 테두리 색은 '밝은 회색, 배경 2, 25% 더 어둡게', 그림자는 미리 설정의 '바깥쪽, 오프셋 대각선 오른쪽 아래'를 지정하세요.

(4) 기본 세로 축 옵션은 '값을 거꾸로'로 지정하고, 기본 가로 눈금선은 '없음'으로 지정하세요. 그 외 실선을 그림의 차트를 보고 그대로 작성해 보세요.

(5) 데이터 계열 서식의 계열 옵션-간격 너비를 70%로 지정하세요.

(6) 3차원 회전의 회전은 X:20°, Y:20°로 지정하세요.

(7) '2019년' 계열의 데이터 레이블 값을 표시해 보세요.

(8) 범례는 그림의 차트와 같은 위치에 배치해 보세요.

(9) 추가로 필요한 조건은 제시한 차트 결과를 보고 적절하게 지정해 보세요.

	A	B	C	D	E
1	연도별 도로현황				
2					
3	연도	고속국도	일반국도	지방도	시/군도
4	2018년	2968	14224	17710	49885
5	2019년	3103	14225	17677	49318
6	2020년	3368	13832	18175	49535
7	2021년	3447	13905	18193	50174
8	2022년	3776	13820	18138	50501

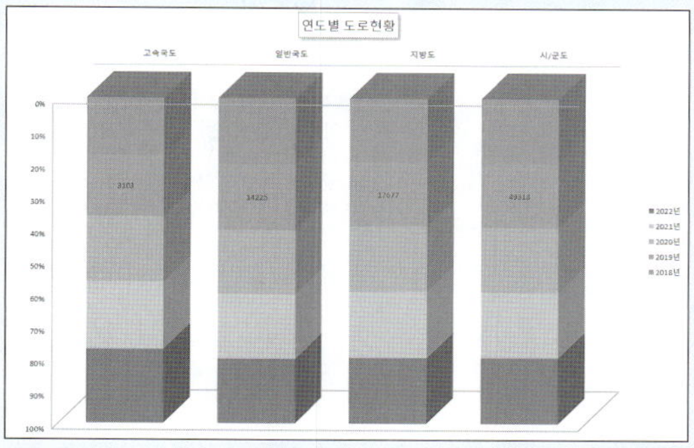

03 다음의 조건으로 3차원 차트를 작성해 보세요.

(1) 차트 종류는 세로축 항목을 각 연도로 하는 '3차원 누적 가로 막대형', 차트 스타일은 '스타일 1'로 지정해 보세요.

(2) 작성된 차트는 '차트 이동'으로 '새 시트(S)'에 삽입해 보세요. 시트 이름은 "지하수이용현황"으로 설정하세요.

(3) 이동된 차트에 [차트 도구]-[디자인] 탭-[차트 레이아웃] 그룹에 있는 '레이아웃 1'을 적용한 후, 차트 제목은 '지하수 이용 현황'으로 입력, 테두리 색은 '밝은 회색, 배경 2, 25% 더 어둡게', 그림자는 미리 설정의 '바깥쪽, 오프셋 대각선 오른쪽 아래'로 지정해 보세요.

(4) 기본 가로 축 옵션의 '값을 거꾸로'로 지정하고, 기본 주 가로 눈금선은 '없음'으로 지정하세요. 그 외 실선을 그림의 차트를 보고 그대로 작성해 보세요.

(5) 3차원 회전의 크기 비율을 깊이 50%, 높이 150%으로 지정해 보세요.

(6) 3차원 회전의 회전은 X:30°, Y:30°로 지정해 보세요.

(7) '광주광역시' 계열의 데이터 레이블 값을 표시해 보세요.

(8) 범례는 그림의 차트와 같은 위치에 배치해 보세요.

12

(9) 추가로 필요한 조건은 제시한 차트 결과를 보고 적절하게 지정해 보세요.

	A	B	C	D	E	F
1		지하수 이용 현황				
2		지역	2020년	2021년	2022년	2023년
3		서울특별시	32052	28195	26191	24602
4		부산광역시	41523	38060	34915	34760
5		대구광역시	30469	27844	24101	24678
6		광주광역시	25470	25359	25083	25795

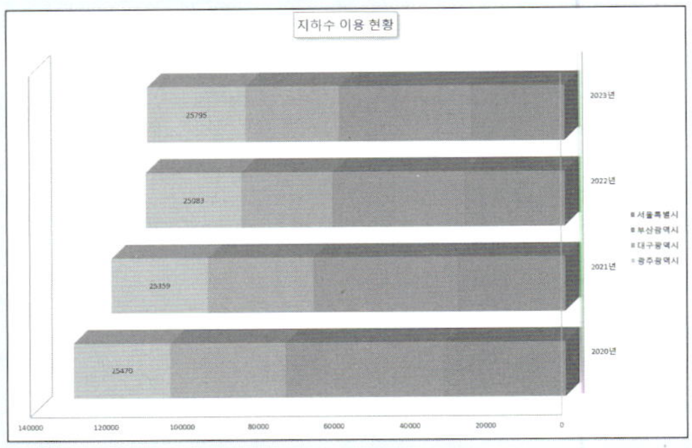

04 다음의 조건을 참고해서 주어진 표와 3차원 차트를 작성해 보세요.

(1) 셀 F5:F8 영역의 평균과 차를 계산해 보세요.

① 반드시 AVERAGE, ROUNDDOWN 함수를 모두 이용하여 계산해 보세요.

② 반드시 아래 주어진 수식으로 구하고, 구한 값을 소수 둘째 자리에서 버림하여 소수 첫째 자리까지 표시해 보세요.

※ 평균과 차 = ('음식물류'의 '제주시'부터 '광주광역시'까지의 평균 – '음식물류'의 각 지역의 값)

(2) 셀 G5:G8 영역의 비고를 계산해 보세요.

① 반드시 FIND, IF, ISERR, RANK.EQ, SUM 함수를 모두 이용하여 계산해 보세요.

② 반드시 아래 주어진 조건에 따른 참과 거짓의 값으로 표시해 보세요.

– 조건 : 각 지역의 문자열에 '광'을 포함하지 않는 경우
– 참 : '유리류'를 기준으로 각 지역의 오름차순 순위
– 거짓 : 각 지역의 '합성수지'부터 '유리류'까지의 합계

(3) 차트를 작성해 보세요(차트는 반드시 지정 상태를 확인할 수 있어야 하고, 차트를 두 개 이상 작성하거나 그림, 외부 개체로 입력 금지!).

① 붙여넣은(A3 셀부터) 자료 중 '평균과 차'와 '비고'를 제외한 자료(범위 A3~E7)를 이용하여 차트를 작성해 보세요.

② 차트 가로축 항목을 각 지역으로 하는 '3차원 누적 세로 막대형', 차트 스타일은 '스타일 1'로 지정해 보세요.

③ 작성한 차트 이동위치는 '새 시트(S)'에 삽입해 보세요.

④ 작성한 차트가 있는 시트명은 'ㅇㅇㅇ(본인의 이름)'으로 입력해 보세요.

⑤ 차트 제목은 [차트도구]-[디자인]메뉴 [차트레이아웃] 그룹의 '레이아웃 1'의 '생활쓰레기 발생 현황'으로 입력하고, 테두리 색은 '밝은 회색, 배경 2, 25% 더 어둡게', 그림자는 미리 설정의 '바깥쪽, 오프셋 대각선 오른쪽 아래'로 지정해 보세요.

⑥ 기본 세로축 옵션의 '값을 거꾸로'로 지정하고, 기본 주 가로 눈금선은 '없음'으로 지정해 보세요.

⑦ 데이터 계열 서식의 계열 옵션은 간격 깊이 200%, 간격 너비 80%로 지정해 보세요.

⑧ '음식물류' 계열 중 '울릉도'의 데이터 레이블 추가를 실행해 보세요.

⑨ 3차원 회전의 회전은 X:15°, Y:15°로 지정해 보세요.

⑩ 텍스트 상자를 이용하여 차트 영역의 상단 오른쪽에 '(단위:톤/일)'을 입력해 보세요.

⑪ 범례가 차트의 우측 가운데에 나타나도록 지정해 보세요.

⑫ 밑면 테두리는 실선 "밝은 회색, 배경 2, 25% 더 어둡게"로 지정해 보세요.

⑬ 세로축 눈금 표시는 숫자(소수 자리수 0)로 지정해 보세요.

⑭ 추가로 필요한 조건은 제시한 차트 결과를 보고 적절하게 지정해 보세요.

	A	B	C	D	E	F	G
1	생활쓰레기 발생 현황						
2							(단위:톤/일)
3	지 역	합성수지	음식물류	플라스틱	유리류	평균과차	비 고
4	제 주 도	188.77	109.35	62.53	10.18		
5	대전광역시	238.87	152.98	64.95	41.9		
6	울 릉 도	234.49	161.7	44.48	19.39		
7	광주광역시	171.63	100.12	25.55	8.26		

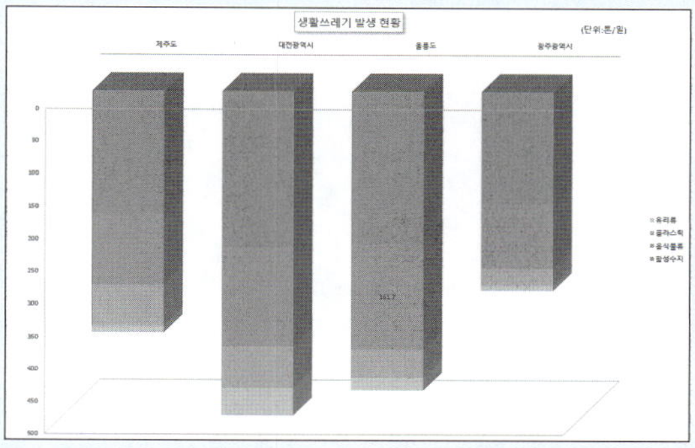

12

CHAPTER

13 조건부 서식

13.1 조건부 서식 설정

조건부 서식은 [홈] 탭의 [조건부 서식]으로부터 설정합니다. 조건부 서식에서는 숫자나 문자, 날짜 등 다양한 조건을 설정할 수 있습니다. 다음 예시는 이번 달 날짜에 서식을 설정하여 강조 표시를 한 것입니다.

13.1.1 조건부 서식 설정하기

조건부 서식은 지정한 조건에 일치하는 셀에 자동으로 서식을 설정할 수 있는 기능입니다. 조건부 서식을 설정한 셀의 데이터가 변경되면 그 내용에 따라 서식도 자동으로 변경됩니다.

실습

❶ 조건부 서식을 설정할 셀 범위 C4~C9을 선택합니다. ❷ [홈] 탭의 [조건부 서식]을 클릭하고, ❸ [셀 강조 규칙]에 마우스 포인터를 맞춰서, ❹ [텍스트 포함]을 클릭합니다.

❺ 조건 '수'를 입력해서, ❻ 적용할 서식 '진한 빨강 텍스트가 있는 연한 빨강 채우기'를 설정합니다. ❼ [확인]을 클릭하면, ❽ 조건에 맞는 데이터의 셀 C6에 서식이 설정됩니다.

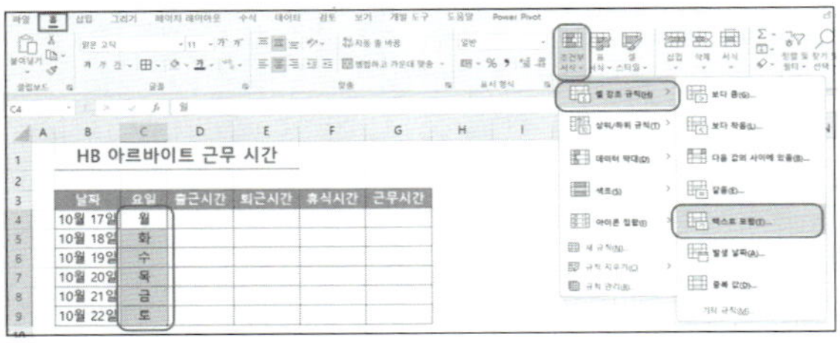

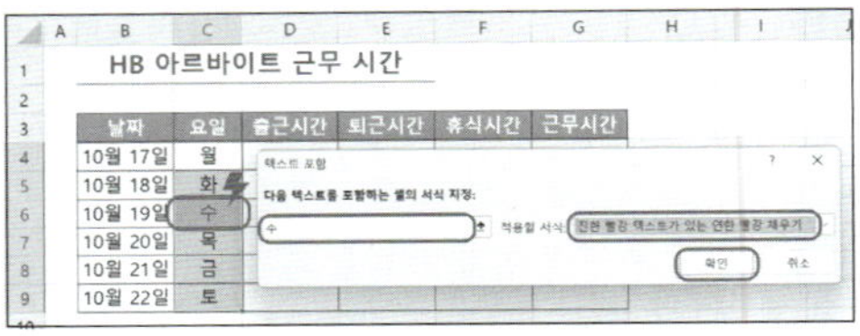

기본값(default)으로 준비된 서식

조건부 서식의 [셀 강조 규칙]과 [상위/하위 규칙]에서는 미리 몇 개의 서식이 준비되어 있습니다. 이것 이외의 서식을 이용하고 싶을 경우는, 메뉴 최하단의 [사용자 지정 서식]을 클릭해서 개별적으로 서식을 설정합니다.

❶ [적용할 서식]의 드롭다운 버튼 ∨을 클릭해서, ❷ 원하는 서식을 선택합니다.

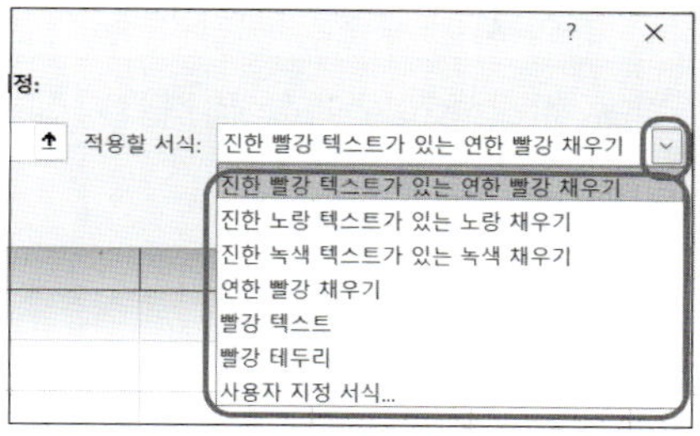

기타 규칙을 설정하기

[셀 강조 규칙]으로 「포함/포함하지 않음」, 「시작 문자/끝 문자」 등의 조건을 지정하려면, '13.1.1 조건부 서식 설정하기' 실습의 순서 ❹에서 [기타 규칙]을 클릭해야 합니다. [새 서식 규칙] 대화상자가 나타나면, [특정 텍스트]를 선택하고 규칙 내용으로 [포함]을 선택해서 조건을 지정합니다.

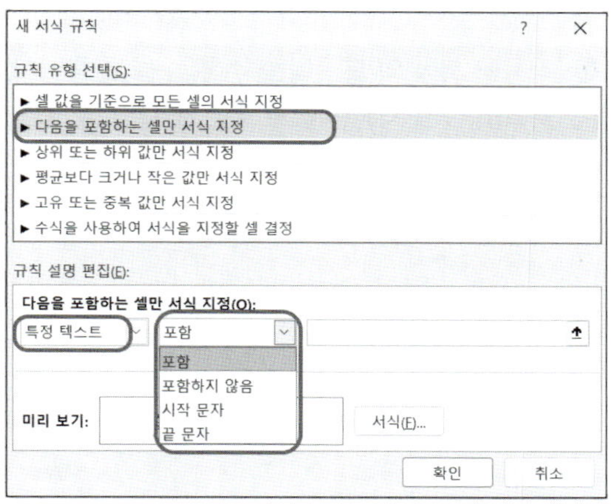

13.2 지정한 값보다 큰 셀 강조

지정한 값 '보다 큼/작음', '다음 값의 사이에 있음', '같음' 등의 조건으로 셀을 강조 표시하려면, [셀 강조 규칙]으로부터 조건을 지정하고 숫자를 입력합니다. 설정한 규칙은 변경할 수도 있습니다.

13.2.1 지정한 값보다 큰 숫자에 색 채우기

조건부 서식의 [셀 강조 규칙]에서는 지정한 값 '보다 큼/작음', '다음의 값의 사이에 있음', 지정한 값과 '같음' 등의 조건으로 셀에 서식을 설정해 눈에 띄게 할 수 있습니다. 특정의 값보다 큰 숫자에 색을 채우려면, [보다 큼]을 클릭해서 숫자를 입력해야 합니다. 특정의 값보다 작은 숫자에 색을 채우려면 다음 예시의 순서 ❹에서 [보다 작음]을 클릭해서 숫자를 입력해야 합니다.

실습

❶ 조건부 서식을 설정할 셀 범위 H3~H12을 선택해서, ❷ [홈] 탭의 [조건부 서식]을 클릭합니다. ❸ [셀 강조 규칙]에 마우스 포인터를 맞추고, ❹ [보다 큼]을 클릭합니다.

❺ 조건 '190'을 입력하고, ❻ [적용할 서식]의 드롭다운 버튼 ⌵을 클릭해서, ❼ 서식 '연한 빨강 채우기'를 지정합니다. ❽ [확인]을 클릭하면, ❾ 지정한 값보다 큰 숫자의 셀 H3, H4, H9, H11, H12에 서식이 설정됩니다.

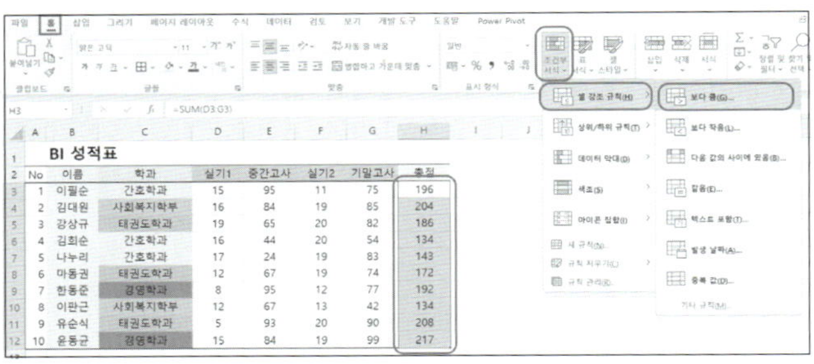

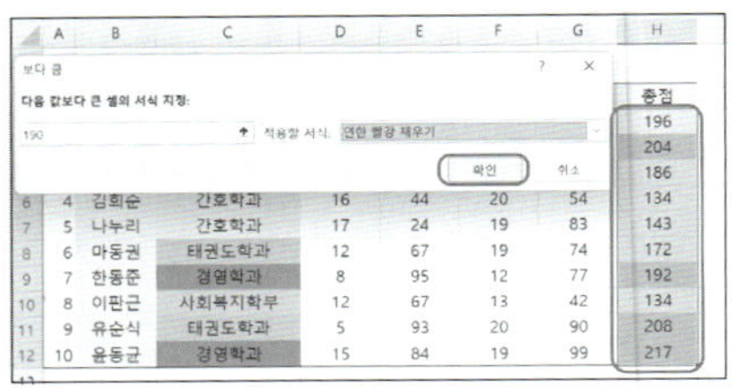

숫자나 비율을 지정해서 평가하기

위 순서 ❸에서 [상위/하위 규칙]을 선택하면, 상위 또는 하위 ○개 항목, 상위 또는 하위 10%, 평균 초과 또는 미만 등의 조건으로 셀에 서식을 설정해 눈에 띄게 할 수 있습니다.

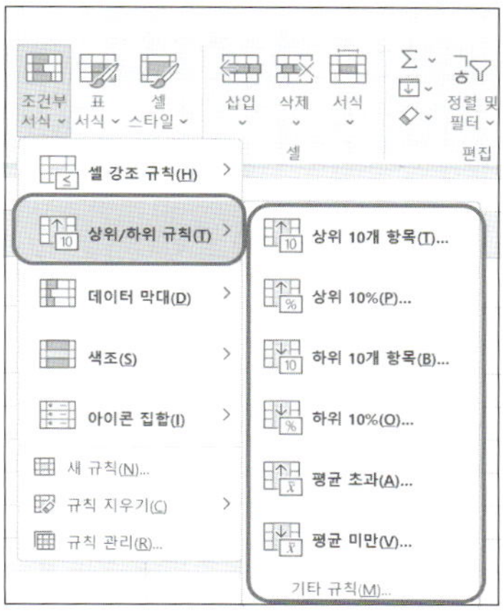

[빠른 분석] 이용하기

조건부 서식은 [빠른 분석]을 사용해 설정할 수도 있습니다. 목적의 셀 범위를 드래그해서 오른쪽 아래에 표시되는 [빠른 분석]을 클릭하고, [서식]으로부터 원하는 조건부 서식을 지정합니다.

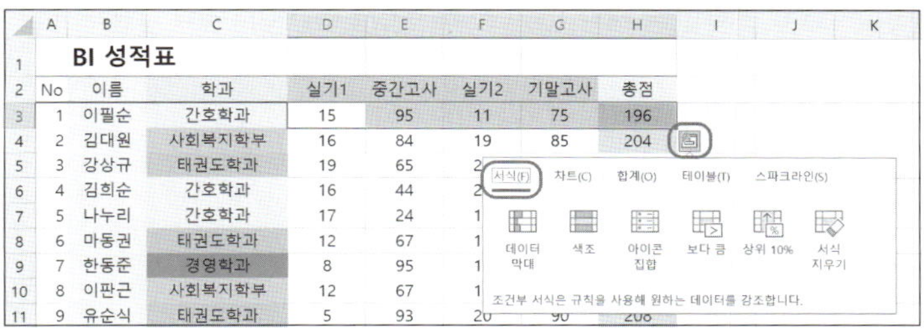

13.2.2 조건부 서식 규칙 변경

조건부 서식의 조건이나 서식을 변경하고 싶을 때는, 서식을 설정한 셀 범위를 선택해서 [조건부 서식 규칙 관리자] 대화상자를 표시합니다. [조건부 서식 규칙 관리자] 대화상자에서는 신규의 서식 규칙을 추가할 수도 있습니다. [새 규칙]을 클릭하면 표시되는 [새 서식 규칙] 대화상자에서 규칙의 종류와 내용, 서식을 설정합니다.

설정하는 서식을 변경하는 경우는 [서식 규칙 편집] 대화상자의 하단에 있는 [미리보기]의 [서식]을 클릭해서 표시되는 [셀 서식] 대화상자로 설정합니다.

다음의 예시에서는, 「셀 값이 190보다 큼」을 「셀 값이 190~200의 범위」로 변경하고 있습니다. 조건 지정에는 「해당 범위」 외에도 「제외 범위」, 「=, 〈〉, 〉, 〈, 〉=, 〈=」 등의 조건을 선택할 수 있습니다.

실습

❶ 조건부 서식 규칙을 변경할 셀 범위 H3~H11을 선택합니다. ❷ [홈] 탭의 [조건부 서식]을 클릭하고, ❸ [규칙 관리]를 클릭합니다.

❹ [조건부 서식 규칙 관리자] 대화 상자에서 변경할 규칙 '셀 값 〉 190'을 선택하고, ❺ [규칙 편집]을 클릭합니다.

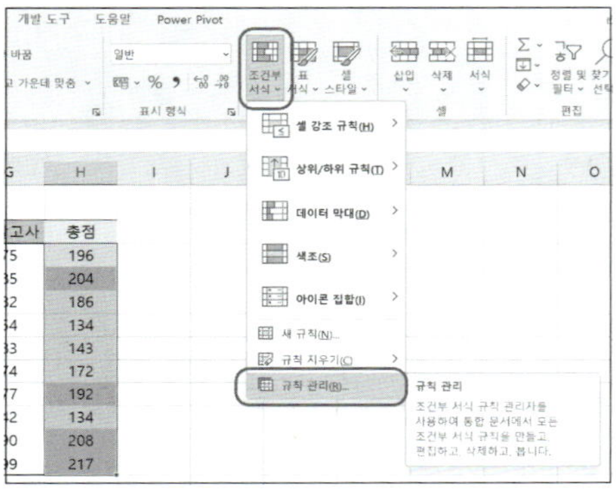

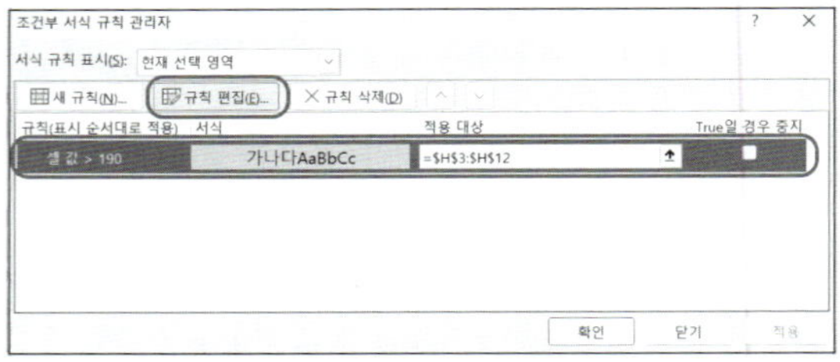

❻ [규칙 설명 편집]의 [다음을 포함하는 셀만 서식 지정]에서 드롭다운 버튼 ⌵을 이용해서 '셀 값', '해당 범위', '=190 그리고 =200'을 각각 설정합니다. ❼ [서식 규칙 편집] 대화상자에서 [확인], [조건부 서식 규칙 관리자] 대화상자에서 [확인]의 순서로 클릭하면,

❽ 조건부 서식 규칙이 변경됩니다.

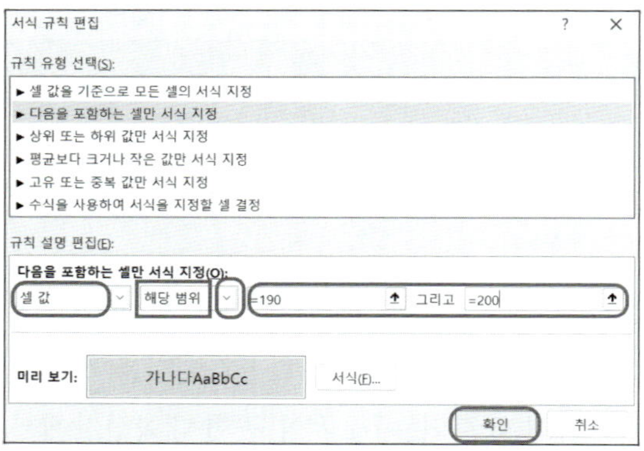

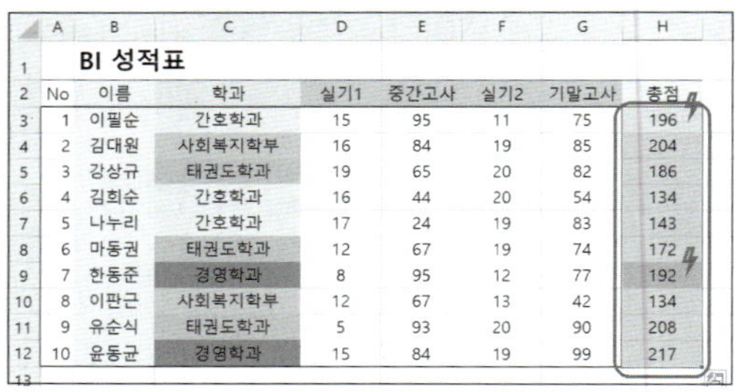

13.3 조건에 만족하는 행 강조

조건에 일치한 셀뿐만 아니라 행 전체에 서식을 설정할 수도 있습니다. [조건부 서식]의 [새 규칙]을 클릭해서 [새 서식 규칙] 대화상자를 표시하고 조건을 지정합니다.

13.3.1 조건에 일치하는 행에 색 채우기

조건에 일치하는 행에 서식을 설정하려면, [홈] 탭의 [조건부 서식]을 클릭하고 [새 규칙]을 클릭해서 표시되는 [새 서식 규칙] 대화상자에서 조건을 지정해야 합니다.

다음 예시 순서에서는 계산식을 사용한 서식 설정을 하고 있습니다. 조건을 수식으로 지정하는 경우는 다음 사항에 주의가 필요합니다.

- 첫머리에 「=」를 입력합니다.
- 셀 참조를 이용하면 처음에는 절대 참조로 입력됩니다. 필요에 따라 상대 참조나 혼합 참조 등으로 변경합니다.

다음 예시 순서 ❺에서 입력하고 있는 식 「=$H3<=170」은, 셀 H3의 총점이 170 이하라는 조건식입니다. 수식의 내용은 액티브 셀의 위치를 기준으로 지정하지만, 액티브 셀 이외의 셀에서도 조건이 올바르게 적용될 수 있도록 열 H를 절대 참조('$')로 지정하고 있습니다.

13

실습

❶ 조건부 서식을 설정할 셀 범위 A3~H12를 선택해서, ❷ [홈] 탭의 [조건부 서식]을 클릭하고, ❸ [새 규칙]을 클릭합니다.

❹ [새 서식 규칙] 대화상자에서 [수식을 사용하여 서식을 지정할 셀 결정]을 클릭해서, ❺ [규칙 편집 설명]에서 '총점이 170 이하'라는 조건인 '=$H3<=170'을 입력하고, ❻ [서식]을 클릭합니다.

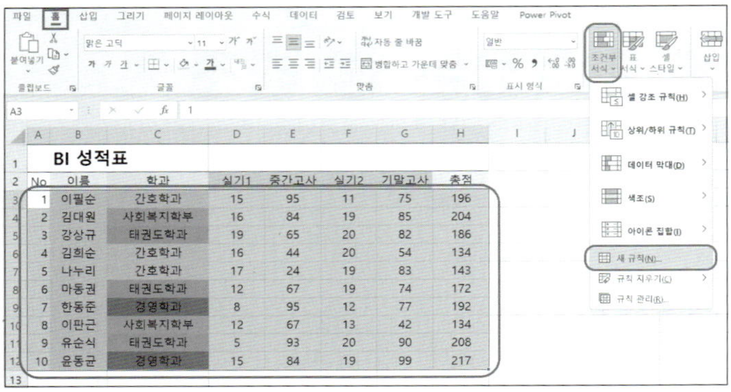

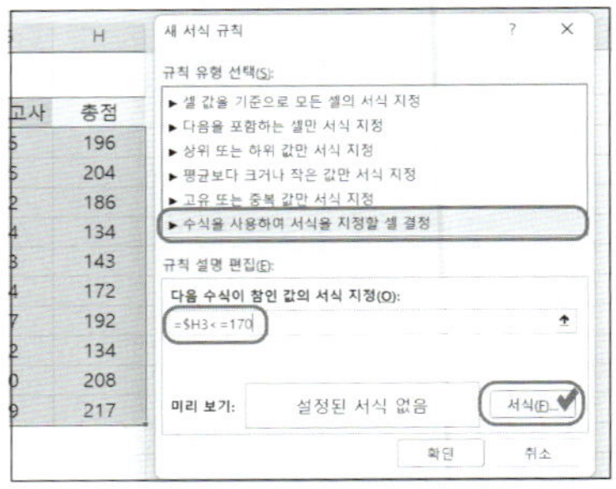

❼ [셀 서식] 대화상자가 표시되면 [채우기] 탭을 클릭하고, ❽ 배경색 '주황, 강조 2, 60% 더 밝게'를 선택해서, ❾ [확인]을 클릭합니다. 다시 [새 서식 규칙] 대화상자가 표시되면 [확인]을 클릭합니다.

❿ 최종 결과, 총점이 지정한 값보다 작은 6, 7, 10행에 배경색이 설정됩니다.

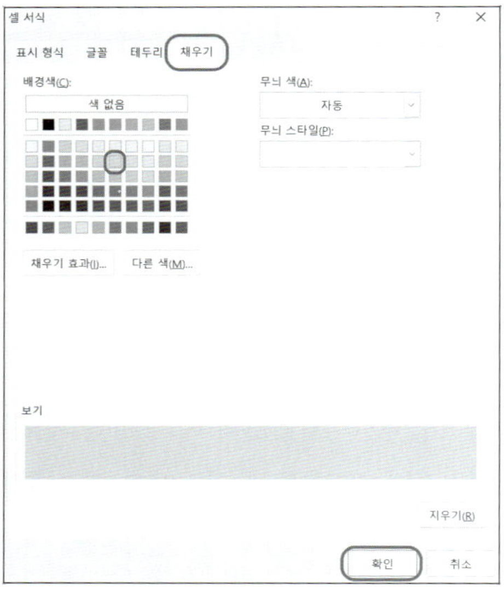

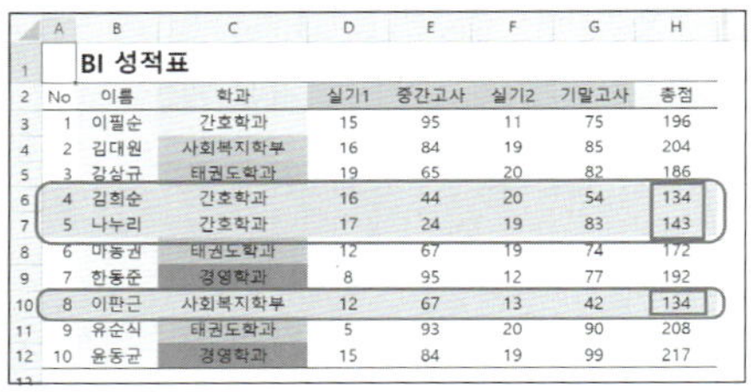

13.4 숫자 대소의 막대 표시

조건부 서식에는 값의 대소에 따라 셀에 막대형 차트와 같은 막대를 표시하는 데이터 막대의 기능이 준비되어 있습니다. 데이터 막대를 표시하면 숫자 크기 추이나 경향을 시각적으로 판단할 수 있습니다.

13.4.1 숫자 대소의 데이터 막대로 표시하기

조건부 서식에는 선택한 셀 범위의 최댓값/최솟값을 자동 계산하고 데이터를 상대 평가해 서식이 설정되는 [데이터 막대], [색조], [아이콘 집합] 기능이 준비되어 있습니다. 이러한 조건부 서식은 데이터의 경향을 대략 파악하고 싶을 때 유용합니다. 한편, 설정할 셀 범위에 플러스와 마이너스 수치가 있는 경우에는 마이너스와 플러스 사이에 경계선이 적용된 데이터 막대가 표시됩니다.

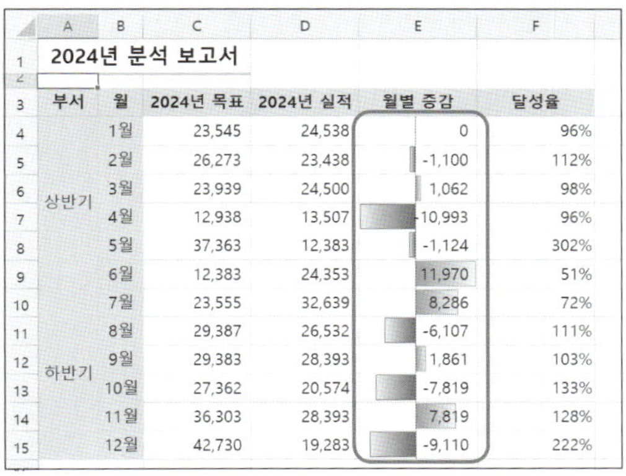

2024년 분석 보고서

부서	월	2024년 목표	2024년 실적	월별 증감	달성율
상반기	1월	23,545	24,538	0	96%
	2월	26,273	23,438	-1,100	112%
	3월	23,939	24,500	1,062	98%
	4월	12,938	13,507	-10,993	96%
	5월	37,363	12,383	-1,124	302%
	6월	12,383	24,353	11,970	51%
하반기	7월	23,555	32,639	8,286	72%
	8월	29,387	26,532	-6,107	111%
	9월	29,383	28,393	1,861	103%
	10월	27,362	20,574	-7,819	133%
	11월	36,303	28,393	7,819	128%
	12월	42,730	19,283	-9,110	222%

조건부 서식의 「데이터 막대」는 값의 대소에 따른 길이의 가로 막대를 그라데이션(gradation)이나 단색으로 표시합니다. 데이터 막대에는 「그라데이션 채우기」와 「단색 채우기」의 2종류가 준비되어 있습니다. 다음 예시에서는 [그라데이션 채우기]의 [파랑 데이터 막대]를 설정하고 있습니다.

실습

❶ 데이터 막대를 설정할 셀 범위 D3~D12와 F3~F12를 Ctrl을 이용해서 선택합니다.

❷ [홈] 탭의 [조건부 서식]을 클릭해서, ❸ [데이터 막대]에 마우스 포인터를 맞추고, ❹ 설정하고자 하는 색상 '[그라데이션 채우기] – 파랑 데이터 막대'를 클릭하면, ❺ 값의 대소에 따른 데이터 막대가 표시됩니다.

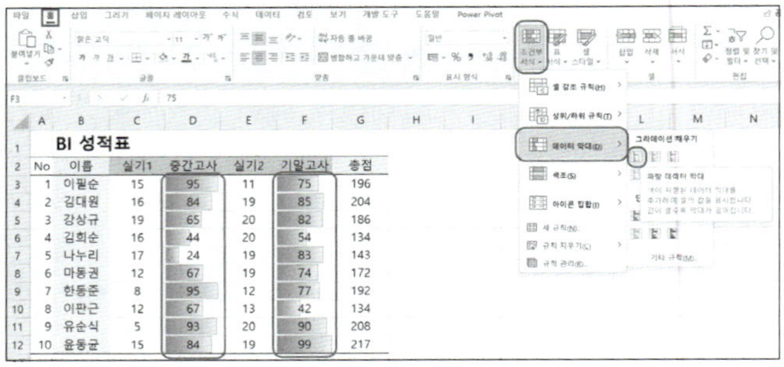

13.5 숫자 대소의 색 또는 아이콘 표시

조건부 서식에는 값의 크기에 따라 셀을 색 구분하는 색조나 아이콘으로 표시하는 아이콘 집합이 준비되어 있습니다. 색조(색의 농담, tone)이나 아이콘의 차이에 따라 수치의 크기와 경향 등을 시각적으로 판단할 수 있습니다.

13.5.1 숫자 대소를 색조로 표시하기

조건부 서식의 「컬러 스케일」은, 값의 대소를 셀의 색의 농담으로 표시합니다. 컬러 스케일에는 2가지 색상과 3가지 색상이 있습니다. 다음 예시에서는 2색의 컬러 스케일을 설정하고 있지만, 대, 중, 소의 수치를 알 수 있도록 하고 싶은 경우는 3색을 설정하는 것이 좋습니다.

실습

❶ 색조를 설정할 셀 범위 C3~C12와 E3~E13을 Ctrl를 이용해서 선택합니다.

❷ [홈] 탭의 [조건부 서식]을 클릭해서, ❸ [색조]에 마우스 포인터를 맞추고, ❹ 설정하고자 하는 색상 '파랑 - 흰색 - 빨강 색조'를 클릭하면, ❺ 값의 대소가 색조(색의 농담)로 표시됩니다.

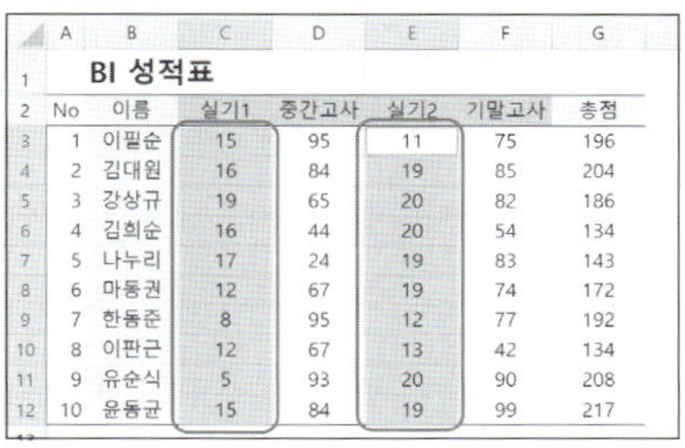

BI 성적표

No	이름	실기1	중간고사	실기2	기말고사	총점
1	이필순	15	95	11	75	196
2	김대원	16	84	19	85	204
3	강상규	19	65	20	82	186
4	김희순	16	44	20	54	134
5	나누리	17	24	19	83	143
6	마동권	12	67	19	74	172
7	한동준	8	95	12	77	192
8	이판근	12	67	13	42	134
9	유순식	5	93	20	90	208
10	윤동균	15	84	19	99	217

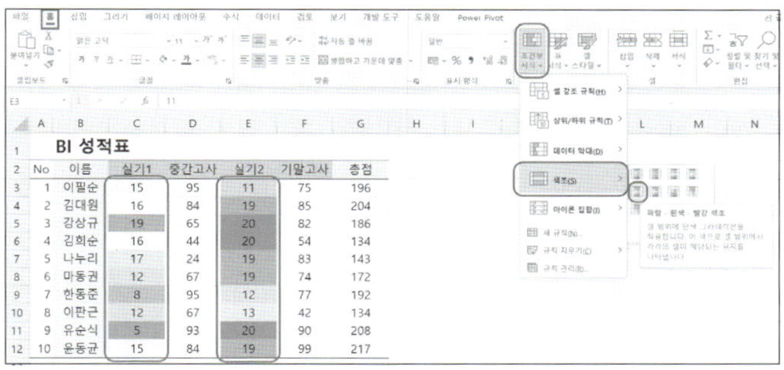

BI 성적표

No	이름	실기1	중간고사	실기2	기말고사	총점
1	이필순	15	95	11	75	196
2	김대원	16	84	19	85	204
3	강상규	19	65	20	82	186
4	김희순	16	44	20	54	134
5	나누리	17	24	19	83	143
6	마동권	12	67	19	74	172
7	한동준	8	95	12	77	192
8	이판근	12	67	13	42	134
9	유순식	5	93	20	90	208
10	윤동균	15	84	19	99	217

13.5.2 숫자 대소의 아이콘 표시하기

아이콘 집합에서는 값의 크고 작은 크기에 따라 3~5종류의 아이콘을 셀의 왼쪽 끝에 표시합니다. 아이콘 집합에는 「방향」, 「도형」, 「표시기」, 「추천」의 4종류의 아이콘이 준비되어 있습니다. 다음 예시에서는 [5방향 화살표(컬러)]의 아이콘 집합을 설정하고 있습니다.

실습

❶ 아이콘 집합을 설정할 셀 범위 D3~D12와 F3~F12를 Ctrl을 이용해서 선택합니다.

❷ [홈] 탭의 [조건부 서식]을 클릭해서, ❸ [아이콘 집합]에 마우스 포인터를 맞추고, ❹ 설정하고자 하는 아이콘 집합 '5방향 화살표(컬러)'를 클릭하면, ❺ 값의 대소에 따른 아이콘이 표시됩니다.

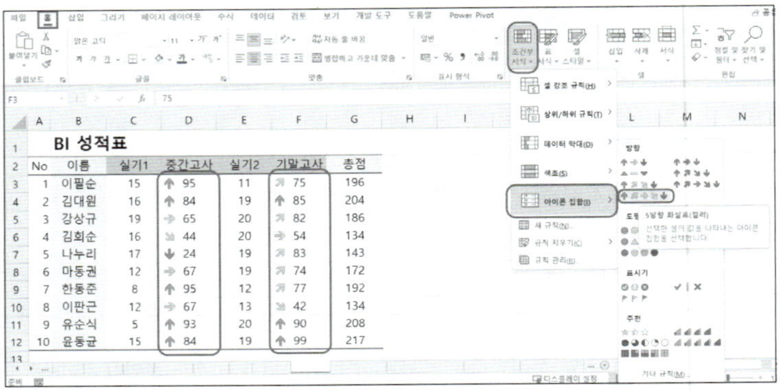

13.6 조건부 서식의 설정 및 해제

조건부 서식이 필요 없게 된 경우는 간단하게 해제할 수 있습니다. 설정을 해제하려는 셀 범위를 선택하여 선택한 셀에서 규칙을 지웁니다. 시트 전체에서 규칙을 지울 수도 있습니다.

13.6.1 조건부 서식 해제하기

다음 예시의 순서 ❹에서 [시트 전체에서 규칙 지우기]를 클릭하면 시트에 설정된 모든 조건부 서식이 해제됩니다. 이 경우는 처음에 셀 범위를 선택해 둘 필요가 없습니다.

실습

❶ 설정을 해제하고자 하는 셀 범위 D3~D12와 F3~F12를 Ctrl을 이용해서 선택해서, ❷ [홈] 탭의 [조건부 서식]을 클릭합니다. ❸ [규칙 지우기]에 마우스 포인터를 맞추고, ❹ [선택한 셀의 규칙 지우기]를 클릭하면,

❺ 조건부 서식의 설정이 해제됩니다.

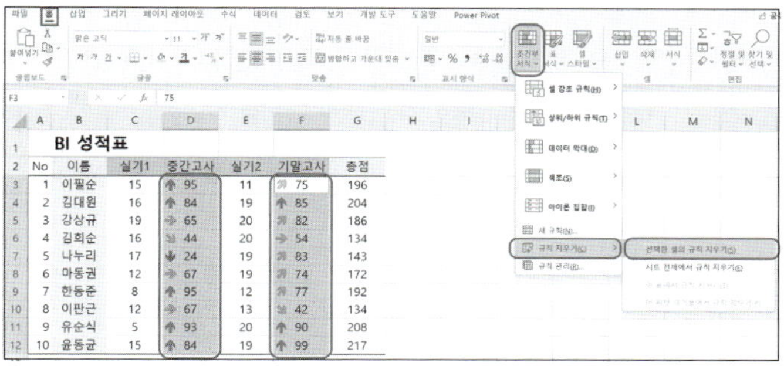

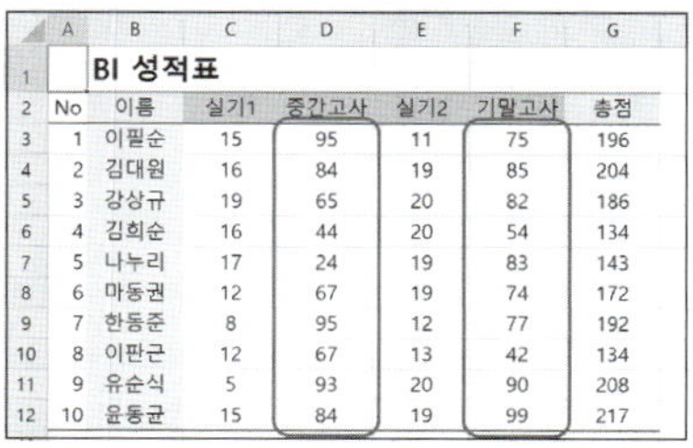

	BI 성적표					
No	이름	실기1	중간고사	실기2	기말고사	총점
1	이필순	15	95	11	75	196
2	김대원	16	84	19	85	204
3	강상규	19	65	20	82	186
4	김희순	16	44	20	54	134
5	나누리	17	24	19	83	143
6	마동권	12	67	19	74	172
7	한동준	8	95	12	77	192
8	이판근	12	67	13	42	134
9	유순식	5	93	20	90	208
10	윤동균	15	84	19	99	217

13

연습문제

01 다음의 조건부 서식을 적용해 보세요.

① 2045년 실적은 “색조: 빨강-노랑-녹색 색조”, 월별 증감은 “데이터 막대: 그라데이션 채우기(파랑 데이터 막대)”, 달성율은 “아이콘 집합: 방향-3방향 화살표(컬러)”를 적용해 보세요.

② [조건부 서식]-[규칙 관리]를 누르고 “조건부 서식 규칙 관리자” 대화상자를 이용합니다. “서식 규칙 표시”에서 “현재 워크시트”를 선택하고 두 번째 “데이터 막대” 규칙을 선택한 후 “규칙 편집”을 누릅니다.

③ [서식 규칙 편집] 대화상자에서 “막대만 표시”를 선택하고 “확인”을 누릅니다.

④ [조건부 서식 규칙 관리자] 대화상자에서 “아이콘 집합”을 선택하고 “규칙 편집”을 누릅니다.

⑤ 아이콘 “⇧”을 선택, 종류는 백분율로 선택하고 값에 90을 입력합니다.

⑥ 아이콘 “⇨”을 선택, 종류는 백분율로 선택하고 값에 33을 입력합니다.

⑦ 아이콘 “⇩”은 “셀 아이콘 없음”을 선택한 후, “확인”을 누릅니다.

⑧ [조건부 서식 규칙 관리자] 대화상자에서 “확인”을 눌러서 서식을 지정합니다.

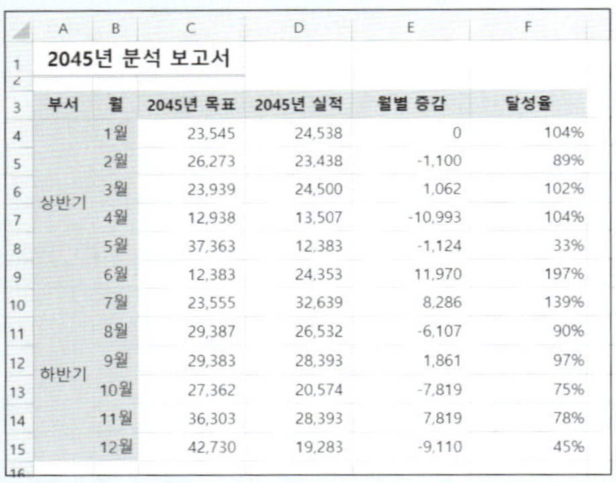

2045년 분석 보고서

부서	월	2045년 목표	2045년 실적	월별 증감	달성율
상반기	1월	23,545	24,538	0	104%
	2월	26,273	23,438	-1,100	89%
	3월	23,939	24,500	1,062	102%
	4월	12,938	13,507	-10,993	104%
	5월	37,363	12,383	-1,124	33%
	6월	12,383	24,353	11,970	197%
하반기	7월	23,555	32,639	8,286	139%
	8월	29,387	26,532	-6,107	90%
	9월	29,383	28,393	1,861	97%
	10월	27,362	20,574	-7,819	75%
	11월	36,303	28,393	7,819	78%
	12월	42,730	19,283	-9,110	45%

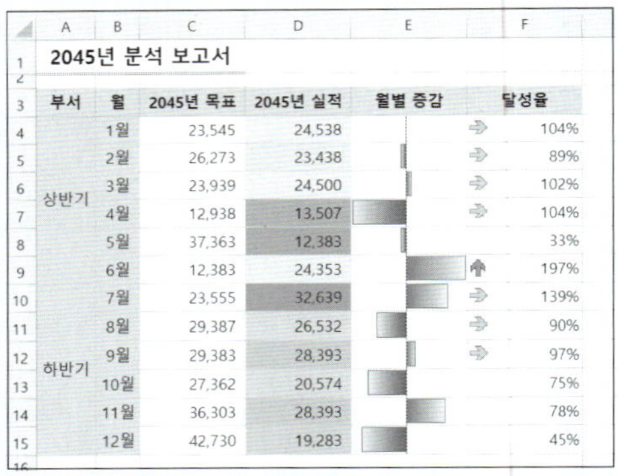

2045년 분석 보고서

부서	월	2045년 목표	2045년 실적	월별 증감	달성율
상반기	1월	23,545	24,538		104%
	2월	26,273	23,438		89%
	3월	23,939	24,500		102%
	4월	12,938	13,507		104%
	5월	37,363	12,383		33%
	6월	12,383	24,353		197%
하반기	7월	23,555	32,639		139%
	8월	29,387	26,532		90%
	9월	29,383	28,393		97%
	10월	27,362	20,574		75%
	11월	36,303	28,393		78%
	12월	42,730	19,283		45%

CHAPTER

14

데이터 정리/추출

14.1 목록 형식의 데이터 준비

Excel을 사용하여 데이터를 정리하거나 활용하려면 표의 데이터를 목록(list) 형식으로 입력해야 합니다. 목록 형식의 표를 작성하기 위한 몇 가지 주의사항이 있습니다.

14.1.1 목록 형식의 데이터

목록 형식의 데이터란, 다음의 그림과 같이 선두 행에 열 머리글(필드명: '담당')이 입력되고 각각의 열 머리글 아래에 같은 종류의 데이터가 입력된 일람표(셀 D2~D19)를 말합니다. 데이터를 목록 형식으로 작성하면 정렬이나 추출, 합계 등을 쉽게 실행할 수 있게 됩니다.

항목	내용
열 머리글	열 머리글은 표의 맨 첫 행에 작성합니다. 열 머리글에는 각 필드의 필드 이름을 입력합니다.
필드(field)	표의 각 열을 가리킵니다. 같은 필드에는 같은 형식의 데이터를 입력합니다. 데이터의 맨 처음에는 정렬이나 검색에 영향이 없도록 여분의 공간을 삽입하지 않도록 합니다. 필드의 이름을 필드명이라고 합니다.
레코드(record)	표의 한 줄의 데이터를 한 묶음(단위)으로 취급합니다.

14.1.2 목록 작성에 주의사항

목록 형식의 표를 작성하려면 몇 가지 규칙이 필요합니다. 규칙에 따라 입력되지 않았을 때에는 올바르게 정렬되지 않거나 추출하지 못할 수 있으므로 주의가 필요합니다.

목록 형식의 표 작성시 주의사항

표 제목(title) 등 목록의 데이터와 의미가 다른 것 사이에는 적어도 하나의 공백 행, 공백 열을 넣습니다. 첫 행에는 열 머리글을 입력합니다. 열 머리글에는 목록 내의 데이터 부분과는 다른 서식을 설정합니다(표 서식으로 변환할 경우는 서식 불필요).

한 단위(묶음)의 데이터를 한 행으로 입력합니다. 같은 열에 입력할 데이터는 동일한 형식으로 입력합니다. 목록 안에는 공백 행이나 공백 열을 넣지 않도록 합니다. 숫자의 일련번호(연번) 등 각 데이터를 구별할 수 있는 필드를 붙입니다.

목록을 표 서식으로 변환

목록 형식의 표를 표 서식(표 스타일)으로 변환하면, 데이터의 정렬이나 추출, 합계 등을 빠르게 실행할 수 있습니다. 또, 복수의 표 서식(표 스타일)에 대해서 데이터의 정렬이나 추출을 실행할 수 있습니다. 공백 열이나 공백 행으로 표를 구별할 필요는 없습니다. 공백 열이나 공백 행이 있어도 정렬이나 합계를 할 수 있습니다.

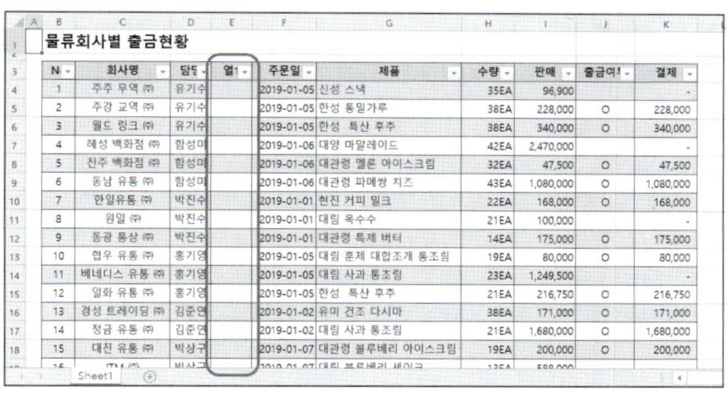

14.2 머리글 행의 고정

목록의 데이터가 많아지면 워크시트를 스크롤(scroll) 했을 때, 머리글 행이 보이지 않게 되어 입력한 데이터가 무엇을 나타내는지 알 수 없는 경우가 있습니다. 이런 경우에는 창틀을 고정해 두는 것이 좋습니다.

14.2.1 머리글 행을 고정하기

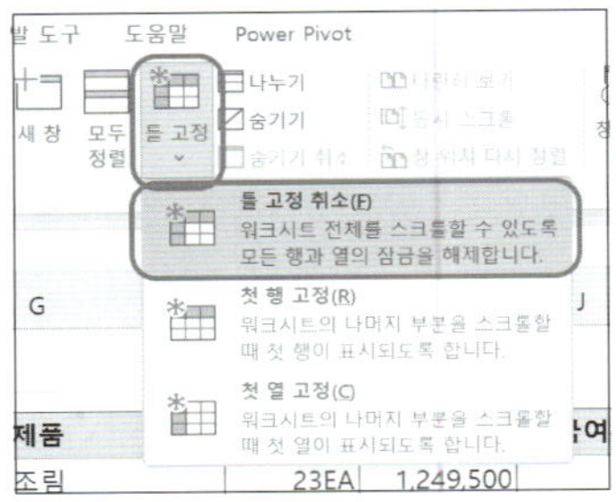

머리글 행이 항상 보이도록 하려면, 머리글 행의 하나 아래의 맨 왼쪽의 셀을 클릭해서, 다음 예시의 순서로 조작해야 합니다. 창틀을 고정하면 고정된 위치에 연회색 선이 표시됩니다. 머리글 열을 고정하려면, 고정할 열의 오른쪽 옆의 맨 위의 셀을 클릭해서 같은 조작을 실행해야 합니다.

창틀 고정을 취소하려면, [보기] 탭을 클릭해서 [틀 고정]을 클릭하고 [틀 고정 취소]를 클릭해야 합니다.

실습

❶ 고정할 행(1~3행) 중에서 맨 마지막 행인 3행보다 하나 아래의 맨 왼쪽의 셀 B4를 선택합니다. ❷ [보기] 탭을 클릭해서, ❸ [창] 그룹에서 [틀 고정]을 클릭한 후, ❹ [틀 고정]을 클릭합니다.

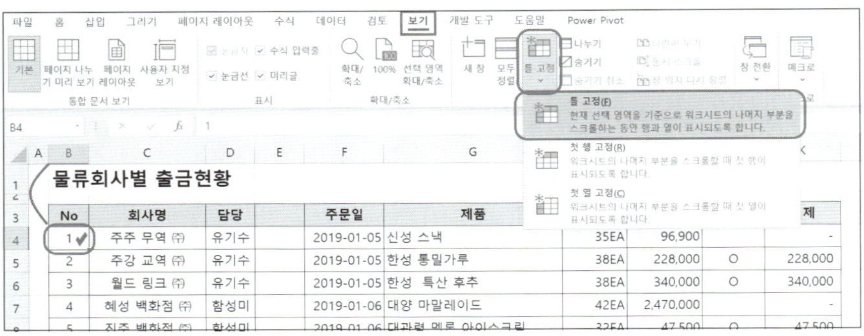

❺ 머리글 행이 고정되어 경계선이 표시됩니다.

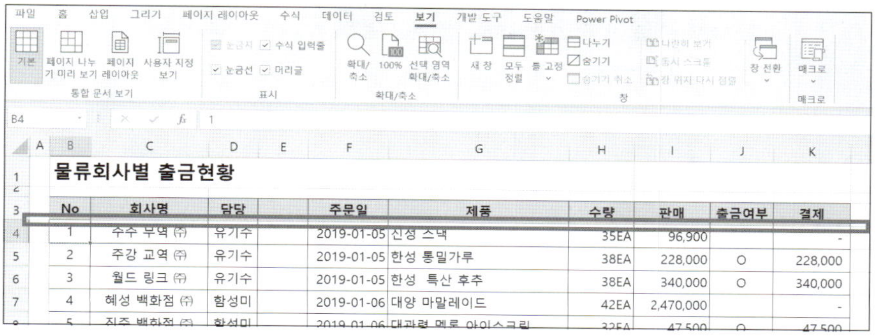

❻ 스크롤 막대를 아래 방향으로 스크롤해도, ❼ 머리글 행은 항상 표시됩니다.

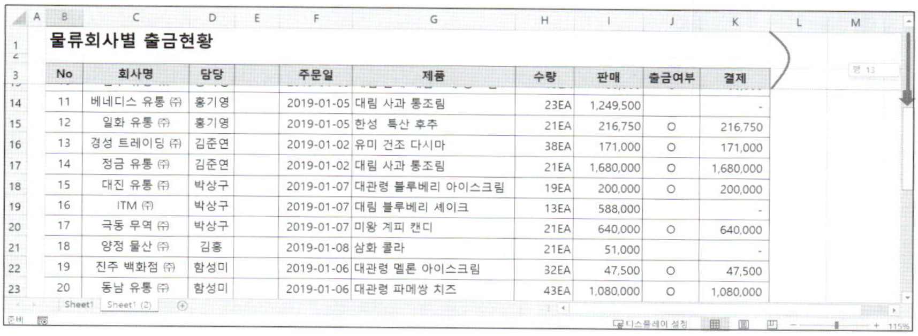

머리글 행과 열을 동시에 고정하기

머리글의 행과 첫 번째 열을 동시에 고정하려면 고정하고자 하는 셀의 오른쪽 대각선 아래의 셀을 클릭하여 동일하게 조작해야 합니다. 클릭한 셀의 왼쪽 상단 창틀이 고정되어 나머지 창틀 안을 스크롤 할 수 있습니다.

❶ 머리글의 행과 첫 번째 열을 고정할 경우는, ❷ 셀 C4를 클릭하여 창틀을 고정합니다.

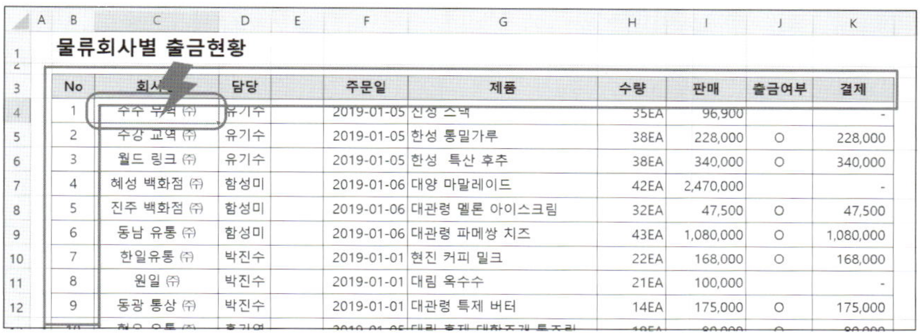

14

14.3 집계 열/요약 행만 표시

목록(list) 내의 집계 열이나 요약 행만 표시되도록 하려면 데이터를 그룹화하여 개요(outline)를 설정하는 것이 편리합니다. 개요를 이용하면 상세 데이터를 숨기고 집계 열이나 요약 행만 표시하도록 할 수 있습니다.

14.3.1 데이터 그룹화

목록의 행이나 열을 그룹화하여 개요(outline)를 작성하면 그룹의 상세 데이터를 숨기고 요약 행이나 집계 열만 표시하도록 할 수 있습니다. 개요(outline)란 목록의 행이나 열을 그룹으로 나누어 상세 데이터의 보기/숨기기를 간단하게 전환할 수 있는 기능을 말합니다.

다음 예시의 순서로 조작하면 목록 형식의 데이터에서 개요가 자동으로 생성됩니다. 개요를 작성하면 상세 데이터의 보기/숨기기를 간단하게 전환할 수 있습니다.

실습

❶ 표의 목록 내의 임의의 셀 A3를 클릭해서, ❷ [데이터] 탭을 클릭합니다. ❸ [그룹]의 드롭다운 버튼 ∨을 클릭해서, ❹ [자동 개요]를 클릭합니다.

❺ 개요가 자동으로 작성되고 개요 기호가 표시됩니다.

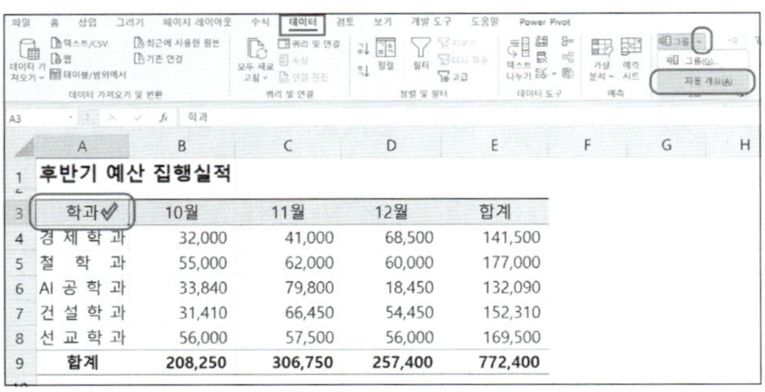

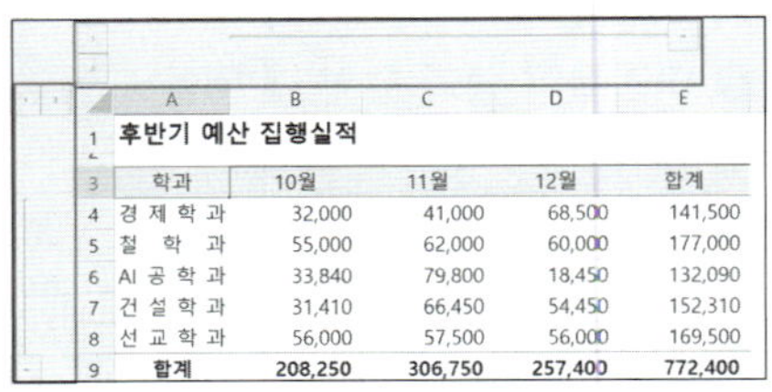

14.3.2 집계 열만을 표시하기

개요를 설정하면 시트 위쪽이나 왼쪽에 [1], [2], [-], [+] 등의 개요 기호가 표시됩니다. 시트 위쪽에 표시된 개요 기호를 클릭하면 상세 데이터가 숨겨지고 집계 열만 표시됩니다. 이와 유사한 과정을 통해 요약 행만을 표시할 수 있습니다.

실습

❶ 시트 위쪽에 있는 [1]과 [-]을 클릭하면,
❷ 상세 데이터가 숨겨지고, 집계 열만 표시됩니다. ❸ [2] 또는 [+]을 클릭하면,
❹ 상세 데이터가 표시됩니다.

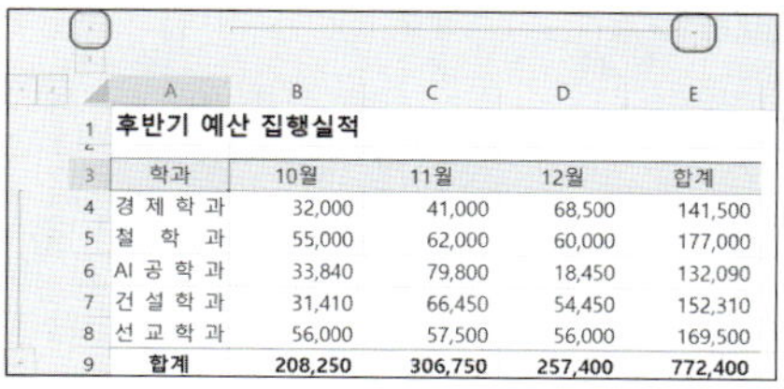

학과	10월	11월	12월	합계
경 제 학 과	32,000	41,000	68,500	141,500
철 학 과	55,000	62,000	60,000	177,000
AI 공 학 과	33,840	79,800	18,450	132,090
건 설 학 과	31,410	66,450	54,450	152,310
선 교 학 과	56,000	57,500	56,000	169,500
합계	208,250	306,750	257,400	772,400

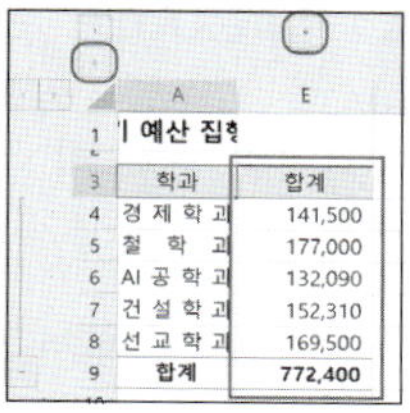

학과	합계
경 제 학 과	141,500
철 학 과	177,000
AI 공 학 과	132,090
건 설 학 과	152,310
선 교 학 과	169,500
합계	772,400

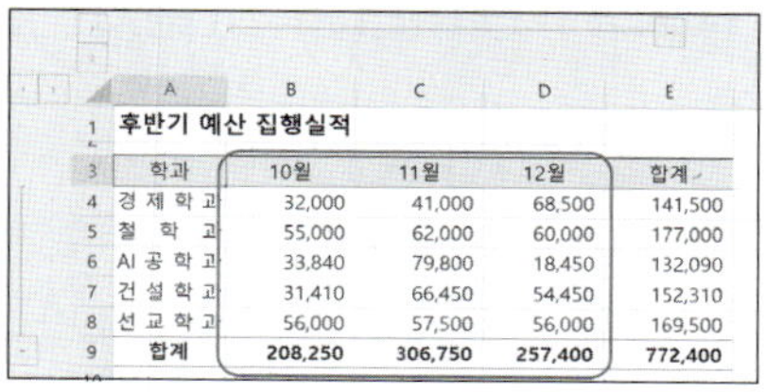

학과	10월	11월	12월	합계
경 제 학 과	32,000	41,000	68,500	141,500
철 학 과	55,000	62,000	60,000	177,000
AI 공 학 과	33,840	79,800	18,450	132,090
건 설 학 과	31,410	66,450	54,450	152,310
선 교 학 과	56,000	57,500	56,000	169,500
합계	208,250	306,750	257,400	772,400

14.3.3 그룹 해제하기

그룹을 해제하려면 다음의 예시 순서로 조작해야 합니다. 일부의 그룹만을 해제하는 경우는, 그룹을 해제할 열이나 행을 선택하고, [데이터] 탭을 클릭해서, [그룹 해제]를 클릭합니다.

실습

❶ [데이터] 탭을 클릭합니다. ❷ [그룹 해제]의 드롭다운 버튼 [v]을 클릭해서, ❸ [개요 지우기]를 클릭하면,
❹ 그룹화가 해제됩니다.

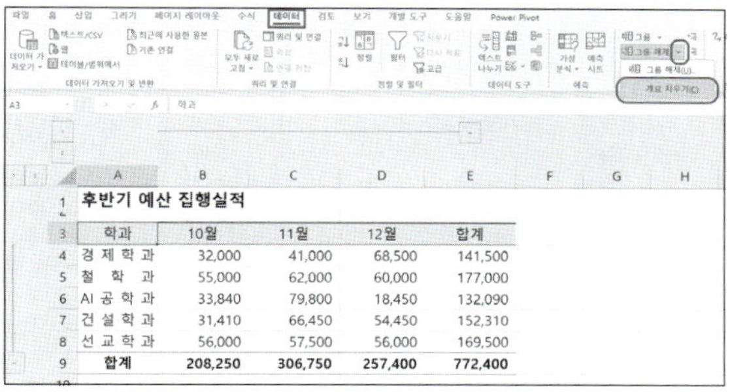

학과	10월	11월	12월	합계
경 제 학 과	32,000	41,000	68,500	141,500
철 학 과	55,000	62,000	60,000	177,000
AI 공 학 과	33,840	79,800	18,450	132,090
건 설 학 과	31,410	66,450	54,450	152,310
선 교 학 과	56,000	57,500	56,000	169,500
합계	208,250	306,750	257,400	772,400

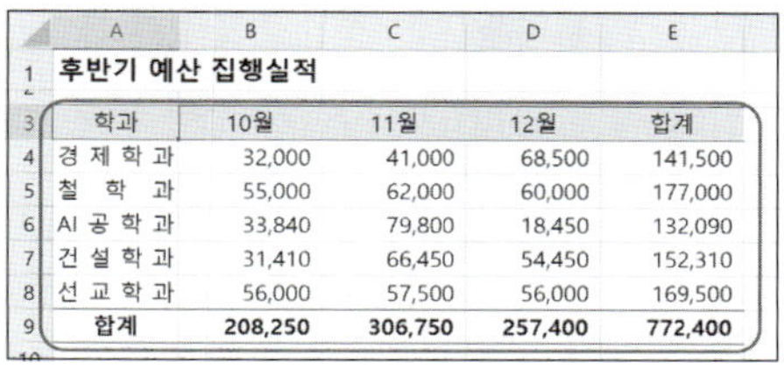

학과	10월	11월	12월	합계
경 제 학 과	32,000	41,000	68,500	141,500
철 학 과	55,000	62,000	60,000	177,000
AI 공 학 과	33,840	79,800	18,450	132,090
건 설 학 과	31,410	66,450	54,450	152,310
선 교 학 과	56,000	57,500	56,000	169,500
합계	208,250	306,750	257,400	772,400

14

14.4 데이터 정렬

목록(list) 형식의 표에서는 데이터를 오름차순이나 내림차순으로 정렬하거나, 새로운 순서나 오래된 순서로 정렬할 수 있습니다. 정렬을 수행할 때는 기준이 되는 필드를 지정합니다. 이 경우는 복수의 필드를 지정할 수도 있습니다.

14.4.1 데이터의 오름차순이나 내림차순 정렬하기

목록 형식의 표를 정렬하려면 기준이 되는 필드의 셀을 미리 지정해야 합니다. 다음 예시의 순서에서는 내림차순으로 정렬했지만, 오름차순으로 정렬하는 경우는, 다음의 예시 순서 ❸에서 [텍스트 오름차순 정렬]을 클릭합니다. 오름차순에서는 0~9, A~Z, 한글 순으로 정렬되고 내림차순에서는 반대의 순서로 정렬됩니다. 알파벳 대소문자는 구별되지 않습니다.

표 내의 셀이 병합되어 있거나 공백 행이나 열이 있는 경우는 표 전체의 데이터를 정렬할 수 없습니다. 정렬을 실행할 때는 표 내에 빈 행이나 열, 셀 등이 없는지 미리 확인해야 합니다.

실습

❶ 정렬 기준이 되는 필드 '이름'의 임의의 셀 C2를 클릭합니다. ❷ [데이터] 탭을 클릭해서, ❸ [텍스트 내림차순 정렬]을 클릭합니다.

❹ '이름'의 내림차순으로 표 전체가 정렬됩니다.

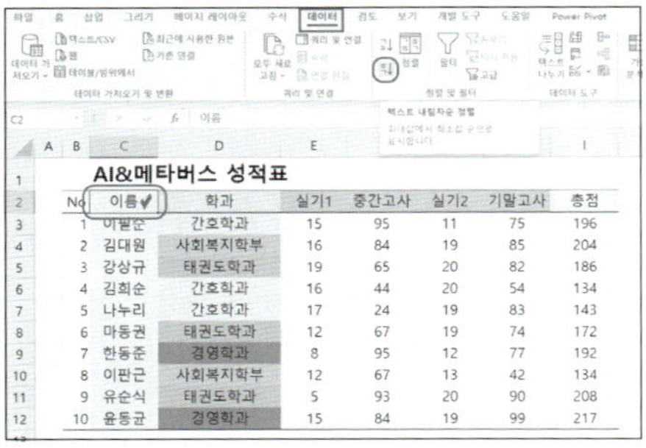

AI&메타버스 성적표

No	이름	학과	실기1	중간고사	실기2	기말고사	총점
1	이필순	간호학과	15	95	11	75	196
2	김대원	사회복지학부	16	84	19	85	204
3	강상규	태권도학과	19	65	20	82	186
4	김희순	간호학과	16	44	20	54	134
5	나누리	간호학과	17	24	19	83	143
6	마동권	태권도학과	12	67	19	74	172
7	한동준	경영학과	8	95	12	77	192
8	이판근	사회복지학부	12	67	13	42	134
9	유순식	태권도학과	5	93	20	90	208
10	윤동균	경영학과	15	84	19	99	217

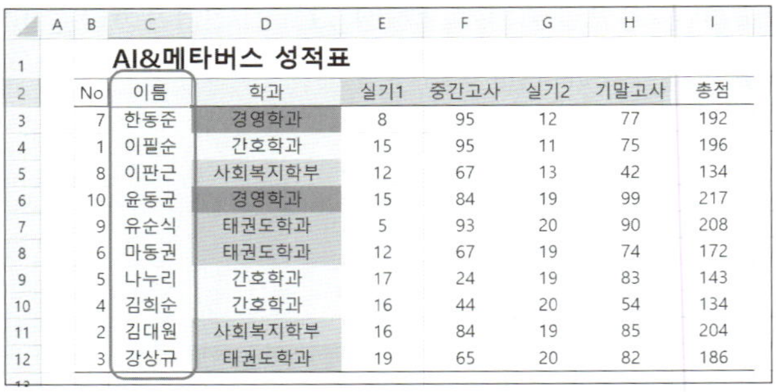

AI&메타버스 성적표

No	이름	학과	실기1	중간고사	실기2	기말고사	총점
7	한동준	경영학과	8	95	12	77	192
1	이필순	간호학과	15	95	11	75	196
8	이판근	사회복지학부	12	67	13	42	134
10	윤동균	경영학과	15	84	19	99	217
9	유순식	태권도학과	5	93	20	90	208
6	마동권	태권도학과	12	67	19	74	172
5	나누리	간호학과	17	24	19	83	143
4	김희순	간호학과	16	44	20	54	134
2	김대원	사회복지학부	16	84	19	85	204
3	강상규	태권도학과	19	65	20	82	186

14.4.2 정렬 원래대로 되돌리기

정렬 순서를 원래대로 되돌리려면, 「No」 등 정렬 순서의 기준이 되는 필드를 지정해서 정렬해야 합니다. 정렬 순서의 기준이 되는 필드가 없는 경우, 정렬 직후는 **[빠른 실행 도구 모임]** 탭의 **[취소]** ↶를 클릭하면 되돌릴 수 있습니다. 단, 정렬 후 파일을 닫은 경우는 원래대로 되돌릴 수 없으므로 주의가 필요합니다.

실습

❶ 정렬 기준이 되는 필드 'No'의 임의의 셀 B2를 클릭해서, ❷ **[데이터]** 탭의 **[텍스트 오름차순 정렬]**을 클릭하면,

❸ 「No」의 오름차순으로 데이터가 정렬됩니다.

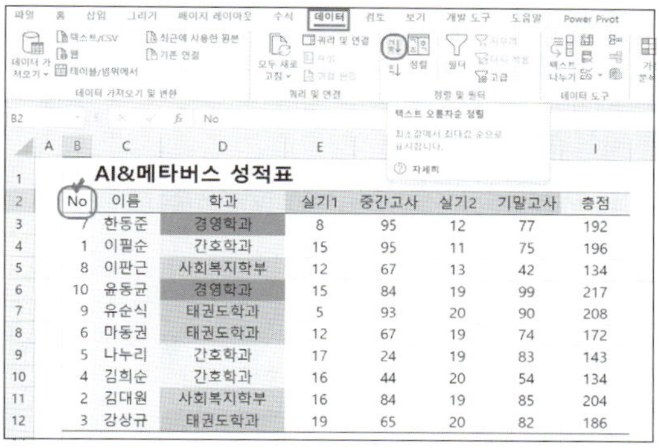

AI&메타버스 성적표

No	이름	학과	실기1	중간고사	실기2	기말고사	총점
7	한동준	경영학과	8	95	12	77	192
1	이필순	간호학과	15	95	11	75	196
8	이판근	사회복지학부	12	67	13	42	134
10	윤동균	경영학과	15	84	19	99	217
9	유순식	태권도학과	5	93	20	90	208
6	마동권	태권도학과	12	67	19	74	172
5	나누리	간호학과	17	24	19	83	143
4	김희순	간호학과	16	44	20	54	134
2	김대원	사회복지학부	16	84	19	85	204
3	강상규	태권도학과	19	65	20	82	186

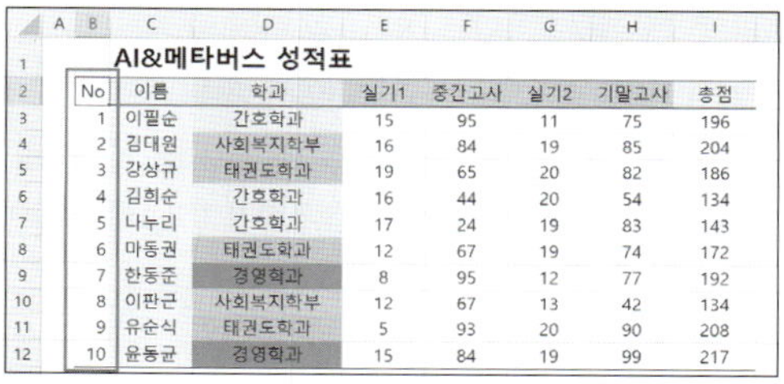

AI&메타버스 성적표

No	이름	학과	실기1	중간고사	실기2	기말고사	총점
1	이필순	간호학과	15	95	11	75	196
2	김대원	사회복지학부	16	84	19	85	204
3	강상규	태권도학과	19	65	20	82	186
4	김희순	간호학과	16	44	20	54	134
5	나누리	간호학과	17	24	19	83	143
6	마동권	태권도학과	12	67	19	74	172
7	한동준	경영학과	8	95	12	77	192
8	이판근	사회복지학부	12	67	13	42	134
9	유순식	태권도학과	5	93	20	90	208
10	윤동균	경영학과	15	84	19	99	217

14.4.3 복수 조건으로 데이터 정렬하기

[정렬] 대화상자에서 첫 번째 **[정렬 기준]**이란, 정렬의 기준이 되는 필드를 말합니다. 열 제목에 입력된 필드 이름(명)을 지정합니다. **[정렬 기준]**은 '셀 값'뿐 아니라, '셀 색'이나 '글꼴 색', 조건부 서식에서 설정한 '아이콘' 등을 조건으로 설정할 수도 있습니다. 2개 이상의 필드를 기준으로 정렬을 실행하는 경우는 **[정렬]** 대화상자의 **[기준 추가]**를 클릭해서 정렬의 조건을 설정하는 행을 추가합니다. 최대 64가지 조건을 설정할 수 있습니다.

다수의 조건으로 정렬을 설정하는 경우는 정렬 우선순위를 변경할 수 있습니다. **[기준 복사]**의 오른쪽에 있는 **[위로 이동]** ∧이나 **[아래로 이동]** ∨으로 순서를 변경합니다.

14

❶ 목록 내의 임의의 셀 B2를 클릭해서, ❷ [데이터] 탭을 클릭하고, ❸ [정렬]을 클릭합니다.

❹ [정렬] 대화상자가 표시되면 [정렬 기준]의 드롭다운 버튼 ⌵을 클릭해서, ❺ 먼저 정렬할 필드명 '학과'를 지정합니다.

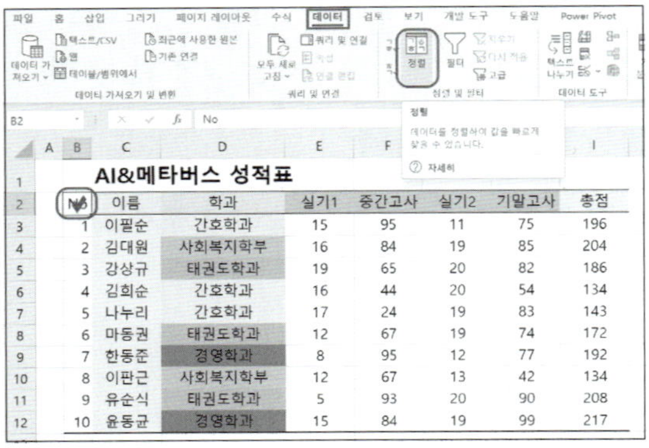

No	이름	학과	실기1	중간고사	실기2	기말고사	총점
1	이필순	간호학과	15	95	11	75	196
2	김대원	사회복지학부	16	84	19	85	204
3	강상규	태권도학과	19	65	20	82	186
4	김희순	간호학과	16	44	20	54	134
5	나누리	간호학과	17	24	19	83	143
6	마동권	태권도학과	12	67	19	74	172
7	한동준	경영학과	8	95	12	77	192
8	이판근	사회복지학부	12	67	13	42	134
9	유순식	태권도학과	5	93	20	90	208
10	윤동균	경영학과	15	84	19	99	217

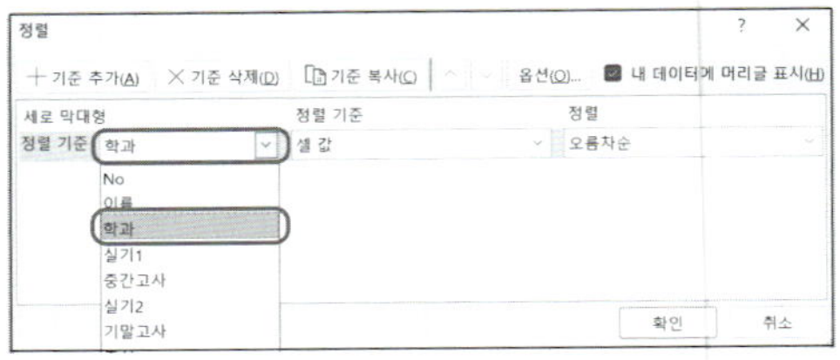

❻ [정렬 기준]을 '셀 값'으로 [정렬]을 '오름차순'으로 설정합니다.

❼ [기준 추가]를 클릭해서, ❽ 두 번째로 정렬할 필드명 '이름'을 지정하고, ❾ [정렬 기준]을 '셀 값'으로, [정렬]을 '내림차순'으로 설정합니다. ❿ [확인]을 클릭하면,

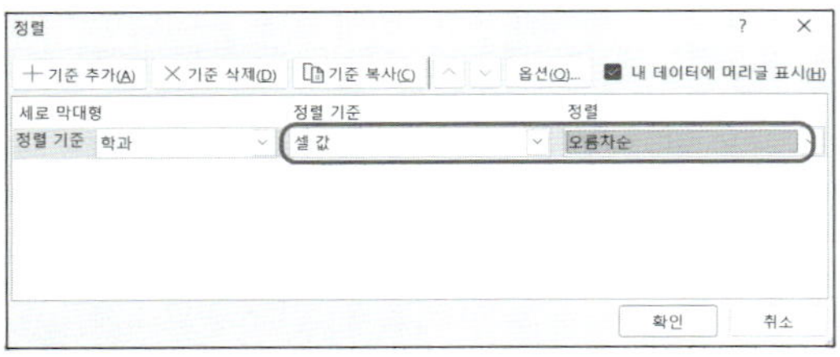

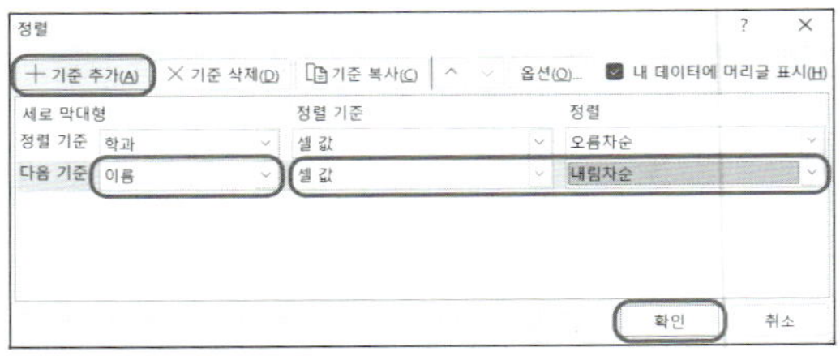

⓫ 지정한 2개의 필드 '학과'와 '이름'을 기준으로 표 전체가 정렬됩니다.

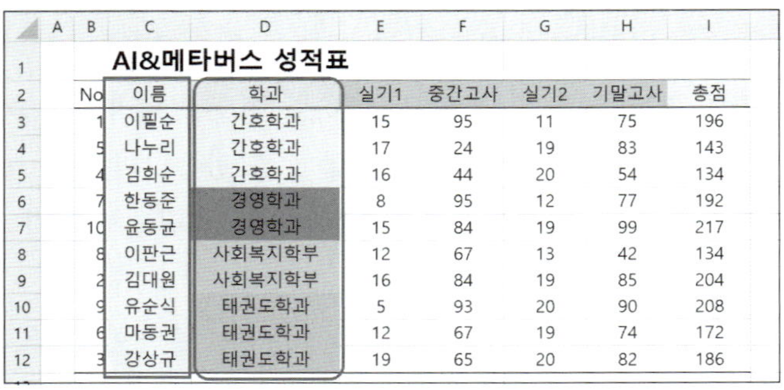

AI&메타버스 성적표

No	이름	학과	실기1	중간고사	실기2	기말고사	총점
1	이필순	간호학과	15	95	11	75	196
5	나누리	간호학과	17	24	19	83	143
4	김희순	간호학과	16	44	20	54	134
7	한동준	경영학과	8	95	12	77	192
10	윤동균	경영학과	15	84	19	99	217
8	이판근	사회복지학부	12	67	13	42	134
2	김대원	사회복지학부	16	84	19	85	204
9	유순식	태권도학과	5	93	20	90	208
6	마동권	태권도학과	12	67	19	74	172
3	강상규	태권도학과	19	65	20	82	186

14.4.4 사용자 정의로 데이터 정렬하기

「오름차순」이나 「내림차순」이 아닌 사용자 정의로 정렬을 실행하고 싶을 때는, [정렬] 대화상자에서 [정렬] 항목의 '사용자 지정 목록'을 클릭하면 나타나는 [사용자 지정 목록] 대화상자에서 조건을 등록합니다.

사용자 지정 목록에 등록한 목록을 삭제하려면, [사용자 지정 목록] 대화상자를 표시하고 삭제할 목록을 클릭해서 [삭제]를 클릭해야 합니다.

실습

❶ 목록 내의 임의의 셀 B3를 클릭해서, ❷ [데이터] 탭을 클릭하고, ❸ [정렬]을 클릭합니다.

❹ [정렬] 대화상자가 표시되면 정렬할 필드명 '직위'를 지정하고, ❺ [정렬]의 드롭다운 버튼 ⌄을 클릭해서, ❻ [사용자 설정 목록]을 클릭합니다.

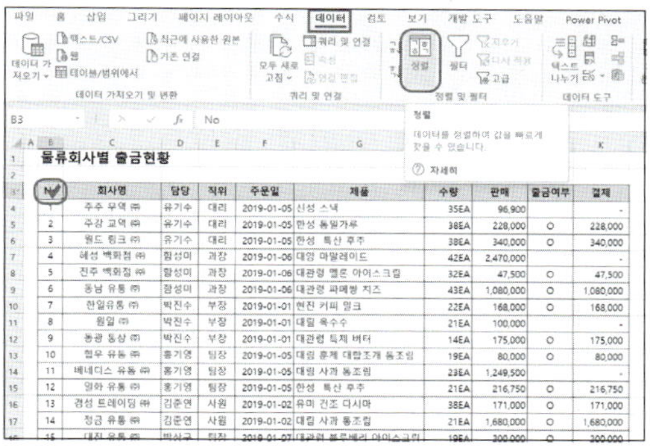

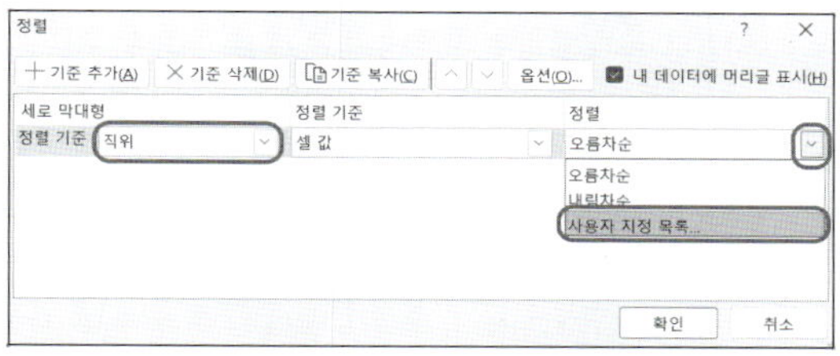

❼ [사용자 지정 목록] 대화상자에서 정렬하고 싶은 순서대로 Enter↵를 눌러 줄 바꿈(new line)을 하면서, 정렬을 실행하고 싶은 순서대로 데이터를 입력합니다. ❽ [확인]을 클릭하면, ❾ [사용자 지정 목록] 영역에 사용자 설정 목록이 지정됩니다.

❿ 다시 [정렬] 대화상자에서 [확인]을 클릭하면,

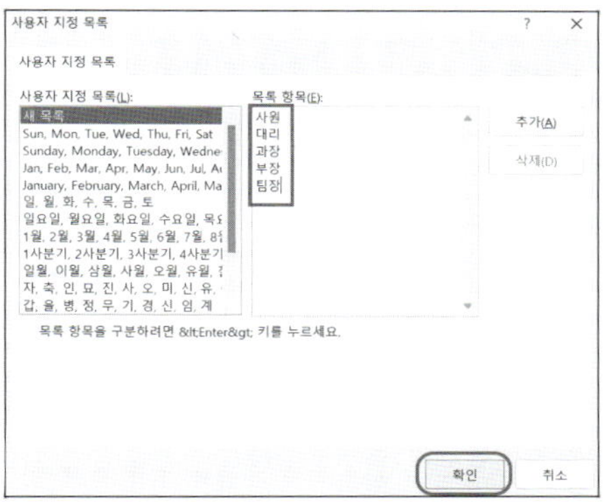

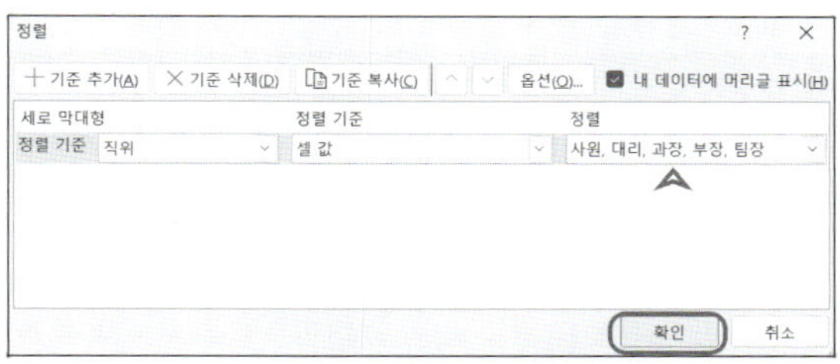

14

⑪ 위 순서 ❼에서 입력한 항목 순으로 표 전체가 정렬됩니다.

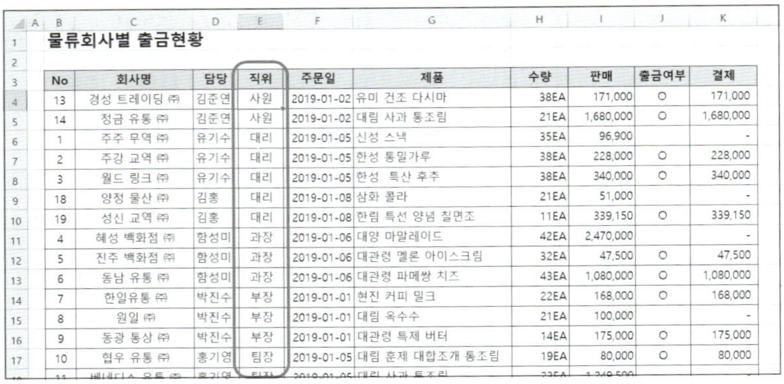

물류회사별 출금현황

No	회사명	담당	직위	주문일	제품	수량	판매	출금여부	결제
13	경성 트레이딩 ㈜	김준연	사원	2019-01-02	유미 건조 다시마	38EA	171,000	O	171,000
14	정금 유통 ㈜	김준연	사원	2019-01-02	대림 사과 통조림	21EA	1,680,000	O	1,680,000
1	주주 무역 ㈜	유기수	대리	2019-01-05	신성 스낵	35EA	96,900		-
2	주강 교역 ㈜	유기수	대리	2019-01-05	한성 통밀가루	38EA	228,000	O	228,000
3	월드 링크 ㈜	유기수	대리	2019-01-05	한성 특산 후추	38EA	340,000	O	340,000
18	양정 물산 ㈜	김홍	대리	2019-01-08	삼화 콜라	21EA	51,000		-
19	성신 교역 ㈜	김홍	대리	2019-01-08	한림 특선 양념 칠면조	11EA	339,150	O	339,150
4	혜성 백화점 ㈜	함성미	과장	2019-01-06	대양 마말레이드	42EA	2,470,000		-
5	진주 백화점 ㈜	함성미	과장	2019-01-06	대관령 멜론 아이스크림	32EA	47,500	O	47,500
6	동남 유통 ㈜	함성미	과장	2019-01-06	대관령 파메쌍 치즈	43EA	1,080,000	O	1,080,000
7	한일유통 ㈜	박진수	부장	2019-01-01	현진 커피 밀크	22EA	168,000	O	168,000
8	원일 ㈜	박진수	부장	2019-01-01	대림 옥수수	21EA	100,000		-
9	동광 통상 ㈜	박진수	부장	2019-01-01	대관령 특제 버터	14EA	175,000	O	175,000
10	협우 유통 ㈜	홍기영	팀장	2019-01-05	대림 훈제 대합조개 통조림	19EA	80,000	O	80,000

14.5 조건에 맞는 데이터 추출

목록 형식의 표에서 조건에 일치하는 데이터를 추출하려면 필터 기능을 이용해야 합니다. 필터는 임의의 필드에 포함된 데이터 중 지정한 조건에 맞는 것만 표시하는 기능입니다.

14.5.1 조건에 일치하는 데이터 추출하기

날짜와 텍스트, 숫자 등 다양한 필터를 이용할 수 있습니다. [데이터] 탭의 [필터]를 클릭하면 필터가 설정됩니다. 다시 [필터]를 클릭하면 필터가 해제됩니다.

다음 예시의 순서에서는 [검색] 칸을 사용했지만, 그 아래에 있는 데이터의 목록으로 추출 조건을 지정할 수도 있습니다. 추출하고 싶은 데이터만을 체크해서 선택하고, 그 외의 데이터는 선택하지 않고 [확인]을 클릭합니다. 필터의 조건을 해제해 모든 데이터를 표시하려면, 를 클릭해서, ["..."에서 필터 해제]를 클릭해야 합니다.

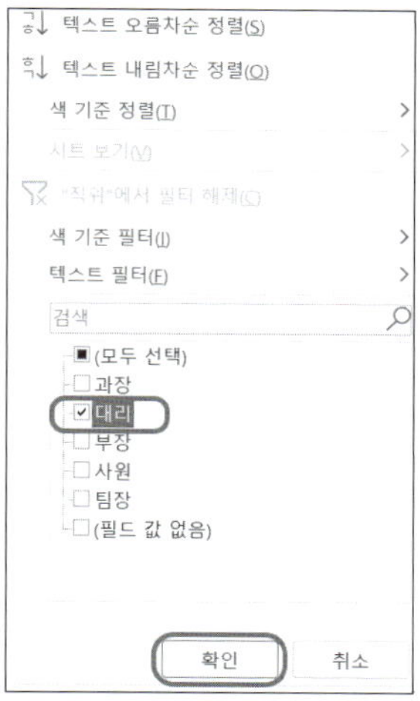

실습

❶ 목록 내의 임의의 셀 B3를 선택해서, [데이터] 탭을 클릭하고, ❷ [필터]를 클릭하면,

❸ 모든 열 제목에 필터 버튼 ▾이 표시되어 필터 기능을 이용할 수 있게 됩니다. ❹ 조건을 지정하는 필드 '직위'의 필터 버튼 ▾을 클릭합니다.

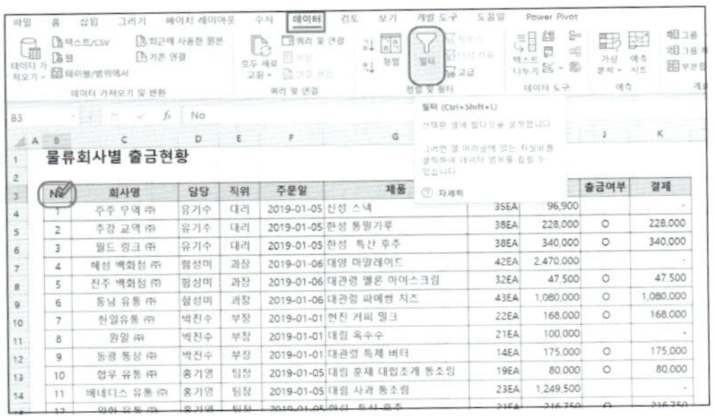

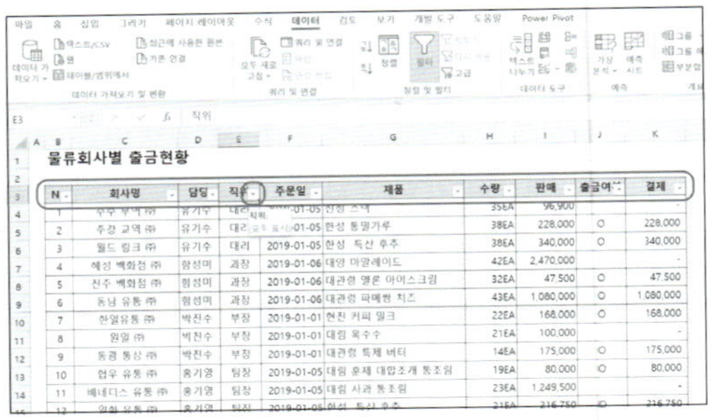

❺ [검색] 칸에 추출하고 싶은 데이터 '대리'를 입력하고, ❻ [확인]을 클릭하면,

❼ 직위가 '대리'인 데이터가 추출됩니다. 필터를 적용하면 조건을 지정한 필드의 버튼 표시가 ▾로 바뀝니다.

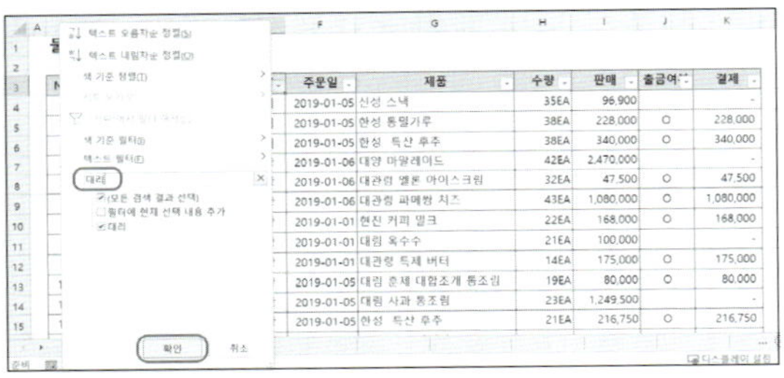

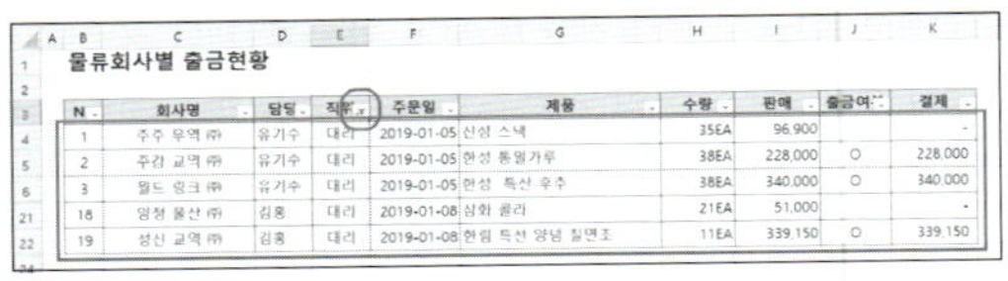

14.5.2 숫자를 지정해서 데이터 추출하기

필터에서 지정할 수 있는 추출 조건은 필드에 입력된 데이터의 종류에 따라 달라집니다. 숫자가 입력된 경우는 [숫자 필터]로 다음 예시와 같은 조건을 지정할 수 있습니다. [사용자 지정 자동 필터] 대화상자에서는 1개의 열에 2개의 조건을 설정할 수 있습니다. 다음 예시에서는 [그리고]를 체크했지만, [또는]을 체크하면 「100000 이상 또는 200000 이하」 등의 조건으로 데이터를 추출할 수 있습니다.

실습

❶ 조건을 지정하는 필드 '판매'의 필터 버튼을 클릭합니다.

❷ [숫자 필터]에 마우스 포인터를 맞추고, ❸ [해당 범위]를 클릭합니다.

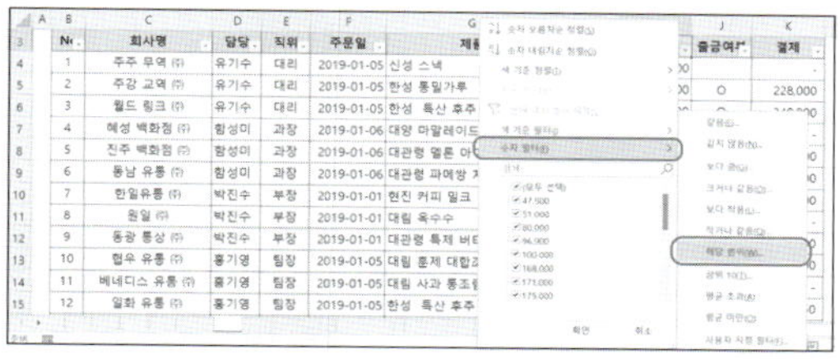

❹ [사용자 지정 자동 필터] 대화상자가 표시되면 [찾을 조건:]의 [판매]에 '100000'이라고 입력하고, ❺ 조건의 내용 '>='(이상)을 확인하고, ❻ [그리고]를 체크합니다. ❼ 이어서 [판매]에 '200000'을 입력하고, ❽ 조건의 내용 '<='(이하)을 확인하고, ❾ [확인]을 클릭하면,

❿ '단가'가 '100,000 이상이고 200,000 이하'인 데이터가 추출됩니다.

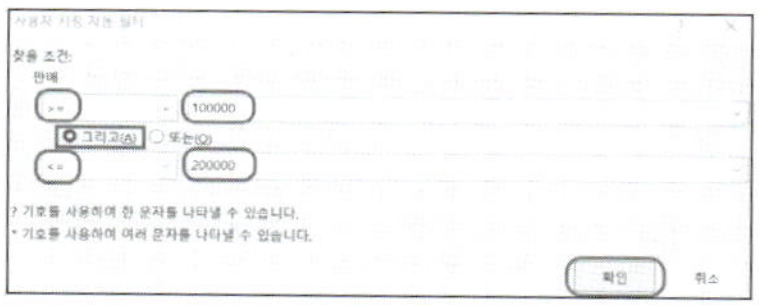

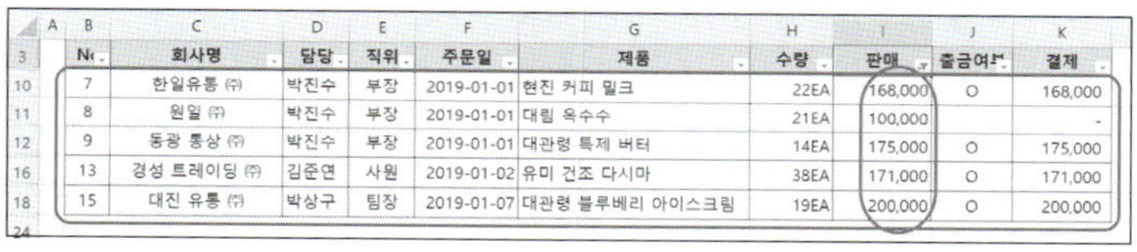

다양한 조건 지정

필터 기능을 이용하여 데이터를 추출할 때, 필드에 있는 항목 이름뿐만 아니라 다양한 조건을 지정할 수 있습니다. 지정할 수 있는 조건은 필드에 입력된 데이터의 종류에 따라 달라집니다. 위 예시에서는 [숫자 필터]를 지정하고 있지만, [텍스트 필터]나 [날짜 필터]에서는, 아래 그림과 같은 조건을 지정할 수 있습니다.

14

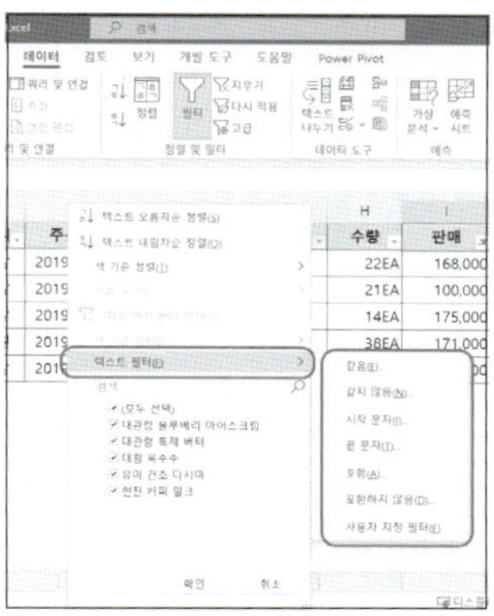

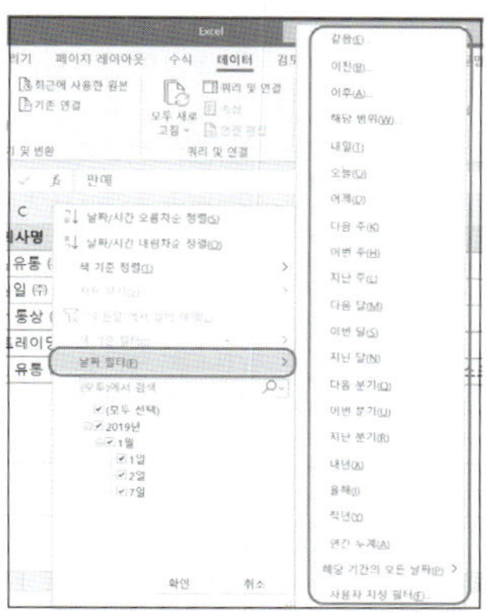

14.6 표 스타일 작성

목록 형식의 표를 표 스타일로 변환하면 데이터 추출 및 정렬, 요약 등을 빠르게 수행할 수 있습니다. 표 스타일로서의 스타일도 미리 준비되어 있으므로 보기 좋은 표를 작성할 수 있습니다.

14.6.1 표 스타일

표 스타일이란, 데이터를 효율적으로 관리하기 위한 기능입니다. 목록 형식의 표를 표 스타일(표 서식)로 변환하면 데이터 추출 및 정렬, 요약 행 추가 등을 빠르게 수행할 수 있습니다.

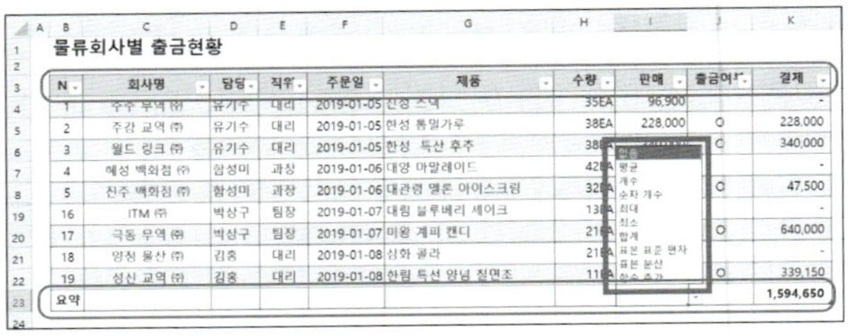

표 스타일이 적용되면, 필터 기능을 이용하기 위한 필터 버튼이 추가되어 다양한 조건에서 데이터를 추출할 수 있습니다. 또한 요약 행을 추가하여 평균이나 합계, 개수 등을 즉시 구할 수 있습니다.

14.6.2 목록을 표 스타일로 변환하기

표 스타일로 변환할 데이터 범위가 잘못된 경우는 시트에서 원하는 범위를 다시 드래그하여 지정합니다. 또, 열 머리글이 없는 표의 경우에는 [표 서식] 대화상자에서 [머리글 포함]을 해제하면, 「열1」, 「열2」 등의 머리글이 자동으로 작성됩니다. 이후, 표 스타일이 적용된 표를 '테이블'로 표기합니다.

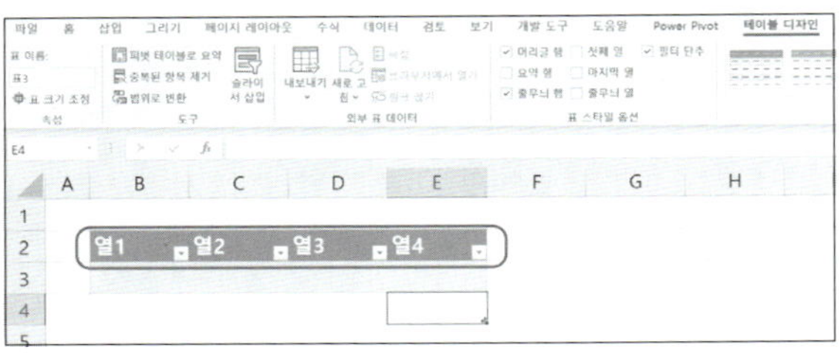

실습

❶ 표 안의 임의의 셀 B3를 클릭해서 [홈] 탭의 [표 서식]을 클릭하고, ❷ 설정하고 싶은 표 스타일 '파랑, 표 스타일 보통 6'을 클릭합니다.

❸ [표 서식] 대화상자가 표시되면 표 스타일로 변환할 데이터 범위 '=$B$3:$K$22'를 확인하고, ❹ [머리글 포함]을 체크합니다. ❺ [확인]을 클릭하면,

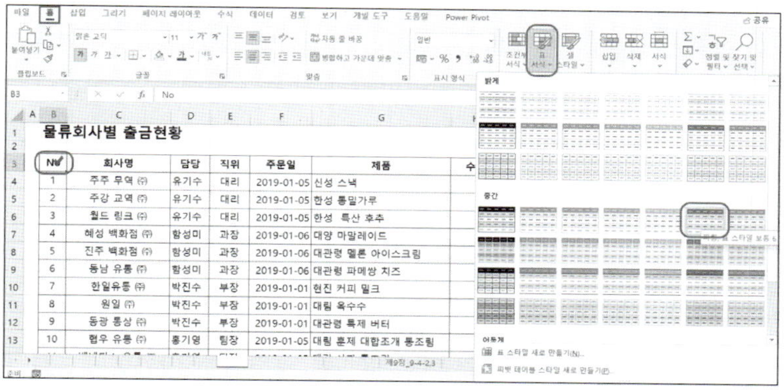

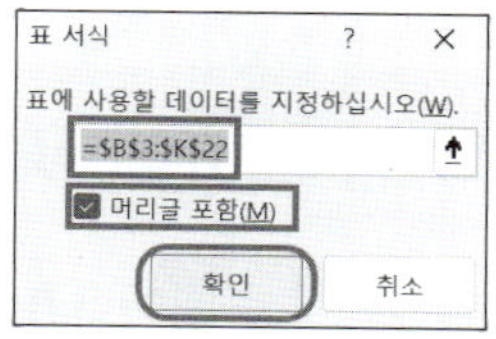

❻ 표는 선택한 표 스타일로 변환됩니다.

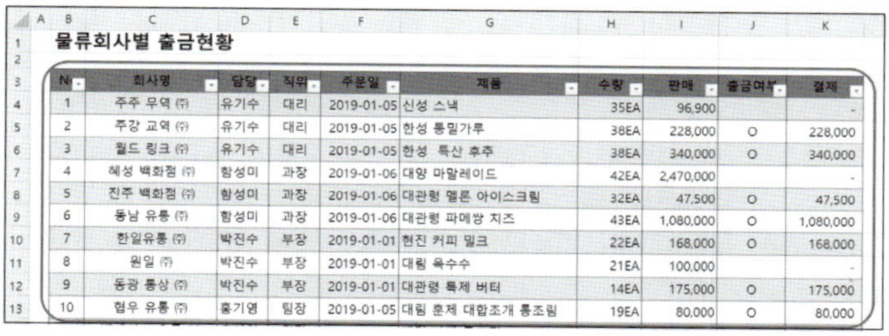

테이블을 원래 셀 범위로 되돌리기

작성한 테이블을 원래의 셀 범위로 되돌리려면, [테이블 디자인] 탭의 [도구] 그룹 – [범위로 변환]을 클릭하고 확인을 위한 대화상자에서 [예]를 클릭해야 합니다. 단, 셀의 배경색이나 테두리 선 등의 서식은 그대로 남습니다. 서식을 삭제하려면, [테이블 디자인] 탭의 [표 스타일] 그룹에 있는 '자세히 버튼' ▿을 클릭한 후, [지우기]를 클릭하고서 [범위로 변환]을 적용해야 합니다.

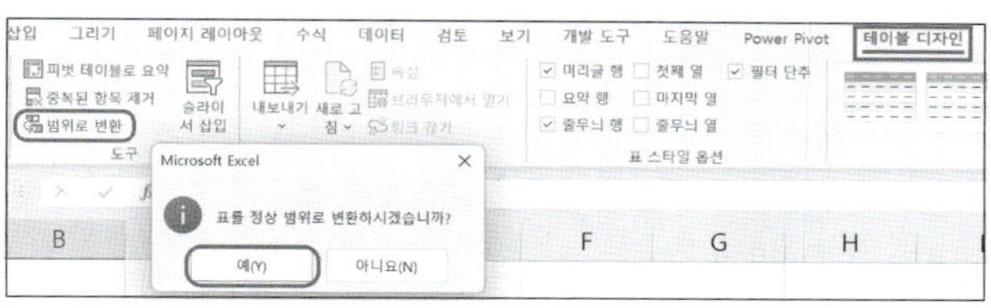

14.7 테이블의 데이터 추출

목록 형식의 표를 테이블(표 서식의 적용)로 변환하면 열 머리글에 필터 기능을 이용하기 위한 버튼이 표시됩니다. 이 버튼을 이용하여 테이블에서 데이터를 추출하거나 정렬할 수 있습니다.

14.7.1 테이블에서 데이터 추출하기

테이블에서 데이터를 추출하려면, 조건을 지정할 필드의 필터 버튼을 클릭해서 표시되는 목록으로부터 조건을 지정해야 합니다. '(모두 선택)'을 클릭하면, 모든 항목이 체크 해제(off)가 됩니다. 모든 항목이 체크 해제된 상태에서 추출하고자 하는 항목을 클릭하여 체크(on)합니다. 덧붙여 '(모두 선택)'을 다시 클릭하면 모든 항목이 체크됩니다. 필터가 적용된 필드의 모든 조건을 해제하려면, 해당 필드의 [필터 아이콘]을 클릭하고 「"ㅇㅇ"에서 필터 해제」를 클릭해야 합니다.

테이블의 데이터를 정렬하려면, 정렬하려는 필드의 필터 버튼을 클릭하고 [오름차순] 혹은 [내림차순]을 클릭해야 합니다.

실습

❶ 조건을 설정할 필드 '담당'의 필터 버튼을 클릭하고,

❷ '(모두 선택)'의 체크를 해제합니다.

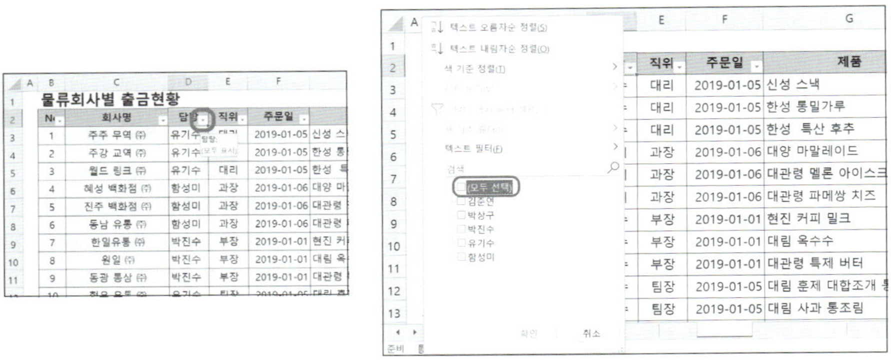

❸ 추출하고자 하는 데이터 '유기수'를 체크하고, ❹ [확인]을 클릭하면,

❺ 담당자 '유기수' 데이터가 추출됩니다.

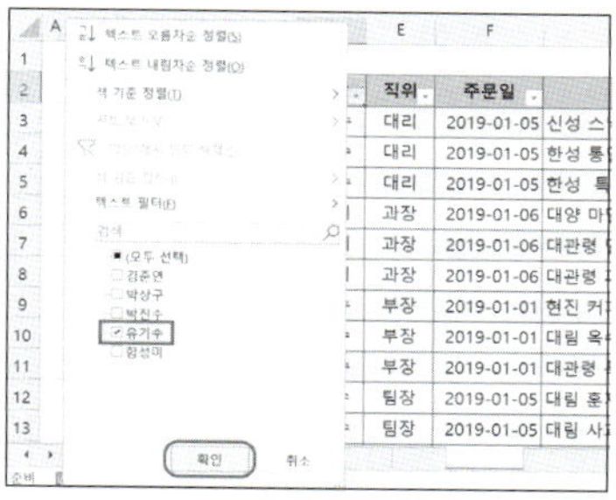

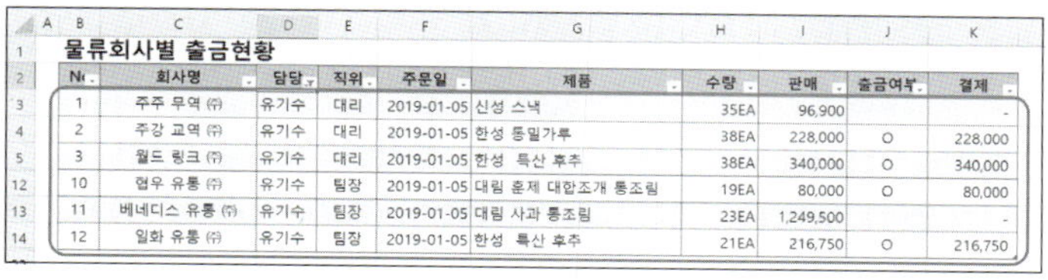

14.7.2 세밀한 조건을 지정한 데이터 추출하기

필터에서 지정할 수 있는 추출 조건은 필드에 입력된 데이터의 종류에 따라 달라집니다. 다음 예시에서는 [텍스트 필터]를 지정하고 있지만, 숫자에서는 「숫자 필터」가, 날짜에서는 「날짜 필터」가 표시됩니다.

실습

❶ 조건을 지정할 필드 '제품'의 필터 버튼을 클릭해서,

❷ [텍스트 필터]에 마우스 포인터를 맞추어, ❸ [포함]을 클릭합니다.

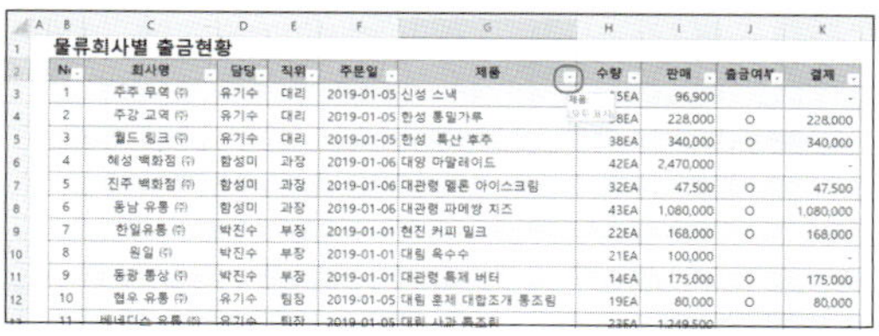

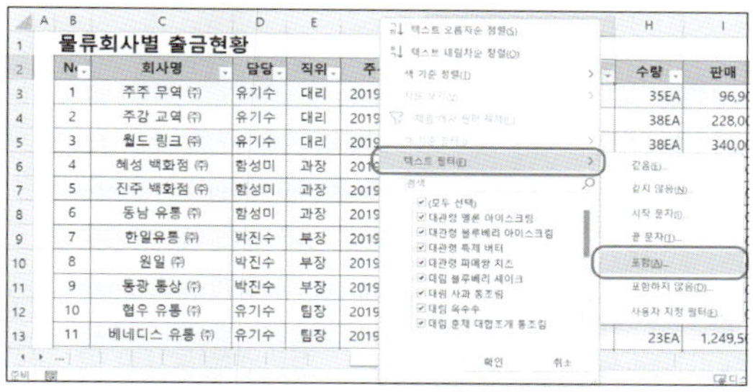

❹ [사용자 지정 자동 필터] 대화상자에서 찾을 조건 '포함'을 선택합니다. ❺ 찾을 조건에 '대림'이라고 입력하고, ❻ [확인]을 클릭하면,

❼ 지정한 조건을 충족하는 데이터가 추출됩니다.

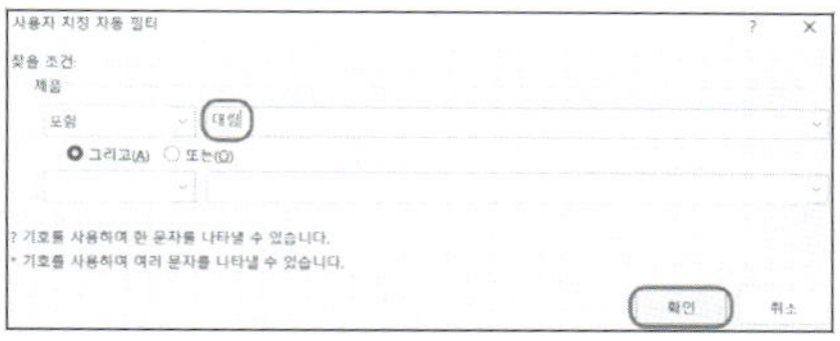

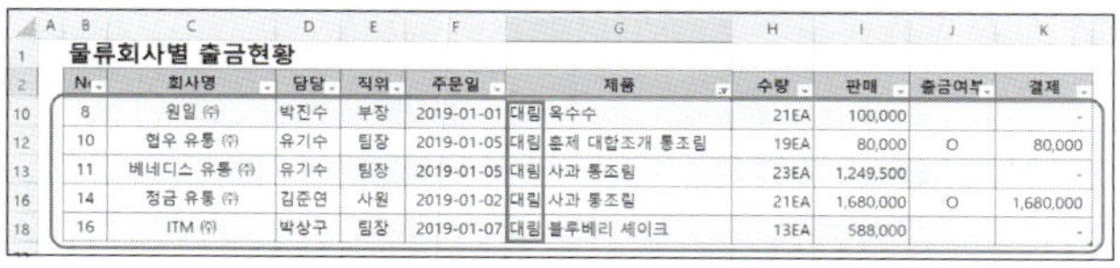

14.7.3 슬라이서를 이용한 데이터 추출하기

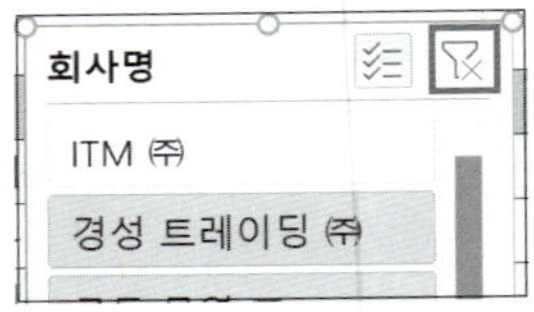

[슬라이서]는 일반적으로 표 스타일이 적용된 테이블에서 이용할 수 있습니다. 슬라이서를 추가하면 추출 조건 선택사항이 나열되므로 그곳에서 추출하고자 하는 항목을 선택할 수 있습니다. 슬라이서의 필터(조리개)를 해제하려면, 슬라이서의 (필터 지우기)를 클릭해야 합니다. 슬라이서 크기를 변경하려면 슬라이서를 클릭하고 크기 변경 핸들을 드래그해야 합니다. 슬라이서를 삭제하려면 슬라이서를 클릭하여 Delete를 눌러야 합니다.

실습

❶ 테이블 내의 임의의 셀 C2를 클릭해서, [삽입] 탭을 클릭하고, ❷ [슬라이서]를 클릭합니다. ❸ [슬라이서 삽입] 대화상자에서 추출 조건으로 지정하는 필드 '회사명'을 클릭하여 체크하고, ❹ [확인]을 클릭합니다.

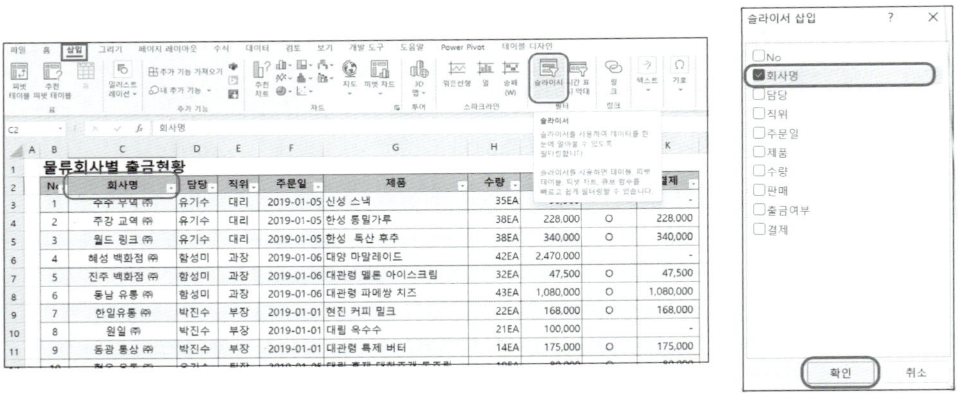

❺ [회사명] 슬라이서 대화상자가 표시되면 (다중 선택)을 선택하고, ❻ 추출하고자 하는 항목 '경성 트레이딩 ㈜', '극동 무역 ㈜', '동남 유통 ㈜'을 클릭하면, ❼ 조건을 충족하는 데이터만 표시됩니다.

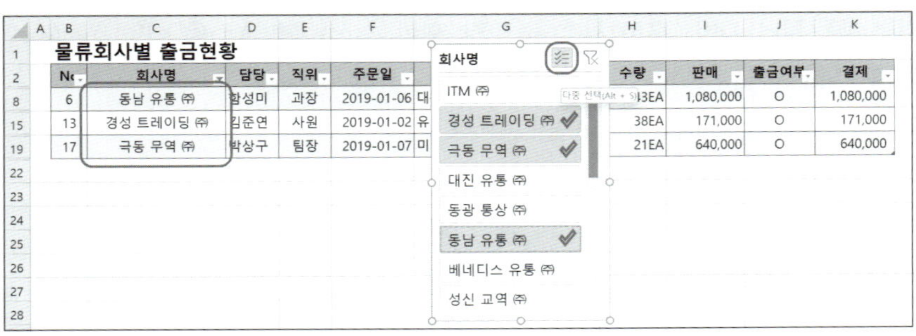

14.8 테이블의 데이터 요약

테이블에 요약 행을 추가하면 테이블의 마지막 행에 요약 결과를 표시하는 행이 추가됩니다. 요약 행에서는 필드별로 데이터의 합계나 평균, 개수, 최대, 최소 등을 구할 수 있습니다.

14.8.1 테이블에 요약 행 추가하기

[테이블 디자인] 탭의 [요약 행]을 체크하면, 요약 행이 추가되어 필드마다 데이터의 합계나 평균, 개수, 최대, 최소 등을 구할 수 있습니다. 요약 행을 삭제하려면, [테이블 디자인] 탭에서 [표 스타일 옵션] 그룹 – [요약행]의 체크를 해제해야 합니다.

다음 예시의 순서로 요약 행을 추가하면 요약 행의 오른쪽 끝 셀에는 해당 필드의 요약 결과가 자동으로 표시됩니다. 테이블의 오른쪽 끝 필드가 숫자인 경우는 합계가, 문자인 경우는 데이터 개수가 표시됩니다.

실습

❶ 테이블 내의 임의의 셀 B2를 클릭해서 [테이블 디자인] 탭을 클릭하고, ❷ [요약 행]을 체크(on)하면, ❸ 요약 행이 추가됩니다.

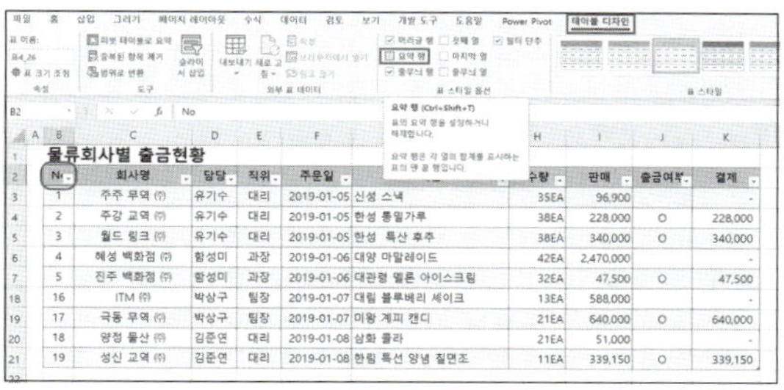

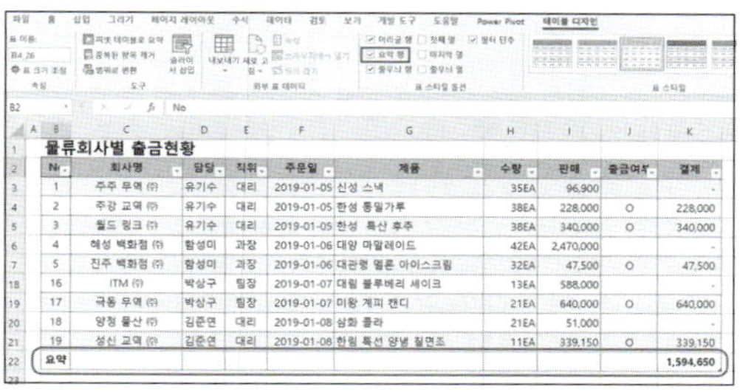

14.8.2 조건을 지정하여 요약하기

요약 행을 표시한 상태에서 테이블의 데이터를 추출하면 추출된 데이터에 따른 요약 결과가 표시됩니다. 요약 행에서는 숫자 합계 외에 평균, 최대, 최소 등을 구할 수 있습니다. 요약 행을 클릭하고 오른쪽에 표시된 드롭다운 버튼 ▼을 클릭한 다음 요약 방법을 지정합니다.

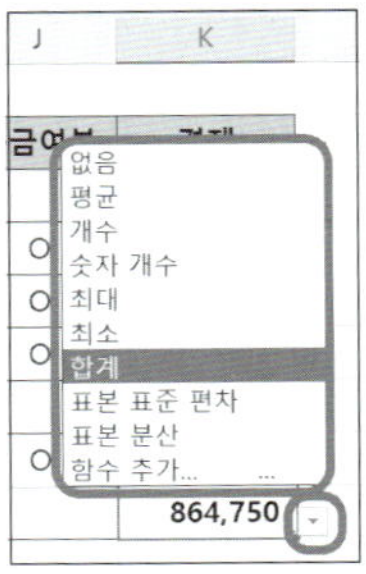

실습

❶ 조건을 지정할 필드 '담당'의 필터 버튼을 클릭합니다.

❷ 요약하고자 하는 항목 '유기수'를 체크하고, ❸ [확인]을 클릭하면,

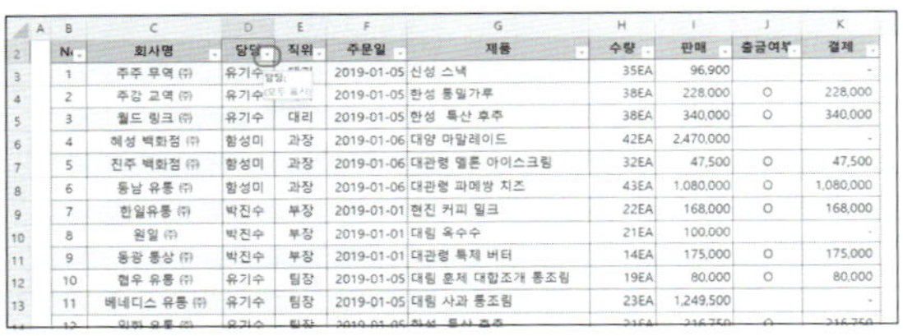

❹ 담당자 '유기수'의 요약(합계) 결과가 표시됩니다.

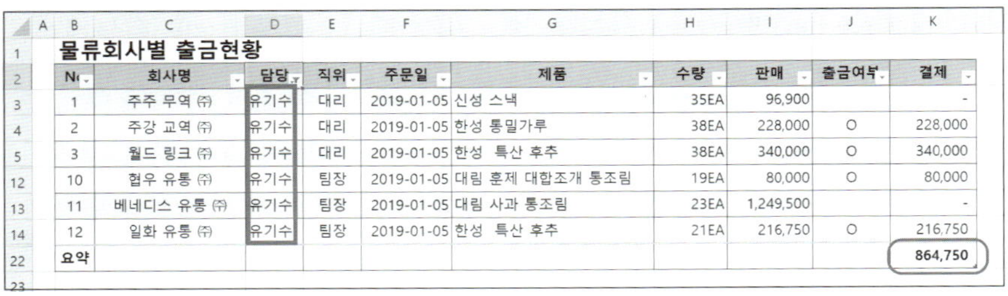

물류회사별 출금현황

No	회사명	담당	직위	주문일	제품	수량	판매	출금여부	결제
1	주주 무역 ㈜	유기수	대리	2019-01-05	신성 스낵	35EA	96,900		-
2	주강 교역 ㈜	유기수	대리	2019-01-05	한성 통밀가루	38EA	228,000	O	228,000
3	월드 링크 ㈜	유기수	대리	2019-01-05	한성 특산 후추	38EA	340,000	O	340,000
10	협우 유통 ㈜	유기수	팀장	2019-01-05	대림 훈제 대합조개 통조림	19EA	80,000	O	80,000
11	베네디스 유통 ㈜	유기수	팀장	2019-01-05	대림 사과 통조림	23EA	1,249,500		-
12	일화 유통 ㈜	유기수	팀장	2019-01-05	한성 특산 후추	21EA	216,750	O	216,750
요약									864,750

14.9 피벗 테이블

목록 형식의 표 데이터를 다양한 측면에서 분석할 경우에는 피벗 테이블이 편리합니다. 피벗 테이블을 이용하면 표 구성을 교체하거나 요약 항목을 좁혀 데이터를 분석할 수 있습니다.

14.9.1 피벗 테이블

「피벗 테이블」이란, 목록 형식의 표에서 특정 필드(피벗)를 중심으로 데이터를 요약하는 통계표를 의미합니다. 따라서 이것은 대화형 테이블의 일종으로, 데이터의 구성을 교체하거나 요약 항목을 좁히는 등 다양한 시점에서 데이터를 분석할 수 있습니다.

목록 형식의 표

학기/학과별 PC용품 구매현황

학기	학과	제품	단가	수량	금액
2045-1학기	태권도학과	USB	35,000	21	735,000
2045-1학기	행정정보학과	토너	75,000	17	1,275,000
2045-1학기	선교학과	블루투스 스피커	85,000	13	1,105,000
2045-1학기	선교학과	토너	75,000	43	3,225,000
2045-1학기	태권도학과	USB	35,000	24	840,000
2045-1학기	국제통상학과	마우스	10,000	15	150,000
2045-1학기	태권도학과	프린터	182,000	26	4,732,000
2045-1학기	선교학과	USB	35,000	29	1,015,000
2045-1학기	행정정보학과	USB	35,000	31	1,085,000
2045-1학기	동아시학과	프린터	182,000	22	4,004,000

피벗 테이블

합계 : 금액	열 레이블						
행 레이블	UHD 모니터	USB	마우스	블루투스 스피커	토너	프린터	총합계
국제통상학과	7590000	4795000	420000	1445000			14250000
동아시학과	12190000	350000	1120000	16065000		102102000	131827000
선교학과	19550000	5950000	3050000	3315000	3225000	26390000	61480000
태권도학과	13800000	4515000	240000	425000	8475000	26026000	53481000
행정정보학과	40710000	3080000	1050000	2210000	30525000	28756000	106331000

14.9.2 피벗 테이블 만들기

[피벗 테이블 만들기] 대화상자에서는(다음 예시의 순서 ❸), 선택한 셀을 포함한 목록(list) 형식의 표 전체가 자동으로 선택됩니다. 데이터의 범위를 변경하고 싶은 경우는 워크시트의 데이터 범위를 드래그하여 다시 지정합니다. [피벗 테이블 필드]의 목록이 표시되어 있지 않은 경우는, [피벗 테이블 분석] 탭을 클릭하고 [필드 목록]을 클릭합니다.

피벗 테이블은 빈 피벗 테이블의 필드에 목록의 각 필드를 배치하여 만들 수 있습니다. [피벗 테이블 필드]의 목록(list)으로부터 필드를 배치하는 방법에는 다음의 3가지가 있습니다.

Ⓐ 표시할 필드명을 체크(on)하고 기본 영역에 추가한 후에 적절히 이동한다.

Ⓑ 필드명에서 마우스 우클릭하여 추가할 영역을 지정한다.

Ⓒ 필드를 원하는 영역으로 드래그한다.

실습

❶ 피벗 테이블을 작성할 표 안의 임의의 셀 C2를 클릭해서 [삽입] 탭을 클릭하고, ❷ [피벗 테이블]을 클릭합니다.

❸ [피벗 테이블 만들기] 대화상자가 표시되면 [표/범위:] 'sheet1!$B$2:$G$66'를 확인하고, ❹ [새 워크시트]를 체크(on)합니다. ❺ [확인]을 클릭하면,

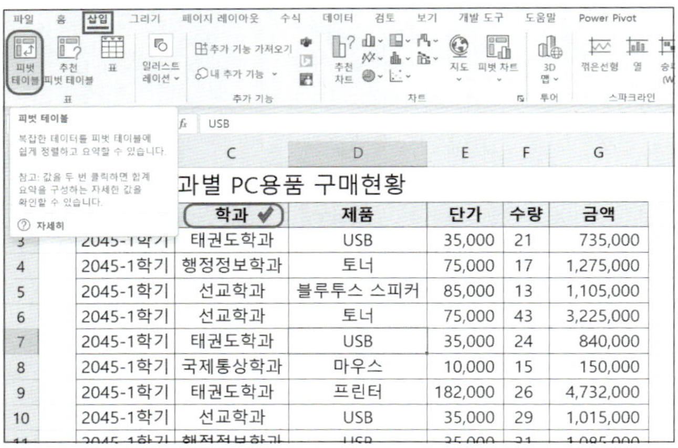

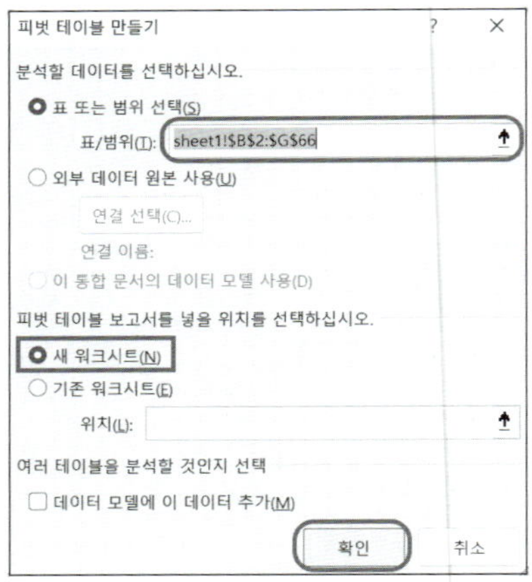

⑥ 필드가 설정되어 있지 않은 빈 피벗 테이블이 만들어집니다. ⑦ [피벗 테이블의 필드]의 리스트가 표시됩니다.

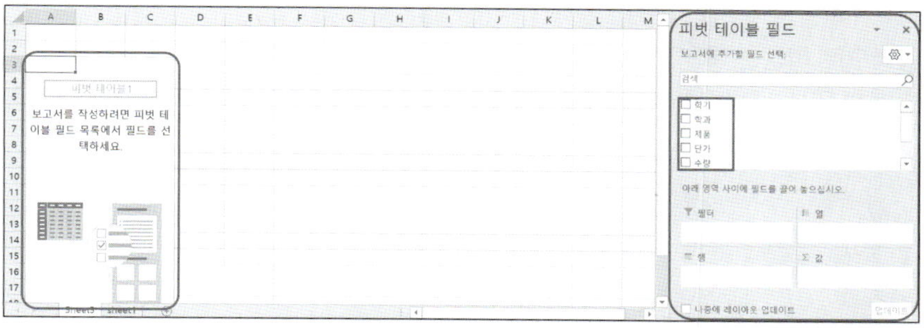

14.9.3 피벗 테이블에 필드 배치하기

[행] 영역의 필드는, 피벗 테이블의 세로 방향이며 「행 머리글」로서 표시됩니다. [값] 영역의 필드는, 피벗 테이블의 요약 대상이며 요약 결과가 데이터 범위에 표시됩니다. [열] 영역의 필드는, 피벗 테이블의 가로 방향에 해당하며 「열 머리글」로서 표시됩니다. [필터] 영역의 필드는, 피벗 테이블의 왼쪽 상측에 표시됩니다. 필터 항목을 전환하여 항목별 집계 결과를 표시할 수 있으며 생략할 수 있습니다.

다음 예시의 순서에서는, 처음에 텍스트 데이터의 필드를 [행] 영역에 추가하고, 그 후에 각 영역에 이동하는 방법으로 피벗 테이블을 작성하고 있습니다.

실습

❶'학과' 필드를 체크(on)하면, ❷ '학과' 필드는 [행] 영역에 추가됩니다.

❸ '제품' 필드를 마우스 좌클릭한 상태에서, ❹ 드래그해서 [열] 영역에 추가합니다.

❺ '금액' 필드를 위 순서 ❸ , ❹ 와 유사한 방법으로 [값] 영역에 추가합니다.

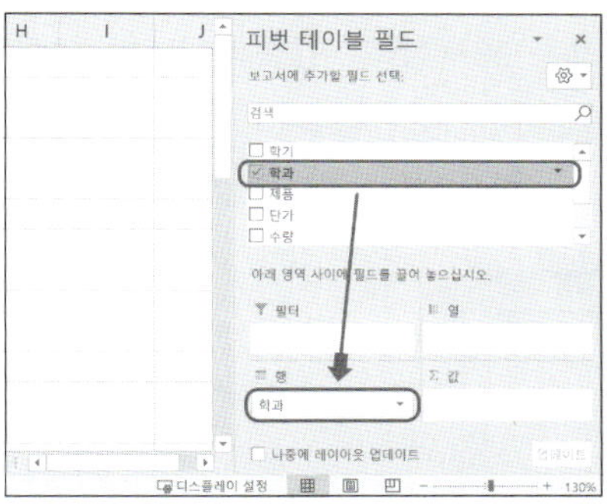

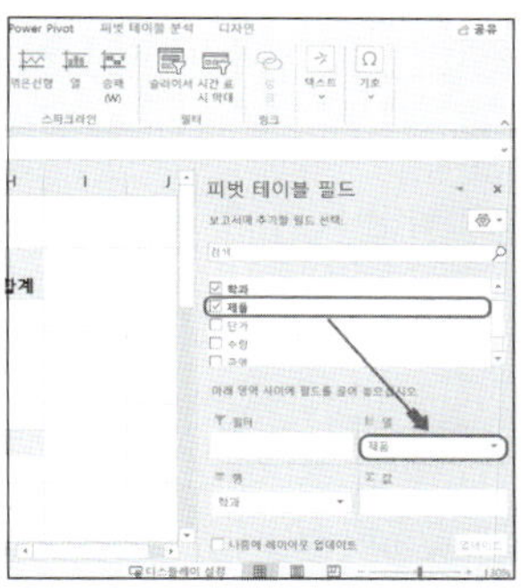

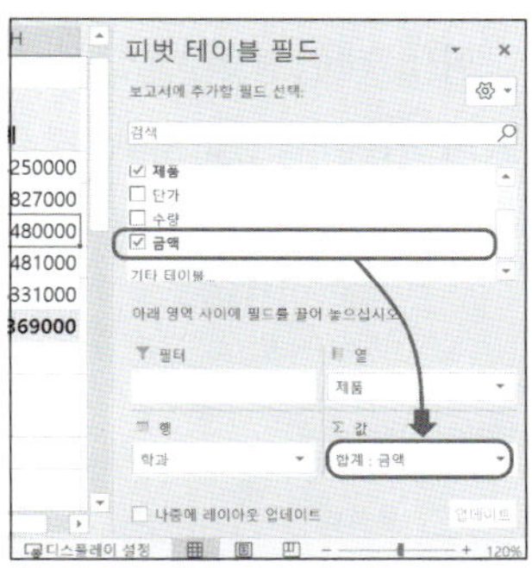

❻ '학기' 필드를 위 순서 ❸, ❹와 유사한 방법으로 [행] 영역에 추가합니다. ❼ 그러나 '학기' 필드의 목적한 위치가 [필터] 영역이어서, [행] 영역에 있는 '학기'의 버튼 ▾에서 마우스 좌클릭하고 [보고서 필터로 이동]을 클릭합니다.

❽ [필터] 영역으로 이동한 '학기' 필드가 불필요해서 바로 삭제를 해야 합니다. '학기' 필드를 선택한 상태로 드래그해서 [필터] 영역을 벗어난 곳으로 이동 후, 선택을 해제하면 '학기' 필드는 삭제됩니다.

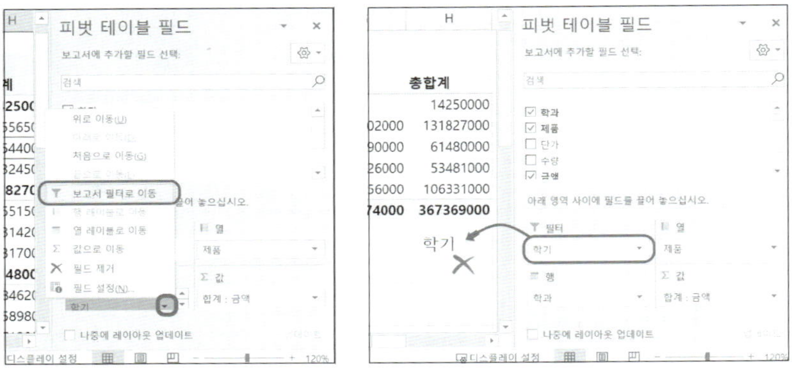

❼ 피벗 테이블이 생성됩니다.

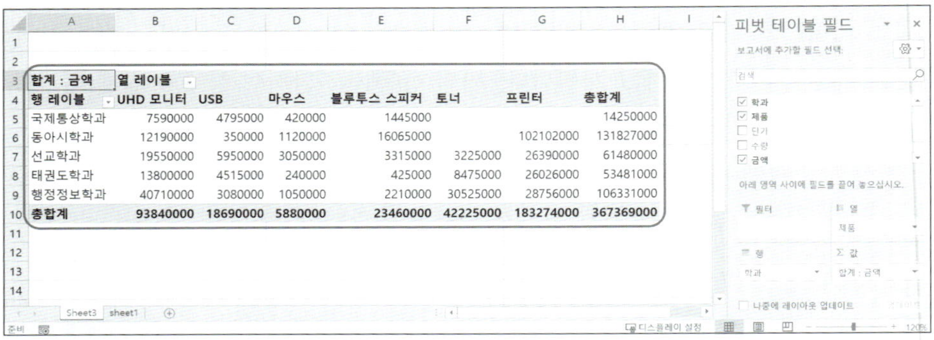

합계 : 금액	열 레이블						
행 레이블	UHD 모니터	USB	마우스	블루투스 스피커	토너	프린터	총합계
국제통상학과	7590000	4795000	420000	1445000			14250000
동아시학과	12190000	350000	1120000	16065000		102102000	131827000
선교학과	19550000	5950000	3050000	3315000	3225000	26390000	61480000
태권도학과	13800000	4515000	240000	425000	8475000	26026000	53481000
행정정보학과	40710000	3080000	1050000	2210000	30525000	28756000	106331000
총합계	93840000	18690000	5880000	23460000	42225000	183274000	367369000

필드 바꾸기

피벗 테이블의 필드를 교체하면 그 시점에서 요약한 결과를 표시할 수 있습니다. 피벗 테이블의 원본 데이터가 변경된 경우는 피벗 테이블에 변경을 반영할 수 있습니다. [피벗 테이블 분석] 탭을 클릭하고 [새로 고침]을 클릭합니다.

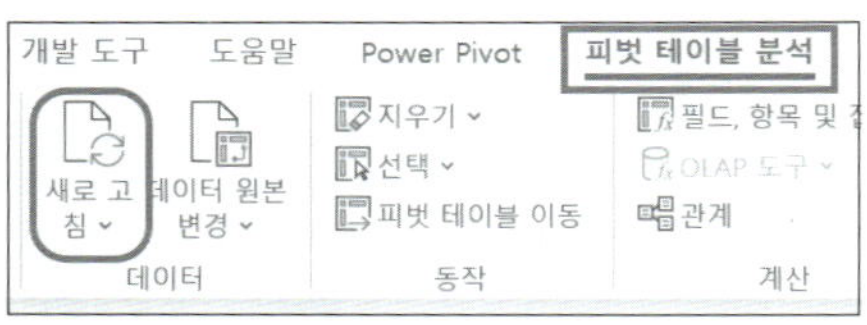

14.10 피벗 테이블 조작

피벗 테이블의 요약 방법은 합계 이외에도 개수나 평균 등이 있습니다. 또한 [값 표시 형식]의 종류도 총 합계 비율, 열 합계/행 합계 비율, 오름차순/내림차순 순위 등으로 표시할 수 있습니다. 목적에 따라 구분해서 사용하는 것이 좋습니다.

14.10.1 요약 방법 변경하기

다음 예시에서는 [행] 영역에 '학과', [값] 영역에 '금액'을 각각 배치한 피벗 테이블을 사용하고 있습니다. 피벗 테이블에서는, 수량이나 합계 등의 수치 데이터의 필드를 [값] 영역에 배치하면 요약 방법이 자동으로 「합계」로 설정됩니다. 여기에서는 요약 방법을 '합계 : 금액'에서 '평균 : 금액'으로 변경하고 있습니다.

실습

❶ [값] 영역의 '합계 : 금액'의 버튼 ▾에서 마우스 좌클릭하고, ❷ [값 필드 설정]을 클릭합니다.

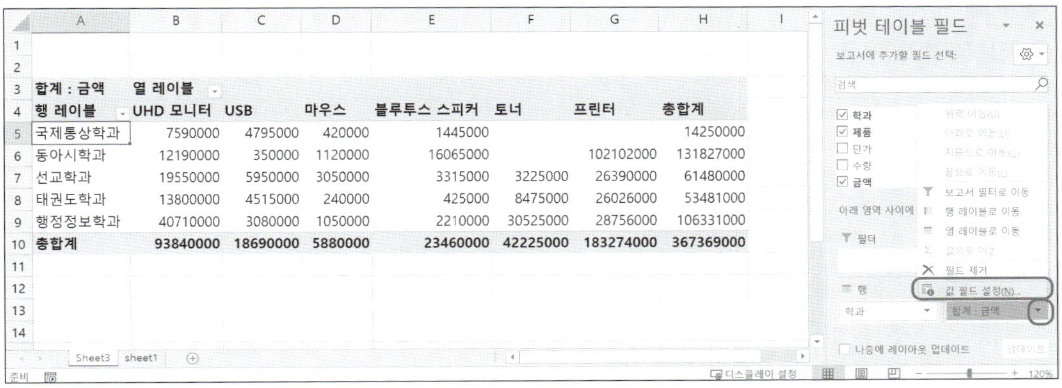

❸ [값 필드 설정] 대화상자의 [값 필드 요약 기준] 영역에서 '평균'을 클릭하고, ❹ [확인]을 클릭하면, ❺ 요약 방법이 '합계 : 금액'에서 '평균 : 금액'으로 변경됩니다.

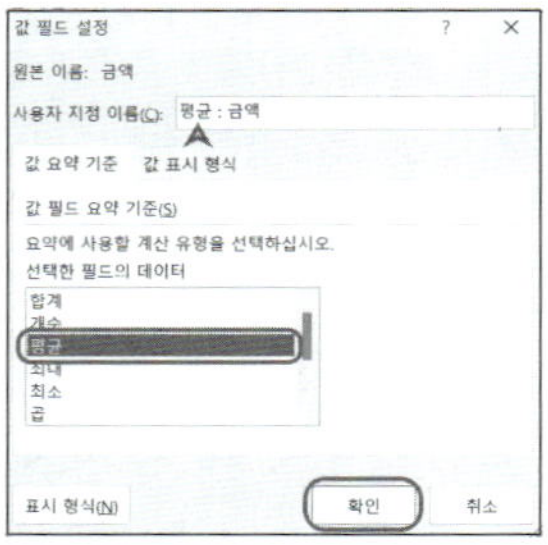

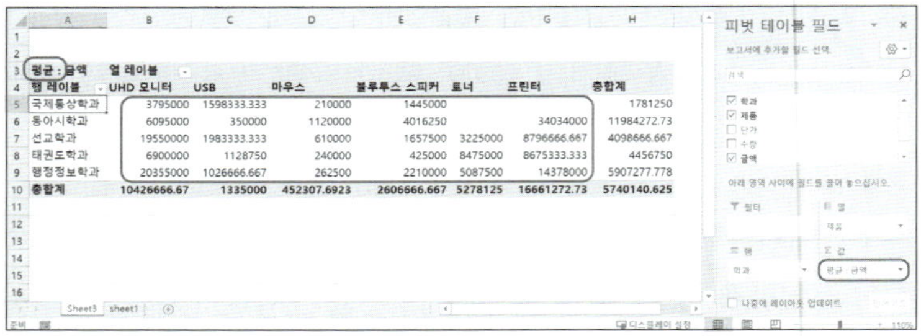

14.10.2 값 표시 형식 변경하기

다음 예시에서는 제품별 '평균 : 금액'을 '열 합계 비율'로 변경하고 있습니다. [값 필드 설정] 대화상자의 [값 표시 형식] 탭에서, 값 표시 형식의 종류로부터 [열 합계 비율]을 선택하면 열의 합계를 100%로 했을 때의 비율이 표시됩니다. [값 표시 형식]에서는 목적에 맞는 표시 방법을 선택할 수 있습니다. 다음 예시에서 선택한 표시 형식 이외에 '행 합계 비율', '총합계 비율', '[기준값]에 대한 비율', 누계 등 여러 가지 표시 방법이 있습니다.

실습

❶ [값] 영역의 '평균 : 금액'의 버튼 [▾]에서 마우스 좌클릭하고, ❷ [값 필드 설정]을 클릭합니다.

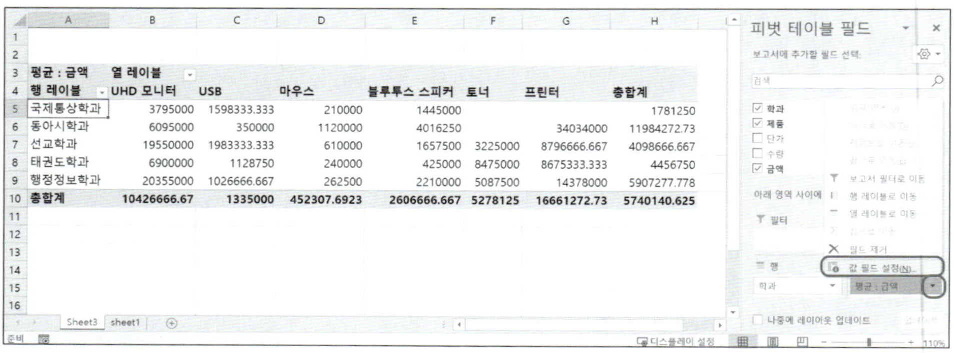

❸ [값 필드 설정] 대화상자에서 [값 표시 형식] 탭을 클릭하여, ❹ [값 표시 형식]으로 '열 합계 비율'을 선택합니다. ❺ [확인]을 클릭하면,

❻ 계산 종류가 '열 합계 비율'로 변경됩니다.

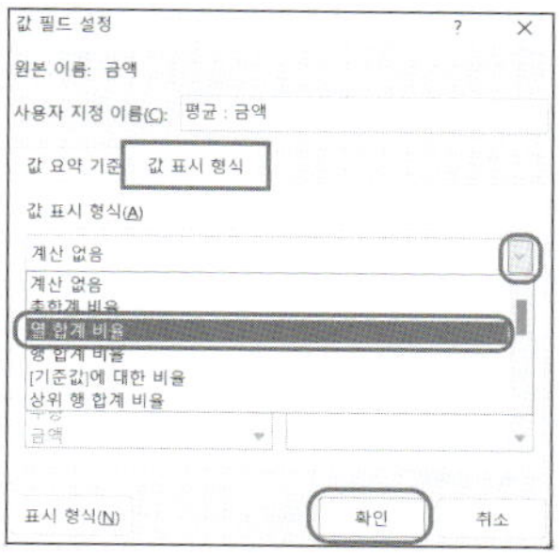

	A	B	C	D	E	F	G	H
1								
2								
3	**평균 : 금액**	**열 레이블**						
4	**행 레이블**	**UHD 모니터**	**USB**	**마우스**	**블루투스 스피커**	**토너**	**프린터**	**총합계**
5	국제통상학과	36.40%	119.73%	46.43%	55.43%	0.00%	0.00%	31.03%
6	동아시학과	58.46%	26.22%	247.62%	154.08%	0.00%	204.27%	208.78%
7	선교학과	187.50%	148.56%	134.86%	63.59%	61.10%	52.80%	71.40%
8	태권도학과	66.18%	84.55%	53.06%	16.30%	160.57%	52.07%	77.64%
9	행정정보학과	195.22%	76.90%	58.04%	84.78%	96.39%	86.30%	102.91%
10	**총합계**	**100.00%**	**100.00%**	**100.00%**	**100.00%**	**100.00%**	**100.00%**	**100.00%**
11								

14

14.11 피벗 테이블의 요약 기간 지정

피벗 테이블에는 날짜를 좁히기 위한 타임라인을 추가할 수 있습니다. 시간 표시 막대를 추가하면 클릭 또는 드래그하는 것만으로 집계 기간을 간단하게 지정할 수 있습니다.

14.11.1 시간 표시 막대 추가하기

[시간 표시 막대]는 요약 집계 기간을 좁힐 수 있는 기능입니다. 시간 표시 막대를 추가하면 년, 분기, 월, 일 중 하나의 기간으로 데이터를 좁힐 수 있습니다. 덧붙여 시간 표시 막대를 이용하려면 날짜 데이터로 입력된 필드가 필요합니다. 시간 표시 막대의 크기를 변경하려면 시간 표시 막대를 클릭하고 주위에 표시되는 크기 변경 핸들을 드래그해야 합니다. 시간 표시 막대를 삭제하려면 시간 표시 막대를 클릭하고 Delete를 눌러야 합니다.

실습

❶ 피벗 테이블 안의 임의의 셀 A3를 선택하고 [피벗 테이블 분석] 탭을 클릭해서, ❷ [시간 표시 막대 삽입]을 클릭합니다.

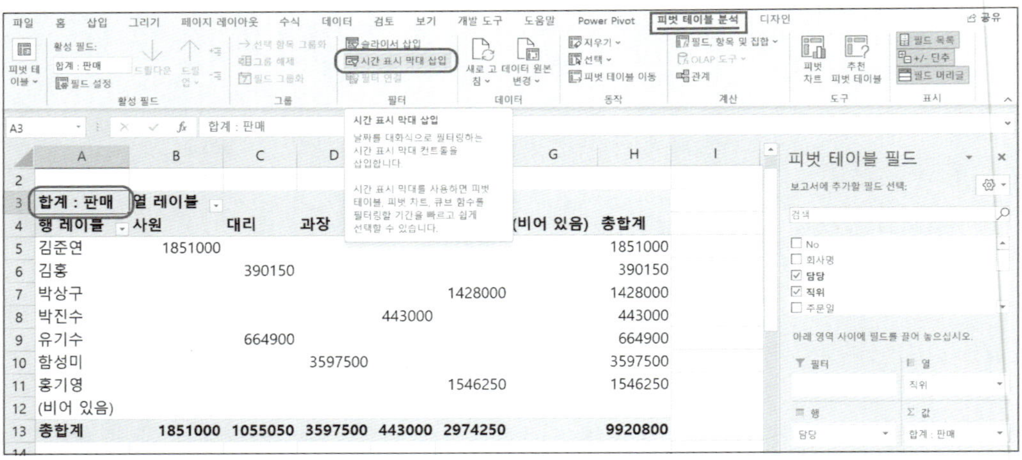

❸ [시간 표시 막대 삽입] 대화상자가 표시되면 타임라인에 이용할 항목 '주문일'을 체크(on)하고, ❹ [확인]을 클릭하면,

❺ 타임라인이 표시됩니다.

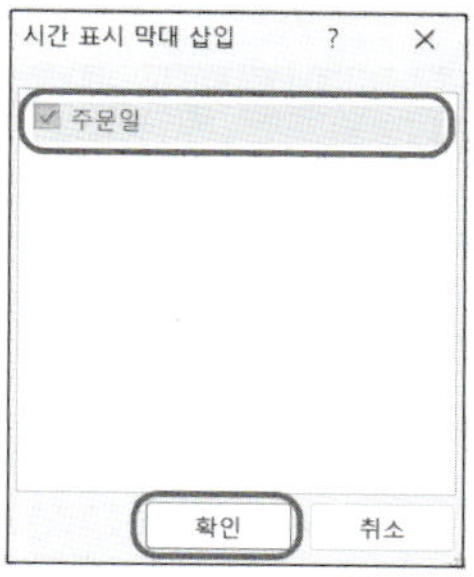

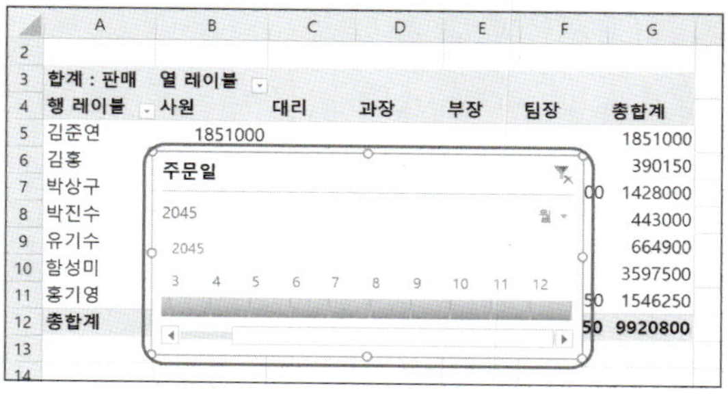

14.11.2 요약 시간 지정하기

타임라인 막대를 클릭 혹은 드래그하면 집계 기간을 좁힐 수 있습니다. 막대(조리개)를 해제하려면 타임 라인의 오른쪽 위에 있는 필터의 [삭제]를 클릭해야 합니다.

실습

❶ [주문일] 대화상자에서 요약 기간을 클릭 또는 드래그해서 '5월~7월' 사이를 지정하면, ❷ 지정한 달 '5월~7월' 사이의 데이터만 표시됩니다. ❸ [필터 지우기]를 클릭하면,

❹ 지정한 요약 기간에 의한 압축이 해제됩니다.

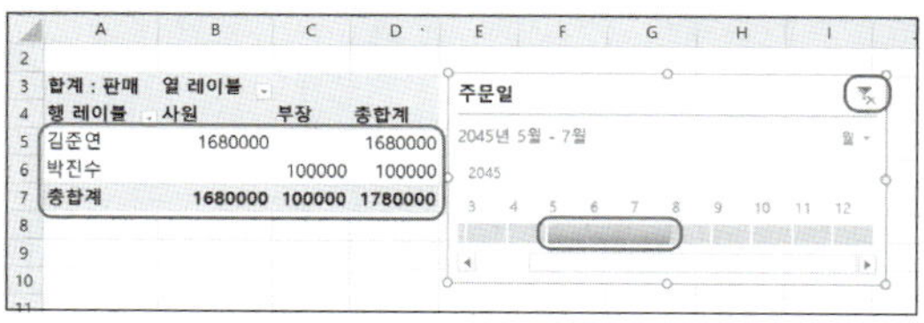

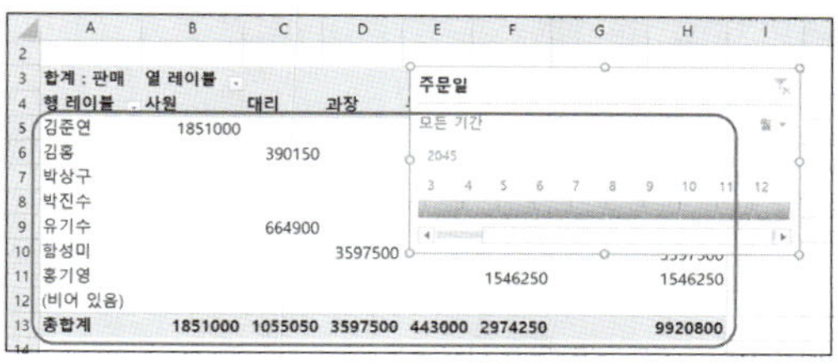

14

14.11.3 피벗 차트 만들기

피벗 테이블의 집계 결과는 피벗 차트로 표시할 수 있습니다. 차트에 표시되는 필드 버튼을 이용하면 표시 데이터를 좁히거나 정렬을 바꿀 수 있습니다. 또한 피벗 차트는 타임라인 동작과 연동시킬 수도 있습니다. 타임라인에서 데이터를 좁히면 차트 데이터에도 반영됩니다.

실습

❶ 피벗 테이블 안을 임의의 셀 A4를 선택하고 [피벗 테이블 분석] 탭을 클릭하고, ❷ [피벗 차트]를 클릭합니다.

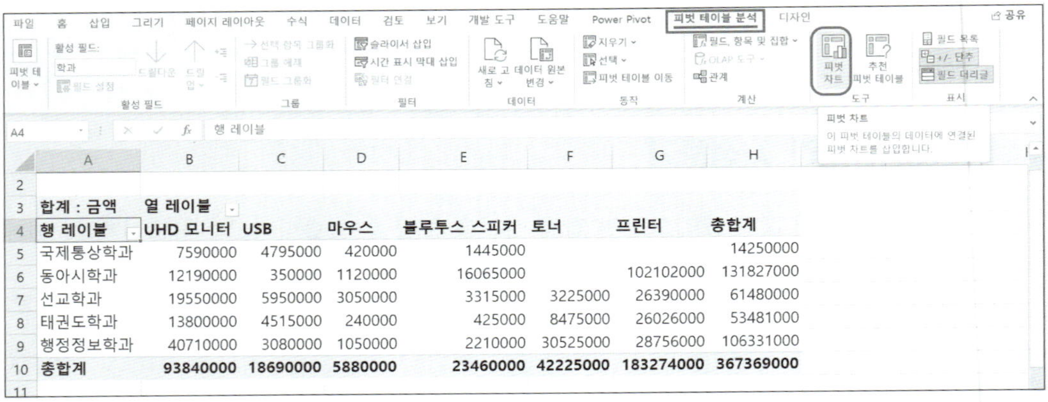

❸ [차트 삽입] 대화상자가 표시되면 차트의 종류 '세로 막대형'을 지정하고, ❹ '3차원 100% 기준 누적 세로 막대형' 차트를 클릭합니다. ❺ [확인]을 클릭하면, ❻ 피벗 테이블의 요약 결과가 차트화 됩니다. 필드 버튼 '학과', '제품', '금액'이 표시되므로 여기에서 데이터를 좁히거나 정렬할 수 있습니다.

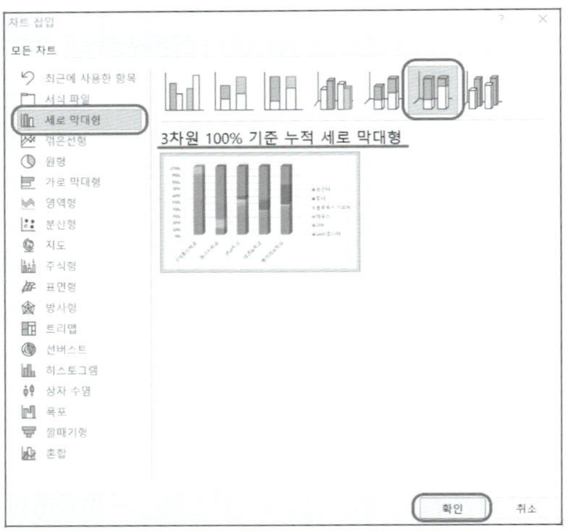

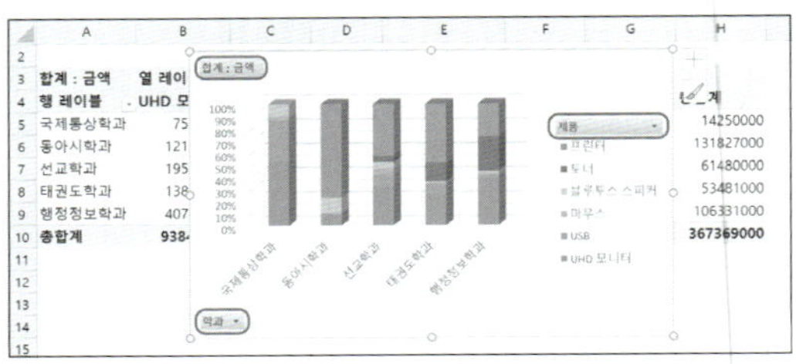

연습문제

01 조건 "학과; 오름차순, 이름; 내림차순"을 이용해서 데이터를 정렬해 보세요.

메타버스의 이해

No	이름	학과	실기1	중간고사	실기2	기말고사	총점
1	이필순	간호학과	15	95	11	75	196
2	김대원	사회복지학부	16	84	19	85	204
3	강상규	태권도학과	19	65	20	82	186
4	김희순	간호학과	16	44	20	54	134
5	나누리	간호학과	17	24	19	83	143
6	마동권	태권도학과	12	67	19	74	172
7	한동준	경영학과	8	95	12	77	192
8	이판근	사회복지학부	12	67	13	42	134
9	유순식	태권도학과	5	93	20	90	208
10	윤동균	경영학과	15	84	19	99	217

⇨

메타버스의 이해

No	이름	학과	실기1	중간고사	실기2	기말고사	총점
1	이필순	간호학과	15	95	11	75	196
4	김희순	간호학과	16	44	20	54	134
5	나누리	간호학과	17	24	19	83	143
7	한동준	경영학과	8	95	12	77	192
10	윤동균	경영학과	15	84	19	99	217
2	김대원	사회복지학부	16	84	19	85	204
8	이판근	사회복지학부	12	67	13	42	134
3	강상규	태권도학과	19	65	20	82	186
6	마동권	태권도학과	12	67	19	74	172
9	유순식	태권도학과	5	93	20	90	208

02 자동 필터를 적용한 후, 학점이 B와 C인 데이터를 추출해 보세요.

메타버스의 이해

이름	학과	실기1	중간고사	실기2	기말고사	총점	학점
이진혁	경영학과	13	55	10	50	128	C
박민희	사회학과	15	50	20	80	165	B
최재원	경영학과	17	65	15	75	172	A
이희지	컴퓨터공학과	12	30	15	45	102	C
유지현	사회학과	15	50	20	80	165	B
박재영	컴퓨터공학과	17	65	15	75	172	A
이선애	경영학과	12	30	15	45	102	C
성은주	컴퓨터공학과	10	35	10	30	85	D
임지민	사회학과	0	80	0	80	160	B
장동현	사학과	19	70	10	40	139	B

⇨

메타버스의 이해

이름	학과	실기	중간고	실기	기말고	총	학점
이진혁	경영학과	13	55	10	50	128	C
박민희	사회학과	15	50	20	80	165	B
이희지	컴퓨터공학과	12	30	15	45	102	C
유지현	사회학과	15	50	20	80	165	B
이선애	경영학과	12	30	15	45	102	C
임지민	사회학과	0	80	0	80	160	B
장동현	사학과	19	70	10	40	139	B

03 필터 조건인 셀 G3:H5를 이용한 고급필터의 적용한 결과를 구해보세요.

응시자 지역

번호	성별	지역	학력
1	남	서울	고졸
2	남	경기	중졸
3	여	강원	고졸
4	여	충청	초졸
5	남	경상	중졸
6	여	전라	고졸
7	여	경기	초졸
8	남	서울	대졸
9	여	강원	중졸
10	남	충청	고졸

성별	학력
여	
	중졸

⇨

응시자 지역

번호	성별	지역	학력
1	남	서울	고졸
2	남	경기	중졸
3	여	강원	고졸
4	여	충청	초졸
5	남	경상	중졸
6	여	전라	고졸
7	여	경기	초졸
8	남	서울	대졸
9	여	강원	중졸
10	남	충청	고졸

성별	학력
여	
	중졸

번호	성별	지역	학력
2	남	경기	중졸
3	여	강원	고졸
4	여	충청	초졸
5	남	경상	중졸
6	여	전라	고졸
7	여	경기	초졸
9	여	강원	중졸

14

04 다음의 조건을 만족하는 부분합을 만들어 보세요.

- 정렬 기준; "학과: ❶ 내림차순, ❷ 이름: 오름차순
- 그룹화할 항목; 학과
- 사용할 함수; 최대
- 부분합 계산 항목; 중간고사, 기말고사, 총점

2045년도 AI의 이해 성적

학과	이름	실기1	중간고사	실기2	기말고사	총점
사회학과	김현영	19	70	10	40	139
사회체육학과	박미영	12	30	15	45	102
과학교육학과	박재영	17	65	15	75	172
사회체육학과	성은주	10	35	10	30	85
화학공학과	유기정	0	80	0	80	160
경영학과	이선애	12	30	15	45	102
사회학과	이준호	15	50	20	80	165
경영학과	이진혁	13	55	10	50	128
회학공학과	이희지	12	30	15	45	102
화학공학과	임지민	0	80	0	80	160
사회학과	장동민	15	50	20	80	165
과학교육학과	최재원	17	65	15	75	172
사회체육학과	최지현	10	35	10	30	85
사회학과	탁재훈	15	50	20	80	165

⇨

2045년도 AI의 이해 성적

학과	이름	실기1	중간고사	실기2	기말고사	총점
회학공학과	이희지	12	30	15	45	102
회학공학과 최대			30		45	102
화학공학과	유기정	0	80	0	80	160
화학공학과	임지민	0	80	0	80	160
화학공학과 최대			80		80	160
사회학과	김현영	19	70	10	40	139
사회학과	이준호	15	50	20	80	165
사회학과	장동민	15	50	20	80	165
사회학과	탁재훈	15	50	20	80	165
사회학과 최대			70		80	165
사회체육학과	박미영	12	30	15	45	102
사회체육학과	성은주	10	35	10	30	85
사회체육학과	최지현	10	35	10	30	85
사회체육학과 최대			35		45	102
과학교육학과	박재영	17	65	15	75	172
과학교육학과	최재원	17	65	15	75	172
과학교육학과 최대			65		75	172
경영학과	이선애	12	30	15	45	102
경영학과	이진혁	13	55	10	50	128
경영학과 최대			55		50	128
전체 최대값			80		80	172

05 다음의 조건들을 만족하는 [데이터] 탭 – [예측] 그룹 – "가상 분석"의 목표값과 시나리오를 작성해 보세요.

(1) 목표값 찾기를 이용하여 표(A1~E6셀)의 합계 평균이 18,500이 되도록 여름의 음식물류 값을 구하세요.

- 수식 셀 : E6(합계 평균)
- 찾는 값 : 18,500
- 값을 바꿀 셀 : B3(여름 음식물류)

(2) 표(H1~M7셀)를 이용하여 종이차지율의평균(M7)을 위한 시나리오를 작성하세요.

① 시나리오 이름 : 유형1, 유형2

② 변경 셀 : J2, J3, J4, J5, J6

변경 값	유형1 변경값	유형2 변경값
J2	5,600	5,450
J3	1,400	1,350
J4	300	270
J5	3,380	3,100
J6	2,790	2,760

③ 보고서 종류 : 시나리오 요약

〈데이터〉

계절	음식물류	종이류	플라스틱	합계
봄	8,295.6	5,373.3	2,505.2	16,174.1
여름	8,173.0	5,354.2	2,432.1	15,959.3
가을	9,456.0	5,085.9	2,373.3	16,915.2
겨울	8,118.2	5,422.7	2,493.6	16,034.5
계절평균	8,510.7	5,309.0	2,451.1	16,270.8

종류	봄	여름	가을	겨울	평균
종이류	5,922.1	5,518.0	5,958.4	7,022.1	6,105.2
플라스틱류	1,233.3	1,348.4	1,189.1	1,300.8	1,267.9
섬유류	315.8	250.2	226.2	402.7	298.7
금속류	2,875.3	3,347.5	2,218.2	1,789.5	2,557.6
유리류	2,238.4	2,287.9	2,114.2	2,775.0	2,353.9
종이차지율	47.06%	43.27%	50.90%	52.84%	48.52%

〈목표값 결과〉

계절	음식물류	종이류	플라스틱	합계
봄	8,295.6	5,373.3	2,505.2	16,174.1
여름	17,089.9	5,354.2	2,432.1	24,876.2
가을	9,456.0	5,085.9	2,373.3	16,915.2
겨울	8,118.2	5,422.7	2,493.6	16,034.5
계절평균	10,739.9	5,309.0	2,451.1	18,500.0

종류	봄	여름	가을	겨울	평균
종이류	5,922.1	5,518.0	5,958.4	7,022.1	6,105.2
플라스틱류	1,233.3	1,348.4	1,189.1	1,300.8	1,267.9
섬유류	315.8	250.2	226.2	402.7	298.7
금속류	2,875.3	3,347.5	2,218.2	1,789.5	2,557.6
유리류	2,238.4	2,287.9	2,114.2	2,775.0	2,353.9
종이차지율	47.06%	43.27%	50.90%	52.84%	48.52%

〈시나리오 요약 보고서〉

시나리오 요약	현재 값:	유형1	유형2
변경 셀:			
$J$2	5,518.0	5,600.0	5,450.0
$J$3	1,348.4	1,400.0	1,350.0
$J$4	250.2	300.0	270.0
$J$5	3,347.5	3,380.0	3,100.0
$J$6	2,287.9	2,790.0	2,760.0
결과 셀:			
$M$7	48.52%	48.00%	48.21%

참고: 현재 값 열은 시나리오 요약 보고서가 작성될 때의 변경 셀 값을 나타냅니다. 각 시나리오의 변경 셀들은 회색으로 표시됩니다.

14

06 다음 조건들을 만족하는 피벗 테이블(아래 오른쪽 그림)을 만들어 보세요. 이때 금액의 표시 형식은 아래의 오른쪽 이미지와 동일하게 설정해 보세요.

- 피벗 테이블 보고서 넣을 위치; 새 워크시트
- 피벗 테이블 필드 선택
  - 열 레이블; 제품
  - 행 레이블; 학과
  - 값; 수량(합계)
- 열 레이블 필터 항목 리스트; 무선 키보드, 프린터
- 시트명; 학과별-복사잉크-피벗

학과 PC 주변기기 현황

날짜	학과	제품	단가	수량	금액
2045-1학기	경영학과	복사용지	20,000	21	420,000
2045-1학기	물리학과	잉크충전	40,000	17	680,000
2045-1학기	화학공학과	무선 키보드	75,000	13	975,000
2045-1학기	화학공학과	잉크충전	40,000	43	1,720,000
2045-1학기	경영학과	복사용지	20,000	24	480,000
2045-1학기	건축공학과	마우스	10,000	15	150,000
2045-1학기	경영학과	프린터	150,000	26	3,900,000
2045-1학기	화학공학과	복사용지	20,000	29	580,000
2045-1학기	물리학과	복사용지	20,000	31	620,000
2045-1학기	생물학과	프린터	150,000	22	3,300,000

합계 : 수량	열 레이블			
행 레이블	마우스	무선 키보드	프린터	총합계
건축공학과	42	17		59
경영학과	24	5	143	172
물리학과	105	26	158	289
생물학과	112	189	561	862
화학공학과	305	39	145	489
총합계	**588**	**276**	**1007**	**1871**

07 다음의 조건을 만족하는 피벗 차트(아래 오른쪽 그림)를 만들어 보세요.

- 피벗 테이블 보고서 넣을 위치; 새 워크시트
- 보고서에 추가할 필드
  - 필터; 상품명
  - 축(범주); 월
  - 값; 수량(합계)
- 채우기; 그림 또는 질감 채우기
- 3차원 회전; X = 0°, Y = 30°
- 원근감; 15도
- 계열 옵션; 25%(10월 데이터)
- 시트명; 학과별-PC용품-피벗차트

	A	B	C	D	E
1	월별 PC 주변기기 구매				
2	월	상품명	수량	단가	판매가
3	05월	USB	50	16,000	800,000
4	05월	키보드	40	20,000	800,000
5	05월	스피커	50	3,000	150,000
6	05월	마우스	40	12,000	480,000
7	05월	무선랜	40	19,000	760,000
8	05월	키보드	40	10,000	400,000
9	05월	공CD	50	9,000	450,000
10	05월	스피커	55	29,000	1,595,000
11	05월	외장케이스	40	15,000	600,000
12	05월	스피커	50	25,000	1,250,000

⇨

	A	B
1	상품명	(모두)
2		
3	행 레이블	합계 : 수량
4	10월	2375
5	11월	5345
6	05월	930
7	06월	940
8	07월	930
9	08월	1100
10	09월	1405
11	총합계	13025

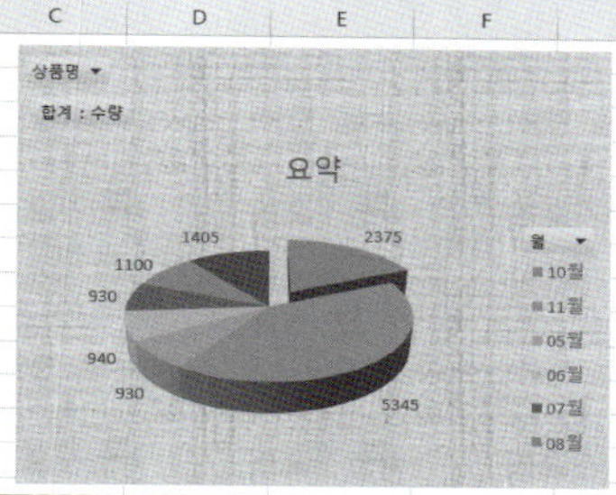

08 다음 조건들을 만족하는 피벗 테이블(아래 오른쪽 그림)을 만들어 보세요.

- 피벗 테이블 보고서 넣을 위치; 새 워크시트
- 피벗 테이블 필드 선택
  - 행 레이블; 지역, Σ 값
  - 값; 2022년(합계), 2023년(합계)
- 시트명; 예비비-피벗

	A	B	C	D
1	**교육비**			
2	지 역	항 목	2022년	2023년
3	서 울	특별/광역시도	7,933	8,234
4	경 기	시 도	6,833	7,240
5	경 남	시 도	4,820	4,850
6	경 북	군 도	3,804	3,807
7	경 남	군 도	3,435	3,434
8	전 남	군 도	3,376	3,384
9	경 북	지 방 도	3,010	3,009
10	강 원	군 도	3,004	3,022
11	경 북	시 도	2,708	2,767
12	강 원	시 도	2,720	2,766
13	경 기	지 방 도	2,734	2,687
14	부 산	특별/광역시도	2,655	2,681
15	충 북	군 도	2,420	2,421
16	충 남	군 도	2,406	2,420
17	경 남	지 방 도	2,374	2,390
18	전 남	시 도	2,216	2,309

⇨

	A	B
1		
2	행 레이블	
3	경기	
4	합계 : 2022년	9567
5	합계 : 2023년	9927
6	서울	
7	합계 : 2022년	7933
8	합계 : 2023년	8234
9	강원	
10	합계 : 2022년	5724
11	합계 : 2023년	5788
12	경남	
13	합계 : 2022년	10629
14	합계 : 2023년	10674
15	경북	
16	합계 : 2022년	9522
17	합계 : 2023년	9583
18	부산	
19	합계 : 2022년	2655
20	합계 : 2023년	2681
21	전남	
22	합계 : 2022년	5592
23	합계 : 2023년	5693
24	충남	
25	합계 : 2022년	2406
26	합계 : 2023년	2420
27	충북	
28	합계 : 2022년	2420
29	합계 : 2023년	2421
30	**전체 합계 : 2022년**	**56448**
31	**전체 합계 : 2023년**	**57421**

09 다음의 조건을 만족하는 피벗 차트를 만들어 보세요.

- 피벗 테이블 보고서 넣을 위치; 새 워크시트
- 보고서에 추가할 필드
  - 필터; 거래일자
  - 범례(계열); 제품명
  - 축(범주); 거래처명
  - 값; 합계(합계)
- 열 레이블 필터 항목 리스트; DVD, MP3, 디지털카메라
- 시트명; 거래처-디카캠코더-피벗차트

	A	B	C	D	E	F	G	H
1	거래처별 판매현황							
2								
3	거래일자	거래처명	제품명	수량	단가	공급가액	부가세	합계
4	22-01-02	거명전자	PDP TV	10	1,830,000	18,300,000	1,830,000	20,130,000
5	22-01-05	나라전자	PMP	15	369,000	5,535,000	553,500	6,088,500
6	22-01-12	나라전자	MP3	20	95,000	1,900,000	190,000	2,090,000
7	22-01-15	거명전자	캠코더	25	856,000	21,400,000	2,140,000	23,540,000
8	22-01-20	다원전자	PMP	15	369,000	5,535,000	553,500	6,088,500
9	22-01-25	한국전자	DMB	10	139,000	1,390,000	139,000	1,529,000
10	22-01-26	다원전자	PDP TV	11	1,830,000	20,130,000	2,013,000	22,143,000
11	22-02-03	한국전자	PMP	30	369,000	11,070,000	1,107,000	12,177,000
12	22-02-06	거명전자	디지털카메라	25	265,000	6,625,000	662,500	7,287,500
13	22-02-12	나라전자	MP3	45	95,000	4,275,000	427,500	4,702,500
14	22-02-15	다원전자	캠코더	15	856,000	12,840,000	1,284,000	14,124,000
15	22-02-18	다원전자	PDP TV	15	1,830,000	27,450,000	2,745,000	30,195,000

⇩

	A	B	C	D	E
1	거래일자	(모두)			
2					
3	**합계 : 합계**	**열 레이블**			
4	**행 레이블**	**DVD**	**MP3**	**디지털카메라**	**총합계**
5	거명전자			7287500	7287500
6	나라전자		8360000	7287500	15647500
7	다원전자		3657500		3657500
8	한국전자	9460000			9460000
9	현승전자			5830000	5830000
10	**총합계**	**9460000**	**12017500**	**20405000**	**41882500**
11					
12					
13					
14					

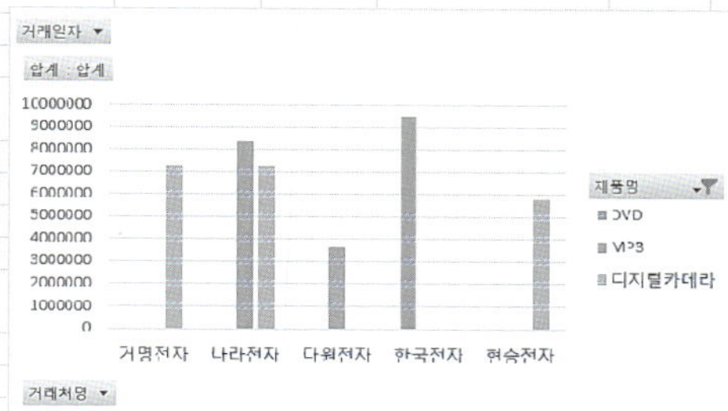